江泽民同志在有关部门领导同志的陪同下，看望北京困难职工

上．市委书记尉建行同志在'96 北京工业企业难题招标、大专院校院所成果转让洽谈会上，向签约企业代表和院校祝贺。

下．市长贾庆林深入西城调查研究。

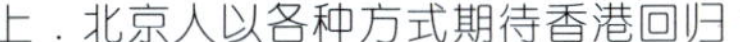

上．北京人以各种方式期待香港回归
中．北京国际汽车博览会
下．劳动模范一优秀售票员李素丽

北京的夜晚

1、电报大楼
2、天安门广场
3、中国海关
4、长安商场

北京十三陵抽水蓄能电站

1、水电工人正在吊装水轮机
2、电站控制机房
3、电站全景

上:北京市平原地区全部实现机械收割

下:蔬菜大棚为调剂北京市淡季蔬菜供应做出了贡献

1
2
3

1、首钢的 8 米圆车正在工作中
2、铁路工人为铁路提速做准备
3、上地信息产业试验区鸟瞰

北京市统计局与北京经济报联合评出

八、国务院批准"东方

九、北京市建立城镇

十、北京市进行第三

一、北京市经济发展实现高增长低通胀

二、北京市十届人大四次会议通过《北京市国民经济社会发展九五计划和 2010 年远景目标纲要》

三、北京市经济工作会议确立 1997 年经济工作思路

四、北京河北全面发展经济技术合作

五、北京举办工业难题招标、高等院校及科研院所科技成果转让洽谈会

六、北京企业集团化改革步伐加快，首钢等一批大集团企业正式挂牌

七、北京高新技术产业成为北京工业经济主要增长点

京市 1996 年十大经济新闻

'96北京工业企业难题招标
院校院所成果转让洽谈会

舌保障制度
摸清了工业底数

1
2
3

1、北京市电话网升八位仪式
2、北京巡警热情为群众服务
3、北京古建公司维修居庸关

前进中的北京统计事业

北京市统计局首次使用大屏幕触摸式多媒体系统为人代会和政协会提供咨询服务。

市统计局接待德国统计代表团

市统计局干部职工参加植树劳动

中建一局集团

上:董事长　金德钧
下:总经理　李　忠

中建一局集团(英文缩写 CCFDG)即原中国建筑第一工程局,组建于 1953 年。四十多年来,中建一局集团依靠丰富的施工经验,先进的施工技术和科学的管理手段,为国家的重点工程建设项目作出了突出的贡献。以北京中国国际贸易中心、北京燕莎中心、国际艺苑皇冠假日饭店等工程为代表的大型公共建筑;以大庆油田、燕山石化、北京乙烯为代表的石油化工建筑安装工程;以长春第一汽车制造厂、北京轻型汽车制造厂、北京松下彩色显像管厂、北京西站供热厂等为代表的大型工业建筑项目;以杭甬及深汕高速公路、青岛环胶州湾公路、国道 310 为代表的一批国家重点道桥建设,充分显示了中建一局集团在工业与民用建筑领域中的施工实力和技术水平。

中建一局集团是一业为主,多元经营,跨地区、跨行业、初步开拓国际市场的集团型国家一级大型骨干建筑安装企业。具有土木建筑、设备安装、道桥修筑、机械化施工、高级室内外装饰装修、混凝土构件生产、建筑设计、建筑科研、培训教育,建材生产经营,房地产开发等专业施工和多元经营能力。

中建一局集团实施质量效益型战略,创出一大批优质工程。八十年代以来共获北京市、省、部级以上优质工程 124 项。

中建一局集团不断追求新的目标,截止到 1996 年已有五个公司先后通过了中国质量管理协会的质量保证体系认证。集团全面建立产品质量保险体系并已正常运转。各项管理工作逐步实现程序化、规范化、标准化。

中建一局集团高度重视建筑科学技术的研究、推广和应用,拥有甲级资质的北京中建建筑设计院和实力雄厚的北京中建建筑科学技术研究院,并在建筑设计和建筑科研领域取得了丰硕的成果。

中建一局集团,将以崭新的面貌和现代企业的英姿,迎接新世纪的到来!

中建一局集团四公司

中建一局四公司是具有一级资质的国有大型建筑企业，总资产 7.8 亿元，年完成合同额 20 亿元。曾承建了 1000 余项国家和地方重点工程，为国家的建设和发展事业作出了重要贡献。荣获“国家质量管理奖”、3 项“建筑工程鲁班奖”、被命名为“全国质量效益型先进企业”、“全国优秀施工企业”、“全国用户满意企业”，95 年通过 GB/T19002—ISO9002 标准的第三方认证，保持了在全国同行业中的技术装备优势、管理优势、人才优势，具有较强的工程总承包能力。

公司可以承担各类工业与民用建设项目的建筑施工与设备安装，在各类大型工程的总承包管理及配套安装施工等领域处于国内领先水平。

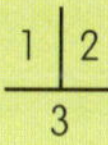

由四公司承建的

1、北京中旅大厦

2、大连森茂大厦

3、北京富华大厦

北京统计年鉴

BEIJING STATISTICAL YEARBOOK

1997

北京市统计局编

中国统计出版社

(京)新登字 041 号

图书在版编目(CIP)数据

北京统计年鉴 1997/北京市统计局编.—北京:中国统计出版社,1997.6
ISBN 7—5037—2474—9/C·1368

Ⅰ.北… Ⅱ.北… Ⅲ.统计资料—中国—北京—1997—年鉴 Ⅳ.C832.1—54

中国统计出版社出版
(北京复外三里河月坛南街 75 号 100826)
北京市印刷一厂印刷

*

787×1092 毫米 16 开本 37.375 印张 16 彩页 132 万字
1997 年 7 月第 1 版 1997 年 6 月北京第 1 次印刷
印数:1—2000 册
ISBN 7—5037—2474—9/C·1368

*

定价:150.00 元

编 辑 说 明

1.《北京统计年鉴》是一部按年连续出版的大型统计资料书。本书通过大量的统计数据,真实地记录了北京市一年来社会、经济和科技等各方面的发展变化情况,是国内外各界人士了解北京、认识北京的重要资料工具书。

2.《北京统计年鉴－1997》在保持与过去历年统计年鉴联贯性和可比性的基础上做了部分调整。调整后的年鉴更加注重充实信息量和方便读者使用,增加了1978年以来历史资料和各种企业排序资料以及香港地区资料等。为了便于读者查阅,每个细目编排了主要指标提要和主要指标解释。

3.年鉴内容:卷首是反映北京市一年来发展情况的彩色图片;第一部分为文章选编。登载了北京市1996年经济形势回顾与1997年经济展望,北京市1996年国民经济和社会发展统计公报,第三次工业普查公报,市政公用设施普查公报;第二部分为统计图表。分综合,人口,劳动力和工资,固定资产投资及房地产,农业和农村经济,工业,能源、原材料消费和库存,建筑业,交通运输、邮电通信业,批发零售贸易及餐饮业,对外经济贸易、旅游业,金融、保险,物价,教育、文化,科技,卫生、体育,城市公用事业,人民生活,社会福利、政法及其他,区县资料等20个细目。另外,还在附录部分中分列了1978～1996年北京市主要统计数据,各类开发区资料,各类市场情况和主要国家和香港地区主要经济指标统计资料。

4.本年鉴的资料来源大部分来自年度统计报表,部分来自抽样调查;主要国家和香港地区资料来自国家统计局。

5.本年鉴对以前发表的统计资料重新进行了核实,相应地调整了部分数据。读者在使用历史资料时,如数据有出入,请以本年鉴为准。

6.本年鉴对部分指标的口径进行了调整:固定资产投资:1996年年鉴含纳入基本建设计划的房地产投资,1997年年鉴不含房地产开发投资,同时调整1995年数字;工业总产值:1997年年鉴均按新规定计算。

7.本年鉴采用的国民经济行业分类是按照中华人民共和国国家标准《国民经济行业分类和代码》划分的;经济类型是按照1992年10月20日国家统计局、国家工商行政管理局颁布的《关于经济类型划分的暂行规定》划分的;使用的度量衡单位均采用国际统一的标准计量单位。

8.本年鉴使用符号说明:"…"表示数据不足该表最小单位数;"空格"表示该项指标数据不详或没有数据;"#"表示其中项。

《北京统计年鉴》编委会

1997年6月

《北京统计年鉴》编辑委员会

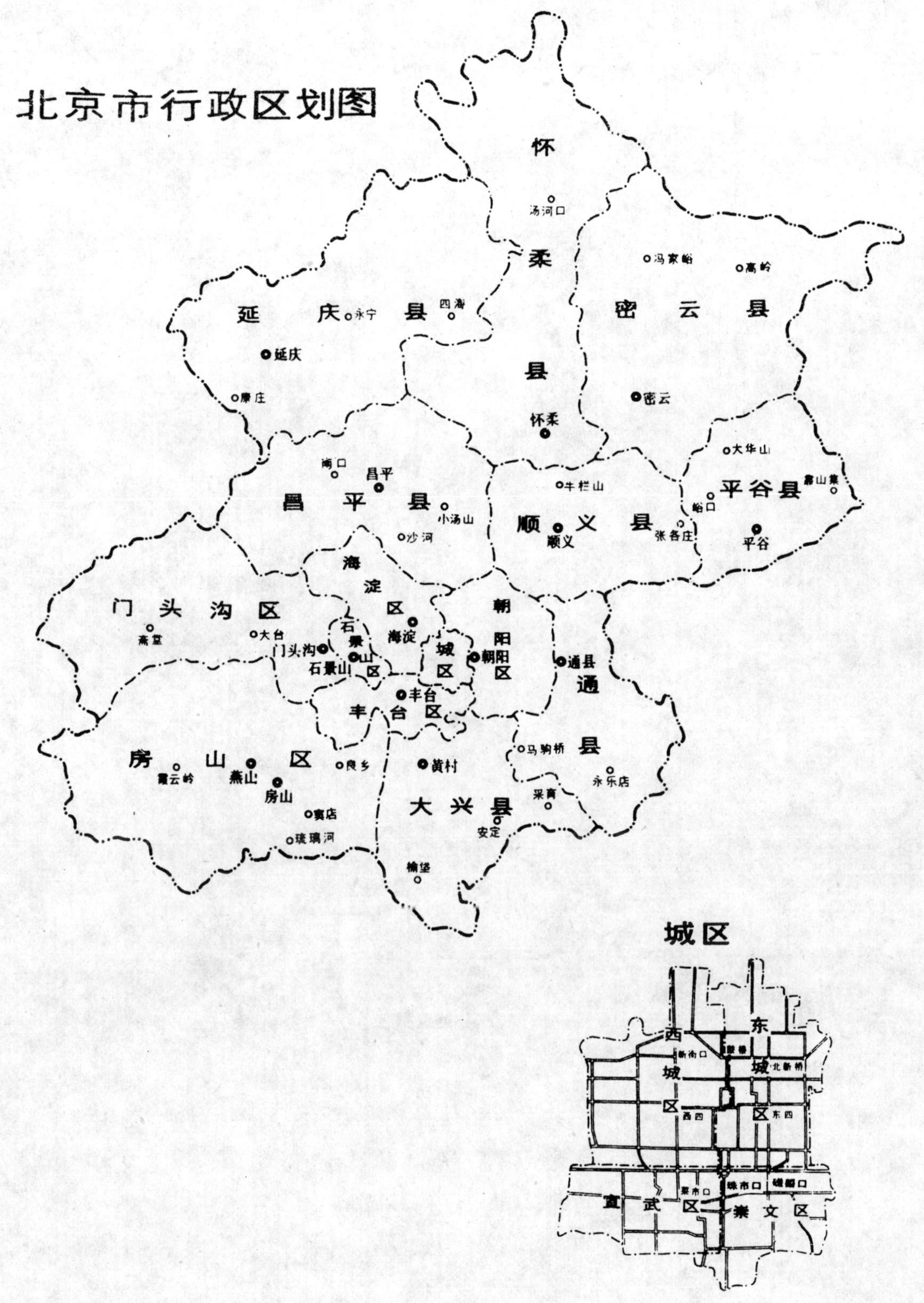
北京市行政区划图
怀柔县
汤河口
冯家峪
高岭
延庆县
永宁
四海
密云县
延庆
康庄
密云
怀柔
大华山
南口
昌平
昌平县
小汤山
牛栏山
平谷县
峪口
顺义县
顺义
张各庄
平谷
沙河
海淀区
门头沟区
大台
石景山区
海淀
城区
朝阳区
门头沟
石景山
朝阳
通县
丰台
丰台区
马驹桥
房山区
良乡
黄村
霞云岭
燕山
房山
永乐店
采育
窦店
大兴县
安定
琉璃河
榆垡
城区
西城区
东城区
新街口
鼓楼
北新桥
西四
东四
菜市口
珠市口
磁器口
宣武区
崇文区

目　录

文章选编

统计图表

能源、原材料消费与库存

建筑业

交通运输、邮电通信业

批发零售贸易业和餐饮业

对外经济贸易、旅游

金融、保险

物　价

教育、文化

科 技

卫生、体育

城市公用事业

人民生活

社会福利、政法及其他

区县资料

附 录

附录1:历史资料

附录 2:各开发区资料

附录 3:各类市场情况

附录 4:世界主要国家和地区统计资料

附录 5:香港社会经济统计资料

CONTENTS

STATISTICAL CHART

GENERAL SURVEY

POPULATION

LABOR FORCE AND WAGES

INVESTMENT IN FIXED ASSETS AND REAL ESTATE

AGRICULTURE AND RURAL ECONOMY

INDUSTRY

WHOLESALE,RETAILSALES AND CATERING TRADE

EDUCATION AND CULTURE

GENERAL SURVEY OF DISTRICTS AND COUNTIES

APPENDIX

APPENDIX 1 SOCIAL AND ECONOMIC DEVELOPMENT INFORMATION

APPENDIX 2 EXPLOIT AREA'S INFORMATION

APPENDIX 3 VARIOUS MARKETS

APPENDIX 4 STATISTICS OF MAJOR COUNTRIES AND REGIONS

IMPORTANT DOCUMENTS
文章选编

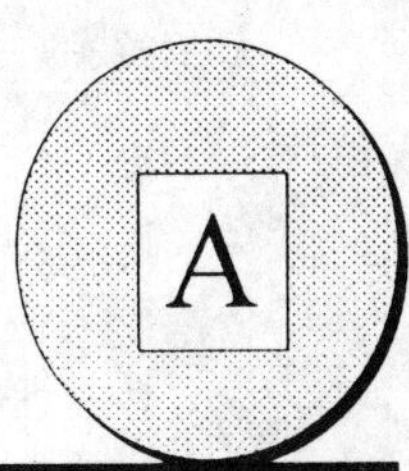

北京市1996年国民经济和社会发展统计公报

（1997年2月20日）

1996年，全市人民坚决贯彻党的十四届五中、六中全会精神，认真落实中央关于北京工作的一系列重要指示，扎扎实实地工作，取得了国民经济和社会发展的新成就，实现了“九五”计划的良好开局。国民经济稳步增长，社会总供需基本平衡，宏观调控成效显著，通货膨胀得到有效抑制，物价涨幅明显回落，人民生活继续改善，各项社会事业全面进步。据初步统计，全年完成国内生产总值1607亿元，按可比价格计算，比上年增长9.1%，财政收入比上年增长31.9%，财政支出增长27.8%。

一、第三产业

全年第三产业实现增加值818亿元，比上年增长12%，占国内生产总值的比重达50.9%，比上年提高0.8个百分点。其中：

（一）交通运输、邮电通信业

全年交通运输、邮电通信业实现增加值92.7亿元，比上年增长11.0%。

交通运输能力进一步提高。随着近几年公路建设的加快，京九铁路的正式开通以及首都国际机场跑道改建任务的完成，北京交通运输能力不断增强。公路运输增长较快，运量已分别占客货运量的44.4%和86.5%。

各种运输方式运量如下：

	单位	1996年	1996年为1995年%
货物发送量	万吨	33622.5	104.0
铁路	万吨	4505.8	98.1
公路	万吨	29100.0	105.0
民航	万吨	16.7	72.9
旅客发送量	万人次	9685.0	98.5
铁路	万人次	4717.2	90.9
公路	万人次	4300.0	107.3
民航	万人次	667.8	103.4

邮电通信业持续快速发展。全年完成邮电业务总量72.9亿元，比上年增长29.9%；发送函件6.1亿件，增长1.6%，其中特快专递413万件，增长54%；邮政邮件时限逾限率为0.02%。通信能力不断增强。1996年成功地完成了电话号码升至8位的工作，缓解了电话号码资源紧张的矛盾。年末电话交换机总容量达到462万门，比上年增长25.1%。新增电话用户44.5万户，全市电话普及率29.8%，比上年提高3.4个百分点，其中市内电话普及率已达43.6%，比上年提高9.2个百分点。电话装移机及时率90.17%。移动通信发展迅速。移动电话用户已达28.9万户，增长80.6%；无线寻呼用户150万户以上，比上年新增10.9万户。新的通信业务迅速扩展。全市计算机互联网络用户数9072户；电子信箱、可视图文、会议电视、传真存储转发等先进技术手段已进入通信领域。

（二）国内贸易业

全年国内贸易业实现增加值212.9亿元，比上年增长12.5%。

消费品市场繁荣稳定。全年消费品零售额969.7亿元，比上年增长17.3%，扣除物价上涨因素实际增长9.3%。

社会消费品零售额构成如下：

	单位	1996年	1996年为1995年%
按销售对象分			
售给居民	亿元	829.5	117.2
售给社会集团	亿元	140.2	117.7
按用途分			
吃的商品	亿元	413.1	117.0

穿的商品	亿元	142.0	117.5
用的商品	亿元	397.3	117.7
烧的商品	亿元	17.3	110.8
按地区分			
市区	亿元	689.5	115.2
各县	亿元	280.2	122.6

市场规模不断扩大,便民商业迅速发展。销售额超亿元的大型商场达到68家,比上年增加14家,消费品零售额占全市商业的比重达到20.7%。城乡各类集贸市场1032个,工业品生产资料市场75个。以经营食品、副食品、日用百货为主的超级市场发展较快,年末达到82家,比上年增加24家;便民连锁店总部33家,比上年增加10家,下设门店613家;仓储商场已发展到75家。对繁荣市场、方便群众生活发挥了积极的作用。

(三)金融保险业

全年金融保险业实现增加值168.5亿元,比上年增长16.0%。

金融形势平稳。年末全市金融机构各项存款余额4378.9亿元,比年初增加926.2亿元,增加额比上年增长19.7%。其中银行系统存款余额3781.9亿元,比年初增加802.2亿元,比上年增长14.8%。金融机构各项贷款余额2082.8亿元,比年初增加371.0亿元,增加额比上年增长26.4%。其中银行系统贷款余额1809.7亿元,比年初增加316.4亿元,增长24.1%。对地方企业贷款增加281.2亿元,占银行系统贷款增加额的88.9%。短期贷款增加237.5亿元,占银行系统贷款增加额的75.1%。贷款结构有所调整,重点支持了工业和三资企业的贷款需求。货币回笼情况良好,全年回笼货币36.4亿元,比上年增长27.3%。

金融市场快速发育。全市从事证券经营的机构61家,证券交易营业部87个,全年完成各种有价证券交易额5224.8亿元,比上年增长5.7倍,其中股票交易额2900.6亿元,增长5.7倍;国库券交易额880亿元,增长3.8倍。银行系统同业拆借资金1553.1亿元,比上年增长72.0%。

保险业健康发展。全年完成国内外保险业务收入39.4亿元,比上年增长44.3%;全年保险理赔总额12亿元,增长62.7%,综合赔付率30.5%,比上年降低24.5个百分点。

(四)旅游业

国际旅游业稳步发展。全年接待海外旅游者218.9万人次,比上年增长5.8%。其中外国人176.16万人次,增长5.8%;港澳台同胞、侨胞42.73万人次,增长5.9%。全年旅游外汇收入22.5亿美元,比上年增长3.2%。

国内旅游业发展势头良好。全年接待国内游客7683万人次,国内旅游收入359.6亿元人民币。

(五)房地产业

全年房地产业实现增加值32亿元,比上年增长8.2%。

房地产投资规模缩小。全年房地产开发投资327.5亿元,比上年下降7.2%;商品房施工面积2824.6万平方米,比上年增长0.5%,其中住宅施工面积1539.9万平方米;商品房竣工面积613.1万平方米,比上年下降6.1%,其中住宅竣工面积441.9万平方米。全年销售商品房225.4万平方米(建筑面积),增长17.5%;实现销售额101.1亿元,增长44.8%。其中销售商品住宅188.1万平方米,销售额76.3亿元。

(六)科教文卫体事业

全年科教文卫体事业实现增加值62.7亿元,比上年增长10.9%。

科技事业继续发展。年末全市拥有各类专业技术人员118万人,比上年末增加3万人,从事科技活动的人员25.7万人。全市科技经费投入145.2亿元,比上年增长17%;研究与发展(R&D)经费支出占国内生产总值的比重为2.5%,其中地方为0.9%。科技成果进一步走向市场。全市共有技术交易机构56家,签订技术合同14850项,技术成交额39.1亿元,比上年增长21.1%;批准专利4145项,比上年增长3%。1996年9月举办了"北京工业企业难题招标、高等院校及科研院所转让洽谈会",签订产学研项目 203 个，对形成新的经济增长点、促进首都经济发展具有积极作用。

教育事业全面进步。全市财政用于教育事业费支出达 29.7 亿元，比上年增长 28.6%。全年共招收研究生 1.3 万人；普通高等学校招收本、专科学生 5.5 万人，自费生 3768 人；中等职业技术学校招生 8.6 万人。全年毕业研究生 8774 人，其中获得博士学位研究生 1769 人，获得硕士学位研究生 6970 人；普通高等教育毕业生 4.6 万人；中等职业技术教育毕业生 5.4 万人；成人高等教育本专科毕业生 1.8 万人。全年学龄儿童入学率达99.93%。随着教育十大系统工程的全面实施，基础薄弱校建设得到加强。1996 年，市与区县按照 1:2 的比例投入资金 1 亿元，用于加强基础薄弱校建设，超过了前三年经费拨入的总和，并建立了主要领导联系薄弱校责任制。

文化、广播电视事业取得新成绩。年末全市拥有市属艺术表演团体 21 个，文化馆 22 个，公共图书馆 22 个。北京人民广播电台每天播出时间达 124 小时 30 分钟，比上年增加 3 小时 05 分钟。北京电视台每天播出时间达 59 小时。全市广播人口覆盖率达到 97%，电视人口覆盖率达到 96.3%。有线电视网已发展用户 170 万户。

医疗卫生条件继续改善。年末全市共有医疗卫生机构 6470 家，其中城乡医院 405 个。卫生技术人员 11.7 万人，平均每千人拥有医生 5.03 人。全市有病床 6.68 万张，平均每千人拥有医院病床 5.68 张。

体育事业取得显著成绩。全年北京市运动员在国内重大比赛中，共获得奖牌 75.5 枚，其中金牌 4.5 枚，银牌 32 枚，铜牌 39 枚。在国际重大比赛中，获得奖牌 27 枚，其中金牌 13 枚，银牌 10.5 枚，铜牌 3.5 枚。在第二十六届亚特兰大奥运会上，北京参赛选手 31 人，获金牌 1 枚，银牌 7.5 枚，铜牌 0.5 枚。

二、第二产业

全年第二产业实现增加值 704 亿元，比上年增长 7.8%，占国内生产总值的比重为 43.8%，比上年降低 0.3 个百分点。

（一）工业

全市工业实现增加值 569 亿元，比上年增长 6.8%。其中乡及乡以上实现增加值 509.9 亿元，增长 7.6%。

工业生产保持平稳增长。重工业生产发展快于轻工业，全年乡及乡以上重工业增加值 350.4 亿元，比上年增长 9.7%；轻工业增加值 159.5 亿元，增长 3.2%。国有经济占主导地位，在乡及乡以上工业中，国有及国有控股企业增加值 336.9 亿元，增长 3.9%，占全市工业的 66.1%；集体企业 99.7 亿元，增长 23.8%，占 19.6%；三资企业 127.4 亿元，增长 12.6%，占 25%。大中型工业企业增加值 287 亿元，增长 1.5%，其中国有大中型工业企业 223.3 亿元，增长 0.4%。

产销衔接状况良好。全市工业产销率从一季度的 94.3%逐季上升，全年达到98.2%，基本与上年持平。其中国有企业 100.2%，国有大中型企业 100.1%。

主要工业产品产量如下：

	单位	1996 年	1996 年为1995 年%
钢	万吨	793	98.9
成品钢材	万吨	643	103.4
原煤	万吨	661	100.9
发电量（本市生产量）	亿千瓦小时	142.8	120.2
化肥	万吨	11.6	58.7
乙烯	万吨	57.5	108.6
塑料	万吨	67.5	105.4
水泥	万吨	505	114.5
发电设备	万千瓦	119	65.7
汽车	万辆	13.1	74.4
金属切削机床	台	2372	92.2
程控交换机	万门	326.4	142.6
彩色电视机	万部	31.2	62.2
录像机	万部	40.0	191.1
房间空调器	万台	6.5	67.6
集成电路	万块	581	57.9
钢琴	万架	2.9	91.3

表	万只	295	109.5
纱	万吨	7.1	94.9
布	亿米	2.4	89.1
饮料酒	万吨	104.3	120.9

企业结构有所调整。1996年全市地方工业系统共兼并、合并劣势企业18户,其中国有企业13户,集体企业5户;托管亏损企业15户;批准停产整顿8户;调整职工5126人;调整占地面积36.6万平方米;调整固定资产1.9亿元。

经济效益仍然不高。全年乡及乡以上独立核算工业企业实现利税97亿元,比上年降低38.6%;综合经济效益指数82.3%,比上年降低19.6个百分点;资金利税率和成本费用利润率分别为5%和1.3%,分别比上年下降4.9和4.1个百分点。全员劳动生产率27882元/人,比上年增长0.8%。

(二)建筑业

全年建筑业实现增加值135亿元,比上年增长8.4%。

建筑业生产基本稳定。全市房屋建筑施工面积5636.9万平方米,比上年增长2%,其中住宅施工面积2689.3万平方米,比上年下降7.2%;竣工面积1418.3万平方米,下降7.3%。其中住宅竣工面积812.0万平方米,下降13.4%。全市实行投标承包的房屋建筑施工面积占总面积的66·1%。

经济效益有所提高。全员劳动生产率达到48000元/人,比上年增长5.4%。人均创利税2647元,增长3.2%。国有建筑企业实现利税总额11亿元,其中利润总额4亿元,与上年基本持平。

三、第一产业

全年第一产业实现增加值85亿元,比上年下降3%,占国内生产总值的比重为5.3%,比上年降低0.5个百分点。

主要农副产品生产基本稳定。"菜篮子"工程取得成效,市场供应充裕。由于粮食播种面积减少10.5万亩,自然灾害严重,粮食总产量低于上年。

主要农副产品产量如下:

	单位	1996年	1996年为1995年%
粮食	万吨	237.4	91.4
蔬菜	万吨	403.2	101.6
肉类	万吨	38.2	101.1
鲜蛋	万吨	24.7	88.2
牛奶	万吨	20.1	97.6
淡水鱼	万吨	7.8	97.5

农业机械化水平进一步提高。全市农村机械总动力达到468.4万千瓦,比上年增长0.1%。大中型拖拉机1.2万台,与上年持平。农用载重汽车2.2万辆,比上年增长22.2%。全年农村用电量20.2亿千瓦小时,增长0.5%。

四、固定资产投资

固定资产投资低速增长。全社会完成固定资产投资877亿元,比上年增长4.2%,地方全社会投资584.2亿元,增长1.1%。

投资结构有所调整。在保证第三产业投资增长的同时,加大了对第一、二产业的投资力度。全市第一、二、三产业完成投资分别为1.8亿元、143.3亿元和680.5亿元,比上年增长1.8倍、9.5%和4.1%,使第一产业和第二产业占全市投资的比重,分别比上年提高0.1个和0.7个百分点。全市投资中,基本建设投资313.1亿元,更新改造投资168.7亿元,分别比上年增长18.2%和7.3%,所占比重分别由上年的33.4%和19.8%提高到37.9%和20.4%;房地产投资规模缩小,全年完成投资327.5亿元,比上年下降7.2%,占全市投资的比重由上年的44.4%下降到39.7%,其中三资项目下降幅度较大,降幅为22.3%,比重降低8.5个百分点。在地方固定资产投资中,基本建设投资123.3亿元,比上年增长28.4%;更新改造投资105亿元,增长7.5%;房地产投资289.6亿元,下降8.9%,其中三资项目投资133.1亿元,下降19.4%。

基础设施、重点项目投资比重上升。城市基础设施项目投资进展顺利,全年完成投资

184 亿元，增长 17.9%，比重达 22.3%，比上年提高 2.6 个百分点。重点建设投资得到保证，全市国家和市属重点建设项目完成投资 167.8 亿元，增长 19.9%，比重从上年的17.6%提高到 20.3%。

五、城市建设与管理

城市基础设施建设继续加强。全长 31.2 公里的京昌高速路建成通车；十三陵抽水蓄能电站两台机组投产发电，新增供电能力 40 万千瓦小时；高碑店污水处理厂二期工程进展顺利，新增日处理污水能力 50 万吨；北神树垃圾填埋场等竣工交付使用，全市基础设施功能有所加强。

城市交通继续发展。全年新开辟公共电汽车线路 18 条，调整延长线路 37 条。城市公共客运交通共运送乘客 42.75 亿人次，其中公共电汽车运送乘客 30 亿人次，占 70.2%；地铁 4.44亿人次，占 10.4%；出租汽车 6.4 亿人次，占 15.0%；小公共汽车 1.91 亿人次，占 4.4%。

城市公用事业发展良好。全年自来水销售量 6.4 亿立方米，比上年增长 2.9%。新增燃气用户 8.7 万户，比上年增长 5.4%；全市燃气用户达到 219.7 万户，市区居民炊事气化率超过 90%。年内发展集中供热面积 200 万平方米，累计达 3035 万平方米；城乡居民生活用电 21.8亿千瓦小时，比上年增长20.1%。

环境保护工作又有新进展。年内按期取缔、关闭或停产 36 家污染严重的企业，扩大绿地面积 671 公顷，共植树 186 万株，种草 196 万平方米，种宿根花卉 101 万株，完成了重点道桥绿化 42 公里、71 公顷。环境卫生得到改善。全年新建密闭式清洁站 39 座，总数达到 715 座；年内改造公厕 547 座；道路清扫面积 4711.5万平方米；全年清运垃圾 483 万吨；清运粪便 268.6 万吨。

六、对外经济

对外贸易略有增长，出口结构有所改善。据海关统计，全年进出口总值 53.92 亿美元，比上年增长 1.6%。其中出口 20.86 亿美元，下降 8.1%；进口 33.1 亿美元，增长 8.8%。出口商品中初级产品比重比上年下降 1.1 个百分点。

新批三资项目减少，实际利用外资规模扩大。全年新批三资企业 845 家，下降45.6%，协议外资 13.4 亿美元，下降 51.1%，实际利用外资创历史最高水平，达到 22.6 亿美元，比上年增长 14.1%，其中外商投资企业实际利用外资 15.5 亿美元，增长 10.7%。

对外承包工程和劳务合作取得新进展。全市对外承包工程劳务、设计咨询 119 项，新签定合同额 6.3 亿美元，比上年增长 1 倍。新签合同项目平均规模扩大 95.7%。全年完成营业额 3.8 亿美元，比上年增长 68.6%。到年末，在外劳务合作工作人员为 2400 多人。

七、开发区

各类开发区建设进展加快。全年各类开发区、试验区和区县工业小区共完成增加值 129.6亿元，比上年增长 54.1%，占全市国内生产总值的 8.1%。年内新入区企业 433 家，累计达 7938 家；年内新投产企业 360 家，累计达 6816 家。全年投产企业实现销售收入 361.6 亿元，比上年增长 34.5%；上缴税金 12.8 亿元，增长 25.5%。高新技术企业的兴起，为形成新的经济增长点奠定了基础。以北京市新技术开发试验区为依托，高新技术企业继续以较快速度发展。新产品销售收入、实现利润、出口创汇比重均达到 60%左右，有 20 家企业进入全国高新技术企业百强行列，拥有了一批具有知识产权、技术含量高、增长潜力大的拳头产品。其中方正激光照排系统、时代硬度计等已成为国际知名品牌。

八、物价

通货膨胀得到有效抑制，物价涨幅明显回落。年内顺利完成国家和本市调价任务，调价措施出台审慎、有序，得到了居民的理解，未引起价格大的波动，使物价上涨幅度得到有效控制。自 1993 年实施宏观调控措施以来，首次实现了零售物价涨幅明显低于经济增长率。

商品零售价格指数（以上年为 100） 107.3

食品类	107.7
饮料烟酒类	106.1
服装鞋帽类	120.0
纺织品类	109.6
中西药品类	109.8
化妆品类	102.4
书报杂志类	130.1
文化体育用品类	108.7
日用品类	108.4
家用电器类	101.0
首饰类	97.2
燃料类	103.6
建筑装潢材料类	110.1
机电产品类	93.0
居民消费价格指数(%)	111.6

九、人口与就业

人口总量基本得到控制。据公安部门统计,全市年末户籍人口为1077.7万人,比上年增长0.7%。据人口抽样调查统计,全市现有常住人口(在京居住半年以上)1259.4万人,比上年增长0.7%。人口出生率为8.02‰,比上年上升0.10个千分点;人口死亡率为5.34‰,比上年上升0.22个千分点;人口自然增长率为2.68‰,比上年下降0.12个千分点。

人口老龄化速度加快。据我市人口抽样调查统计,60岁以上人口已占调查人口的13.13%,比1990年第四次人口普查时高3.02个百分点,比人口老龄化标准高3.13个百分点。

劳动就业与社会保障制度改革取得新进展。年末全市有职工465万人,比上年末减少5.9万人。市政府积极妥善安置失业和下岗待工人员,有3万人参加了职工技能培训,4.39万失业人员和3.8万下岗待工人员得到安置。社会保障体系逐步完善,全市已有266.8万职工和退休人员参加了养老保险,覆盖面达80.6%。216万职工参加了失业保险,覆盖面85%。1.1万名失业人员领到失业救济金和医疗补助费。参加大病医疗费用社会统筹的职工和退休人员达180.3万人,覆盖面70%。

十、人民生活

城乡人民收入水平进一步提高。全市职工平均工资9550元,比上年增长17.3%,扣除价格因素影响,实际增长5.1%。城镇居民人均生活费收入6885.5元,比上年增长17.3%,农民人均纯收入3600元,比上年增长11.7%,扣除价格因素,分别实际增长5.1%和5%。

城乡居民储蓄继续增加。到年末,城乡居民储蓄存款余额达1707亿元,比年初增加451.9亿元,增加额比上年增长12.8%。其中城镇居民储蓄存款余额1528.4亿元,比年初增加415.8亿元,增长13.7%;农民储蓄存款余额178.6亿元,比年初增加36.1亿元,增长2.8%。

居民居住条件进一步改善。城镇居民人均住房使用面积13.8平方米,比上年增加0.6平方米;农民人均生活用房面积25平方米,比上年增加0.3平方米。

在社会经济稳步发展的同时,还存在不少困难和问题,主要是经济结构性矛盾突出;固定资产投资需求不足;农业基础地位不够巩固;部分国有企业生产经营困难,停产半停产企业增加等。

注:1、本公报数据为初步统计数。

2、本公报中所涉及的增加值指标,绝对数均按当年价格计算,增长速度均按可比价格计算。

3、交通运输中的铁路运输指北京铁路分局范围。

宏观调控成效显著　国民经济稳步增长

1996年北京经济形势回顾与1997年经济展望

北　京　市　统　计　局

1996年，北京市国民经济稳步发展，宏观调控成效显著，全年国民经济发展的主要目标基本实现，物价得到有效控制，宏观经济环境进一步改善。但企业经济效益低下，经济结构不合理，投资需求不足，经济发展后劲乏力。1997年，全市经济工作的重点，要从存量和增量两方面抓好结构调整，特别要加大投资力度，培育新的经济增长点，促进国民经济持续、快速、健康发展。

一、1996年经济运行状况的基本评价

（一）宏观调控达到预期目标，国民经济稳步增长。

国民经济稳步发展。1996年，我市继续全面、认真贯彻中央宏观调控措施，较好地处理了降低物价涨幅和保持经济稳定增长之间的关系，既有效地抑制了通货膨胀，又保持了全年经济的稳定增长。初步统计全市国内生产总值达到1607.3亿元，按可比价格计算，比上年增长9.1%，达到了预定的经济增长目标。

党中央国务院要求1996年经济的发展要为“九五”计划“开好局、起好步”。从改革开放以来四个五年计划的开局年比较可以看出，1996年我市经济的发展基本达到了这一要求，在控制物价上涨的同时，保持了经济的适度快速增长，为今后的发展创造了较为宽松的环境。

经济增长与物价涨幅比较

	1981	1986	1991	1996
GDP增长(%)	−1.6	8.9	9.5	9.1
零售物价涨幅(%)	1.4	6.7	8.5	7.3

第三产业保持率先增长。从各次产业看，第一产业实现增加值85亿元，比上年下降3.0%；第二产业704.7亿元，增长7.8%，其中工业增加值569.7亿元，增长6.8%，国有工业占主导地位，全市乡以上工业增加值中，国有工业占54%；第三产业817.6亿元，增长11.9%，增速居各产业之首。全市经济总增量中，第三产业贡献率最大，为56.4%，其次是第二产业，为41.8%。一、二、三产业所占比重分别为5.3%、43.8%和50.9%。

（二）抑制通货膨胀成效显著，物价上涨幅度明显回落。

社会商品零售价格上涨7.3%，比上年回落5.3个百分点。1996年，我市物价上涨幅度得到有效控制，物价指数逐月回落。从3月份开始，社会商品零售物价上涨率连续10个月保持在一位数水平。全年为7.3%，比年初预期的9%低1.7个百分点；比前三年的16.9%、17.9%和12.6%分别低9.6个、10.6个和5.3个百分点。1993年实施宏观调控措施以来，首次实现了零售物价涨幅明显低于经济增长率，这是宏观调控取得成功的重要标志。

城镇居民消费价格上涨11.6%，比上年回落5.7个百分点。城镇居民消费价格指数涨幅明显回落，全年为11.6%，分别比前三年的19.0%、24.9%和17.3%低7.4个、13.3个和5.7个百分点。

价格改革进展顺利。1996年我市在完成国家调价任务的同时，经批准，调整了公交地铁票价、电、燃料、民用自来水、鲜奶等价格。12月初，国家和我市又调整了电信、邮政和民用燃料价格。这些调价措施的审慎、有序出台，得到了居民的理解，均未引起价格波动。在商品零售价格指数和居民消费价格指数7.3%和

11.6 的涨幅中，新涨价因素分别约为 3.4 和 6.8 个百分点。

食品类价格指数涨幅大幅度回落。由于农副产品供求状况进一步改善，以农产品为主要原料的食品类价格涨幅明显回落，这是影响价格总水平回落的主要因素。全年食品类价格涨幅为 7.7%，比上年回落 14.4 个百分点。

（三）消费需求增长正常，零售市场繁荣稳定。

一是工资总额适度增长。初步统计全市职工工资总额累计发放 445 亿元，比上年增长 16.5%，扣除价格因素，实际增长 4.4%，比经济增长速度低 4.7 个百分点。1993 年实施宏观调控措施以来，工资总额实际增幅已连续三年低于国内生产总值增长（见下表）。

工资总额增长与经济增长对比

	GDP 增速%	工资总额名义增速%	工资总额实际增速%
1993 年	12.1	38.1	16.1
1994 年	13.5	40.0	12.1
1995 年	12.4	24.6	6.2
1996 年	9.1	17.8	4.4

二是消费品市场繁荣稳定。1996 年，消费品市场购销活跃，居民消费心理稳定，零售额保持了平稳的增长态势。受市场物价涨幅回落、消费支出多元化和非商品性支出比重上升的影响，零售额增幅虽有所减缓，但扣除价格因素后的实际增幅与上年接近，高于 1993 年和 1994 年的实际增幅。初步统计全年社会消费品零售额 969.7 亿元，比上年增长 17.3%，比计划目标少 22 亿元，扣除价格因素，实际增长 9.3%。食品、穿着和用类商品零售额分别比上年增长 17.0%、17.5%和 17.7%。

社会消费品零售额增长速度

	零售额增速%（名义）	实际增速%
1993 年	23.7	5.8
1994 年	25.4	6.4
1995 年	24.0	10.1
1996 年	17.3	9.3

（四）投资低速增长，结构有所调整。

固定资产投资低速增长。全社会固定资产投资 877 亿元，比上年增长 4.2%，增幅比上年回落 25.5 个百分点。其中地方全社会投资 584.2 亿元，增长 1.1%。同前三个五年计划开局年比较，1996 年的投资增幅是最低的一年。

投资结构有所调整。在保证第三产业投资增长的同时，加大了对第一、二产业的投资力度。全市第一、二、三产业完成投资分别为 1.8 亿元、143.3 亿元和 680.5 亿元，比上年增长 1.8 倍、9.5%和 4.1%，占全市投资的比重，第一产业比上年提高 0.1 个百分点，第二产业提高 0.7 个百分点，第三产业下降 0.8 个百分点。全市投资中，基本建设投资 313.1 亿元，更新改造投资 168.7 亿元，分别比上年增长 18.2% 和 7.3%，所占比重分别由上年的 33.4%和 19.8%提高到 37.9%和 20.4%。房地产开发投资 289.6 亿元，下降 8.9%。房地产投资规模缩小，全年完成投资 327.5 亿元，比上年下降 7.2%，占全市投资的比重由上年的 44.4%下降到 39.7%；其中三资项目下降幅度较大，降幅为 22.3%，比重降低 8.5 个百分点。地方基本建设投资 123.3 亿元，更新改造投资 105 亿元，分别比上年增长 28.4%和 7.5%。

基础设施、重点项目投资比重上升。城市基础设施项目投资进展顺利，全年完成投资 184 亿元，增长 17.9%，比重达 22.3%，比上年提高 2.6 个百分点。重点建设投资得到保证，全市国家和市属重点建设项目完成投资167.8 亿元，增长 19.9%，比重从上年的 17.6%提高到 20.3%。

（五）对外贸易总额略有增长，实际利用外资规模扩大。

1、出口需求缓慢回升。据海关统计，1996 年，全市完成对外贸易总额 53.92 亿美元，比上年增长 1.54%，其中进口 33.06 亿美元，增长 8.75%。出口下降趋势减缓。受外贸政策调整等因素影响，1996 年我市外贸出口形势低迷，下半年降幅由 1 季度的－32.7%和上半年的－18.2%逐渐减缓，全市完成外贸出口总值 20.86 亿美元，比上年下降 8.1%。

2、实际利用外资增长较快。1996年，我市实际利用外资工作进展良好。全年实际利用外资达到22.6亿美元，比上年增长14.7%，其中客商直接投资15.5亿美元，增长10.7%。目前，境外投资已经成为促进我市经济增长的重要因素，在全市固定资产投资中，利用外资的比重已经超过五分之一。

（六）金融调节手段灵活，贷款重点有所调整。

1996年，为支持我市经济发展，银行贷款投放力度明显大于上年，贷款重点有所调整。年末全市地区金融机构贷款余额2082.8亿元，比年初增加371亿元，比上年增长26.4%；全市银行贷款余额1809.7亿元，全年累计净投放贷款316.4亿元，比上年增长24.1%，贷款增量增幅分别比上年提高30个百分点左右，其中银行对地方单位贷款增加281.2亿元，增长23.1%。全市银行贷款增加额中，短期贷款增加237.5亿元，增长24.5%，占银行贷款增加额的比重达75.1%。重点支持了工业和三资企业的贷款需求。工业贷款增加110.4亿元，增长55.3%，占短期贷款的比重为46.5%；对三资企业贷款增加26亿元，增长98.9%。存款稳定增长。年末地区金融机构存款余额4378.9亿元，比年初增加926.2亿元，比上年增长19.7%；全市银行存款余额3781.8亿元，比年初增加802.2亿元，比上年增长14.8%，增幅分别比上年提高24.7和15.8个百分点。

（七）工商税收状况良好，财政收入大幅度增加。

财政收支状况进一步好转。1996年我市财政收入一直保持较高增速，并扭转了财政支出增幅高于财政收入增幅的状况。全市地方财政收入152.0亿元，比上年增长31.86%，完成预算计划；财政收入的主要来源工商税收完成177.5亿元，比上年增长23.14%。财政支出增长27.8%，可以完成人代会通过的预算。财政状况的好转，为市政府增强调控能力，促进全市经济稳定增长创造了条件。

（八）居民收入稳定提高，生活水平继续改善。

城镇居民收入水平继续提高。全年城镇居民人均生活费收入可达6885.48元，增长17.3%，扣除价格因素，实际增长5.1%。农村居民收入稳定增长。预计全年3600元，实际增长5%。1996年末，城乡居民储蓄余额已达到1707亿元，比年初增加451.9亿元，同比增长12.8%，增幅比上年有所减小。

综上所述，1996年，我市宏观调控成效显著，国民经济运行态势稳定，是我市经济发展的主流。目前的宏观经济环境为“九五”时期的经济发展奠定了较好的基础。

二、经济发展中的主要问题

在看到我市经济发展主流的同时，必须对存在的问题予以足够的重视。从微观层次看，问题集中表现在企业经济效益低下，部分国有企业生产经营难度加大，一些行业生存困难。从宏观层次看，主要是经济增长质量不够高，结构调整进展缓慢；投资需求不足；经济发展缺乏强有力的增长点。这些问题是新旧体制转轨过程中一些深层次矛盾日益表面化的反映，只有靠深化改革才能加以解决。

（一）农业基础地位不稳，粮食生产出现波动。

1996年全市农业增加值完成85亿元，按可比口径计算，比上年下降3%。特别是粮食生产出现下滑，全市粮食产量23.7亿公斤，比上年减少2.2亿公斤，下降8.5%。其中：夏粮9.4亿公斤，减少0.6亿公斤，下降6.4%；秋粮14.3亿公斤，减少1.6亿公斤，下降10.1%。影响粮食总产下降的原因：一是粮食播种面积减少。全市粮食播种面积640.5万亩，比上年减少10.5万亩，使总产减少0.4亿公斤。二是自然灾害严重，使单产减少。据气象局农业气象中心统计，1996年冬春季节，郊区粮食主产区总降水量22.6mm，比常年少60%；6月下旬到8月底，平原地区平均气温24.4度，比常年低0.8度，低温寡照使夏玉米生育期推迟3—4天；秋粮遇到严重暴雨灾害，造成50万亩夏玉米沥涝，过水面积25万亩，倒伏面积14万亩，绝收2万亩。自然灾害和不利的气候条件使粮食单产下降，全年播种面积亩产370.6公斤，比上年减少28.4公斤，下降7.1%，由此影响粮食总产减少1.8亿公斤，占总减产的比重为81.8%。

（二）企业经济效益低下，结构调整进展缓慢。

1、工业企业经济效益不高，部分国有工业生产经营困难。全市乡以上独立核算工业企业实现利税97亿元，比上年下降38.6%；实现利润17.6亿元，下降73.4%；资金利税率仅为5.01%，下降4.9个百分点。国有工业经济效益下降幅度更大，实现利税62.3亿元，下降49%，实现利润6.8亿元，仅为上年的13.5%，其中盈利企业盈利额下降61%，亏损企业亏损额增长63.8%；亏损企业480户，增加143户，亏损面26.5%，同比上升7.1个百分点；国有企业资金利税率更低，仅为4.6%，下降6.12个百分点。

2、企业亏损严重，停产半停产企业增多。全市乡以上独立核算工业企业中，亏损企业达到2314户，增加639户，亏损面达到31.2%，上升7.3个百分点；亏损额32.3亿元，上升56.8%，相当于利润总额的1.8倍。到11月底，停产半停产企业272户，比上半年增加35户，下岗职工超过10.2万人。

3、经济结构调整进展缓慢，一些行业生存困难。地方工业系统18个工业局（集团、总公司）中，有7个全行业亏损，即化学工业集团、北京内燃机集团、矿务局、纺织总公司、有色总公司、二轻总公司和农机总公司。

（三）投资需求明显不足。

1996年全社会固定资产投资仅比上年增长4.2%，扣除投资价格指数上升因素，实际工作量下降3.7%，比“八五”第一年实际投资下降幅度（—1.6%）要大2.1个百分点。其中地方全社会完成投资比上年增长1.1%，实际工作量下降6.6%。造成投资低速增长的原因，主要是房地产投资下降7.2%，全年完成房地产投资327.5亿元，占全市投资的比重由上年的44.4%下降到39.7%。实证测算分析表明，我市固定资产投资与经济增长之间呈现高强度相关，相关系数高达0.977；作为先行指标，我市固定资产投资对经济增长的相对置后期为一年左右的时间。支撑1996年GDP增长9.1%的主要因素，是前期投资的高速增长，1992——1994年，我市全社会固定资产年平均递增速度为41%，投资增幅回落的趋势对经济增长趋势的影响十分明显。由此判断，1996年我市固定资产投资的低速增长将对1997年的经济发展产生影响。

投资与经济增长

年份	GDP增长%	全社会固定资产投资增长%
1989		14.7
1990	5.4	28.9
1991	9.5	7.1
1992	11.6	38.5
1993	12.1	54.3
1994	13.5	58.1
1995	12.4	29.7
1996	9.1	4.2

（四）经济增长后劲不足。

1、经济发展缺乏强有力的增长点。

首先，农村经济发展徘徊。传统农业发展在全国统一的大市场冲击下，高投入负面效应日渐暴露，发展优势正在减弱；乡镇企业发展迟缓，1996年全市农村乡镇企业亏损面40%左右，负债率平均65%左右，高于全市平均水平6个百分点，结构矛盾突出。估计这种状况短期内难以有大的好转。

第二，工业中的支柱产业规模化程度低，结构升级缓慢。汽车、电子、机械三个支柱行业在激烈的市场竞争中，规模化程度不高，市场占有率提高困难。1995年，我市汽车产量占全国的11.9%，电视机占1.9%，机床产量占不足1%。1996年，汽车产量下降25.6%，电视机产量下降37.8%，金属切削机床下降7.8%，市场占有份额出现下降趋势。冶金、建材、化工三个基础行业产业升级和产品结构调整任务艰巨，改组和改造是“九五”时期面临的主要任务，因此，增长空间有限。

第三，第三产业的新兴行业有待进一步开发。大力发展适合首都特点的第三产业是北京经济发展的方向。但目前资源开发和利用不够。特别是旅游、信息、房地产、文化体育等方面的发展大有潜力。以旅游产业为例，从1993年我市接待海外旅游者达到200万人次以后，已在这个平台上停留了三年，发展速度平缓，与北京具有的丰富旅游资源优势相比，差距很大，与国外发达城市相比，差距更大。

2、利用外资后劲不足。

1996年，我市实际利用外资水平较高，主要是前几年大量批准的项目建设进入入资高峰期，但近几年，批准三资企业项目急剧减少，1994年下降28.6%，1995年下降41.7%，1996年下降41.2%；协议外资1994年下降24%，1995年下降39.8%，1996年下降45.6%。项目平均规模减小，大项目不多。新批三资企业的平均规模为232万美元，是1993年以来的最低水平。1997年，境外实际入资将比1996年下降30%左右，如不及早采取措施，势必影响全市经济发展。

三、对1997年经济工作的几点建议

1997年我市经济工作要抓住宏观经济环境比较好的有利时机，着力解决存在的问题，促进国民经济持续快速健康发展，为此建议抓好以下几个方面工作。

1、继续下大力量抓好农业工作，稳定农业生产。

为确保农业生产稳定，我们建议：一方面要采取有效措施，稳定耕地面积。“八五”期间，我市耕地面积比1990年减少近20万亩，粮食作物播种面积减少75.6万亩，1996年又减少10.5万亩。对此要引起足够的重视，千方百计保护好380万亩粮田和65万亩基本菜田；另一方面要增强农业抵御自然灾害的能力。要大力推广优良品种，改善农业生产条件，提高粮食生产水平。同时要继续抓好“菜篮子”工程，用好农业生产风险基金，以市场为导向，发挥国家、集体和个人三个积极性，稳定农副产品生产，保证首都市场供应。

2、大力调整经济结构，提高企业经济效益。

目前，我市经济运行对速度的依赖性很强，速度效益型倾向日益严重。1997年和整个“九五”时期，随着国家宏观调控水平的提高，经济将适度平稳增长，单纯依靠速度提高企业效益是没有出路的。要依靠改革，向结构调整要效益，向管理要效益。要把搞好国有企业放在突出地位。为此，我们建议采取以下四项措施：

一要解决企业债务和冗员问题，为国有企业发展创造良好的外部环境。对国有企业拨改贷负债，要有步骤地全部转为国家资本金；对企业负债采取银企双方均可接受的适当减息政策，减轻企业负担。对职工的下岗和辞退，要与社会保障体系和实施再就业工程相配套，保持社会稳定。

二要按照“抓大放小”的战略方针，对国有企业进行分类指导。1997年工业经济的发展目标是实现经济效益好于1996年。要针对目前国有工业存在的问题采取相应对策。一是优中选优，扶植一批。选择一批好的和有发展前景的企业，通过加大技改力度和政策扶植，增强这些企业的盈利能力，使之成为北京经济发展的骨干力量。二是千方百计，解困一批。对于一些微利和亏损，但产品有市场的企业，从多方面给予重点支持，使之渡过难关。三是采取多种形式，放活一批。四是兼并破产，淘汰一批。对于资不抵债、连续亏损、扭亏无望的企业，要通过兼并破产、资产重组获得新生。

三要加快国有企业技术改造步伐，切实增加技术改造投入。要通过增加高新技术扶持资金、扩大技改贷款规模、实行财政贴息、所得税返还以及资产变现等多种办法，切实增加对技术改造的投入。继续支持有条件的大中型企业和企业集团建立技术中心，鼓励企业多提科研开发费，提高企业技术创新能力。

四要狠抓以成本为中心的全面企业管理。

要针对目前企业销售费用、管理费用和财务费用增加过猛的趋势，采取措施，制定目标并加以控制；建立扭亏增盈责任制，对亏损企业进行分类指导，根据亏损大小限期扭亏；采取措施，提高盈利企业盈利水平，实现全市工业经济效益的好转。

3、**积极培育经济新增长点，促进经济可持续发展**。

一要大力发展高新技术产业，加快产业化进程。经过近几年的发展，我市高新技术产业已初具规模。以海淀区高新技术产业实验区为例，1992年至1996年产值平均递增60%，实现增加值占全市工业的十分之一，发展势头很好，潜力很大。要加大对高新技术产业的扶植力度。首先，要继续坚持政策扶持。充分利用国家对高新技术企业的优惠政策，并在政策允许的条件下，对有些优惠政策作适当和必要的调整。包括对所得税、贷款等方面给予更加优惠的政策；建立科技开发风险基金，鼓励企业技术创新。第二，适当放宽科技人才政策。对科技人才在待遇、住房、进京落户等方面给予照顾，适当降低科技人员知识产权所得税。第三，进一步推动“产学研”联合，加速科技成果转化，推动企业技术进步，从而加快高新技术产业化进程，培育我市经济新增长点。

二要积极发展居民住宅产业，加快住宅商品化。1992年以来，我市房地产业发展很快，到1996年，累计投资已突破1000亿元，1996年达到327.5亿元；房地产投资比重近两年达到40%左右。但因高档商品房比重过大和普通居民住宅价格偏高，致使大量商品房闲置，居民对住宅的需求不能实现。1996年，商品住宅空置面积151.2万平方米，占全部空置面积172.7万平方米的87.6%，空置率达34.2%，比上年底高20个百分点。居民商品住宅空置的主要原因，是住宅售价过高。目前，我市商品住宅每平方米建筑面积价格为4052元，购买一套60平方米的二居室住宅，需要24.3万元，相当于1996年城镇居民家庭平均收入的12.1倍，与国际通常的居民收入与住宅价格比例1:6相比，高出一倍。居民住宅的需求量很大，市场前景很好。如果我市每年峻工800万平方米住宅，按每平方米建筑面积价格2000元出售，一年实现的销售额可以达到160亿元。同时，住宅建设的产业关联度极强，涉及建筑、原材料工业、轻工、纺织、家电等行业，据测算，住宅建设的产业带动系数为1.34，按住宅可实现销售额160亿元计算，所带动的社会整体销售额约为380亿元，相当于1996年我市社会商品零售额的1/3强。因此要增加对普通居民住宅的投资力度，并采取措施，以合理降低价格为突破口，发展商品住宅市场，进而带动我市经济发展。

三要大力发展具有首都特色的文化产业，带动第三产业发展。北京是具有悠久历史的文明古都，有着深厚的文化积淀和丰富的文化资源。开发利用这一资源，可成为我市经济发展的新增长点。北京的文化产业是集文化、体育、艺术、新闻出版、文物古迹、旅游、园林、文化娱乐、电影电视等行业为一体的综合性产业。1995年(1996年数据待测算)，我市文化产业经营性收入达500多亿元，创增加值191亿元，占全市国内生产总值的比重为13.7%，占第三产业的比重为27.4%。要大力发展我市的文化产业，充分挖掘历史文化资源，加强文化产业建设，逐步使文化产业成为我市经济发展的支柱产业。按每年增长15%估算(可比价格)，到2000年，文化产业增加值可达515亿元，占国内生产总值的比重达到1/4。

四要积极发展创汇农业。目前，北京农业的规模化和生产条件在国内居领先水平。要进一步挖掘潜力，打破传统农业观念，推广应用现代化农业技术，开发新品种，培育花卉种植等适应城市消费新特点、新需要的行业，发展生态农业、创汇农业。要以推进生物工程、种子工程为重点，加强新品种开发、培育，提高农产品科技含量；积极培育贸工农一体化集团，引导和促进农民进入市场。

4、**大力增加投资需求，促进经济增长**。

1996年我市固定资产投资明显不足，对

1997年经济增长将产生不利影响。从经济发展的需要看，1997年计划安排经济增长9%，按国内生产总值增长与固定资产投资增长速度（均用可比价格）的比例1：1.6计算，全社会固定资产投资实际增长速度要达到15%左右，名义增长要在25%左右。建议大力增加投资需求，特别是增加城市基础设施投资、更新改造投资和住宅投资。同时，要加大招商引资力度。对近两年批准三资企业数目急剧减少，外商实际入资水平可能出现下降的状况，要引起高度重视，加强吸引外资的软环境建设，为我市经济建设筹集更多的资金。

四、对1997年经济发展的预测与展望

1997年，我市经济发展的有利因素：

一是有利的发展环境。经过自1993年以来三年的努力，国民经济"软着陆"目标基本实现，整体经济开始进入适度快速和相对平稳的发展轨道，"稳定上升"是1997年经济发展的主调。

二是比较灵活的政策环境。国家宏观调控政策在保持连续性和稳定性的同时，将不失必要的灵活性。中央经济工作会议对全国经济工作精神已经明确，宏观调控政策在"适度从紧"的同时，将采取一些必要的结构性松动措施，使经济保持新的活力。

三是良好的政治环境。1997年香港回归和下半年将要召开的党的十五大，将对经济发展产生巨大影响。

四是比较雄厚的物质基础。经过三年的宏观调控，社会总供给相对宽松。原材料、能源、运输和农产品供应等方面的紧张状况都得到进一步缓解。

不利因素主要是三个方面：一是经济发展缺乏强有力的增长点，后劲不足；二是缺少重大投资项目，投资需求增长势头较弱；三是部分企业经营困难，效益低下。同时，物价控制工作的难度加大，财政补贴负担沉重。

根据上述情况，并参考我局预测模型，预计1997年我市经济增长率，经过努力将基本保持上年水平，国内生产总值将达到1800多亿元，增幅比上年略有上扬，但幅度不会很大，"保九争十"应是经济发展的基本目标；三次产业发展的格局基本不变，第三产业将继续保持领先增长。

全社会固定资产投资，1996年投资增长偏低，为保证1997年经济增长9%，全社会固定资产投资需要增长20%以上。

社会消费品零售额将继续保持平稳增长的趋势，总量预计达到1130亿元，比1996年增长16%。

社会商品零售物价，如果调控得当，物价上涨率将低于1996年，为6%左右；居民消费价格指数上涨率为9%左右。

居民收入将继续稳定提高。预计城镇居民人均实际收入增长5%左右。

北京市第三次全国工业普查公报

北京市统计局　北京市第三次工业普查办公室

根据《国务院关于进行第三次全国工业普查通知》的要求，按照全国统一部署，我市于1996年上半年对全市工业企业进行了普查。在市政府和全国工业普查办公室的领导下，经过全市各级工业普查机构和全体普查人员一年多的辛勤工作，圆满完成了第三次全国工业普查任务。这次工业普查取得了丰硕的成果，摸清了全市工业资产底数、工业经济结构、生产能力利用、科技进步、主要生产设备拥有量及其技术状况，全面掌握了企业财务、劳动、产供销、能源及原材料消耗等方面的情况，获得了全面、翔实的工业经济资料。现将普查主要结果公布如下：

一、工业经济规模

工业经济总量规模显著扩大，发展水平明显提高。1995年末，全市工业企业和生产单位为34293个，比1985年增加5894个；从业人员241.4万人，比1985年增长12.4%；资产总额为2697.3亿元，比1985年增长7.1倍，1995年工业总产值为1444.53亿元(按不变价格计算)，其中乡及乡以上工业总产值为1270.1亿元，比1985年增长1.8倍，年均增长10.9%。1995年工业增加值为525亿元，按可比价格计算，比1985年增长1.1倍，年均增长7.8%；占国内生产总值的37.6%，工业在整个国民经济中仍居重要地位。

一些重要工业产品的产量明显增长。

产品名称	单位	1995年产量	1995年产量比1985年增长(%)
钢	万吨	804.8	2倍
成品钢材	万吨	629.8	1.8倍
原煤	万吨	995.4	33.3
发电量	亿千瓦小时	132.2	28.4
化肥	万吨	10.6	32.5
乙烯	万吨	53.0	90.6
塑料	万吨	65.1	92.0
水泥	万吨	574.2	92.0
发电设备	万千瓦	183.4	1.5倍
汽车	万辆	17.9	2.6倍
彩色电视机	万部	50.2	30.4
微型计算机	万部	19.17	47倍
程控交换机	万线	341.5	
录像机	万部	24.9	
集成电路	万块	1575.0	97.9
房间空调器	万台	39.4	78倍
饮料酒	万吨	91.2	3.3倍

工业产品出口比重增加。1995年全市乡及乡以上工业企业产品出口交货值136.6亿元，比1985年增长7.7倍，出口交货值占工业总产值的比重由1985年的5.0%上升到9.1%；制造业出口交货值134.4亿元，占全部出口交货值的98.4%。

二、工业结构

1、经济类型结构

1985年以来，工业经济类型结构呈现出多种经济成份共同发展的格局，以公有制为主体，国有工业为主导的局面并未改变。1995年公有制工业(即国有工业加集体工业)占全部工业的份额，工业总产值占72.8%，资产总额占77.2%。国有工业(指纯国有工业，下同)所占份额虽有所下降，但工业总产值和资产总额仍各占46.7%和62.3%。“三资”工业所占份额上升，工业总产值和资产总额已占23%和20.1%。

工业经济类型结构比重变化情况(%)

	资产总额		从业人员		工业总产值	
	1985	1995	1985	1995	1985	1995
国有工业	77.3	62.3	53.5	45.3	69.9	46.7
集体工业	21.0	14.9	43.7	38.4	27.8	26.1
私营工业		0.1		0.1		0.1
联营工业	0.8	0.9	0.7	1.0	0.7	1.0
股份制工业		1.5		1.1		1.3
三资工业	0.7	20.1	0.3	10.0	1.3	23.0
其他工业	0.2	0.2	1.8	4.2	0.3	1.8

2、企业规模结构

大中型企业比重下降，小型企业比重上升。大中型企业工业总产值所占比重由1985年的62.3%下降为53.0%，小型企业比重由1985年的33.7%上升为47%。

企业规模结构比重变化情况(%)

	资产总额		从业人员		工业总产值	
	1985	1995	1985	1995	1985	1995
大型企业	51.7	57.0	29.3	33.1	43.8	46.8
特大型企业		27.7		12.6		17.9
大一型企业		16.7		10.0		17.2
大二型企业		12.6		10.5		11.7
中型企业	17.8	6.9	14.1	8.2	18.5	6.2
中一型企业		2.5		2.8		2.6
中二型企业		4.4		5.4		3.6
小型企业	30.5	36.1	56.6	58.7	37.7	47.0

3、轻重工业结构

轻工业比重下降，重工业比重上升。轻工业

总产值所占比重由1985年的43.8%下降为33.8%，重工业总产值所占比重由1985年的56.2%上升为66.2%。

轻重工业结构比重变化情况(%)

	资产总额		从业人员		工业总产值	
	1985	1995	1985	1995	1985	1995
轻工业	31.3	30.5	41.5	42.8	43.8	33.8
以农产品为原料	18.0	18.8	26.7	28.4	27.1	22.4
以非农产品为原料	13.3	11.7	14.8	14.4	16.7	11.4
重工业	68.7	69.5	58.5	57.2	56.2	66.2
采掘工业	2.0	1.0	3.8	2.9	0.8	0.5
原材料工业	28.2	34.8	13.7	20.3	24.4	23.8
加工工业	38.5	33.7	41.0	34.0	30.5	41.9

4、工业行业结构

十年来，工业行业结构变化的基本趋势是：电子、汽车支柱行业地位上升，石油加工、合成材料、信息和放射化学品制造业、生物新医药、新型建筑材料、机电仪一体数控机床、通信设备、电子计算机、精密仪器仪表等新兴高技术行业有所发展，一些传统行业比重下降，行业结构正在由初级化向高级化发展。

电子及通信设备工业总产值所占比重由1985年的6.1%增至17.1%，在各工业行业中的地位由1985年的第7位上升为首位；交通运输设备工业总产值比重由1985年的6.7%上升为12.6%，位居各工业行业的第2位，名次比1985年上升了四位。在交通运输设备中，汽车工业总产值为118.4亿元，所占比重为74.2%。电子、汽车两大支柱行业工业总产值合计为335.1亿元，已占全部工业的26.4%。

新兴高技术行业的工业总产值合计已达330.2亿元，占全部工业的26%。传统的机械工业总产值所占比重由1985年的10.6%下降为7.2%，名次由第2位降至第5位；纺织工业所占比重由1985年的8.2%下降为3.9%，名次由第4位降至第9位。

三、工业地域分布

从城区、近郊区、远郊区和各县工业分布看，工业主要集中在城近郊区，分布在各县工业比重上升。1995年在全市工业中，城区资产总额和工业总产值各占19.0%和11.3%；近郊区资产总额和工业总产值占一半多，分别为55.7%和55.8%；远郊区资产总额和工业总产值各占8.2%和8.8%；各县资产总额和工业总产值各占17.1%和24.1%，分别比1985年上升了1.8个百分点和7.7个百分点。

从各区县工业分布看，朝阳、海淀、石景山三个区占一半。1995年，朝阳工业总产值308.92亿元，占全市工业的21.4%；海淀工业总产值246.28亿元，占17.1%；石景山工业总产值156.32亿元，占10.8%；朝阳、海淀、石景山三个区合计工业总产值711.52亿元，占全市工业的49.3%。其他各区县工业总产值占全市工业的比重依次为：房山占7.7%，丰台占6.6%，宣武占5.6%，顺义占4.7%，通县占4.1%，昌平占3.3%，大兴占3.0%，怀柔占3.0%，平谷占2.8%，密云占2.4%，西城占2.2%，东城占1.9%，崇文占1.5%，门头沟占1.1%，延庆占0.8%。

工业地域分布情况(%)

	资产总额比重	工业总产值比重	从业人员比重
东城	2.4	1.9	2.5
西城	6.4	2.2	3.1
崇文	2.3	1.5	2.2
宣武	7.9	5.6	5.1
朝阳	19.2	21.4	17.2
丰台	7.0	6.6	8.7
石景山	17.4	10.8	9.2
海淀	12.1	17.1	8.7
门头沟	1.3	1.1	3.1
房山	6.9	7.7	6.8
昌平	2.8	3.3	4.2
顺义	3.0	4.7	12.0
通县	3.2	4.1	5.3
大兴	3.0	3.0	3.5
平谷	1.6	2.8	2.7
怀柔	1.4	3.0	2.0
密云	1.6	2.4	2.6
延庆	0.5	0.8	1.1

四、工业劳动者

工业劳动者队伍进一步壮大，劳动者素质有所提高。1995 年全市工业企业和生产单位的从业人员为 241.4 万人，比 1985 年增加 25.8 万人，增长 12.4%。乡及乡以上工业从业人员为 176 万人，比 1985 年增加 6.3 万人，增长 3.7%。在全部从业人员中，职工为 174.1 万人，比 1985 年增加 4.4 万人，增长 2.6%。

从劳动者劳动岗位看，工程技术人员、管理人员比重上升。在乡及乡以上工业企业中，工人和学徒 112.8 万人，占职工总数 64.8%；工程技术人员 15.3 万人，占 8.8%；管理人员 20.6 万人，占 11.8%；服务及其他人员 25.5 万人，占 14.6%。与 1985 年相比，工人和学徒所占比重下降 6.9 个百分点，工程技术人员比重上升 4.1 个百分点，管理人员比重上升了 1.2 个百分点，服务及其他人员比重上升 1.6 个百分点。

从职工年龄构成看，中青年劳动者队伍壮大。20 及 20 岁以下的 7 万人，占 4%；21—35 岁的 82.3 万人，占 47.3%；36—50 岁的 73.2 万人，占 42%。50 岁及以下的中青年职工占 93.4%，比 1985 年上升了 0.6 个百分点。

从劳动者文化程度看，劳动者文化水平提高。大专以上文化程度的 18.1 万人，占 10.4%；中专程度的 13.3 万人，占 7.6%；技工程度的 11.5 万人，占 6.6%；高中程度的 45.5 万人，占 26.1%；初中程度的 77.3 万人，占 44.5%；小学程度及以下的 8.4 万人，占 4.8%。与 1985 年相比，大专以上文化程度的比例提高 6.2 个百分点，小学程度及以下的下降 11.4 个百分点。

从劳动者技术职务看，劳动者技术素质提高。在已评定技术职务的专业技术人员中，高级技术职务的 2.4 万人，占 7.9%；中级技术职务的 9.2 万人，占 30.8%；初级技术职务的 18.3 万人，占 61.3%。与 1985 年相比，高级技术职务人员比例上升 7 个百分点，中级技术职务人员下降 10.1 个百分点，初级技术职务人员上升 3 个百分点。

1995 年，乡及乡以上工业企业从业人员平均劳动报酬为 7387 元，扣除物价影响，比 1985 年实际增长 1.1 倍，平均每年递增 7.8%，工业劳动者的生活条件逐年有所改善。

劳动用工制度改革取得进展，乡及乡以上工业企业中，合同制职工占 49.5%。国有工业的合同制职工占 32%。

五、工业装备水平

工业装备水平提高，设备更新加快。1995 年末，全市乡及乡上工业和年产品销售收入 100 万元以上的村及村以下工业固定资产原价为 1390 亿元，比 1985 年增加 1153.5 亿元，增长 4.9 倍；人均装备 70846 元，比 1985 年增长 4.1 倍。1995 年末，乡及乡以上工业企业固定资产净值 951 亿元，比 1985 年增加 801 亿元，增长 5.3 倍。其中机器设备固定资产净值 406 亿元，机器设备净值率为 42.7%。工业企业主要工业生产设备中，进口设备占 33.2%，比 1985 年的 28.5%上升 4.7 个百分点；国产设备占 66.8%，比 1985 年的 71.5%下降 4.7 个百分点。

设备出厂年代比例（%）

	90年代出厂	80年代出厂	70年代及以前出厂
全部设备	47.6	32.1	20.3
其中：进口设备	40.3	34.9	24.8
国产设备	51.2	30.8	18.0

六、工业科技活动

工业企业的科技投入增加，技术创新活动成效显著。1995 年全市大中型工业企业拥有技术开发机构 363 个，平均 1.26 个企业 1 个；技术开发人员 42197 人，占企业职工总数的 4.4%。当年投入技术开发及技术活动经费 12.1 亿元，占产品销售收入的比重为 1.2%；用于新产品开发的经费 4 亿元，占当年投入技术开发经费的 33.1%。完成技术开发项目（课题）2259 个。1995 年新产品销售收入 154 亿元，占大中型企业全部销售收入的 14.7%；新产品实现利税20.4亿元，占全部实现利税的13.3%。全年获技术开发成果奖222项。

但工业科技投入仍显不足，我市工业企业技术开发经费投入占产品销售收入的比重和新产品开发经费投入占技术开发经费的比重均低于全国平均水平。

七、工业经营状况

工业资产规模扩大，经营收益增加。全市乡及乡以上工业企业和年产品销售收入在100万元以上的村及村以下工业，1995年末工业全部资产达2678.8亿元，比1985年增加2405.2亿元，增长7.3倍。其中固定资产原值达1431.9亿元，比1985年增加1195.4亿元，增长5倍；流动资产1245.3亿元，比1985年增加1121.6亿元，增长9.1倍。1995年产品销售收入1695.8亿元，比1985年增长4.3倍，年均增长18%；实现利税201.4亿元，比1985年增长1.5倍，年均增长9.6%；实现利润90亿元，比1985年增长64.2%，年均增长5.1%；税金为111.4亿元，比1985年增长2.9倍，年均增长14.7%。利润占利税总额的比例由1985年的66%下降为44.7%；税金比重由1985年的34%上升为55.3%。1995年上交税金130.8亿元，比1985年增加73.6亿元，增长1.3倍；从业人员劳动报酬143.9亿元，比1985年增长5.6倍，年均增长20.8%。

工业产品质量总体水平上升。据对261种主要工业产品质量状况的普查，按产品价值计算，1995年达到国际先进标准水平的优等品占27.9%，达到国际一般标准水平的一等品占24.9%，达到国内标准的合格品占47.2%。与1985年相比，优等品率提高8.2个百分点，一级品率提高2.8个百分点，合格品率降低11个百分点。

工业经济效益不理想，有待进一步提高。1995年工业增加值率降到27.12%，中间物质消耗和劳务消耗升至72.88%；企业亏损面扩大为33.62%，亏损企业亏损额达29.8亿元；工业总资产贡献率由1994年的10.34%下降为9.28%，资金利税率、销售收入利润率、成本费用利用率均有所下降。

八、国有工业

国有工业有较大发展。1995年末国有企业2295个，职工人数106.1万人，拥有全部资产总额达到1681.1亿元，比1985年增加1462.3亿元，增长5.4倍。其中固定资产853亿元，比1985年增加646.3亿元，增长3.1倍。1995年国有工业总产值674.8亿元，比1985年增长86.9%，年均增长6.5%；工业增加值292.2亿元，比1985年增长34.5%，年均增长3.0%；产品销售收入974亿元，比1985年增长2.9倍，年均增长14.6%；实现利税140.8亿元，比1985年增长1.1倍，年均增长7.7%；上交税金91.6亿元，比1985年增长92.0%，年均增长6.7%。

国有工业仍占主导地位。国有工业占全部工业的比重，企业户数占6.7%，资产总额占62.3%，职工人数占45.3%，工业总产值占46.7%，工业增加值占55.7%，销售收入占55.5%，实现利税占69.4%，上交税金占69.2%。在全部工业企业中，占6.7%的国有企业，其资产总额、工业增加值占60%左右，实现利税、上交税金占近70%。这充分说明，在多种经济成份迅速发展的情况下，国有工业在国民经济中仍占主导地位，是国家财政收入的主要来源，为改革开放、促进经济发展和保持社会稳定做出了重要的贡献。

国有工业素质较好。1995年国有工业拥有工程技术人员9.7万人，占职工总数的9.2%，比其他各类经济工业8.1%的比重高1.6个百分点；大专以上文化程度的占12.0%，比其他各类经济工业7.9%的比重高4.1个百分点；具有高中级技术职务的占7.3%，比其他各类经济工业5.6%的比重高1.7个百分点。人均固定资产装备99443元，比其它各类经济工业高1.1倍。

国有工业负担重，困难较多。一是债务负担沉重。1995年国有工业债务总额981.63亿元，占全部工业债务总额的64.2%，资产负债率为58.4%；其中流动负债额643.59亿元，占全部工业流动负债额的59.4%；流动比率1.067，低于全市工业平均水平；营运资金(即自有资金)比率6.28%，低于全市工业8.97%的平均水平。二是社会负担沉重。1995年国有工业社会性服务机构人员占职工总数的2.1%，比非国有工业高1.8个百分点；离退休人员41.18万人，相当于在职职工人数的39.1%；支付离退休金及福利费66.95亿元，相当于其当年实现利润的108.8%，超出利润总额5.4亿元。由于国有企业负担沉重，以及其他多方面的原因，致使国有企业生产经营困难加大，影响生产增长和效益改善。

九、"三资"工业

"三资"工业发展迅速。1995年末，我市"三资"工业企业为2125个，比1985年增加2120个。乡及乡以上"三资"工业企业2114个，其中外商投资企业1218个，占57.6%；港澳台投资企业896个，占42.4%。合资企业1718个，占81.3%；合作企业68个，占3.2%；独资企业328个，占15.5%。

"三资"工业企业资本金208.0亿元，其中中方资本金92.5亿元，占44.5%；港澳台工商业者资本金38.1亿元，占18.3%；外国资本金74.5亿元，占35.8%。年末累计客商协议投资额100.5亿元；实际投资额121.5亿元，其中中方投资占44.5%，港澳台工商业者投资占18.6%，外国投资占35.0%。实收资本191.9亿元。

从"三资"企业的行业分布来看，从事轻工业的占66.1%，从事重工业的占33.9%。主要分布在服装制造业、纺织业、食品制造业、电子及通信设备制造业、化学原料及化学制品制造业、专用设备制造业。

1995年，"三资"工业从业人员23.2万人，占全部工业的10%；"三资"工业总产值为332.5亿元，比1985年增长778倍，占23%；工业增加值为91.0亿元，占17.3%。销售收入370.8亿元，占21.1%，其中国内销售311.7亿元，占84.0%，外销59.1亿元，占16.0%。实现利税35.3亿元，占17.4%；上交税金22.3亿元，占16.8%。"三资"工业企业外汇收支差额为1.71亿美元，其中进口用汇8.92亿美元，出口创汇8.29亿美元。

十、乡镇工业

乡镇工业不断发展壮大。1995年末，全市共有乡镇工业企业和生产单位25254个，比1985年增加3009个；从业人员74.5万人，比1985年增加15.3万人；其中乡属企业2027个，从业人员16.5万人；村及村以下工业企业和生产单位23227个，从业人员58万人。1995年乡镇工业总产值(按现行价格计算)256.9亿元，占全部工业的15.9%，比1985年增长5.3倍，年均增长20.1%；拥有固定资产90.3亿元，占6.3%；实收资本(自有资金)77.4亿元，占10.6%；产品销售收入242亿元，占13.8%；上交税金9.6亿元，占7.2%。

乡镇工业主要以轻纺工业和一般加工工业为主，1995年乡镇工业总产值中，轻纺工业占52.3%，一般加工工业占19.7%。

经过十年的发展，乡镇工业的规模水平和技术水平都有了很大发展。1995年乡镇工业年销售收入超过500万元的有1077家，达到大中型企业标准的企业10家，与外商合资企业182家。

乡镇工业在装备水平、职工文化素质等方面总体上仍与国有工业、"三资"工业有一定差距。乡镇工业人均固定资产装备11357元，比国有工业低88085元，比"三资"工业低75451元。乡镇工业从业人员中，大专以上文化程度的仅占从业人员的2.1%，具有高中级专业技术职务的仅占3.5%，初中及小学文化程度以下的占68%。

十一、大中型工业企业

大中型工业企业经济实力雄厚。1995年全市大中型工业企业456个，其中大型企业203

个，中型企业253个。虽然大中型企业个数仅占全部工业企业数的1.3%，但其拥有资产总额1723.6亿元。1995年工业总产值765.6亿元，工业增加值313.5亿元，销售收入1048.7亿元，实现利税153.3亿元，上交税金98.2亿元，分别占全部工业的63.9%、53%、59.7%、59.7%、75.5%和86.8%。与1985年相比，大中型工业企业的个数增加63个；资产增长6.3倍，年均增长22%；工业总产值增长1.4倍，年均增长9.1%；工业增加值增长68.5%，年均增长5.4%；实现利税增长1.5倍，年均增长9.5%。

大中型工业企业综合优势突出。1995年全市大中型工业企业拥有工程技术人员8.7万人，占其职工总数的9%，高于小型企业8.2%的比重；大专以上文化程度的占12.2%，具有高中级技术职务的占7.2%，均高于小型企业的水平。大中型企业不仅技术力量强，设备也较先进。据对397种主要专业生产设备技术水平的普查，1995年达到国际水平的占41.3%，比1985年提高25.2个百分点；国内先进水平的占26.6%，提高5.3个百分点；国内一般水平的占26.7%，下降18.2个百分点；国内落后水平占5.4%，下降12.2个百分点。大中型工业企业总资产贡献率为10.8%，比小型企业高4.5个百分点；成本费用利润率为6.8%，比小型企业高3.6个百分点；全员劳动生产率为31968元，比小型企业高13441元；流动资产周转率为1.52次，比小型企业高0.22次。

国有大中型企业是我市经济发展与改革的栋梁。1995年国有大中型企业357个，职工人数84.8万人，资产总额1469亿元，工业总产值539亿元，工业增加值259.8亿元，销售收入829亿元，实现利税129.5亿元，上交税金84.1亿元。仅占全部工业企业1.0%的国有大中型企业，其资产总额占54.5%，工业总产值占37.3%，工业增加值占49.5%，销售收入占47.2%，实现利税占63.8%，上交税金占63.5%。

目前，我市已有首钢总公司、北京燕山石油化工公司、北京化学工业集团公司、北内集团总公司、华北电力集团公司、北京供电局、北京热电总厂、北京石景山发电总厂等八个特大型企业。这些特大型企业已经接近或达到合理的经济规模，成为现代工业企业的代表。

十二、普查数据质量

普查数据质量抽查结果表明，这次工业普查资产总计误差率为4.7‰，产品销售收入误差率为0.7‰，利润总额误差率为0.2‰，年末从业人员误差率为1.9‰，工业总产值误差率为6.1‰，工业中间投入误差率为8.5‰，总体误差率为1.2‰，符合预期的质量控制目标，普查数据是准确可靠的。

一九九六年十一月

注：1、第二次全国工业普查是1985年进行的，因此本次普查资料多与1985年相比。

2、全市工业的统计范围为北京市行政区域内的所有工业企业和工业生产单位。即包括中央在京工业和外省市在京工业，不包括我市在外地工业。其口径为乡及乡以上工业、附营工业生产单位和村办工业、私营工业、合作经营工业、个体工业和生产单位。

3、工业总产值按1990年不变价格计算，工业增加值按现行价格计算，增长速度均按可比价格计算。

4、乡镇工业是乡属工业、村办工业、农村私营、合作经营和个体工业之和。

5、资产总额与1985年对比时，扣除了在建工程、长期投资、无形资产、递延及其他资产计算的增长速度。

6、工业地域分布是按企业所在地划分的，即各区县数字为在本行政区域内包括中央企业和市属企业的所有工业企业和工业生产单位。

7、城区包括东城、西城、崇文、宣武；近郊区包括朝阳、丰台、石景山、海淀；远郊区包括门头沟、房山；各县包括昌平、顺义、通县、大兴、平谷、怀柔、密云、延庆。

北京市城市市政公用设施普查公报

1996 年 3 月 1 日

根据建设部、国家统计局建计[1995]30号《关于开展城市市政公用设施普查工作的通知》和北京市人民政府京政发[1995]24 号《北京市人民政府批转北京市市政公用设施普查实施方案的通知》精神,我市进行了第一次城市市政公用设施普查。普查的目的是摸清全市市政公用设施底数,为城市规划、建设和管理提供翔实的基础资料。普查的范围,市区为 8 个城近郊区,远郊区(县)为规划确定的 14 个卫星城和两个中心镇。普查的内容包括城市公用事业(含自来水、自备水、公共交通、燃气、集中供热)、市政工程(含道路、防洪、桥梁、路灯、排水及污水处理)、园林绿化和环境卫生。普查的标准时间为 1995 年 6 月 30 日。现将普查结果公布如下:

一、市政工程

全市城市道路总长度为 4728 公里,其中城近郊区为 3833 公里;全市道路总面积为 4243 万平方米,其中高级、次高级道路面积 3502 万平方米。城市排水管道总长度为 4653 公里,其中城近郊区为 3543 公里。污水日处理能力达 96 万吨。全市共有各种桥梁 666 座,其中:立交桥 139 座,人行天桥 68 座,桥梁面积达 115 万平方米,地下通道 190 座,9.1 万平方米。全市防洪堤总长度为 521 公里。城市路灯 12 万盏,输电线路总长 4000 公里。

二、园林绿化

全市园林绿地面积为 20623 公顷,其中城近郊区为 16577 公顷。全市公共绿地面积为 5017 公顷,其中城近郊区为 4066 公顷。全市道路绿化覆盖面积为 5641 公顷,其中城近郊区为 4887 公顷。全市公园为 107 个,面积为 4043 公顷。全市园林绿化覆盖率为 32.68%,其中城近郊区为 32.42%,人均公共绿地面积为 7.48 平方米,其中城近郊区为 7.08 平方米。

三、环境卫生

全市各类公共厕所 7494 座,全市垃圾桶箱 4.7 万个,其中城近郊区 3.6 万个;密闭式清洁站 588 座;垃圾转运站 6 座;全市拥有环卫机械 2227 台。

四、公用事业

公共交通:全市共开辟公共交通运营线路 407 条,其中地铁 2 条,运营线路总长度达 7211 公里,其中地铁 42 公里,拥有公共交通运营车辆 6625 辆,其中地铁运营车辆 357 辆。全市公交企业停车场、保养场 29 个,占地面积为 104.5 万平方米。全市出租汽车运营单位达 1245 个,出租汽车 6 万辆。

供水:全市自来水综合生产能力达每日 283 万立方米,供水区域为 660 平方公里。全市使用的自备水井为 2000 个,城市用水普及率达 100%。

供气、供热:全市煤气、天然气管道总长度 2928 公里;煤气日综合生产能力为 580 万立方米,天然气日供气能力为 40 万立方米;液化石油气储气能力为 2.4 万吨;全市居民燃气用户达 219 万户,气化率为 91.3%。全市供热管网长度为 2579 公里,供热能力蒸汽和热水分别达 3571 吨和 3645 兆瓦,供热面积达 6189 万平方米。

注:供热包括热电联产、实行区域性集中供热的锅炉房(单台锅炉容量不小于 7 兆瓦)、地热井等。

STATISTICAL CHART
统计图表

01

GENERAL SURVEY
综合

辉煌五年 成就显著

国内生产总值	比1991年增长74.3 %
# 第一产业	比1991年下降3.1 %
第二产业	比1991年增长67.6 %
第三产业	比1991年增长95.7%
全社会固定资产投资	1992年-1996年五年累计3043.5亿元
房屋建筑竣工面积	1992年-1996年五年累计6687.8亿元
货物运输量	比1991年增长24.7%
消费品零售额	比1991年增长 1.7倍
外贸出口总额	比1991年增长 71.5%
财政收入	比1991年增长92.7 %
邮电业务总量	比1991年增长3.6倍
银行存款余额	比1991年增长2.4倍
银行贷款余额	比1991年增长1.9倍

国内生产总值增长速度

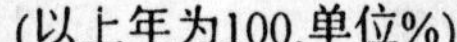
(以上年为100,单位%)

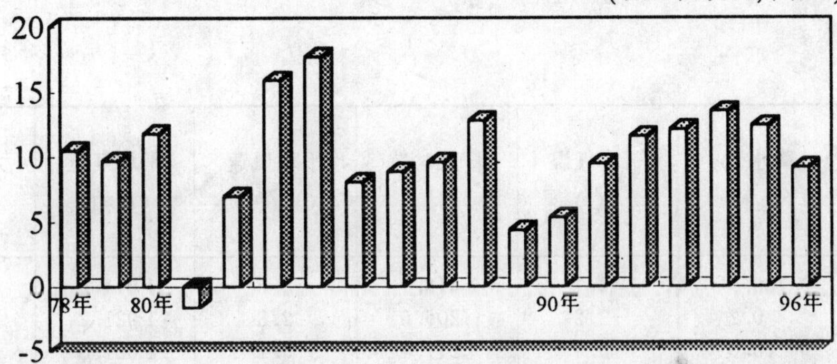

位置:

北京，位于北纬39度56分，东经116度20分，海拔43.71米。她东与天津市毗邻，四周与河北省交界。

地形地势:

全市处于华北大平原西北边缘，西部和北部是连绵不断的群山，东南是一片向渤海倾斜的平原，平原面积6390.3平方公里、占全市土地面积的 38%，山地面积10417.5平方公里，占62%。山峰一般在海拔1000米到1500米左右，最高山峰灵山高达2303米。

河流:

全市贯穿5条大河，3条主要河流是：永定河，长174公里；潮白河，长90公里；北运河，长101公里。

1—1 土地面积

项目	范围	面积（平方公里）	比重（%）
一、全 市		**16 807.80**	**100**
城 区	东城区、西城区、崇文区、宣武区	87.10	0.52
近郊区	朝阳区、丰台区、石景山区、海淀区	1 282.80	7.63
远郊区	门头沟区、房山区	3 198.00	19.03
各 县	昌平县、顺义县、通县、大兴县、平谷县、怀柔县、密云县、延庆县	12 239.90	72.82
二、规划市区			
	东：定福庄南：南苑	1 041.00	6.19
	西：石景山北：清河		
市区中心地区	边缘大体在四环路内外	289.75	1.72
建成区		487.71	2.90
三环路以内		158.00	0.94

1—2 气 象

月 份	降水量（毫米）	平均气温（℃）	日照时数（时）	平均风速（米/秒）	平均气压（百帕）	大风日数（日）
全 年	**700.9**	**12.7**	**2 418.7**	**2.6**	**1 011.0**	**16**
1	0.2	—2.2	206.6	2.8	1 021.2	0
2	0.0	—0.4	241.4	3.1	1 021.8	1
3	11.0	6.2	229.7	3.5	1 014.6	3
4	6.2	14.3	263.3	3.1	1 009.9	3
5	1.8	21.6	297.5	2.9	1 005.2	2
6	55.1	25.4	214.2	2.8	998.2	0
7	307.4	25.5	147.2	2.0	999.0	1
8	250.0	23.9	118.3	1.9	1 003.7	0
9	32.9	20.7	188.4	2.2	1 007.7	0
10	30.8	12.8	171.9	1.9	1 013.9	0
11	2.6	4.2	166.3	2.7	1 019.3	4
12	2.9	0.9	173.9	2.5	1 017.4	2

附：1. 无霜期179天。

2. 年极端最高气温36℃，出现日期6月30日。

3. 年极端最低气温—10.0℃，出现日期1月9日。

1—3 行政区划

单位:个

地 区	镇 数	乡 数	街道办事处	居民委员会	村民委员会
全 市	**100**	**166**	**117**	**5 010**	**4 357**
城 区			**35**	**1 501**	
东城区			10	417	
西城区			10	505	
崇文区			7	230	
宣武区			8	349	
近郊区	**1**	**35**	**67**	**2 788**	**619**
朝阳区		19	26	1 150	175
丰台区		6	14	639	352
石景山区			10	243	12
海淀区	1	10	17	756	80
远郊区	**18**	**16**	**15**	**353**	**654**
门头沟区	7	3	5	184	190
房山区	11	13	10	169	464
各 县	**81**	**115**		**368**	**3 084**
昌平县	11	22		125	312
顺义县	16	11		27	426
通 县	11	12		61	475
大兴县	9	18		41	551
平谷县	6	15		34	276
怀柔县	8	13		16	287
密云县	12	7		52	348
延庆县	8	17		12	409

1—4　全部法人单位数

（按所在地分）　　单位：个

地　区	合　计	中央单位	市属单位	区县属单位
全　市	**98 913**	**13 186**	**16 184**	**19 238**
城　区				
东城区	7 334	1 714	1 551	1 172
西城区	8 987	2 588	1 798	1 467
崇文区	3 547	184	985	1 631
宣武区	5 787	507	1 570	1 075
近郊区				
朝阳区	15 851	1 748	3 905	1 704
丰台区	9 205	991	1 813	1 159
石景山区	2 355	227	277	996
海淀区	16 386	4 193	2 339	1 911
远郊区				
门头沟区	2 066	58	105	692
房山区	3 963	181	209	758
各　县				
昌平县	3 766	145	464	849
顺义县	3 286	70	128	976
通　县	4 677	153	379	1 179
大兴县	4 195	174	393	971
平谷县	1 927	52	54	817
怀柔县	1 928	71	57	656
密云县	1 789	70	80	555
延庆县	1 864	60	77	670

1—5 全部法人、产业活动单位数

（按所在地分）　　　　单位：个

地　　区	法人单位数合计	单产业法人	多产业法人	多产业法人单位的产业活动单位数
全　市	**98 913**	**92 714**	**6 199**	**27 323**
城　区				
东城区	7 334	6 974	360	1 581
西城区	8 987	8 428	559	2 820
崇文区	3 547	3 362	185	904
宣武区	5 787	5 451	336	1 310
近郊区				
朝阳区	15 851	14 742	1 109	4 872
丰台区	9 205	8 643	562	2 766
石景山区	2 355	2 180	175	865
海淀区	16 386	15 738	648	3 000
远郊区				
门头沟区	2 066	1 810	256	1 002
房山区	3 963	3 674	289	1 353
各　县				
昌平县	3 766	3 387	379	1 576
顺义县	3 286	3 104	182	560
通　县	4 677	4 407	270	1 105
大兴县	4 195	3 891	304	1 190
平谷县	1 927	1 815	112	507
怀柔县	1 928	1 805	123	453
密云县	1 789	1 592	197	730
延庆县	1 864	1 711	153	659

注：多产业法人单位的产业活动单位因为有 70 个在外省市，18 个区县合计为 27253。

1—6 全部法人、产业活动单位数

单位:个

项　　目	法人单位数合　计	单产业法人	多产业法人	多产业法人单位的产业活动单位数
总　　计	**98 913**	**92 714**	**6 199**	**27 323**
按经济类型分				
#国有经济	30 602	27 239	3 363	15 365
集体经济	42 791	41 058	1 733	10 343
联营经济	1 017	984	33	150
股份制经济	5 440	5 347	93	302
外商投资经济	3 786	3 732	54	164
中外合资经济	2 226	2 181	45	130
中外合作经济	277	273	4	12
外商独资经济	1 283	1 278	5	22
港澳台投资经济	1 922	1 908	14	42
与港澳台合资经济	1 380	1 370	10	28
与港澳台合作经济	120	119	1	3
港澳台独资经济	422	419	3	11
按单位类别分				
农业	934	831	103	755
工业	23 665	22 785	880	3 156
建筑业	3 682	3 411	271	1 154
运输邮电业	764	665	99	1 076
批发零售贸易及餐饮业	28 011	26 348	1 663	11 081
服务业	22 145	21 035	1 110	5 961
行政事业	19 712	17 639	2 073	4 140
按隶属关系分				
中央属	13 186	12 326	860	4 247
市属	16 184	14 675	1 509	5 991
区县属	19 238	17 282	1 956	9 703
街道属	5 633	5 369	264	1 956
镇属	2 931	2 798	133	686
乡属	4 671	4 443	228	894
居委会属	4 800	4 356	444	1 380
村委会属	16 458	15 871	587	1 902
其他属	15 812	15 594	218	564
按地理位置分				
二环路以内	18 012	16 988	1 024	4 640
二环路至三环路	18 806	17 766	1 040	4 779
三环路至四环路	15 798	14 922	876	3 668
四环路以外	46 297	43 038	3 259	14 166
按建筑物拥有分				
自有	49 332	44 836	4 496	17 218
租用	38 212	37 120	1 092	7 372
其他	11 369	10 758	611	2 733
按企事业机关分				
企业单位	78 649	74 610	4 039	
事业单位	9 578	8 494	1 084	
机关单位	1 882	1 678	204	
其他单位	8 804	7 932	872	

1—7 企业法人单位数

单位:个

项目	法人单位合计	项目	法人单位合计	项目	法人单位合计
总计	**78 649**				
城区		**按经济类型分**		**按营业状况分**	
东城区	5 874	#国有经济	20 950	营业	74 244
西城区	7 127	集体经济	41 564	停业	1 978
崇文区	2 913	联营经济	1 006	筹建	1 693
宣武区	4 838	股份制经济	5 428	当年撤销	60
近郊区		外商投资经济	3 557	其他	674
朝阳区	13 086	中外合资经济	2 221		
丰台区	7 852	中外合作经济	274	**按开业时间分**	
石景山区	1 839	外商独资经济	1 062	1949年以前	836
海淀区	13 969	港澳台投资经济	1902	1950—1965年	2 332
远郊区		与港澳台合资经济	13 76	1966—1978年	2 017
门头沟区	1 404	与港澳台合作经济	120	1979—1989年	15 126
房山区	2 917	港澳台独资经济	406	1990年以后	58 338
各县					
昌平县	2 798			**按建筑物拥有分**	
顺义县	2 457			自有	35 349
通县	3 679	**按地理位置分**		租用	35 513
大兴县	3 200	二环路以内	14 584	其他	7 787
平谷县	1 267	二环路至三环路	15 254		
怀柔县	1 288	三环路至四环路	13 420	**按企业规模分**	
密云县	1 056	四环路以外	35 391	大型	606
延庆县	1 085			中型	2 140
				小型	52 506

注:因为农业、服务业企业不划分规模,按企业规模分不包括农业、服务业企业。

1—8 国民经济各行业法人和产业活动单位数

（按行业分） 单位：个

行业	法人单位数合计	单产业法人	多产业法人	多产业法人单位的产业活动单位数
合计	**98 913**	**92 714**	**6 199**	**27 323**
农业	436	367	69	463
林业	86	71	15	35
畜牧业	428	396	32	244
渔业	61	57	4	35
农、林、牧、渔服务业	676	619	57	180
煤炭采选业	206	206	195	65
石油和天然气开采业	3	3	0	0
黑色金属矿采选业	23	21	2	3
有色金属矿采选业	14	14	0	2
非金属矿采选业	412	405	7	43
其他矿采选业	5	5	0	0
木材及竹材采运业	0	0	0	1
食品加工业	734	694	40	146
食品制造业	795	761	34	142
饮料制造业	286	277	9	27
烟草加工业	5	5	4	0
纺织业	657	629	28	73
服装及其他纤维制品制造业	1 253	1 204	49	181
皮革、毛皮、羽绒及其制品业	259	250	9	21
木材加工及竹、藤、棕、草制品业	310	306	4	46
家具制造业	663	641	22	70
造纸及纸制品业	603	594	9	50
印刷业，记录媒介的复制	1 041	1 009	32	109
文教体育用品制造业	323	310	13	37
石油加工及炼焦业	142	133	9	25
化学原料及化学制品制造业	1 516	1 476	40	164
医药制造业	226	217	9	30
化学纤维制造业	59	57	2	3
橡胶制品业	163	156	7	18
塑料制品业	912	882	30	122
非金属矿物制品业	559	536	23	85
黑色金属冶炼及压延加工业	128	127	118	39
有色金属冶炼及压延加工业	208	199	9	16
金属制品业	2 796	2 718	78	288
普通机械制造业	134	129	5	10
专用设备制造业	1 150	1 100	50	171
交通运输设备制造业	1 731	1 637	94	396
武器弹药制造业	8	4	4	4
电气机械及器材制造业	1 159	1 103	56	138
电子及通信设备制造业	830	799	31	62
仪器仪表及文化、办公用机械制造业	510	491	19	40
其他制造业	824	783	41	155
电力、蒸汽、热水的生产和供应业	76	71	5	25
煤气生产和供应业	9	9	3	1
自来水的生产和供应业	12	12	6	5

1—8 续表

单位:个

行　　业	法人单位数合　计	单产业法人	多产业法人	多产业法人单位的产业活动单位数
土木工程建筑业	1 656	1 472	184	798
线路、管道和设备安装业	814	781	344	201
装修装饰业	1 212	1 187	25	155
地质勘查业	60	53	7	11
水利管理业	210	173	37	48
铁路运输业	27	24	3	93
公路运输业	587	587	542	233
管道运输业	0	0	0	0
水上运输业	11	11	10	1
航空运输业	18	18	18	4
交通运输辅助业	358	338	20	98
其他交通运输业	11	11	0	2
仓储业	229	217	12	76
邮电通信业	123	91	32	745
食品、饮料、烟草和家庭用品批发业	6 578	6 103	475	1 352
能源、材料和机械电子设备批发业	6 344	6 063	281	1 209
其他批发业	872	844	430	165
零售业	11 509	10 745	764	6 528
商业经纪与代理业	119	115	4	12
餐饮业	2 708	2 611	97	1 827
金融业	1 026	683	343	1 827
保险业	46	33	13	16
房地产开发与经营业	573	527	46	114
房地产管理业	402	370	32	84
房地产代理与经纪业	78	75	3	10
公共服务业	1 519	1 427	92	346
居民服务业	1 975	1 851	124	1 570
旅馆业	1 787	1 690	97	684
租赁服务业	371	357	14	90
旅游业	301	291	10	40
娱乐服务业	331	318	13	117
信息、咨询服务业	4 993	4 930	63	237
计算机应用服务业	1 976	1 950	26	76
其他社会服务业	1 029	988	167	189
卫　生	731	700	31	96
体　育	95	87	8	22
社会福利保障业	224	208	16	45
教　育	2 944	2 405	539	2 037
文化艺术业	897	820	77	134
广播电影电视业	170	168	130	48
科学研究业	586	575	422	73
综合技术服务业	5 145	5 037	108	300
国家机关	1 709	1 522	187	288
政党机关	121	116	5	8
社会团体	632	613	19	37
基层群众自治组织	8 804	8 372	5 159	875
其他行业	1 650	1 621	993	289

1—9 国民经济主要指标

项　　目	单 位	1996 年	1995 年	1996 年为 1995 年%
人　口				
年底常住人口	万人	1 077.7	1 070.3	100.7
劳动力				
从业人员	万人	660.2	665.3	99.2
#职工人数	万人	460.6	470.9	97.8
国内生产总值	**亿元**	**1 615.7**	**1 394.9**	**109.2**
工农业总产值(1990 年不变价)	**亿元**	**1 584.3**	**1 453.1**	**109.0**
全社会固定资产投资	**亿元**	**876.9**	**841.46**	**104.2**
#固定资产投资	亿元	497.4	441.56	112.6
#基本建设投资	亿元	313.8	264.98	118.4
更新改造投资	亿元	168.0	157.24	106.8
房地产开发投资	亿元	328.2	352.77	93.0
财　政				
财政收入	亿元	150.9	115.3	130.9
财政支出	亿元	187.4	154.4	121.4
物　价				
居民消费价格总指数	%	111.6	117.3	
商品零售价格总指数	%	107.3	112.6	
职工工资				
职工工资总额	亿元	442.4	382	115.8
职工平均工资	元	9 579	8 144	117.6
居民消费水平	**元**	**4 208**	**3 519**	**118.1**
非农业居民	元	5 106	4 303	117.6
农民	元	2 506	2 083	117.9
工　业				
工业总产值(1990 年不变价,乡及乡以上)	亿元	1 316.3	1 205.52	109.2
轻工业	亿元	403.0	372.84	108.1
重工业	亿元	913.4	832.68	109.7
独立核算工业企业全员劳动生产率(按增加值计算)	元/人	23 445	26 068	89.9
独立核算工业企业主要财务指标				
固定资产原价	亿元	1 632.0	1 390.03	117.4
利润和税金总额	亿元	122.5	192.97	63.5
农村经济				
农林牧渔业总产值(1990 年不变价)	亿元	89.6	90.4	99.1
乡镇集体企业数	个	16 893	15 771	107.1
乡镇企业从业人数	万人	85.6	85.5	100.1
乡镇企业总收入	亿元	509.3	479.6	106.2
运输邮电				
货物周转量	亿吨公里	317.48	323.10	98.3
铁路	亿吨公里	231.10	239.34	96.6
公路	亿吨公里	78.49	76.2	103.0
民航	亿吨公里	7.86	7.49	104.9
管道	亿吨公里	0.04	0.07	53.1
旅客周转量	亿人公里	210.78	207.69	101.5
铁路	亿人公里	45.95	50.9	90.3
公路	亿人公里	25.05	23.45	106.8
民航	亿人公里	139.78	133.33	104.8
邮电业务总量(1990 年不变价)	万元	729 022.4	561 296.4	129.9
全市电话交换机总容量	万门	442.0	369.7	119.6
#公众网电话交换机总容量	万门	306.0	237.5	128.8

1—9 续表

项　　目	单　位	1996年	1995年	1996年为1995年%
商　业				
社会消费品零售额	亿元	969.7	827	117.3
批发零售贸易业	亿元	691.2	584.9	118.2
餐饮业	亿元	71.9	63	114.1
其他	亿元	206.6	179.1	115.4
商业、饮食业、服务业营业点	万个	27.3	28	97.5
#商业	万个	19.9	20.4	97.5
饮食业	万个	3.7	3.9	94.9
服务业	万个	3.7	3.6	102.8
对外经济贸易和旅游				
进出口总额	亿美元	39.5	43.9	90.0
进口额	亿美元	16.0	18.4	87.0
出口额	亿美元	23.5	25.5	92.3
新批三资企业数	个	845	1 552	54.4
协议外资金额	亿美元	13.4	27.4	48.9
实际利用外资	亿美元	22.6	19.8	114.1
#外商直接投资	亿美元	15.5	14	110.7
接待入境旅游人数	万人	218.9	206.9	105.8
金融保险				
银行贷款增加额	亿元	316.4	254.9	124.1
#地方	亿元	281.2	228.42	123.1
城乡居民储蓄存款余额	亿元	1 707.0	1 253.95	136.1
城镇	亿元	1 528.4	1 111.5	137.5
农村	亿元	178.6	142.46	125.3
保险公司保险费收入	亿元	43.3	26.3	164.3
教　育				
毕业生数	万人	44.14	44.85	98.4
研究生	人	7 181	6 183	116.1
高等学校	万人	4.65	4.51	103.1
中等专业技术学校	万人	5.43	4.63	117.3
普通中学	万人	17.14	16.7	102.6
小学	万人	16.20	18.39	88.1
文　化				
公共图书馆藏书	万册件	2 652.4	2 629	100.9
艺术剧团演出场次	场	7 615	6 728	113.2
科　技				
科技人员	万人	8.16	8.19	99.6
卫　生				
医院病床数	万张	6.10	6.42	95.0
卫生技术人员数	万人	11.68	11.6	100.7
#中西医生	万人	5.41	5.41	100.0
护师(士)	万人	3.77	3.67	102.7
城市公用事业				
用电量	亿千瓦小时	244.4	222.59	109.8
自来水销售量	亿吨	6.97	6.79	102.7
居民燃气用户	万户	227.6	219.8	103.5
城市公共交通客运量	亿人次	35.0	37.16	94.2
城市大型立交桥	座	133.0	84	158.3
城市绿化覆盖率	%	33.24	32.68	
城市居民人均住房使用面积	平方米	9.33	9.03	103.3
农村居民人均住房使用面积	平方米	25.74	24.74	104.0

1—10 国民经济主要指标比例关系

项　　目	绝对值(亿元)		构　成(%)	
	1996 年	1995 年	1996 年	1995 年
全市从业人员(人)	**6 602 452**	**6 653 188**	**100**	**100**
第一产业	725 403	706 243	11.0	10.60
第二产业	2 600 740	3 709 831	39.4	40.70
第三产业	3 276 309	3 237 114	49.6	48.70
国内生产总值	**16 157 300**	**13 948 900**	**100**	**100**
第一产业	834 600	814 400	5.17	5.80
第二产业	6 831 400	6 151 700	42.28	44.10
第三产业	8 491 300	6 982 800	52.55	50.10
固定资产投资	**4 974 076**	**4 415 578**	**100**	**100**
生产性	2 811 594	2 356 660	56.52	53.37
非生产性	2 162 482	2 058 918	43.48	46.63
#住宅	703 538	620 537	14.14	14.05
固定资产投资拨贷款	**5 035 469**	**4 669 312**	**100**	**100**
国家预算内投资	731 014	678 839	14.52	14.54
国内贷款	710 795	645 885	14.12	13.83
利用外资	537 977	449 963	10.68	9.64
债券	9 000	9 181	0.18	0.20
自筹资金	2 656 820	2 604 595	52.76	55.78
#股票	13 500	14 767	0.27	0.32
其他资金	389 863	280 849	7.74	6.01
工农业总产值(现价)	**20 222 637**	**18 298 971**	**100**	**100**
工业	18 533 430	16 654 268	91.65	91.01
农业	1 689 207	1 644 703	8.35	8.99
工业总产值(现价)	**18 533 430**	**16 654 268**	**100**	**100**
轻工业	6 406 885	5 630 808	34.57	33.81
重工业	12 126 545	11 023 460	65.43	66.19
农林牧渔业总产值(现价)	**1 689 207**	**1 644 702.7**	**100**	**100**
种植业	891 491	868 372.1	52.78	52.80
林业	28 313	27 025.2	1.68	1.64
牧业	710 957	687 859.1	42.08	41.82
渔业	58 446	61 446.3	3.46	3.74
货运量(万吨)	**32 905.6**	**32 184.6**	**100**	**100**
铁路	2 850.8	2 974.2	8.66	9.24
公路	29 960.0	29 087	91.05	90.38
民航	17.0	17.0	0.05	0.05
管道	77.8	106.4	0.24	0.33
客运量(万人)	**9 798.9**	**10 084.7**	**100**	**100**
铁路	4 735.9	5 188.7	48.33	51.45
公路	4 395.9	4 250.0	44.85	42.14
民航	668	646	6.82	6.41
社会消费品零售总额	**9 696 637**	**8 269 826**	**100**	**100**
批发零售贸易业	6 912 274	5 848 554	71.28	70.72
餐饮业	719 175	630 426	7.42	7.62
制造业	380 904	295 676	3.93	3.58
其他	292 731	80 916	3.02	0.98
农民对非农民	1 391 553	1 414 254	14.35	17.10
地方财政收入相当于国内生产总值的比例			9.34	8.27
地方基建支出占地方财政收入的比例			11.56	8.70

1—11 按经济类型分国民经济主要指标比例关系

项　　目	绝对值		构　成(%)	
	1996年	1995年	1996年	1995年
全市从业人员(人)	**6 602 452**	**6 653 188**	**100**	**100**
国有	3 550 594	3 581 837	53.78	53.84
集体	686 062	720 850	10.39	10.83
其他	492 024	406 071	7.45	6.10
城镇个体	228 767	218 650	3.46	3.29
农村劳动者	1 645 005	1 725 780	24.92	25.94
固定资产投资(万元)	**4 974 076**	**4 415 578**	**100**	**100**
国有	4 035 372	3 660 274	81.13	82.89
集体	102 071	122 843	2.05	2.78
联营	11 711	24 568	0.24	0.56
股份制	65 530	24 392	1.32	0.55
中外合资经营	634 017	500 419	12.75	11.33
中外合作经营	36 324	16 308	0.73	0.37
外资	23 773	23 969	0.48	0.54
与港澳台合资经营	14 969	25 363	0.30	0.57
与港澳台合作经营	39 559	800	0.80	0.02
港澳台独资	6 754	1 086	0.14	0.02
其他经济	3 996	15 556	0.06	0.37
工业总产值(现价,万元)	**16 321 725**	**14 907 864**	**100**	**100**
国有	8 870 124	8 780 431	54.35	58.90
集体	2 773 851	2 046 665	16.99	13.73
私营	52 420	25 010	0.32	0.17
联营	154 167	158 294	0.94	1.06
股份制	212 462	212 779	1.30	1.43
中外合资经营企业	3 038 926	2 565 605	18.62	17.21
中外合作经营企业	98 836	36 153	0.61	0.24
外资企业	122 461	50 679	0.75	0.34
与港澳台合资经营	865 349	896 761	5.30	6.02
与港澳台合作经营	16 832	9 743	0.10	0.06
港澳台独资	68 408	71 822	0.42	0.48
其他经济	47 892	53 923	0.30	0.36
建筑业总产值(万元)	**4 680 760.5**	**3 706 600.2**	**100**	**100**
国有	3 181 252.4	2 561 685	67.96	69.11
集体	1 238 649.0	977 811.3	26.46	26.38
私营	232.0		…	
联营	1 022.0	2 285.6	0.03	0.06
股份制	124 603.4	63 757.3	2.66	1.72
外商投资	81 932.2	45 980.1	1.75	1.24
港澳台投资经营	52 062.0	53 638.2	1.11	1.45
其他经济	1 007.2	1 442.7	0.03	0.04
社会消费品零售额(万元)	**9 696 637**	**8 269 826**	**100**	**100**
国有	3 361 450	3 379 837	34.67	40.87
集体	2 319 095	1 964 148	23.92	23.75
私营经济	47 004	40 001	0.48	0.48
个体经济	2 417 618	1 928 164	24.93	23.32
联营经济	255 494	99 031	2.63	1.20
股份制经济	751 195	553 191	7.75	6.69
外商投资经济	360 311	252 311	3.72	3.05
港澳台投资经济	136 846	40 549	1.41	0.49
其他经济	47 624	12 594	0.49	0.15

1—12 北京一日

项　　目	单　位	1996年	1995年
生产量			
国内生产总值(当年价格)	万元	44 266.6	38 216.2
工业总产值(当年价格)	万元	50 776.5	45 628.1
原煤	万吨	27 773.4	27 271.4
发电量	万千瓦小时	3 878.2	3 622.2
钢	万吨	21 773.6	22 051.5
农业总产值(当年价格)	万元	4 628.0	4 506.0
建筑业总产值	万元	12 933.8	11 213.7
住宅建设竣工面积	万平方米	2.38	2.57
货运量(包括管道)	万吨	90.15	88.18
客运量	万人	26.85	27.63
社会消费品零售总额	万元	26 566.1	22 657.1
外贸出口额	万美元	644.7	698.6
财政收入	万元	4 134.3	3 157.8
旅游收入	万美元	617.0	597.8
消费量			
粮食	吨	6 295.4	10 302.0
猪肉	吨	624.4	534.9
牛羊肉	吨	235.7	193.0
鲜蛋	吨	245.5	245.1
水产品	吨	670.1	495.3
食用植物油	吨	497.5	855.8
鲜菜	吨	11 024.8	8 736.6
生活用水	万吨	137.8	138.8
其　他			
市内公共交通客运量	万人次	958.5	1 018.0
接待旅游人数	人	5 997	5 668
邮寄函件	万件	158.6	164.5
拍发公众电报	万张	0.53	0.8
城乡居民储蓄存款	万元	12 412.3	10 979.3
出生人口	人	214.6	233.8
死亡人口	人	182.9	171.1
结婚对数	对	235.4	232.0
离婚对数	对	56.7	55.2

1—13 平均每人主要社会经济活动

项目	单位	1996年	1995年	1996年比1995年增、减%
国内生产总值(当年价格)	**元**	**15 044**	**13 073**	**108.5**
工农业总产值(1990年不变价)	**元**	**14 700.8**	**12 107.8**	**121.4**
财政收入	**元**	**1 400.2**	**1 076.9**	**130.0**
房屋建筑竣工面积	**平方米**	**1.41**	**1.43**	**98.6**
#住宅	平方米	0.81	0.88	92.0
工　业				
工业总产值(1990年不变价)	元	13 869.4	11 263.2	123.1
主要工业产品产量				
布	米	20.96	22.91	91.5
电视机(百人)	台	3.45	6.29	54.8
原煤	公斤	940.6	930.0	101.1
发电量	千瓦小时	1 313.5	1 235.3	106.3
钢	公斤	737.4	752.0	98.1
农　业				
农业总产值(1990年不变价)	元	931.3	844.9	110.2
主要农产品产量				
粮　食	公斤	220.3	242.7	90.8
肉　类	公斤	35.5	35.3	100.6
鲜　蛋	公斤	22.9	26.7	85.8
鲜　菜	公斤	374.1	371.2	100.8
水产品	公斤	7.3	7.5	97.3
牛　奶	公斤	19.5	19.2	101.6
干鲜果	公斤	47.6	43.7	108.9
商　业				
社会消费品零售总额	元	8 997.5	7 726.6	116.4
#吃的商品	元	3 832.8	3 298.2	116.2
穿的商品	元	1 317.9	1 129.6	116.7
用的商品	元	3 686.5	3 153.1	116.9
主要消费品零售量				
粮　食	公斤	163.0	165.2	98.7
食用植物油	公斤	15.2	20.2	75.2
猪　肉	公斤	17.5	16.0	109.4
鲜　蛋	公斤	8.2	8.4	97.6
水产品	公斤	22.4	14.9	150.3
棉　布	米	0.5	0.8	62.5
邮　电				
邮寄函件	件	53.7	56.1	95.7
城市公用事业				
日生活用水量	公斤	237.3	219.2	108.3
城市居民居住面积	平方米	9.33	9.03	103.3
平均每千人拥有公共交通车辆	辆	0.64	0.5	128.0
乘坐公共电汽车次数	次	324.6	347.2	93.5
公共绿地面积	平方米	7.54	7.08	106.5
卫　生				
平均每千人拥有医生	人	5.02	5.1	98.4
平均每千人拥有医院床位	张	6.02	6.0	100.3
人民生活				
职工年平均工资	元	9 579	8 144	117.6
居民家庭生活费收入	元	6 885.48	5 868.36	117.3
农民家庭纯收入	元	3 580.16	3 223.82	111.1
城乡居民储蓄存款余额	元	4 203.9	3 744.2	112.3
城镇居民	元	5 874.3	5 246.3	112.0
农村居民	元	982.1	940.7	104.4

1—14 总 产 出

单位:万元

项　目	1996年	1995年	1996年为1995年%
总　计	**51 332 200**	**40 730 300**	**117.2**
第一产业	**1 689 200**	**1 644 700**	**99.1**
第二产业	**26 250 700**	**21 741 900**	**113.4**
工　业	21 602 600	18 037 400	112.2
建筑业	4 648 100	3 704 500	120.3
第三产业	**23 392 300**	**17 343 700**	**125.7**
#交通运输、仓储及邮电业	3 501 400	2 805 200	118.4
批发和零售贸易、餐饮业	2 952 700	2 362 200	115.2

注:绝对数按现价计算发展速度按可比价格计算(下同)。

1—15 国内生产总值

单位:万元

项　目	1996年	1995年	1996年为1995年%	构 成(%)	
				1996年	1995年
总　计	**16 157 300**	**13 948 900**	**109.2**	**100**	**100**
第一产业	**834 600**	**814 400**	**97.0**	**5.2**	**5.8**
第二产业	**6 831 400**	**6 151 700**	**107.4**	**42.3**	**44.1**
工业	5 414 100	5 037 100	106.1	33.5	36.1
建筑业	1 417 300	1 114 600	113.9	8.8	8.0
第三产业	**8 491 300**	**6 982 800**	**112.3**	**52.5**	**50.1**
农林牧渔服务业	17 100	14 000	109.9	0.1	0.1
地质勘探业、水利管理业	48 900	42 600	105.1	0.3	0.3
交通运输、仓储及邮电业	1 137 800	835 500	118.9	7.0	6.1
批发和零售贸易、餐饮业	1 875 900	1 747 000	105.4	11.6	12.5
金融保险业	1 815 400	1 452 700	117.9	11.3	10.4
房地产业	382 700	283 900	116.3	2.4	2.1
社会服务业	1 153 300	940 800	111.2	7.1	6.7
卫生、体育、社会福利事业	274 900	230 900	111.6	1.7	1.7
教育、文艺、广播电影电视事业	631 500	535 400	110.4	3.9	3.8
科学研究和综合技术服务业	613 000	462 500	119.8	3.8	3.3
国家政党机关、社会团体	455 600	379 500	103.9	2.8	2.7
其他	85 200	58 000	118.2	0.5	0.4
人均国内生产总值(元)	**15 044**	**13 073**	**108.5**		

1—16 国内生产总值构成项目

单位:万元

项目	增加值	劳动者报酬	固定资产折旧	生产净税额	营业盈余
国内生产总值	**16 157 300**	**7 740 800**	**2 452 900**	**2 655 100**	**3 308 500**
第一产业	**834 600**	**447 300**	**45 900**	**41 700**	**299 700**
第二产业	**6 831 400**	**3 510 200**	**1 152 900**	**1 484 300**	**684 000**
工　业	5 414 100	2 566 300	1 039 500	1 315 600	492 700
建筑业	1 417 300	943 900	113 400	168 700	191 300
第三产业	**8 491 300**	**3 783 300**	**1 254 100**	**1 129 100**	**2 324 800**
农林牧渔服务业	17 100	12 500	1 900	1 200	1 500
地质勘探业、水利管理业	48 900	29 700	14 500	4 500	200
交通运输、仓储及邮电业	1 137 800	307 900	312 300	176 800	340800
批发和零售贸易、餐饮业	1 875 900	976 500	214 400	307 400	377600
金融保险业	1 815 400	130 700	115 700	318 900	1 250 100
房地产业	382 700	154 500	146 700	78 000	3 500
社会服务业	1 153 300	724 300	189 100	66 900	173 000
卫生、体育、社会福利事业	274 900	215 200	31 900	12 900	14900
教育、文艺、广播电影电视事业	631 500	457 800	66 300	36 600	70 800
科学研究和综合技术服务业	613 000	376 400	88 300	61 900	86400
国家政党机关、社会团体	455 600	341 700	54 200	52 800	6900
其　他	85 200	56 100	18 800	11 200	－900

1—17 按支出法计算的国民生产总值

单位:万元

项目	1996 年	1995 年	1996 年为 1995 年%
国民生产总值	**16 788 200**	**16 951 200**	**99.7**
一、国内生产总值	**16 785 200**	**16 948 900**	**99.7**
(一)总消费	6 178 500	5 065 800	120.9
1.居民总消费	4 519 600	3 754 600	118.9
农业居民	928 900	785 300	115.9
非农业居民	3 590 700	2 969 300	119.8
2.社会总消费	1 658 900	1 311 200	125.8
(二)总投资	11 070 600	12 562 800	86.8
1.固定资产形成总额	9 224 800	8 883 100	103.7
2.库存增加	1 845 800	3 679 700	52.3
(三)货物和服务净出口	－463 900	－679 700	
二、地区外净要素收入	**3 000**	**2 300**	**123.1**

1—18 居民总消费水平

单位:元

项　　目	1996年	1995年	1996年为1995年%
一、全市居民总消费水平	**4 208**	**3 519**	**118.1**
农业居民	2 506	2 083	117.9
非农业居民	5 106	4 303	117.6
二、农业居民与非农业居民对比	**1:2.0**	**1:2.1**	
(以农业居民为100)			

1—19 总 消 费

单位:万元

项　　目	1996年	1995年	1996年为1995年%
总　消　费	**6 178 500**	**5 065 800**	**120.9**
一、居民消费	**4 519 600**	**3 754 600**	**118.9**
1.农业居民	928 900	785 300	115.9
自给性消费	64 100	68 500	95.8
商品性消费	564 800	487 500	113.3
文化生活及服务性消费	184 900	93 400	158.4
住房及水电消费	115 100	135 900	109.8
#住房消费	48 400	77 700	115.2
2.非农业居民	3 590 700	2 969 300	119.8
商品性消费	2 675 100	2 305 400	110.8
文化生活及服务性消费	736 100	409 100	149.8
住房及水电消费	179 500	254 800	152.1
#住房消费	91 200	60 400	140.1
二、社会消费	**1 658 900**	**1 311 200**	**125.8**

1—20 总 投 资

单位:万元

项　　目	1996 年	1995 年	1996 年为 1995 年%
总　　投　　资	**11 070 600**	**12 562 800**	**86.8**
固定资产形成	**9 224 800**	**8 883 100**	**103.7**
国有经济	5 746 600	5 319 000	107.6
集体经济	575 300	581 500	103.5
其他经济	2 662 500	2 809 100	94.4
城乡居民私人住房	240 400	173 500	133.1
城镇居民	104 400	75 000	133.8
农村居民	136 000	98 500	132.6
库存增加	**1 845 800**	**3 679 700**	**52.3**
国有经济	713 800	1 236 500	55.7
集体经济	530 300	944 900	56.4
其他经济	601 700	1 498 300	46.9

1—21 主要社会经济效益指标

项　　目	单位	1996 年	1995 年
一、社会劳动生产率(当年价格)	**元/人**	**24 472**	**20 966**
第一产业	元/人	11 505	11 531
第二产业	元/人	26 267	22 701
第三产业	元/人	25 917	21 308
二、每百元总投资新增国内生产总值	**元**	**19.9**	**24.7**
三、总产出中间投入率	**%**	**68.5**	**65.8**
第一产业	%	50.6	50.5
第二产业	%	74.0	71.7
第三产业	%	63.7	59.7
四、国内生产总值中间投入率	**%**	**217.7**	**192.0**
第一产业	%	102.4	102.0
第二产业	%	284.3	253.4
第三产业	%	175.5	148.4

1—22 1995年6个部

（按当年生产

投入＼产出		中间使用				
		农业	工业	建筑业	货运邮电业	商业饮食业
中间投入	农业	370 617.03	5 516 679.28	1 018.22	69.03	181 653.99
	工业	3 639 796.04	76 507 185.94	16 197 174.74	4 646 182.62	1 629 860.03
	建筑业	21.72	835.02	0.00	4 482.17	291.76
	货运邮电业	205 262.50	5 809 556.44	2 570 265.05	741 214.36	236 061.68
	商业饮食业	140 548.28	3 930 705.57	1 181 574.44	256 639.32	119 364.65
	其他服务部门	3 946 704.43	38 238 856.97	8 665 085.60	8 428 787.50	3984677.89
	中间投入合计	**8 302 950.00**	**130 003 819.22**	**28 615 118.06**	**14 077 375.00**	**6151910.00**
增加值	固定资产折旧	574 850.00	8 473 840.18	647 696.72	2 705 218.00	198 8570.00
	劳动者报酬	3 990 600.00	21 385 988.82	8 386 514.10	1 953 425.00	8060870.00
	生产税净额	384 480.00	13 852 413.03	1 515 899.58	352 819.00	27 30460.00
	营业盈余	3 194 150.00	6 658 099.64	1 764 380.54	780 088.00	4 690 190.00
	增加值合计	**8 144 080.00**	**50 370 341.68**	**12 314 490.94**	**5 791 550.00**	**1 7470090.00**
	总投入	**16 447 030.00**	**180 374 160.90**	**40 929 609.00**	**19 868 925.00**	**23 622000.00**

1—22 续表

投入＼产出		最终使用			
		资本形成总额			调出市外
		固定资产形成	库存增加	资本形成合计	
中间投入	农业	498 369.39	10 917 324.30	11 415 693.68	433 261.60
	工业	37 857 899.28	21 822 565.59	59 680 464.87	32 907 334.88
	建筑业	42 351 027.94	0.00	42 351 027.94	0.00
	货运邮电业	428 807.89	401 741.29	830 549.18	2 423 021.07
	商业饮食业	2 992 554.13	3 655 308.82	6 647 862.95	1 012 131.41
	其他服务部门	16 941.27	0.00	16 941.27	15 266 346.79
	中间投入合计	**84 145 599.90**	**36 796 940.00**	**120 942 539.90**	**52 042 095.74**
增加值	固定资产折旧				
	劳动者报酬				
	生产税净额				
	营业盈余				
	增加值合计				
	总投入				

门投入产出表

者价格计算）　　　　　　　　　　　　　　　　　　　　　　　单位：千元

用		最终使用				
		总消费				
其他服务部门	中间使用合计	农业居民消费	非农业居民消费	居民消费合计	社会消费	总消费合计
26 124.90	6 096 162.46	1 408 223.87	3 628 160.35	5 036 384.23	0.00	5 036384.23
23 475 205.19	126 095 404.56	5 481 644.01	18 980 489.77	24 462 133.78	0.00	24 462 133.7
95 406.92	101 037.59	0.00	0.00	0.00	0.00	0.00
7 573 573.69	17 135 933.73	33 305.12	333 181.94	366 487.06	0.00	366 487.06
3 875 010.40	9 503 842.67	382 871.00	3 599 518.93	3 982 389.93	18 130.80	4 000 520.73
48 333 423.91	111 597 536.28	806 229.40	3 825 671.54	4 631 900.94	13093 869.20	17 725 770.1
83 378 745.00	**270 529 917.28**	**8 112 273.40**	**30 367 022.54**	**38 479 295.94**	**13 112 000.00**	**51 591 295.9**
8 226 682.00	22 616 856.91					
20 225 215.00	64 002 612.92					
3 762 471.00	22 598 542.61					
14 352 502.00	31 439 410.18					
46 566 870.00	**140 657 422.62**					
129 945 615.00	**411 187 339.90**					

单位：千元

用		市外调入	进口	总产出
出口	最终使用合计			
608 215.00	17 991 923.90	4 646 055.35	2 496 631.62	16 447 030.00
18 366 478.00	173 274 310.81	55 783 947.79	25 353 707.44	180 374 160.90
997 585.36	85 699 641.25	2 520 041.89	0.00	40 929 609.00
582 400.00	4 631 265.20	610 230.75	859 235.29	19 868 925.00
6 864 000.00	21 517 069.22	36 532.56	4 369 825.20	23 622 000.00
11 245 450.64	44 271 450.11	2 351 122.33	23 555 307.79	129 945 615.00
38 664 129.00	**347 385 660.48**	**65 947 930.64**	**56 634 707.32**	**411 187 339.90**

1—23 1995年

项目	居民部门		企业部门	
	使用	来源	使用	来源
一、非金融资产	**3 616.07**		**3 651.86**	
1.固定资产	2 867.38		2 340.84	
(1)固定资产原值	2 873.20		2 046.81	
减:累计折旧	5.82		612.17	
固定资产净值	2 867.38		1 434.64	
(2)在建工程			906.20	
2.库存	27.49		1 169.51	
3.其他资产	721.20		141.50	
二、国内金融资产与负债	**1 510.52**	**0.09**	**1 531.36**	**1 402.07**
1.通货	137.40		17.60	
2.存款	1 245.91		1 495.10	
3.贷款		0.09		1 373.24
4.股票及其他股权	11.71			28.83
5.证券	115.50			
6.保险准备金			18.66	
7.其他				
三、国外金融资产与负债				**157.78**
1.长期资本				157.78
2.短期资本				
四、储备资产				
五、资产负债差额		**5 126.50**		**3 623.36**

资产负债表

单位:亿元

行政事业单位		金融部门		国外		合计	
使用	来源	使用	来源	使用	来源	使用	来源
220.70		68.10				7 556.73	
220.70		**45.75**				**5 474.67**	
657.61		55.46				5 633.08	
566.35		12.43				1 196.77	
91.26		43.03				4 436.31	
129.44		2.72				1 038.36	
		5.63				1 202.63	
		16.72				879.42	
251.07	**1 546.81**	**1 720.70**	**3 368.23**	**1 311.62**	**8.06**	**6 325.26**	**6325.26**
			155.00			155.00	155.00
247.65		65.46	3 054.12			3 054.12	3 054.12
	46.81	1 560.59	140.44			1 560.59	1 560.59
3.42		3.15		18.62	8.06	36.89	36.89
	1 500.00	91.50		1 293.00		1 500.00	1 500.00
			18.66			18.66	18.66
			7.27	**165.06**		**165.06**	**165.06**
			7.27	165.06		165.06	165.06
	−1 075.04		**−1 586.70**		**1 468.61**		**7 556.73**

1—24 地方财政收入

项目	绝对数(万元)		1996年为1995年%	构成(%)	
	1996年	1995年		1996年	1995年
总计	**1 509 030**	**1 152 614**	**130.92**	**100**	**100**
一、企业收入	—421 591	—423 998	99.43	—27.9	—36.8
#工业收入	1 703	11 738	14.51	0.1	1.0
商业收入	—40 172	—56 167	71.52	—2.7	—4.9
粮食收入	—200 586	—204 981	97.86	—13.3	—17.8
建筑企业收入	37 137	25 555	145.32	2.5	2.2
交通邮电收入	—356	—403	88.34	…	…
二、各项税收	1 792 857	1 459 355	122.85	118.8	126.6
工商税收类	1 774 797	1 441 288	123.14	117.6	125.0
增值税	295 303	272 219	108.48	19.6	23.6
营业税	816 129	644 556	126.62	54.1	55.9
城市维护建设税	113 592	104 153	109.06	7.5	9.0
固定资产投资方向调节税	30 186	22 403	134.74	2.0	1.9
其他工商税	519 587	397 957	130.56	34.4	34.5
农牧业税类	18 060	18 067	99.96	1.2	1.6
三、其他收入类	23 765	27 223	87.30	1.6	2.4
四、排污费、水资源费收入	19 158	14 910	128.49	1.3	1.3
五、能交基金分成收入	2 854	4 248	67.18	0.2	0.4
六、国家预算调节基金	2 081	5 559	37.43	0.1	0.5
七、教育费附加收入	48 293	40 772	118.45	3.2	3.5
八、罚没收入、行政性收费收入类	41 613	24 595	169.19	2.8	2.1

注:财政收入的发展速度按可比口径计算。

1—25 地方财政支出

项　　目	绝对数(万元)		1996年为1995年%	构　成(%)	
	1996年	1995年		1996年	1995年
总　　计	**1 874 472**	**1 544 028**	**121.40**	**100**	**100**
基本建设拨款	216 640	134 312	161.30	11.6	8.7
企业挖潜改造资金	134 018	86 014	155.81	7.1	5.6
简易建筑费	1 152	1 054	109.30	0.1	0.1
地质勘探费	90				
科技三项费用	16 166	13 615	118.74	0.9	0.9
流动资金类	5 294			0.3	
各项事业、行政费支出	1 315 942	1 166 466	112.81	70.2	75.5
#农林水气等部门事业费	26 203	21 405	122.42	1.4	1.4
支援农村、农业综合开发	48 014	36 862	130.25	2.6	2.4
城市维护费	65 105	82 988	78.45	3.5	5.4
工业、交通、商业事业费	28 236	22 570	125.10	1.5	1.5
文教、卫生事业费	487 179	383 288	127.11	26.0	24.8
#教　育	295 734	230 096	128.53	15.8	14.9
卫　生	51 575	41 818	123.33	2.8	2.7
科学事业费	29 380	23 365	125.74	1.6	1.5
行政管理费	99 744	71 190	140.11	5.3	4.6
公检法	140 251	109 075	128.58	7.5	7.1
抚恤和社会救济费	45 050	48 989	91.96	2.4	3.2
专款类支出	53 777	42 597	126.25	2.9	2.8
价格补贴支出	131 393	99 970	131.43	7.0	6.5

注:财政支出的发展速度按可比口径计算。

主 要 统 计 指 标 解 释

一、规划区面积：指由城市总体规划确定的城市（县镇）规划面积。规划区的具体范围，由市人民政府在编制城市总体规划中划定。

二、建成区面积：是指市行政区范围内经过征用的土地和实际建设发展起来的非农业生产建设地段，它包括市区集中连片的部分以及分散在近效区与城市有着密切联系，具有基本完善的市政公用设施的城市建设用地（如机场、铁路编组站、污水处理厂、通讯电台等等）。建成区范围，一般是指建成区外轮廓线所能包括的地区，也就是这个城市实际建设用地所达到的境界范围。因此，它是一个闭合的完整区域，一城多镇分散布点的城市，其建成区范围则可能由几个相应的闭合区域组成。

三、国内生产总值：按市场价格计算的国内生产总值的简称，它是我国所有常住单位在一定时期内生产活动的最终成果。从价值形态看，它是所有常住单位在一定时期内所生产的全部货物和服务价值超过同期投入的全部非固定资产货物和服务价值的差额，即所有常住单位的增加值之和；也就是第一产业、第二产业和第三产业所有单位创造的增加值之和。

三次产业分类标准如下：

第一产业：农业，包括种植业、林业、牧业、副业和渔业，不包括村及村以下工业，村及村以下工业应划入工业。

第二产业：工业（包括采掘工业、制造业以及自来水、电力、蒸气、热水、煤气等）和建筑业（包括建筑安装企业和自营建设单位，以及为建筑安装工程服务的地质勘探和勘察设计等）。

第三产业：除第一、二产业以外的其他各业。由于第三产业包括的行业多、范围广，根据我国情况，第三产业可分为两大部门：一是流通部门，二是服务部门。流通部门包括交通运输业、邮电通讯业、商业、饮食业、物次供销和仓储业。服务部门包括为生产和生活服务的部门，为提高科学文化水平和居民素质服务的部门和为社会公共需要服务的部门。具体包括金融、保险业、综合技术服务业，农、林、牧、渔、水利服务业和水利业，咨询服务业，公路、内河（湖）航道养扩业，地质普查业，居民服务业、公用事业、房地产业，教育、文化、广播电视，科学研究、卫生、体育、社会福利事业，国家与政党机关，社会团体、以及军队和警察等。

四、国民生产总值：国民生产总值是按市场价格计算的国民生产总值的简称。它是我国所有常住单位在一定时期内收入初次分配的最终成果。它等于国内生产总值加上来自国（地区）外的劳动者报酬和财产收入减去支付给国（地区）外的劳动者报酬和财产收入。即国内生产总值和国（地区）外净要素收入之和。国（地区）外净要素收入是指本国（地区）居民对国（地区）之外从事投资和提供劳务所取得并汇（带）回国（地区）内的要素收入与外国（地区）居民对本国（地区）从事投资和提供劳务所取得并汇（带）往国（地区）外要素收入的差额。

计算公式：国民生产总值＝国内生产总值＋国（地区）外净要素收入即本国（地区）居民在国（地区）外从事生产经营及劳务活动的收入净额－外国（地区）居民在本国（地区）从事生产经营及劳务活动的收入净额。

五、总产出：一定时期内生产的所有货物和服务的价值。它是货物和服务的全部价值，包括转移价值和新增价值两部分。

六、中间投入：常住单位在生产或提供货物与服务过程中消耗和使用的所有非固定资产货物和服务价值。

七、增加值:是生产货物或提供服务过程中增加的价值,也称为追加价值。

八、劳动者报酬:指劳动者为常住单位提供劳务而获得的各种报酬,包括从各种来源开支的货币及实物工资。

九、生产税净额:生产税与补贴之差。

十、生产税:根据生产应缴纳的税金,目前我国的生产税大致有三种:

①销售税金;指国家对生产单位生产、销售产品和从事经济活动所征收的税金。

②进成本税:指国家对单位从事生产活动所使用的某些固定资产或针对某些活动而征收的税。

③各种附加和规费:指国家在利润之前,针对生产单位的生产或经营所征收的一些固定费用,以用来发展某种公用事业。

十一、固定资产折旧:指从成本费用中提取的折旧费。

十二、营业盈余:常住单位所创造的增加值在对固定资产进行了价值补偿,对劳动者进行了分配和上交国家税金以后,所余下的企业参与增加值的创造而应得到的份额。

十三、总投资:指常住单位在核算期内对固定资产和库存的投资支出合计。

十四、固定资产形成:指常住单位在核算期内购置、转入和为自用而生产的固定资产,扣除已有固定资产的销售和转出后的价值。

十五、库存增加:即存货变动,指常住单位在核算期内库存实物量变动的市场价值。

十六、总消费:指常住单位在一定时期内对于货物和服务的全部最终消费,也就是常住单位为满足人们物质、文化和精神生活的需要,从本国经济领土或外国购买的货物和服务,不包括非常住居民在本国经济领土内的消费。总消费分为居民消费和社会消费。

十七、居民消费:指常住居民在核算其内对于货物和服务的全部最消费。包括①居民以货币直接购买的用于生活消费的各种货物,即有各种耐用消费品又有非耐用消费品。②居民直接购买的用于生活消费的各种服务支出。③居民自产自用的计入核算期社会产品中的货物。④自有住房的虚拟消费。⑤居民以实物工资获得的各种生活消费包括免费和低于市场价格获得的各种货物和服务。⑥职工从单位享受的公费医疗和集体福利设施及补贴。

十八、社会消费:指政府部门的总产出扣除销售收入后的价值。

十九、关于划分基本单位的规定

1.基本单位:基本单位是指我国境内除住户以外,拥有一定活动场所并从事一定生产活动的社会经济单位,按其性质分为具有法人资格的独立核算单位(简称法人单位)和产业活动单位。

2.法人单位:法人单位是指具备以下条件的单位

(1)依法成立,有自己的名称、组织机构和场所,能够独立承担民事责任;

(2)独立拥有和使用(或授权使用)资产,承担负债,有权与其他单位签订合同;

(3)会计上独立核算,能够编制资产负债表。

法人单位包括具有法人资格的企业、事业单位、机关、社会团体和经法定程序批准设立的其他单位。

3.产业活动单位:产业活动单位是指具备以下条件的单位

(1)在一个场所从事一种或主要从事一种社会经济活动;

(2)相对独立组织生产经营或业务活动;

(3)能够掌握收入和支出等业务核算资料。

4.一个法人单位由一个或一个以上的产业活动单位组成。如果一个法人单位只由一个产业活动单位组成，该法人单位本身就是产业活动单位。

二十、非金融资产：指机构单位对其行使所有权或处置权，并通过持有或在一定时期使用它们可以从中获得经济利益的、除金融资产以外的有形资产和无形资产。

二十一、固定资产：指在一定时点上能够保证国民经济各部门的生产经营、管理、服务以及居民生活正常进行的，其使用年限在一年以上，单位价值在规定标准以上，并在使用过程中保持原有物质形态的实物资产。

二十二、库存：指在一定时点处于生产过程、已经完全退出生产过程或暂时退出生产过程，但还没有进入消费领域或还没有重新进入生产过程的物质资料储备。

二十三、其他资产：指固定资产、库存以外的有形资产和非金融资产。

二十四、金融资产：指由机构单位对其执行所有权，且其所有者通过持有或在一定时间内使用它们，可以从中获得经济利益的非金融资产以外的各种资产及债权债务，这些资产及债权债务与非金融资产不同之处是在一个机构单位表现为资产，而在另一个机构单位同时表现为相对应的负债。

二十五、通货：指以现金形式存在于流通领域中的货币。

二十六、存款：指机关、团体、企事业单位、居民户等把货币资金存入银行或其它金融机构的一种信用活动，是存款人存入银行或非银行机构帐户上的货币。

二十七、贷款：指机构单位按一定利率提供货币资金的一种信用活动，其贷出的货币资金，包括人民币贷款和外币贷款。

二十八、股票及其他股权：指股票购买者及直接投资者所拥有的股权。

二十九、证券：指由政府、金融机构或企业以间接投资方式承购或因销售产品及商品而拥有的可在金融市场上交易的代表一定债权的书面证明。

三十、保险准备金：指作为非人身险(财产保险、货物运输保险、农村种植业和养殖业保险、责任保险、信用保险、人身意外伤害保险)准备金、人身险(人寿保险、养老保险、健康保险)准备金的金融资产。

三十一、其他金融资产：指上述金融资产以外的所有金融资产。

三十二、长期资本：指所有常住机构单位对国外的根据合同规定、偿还期限在一年以上的资本往来。

三十三、短期资本：指所有常住机构单位对国外的根据合同规定、偿还期限在一年以内的资本往来。

三十四、储备资产：指国家用于国际支付或用于弥补、调节国际收支不平衡的储备资金。

三十五、资产负债差额：指全部资产减去全部负债后的差额。其经济含义是机构单位、机构部门或国民经济所拥有的权益，包括非金融资产净值和对机构单位外部、机构部门外部或国外的金融资产净值。

02

POPULATION
人口

常住户籍人口

单位:万人

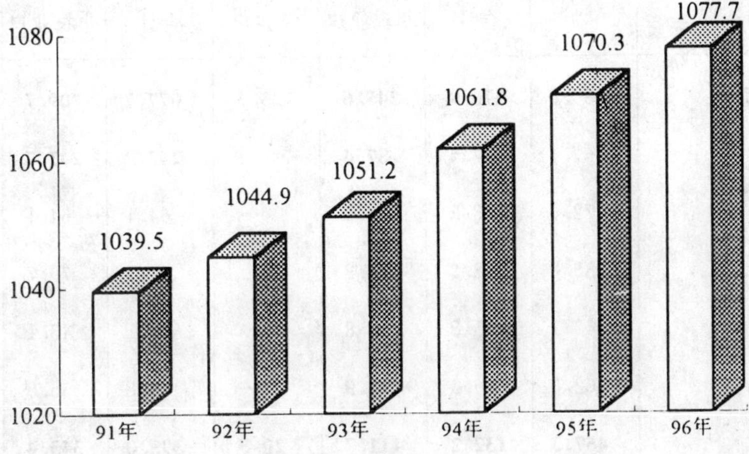

	1996年	1991年	1996年为1991年%
常住户籍人口(万人)	1077.7	1039.5	103.7
人口密度(人/平方公里)	639	618	103.4
出生率(%) (抽样调查推算数)	8.02	8.03	
死亡率(%)	5.34	5.82	
自然增长率(%)	2.68	2.21	

常住人口构成

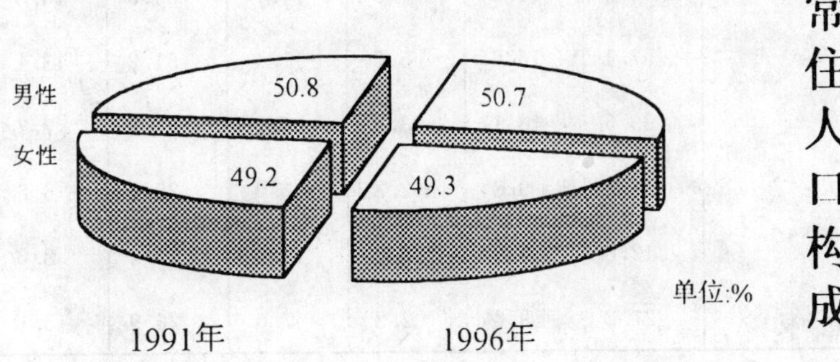

2—1 户数及人口数

（户籍统计）

地区	总人口（万人）	户数（万户）			常住人口（万人）			暂住人口（万人）
		合计	非农业户	农业户	合计	非农业户	农业户	
全　　市	**1 184.0**	**370.9**	**245.6**	**125.3**	**1 077.7**	**709.7**	**368.0**	**106.3**
城　区	**267.1**	**87.4**	**87.4**	…	**243.7**	**243.7**	…	**23.4**
东城区	72.0	23.5	23.5	…	64.1	64.1	…	7.9
西城区	86.0	28.2	28.2	…	79.7	79.7	…	6.3
崇文区	47.1	15.8	15.8	…	43.1	43.1	…	4.0
宣武区	62.0	19.9	19.9	…	56.8	56.8	…	5.2
近郊区	**457.3**	**132.2**	**111.7**	**20.5**	**395.0**	**343.4**	**51.6**	**62.3**
朝阳区	164.7	49.7	41.0	8.7	140.5	119.5	21.0	24.2
丰台区	94.7	26.5	20.8	5.7	76.6	61.4	15.2	18.1
石景山区	36.5	10.5	9.8	0.7	31.6	30.0	1.6	4.9
海淀区	161.4	45.5	40.1	5.4	146.3	132.5	13.8	15.1
远郊区	**103.0**	**32.9**	**13.4**	**19.5**	**98.7**	**40.2**	**58.5**	**4.3**
门头沟区	25.9	8.3	5.0	3.3	24.1	15.2	8.9	1.8
房山区	77.1	24.6	8.4	16.2	74.6	25.0	49.6	2.5
各　县	**356.6**	**118.4**	**33.1**	**85.3**	**340.3**	**82.4**	**257.9**	**16.3**
昌平县	45.0	15.0	6.2	8.8	41.8	16.0	25.8	3.2
顺义县	55.7	17.4	3.7	13.7	53.5	9.4	44.1	2.2
通　县	62.5	21.5	6.8	14.7	59.8	16.3	43.5	2.7
大兴县	57.1	16.6	5.2	11.4	51.2	13.1	38.1	5.9
平谷县	39.5	13.1	3.0	10.1	38.8	7.7	31.1	0.7
怀柔县	26.8	9.8	2.8	7.0	25.9	6.8	19.1	0.9
密云县	42.8	15.2	3.2	12.0	42.4	8.0	34.4	0.4
延庆县	27.2	9.8	2.2	7.6	26.9	5.1	21.8	0.3

2—2 人口密度

（户籍统计）

地区	常住人口（万人）	土地面积（平方公里）	人口密度（人/平方公里）
全市	**1 077.7**	**16 807.8**	**639**
城区	**243.7**	**87.1**	**27 707**
市中心最稠密街道			
天坛街道	7.0	1.3	53 772
椿树街道	5.2	1.0	52 101
崇文门街道	5.1	1.1	46 192
前门街道	4.8	1.1	43 925
大栅栏街道	5.6	1.3	42 852
东城区	64.1	24.7	25 940
西城区	79.7	30.0	26 586
崇文区	43.1	15.9	27 090
宣武区	56.8	16.5	34 441
近郊区	**395.0**	**1 282.8**	**3 071**
朝阳区	140.5	470.8	2 984
丰台区	76.6	304.2	2 519
石景山区	31.6	81.8	3 732
海淀区	146.3	426.0	3 434
远郊区	**98.7**	**3 198.0**	**309**
门头沟区	24.1	1 331.3	181
房山区	74.6	1 866.7	400
各县	**340.3**	**12 239.9**	**278**
昌平县	41.8	1 430.0	292
顺义县	53.5	980.0	546
通县	59.8	870.0	687
大兴县	51.2	1 012.0	506
平谷县	38.8	1 075.0	361
怀柔县	25.9	2 557.3	101
密云县	42.4	2 335.6	182
延庆县	26.9	1 980.0	136

2—3 常住人口性别构成及性别比

（户籍统计）

地　区	常住人口(万人)			性别比 (女=100)
	合　计	男	女	
全　市	**1 077.7**	**546.8**	**530.9**	**103.0**
城　区	**243.7**	**123.2**	**120.5**	**102.1**
东城区	64.1	32.1	32.0	100.3
西城区	79.7	40.0	39.7	100.6
崇文区	43.1	21.6	21.5	100.5
宣武区	56.8	29.5	27.3	108.3
近郊区	**395.0**	**202.8**	**192.2**	**105.5**
朝阳区	140.5	71.7	68.8	104.3
丰台区	76.6	39.0	37.6	103.4
石景山区	31.6	16.7	14.9	112.4
海淀区	146.3	75.4	70.9	106.3
远郊区	**98.7**	**50.3**	**48.4**	**103.9**
门头沟区	24.1	12.6	11.5	110.0
房山区	74.6	37.7	36.9	102.1
各　县	**340.3**	**170.5**	**169.8**	**100.5**
昌平县	41.8	20.9	20.9	100.3
顺义县	53.5	26.4	27.1	97.6
通　县	59.8	29.6	30.2	98.0
大兴县	51.2	25.7	25.5	100.7
平谷县	38.8	19.5	19.3	100.7
怀柔县	25.9	13.2	12.7	104.4
密云县	42.4	21.5	20.9	102.6
延庆县	26.9	13.7	13.2	104.4

2－4 户籍人口自然变动人数

（户籍统计） 单位:人

地区	出生人数		死亡人数		自然增加人数	
	1996年	1995年	1996年	1995年	1996年	1995年
全市	**78 329**	**85 329**	**66 762**	**62 449**	**11 567**	**22 880**
城区	**10 571**	**11 328**	**15 594**	**15 192**	**－5 023**	**－3 864**
东城区	2 968	3 011	3 987	4 127	－1 019	－1 116
西城区	3 797	3 848	4 653	4 601	－856	－753
崇文区	1 597	2 007	2 705	2 703	－1 108	－696
宣武区	2 209	2 462	4 249	3 761	－2 040	－1 299
近郊区	**24 101**	**25 007**	**19 531**	**18 732**	**4 570**	**6 275**
朝阳区	8 590	9 146	7 295	7 132	1 295	2 014
丰台区	5 115	5 391	4 373	3 882	742	1 509
石景山区	1 890	1 848	1 551	1 426	339	422
海淀区	8 506	8 622	6 312	6 292	2 194	2 330
远郊区	**8 980**	**9 702**	**6 992**	**6 375**	**1 988**	**3 327**
门头沟区	2 034	1 923	1 795	1 484	239	439
房山区	6 946	7 779	5 197	4 891	1 749	2 888
各县	**34 677**	**39 292**	**24 645**	**22 150**	**10 032**	**17 142**
昌平县	3 491	3 697	3 019	2 522	472	1 175
顺义县	4 774	5 603	4 479	3 777	295	1 826
通县	5 280	7 119	4 303	3 929	977	3 190
大兴县	5 408	6 807	3 444	3 202	1 964	3 605
平谷县	4 650	4 738	2 649	2 449	2 001	2 289
怀柔县	2 843	3 173	1 800	1 675	1 043	1 498
密云县	4 697	5 161	2 959	2 748	1 738	2 413
延庆县	3 534	2 994	1 992	1 848	1 542	1 146

2—5 人口变动

（户籍统计） 单位：人

项目	1996年	1995年	项目	1996年	1995年
一、自然变动			**二、机械变动**		
自然增加	11 567	22 880	机械增加	60 031	62 908
非农业人口	2 403	5 596	非农业人口	54 414	53 748
农业人口	9 164	17 284	农业人口	5 617	9 160
出生	78 329	85 329	市外迁入	98 558	104 428
非农业人口	38 402	39 706	非农业人口	89 133	91 195
农业人口	39 927	45 623	农业人口	9 425	13 233
死亡	66 762	62 449	迁往市外	38 527	41 520
非农业人口	35 999	34 110	非农业人口	34 719	37 447
农业人口	30 763	28 339	农业人口	3 808	4 073

2—6 1996年人口实际自然变动情况

项目	常住人口
一、自然变动人数（人）	
出生人数	100 671
死亡人数	67 030
自然增加人数	33 641
二、自然变动率（‰）	
出生率	8.02
死亡率	5.34
自然增长率	2.68

注：本表“常住人口”栏中数字为1996年人口变动情况抽样调查推算数字。

2—7 计划生育状况

项目	单位	1996年	1995年	1996年比1995年增、减
全　市				
1.计划生育状况				
计划内生育	人	83 966	89 425	－5 459
计划生育率	%	99.25	99.53	－0.28
2.已婚有生育条件的育龄妇女人数	人	2 244 804	2 188 531	56 273
3.实际采取节育措施人数	人	2 024 332	1 975 436	48 896
4.独生子女领证率	%	63.42	61.97	1.45
城　市				
1.计划生育率	%	99.88	99.83	0.05
2.已婚有生育条件的育龄妇女人数	人	1 349 798	1 292 881	56 917
3.实际采取节育措施人数	人	1 192 451	1 144 050	48 401
4.独生子女领证率	%	78.79	77.06	1.73
农　村				
1.计划生育率	%	98.56	99.22	－0.66
2.已婚有生育条件的育龄妇女人数	人	895 006	895 650	－644
3.实际采取节育措施人数	人	831 881	831 386	495
4.独生子女领证率	%	40.22	40.19	0.03

资料来源：北京市计划生育委员会。

2—8 家庭户规模

（人口变动情况抽样调查资料）

地　　区	家庭总户数（户）	家庭户规模所占比重(%)				
		一人户	二人户	三人户	四人户	五人及以上户
全　市	**21 521**	**8.71**	**20.54**	**41.73**	**18.06**	**10.96**
城　区	**5 395**	**13.05**	**20.11**	**43.23**	**13.38**	**10.23**
东城区	1 546	16.95	22.31	40.43	12.94	7.37
西城区	1 815	13.44	20.83	43.75	13.00	8.98
崇文区	981	10.40	18.25	41.39	16.00	13.96
宣武区	1 053	9.12	17.38	48.15	12.25	13.10
近郊区	**9 455**	**6.04**	**21.00**	**44.77**	**17.35**	**10.84**
朝阳区	2 692	5.87	20.73	48.10	14.97	10.33
丰台区	2 434	6.62	26.50	35.74	19.02	12.12
石景山区	667	5.70	17.54	48.58	17.39	10.79
海淀区	3 662	5.84	18.19	47.62	17.97	10.38
远郊区	**1 301**	**9.15**	**24.60**	**43.96**	**16.60**	**5.69**
门头沟区	78	7.69	16.67	47.43	24.36	3.85
房山区	1 223	9.24	25.10	43.74	16.11	5.81
各　县	**5 370**	**8.96**	**19.16**	**34.36**	**24.36**	**13.16**
昌平县	1 272	5.74	16.51	46.93	16.90	13.92
顺义县	779	9.89	18.61	31.84	24.13	15.53
通　县	683	15.08	19.91	25.19	23.57	16.25
大兴县	227	4.84	6.61	23.79	33.48	31.28
平谷县	558	7.89	21.68	19.36	35.84	15.23
怀柔县	610	6.89	20.49	40.16	25.41	7.05
密云县	782	11.25	21.23	34.01	23.02	10.49
延庆县	459	9.37	24.18	33.77	28.98	3.70

2—9 年龄组人口数

（人口变动情况抽样调查资料）

项　　目	1996年被抽样人口		1995年人口抽样调查各年龄组占总人口比重(%)
	抽样人口数(人)	各年龄组人口占总人口比重(%)	
总　　计	**69 521**	**100**	**100**
#法定婚龄男(22岁以上)	25 000	36.0	35.3
女(20岁以上)	26 702	38.4	37.7
育龄妇女(15—49岁)	20 908	30.1	29.2
一、不满周岁婴儿(0岁)	557	0.8	0.8
二、学龄前儿童(1—6岁)	3 859	5.6	6.5
三、小学学龄组(7—12岁)	5 831	8.4	9.2
四、初中学龄组(13—15岁)	3 139	4.5	4.4
五、劳动年龄组	44 783	64.4	64.0
男(16—59岁)	22 728	32.7	33.2
女(16—54岁)	22 055	31.7	30.8
六、超过劳动年龄组	11 352	16.3	15.1
男(60岁以上)	4 560	6.5	6.1
女(55岁以上)	6 792	9.8	9.0

2—10 人口年龄构成及性别比

（人口变动情况抽样调查资料）

年 龄 段	抽样人口数(人)			占抽样人口数的比重(%)			性别比(女=100)
	合计	男	女	合计	男	女	
总　　计	**69 521**	**34 130**	**35 391**	**100**	**49.09**	**50.91**	**96.44**
0—4岁	2 899	1 519	1 380	4.17	2.18	1.99	110.07
5—9岁	4 640	2 380	2 260	6.67	3.42	3.25	105.31
10—14岁	4 863	2 497	2 366	6.99	3.59	3.40	105.54
15—19岁	4 696	2 013	2 683	6.76	2.90	3.86	75.03
20—24岁	4 866	2 388	2 478	7.00	3.43	3.56	96.37
25—29岁	6 728	3 298	3 430	9.67	4.74	4.93	96.15
30—34岁	7 935	3 974	3 961	11.42	5.72	5.70	100.33
35—39岁	6 670	3 394	3 276	9.59	4.88	4.71	103.60
40—44岁	5 895	2 867	3 028	8.48	4.12	4.36	94.68
45—49岁	3 861	1 809	2 052	5.55	2.60	2.95	88.16
50—54岁	3 235	1 550	1 685	4.65	2.23	2.42	91.99
55—59岁	4 110	1 881	2 229	5.92	2.71	3.21	84.39
60—64岁	3 732	1 892	1 840	5.37	2.72	2.65	102.83
65—69岁	2 422	1 291	1 131	3.49	1.86	1.63	114.15
70—74岁	1 467	728	739	2.11	1.05	1.06	98.51
75—79岁	856	386	470	1.24	0.56	0.68	82.13
80—84岁	422	185	237	0.61	0.27	0.34	78.06
85—89岁	163	63	100	0.23	0.09	0.14	63.00
90岁及以上	61	15	46	0.09	0.02	0.07	32.61

2—11　劳动年龄人口抚养系数

（人口变动抽样调查资料）　　　　单位：%

地　　区	总抚养系数	抚养老年人口系数	抚养少儿人口系数
全　市	**34.40**	**10.42**	**23.98**
城　区	36.70	13.85	22.85
近郊区	29.47	9.55	19.92
远郊区	37.72	7.80	29.42
各　县	40.38	9.40	30.98

2—12　育龄妇女生育状况

（人口变动情况抽样调查资料）

项　　目	单位	合　计	城　区	近郊区	远郊区	各　县
一、15—49岁平均育龄妇女人数	人	20 819				
二、出生婴儿孩次合计	人	557	111	223	36	187
第一孩	人	495	105	208	34	148
第二孩	人	57	6	11	2	38
第三孩及以上	人	5	0	4	0	1
三、出生婴儿孩次所占比重	%	100	100	100	100	100
第一孩	%	88.87	94.59	93.27	94.44	79.14
第二孩	%	10.23	5.41	4.93	5.56	20.32
第三孩及以上	%	0.90	0.00	1.80	0.00	0.54
四、育龄妇女生育率	‰	26.75				

主 要 统 计 指 标 解 释

一、人口数:指一定时点、一定地区范围内的有生命的个人的总和。年度统计的年末人口数是指每年 12 月 31 日 24 时的人口数。

二、出生率:指在一定时期内(通常为一年)平均每千人所出生的人数的比率,一般用千分率表示。计算公式:

$$出生率 = \frac{年出生人数}{年平均人数} \times 1000‰$$

出生人数是指活产婴儿,即胎儿脱离母体时(不管怀孕月数),有过呼吸或其他生命现象。

年平均人数是年初、年底人口数的平均数,也可用年中人口数代替。

三、死亡率:指在一定时期内(通常为一年)一定地区的死亡人数与同期平均人数(或期中人数)之比,一般用千分率表示。计算公式:

$$死亡率 = \frac{年死亡人数}{年平均人数} \times 1000‰$$

四、人口自然增长率:指在一定时期内(通常为一年)人口自然增加数(出生人数减死亡人数)与该时期内平均人数(或期中人数)之比,一般用千分率表示。计算公式:

$$人口自然增长率 = \frac{本年出生人数 - 本年死亡人数}{年平均人数} \times 1000‰$$

$$人口自然增长率 = 人口出生率 - 人口死亡率$$

03

LABOUR FORCE AND WAGE
劳动力和工资

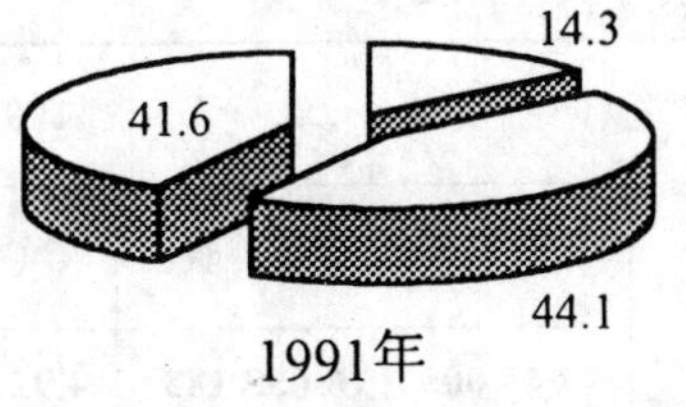

全市从业人员构成

单位:%

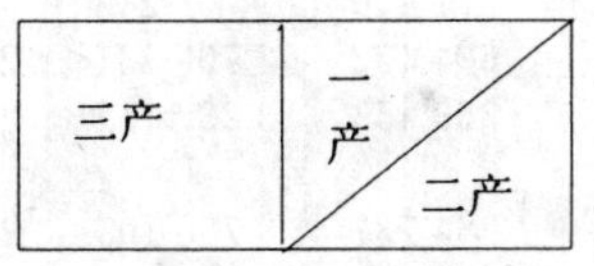

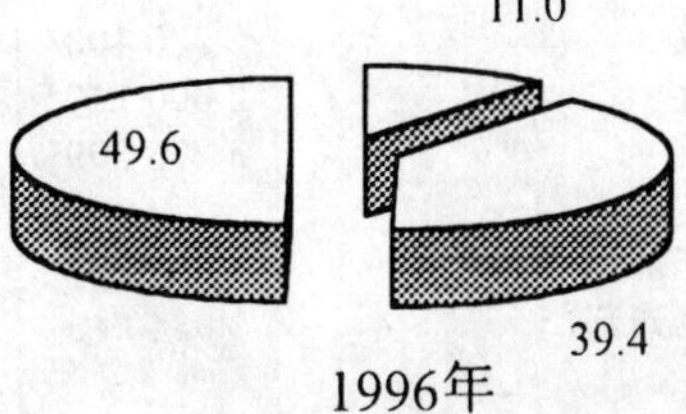

	1996年	1991年	1996年为1991年%
全市从业人员数(万人)	660.2	634.0	104.1
职工人数(万人)	460.6	470.0	98.0
城镇新增就业人数(人)	12.9	10.8	119.4
工资总额(亿元)	442.4	132.2	3.3倍
平均工资(元)	9579	2877	3.3倍

职工平均工资

单位:元

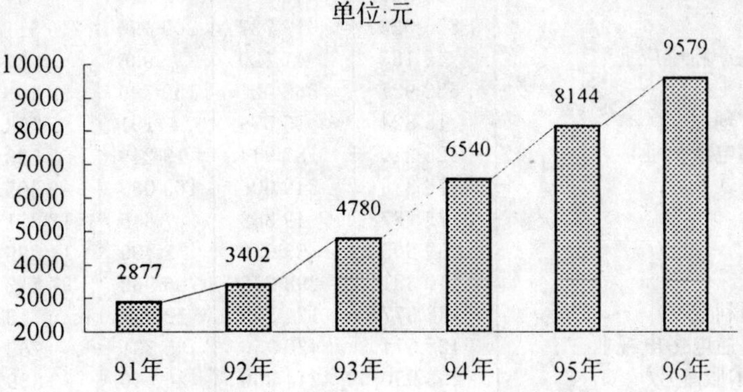

3—1 全市从业人员

（按产业、部类分）

项目	1996年			1995年		
	合计	城市	农村	合计	城市	农村
人数(人)	**6 602 452**	**4 957 447**	**1 645 005**	**6 653 188**	**4 927 408**	**1 725 780**
一、按产业分						
第一产业	725 403	54 003	671 400	706 243	50 381	655 862
第二产业	2 600 740	1 996 588	604 152	2 709 831	2 076 347	633 484
第三产业	3 276 309	2 906 856	369 453	3 237 114	2 800 680	436 434
二、按部类分						
物质生产部门	3 668 207	2 283 476	1 384 731	3 750 105	2 357 189	1 392 916
非物质生产部门	2 934 245	2 673 971	260 274	2 903 083	2 570 219	332 864
构成(%)	**100**	**100**	**100**	**100**	**100**	**100**
一、按产业分						
第一产业	11.0	1.1	40.8	10.6	1.0	38.0
第二产业	39.4	40.3	36.7	40.7	42.2	36.7
第三产业	49.6	58.6	22.5	48.7	56.8	25.3
二、按部类分						
物质生产部门	55.6	46.1	84.2	56.4	47.8	80.7
非物质生产部门	44.4	53.9	15.8	43.6	52.2	19.3

3—2 全市从业人员

（按经济类型分）

单位：人

行业	合计	国有经济	集体经济	其他经济	城镇个体劳动者	农村劳动者
总计	**6 602 452**	**3 550 594**	**686 062**	**492 024**	**228 767**	**1 645 005**
农、林、牧、渔业	725 403	47 623	1 265	4 882	233	671 400
采掘业	50 607	42 911	204	97	95	7 300
制造业	1 855 023	919 727	209 490	216 511	23 886	485 409
电力、煤气及水的生产和供应业	42 183	41 220	936	27		
建筑业	652 927	369 022	139 709	28 403	4 350	111 443
地质勘查业、水利管理业	15 824	15 579	191	54		
交通运输、仓储及邮电通信业	326 240	187 944	19 249	2 533	7 335	109 179
批发和零售贸易、餐饮业	976 829	349 006	163 083	89 305	161 111	214 324
金融、保险业	73 737	49 368	7 845	12 221		4 303
房地产业	69 605	53 010	2 499	14 096		
社会服务业	540 381	298 272	86 962	97 712	25 521	31 914
卫生、体育和社会福利业	138 377	124 538	12 857	713		269
教育、文化艺术和广播电影电视业	428 574	420 956	5 831	769		1 018
科学研究和综合技术服务业	293 950	244 366	26 546	22 869		169
国家机关、政党机关和社会团体	318 423	318 262	161			
其他行业	94 369	68 790	9 234	1 832	6 236	8 277

3—3 城镇单位从业人员年末人数

单位：人

项目	从业人员总计	职工人数	聘用留用的离退休人员	其他人员
总计	**4 728 680**	**4 605 743**	**119 186**	**3 751**
按经济类型分				
国有经济	3 550 594	3 490 496	59 673	425
集体经济	686 062	647 440	38 569	53
联营经济	34 064	32 856	1 199	9
股份制经济	147 673	140 393	7 238	42
外商投资经济	206 531	197 311	7 114	2 106
港、澳、台投资经济	101 496	95 270	5 110	1 116
其他经济	2 260	1 977	283	0
按隶属关系分				
#中央	1 379 716	1 342 447	36 155	1 114
地方	3 153 946	3 081 279	70 825	1 842
按行业分				
农、林、牧、渔业	53 770	53 540	216	14
#农业	16 438	16 405	33	0
采掘业	43 212	43 019	193	0
制造业	1 345 728	1 327 082	17 407	1 239
电力、煤气及水的生产和供应业	42 183	41 855	328	0
建筑业	537 134	521 951	15 047	136
地质勘查业、水利管理业	15 824	15 718	106	0
交通运输、仓储及邮电通信业	209 726	208 027	1 671	28
#交通运输业	164 935	163 976	937	22
邮电通信业	38 035	37 406	627	2
批发和零售贸易、餐饮业	601 394	581 453	19 593	348
#批发业	265 261	255 187	10 022	52
零售业	275 092	266 817	8 225	50
餐饮业	59 265	57 742	1 277	246
金融、保险业	69 434	67 633	1 757	44
房地产业	69 605	65 262	4 169	174
社会服务业	482 946	457 179	24 659	1 108
#公共服务业	159 795	157 245	2 537	13
居民服务业	39 339	34 905	4 372	62
旅馆业	119 779	111 823	7 412	544
卫生、体育和社会福利业	138 108	135 736	2 332	40
#卫生	124 895	122 824	2 070	1
体育	8 478	8 281	185	12
教育、文化艺术和广播电影电视业	427 556	418 492	8 714	350
教育	341 074	334 709	6 131	234
文化艺术业	68 654	66 472	2 113	69
广播电视电视业	17 828	17 311	470	47
科学研究和综合技术服务业	293 781	278 482	15 063	236
科学研究业	162 460	158 788	3 665	7
综合技术服务业	131 321	119 694	11 398	229
国家机关、政党机关和社会团体	318 423	312 263	6 158	2
其他行业	79 856	78 051	1 773	32

注：城镇单位从业人员年末人数与报国家统计局劳动工资年他口经一致，不含私营经济、个体经济和农村从业人员。

3—4 职工人数

单位:人

项　　目	1996年	1995年	1996年为1995年%
总　　计	**4 605 743**	**4 708 758**	**97.8**
按经济类型分			
国有经济	3 490 496	3 581 837	97.4
集体经济	647 440	720 850	89.8
联营经济	32 856	36 802	89.3
股份制经济	140 393	77 292	181.6
外商投资经济	197 311	173 597	113.7
港、澳、台投资经济	95 270	100 427	94.9
其他经济类型	1 977	17 953	11.0
按隶属关系分			
#中央	1 342 447	1 414 161	94.9
地方	3 081 279	3 192 554	96.5
按行业分			
农、林、牧、渔业	53 540	50 344	106.3
#农业	16 405	15 112	108.6
采掘业	43 019	46 402	92.7
制造业	1 327 082	1 386 509	95.7
电力、煤气及水的生产和供应业	41 855	42 883	97.6
建筑业	521 951	577 028	90.5
地质勘查业、水利管理业	15 718	21 704	72.4
交通运输、仓储及邮电通信业	208 027	201 488	103.2
#交通运输业	163 976	155 684	105.3
邮电通信业	37 406	38 606	96.9
批发和零售贸易、餐饮业	581 453	567 436	102.5
#批发业	255 187	253 509	100.7
零售业	266 817	258 845	103.1
餐饮业	57 742	52 539	109.9
金融、保险业	67 633	61 736	109.6
房地产业	65 262	64 691	100.9
社会服务业	457 179	467 598	97.8
#公共服务业	157 245	158 424	99.3
居民服务业	34 905	37 821	92.3
旅馆业	111 823	120 471	92.8
卫生、体育和社会福利业	135 736	134 684	100.8
#卫生	122 824	121 283	101.3
体育	8 281	8 986	92.2
教育、文化艺术和广播电影电视业	418 492	410 477	102.0
教育	334 709	330 317	101.3
文化艺术业	66 472	65 240	101.9
广播电视电视业	17 311	14 920	116.0
科学研究和综合技术服务业	278 482	299 053	93.1
科学研究业	158 788	167 362	94.9
综合技术服务业	119 694	131 691	90.9
国家机关、政党机关和社会团体	312 263	310 368	100.6
其他行业	78 051	66 357	117.6

3—5 职工人数增减情况

单位：人

项　　目	1996年			1995年		
	合　计	#中央单位	#地方单位	合　计	#中央单位	#地方单位
净增人数	**−102 608**	**−28 297**	**−76 203**	**−81 506**	**−2 266**	**−79 298**
一、增加人数	**378 204**	**141 942**	**233 047**	**383 270**	**136 555**	**246 563**
从农村招收	147 291	62 134	84 761	129 623	49 421	8 0193
从城镇招收	22 985	8 390	13 612	24 173	9 585	14 495
录用复员、退役、转业军人	3 652	1 764	1 780	4 096	2 100	1 996
录用大中专技校毕业生	58 871	25 165	33 356	58 765	25 672	33 092
调入人数	104 693	32 146	72 107	103 278	30 402	72 850
#市外调入	5 419	3 120	2 076	5 318	2 537	2 765
其他	40 712	12 343	27 431	63 335	19 375	43 937
二、减少人数	**480 812**	**170 239**	**309 250**	**464 776**	**138 821**	**325 861**
离休、退休、退职	75 322	28 001	47 246	73 957	27 573	46384
开除、除名、辞退	73 288	44 708	28 148	50 254	26 425	23 829
终止、解除合同	132 832	38 827	93 638	93 167	23 396	69 727
调出人数	140 109	38 313	101 461	135 849	35 312	100 516
#调往市外	6 227	4 029	2 049	3 834	1 571	2 260
其他	59 261	20 390	38 757	111 549	26 115	85 405

3—6 城镇新增就业人数

单位：人

项　　目	1996年	1995年
总　　计	**128 812**	**117 823**
国有经济	74 016	72 530
集体经济	14 608	12 012
其他经济	30 071	23 442
个　　体	10 117	9 839

3—7 国民经济各

（按隶属关系、

行业	全市	#女职工	比重(%)
总计	**4 605 743**	**1 828 349**	**39.7**
农、林、牧渔业	**53 540**	**19 131**	**35.7**
#农、林、牧、渔服务业	8 636	2 861	33.1
采掘业	**43 019**	**8 567**	**19.9**
制造业	**1 327 082**	**559 802**	**42.2**
食品加工业	28 250	11 276	39.9
食品制造业	40 724	21 476	52.7
饮料制造业	27 149	11 058	40.7
烟草制造业	1 075	474	44.1
纺织业	73 578	46 725	63.5
服装及其他纤维制品制造业	48 673	36 724	75.5
皮革、毛皮、羽绒及其制品业	13 374	8 064	60.3
木材加工及竹、藤、棕、革制品业	4 682	1 479	31.6
家具制造业	8 588	2 465	28.7
造纸及纸制品业	13 652	6 456	47.3
印刷业、记录媒介的复制	44 838	22 812	50.9
文教体育用品制造业	14 314	7 465	52.2
石油加工及炼焦业	51 108	19 204	37.6
化学原料及化学制品制造业	63 395	24 884	39.3
医药制造业	25 438	13 560	53.3
化学纤维制造业	8 740	4 467	51.1
橡胶制品业	15 174	6 406	42.2
塑料制品业	21 699	10 618	48.9
非金属矿物制品业	85 914	28 783	33.5
黑色金属冶炼及压延加工业	180 128	49 362	27.4
有色金属冶炼及压延加工业	7 153	2 169	30.3
金属制品业	43 526	16 289	37.4
普通机械制造业	80 744	28 983	35.9
专业设备制造业	76 159	27 571	36.2
交通运输设备制造业	133 253	47 591	35.7
武器弹药制造业	14 363	4 960	34.5
电气机械及器材制造业	65 609	30 458	46.4
电子及通信设备制造业	75 617	37 103	49.1
仪器仪表及文化办公用品机械制造业	33 883	16 221	47.9
其他制造业	26 282	14 699	55.9
电力、煤气及水的生产和供应业	**41 855**	**14 094**	**33.7**
电力、蒸气、热水的生产和供应业	27 906	8 432	30.2
煤气生产和供应业	8 148	3 299	40.5
自来水的生产和供应业	5 801	2 363	40.7
建筑业	**521 951**	**89 046**	**17.1**
土木工程建筑业	413 975	71 794	17.3
线路、管道和设备安装业	78 721	14 216	18.1
建筑物的装修装饰业	29 255	3 036	10.4
地质勘查业、水利管理业	**15 718**	**3 593**	**22.9**
地质勘查业	6 073	1 549	25.5
水利管理业	9 645	2 044	21.2

行业职工人数

经济类型分）　　　　　　　　　　　　　　　　　　　　　　　　　　　　单位：人

#中央	#地方	国有经济	#中央	#地方	集体经济	其他经济
1 342 447	**3 081 279**	**3 490 496**	**1 199 082**	**2 280 484**	**647 440**	**467 807**
1 240	**52 255**	**47 442**	**905**	**46 537**	**1 246**	**4 852**
708	7 920	8 015	708	7 307	604	17
	43 019	**42 718**		**42 718**	**204**	**97**
203 089	**1 092 238**	**912 646**	**176 990**	**735 470**	**203 010**	**211 426**
294	27 306	21 060	160	20 900	953	6 237
1 451	36 708	23 761	178	23 553	3 335	13 628
206	26 305	14 263	108	14 155	1 888	10 998
95	980	1 075	95	980		
69	73 328	43 295	49	43 246	9 363	20 920
1 965	41 252	11 588	1 699	9 889	16 538	20 547
74	13 006	5 237	20	5 217	4 740	3 397
931	3 242	3 094	855	2 239	1 110	478
1 084	5 434	2 514	525	1 989	2 417	3 657
557	12 840	8 458	260	8 198	2 753	2 441
27 248	16 812	34 521	25 142	9 379	7 102	3 215
57	13 684	8 330	14	8 316	3 916	2 068
48 550	2 492	50 096	47 951	2 145	756	256
2 071	60 518	53 052	1 114	51 928	4 368	5 975
2 928	22 139	21 304	2 834	18 470	1 912	2 222
29	8 671	7 444	29	7 415	994	302
481	14 693	11 764	236	11 528	2 904	506
1 216	19 930	11 173	321	10 852	6 429	4 097
3 984	81 065	60 761	2 908	57 853	14 438	10 715
108	179 985	173 308		173 308	1 706	5 114
407	6 734	6 108	403	5 705	715	330
4 428	37 221	20 304	2 707	17 544	17 211	6 011
7 097	72 515	55 122	3 826	51 296	13 186	12 436
20 974	53 205	54 857	19 971	34 793	14 524	6 778
45 871	85 507	77 348	39 786	37 562	21 814	34 091
14 363		14 363	14 363			
2 760	60 980	41 645	1 571	40 074	16 393	7 571
7 065	65 834	47 806	5 166	42 640	9 920	17 891
5 326	27 210	22 347	4 666	17 681	6 675	4 861
1 400	22 642	6 648	33	6 615	14 950	4 684
12 664	**29 191**	**40 901**	**11 823**	**29 078**	**928**	**26**
12 664	15 242	26 952	11 823	15 129	928	26
	8 148	8 148		8 148		
	5 801	5 801		5 801		
147 995	**354 315**	**363 201**	**123 199**	**239 650**	**131 476**	**27 274**
110 259	294 539	306 984	103 085	203 786	96 396	10 595
31 132	45 643	49 304	17 445	31 778	25 111	4 306
6 604	14 133	6 913	2 669	4 086	9 969	12 373
5 528	**10 172**	**15 481**	**5 467**	**10 014**	**185**	**52**
5 268	787	5 942	5 207	735	79	52
260	9 385	9 539	260	9 279	106	

3—7 续表1

行业	全市	#女职工	比重(%)
交通运输、仓储及邮电通信业	**208 027**	**60 206**	**28.9**
铁路运输业	79 275	17 109	21.6
公路运输业	40 750	11 144	27.3
航空运输业	10 336	4 182	40.5
交通运输辅助业	33 615	8 285	24.6
仓储业	6 645	1 971	29.7
邮电通信业	37 406	17 515	46.8
批发和零售贸易、餐饮业	**581 453**	**291 315**	**50.1**
批发业	255 187	101 803	39.9
零售业	266 817	156 928	58.8
商业经纪与代理业	1 707	578	33.9
餐饮业	57 742	32 006	55.4
金融、保险业	**67 633**	**34 408**	**50.9**
金融业	63 412	32 649	51.5
保险业	4 221	1 759	41.7
房地产业	**65 262**	**23 372**	**35.8**
房地产开发与经营业	32 445	11 685	36.0
房地产管理业	32 144	11 442	35.6
房地产代理与经纪业	673	245	36.4
社会服务业	**457 179**	**185 071**	**40.5**
公共设施服务业	157 245	63 810	40.6
#市内公共交通业	99 583	41 917	42.1
#市内公共汽电车业	56 843	30 722	54.0
园林绿化业	19 360	8 138	42.0
环境卫生业	23 102	9 143	39.6
市政工程管理业	8 744	2 397	27.4
居民服务业	34 905	15 546	44.5
旅馆业	111 823	58 895	52.7
租赁服务业	3 615	1 357	37.5
旅游业	10 934	4 524	41.4
娱乐服务业	8 703	4 654	53.5
信息、咨询服务业	45 224	16 813	37.2
#广告业	7 523	2 881	38.3
咨询服务业	5 306	2 354	44.4
计算机应用服务业	31 206	11 578	37.1
其他社会服务业	53 524	7 894	14.7
#市场管理服务业	1 579	700	44.3
卫生、体育和社会福利业	**135 736**	**86 791**	**63.9**
卫生	122 824	81 139	66.1
体育	8 281	3 238	39.1
社会福利保障业	4 631	2 414	52.1
教育、文化艺术及广播电影电视业	**418 492**	**218 945**	**52.3**
教育	334 709	185 006	55.3
高等教育	120 217	51 719	43.0
普通高等教育	105 093	45 013	42.8
成人高等教育	15 124	6 706	44.3

单位:人

#中央	#地方	国有经济	#中央	#地方	集体经济	其他经济
139 423	**67 700**	**186 805**	**136 707**	**50 098**	**18 732**	**2 490**
79 154	121	79 275	79 154	121		
830	39 873	25 316	581	24 735	15 296	138
9 861	475	10 240	9 765	475	96	
12 501	20 978	30 544	10 853	19 691	1 936	1 135
1 241	5 228	5 529	822	4 707	858	258
35 836	1 025	35 901	35 532	369	642	863
78 567	**446 393**	**341 632**	**59 438**	**278 521**	**153 489**	**86 332**
53 272	182 701	170 200	45 828	122 946	66 839	18 148
16 419	221 936	145 391	9 755	134 094	74 628	46 798
1 460	188	1 618	1 450	158	89	
7 416	41 568	24 423	2 405	21 323	12 022	21 297
65 136	**1 662**	**48 442**	**46 879**	**1 536**	**7 841**	**11 350**
60 915	1 662	47 511	45 948	1 536	7 841	8 060
4 221		931	931			3 290
7 719	**53 749**	**50 654**	**3 961**	**46 663**	**2 172**	**12 436**
5 004	25 721	22 787	1 699	21 058	582	9 076
2 675	27 544	27 471	2 226	25 245	1 460	3 213
40	484	396	36	360	130	147
104 629	**311 401**	**289 386**	**66 563**	**218 657**	**79 601**	**88 192**
5 821	149 268	142 051	3 732	138 259	8 943	6 251
3 205	95 203	89 152	1 775	87 317	5 922	4 509
	56 843	56 785		56 785	58	
743	18 351	18 329	383	17 946	869	162
	23 015	21 497		21 497	608	997
	8 744	8 719		8 719	25	
5 037	26 727	15 991	1 641	14 165	16 342	2 572
48 746	57 306	59 680	28 700	27 394	10 645	41 498
753	2 059	1 137	343	775	993	1 485
6 252	4 462	8 334	4 275	4 046	399	2 201
1 668	5 320	1 706	167	1 539	861	6 136
19 993	12 467	22 045	15 834	6 018	10 106	13 073
2 795	2 005	2 542	1 595	909	2 917	2 064
1 812	3 274	2 508	1 349	1 159	257	2 541
6 545	12 731	11 182	5 221	5 877	8 130	11 894
9 814	41 061	27 260	6 650	20 584	23 182	3 082
173	1 324	791	156	635	276	512
41 319	**94 198**	**122 646**	**41 099**	**81 538**	**12 487**	**603**
37 447	85 158	110 471	37 389	73 073	12 204	149
3 139	5 142	7 862	2 979	4 883		419
733	3 898	4 313	731	3 582	283	35
168 444	**249 098**	**412 660**	**168 069**	**244 582**	**5 119**	**713**
106 204	228 066	330 191	106 140	224 051	4 518	
97 898	22 221	119 979	97 883	22 096	238	
87 775	17 297	105 072	87 775	17 297	21	
10 123	4 924	14 907	10 108	4 799	217	

3—7 续表 2

行　　业	全市	#女职工	比重(%)
中等教育	107 442	59 617	55.5
中等专业学校	13 647	6 760	49.5
普通中学	74 687	43 135	57.8
农业、职业中学	11 308	6 297	55.7
技工学校	3 327	1 360	40.9
成人中等学校	4 082	1 938	47.5
工读学校	391	127	32.5
初等教育	82 963	57 805	69.7
小学校	82 963	57 805	69.7
学前教育	12 022	10 970	91.2
特殊教育	763	520	68.2
其他教育	11 302	4 375	38.7
文化艺术业	66 472	27 680	41.6
艺术	10 676	4 031	37.8
出版	36 292	15 252	42.0
文物保护	5 106	2 077	40.7
图书馆	2 894	1 671	57.7
档案馆	1 072	503	46.9
群众文化	3 502	1 613	46.1
新闻	4 148	1 361	32.8
文化艺术经纪与代理业	612	275	44.9
其他文化艺术业	2 170	897	41.3
广播电影电视业	17 311	6 259	36.2
广播	4 874	2 005	41.1
电影	6 108	2 196	36.0
电视	6 329	2 058	32.5
科学研究和综合技术服务业	**278 482**	**101 377**	**36.4**
科学研究业	158 788	60 083	37.8
自然科学研究	113 588	42 815	37.7
社会科学研究	9 720	3 591	36.9
其他科学研究	35 480	13 677	38.5
综合技术服务业	119 694	41 294	34.5
气象	2 523	1 086	43.0
地震	1 761	593	33.7
测绘	2 129	874	41.1
技术监督	5 130	1 685	32.8
海洋环境	343	114	33.2
环境保护	2 205	776	35.2
技术推广和科技交流服务业	10 555	3 425	32.4
工程设计业	34 313	13 188	38.4
其他综合技术服务业	60 735	19 553	32.2
国家机关、政党机关和社会团体	**312 263**	**102 002**	**32.7**
国家机关	294 094	95 101	32.3
政党机关	8 355	2 735	32.7
社会团体	9 814	4 166	42.4
其他行业	**78 051**	**30 629**	**39.2**

单位:人

#中央	#地方	国有经济	#中央	#地方	集体经济	其他经济
3 231	104 052	106 620	3 231	103 389	822	
1 254	12 393	13 286	1 254	12 032	361	
1 694	72 834	74 528	1 694	72 834	159	
	11 308	11 308		11 308		
178	3 149	3 044	178	2 866	283	
105	3 977	4 063	105	3 958	19	
	391	391		391		
361	82 472	82 833	361	82 472	130	
361	82 472	82 833	361	82 472	130	
2 294	9 728	9 479	2 294	7 185	2 543	
	746	728		728	35	
2 420	8 847	10 552	2 371	8 181	750	
50 399	15 722	65 539	50 222	15 316	383	550
5 933	4 714	10 486	5 895	4 591	119	71
33 077	3 156	36 122	32 985	3 137	60	110
3 229	1 877	5 087	3 229	1 858	19	
1 889	1 005	2 894	1 889	1 005		
728	344	1 072	728	344		
19	3 483	3 485	19	3 466	17	
4 129	19	4 148	7 129	19		
316	236	294	286	8	88	230
1 079	888	1 951	1 062	888	80	139
11 841	5 310	16 930	11 707	5 215	218	163
3 876	998	4 864	3 876	988	10	
3 948	2 000	5 871	3 948	1 915	103	134
4 017	2 312	6 195	3 883	2 312	105	29
195 489	**58 658**	**236 051**	**191 430**	**42 957**	**22 113**	**20 318**
142 177	15 357	158 177	141 977	15 153	466	145
100 404	12 027	113 138	100 261	11 830	369	81
9 162	558	9 720	9 162	558		
32 611	2 772	35 319	32 554	2 765	97	64
53 312	43 301	77 874	49 453	27 804	21 647	20 173
2 489	34	2 523	2 489	34		
1 650	111	1 761	1 650	111		
1 032	1 097	2 129	1 032	1 097		
1 928	3 115	4 883	1 837	2 974	67	230
343		343	343			
631	890	1 418	621	797	370	417
1 673	5 983	6 083	1 527	4 526	2 188	2 284
26 324	7 230	31 196	25 289	5 907	1 514	1 603
17 242	24 841	27 588	14 665	12 358	17 508	15 639
145 429	**166 024**	**312 116**	**145 284**	**166 024**	**147**	
133 477	159 809	294 094	133 477	159 809		
4 073	4 282	8 355	4 073	4 282		
7 879	1 933	9 667	7 734	1 933	147	
25 776	**51 206**	**67 715**	**21 268**	**46 441**	**8 690**	**1 646**

3—8 国民经济各

（按职工

行　　业	全　市	长期职工	临时职工
总　　计	**4 605 743**	**4 022 163**	**583 580**
农、林、牧渔业	**53 540**	**46 293**	**7 247**
#农、林、牧、渔服务业	8 636	7 738	898
采掘业	**43 019**	**42 457**	**562**
制造业	**1 327 082**	**1 233 562**	**93 520**
食品加工业	28 250	25 059	3 191
食品制造业	40 724	35 335	5 389
饮料制造业	27 149	22 568	4 581
烟草制造业	1 075	1 045	30
纺织业	73 578	70 848	2 730
服装及其他纤维制品制造业	48 673	37 873	10 800
皮革、毛皮、羽绒及其制品业	13 374	12 418	956
木材加工及竹、藤、棕、革制品业	4 682	3 879	803
家具制造业	8 588	5 650	2 938
造纸及纸制品业	13 652	12 544	1 108
印刷业、记录媒介的复制	44 838	41 091	3 747
文教体育用品制造业	14 314	12 463	1 851
石油加工及炼焦业	51 108	50 665	443
化学原料及化学制品制造业	63 395	59 187	4 208
医药制造业	25 438	23 942	1 496
化学纤维制造业	8 740	8 559	181
橡胶制品业	15 174	14 242	932
塑料制品业	21 699	18 877	2 822
非金属矿物制品业	85 914	77 967	7 947
黑色金属冶炼及压延加工业	180 128	179 232	896
有色金属冶炼及压延加工业	7 153	6 778	375
金属制品业	43 526	37 224	6 302
普通机械制造业	80 744	77 507	3 237
专业设备制造业	76 159	71 429	4 730
交通运输设备制造业	133 253	125 685	7 568
武器弹药制造业	14 363	14 255	108
电气机械及器材制造业	65 609	61 745	3 864
电子及通信设备制造业	75 617	70 651	4 966
仪器仪表及文化办公用品机械制造业	33 883	32 349	1 534
其他制造业	26 282	22 495	3 787
电力、煤气及水的生产和供应业	**41 855**	**39 766**	**2 089**
电力、蒸气、热水的生产和供应业	27 906	25 956	1 950
煤气生产和供应业	8 148	8 148	
自来水的生产和供应业	5 801	5 662	139
建筑业	**521 951**	**352 943**	**169 008**
土木工程建筑业	413 975	286 538	127 437
线路、管道和设备安装业	78 721	54 619	24 102
建筑物的装修装饰业	29 255	11 786	17 469
地质勘查业、水利管理业	**15 718**	**13 204**	**2 514**
地质勘查业	6 073	5 641	432
水利管理业	9 645	7 563	2 082

行业职工人数

类别分）　　　　单位：人

#全市国有经济	长期职工	临时职工	#地方国有经济	长期职工	临时职工
3 490 496	**3 191 096**	**299 400**	**2 280 484**	**2 114 743**	**165 741**
47 442	**40 963**	**6 479**	**46 537**	**40 217**	**6 320**
8 015	7 226	789	7 307	6 597	710
42 718	**42 230**	**488**	**42 718**	**42 230**	**488**
912 646	**881 495**	**31 151**	**735 470**	**709 714**	**25 756**
21 060	19 225	1 835	20 900	19 133	1 767
23 761	22 387	1 374	23 553	22 239	1 314
14 263	12 498	1 765	14 155	12 435	1 720
1 075	1 045	30	980	973	7
43 295	42 855	440	43 246	42 809	437
11 588	9 998	1 590	9 889	8 366	1 523
5 237	5 166	71	5 217	5 147	70
3 094	2 877	217	2 239	2 022	217
2 514	2 192	322	1 989	1 765	224
8 458	8 219	239	8 198	8 007	191
34 521	32 385	2 136	9 379	8 452	927
8 330	7 689	641	8 316	7 675	641
50 096	50 051	45	2 145	2 103	42
53 052	51 073	1 979	51 928	50 230	1 698
21 304	20 665	639	18 470	18 057	413
7 444	7 365	79	7 415	7 336	79
11 764	11 260	504	11 528	11 034	494
11 173	10 422	751	10 852	10 240	612
60 761	57 186	3 575	57 853	55 045	2 808
173 308	173 030	278	173 308	173 030	278
6 108	5 851	257	5 705	5 469	236
20 304	17 887	2 417	17 544	15 900	1 644
55 122	53 980	1 142	51 296	50 320	976
54 857	53 178	1 679	34 793	33 490	1 303
77 348	74 609	2 739	37 562	35 343	2 219
14 363	14 255	108			
41 645	40 364	1 281	40 074	38 929	1 145
47 806	45 734	2 072	42 640	40 772	1 868
22 347	21 928	419	17 681	17 294	387
6 648	6 121	527	6 615	6 099	516
40 901	**38 918**	**1 983**	**29 078**	**27 658**	**1 420**
26 952	25 108	1 844	15 129	13 848	1 281
8 148	8 148		8 148	8 148	
5 801	5 662	139	5 801	5 662	139
363 201	**292 830**	**70 371**	**239 650**	**211 785**	**27 865**
306 984	247 300	59 684	203 786	179 366	24 420
49 304	41 958	7 346	31 778	29 873	1 905
6 913	3 572	3 341	4 086	2 546	1 540
15 481	**13 013**	**2 468**	**10 014**	**7 856**	**2 158**
5 942	5 543	399	735	646	89
9 539	7 470	2 069	9 279	7 210	2 069

3—8 续表1

行　　业	全　市	长期职工	临时职工
交通运输、仓储及邮电通信业	**208 027**	**188 958**	**19 069**
铁路运输业	79 275	79 147	128
公路运输业	40 750	37 215	3 535
航空运输业	10 336	8 895	1 441
交通运输辅助业	33 615	22 202	11 413
仓储业	6 645	5 926	719
邮电通信业	37 406	35 573	1 833
批发和零售贸易、餐饮业	**581 453**	**497 788**	**83 665**
批发业	255 187	222 732	32 455
零售业	266 817	237 594	29 223
商业经纪与代理业	1 707	1 651	56
餐饮业	57 742	35 811	21 931
金融、保险业	**67 633**	**64 749**	**2 884**
金融业	63 412	61 013	2 399
保险业	4 221	3 736	485
房地产业	**65 262**	**55 084**	**10 178**
房地产开发与经营业	32 445	28 090	4 355
房地产管理业	32 144	26 430	5 714
房地产代理与经纪业	673	564	109
社会服务业	**457 179**	**374 673**	**82 506**
公共设施服务业	157 245	143 410	13 835
＃市内公共交通业	99 583	95 996	3 587
＃市内公共汽电车业	56 843	56 319	524
园林绿化业	19 360	15 593	3 767
环境卫生业	23 102	19 107	3 995
市政工程管理业	8 744	7 601	1 143
居民服务业	34 905	23 547	11 358
旅馆业	111 823	91 587	20 236
租赁服务业	3 615	2 915	700
旅游业	10 934	9 604	1 330
娱乐服务业	8 703	5 801	2 902
信息、咨询服务业	45 224	35 920	9 304
＃广告业	7 523	5 683	1 840
咨询服务业	5 306	4 705	601
计算机应用服务业	31 206	26 215	4 991
其他社会服务业	53 524	35 674	17 850
＃市场管理服务业	1 579	1 327	252
卫生、体育和社会福利业	**135 736**	**124 136**	**11 600**
卫生	122 824	113 234	9 590
体育	8 281	7 236	1 045
社会福利保障业	4 631	3 666	965
教育、文化艺术及广播电影电视业	**418 492**	**386 555**	**31 937**
教育	334 709	310 971	23 738
高等教育	120 217	108 951	11 266
普通高等教育	105 093	95 680	9 413
成人高等教育	15 124	13 271	1 853

单位：人

#全市国有经济	长期职工	临时职工	#地方国有经济	长期职工	临时职工
186 805	**172 409**	**14 396**	**50 098**	**39 530**	**10 568**
79 275	79 147	128	121	80	41
25 316	24 198	1 118	24 735	23 690	1 045
10 240	8 816	1 424	475	475	
30 544	20 160	10 384	19 691	10 555	9 136
5 529	5 133	396	4 707	4 426	281
35 901	34 955	946	369	304	65
341 632	**309 433**	**32 199**	**278 521**	**254 461**	**24 060**
170 200	154 109	16 091	122 946	111 268	11 678
145 391	134 426	10 965	134 094	124 850	9 244
1 618	1 568	50	158	137	21
24 423	19 330	5 093	21 323	18 206	3 117
48 442	**47 536**	**906**	**1 536**	**1 509**	**27**
47 511	46 647	864	1 536	1 509	27
931	889	42			
50 654	**43 727**	**6 927**	**46 663**	**40 594**	**6 069**
22 787	20 213	2 574	21 058	18 623	2 435
27 471	23 150	4 321	25 245	21 638	3 607
396	364	32	360	333	27
289 386	**252 294**	**37 092**	**218 657**	**196 581**	**22 076**
142 051	132 415	9 636	138 259	129 194	9 065
89 152	87 408	1 744	87 317	85 780	1 537
56 785	56 269	516	56 785	56 269	516
18 329	15 146	3 183	17 946	14 865	3 081
21 497	18 503	2 994	21 497	18 503	2 994
8 719	7 585	1 134	8 719	7 585	1 134
15 991	13 747	2 244	14 165	12 370	1 795
59 680	46 486	13 194	27 394	23 080	4 314
1 137	851	286	775	651	124
8 334	7 195	1 139	4 046	3 434	612
1 706	1 068	638	1 539	965	574
22 045	18 207	3 838	6 018	5 143	875
2 542	2 033	509	909	734	175
2 508	2 184	324	1 159	998	161
11 182	9 783	1 399	5 877	4 795	1 082
27 260	22 542	4 718	20 584	16 949	3 635
791	735	56	635	583	52
122 646	**112 521**	**10 125**	**81 538**	**74 434**	**7 104**
110 471	101 889	8 582	73 073	67 038	6 035
7 862	7 034	828	4 883	4 393	490
4 313	3 598	715	3 582	3 003	579
412 660	**381 667**	**30 993**	**244 582**	**228 755**	**15 827**
330 191	307 043	23 148	224 051	210 999	13 052
119 979	108 730	11 249	22 096	20 073	2 023
105 072	95 659	9 413	17 297	15 707	1 590
14 907	13 071	1 836	4 799	4 366	433

行 业	全 市	长期职工	临时职工
中等教育	107 442	101 652	5 790
中等专业学校	13 647	12 420	1 227
普通中学	74 687	71 819	2 868
农业、职业中学	11 308	10 221	1 087
技工学校	3 327	2 927	400
成人中等学校	4 082	3 892	190
工读学校	391	373	18
初等教育	82 963	79 410	3 553
小学校	82 963	79 410	3 553
学前教育	12 022	11 257	765
特殊教育	763	705	58
其他教育	11 302	8 996	2 306
文化艺术业	66 472	60 690	5 782
艺术	10 676	9 953	723
出版	36 292	33 478	2 814
文物保护	5 106	4 310	796
图书馆	2 894	2 696	198
档案馆	1 072	973	99
群众文化	3 502	3 085	417
新闻	4 148	3 786	362
文化艺术经纪与代理业	612	436	176
其他文化艺术业	2 170	1 973	197
广播电影电视业	17 311	14 894	2 417
广播	4 874	4 527	347
电影	6 108	5 157	951
电视	6 329	5 210	1 119
科学研究和综合技术服务业	**278 482**	**255 178**	**23 304**
科学研究业	158 788	152 796	5 992
自然科学研究	113 588	109 174	4 414
社会科学研究	9 720	9 385	335
其他科学研究	35 480	34 237	1 243
综合技术服务业	119 694	102 382	17 312
气象	2 523	2 405	118
地震	1 761	1 683	78
测绘	2 129	2 108	21
技术监督	5 130	4 683	447
海洋环境	343	332	11
环境保护	2 205	1 943	262
技术推广和科技交流服务业	10 555	8 132	2 423
工程设计业	34 313	32 630	1 683
其他综合技术服务业	60 735	48 466	12 269
国家机关、政党机关和社会团体	**312 263**	**277 359**	**34 904**
国家机关	294 094	259 985	34 109
政党机关	8 355	7 892	463
社会团体	9 814	9 482	332
其他行业	**78 051**	**69 458**	**8 593**

单位:人

#全市国有经济	长期职工	临时职工	#地方国有经济	长期职工	临时职工
106 620	101 052	5 568	103 389	98 037	5 352
13 286	12 116	1 170	12 032	10 945	1 087
74 528	71 715	2 813	72 834	70 144	2 690
11 308	10 221	1 087	11 308	10 221	1 087
3 044	2 754	290	2 866	2 576	290
4 063	3 873	190	3 958	3 778	180
391	373	18	391	373	18
82 833	79 321	3 512	82 472	78 980	3 492
82 833	79 321	3 512	82 472	78 980	3 492
9 479	8 855	624	7 185	6 663	522
728	675	53	728	675	53
10 552	8 410	2 142	8 181	6 571	1 610
65 539	60 041	5 498	15 316	13 579	1 737
10 486	9 781	705	4 591	4 274	317
36 122	33 334	2 788	3 137	2 804	333
5 087	4 302	785	1 858	1 367	491
2 894	2 696	198	1 005	900	105
1 072	973	99	344	321	23
3 485	3 073	412	3 466	3 055	411
4 148	3 786	362	19	19	
294	274	20	8	8	
1 951	1 822	129	888	831 57	
16 930	14 583	2 347	5 215	4 177	1 038
4 864	4 517	347	988	827	161
5 871	4 970	901	1 915	1 540	375
6 195	5 096	1 099	2 312	1 810	502
236 051	**222 949**	**13 102**	**42 957**	**38 124**	**4 833**
158 177	152 282	5 895	15 153	14 549	604
113 138	108 791	4 347	11 830	11 312	518
9 720	9 385	335	558	552	6
35 319	34 106	1 213	2 765	2 685	80
77 874	70 667	7 207	27 804	23 575	4 229
2 523	2 405	118	34	19	15
1 761	1 683	78	111	86	25
2 129	2 108	21	1 097	1 085	12
4 833	4 458	375	2 974	2 703	271
343	332	11			
1 418	1 286	132	797	687	110
6 083	4 791	1 292	4 526	3 511	1 015
31 196	30 072	1 124	5 907	5 703	204
27 588	23 532	4 056	12 358	9 781	2 577
312 116	**277 214**	**34 902**	**166 024**	**159 058**	**6 966**
294 094	259 985	34 109	159 809	153 145	6 664
8 355	7 892	463	4 282	4 042	240
9 667	9 337	330	1 933	1 871	62
67 715	**61 897**	**5 818**	**46 441**	**42 237**	**4 204**

3—9 职工工资总额

单位:万元

项目	1996年	1995年	1996年为1995年%
总计	**4 423 882**	**3 820 382**	**115.8**
按经济类型分			
#国有经济	3 394 017	2 956 299	114.8
集体经济	461 980	465 440	99.3
联营经济	29 524	26 831	110.0
股份制经济	144 310	69 131	208.7
外商投资经济	268 923	191 884	140.1
港、澳、台投资经济	121 663	97 092	125.3
按隶属关系分			
#中央	1 377 504	1 197 476	115.0
地方	2 878 200	2 548 668	112.9
按行业分			
农、林、牧、渔业	35 072	28 464	123.2
#农业	9 789	7 590	129.0
采掘业	38 551	35 078	109.9
制造业	1 189 242	1 059 534	112.2
电力、煤气及水的生产和供应业	49 449	41 063	120.4
建筑业	513 741	483 770	106.2
地质勘查业、水利管理业	13 917	18 245	76.3
交通运输、仓储及邮电通信业	218 942	180 153	121.5
#交通运输业	167 027	134 418	124.3
邮电通信业	46 117	39 660	116.3
批发和零售贸易、餐饮业	534 506	444 341	120.3
#批发业	242 072	201 101	120.4
零售业	236 290	199 244	118.6
餐饮业	53 284	40 845	130.5
金融、保险业	90 217	67 820	133.0
房地产业	84 431	68 012	124.1
社会服务业	479 701	420 188	114.2
#居民服务业	27 158	25 379	107.0
旅馆业	126 134	112 911	111.7
卫生、体育和社会福利业	131 467	108 555	121.1
#卫生	119 087	98 520	120.9
体育	8 240	6 956	118.5
教育、文化艺术和广播电影电视业	375 817	325 089	115.6
教育	294 021	262 365	112.1
文化艺术业	64 170	49 548	129.5
广播电视电视业	17 627	13 176	133.8
科学研究和综合技术服务业	292 574	246 224	118.8
科学研究业	151 391	132 679	114.1
综合技术服务业	141 184	113 545	124.3
国家机关、政党机关和社会团体	289 759	232 488	124.6
其他行业	86 495	61 358	141.0

3—10 职工平均工资

单位:元

项　　目	1996年	1995年	1996年为1995年%
总　计	**9 579**	**8 144**	**117.6**
按经济类型分			
#国有经济	9 645	8 237	117.1
集体经济	7 133	6 516	109.5
联营经济	9 032	7 424	121.7
股份制经济	11 036	9 516	116.0
外商投资经济	14 020	11 632	120.5
港、澳、台投资经济	12 883	9 944	129.6
按隶属关系分			
#中央	10 220	8 556	119.4
地方	9 286	7 977	116.4
按行业分			
农、林、牧、渔业	6 548	5 664	115.6
#农业	5 978	4 958	120.6
采掘业	8 727	7 363	118.5
制造业	8 821	7 570	116.5
电力、煤气及水的生产和供应业	11 740	9 650	121.7
建筑业	9 642	8 451	114.1
地质勘查业、水利管理业	8 797	8 471	103.8
交通运输、仓储及邮电通信业	10 612	8 913	119.1
#交通运输业	10 271	8 634	119.0
邮电通信业	12 325	10 438	118.1
批发和零售贸易、餐饮业	9 241	7 922	116.6
#批发业	9 478	7 980	118.8
零售业	8 932	7 836	114.0
餐饮业	9 392	7 843	119.8
金融、保险业	13 725	11 343	121.0
房地产业	13 325	11 123	119.8
社会服务业	10 583	9 092	116.4
#居民服务业	8 035	6 791	118.3
旅馆业	11 286	9 455	119.4
卫生、体育和社会福利业	9 761	8 109	120.4
#卫生	9 780	8 182	119.5
体育	9 979	8 026	124.3
教育、文化艺术和广播电影电视业	9 037	7 974	113.3
教育	8 841	8 000	110.5
文化艺术业	9 692	7 623	127.1
广播电视电视业	10 314	8 946	115.3
科学研究和综合技术服务业	10 410	8 233	126.4
科学研究业	9 364	7 849	119.3
综合技术服务业	11 827	8 732	135.4
国家机关、政党机关和社会团体	9 467	7 599	124.6
其他行业	11 261	9 539	118.1

3—11 国民经济各行业

行　　业	工资总额（万元）	#中央	#地方	国有经济	#中央	#地方
总　　计	**4 423 882**	**1 377 504**	**2 878 200**	**3 394 017**	**1 200 457**	**2 183 863**
农、林、牧渔业	**35 072**	**912**	**34 125**	**30 431**	**722**	**29 709**
#农、林、牧、渔服务业	6 463	562	5 895	6 040	562	5 479
采掘业	**38 551**		**38 551**	**38 160**		**38 160**
制造业	**1 189 242**	**195 195**	**964 342**	**824 491**	**162 614**	**661 742**
食品加工业	24 039	372	22 680	15 389	199	15 190
食品制造业	35 215	2 568	30 664	17 226	93	17 127
饮料制造业	23 617	140	22 677	10 729	45	10 685
烟草制造业	1 594	74	1 521	1 594	74	1 521
纺织业	58 272	86	58 055	36 967	32	36 935
服装及其他纤维制品制造业	32 048	1 434	26 310	8 290	1 218	7 072
皮革、毛皮、羽绒及其制品业	8 346	107	7 972	2 939	16	2 923
木材加工及竹、藤、棕、革制品业	3 778	990	2 487	2 834	906	1 928
家具制造业	6 040	785	3 683	1 726	352	1 374
造纸及纸制品业	11 012	516	10 296	6 495	267	6 227
印刷业、记录媒介的复制	40 634	25 731	13 993	31 583	23 534	8 050
文教体育用品制造业	10 973	85	10 334	6 386	12	6 373
石油加工及炼焦业	54 742	52 503	2 193	53 633	51 689	1 944
化学原料及化学制品制造业	61 290	2 438	58 285	49 970	897	49 070
医药制造业	24 177	3 152	20 640	19 572	3 108	16 464
化学纤维制造业	5 574	30	5 497	4 872	30	4 842
橡胶制品业	10 543	445	10 099	8 601	259	8 342
塑料制品业	14 626	1 372	12 906	7 432	177	7 255
非金属矿物制品业	74 779	3 277	70 585	54 361	2 394	51 968
黑色金属冶炼及压延加工业	201 968	59	201 891	193 682		193 682
有色金属冶炼及压延加工业	5 227	408	4 812	4 467	397	4 069
金属制品业	29 216	3 372	24 166	13 249	1 761	11 445
普通机械制造业	68 851	6 832	60 876	44 363	2 537	41 825
专业设备制造业	64 132	17 797	44 377	45 450	16 868	28 499
交通运输设备制造业	126 364	42 936	82 437	70 813	33 968	36 845
武器弹药制造业	11 418	11 418		11 418	11 418	
电气机械及器材制造业	53 279	2 645	48 838	33 760	1 508	32 253
电子及通信设备制造业	78 676	7 477	66 895	42 940	4 601	38 339
仪器仪表及文化办公用品机械制造业	30 416	4 963	23 752	18 908	4 227	14681
其他制造业	18 393	1 184	15 422	4 843	30	4 813
电力、煤气及水的生产和供应业	**49 449**	**17 009**	**32 440**	**48 630**	**16 318**	**32 312**
电力、蒸气、热水的生产和供应业	34 154	17 009	17 145	33 335	16 318	17017
煤气生产和供应业	9 223		9 223	9 223		9 223
自来水的生产和供应业	6 071		6 071	6 071		6 071
建筑业	**513 741**	**147 497**	**352 033**	**387 527**	**122 265**	**264 724**
土木工程建筑业	403 503	105 263	291 802	321 571	98 724	222 759
线路、管道和设备安装业	87 256	37 064	48 750	59 375	21 484	37 834
建筑物的装修装饰业	22 982	5 170	11 481	6 581	2 057	4 132
地质勘查业、水利管理业	**13 917**	**4 844**	**9 054**	**13 728**	**4 783**	**8 945**
地质勘查业	5 574	4 540	1 015	5 453	4 479	974
水利管理业	8 344	304	8 040	8 276	304	7 972

职工工资总额及平均工资

集体经济	其他经济	平均工资（元）	国有经济	集体经济	其他经济
461 980	**567 885**	**9 579**	**9 645**	**7 133**	**12 575**
783	**3 858**	**6 548**	**6 368**	**6 393**	**8 484**
411	12	7 459	7 502	6 883	7 730
257	**133**	**8 727**	**8 717**	**8 552**	**13 751**
130 510	**234 241**	**8 821**	**8 813**	**6 343**	**11 321**
758	7 893	8 323	7 102	7 825	12 632
1 528	16 461	8 753	7 146	4 613	12 847
1 291	11 596	8 623	7 485	7 139	10 312
		14 482	14 482		
4 852	16 453	7 666	8 084	4 829	8 129
8 175	15 583	6 689	7 195	4 899	7 911
2 886	2 522	6 143	5 420	6 018	7 485
558	385	7 630	8 322	5 107	8 522
1 303	3 011	7 038	6 708	5 589	8 187
1 651	2 867	8 112	7 539	5 970	13 054
4 653	4 397	8 967	9 017	6 502	14 035
2 548	2 039	7 600	7 555	6 376	10 246
882	227	10 777	10 761	12 652	8 884
3 347	7 974	9 392	9 101	7 433	13 633
1 493	3 113	9 424	9 139	7 728	13 486
479	223	6 135	6 261	4 765	7 494
1 577	366	6 677	7 023	5 188	7 255
4 032	3 163	6 615	6 466	6 213	7 660
10 091	10 326	8 554	8 708	6 816	10 132
1 027	7 259	10 964	10 918	5 891	14 354
471	289	7 147	7 150	6 388	8 781
10 389	5 578	6 639	6 495	5 814	9 726
9 202	15 286	8 311	7 775	6 907	12 263
9 874	8 808	8 336	8 121	6 862	13 390
15 440	40 111	9 393	8 971	7 073	11 881
		7 791	7 791		
10 644	8 874	7 888	7 774	6 419	11 774
6 912	28 824	10 244	8 686	6 848	16 689
5 170	6 339	8 735	8 182	7 645	12 808
9 275	4 275	6 959	7 118	6 184	9 235
784	**35**	**11 740**	**11 809**	**8 595**	**13 585**
784	35	12 169	12 288	8 595	13 585
		11 270	11 270		
		10 345	10 345		
101 365	**24 849**	**9 642**	**10 251**	**7 779**	**10 140**
71 228	10 705	9 562	10 210	7 352	10 574
23 646	4 235	10 329	10 572	9 688	10 841
6 492	9 909	8 712	9 558	7 196	9 461
135	**54**	**8 797**	**8 818**	**6 873**	**9 931**
68	54	9 025	9 029	8 134	9 931
68		8 652	8 684	5 955	

3—11 续表1

行业	工资总额(万元)	#中央	#地方	国有经济	#中央	#地方
交通运输、仓储及邮电通信业	**218 942**	**163 056**	**55 200**	**202 413**	**158 684**	**43 729**
铁路运输业	86 473	86 393	80	86 473	86 393	80
公路运输业	28 462	1 678	26 748	17 491	611	16 881
航空运输业	11 314	10 450	863	11 111	10 247	863
交通运输辅助业	40 777	18 445	22 181	37 511	16 082	21 428
仓储业	5 797	1 182	4 549	4 971	808	4 163
邮电通信业	46 117	44 908	778	44 856	44 543	313
批发和零售贸易、餐饮业	**534 506**	**101 102**	**391 531**	**332 673**	**79 766**	**250 237**
批发业	242 072	74 742	152 968	175 062	65 678	108 199
零售业	236 290	16 634	199 321	134 610	9 880	123 710
商业经纪与代理业	2 859	2 579	227	2 765	2 574	185
餐饮业	53 284	7 147	39 015	20 237	1 634	18 143
金融、保险业	**90 217**	**85 353**	**2 976**	**61 857**	**59 427**	**2 386**
金融业	85 543	80 679	2 976	60 588	58 158	2 386
保险业	4 674	4 674		1 269	1 269	
房地产业	**84 431**	**9 889**	**69 497**	**61 732**	**4 489**	**57 135**
房地产开发与经营业	49 288	7 022	39 879	33 454	2 302	31 043
房地产管理业	34 200	2 832	28 998	27 743	2 155	25 588
房地产代理与经纪业	943	35	619	536	31	504
社会服务业	**479 701**	**116 637**	**318 875**	**292 068**	**65 767**	**222 593**
公共设施服务业	161 986	5 527	154 865	150 852	3 718	147 049
#市内公共交通业	97 255	2 160	94 269	90 253	1 232	88 935
#市内公共汽电车业	62 497		62 497	62 462		62 462
园林绿化业	21 124	883	20 086	20 071	270	19 801
环境卫生业	26 679		26 620	25 596		25 596
市政工程管理业	9 876		9 876	9 855		9 855
居民服务业	27 158	4 694	19 842	13 689	1 780	11 828
旅馆业	126 134	54 806	66 469	58 297	26 797	28 411
租赁服务业	3 933	942	2 101	1 098	441	642
旅游业	13 496	8 783	4 571	9 346	5 200	4 141
娱乐服务业	10 648	2 731	6 217	1 373	130	1 243
信息、咨询服务业	49 905	22 362	14 936	22 940	15 700	6 977
#广告业	8 323	3 890	2 007	2 896	1 836	1 026
咨询服务业	9 220	3 286	5 704	3 697	1 781	1 916
计算机应用服务业	52 688	6 841	28 102	16 416	4 731	11 538
其他社会服务业	33 753	9 950	21 772	18 058	7 271	10 765
#市场管理服务业	1 731	156	1 508	795	142	654
卫生、体育和社会福利业	**131 467**	**41 028**	**90 163**	**120 288**	**40 642**	**79 602**
卫生	119 087	37 671	81 140	108 811	37 625	71 142
体育	8 240	2 832	5 407	7 647	2 501	5 146
社会福利保障业	4 141	525	3 615	3 830	516	3 314
教育、文化艺术及广播电影电视业	**375 817**	**148 257**	**226 603**	**371 042**	**147 812**	**223 216**
教育	294 021	88 299	205 240	290 445	88 238	202 207
高等教育	101 345	80 553	20 730	101 184	80 543	20 642
普通高等教育	88 436	72 441	15 981	88 422	72 441	15 981
成人高等教育	12 909	8 113	4 748	12 762	8 102	4 660

集体经济	其他经济	平均工资（元）	国有经济	集体经济	其他经济
13 169	**3 360**	**10 612**	**10 903**	**7 147**	**14 973**
		10 895	10 895		
10 773	198	6 931	6 825	7 035	15 984
	203	11 499	11 404		21 131
1 266	2 001	12 605	12 664	7 355	19 849
637	189	9 236	9 550	7 734	7 633
493	769	12 325	12 431	8 710	10 011
107 710	**94 123**	**9 241**	**9 687**	**6 983**	**11 659**
50 031	16 979	9 478	10 190	7 466	10 225
49 393	52 288	8 932	9 246	6 554	11 992
	94	17 016	17 247		12 212
8 286	24 762	9 392	8 281	6 989	12 114
5 359	**23 001**	**13 725**	**13 001**	**7 113**	**21 658**
5 359	19 596	13 797	13 020	7 113	24 696
	3 405	12 525	12 125		12 681
2 116	**20 582**	**13 325**	**12 510**	**9 955**	**17 308**
486	15 349	15 917	15 214	9 361	18 147
1 537	4 920	10 804	10 291	10 570	15 176
94	313	12 689	13 458	6 123	16 325
57 761	**129 872**	**10 583**	**10 147**	**7 407**	**14 847**
6 296	4 838	10 258	10 572	7 081	7 648
3 643	3 360	9 801	10 183	6 149	7 192
36		11 063	11 067	6 602	
940	114	10 131	10 125	10 740	7 437
369	714	11 737	12 061	6 459	7 627
21		11 336	11 344	8 432	
10 996	2 473	8 035	8 681	7 034	10 307
8 228	59 609	11 286	9 793	7 751	14 322
804	2 030	10 035	9 994	8 101	11 041
359	3 791	12 413	11 251	8 998	17 495
843	8 432	11 593	8 884	10 004	12 406
8 855	18 110	11 467	10 737	8 783	15 003
2 424	3 002	11 297	11 528	8 495	15 004
395	5 128	17 892	15 195	15 610	20 786
9 200	27 071	17 262	14 503	11 704	23 866
12 178	3 517	6 516	6 889	5 370	12 074
197	739	10 793	10 146	6 246	14 633
10 253	**926**	**9 761**	**9 895**	**8 174**	**16 068**
10 096	180	9 780	9 948	8 243	12 888
	593	9 979	9 742		14 563
158	152	8 889	8 840	5 334	52 541
4 027	**747**	**9 037**	**9 045**	**7 945**	**13 366**
3 576		8 841	8 853	7 980	
161		8 414	8 416	7 600	
14		8 388	8 388	6 835	
147		8 599	8 611	7 685	

3—11 续表 2

行　　业	工资总额（万元）	#中央	#地方	国有经济	#中央	#地方
中等教育	103 046	3 285	99 623	1 023 93	3 285	99 108
中等专业学校	12 451	975	11 476	12 196 975	11 221	
普通中学	72 162	1 976	70 049	720 24	1 976	70 049
农业、职业中学	10 979		10 979	10 974		10 974
技工学校	3 232	237	2 994	2 993	237	2 756
成人中等学校	3 830	97	3 733	381 4	97	3 717
工读学校	392		392	392		392
初等教育	68 515	456	67 817	68 272 456	67 817	
小学校	68 515	456	67 817	68 272	456	67 817
学前教育	10 109	1 836	8 273	81 97	1 836	6 361
特殊教育	705		694	685		685
其他教育	10 301	2 170	8 102	9 713	2 118	7 595
文化艺术业	64 170	48 565	15 279	63 360	48 317	15 041
艺术	9 267	5 219	4 023	9 128	5 177	3 951
出版	38 560	34 184	4 314	38 328	34 032	4 296
文物保护	4 333	2 786	1 547	4 323	2 786	1 537
图书馆	2 102	1 336	766	2 102	1 336	766
档案馆	869	542	327	869	542	327
群众文化	2 862	7	2 855	2 851	7	2 844
新闻	3 205	3 179	26	3 205	3 179	26
文化艺术经纪与代理业	521	284	136	263	254	9
其他文化艺术业	2 450	1 028	1 285	2 292	1 005	1 285
广播电影电视业	17 627	11 393	6 084	17 237	11 258	5 967
广播	4 051	2 847	1 204	4 035	2 847	1 188
电影	5 042	3 078	1 814	4 803	3 078	1 713
电视	8 534	5 468	3 066	8 400	5 333	3 066
科学研究和综合技术服务业	**292 574**	**194 484**	**70 565**	**243 326**	**190 586**	**51 037**
科学研究业	151 391	135 291	14 759	150 866	135 200	14 616
自然科学研究	109 561	96 877	11 483	109 222	96 828	11 344
社会科学研究	7 203	6 650	553	7 203	6 650	553
其他科学研究	34 627	31 764	2 723	34 442	31 722	2 720
综合技术服务业	141 184	59 193	55 807	92 460	55 386	36 420
气象	2 593	2 462	131	2 593	2 462	131
地震	1 230	1 176	54	1 230	1 176	54
测绘	2 428	1 088	1 340	2 428	1 088	1 340
技术监督	5 582	1 993	3 528	5 221	1 919	3 295
海洋环境	285	285		285	285	
环境保护	2 074	412	1 054	1 369	404	965
技术推广和科技交流服务业	12 849	1 556	6 478	6 223	1 411	4 799
工程设计业	44 603	32 364	11 461	4 084	131 010	9 831
其他综合技术服务业	69 540	17 857	31 761	32 270	15 630	16 005
国家机关、政党机关和社会团体	**289 759**	**121 183**	**167 854**	**289 560**	**120 988**	**167 854**
国家机关	274 148	111 499	161 931	274 148	111 499	161 931
政党机关	6 976	2 923	4 053			
社会团体	8 635	6 761	1 869	8 435	6 566	1 869
其他行业	**86 495**	**31 059**	**54 392**	**76 090**	**25 592**	**50 484**

		平均工资（元）			
集体经济	其他经济		国有经济	集体经济	其他经济
652		9 690	9 703	8 025	
255		9 171	9 228	7 080	
137		9 791	9 794	8 632	
5		9 779	9 774		
239		9 610	9 692	8 679	
16		9 387	9 391	8 512	
		9 975	9 975		
242		8 345	8 326	23 529	
242		8 345	8 326	23 529	
1 912		8 451	8 719	7 469	
20		9 288	9 459	5 753	
588		9 396	9 518	7 751	
297	512	9 692	9 681	7 888	13 269
62	78	8 564	8 586	5 357	10 389
50	182	10 664	10 648	8 370	17 524
10		8 529	8 542	5 062	
		7 265	7 265		
		8 251	8 251		
12		8 506	8 515	6 873	
		7 672	7 672		
121	137	11 400	9 039	15 479	15 593
44	115	11 122	11 482	4 945	9 647
154	235	10 314	10 318	7 310	13 584
16		8 288	8 275	14 479	
75	164	8 233	8 181	7 134	11 049
63	71	14 039	14 096	6 674	28 593
19 927	**29 321**	**10 410**	**10 183**	**8 995**	**14 714**
327	197	9 364	9 367	7 061	13 509
252	87	9 472	9 470	6 914	11 143
		7 322	7 322		
75	110	9 574	9 567	7 607	16 223
19 600	29 124	11 827	11 869	9 036	14 722
		10 216	10 216		
		6 928	6 928		
		10 214	10 214		
64	297	10 832	10 725	8 855	13 945
		8 316	8 316		
247	457	9 522	9 809	6 829	10 889
2 104	4 523	11 996	10 241	9 975	17 906
1 561	2 201	12 885	12 929	9 923	15 149
15 624	21 645	11 652	11 980	8 891	14 269
200		**9 467**	**9 466**	**11 036**	
		9 525	9 525		
		8 391	8 391		
200		8 683	8 639	11 036	
7 623	**2 782**	**11 261**	**11 412**	**8 750**	**19 579**

3—12　职工工资总额构成

单位:万元

项　　目	工资总额	#计时计件标准工资	#奖金计件超额工资	#津贴和补贴
总　　计	**4 423 882**	**2 212 475**	**1 036 453**	**933 677**
#中央单位	1 377 504	629 338	296 790	365 492
地方单位	2 878 200	1 456 371	726 314	557 917
国有经济	3 394 017	1 577 900	844 363	807 434
集体经济	461 980	275 628	86 415	65 822
其他经济	567 885	358 947	105 675	60 422
农、林、牧、渔业	35 072	20 102	5 119	8 406
采掘业	38 551	21 488	9 395	6 959
制造业	1 189 242	649 801	283 760	207 349
电力、煤气及水的生产和供应业	49 449	20 226	19 628	7 425
建筑业	513 741	303 309	118 805	62 880
地质勘查业、水利管理业	13 917	6 235	2 855	4 357
交通运输、仓储及邮电通信业	218 942	67 364	70 792	47 048
批发和零售贸易、餐饮业	534 506	239 300	192 510	78 286
金融、保险业	90 217	30 193	10 772	47 069
房地产业	84 431	39 865	28 374	12 230
社会服务业	479 701	279 290	94 161	67 723
卫生、体育和社会福利业	131 467	52 954	35 359	41 326
教育、文化艺术和广播电影电视业	375 817	174 988	55 670	135 277
科学研究和综合技术服务业	292 574	141 154	40 072	87 717
国家机关、政党机关和社会团体	289 759	126 777	46 859	102 576
其他行业	86 495	39 430	22 322	17 051

3－13 分地区职工人数、平均工资

地　　区	职工人数(人)		平均工资(元)	
	1996年	1995年	1996年	1995年
全　　市	**4 605 743**	**4 708 758**	**9 579**	**8 144**
城　区	**1 414 055**	**1 500 730**	**10 136**	**8 641**
东城区	431 625	453 516	10 263	9 072
西城区	550 209	552 859	10 565	8 970
崇文区	157 650	174 352	8 889	7 518
宣武区	274 571	320 003	9 805	8 097
近郊区	**2 183 074**	**2 253 264**	**9 732**	**8 369**
朝阳区	817 201	831 752	10 197	8 683
丰台区	333 739	336 175	8 459	7 362
石景山区	317 391	340 926	9 895	8 728
海淀区	714 743	744 411	9 723	8 296
远郊区	**231 134**	**250 653**	**8 296**	**7 279**
门头沟区	86 691	89 903	7 767	6 525
房山区	144 443	160 750	8 607	7 700
各　县	**597 366**	**610 216**	**7 071**	**6 037**
昌平县	122 374	128 449	7 331	6 247
顺义县	80 200	75 900	7 027	5 873
通　县	104 746	99 851	6 777	5 961
大兴县	104 972	119 170	7 585	6 271
平谷县	50 554	47 260	5 947	5 270
怀柔县	43 507	43 130	7 918	6 135
密云县	50 852	56 753	6 845	6 138
延庆县	40 161	39 703	6 596	5 842
外　地	**180 114**	**93 895**	**8 940**	**10 867**

主 要 统 计 指 标 解 释

一、社会劳动者:指从事一定社会劳动并取得劳动报酬或经营收入的全部劳动者。它反映了一定时期内全部劳动力资源的实际利用情况,是研究我国基本国情国力的重要指标。

二、工资总额:指各单位在一定时期内直接支付给本单位全部职工的劳动报酬总额。由六个部分组成:(一)计时工资;(二)计件工资;(三)奖金;(四)津贴和补贴;(五)加班加点工资;(六)特殊情况下支付的工资。

三、职工:指在国有经济、城镇集体经济、联营经济、股份制经济、外商和港、澳、台投资经济、其他经济单位及其附属机构工作,并由其支付工资的各类人员。不包括城镇私营企业和乡镇企业从业人员。

四、平均工资:是用一定时期的职工平均人数去除同期相应的工资总额。其公式如下:

$$报告期平均工资 = \frac{报告期职工工资总额}{报告期职工平均人数}$$

INVESTMENT IN FIXED ASSETS AND REAL-ESTATE
固定资产投资及房地产业

全社会固定资产投资

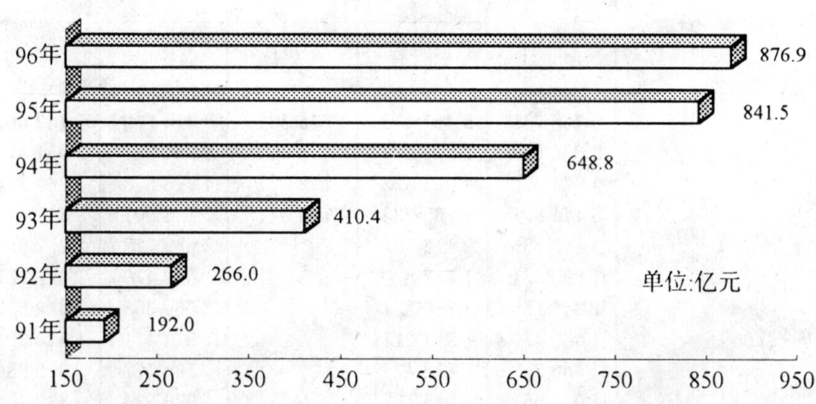

	1949年-1978年累计投资	1979年-1996年累计投资
全社会固定资产投资(亿元)	250.9	4296.4
# 固定资产投资	250.9	3200.7
新增固定资产(亿元)	192.2	2100.0
城市基础设施投资(亿元)	67.5	849.7

房屋建筑每平方米造价

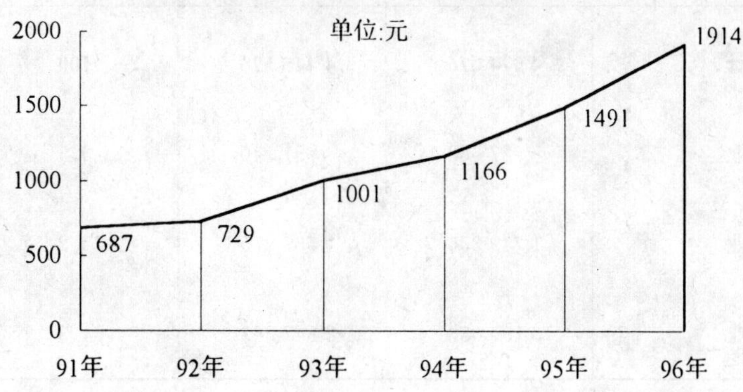

4—1 全社会固定资产投资额

单位:万元

项目	1996年			1995年		
	合计	#国有	#集体	合计	#国有	#集体
投资总额	**8 768 735**	**5 457 473**	**576 307**	**8 414 560**	**5 142 002**	**592 001**
#地方	5 836 658	3 073 287	555 560	5 760 931	2 931 878	588 538
一、固定资产投资	4 974 076	4 035 372	102 071	4 415 578	3 660 274	122 843
#地方	2 444 837	1 759 023	102 071	2 128 501	1 558 177	122 843
1.基本建设投资	3 138 456	2 418 091		2 649 775	2 207 038	
中　央	1 892 321	1 657 870		1 689 470	1 527 181	
地　方	1 246 135	760 221		960 305	679 857	
2.更新改造措施投资	1 680 479	1 564 211		1 572 411	1 410 292	
中央	636 918	618 479		595 577	572 886	
地　方	1 043 561	945 732		976 834	837 406	
3.其他投资	155 141	53 070	102 071	193 392	42 944	122 843
二、房地产开发	3 281 659	1 381 255	52 260	3 527 730	1 444 929	79 707
#地方	2 897 757	1 287 715	35 357	3 178 238	1 349 782	79 707
三、零星固定资产建造及购置	54 102	40 846	10 982	48 741	36 799	9 894
四、农村集体投资	410 994		410 994	379 557		379 557
五、城乡私人建房投资	47 904			42 954		
城　镇	23 150			20 450		
乡　村	24 754			22 504		

4—2 产业投资及比重

项目	投资额(万元)		比重(%)	
	1996年	1995年	1996年	1995年
总　计	**4 974 076**	**4 415 578**	**100**	**100**
第一产业	27 662	31 140	0.5	0.7
第二产业	1 749 356	1 537 075	35.2	34.8
第三产业	3 197 058	2 847 363	64.3	64.5

注:本表不含房地产投资。

4—3 全市固定资产投资额

单位:万元

项目	1996年			1995年		
	合计	#基本建设	#更新改造	合计	#基本建设	#更新改造
投资额	**4 974 076**	**3 138 456**	**1 680 479**	**4 415 578**	**2 649 775**	**1 572 411**
一、按构成分						
建筑安装工程	2 937 690	2 011 433	799 128	2 673 040	1 682 971	857 431
设备工器具购置	1 186 710	618 771	558 117	1 096 883	512 098	544 386
其他	849 676	508 252	323 234	645 655	454 706	170 594
二、按用途分						
农林牧渔业用	20 105	14 033	6 072	6 191	2 177	4 013
工业、建筑业用	1 443 146	930 449	480 926	1 321 192	748 854	517 220
商业、运输邮电业用	1 348 343	482 179	803 734	1 029 277	300 510	67 1459
住宅	703 538	518 344	143 255	620 537	420 853	144 652
其他	1 458 944	1 193 451	246 492	1 438 381	1 177 381	235 067
三、更新改造投资按用途分						
增产	210 623		210 623	239 298		239 298
节约能源	13 360		13 360	19 235		19 235
其他节约	296		296	2 871		2 871
增加品种	70 831		70 831	82 713		82 713
提高产品质量	33 376		33 376	53 409		53 409
三废治理	41 553		41 553	31 904		31 904
其他	1 310 440		1 310 440	1 142 981		1 142 981
四、按建设性质分						
新建	1 456 493	1 213 019	222 645	1 291 162	1 111 255	137 709
改建和扩建	3 088 563	1 675 846	1 318 904	2 734 397	1 351 758	1 283 375
单纯建造生活设施	325 740	213 343	76 671	281 961	165 705	67 916
迁建和恢复	34 139	18 222	14 497	50 997	8 637	42 015
单纯购置设备	69 141	18 026	47 762	57 061	12 420	41 396
五、按建设项目规模分						
基本建设大中型项目	826 671	826 671		673 214	673 214	
基本建设小型项目	2 293 759	2 293 759		1 987 609	1 964 391	
更新改造限额以上项目	700 084		700 084	478 105		478 105
更新改造限额以下项目	932 633		932 633	1 069 230		1 064 918
其他	220 929	18 026	47 762	207 420	12 170	29 388
六、按经济类型分						
国有经济	4 035 372	2 418 091	1 564 211	3 660 274	2 207 038	1 410 292
集体经济	102 071			122 843		
联营经济	11 711	11 711		24 568	16 476	7 021
股份有限公司	56 236	43 675	12 561	19 314	1 145	9 969
有限责任公司	9 294	8 472	822	5 078	3 321	387
中外合资经营	634 017	538 354	95 663	500 419	355 313	129 139
中外合作经营	36 324	34 484	1 840	16 308	13 505	2 803
外资企业	23 773	23 773		23 969	23 969	
港澳台与大陆合资经营企业	14 969	14 802	167	25 363	25 353	
港澳台与大陆合作经营企业	39 559	34 664	4 895	800		800
港澳台独资企业	6 754	6 754		1 086	1 086	
其他经济	3 996	3 676	320	15 556	2 569	12 000

注:以下各表包括基本建设、更新改造和其他投资。

4—4 地方固定资产投资额

单位:万元

项目	1996年			1995年		
	合计	#基本建设	#更新改造	合计	#基本建设	#更新改造
投资额	**2 444 837**	**1 246 135**	**1 043 561**	**2 128 501**	**960 305**	**976 834**
一、按构成分						
建筑安装工程	1 442 598	758 265	557 204	1 271 527	576 850	562 039
设备工器具购置	507 703	267 340	230 541	537 342	215 183	283 790
其他	494 536	220 530	255 816	319 632	168 272	131 005
二、按用途分						
农林牧渔业用	8 679	2 607	6 072	4 946	932	4 013
工业、建筑业用	850 573	476 235	342 567	886 719	402 186	429 415
商业、运输邮电业用	612 056	181 504	368 122	349 318	69 526	222 484
住宅	348 026	184 079	122 008	329 792	145 977	128 783
其他	625 503	401 710	204 792	557 726	341 684	192 139
三、更新改造投资按用途分						
增产	138 642		138 642	199 639		199 639
节约能源	8 667		8 667	11 420		11 420
其他节约	95		95	2 677		2 677
增加品种	60 437		60 437	74 282		74 282
提高产品质量	25 362		25 362	48 055		48 055
三废治理	34 983		34 983	30 218		30 218
其他	775 375		775 375	610 543		610 543
四、按建设性质分						
新建	790 541	571 067	198 645	616 230	460 791	113 241
改建和扩建	1 369 220	557 753	717 654	1 241 578	421 042	721 272
单纯建造生活设施	219 007	108 210	75 071	191 425	76 274	66 811
迁建和恢复	24 667	8 750	14 497	44 438	2 078	42 015
单纯购置设备	41 402	355	37 694	34 830	120	33 495
五、按建设项目规模分						
基本建设大中型项目	151 574	151 574		213 442	213 442	
基本建设小型项目	1 094 206	1 094 206		770 056	746 838	
更新改造限额以上项目	611 399		611 399	406 291		406 291
更新改造限额以下项目	394 468		394 468	551 959		547 647
其他	193 190	355	37 694	186 753	25	22 896
六、按经济类型分						
国有经济	1 759 023	760 221	945 732	1 558 177	679 857	837 406
集体经济	102 071			122 843		
联营经济	11 711	11 711		24 568	16 476	7 021
股份有限公司	46 957	34 396	12 561	18 513	344	9 969
有限责任公司	5 770	4 948	822	4 022	2 265	387
中外合资经营	422 985	345 761	77 224	327 826	205 411	106 448
中外合作经营	18 908	17 068	1 840	5 778	2 975	2 803
外资企业	23 773	23 773		23 969	23 969	
港澳台与大陆合资经营企业	14 969	14 802	167	25 363	25 353	
港澳台与大陆合作经营企业	27 920	23 025	4 895	800		800
港澳台独资企业	6 754	6 754		1 086	1 086	
其他经济	3 996	3 676	320	15 556	2 569	12 000

4－5 固定资产投资财务拨贷款额

单位:万元

项 目	1996年			1995年		
	合 计	＃基本建设	＃更新改造	合 计	＃基本建设	＃更新改造
一、上年结余资金	**790 274**	**548 849**	**230 837**	**747 179**	**433 405**	**222 524**
二、本年拨款贷款	**5 035 469**	**3 222 936**	**1 650 522**	**4 669 312**	**2 853 465**	**1 610574**
国家预算内资金	731 014	688 830	40 351	678 839	642 857	33 752
国内贷款	710 795	401 341	298 458	645 885	373 072	252 955
债券	9 000	9 000		9 181	9 181	
利用外资	537 977	409 861	127 439	449 963	316 358	112 628
自筹资金	2 656 820	1 397 402	1 125 366	2 604 595	1 302 593	1 166 448
＃股票	13 500	13 500		14 767		777
其他资金	389 863	316 502	58 908	280 849	209 404	44 791

4－6 地方固定资产投资财务拨贷款额

单位:万元

项 目	1996年			1995年		
	合 计	＃基本建设	＃更新改造	合 计	＃基本建设	＃更新改造
一、上年结余资金	**502 072**	**276 064**	**215 420**	**487 222**	**183 432**	**212 540**
二、本年拨款贷款	**2 459 667**	**1 273 659**	**1 023 997**	**2 286 790**	**1 084 404**	**9 99143**
国家预算内资金	61 570	34 147	25 590	53 503	34 409	18 894
国内贷款	368 936	105 958	251 982	337 244	114 333	203 053
债券						
利用外资	401 623	301 519	99 427	303 314	227 574	54 763
自筹资金	1 373 777	650 662	589 063	1 352 690	537 029	680 107
＃股票	13 500	13 500		14 767		777
其他资金	253 761	181 373	57 935	240 039	171 059	42 326

4—7 城市基础设施投资额

项目	投资额(万元)		比重(%)	
	全市	#地方	全市	#地方
全市总计	**1 887 887**	**758 333**	**100**	**100**
一、能源	**591 986**	**184 106**	**31.3**	**24.3**
电力	481 795	73 915	25.5	9.7
供热	34 209	34 209	1.8	4.5
供气	41 441	41 441	2.2	5.5
供水	34 541	34 541	1.8	4.6
二、公共服务业	**349 665**	**349 605**	**18.5**	**46.1**
市内公共交通	59 528	59 468	3.1	7.8
#市内公交电汽车	25 392	25 392	1.3	3.3
出租汽车	6 812	6 752	0.4	0.9
园林绿化	23 451	23 451	1.2	3.1
环境卫生	12 404	12 404	0.7	1.6
市政工程管理	254 282	254 282	13.5	33.6
其他公共服务业				
三、交通运输	**480 692**	**199 066**	**25.5**	**26.3**
铁路	117 261	880	6.2	0.1
公路	158 016	158 016	8.4	20.8
管道运输				
航空	11 717		0.6	
其他	193 698	40 170	10.3	5.4
四、邮政电信	**440 791**	**2 520**	**23.3**	**0.3**
邮政	8 918		0.4	
电信	431 837	2 520	22.9	0.3
五、其他	**24 753**	**23 037**	**1.4**	**3.0**
水利	21 819	21 279	1.2	2.8
环境保护	1 176		0.1	
其他	1 758	1 758	0.1	0.2

4—8 能源及交通投资额

单位:万元

项目	全市		#地方	
	1996年	1995年	1996年	1995年
全市固定资产投资总额	**4 974 076**	**4 415 578**	**2 444 837**	**2 128 501**
#能源、交通投资额	1 692 355	1 344 721	368 685	203 614
占全市投资额比重(%)	34.0	30.5	15.1	9.6
能源投资额	697 631	525 783	152 001	130 452
占全市投资额比重(%)	14.0	11.9	6.2	6.1
运输、邮电投资额	994 724	818 938	216 684	73 162
占全市投资额比重(%)	20.0	18.5	8.9	3.4
在能源投资中				
煤(国家统配煤矿)	6 309	6 186	6 309	6 186
电(公用电厂及小水电)	497 596	383 227	68 073	53 762
油品(炼油厂原油加工)	122 745	69 456	6 638	7 050
燃料气(液化石油气、焦炉煤气)	41 441	40 430	41 441	36 970
热气(公用局)	29 540	26 484	29 540	26 484
在运输投资中				
铁路	143 172	218 911	880	
公路	173 215	15 244	173 215	15 244
航空	20 503	15 097		
邮政、电信	463 700	490 400	2 182	495
其他交通运输	194 134	79 286	40 407	57 423

4—9 施工及投入生产(或交付使用)的项目数

单位:个

项目	全市		#地方	
	1996年	1995年	1996年	1995年
全市施工项目	**3 831**	**3 710**	**2 078**	**2 216**
#本年新开工	1 974	1 809	933	1 018
全部竣工投产项目	2 054	1 724	1 042	1 083
建设项目投产率(%)	53.6	46.5	50.1	48.9
一、基本建设施工项目	**1 251**	**1 282**	**707**	**686**
#本年新开工项目	397	432	283	308
全年竣工投产项目	373	389	257	277
建设项目投产率(%)	29.8	30.3	36.4	40.4
二、更新改造措施施工项目	**2 422**	**2 203**	**1 213**	**1 305**
#本年新开工项目	1 492	1 249	565	582
全部竣工投产项目	1 602	1 190	706	661
建设项目投产率(%)	66.1	54.0	58.2	50.7
三、其他投资施工项目	**158**	**225**	**158**	**225**
#本年新开工项目	85	128	85	128
全年竣工投产项目	79	145	79	145
建设项目投产率(%)	50.0	64.4	50.0	64.4

4—10　全市固定资产投资额及新增固定资产

（按行业分）　　　　单位：万元

行　　业	投资额			新增固定资产		
	合计	中央	地方	合计	中央	地方
总　　计	**4 974 076**	**2 529 239**	**2 444 837**	**4 274 538**	**1 725 394**	**2 549 144**
农、林、牧、渔业	**32 555**	**13 597**	**18 958**	**29 663**	**4 184**	**25 479**
农业	13 170		13 170	12 894		12 894
林业	13 459	11 467	1 992	14 017	3 088	10 929
畜牧业	717		717	494		494
渔业	316		316			
淡水渔业	316		316			
农、林、牧、渔服务业	4 893	2 130	2 763	2 258	1 096	1 162
采掘业	**39 085**		**39 085**	**76 378**		**76 378**
煤炭采选业	6 309		6 309	4 658		4 658
黑色金属矿采选业	29 041		29 041	64 805		64 805
铁矿采选业	29 041		29 041	64 805		64 805
非金属矿采选业	3 735		3 735	6 915		6 915
土砂石开采业	3 735		3 735	6 915		6 915
制造业	**1 035 887**	**284 702**	**751 185**	**1 461 692**	**172 526**	**1 289 166**
食品加工业	16 841		16 841	1 369		1 369
粮食及饲料加工业	9 831		9 831	927		927
植物油加工业	192		192	176		176
屠宰及肉类蛋类加工业	5 717		5 717	266		266
其他食品加工业	1 101		1 101			
食品制造业	42 339		42 339	33 323		33 323
糕点、糖果制造业	37 940		37 940	29 836		29 836
乳制品制造业	1 380		1 380	1 850		1 850
发酵制品业	2 090		2 090	248		248
调味品制造业	890		890	1 350		1 350
其他食品制造业	39		39	39		39
饮料制造业	6 979		6 979	2 678		2 678
酒精及饮料酒制造业	4 038		4 038	1 297		1 297
软饮料制造业	1 516		1 516	1 316		1 316
其他饮料制造业	1 425		1 425	65		65
纺织业	13 601		13 601	16 596		16 596
棉纺织业	5 441		5 441	9 992		9 992
毛纺织业	6 619		6 619	6 604		6 604
针织品业	1 541		1 541			
服装及其他纤维制品制造业	7 368	54	7 314	10 725	220	10 505
服装制造业	7 368	54	7 314	10 725	220	10 505
皮革、毛皮、羽绒及其制品业	1 684		1 684	705		705
皮革制品制造业	1 684		1 684	705		705
木材加工及竹、藤、棕、草制品业	2 281	490	1 791	233		233
锯材、木片加工业	490	490				
人造板制造业	1 791		1 791	233		233
家具制造业	2 784		2 784	2 264		2 264
木制家具制造业	370		370	370		370
金属家具制造业	2 414		2 414	1 894		1 894
造纸及纸制品业	7 570	1 139	6 431	7 172	1 643	5 529
纸浆制造业	500		500			
造纸业	1 424		1 424			
纸制品业	5 646	1 139	4 507	7 172	1 643	5 529
印刷业、记录媒介的复制	32 835	15 875	16 960	17 996	8 499	9 497
印刷业	32 835	15 875	16 960	17 996	8 499	9 497

4－10 续表 1

单位:万元

行业	投资额			新增固定资产		
	合计	中央	地方	合计	中央	地方
文教体育用品制造业	2 445		2 445	1 890		1 890
文化用品制造业	439		439			
乐器及其他文娱用品制造业	1 608		1 608	1 010		1 010
玩具制造业	398		398	880		880
石油加工及炼焦业	122 745	116 107	6 638	41 229	40 363	866
原油加工业	113 311	113 311		38 088	38 088	
石油制品业	3 252	2 555	697	2 289	2 134	155
炼焦业	6 182	241	5 941	852	141	711
化学原料及化学制品制造业	142 281	60 839	81 442	671 051	35 669	6 35382
化学肥料制造业	4 398		4 398	1 125		1 125
有机化学产品制造业	114 819	51 136	63 683	648 726	22 966	625 760
合成材料制造业	10 383	9 703	680	12 703	12 703	
专用化学产品制造业	7 909		7 909	5 694		5 694
日用化学产品制造业	4 772		4 772	2 803		2 803
医药制造业	21 953	594	21 359	6 843		6 843
化学药品制剂制造业	18 771		18 771	110		110
中药材及中成药加工业	1 938		1 938	6 733		6 733
动物药品制造业	650		650			
生物制品业	594	594				
化学纤维制造业	2 249	2 200	49	1 890	1 750	140
合成纤维制造业	2 249	2 200	49	1 890	1 750	140
橡胶制品业	10 395		10 395	7 202		7 202
轮胎制造业	5 408		5 408	366		366
力车胎制造业	3 475		3 475	5 811		5 811
橡胶靴鞋制造业	125		125	1 025		1 025
其他橡胶制品业	1 387		1 387			
塑料制品业	28 228	671	27 557	22 023	671	21 352
塑料薄膜制造业	62		62	141		141
塑料板、管、棒材制造业	671	671		671	671	
塑料丝、绳及编织品制造业	855		855			
塑料包装箱及容器制造业	26 365		26 365	21 031		21 031
日用塑料杂品制造业	95		95			
其他塑料制品业	180		180	180		180
非金属矿物制品业	59 979	9 573	50 406	127 315	2 776	124 539
水泥制造业	20 092		20 092	102 883		102 883
水泥制品和石棉水泥制品业	3 175	2 058	1 117	4 207	1 619	2 588
砖瓦、石灰和轻质建筑材料制造业	8 756	7 515	1 241	4 932	1 157	3 775
玻璃及玻璃制品业	3 709		3 709	7 194		7 194
陶瓷制品业	16 601		16 601	224		224
矿物纤维及其制品业	7 416		7 416	7 875		7 875
其他类未包括的非金属矿物制品业	230		230			
黑色金属冶炼及压延加工业	92 047		92 047	119 431		119 431
炼钢业	12 646		12 646	63 124		63 124
钢压延加工业	79 401		79 401	56 307		56 307
有色金属冶炼及压延加工业	10 060		10 060	8 365		8 365
重有色金属冶炼业	9 866		9 866	8 034		8 034
有色金属压延加工业	194		194	331		331
金属制品业	11 933		11 933	19 742		19 742
铸铁管制造业	9		9	9		9
工具制造业	129		129			
集装箱和金属包装物品制造业	241		241			
建筑用金属制品业	6 000		6 000	5 382		5 382
金属表面处理及热处理业	15		15	12 835		12 835
日用金属制品业	5 539		5 539	1 516		1 516

4—10 续表 2 单位:万元

行业	投资额			新增固定资产		
	合计	中央	地方	合计	中央	地方
普通机械制造业	47 343	353	46 990	36 898	982	35 916
锅炉及原动机制造业	19 441		19 441	20 678		20 678
金属加工机械制造业	4 890	180	4 710	462	180	282
通用设备制造业	1 736		1 736	1 039		1 039
轴承、阀门制造业	1 623		1 623			
其他通用零部件制造业	17 990	173	17 817	14 265	802	13 463
其他普通机械制造业	1 663		1 663	454		454
专用设备制造业	31 341	3 843	27 498	24 916	4 854	20 062
冶金、矿山、机电工业专用设备制造业	8 407	1 948	6 459	2 612	2 322	290
石化及其他工业专用设备制造业	3 044	1 668	1 376	4 853	1 668	3 185
轻纺工业专用设备制造业	473		473	1 023		1 023
农、林、牧、渔,水利业机械制造业	7 594		7 594	6 994		6 994
医疗器械制造业	10 466	227	10 239	9 364	864	8 500
其他专用设备制造业	1 357		1 357	70		70
交通运输设备制造业	114 805	69 450	45 355	119 791	73 279	46 512
铁路运输设备制造业	7 164	7 164		2 953	2 953	
汽车制造业	40 788	333	40 455	42 927		42 927
自行车制造业	1 100	1 100				
航空航天器制造业	40 596	40 596		10 834	10 834	
交通运输设备修理业	25 157	20 257	4 900	63 077	59 492	3 585
电气机械及器材制造业	48 789	168	48 621	44 390	168	44 222
电机制造业	157		157	206		206
输配电及控制设备制造业	13 575	168	13 407	13 946	168	13 778
电工器材制造业	32 834		32 834	2 332		2 332
日用电器制造业	761		761	25 599		25 599
照明器具制造业	598		598	907		907
其他电气机械制造业	864		864	1 400		1 400
电子及通信设备制造业	130 933	3 203	127 730	109 049	1 509	107 540
通信设备制造业	10 696	3 203	7 493	8 135	1 509	6 626
电子计算机制造业	7 617		7 617	10 716		10 716
电子器件制造业	80 932		80 932	71 461		71 461
电子元件制造业	16 735		16 735	9 916		9 916
日用电子器具制造业	5 618		5 618			
其他电子设备制造业	9 335		9 335	8 821		8 821
仪器仪表及文化、办公用机械制造业	7 064	143	6 921	3 233	143	3 090
通用仪器仪表制造业	5 397		5 397	1 548		1 548
专用仪器仪表制造业	143	143		143	143	
电子测量仪器制造业	382		382			
钟表制造业	1 142		1 142	1 542		1 542
其他制造业	17 015		17 015	3 373		3 373
工艺美术品制造业	17 015		17 015	3 373		3 373
电力、煤气及水的生产和供应业	**598 118**	**429 523**	**168 595**	**225 480**	**99 479**	**12 6001**
电力、蒸气、热水的生产和供应业	527 136	429 523	97 613	144 906	9 9479	45 427
电力生产业	342 903	338 522	4 381	57 657	48 417	9 240
电力供应业	154 693	91 001	63 692	81 282	51 062	30 220
蒸气、热水生产和供应业	29 540		29 540	5 967		5 967

4—10 续表 3 单位:万元

行业	投资额			新增固定资产		
	合计	中央	地方	合计	中央	地方
煤气生产和供应业	41 441		41 441	10 880		10 880
煤气生产业	8 500		8 500			
煤气供应业	32 941		32 941	10 880		10 880
自来水的生产和供应业	29 541		29 541	69 694		69 694
自来水生产业	28 636		28 636	69 694		69 694
自来水供应业	905		905			
建筑业	**76 266**	**15 965**	**60 301**	**57 586**	**14 524**	**43 062**
土木工程建筑业	73 496	15 095	58 401	53 376	12 364	41 012
房屋建筑业	62 253	10 724	51 529	43 253	8 792	34 461
铁路、公路、遂道、桥梁建筑业	6 587	3 627	2 960	6 997	2 580	4 417
堤坝、电站、码头建筑业	1 062		1 062	1 062		1 062
其他土木工程建筑业	3 594	744	2 850	2 064	992	1 072
线路、管道和设备安装业	2 770	870	1 900	4 210	2 160	2 050
线路、管道安装业	2 770	870	1 900	4 210	2 160	2 050
地质勘查业、水利管理业	**43 463**	**17 337**	**26 126**	**25 132**	**7 996**	**17 136**
地质勘查业	16 224	14 237	1 987	11 676	7 996	3 680
矿产地质勘查业	1 576	1 536	40	2 811	2 811	
工程地质勘察设计业	14 648	12 701	1 947	8 865	5 185	3 680
水利管理业	27 239	3 100	24 139	13 456		13 456
交通运输、仓储及邮电通信业	**1 016 837**	**780 758**	**236 079**	**1 079 223**	**814 030**	**2 65193**
铁路运输业	143 172	142 292	880	348 514	348 514	
公路运输业	173 215		173 215	212 783		212 783
汽车运输业	173 215		173 215	212 783		212 783
航空运输业	20 503	20 503		18 853	18 853	
航空客货运输业	20 503	20 503		18 853	18 853	
交通运输辅助业	194 134	153 727	40 407	70 890	39 240	31 650
公路管理及养护业	40 350		40 350	31 593		31 593
机场及航空运输辅助业	153 727	153 727		39 240	39 240	
其他类未包括的交通运输辅助业	57		57	57		57
仓储业	22 113	2 718	19 395	20 837	77	20 760
邮电通信业	463 700	461 518	2 182	407 346	407 346	
邮政业	10 968	10 718	250			
电信业	452 732	450 800	1 932	407 346	407 346	
批发和零售贸易、餐饮业	**265 662**	**16 426**	**249 236**	**134 337**	**1 450**	**132 887**
食品、饮料、烟草和家庭用品批发业	10 834		10 834	4 434		4 434
食品、饮料、烟草批发业	8 342		8 342	3 206		3 206
纺织品、服装和鞋帽批发业	52		52	172		172
日用百货批发业	940		940	846		846
日用杂品批发业	1 340		1 340			
药品及医疗器械批发业	160		160	210		210
能源、材料和机械电子设备批发业	39 132	11 694	27 438	19 770	1 450	18320
能源批发业	6 717	700	6 017	5 002	800	4 202
化工材料批发业	487		487			
木材批发业	3 620		3 620	5 865		5 865
建筑材料批发业	21 946	8 465	13 481	8 373	650	7 723
金属材料批发业	2 339		2 339			
机械电子设备批发业	2 529	2 529				
再生物资回收批发业	1 332		1 332	530		530

行业	投资额			新增固定资产		
	合计	中央	地方	合计	中央	地方
其他批发业	21 106	2 191	18 915	1 036		1 036
图书报刊批发业	507	1	506			
农业生产资料批发业	90	90				
其他类未包括的批发业	20 509	2 100	18 409	1 036		1 036
零售业	179 671		179 671	99 414		99 414
食品、饮料和烟草零售业	20 609		20 609	22 199		22 199
日用百货零售业	146 097		146 097	56 153		56 153
纺织品、服装和鞋帽零售业	1 655		1 655	1 600		1 600
日用杂品零售业	50		50			
五金交电化工零售业	4 240		4 240	10 025		10 025
药品及医疗器械零售业	430		430	377		377
图书报刊零售业	5 800		5 800	9 030		9 030
其他零售业	790		790	30		30
商业经纪与代理业	2 541	2 541				
餐饮业	12 378		12 378	9 683		9 683
正餐	12 378		12 378	9 683		9 683
金融、保险业	**58 481**	**57 961**	**520**	**14 351**	**14 001**	**350**
金融业	58 481	57 961	520	14 351	14 001	350
中央银行	20 045	20 045		2 321	2 321	
商业银行	38 066	37 916	150	11 830	11 680	150
信用合作社	370		370	200		200
房地产业	**50 293**		**50 293**	**33 565**		**33 565**
房地产开发与经营业	18 619		18 619	8 265		8 265
房地产管理业	31 536		31 536	25 300		25 300
房地产代理与经纪业	138		138			
社会服务业	**487 730**	**70 172**	**417 558**	**256 857**	**60 259**	**196 598**
公共服务业	305 473	941	304 532	146 406		146 406
市内公共交通业	65 660	941	64 719	38 511		38 511
园林绿化业	25 678		25 678	984		984
环境卫生业	12 454		12 454	354		354
市政工程管理业	201 681		201 681	106 557		106 557
居民服务业	2 143	541	1 602	541	541	
殡葬业	1 602		1 602			
旅馆业	87 103	17 517	69 586	90 919	54 063	36 856
租赁服务业	24 343	24 313	30			
旅游业	15 447	7 082	8 365	12 488	447	12 041
娱乐服务业	18 610		18 610	594		594
信息、咨询服务业	12 881	2 980	9 901	701		701
广告业	701		701	701		701
咨询服务业	6 000		6 000			
其他类未包括的信息咨询服务业	6 180	2 980	3 200			
计算机应用服务业	5 105	2 168	2 937	2 958	2 958	
软件开发咨询业	5 105	2 168	2 937	2 958	2 958	
其他社会服务业	16 625	14 630	1 995	2 250	2 250	
市场管理服务业	2 755	2 700	55			
其他类未包括的社会服务业	13 870	11 930	1 940	2 250	2 250	

4—10 续表 5 单位:万元

行业	投资额			新增固定资产		
	合计	中央	地方	合计	中央	地方
卫生、体育和社会福利业	**75 192**	**41 962**	**33 230**	**74 864**	**50 751**	**24 113**
卫生	59 778	38 502	21 276	67 660	47 481	20 179
医院	54 193	35 413	18 780	60 166	44 866	15 300
疗养院	219		219	360		360
卫生防疫站	380		380	380		380
妇幼保健所(站)	110		110			
药品检验所(室)	1 702	1 702				
其他医院	3 006	1 387	1 619	6 586	2 615	3 971
体育	12 550	3 460	9 090	5 990	3 270	2 720
社会福利保障业	2 864		2 864	1 214		1 214
社会福利业	2 624		2 624	1 214		1 214
其他类未包括的社会福利保障业	240		240			
教育、文化艺术及广播电影电视业	**353 442**	**243 736**	**109 706**	**206 753**	**119 433**	**87320**
教育	261 690	167 352	94 338	178 425	107 244	71 181
高等教育	197 214	159 668	37 546	126 243	104 049	22 194
中等教育	43 565	5 934	37 631	30 479	2 915	27 564
初等教育	5 070		5 070	3 132		3 132
学前教育	93		93	78		78
特殊教育	5 158		5 158	11 164		11 164
其他教育	10 590	1 750	8 840	7 329	280	7 049
文化艺术业	54 974	41 080	13 894	26 887	10 808	16 079
艺术	12 427	11 948	479	7 706	6 204	1 502
出版	16 648	13 924	2 724	5 480	2 861	2 619
文物保护	2 479	2 478	1	560		560
图书馆	2 062	154	1 908	154	154	
档案馆	1 490		1 490	6 998		6 998
群众文化	3 040		3 040	4 400		4 400
新闻	12 454	12 454		1 494	1 494	
其他文化艺术业	4 374	122	4 252	95	95	
广播电影电视业	36 778	35 304	1 474	1 441	1 381	60
广播	19 078	19 078				
电影	2 399	2 399		76	76	
电视	15 301	13 827	1 474	1 365	1 305	60
科学研究和综合技术服务业	**245 397**	**208 945**	**36 452**	**169 147**	**142 532**	**26 615**
科学研究业	210 751	189 850	20 901	144 698	121 719	22 979
自然科学研究	182 511	170 120	12 391	126 284	118 672	7 612
社会科学研究	5 509	5 251	258	630	372	258
其他科学研究	22 731	14 479	8 252	17 784	2 675	15 109
综合技术服务业	34 646	19 095	15 551	24 449	20 813	3 636
气象	9 431	2 116	7 315	707	707	
测绘	1 054	860	194	94		94
技术监督	680		680	720		720
环境保护	1 176	1 176		9 748	9 748	
技术推广和科技交流服务业	6 968	1 400	5 568	2 788		2 788
工程设计业	13 807	12 206	1 601	7 841	7 841	
其他综合技术服务业	1 395	1 202	193	2 551	2 517	34
国家机关、政党机关和社会团体	**470 854**	**328 851**	**142 003**	**341 318**	**194 317**	**1 47001**
国家机关	388 575	252 856	135 719	257 418	121 400	136 018
政党机关	53 341	53 341		29 969	29 969	
社会团体	28 938	22 654	6 284	53 931	42 948	10 983
其他行业	**124 814**	**19 304**	**105 510**	**88 192**	**29 912**	**58 280**
企业管理机构	58 400	8 515	49 885	40 193	14 803	25 390
其他类未包括的行业	66 414	10 789	55 625	47 999	15 109	32 890

4—11 全市基本建设投资额及新增固定资产

（按行业分）　　单位:万元

行业	投资额			新增固定资产		
	合计	中央	地方	合计	中央	地方
总　计	**3 138 456**	**1 892 321**	**1 246 135**	**2 625 211**	**1 179 551**	**1 445 660**
农、林、牧、渔业	**20 257**	**13 597**	**6 660**	**18 013**	**4 184**	**13 829**
农业	3 437		3 437	2 754		2 754
林业	13 013	11 467	1 546	13 676	3 088	10 588
畜牧业	80		80	80		80
渔业	316		316			
淡水渔业	316		316			
农、林、牧、渔服务业	3 411	2 130	1 281	1 503	1 096	407
采掘业	**16 232**		**16 232**	**61 515**		**61 515**
黑色金属矿采选业	16 232		16 232	61 515		61 515
铁矿采选业	16 232		16 232	61 515		61 515
制造业	**524 873**	**163 010**	**361 863**	**931 998**	**49 775**	**882 223**
食品加工业	12 043		12 043	611		611
粮食及饲料加工业	6 730		6 730	445		445
植物油加工业	16		16			
屠宰及肉类蛋类加工业	4 196		4 196	166		166
其他食品加工业	1 101		1 101			
食品制造业	26 906		26 906	28 893		28 893
糕点、糖果制造业	24 836		24 836	28 893		28 893
发酵制品业	2 070		2 070			
饮料制造业	872		872	666		666
酒精及饮料酒制造业	672		672	666		666
软饮料制造业	200		200			
纺织业	1 642		1 642	3 585		3 585
棉纺织业	638		638	3 585		3 585
针织品业	1 004		1 004			
服装及其他纤维制品制造业	6 644	54	6 590	10 001	220	9 781
服装制造业	6 644	54	6 590	10 001	220	9 781
木材加工及竹、藤、棕、草制品业	490	490				
锯材、木片加工业	490	490				
造纸及纸制品业	6 146	1 139	5 007	7 172	1 643	5 529
纸浆制造业	500		500			
纸制品业	5 646	1 139	4 507	7 172	1 643	5 529
印刷业、记录媒介的复制	21 521	10 572	10 949	9 373	689	8 684
印刷业	21 521	10 572	10 949	9 373	689	8 684
文教体育用品制造业	1 088		1 088	900		900
乐器及其他文娱用品制造业	1 088		1 088	900		900
石油加工及炼焦业	99 051	99 051		28 364	28 364	
原油加工业	98 810	98 810		28 223	28 223	
炼焦业	241	241		141	141	
化学原料及化学制品制造业	7 141		7 141	585 443		585 443
化学肥料制造业	550		550			
有机化学产品制造业	1 501		1 501	581 669		581 669
专用化学产品制造业	920		920	3 774		3 774
日用化学产品制造业	4 170		4 170			
医药制造业	14 509	460	14 049	3 610		3 610
化学药品制剂制造业	12 808		12 808	110		110
中药材及中成药加工业	1 241		1 241	3 500		3 500
生物制品业	460	460				
橡胶制品业	1 387		1 387			
其他橡胶制品业	1 387		1 387			

4—11 续表1 单位:万元

行业	投资额			新增固定资产		
	合计	中央	地方	合计	中央	地方
塑料制品业	26 365		26 365	21 031		21 031
塑料包装箱及容器制造业	26 365		26 365	21 031		21 031
非金属矿物制品业	41 217	3 003	38 214	88 780	2 683	86 097
水泥制造业	14 183		14 183	77 787		77 787
水泥制品和石棉水泥制品业	2 356	1 936	420	2 026	1 526	500
砖瓦、石灰和轻质建筑材料制造业	1 067	1 067		1 157	1 157	
陶瓷制品业	16 260		16 260			
矿物纤维及其制品业	7 351		7 351	7 810		7 810
黑色金属冶炼及压延加工业	472		472			
钢压延加工业	472		472			
有色金属冶炼及压延加工业	9 866		9 866	8 034		8 034
重有色金属冶炼业	9 866		9 866	8 034		8 034
金属制品业	7 461		7 461	1 888		1 888
建筑用金属制品业	2 600		2 600	550		550
日用金属制品业	4 861		4 861	1 338		1 338
普通机械制造业	20 205	353	19 852	7 862	982	6 880
锅炉及原动机制造业	8 546		8 546	4 197		4 197
金属加工机械制造业	1 009	180	829	180	180	
轴承、阀门制造业	1 385		1 385			
其他通用零部件制造业	8 206	173	8 033	3 485	802	2 683
其他普通机械制造业	1 059		1 059			
专用设备制造业	11 884	1 332	10 552	12 984	2 383	10 601
冶金、矿山、机电工业专用设备制造业	2 229	1 105	1 124	1 809	1 519	290
石化及其他工业专用设备制造业	198		198	2 197		2 197
轻纺工业专用设备制造业	404		404	1 023		1 023
农、林、牧、渔,水利业机械制造业	3 891		3 891	1 691		1 691
医疗器械制造业	4 227	227	4 000	6 264	864	5 400
其他专用设备制造业	935		935			
交通运输设备制造业	46 492	43 803	2 689	11 302	11 302	
铁路运输设备制造业	2 530	2 530		1 554	1 554	
汽车制造业	2 922	333	2 589			
自行车制造业	1 100	1 100				
航空航天器制造业	39 140	39 140		9 378	9 378	
交通运输设备修理业	800	700	100	370	370	
电气机械及器材制造业	45 954		45 954	15 643		15 643
输配电及控制设备制造业	12 879		12 879	12 570		12 570
电工器材制造业	32 833		32 833	2 332		2 332
日用电器制造业	1		1			
照明器具制造业	241		241	741		741
电子及通信设备制造业	112 281	2 753	109 528	84 681	1 509	83 172
通信设备制造业	4 010	2 753	1 257	1 509	1 509	
电子计算机制造业	2 350		2 350			
电子器件制造业	80 085		80 085	66 190		66 190
电子元件制造业	11 890		11 890	8 241		8 241
日用电子器具制造业	4 811		4 811			
其他电子设备制造业	9 135		9 135	8 741		8 741
仪器仪表及文化、办公用机械制造业	1 015		1 015	1 175		1 175
通用仪器仪表制造业	790		790	550		550
钟表制造业	225		225	625		625
其他制造业	2 221		2 221			
工艺美术品制造业	2 221		2 221			

4—11 续表 2 单位:万元

行业	投资额			新增固定资产		
	合计	中央	地方	合计	中央	地方
电力、煤气及水的生产和供应业	**529 209**	**403 272**	**125 937**	**182 589**	**83 354**	**99 235**
电力、蒸气、热水的生产和供应业	491 627	403 272	88 355	115 015	83 354	31 661
电力生产业	320 788	317 288	3 500	32 655	32 452	203
电力供应业	149 676	85 984	63 692	81 122	50 902	30 220
蒸气、热水生产和供应业	21 163		21 163	1 238		1 238
煤气生产和供应业	23 493		23 493			
煤气生产业	8 500		8 500			
煤气供应业	14 993		14 993			
自来水的生产和供应业	14 089		14 089	67 574		67 574
自来水生产业	13 449		13 449	67 574		67 574
自来水供应业	640		640			
建筑业	**60 515**	**11 815**	**48 700**	**45 606**	**10 591**	**35 015**
土木工程建筑业	57 745	10 945	46 800	41 396	8 431	32 965
房屋建筑业	52 891	6 851	46 040	37 284	4 919	32 365
铁路、公路、遂道、桥梁建筑业	4 110	3 350	760	3 120	2 520	600
其他土木工程建筑业	744	744		992	992	
线路、管道和设备安装业	2 770	870	1 900	4 210	2 160	2 050
线路、管道安装业	2 770	870	1 900	4 210	2 160	2 050
地质勘查业、水利管理业	**19 311**	**17 324**	**1 987**	**11 663**	**7 983**	**3 680**
地质勘查业	16 211	14 224	1 987	11 663	7 983	3 680
矿产地质勘查业	1 563	1 523	40	2 798	2 798	
工程地质勘察设计业	14 648	12 701	1 947	8 865	5 185	3 680
水利管理业	3 100	3 100				
交通运输、仓储及邮电通信业	**341 337**	**327 049**	**14 288**	**440 374**	**433 815**	**6 559**
铁路运输业	100 959	100 079	880	333 394	333 394	
航空运输业	6 473	6 473		5 523	5 523	
航空客货运输业	6 473	6 473		5 523	5 523	
交通运输辅助业	150 822	149 018	1 804	36 924	36 744	180
公路管理及养护业	1 804		1 804	180		180
机场及航空运输辅助业	149 018	149 018		36 744	36 744	
仓储业	11 641	754	10 887	6 413	34	6 379
邮电通信业	71 442	70 725	717	58 120	58 120	
邮政业	10 968	10 718	250			
电信业	60 474	60 007	467	58 120	58 120	
批发和零售贸易、餐饮业	**161 634**	**16 426**	**145 208**	**51 170**	**1 450**	**49 720**
食品、饮料、烟草和家庭用品批发业	6 593		6 593	3 378		3 378
食品、饮料、烟草批发业	6 022		6 022	3 206		3 206
纺织品、服装和鞋帽批发业	52		52	172		172
日用百货批发业	469		469			
药品及医疗器械批发业	50		50			
能源、材料和机械电子设备批发业	24 830	11 694	13 136	10 603	1 450	9 153
能源批发业	1 398	700	698	2 300	800	1 500
化工材料批发业	487		487			
建筑材料批发业	18 077	8 465	9 612	8 303	650	7 653
金属材料批发业	2 339		2 339			
机械电子设备批发业	2 529	2 529				
其他批发业	20 190	2 191	17 999	764		764
图书报刊批发业	507	1	506			
农业生产资料批发业	90	90				
其他类未包括的批发业	19 593	2 100	17 493	764		764

4－11　续表 3

单位:万元

行　　业	投资额			新增固定资产		
	合计	中央	地方	合计	中央	地方
零售业	98 793		98 793	35 843		35 843
食品、饮料和烟草零售业	18 963		18 963	20 500		20 500
日用百货零售业	72 355		72 355	5 933		5 933
纺织品、服装和鞋帽零售业	155		155			
五金交电化工零售业	1 060		1 060	360		360
图书报刊零售业	5 800		5 800	9 030		9 030
其他零售业	460		460	20		20
商业经纪与代理业	2 541	2 541				
餐饮业	8 687		8 687	582		582
正餐	8 687		8 687	582		582
金融、保险业	**56 811**	**56 361**	**450**	**6 871**	**6 721**	**150**
金融业	56 811	56 361	450	6 871	6 721	150
中央银行	20 045	20 045		2 321	2 321	
商业银行	36 466	36 316	150	4 550	4 400	150
信用合作社	300		300			
房地产业	**29 585**		**29 585**	**20 729**		**20 729**
房地产开发与经营业	18 182		18 182	8 265		8 265
房地产管理业	11 266		11 266	12 464		12 464
房地产代理与经纪业	137		137			
社会服务业	**241 837**	**68 898**	**172 939**	**87 744**	**59 718**	**28 026**
公共服务业	91 864	941	90 923	4 088		4 088
市内公共交通业	29 994	941	29 053	3 104		3 104
园林绿化业	23 526		23 526	984		984
环境卫生业	12 100		12 100			
市政工程管理业	26 244		26 244			
居民服务业	1 602		1 602			
殡葬业	1 602		1 602			
旅馆业	70 668	17 517	53 151	74 344	54 063	20 281
租赁服务业	24 313	24 313				
旅游业	8 553	7 082	1 471	4 034	447	3 587
娱乐服务业	13 326		13 326	70		70
信息、咨询服务业	12 180	2 980	9 200			
咨询服务业	6 000		6 000			
其他类未包括的信息咨询服务业	6 180	2 980	3 200			
计算机应用服务业	4 372	1 435	2 937	2 958	2 958	
软件开发咨询业	4 372	1 435	2 937	2 958	2 958	
其他社会服务业	14 959	14 630	329	2 250	2 250	
市场管理服务业	2 755	2 700	55			
其他类未包括的社会服务业	12 204	11 930	274	2 250	2 250	
卫生、体育和社会福利业	**69 243**	**39 208**	**30 035**	**70 833**	**48 424**	**22 409**
卫生	54 875	35 748	19 127	63 629	45 154	18 475
医院	49 390	32 659	16 731	56 495	42 539	13 956
疗养院	119		119			
卫生防疫站	380		380	380		380
妇幼保健所(站)	110		110			
药品检验所(室)	1 702	1 702				
其他医院	3 006	1 387	1 619	6 586	2 615	3 971
体育	12 550	3 460	9 090	5 990	3 270	2 720
社会福利保障业	1 818		1 818	1 214		1 214
社会福利业	1 578		1 578	1 214		1 214
其他类未包括的社会福利保障业	240		240			

4—11 续表 4

单位:万元

行业	投资额			新增固定资产		
	合计	中央	地方	合计	中央	地方
教育、文化艺术及广播电影电视业	**334 450**	**239 503**	**94 947**	**199 664**	**116 220**	**83 444**
教育	242 698	163 119	79 579	171 336	104 031	67 305
高等教育	193 999	158 303	35 696	125 360	103 166	22 194
中等教育	30 849	3 176	27 673	24 546	695	23 851
初等教育	4 370		4 370	3 132		3 132
学前教育	71		71	36		36
特殊教育	5 158		5 158	11 164		11 164
其他教育	8 251	1 640	6 611	7 098	170	6 928
文化艺术业	54 974	41 080	13 894	26 887	10 808	16 079
艺术	12 427	11 948	479	7 706	6 204	1 502
出版	16 648	13 924	2 724	5 480	2 861	2 619
文物保护	2 479	2 478	1	560		560
图书馆	2 062	154	1 908	154	154	
档案馆	1 490		1 490	6 998		6 998
群众文化	3 040		3 040	4 400		4 400
新闻	12 454	12 454		1 494	1 494	
其他文化艺术业	4 374	122	4 252	95	95	
广播电影电视业	36 778	35 304	1 474	1 441	1 381	60
广播	19 078	19 078				
电影	2 399	2 399		76	76	
电视	15 301	13 827	1 474	1 365	1 305	60
科学研究和综合技术服务业	**218 454**	**190 777**	**27 677**	**145 545**	**134 021**	**11 524**
科学研究业	189 831	171 682	18 149	123 718	113 208	10 510
自然科学研究	162 399	151 952	10 447	115 326	110 161	5 165
社会科学研究	5 509	5 251	258	630	372	258
其他科学研究	21 923	14 479	7 444	7 762	2 675	5 087
综合技术服务业	28 623	19 095	9 528	21 827	20 813	1 014
气象	9 431	2 116	7 315	707	707	
测绘	1 054	860	194	94		94
技术监督	680		680	720		720
环境保护	1 176	1 176		9 748	9 748	
技术推广和科技交流服务业	2 580	1 400	1 180	200		200
工程设计业	12 206	12 206		7 841	7 841	
其他综合技术服务业	1 361	1 202	159	2 517	2 517	
国家机关、政党机关和社会团体	**451 275**	**325 777**	**125 498**	**314 027**	**193 383**	**1 20644**
国家机关	369 796	249 782	120 014	235 361	120 466	114 895
政党机关	53 341	53 341		29 969	29 969	
社会团体	28 138	22 654	5 484	48 697	42 948	5 749
其他行业	**63 433**	**19 304**	**44 129**	**36 870**	**29 912**	**6 958**
企业管理机构	38 236	8 515	29 721	16 253	14 803	1 450
其他类未包括的行业	25 197	10 789	14 408	20 617	15 109	5 508

4－12　全市更新改造投资额及新增固定资产

（按行业分）　　单位:万元

行业	投资额			新增固定资产		
	合计	中央	地方	合计	中央	地方
总　计	**1 680 479**	**636 918**	**1 043 561**	**1 553 521**	**545 843**	**1 007 678**
农、林、牧、渔业	**11 298**		**11 298**	**11 650**		**11 650**
农业	9 733		9 733	10 140		10 140
林业	446		446	341		341
畜牧业	637		637	414		414
农、林、牧、渔服务业	482		482	755		755
采掘业	**9 326**		**9 326**	**11 386**		**11 386**
煤炭采选业	5 591		5 591	4 471		4 471
非金属矿采选业	3 735		3 735	6 915		6 915
土砂石开采业	3 735		3 735	6 915		6 915
制造业	**475 353**	**121 692**	**353 661**	**509 900**	**122 751**	**387 149**
食品加工业	4 798		4 798	758		758
粮食及饲料加工业	3 101		3 101	482		482
植物油加工业	176		176	176		176
屠宰及肉类蛋类加工业	1 521		1 521	100		100
食品制造业	15 243		15 243	4 240		4 240
糕点、糖果制造业	13 104		13 104	943		943
乳制品制造业	1 380		1 380	1 850		1 850
发酵制品业	20		20	248		248
调味品制造业	700		700	1 160		1 160
其他食品制造业	39		39	39		39
饮料制造业	5 978		5 978	1 863		1 863
酒精及饮料酒制造业	3 366		3 366	631		631
软饮料制造业	1 232		1 232	1 232		1 232
其他饮料制造业	1 380		1 380			
纺织业	9 459		9 459	10 511		10 511
棉纺织业	2 303		2 303	3 907		3 907
毛纺织业	6 619		6 619	6 604		6 604
针织品业	537		537			
木材加工及竹、藤、棕、草制品业	1 791		1 791	233		233
人造板制造业	1 791		1 791	233		233
家具制造业	2 414		2 414	1 894		1 894
金属家具制造业	2 414		2 414	1 894		1 894
造纸及纸制品业	1 424		1 424			
造纸业	1 424		1 424			
印刷业、记录媒介的复制	11 314	5 303	6 011	8 623	7 810	813
印刷业	11 314	5 303	6 011	8 623	7 810	813
文教体育用品制造业	1 357		1 357	990		990
文化用品制造业	439		439			
乐器及其他文娱用品制造业	520		520	110		110
玩具制造业	398		398	880		880
石油加工及炼焦业	23 694	17 056	6 638	12 865	11 999	866
原油加工业	14 501	14 501		9 865	9 865	
石油制品业	3 252	2 555	697	2 289	2 134	155
炼焦业	5 941		5 941	711		711

4—12 续表1 单位:万元

行业	投资额			新增固定资产		
	合计	中央	地方	合计	中央	地方
化学原料及化学制品制造业	135 140	60 839	74 301	85 608	35 669	49 939
化学肥料制造业	3 848		3 848	1 125		1 125
有机化学产品制造业	113 318	51 136	62 182	67 057	22 966	44 091
合成材料制造业	10 383	9 703	680	12 703	12 703	
专用化学产品制造业	6 989		6 989	1 920		1 920
日用化学产品制造业	602		602	2 803		2 803
医药制造业	7 374	134	7 240	3 233		3 233
化学药品制剂制造业	5 893		5 893			
中药材及中成药加工业	697		697	3 233		3 233
动物药品制造业	650		650			
生物制品业	134	134				
化学纤维制造业	2 249	2 200	49	1 890	1 750	140
合成纤维制造业	2 249	2 200	49	1 890	1 750	140
橡胶制品业	9 008		9 008	7 202		7 202
轮胎制造业	5 408		5 408	366		366
力车胎制造业	3 475		3 475	5 811		5 811
橡胶靴鞋制造业	125		125	1 025		1 025
塑料制品业	1 768	671	1 097	992	671	321
塑料薄膜制造业	62		62	141		141
塑料板、管、棒材制造业	671	671		671	671	
塑料丝、绳及编织品制造业	855		855			
其他塑料制品业	180		180	180		180
非金属矿物制品业	15 865	6 570	9 295	34 147	93	34 054
水泥制造业	5 909		5 909	25 096		25 096
水泥制品和石棉水泥制品业	122	122		93	93	
砖瓦、石灰和轻质建筑材料制造业	7 689	6 448	1 241	3 775		3 775
玻璃及玻璃制品业	1 509		1 509	4 894		4 894
陶瓷制品业	341		341	224		224
矿物纤维及其制品业	65		65	65		65
其他类未包括的非金属矿物制品业	230		230			
黑色金属冶炼及压延加工业	91 575		91 575	119 431		119 431
炼钢业	12 646		12 646	63 124		63 124
钢压延加工业	78 929		78 929	56 307		56 307
有色金属冶炼及压延加工业	194		194	331		331
有色金属压延加工业	194		194	331		331
金属制品业	3 553		3 553	17 676		17 676
铸铁管制造业	9		9	9		9
工具制造业	129		129			
建筑用金属制品业	3 400		3 400	4 832		4 832
金属表面处理及热处理业	15		15	12 835		12 835
普通机械制造业	26 054		26 054	28 587		28 587
锅炉及原动机制造业	10 166		10 166	16 314		16 314
金属加工机械制造业	3 762		3 762			
通用设备制造业	1 736		1 736	1 039		1 039
轴承、阀门制造业	2		2			
其他通用零部件制造业	9 784		9 784	10 780		10 780
其他普通机械制造业	604		604	454		454

4—12 续表 2

单位:万元

行业	投资额			新增固定资产		
	合计	中央	地方	合计	中央	地方
专用设备制造业	18 765	2 511	16 254	11 592	2 471	9 121
冶金、矿山、机电工业专用设备制	6 178	843	5 335	803	803	
石化及其他工业专用设备制造业	2 576	1 668	908	2 386	1 668	718
轻纺工业专用设备制造业	69		69			
农、林、牧、渔,水利业机械制造	3 703		3 703	5 303		5 303
医疗器械制造业	6 239		6 239	3 100		3 100
交通运输设备制造业	66 040	25 647	40 393	105 687	61 977	43 710
铁路运输设备制造业	4 634	4 634		1 399	1 399	
汽车制造业	35 993		35 993	40 525		40 525
航空航天器制造业	1 456	1 456		1 456	1 456	
交通运输设备修理业	23 957	19 557	4 400	62 307	59 122	3 185
电气机械及器材制造业	1 642	168	1 474	27 181	168	27 013
电机制造业	157		157	206		206
输配电及控制设备制造业	696	168	528	1 376	168	1 208
电工器材制造业	1		1			
日用电器制造业	538		538	25 599		25 599
照明器具制造业	250		250			
电子及通信设备制造业	15 402	450	14 952	22 893		22 893
通信设备制造业	5 850	450	5 400	6 626		6 626
电子计算机制造业	4 415		4 415	10 716		10 716
电子器件制造业	847		847	5 271		5 271
电子元件制造业	3 483		3 483	280		280
日用电子器具制造业	807		807			
仪器仪表及文化、办公用机械制造业	2 920	143	2 777	1 141	143	998
通用仪器仪表制造业	2 527		2 527	998		998
专用仪器仪表制造业	143	143		143	143	
电子测量仪器制造业	250		250			
其他制造业	332		332	332		332
工艺美术品制造业	332		332	332		332
电力、煤气及水的生产和供应业	**68 909**	**26 251**	**42 658**	**42 891**	**16 125**	**26 766**
电力、蒸气、热水的生产和供应业	35 509	26 251	9 258	29 891	16 125	13766
电力生产业	22 115	21 234	881	25 002	15 965	9 037
电力供应业	5 017	5 017		160	160	
蒸气、热水生产和供应业	8 377		8 377	4 729		4 729
煤气生产和供应业	17 948		17 948	10 880		10 880
煤气供应业	17 948		17 948	10 880		10 880
自来水的生产和供应业	15 452		15 452	2 120		2 120
自来水生产业	15 187		15 187	2 120		2 120
自来水供应业	265		265			
建筑业	**11 865**	**4 150**	**7 715**	**10 727**	**3 933**	**6 794**
土木工程建筑业	11 865	4 150	7 715	10 727	3 933	6 794
房屋建筑业	5 716	3 873	1 843	5 371	3 873	1 498
铁路、公路、遂道、桥梁建筑业	2 477	277	2 200	3 877	60	3 817
堤坝、电站、码头建筑业	1 062		1 062	1 062		1 062
其他土木工程建筑业	2 610		2 610	417		417

4—12 续表 3 单位:万元

行业	投资额			新增固定资产		
	合计	中央	地方	合计	中央	地方
地质勘查业、水利管理业	**24 152**	**13**	**24 139**	**13 469**	**13**	**13 456**
地质勘查业	13	13		13	13	
矿产地质勘查业	13	13		13	13	
水利管理业	24 139		24 139	13 456		13 456
交通运输、仓储及邮电通信业	**630 084**	**453 709**	**176 375**	**600 153**	**380 215**	**219 938**
铁路运输业	42 213	42 213		15 120	15 120	
公路运输业	171 184		171 184	210 885		210 885
汽车运输业	171 184		171 184	210 885		210 885
航空运输业	14 030	14 030		13 330	13 330	
航空客货运输业	14 030	14 030		13 330	13 330	
交通运输辅助业	5 446	4 709	737	4 413	2 496	1 917
公路管理及养护业	680		680	1 860		1 860
机场及航空运输辅助业	4 709	4 709		2 496	2 496	
其他类未包括的交通运输辅助业	57		57	57		57
仓储业	4 953	1 964	2 989	7 179	43	7 136
邮电通信业	392 258	390 793	1 465	349 226	349 226	
电信业	392 258	390 793	1 465	349 226	349 226	
批发和零售贸易、餐饮业	**89 291**		**89 291**	**81 755**		**81 755**
食品、饮料、烟草和家庭用品批发业	601		601	1 056		1 056
食品、饮料、烟草批发业	20		20			
日用百货批发业	471		471	846		846
药品及医疗器械批发业	110		110	210		210
能源、材料和机械电子设备批发业	10 790		10 790	8 567		8 567
能源批发业	5 319		5 319	2 702		2 702
木材批发业	3 620		3 620	5 865		5 865
建筑材料批发业	689		689			
再生物资回收批发业	1 000		1 000			
其他批发业	194		194			
其他类未包括的批发业	194		194			
零售业	74 015		74 015	63 031		63 031
食品、饮料和烟草零售业	1 646		1 646	1 699		1 699
日用百货零售业	67 162		67 162	49 980		49 980
纺织品、服装和鞋帽零售业	1 500		1 500	1 600		1 600
五金交电化工零售业	3 000		3 000	9 365		9 365
药品及医疗器械零售业	377		377	377		377
其他零售业	330		330	10		10
餐饮业	3 691		3 691	9 101		9 101
正餐	3 691		3 691	9 101		9 101
金融、保险业	**1 670**	**1 600**	**70**	**7 480**	**7 280**	**200**
金融业	1 670	1 600	70	7 480	7 280	200
商业银行	1 600	1 600		7 280	7 280	
信用合作社	70		70	200		200

4－12　续表4　　　　　　　　　　　　　　　　　　　　　　　　单位:万元

行　　业	投　资　额			新增固定资产		
	合计	中央	地方	合计	中央	地方
房地产业	**8 009**		**8 009**	**5 755**		**5 755**
房地产开发与经营业	437		437			
房地产管理业	7 571		7 571	5 755		5 755
房地产代理与经纪业	1		1			
社会服务业	**243 527**	**1 274**	**242 253**	**169 113**	**541**	**168 572**
公共服务业	213 609		213 609	142 318		142 318
市内公共交通业	35 666		35 666	35 407		35 407
园林绿化业	2 152		2 152			
环境卫生业	354		354	354		354
市政工程管理业	175 437		175 437	106 557		106 557
居民服务业	541	541		541	541	
旅馆业	15 735		15 735	16 575		16 575
租赁服务业	30		30			
旅游业	6 894		6 894	8 454		8 454
娱乐服务业	5 284		5 284	524		524
信息、咨询服务业	701		701	701		701
广告业	701		701	701		701
计算机应用服务业	733	733				
软件开发咨询业	733	733				
卫生、体育和社会福利业	**5 298**	**2 754**	**2 544**	**3 365**	**2 327**	**1 038**
卫生	4 252	2 754	1 498	3 365	2 327	1 038
医院	4 252	2 754	1 498	3 365	2 327	1 038
社会福利保障业	1 046		1 046			
社会福利业	1 046		1 046			
教育、文化艺术及广播电影电视业	**17 666**	**4 233**	**13 433**	**7 089**	**3 213**	**3 876**
教育	17 666	4 233	13 433	7 089	3 213	3 876
高等教育	3 215	1 365	1 850	883	883	
中等教育	12 716	2 758	9 958	5 933	2 220	3 713
初等教育	700		700			
学前教育	22		22	42		42
其他教育	1 013	110	903	231	110	121
科学研究和综合技术服务业	**25 443**	**18 168**	**7 275**	**22 102**	**8 511**	**13 591**
科学研究业	20 920	18 168	2 752	20 980	8 511	12 469
自然科学研究	20 112	18 168	1 944	10 958	8 511	2 447
其他科学研究	808		808	10 022		10 022
综合技术服务业	4 523		4 523	1 122		1 122
技术推广和科技交流服务业	2 888		2 888	1 088		1 088
工程设计业	1 601		1 601			
其他综合技术服务业	34		34	34		34
国家机关、政党机关和社会团体	**17 979**	**3 074**	**14 905**	**21 257**	**934**	**20 323**
国家机关	17 979	3 074	14 905	21 257	934	20 323
其他行业	**40 609**		**40 609**	**35 429**		**35 429**
企业管理机构	12 191		12 191	16 827		16 827
其他类未包括的行业	28 418		28 418	18 602		18 602

4—13 新增生产能力(或效益)

能力名称	单位	合计	国有	集体
炼钢	万吨/年	14	14	
电炉钢	万吨/年	14	14	
连铸	万吨/年	75	75	
水力发电	万千瓦	40	40	
火力发电	万千瓦	1	1	
其他发电	万千瓦	1	1	
输电线路长度(11万伏及以上)	公里	282	282	
变电设备能力(11万伏及以上)	万千伏安	204	204	
水泥	万吨/年	84	84	
乙烯	吨/年	151 200	151 200	
丙烯	吨/年	70 000	70 000	
冰醋酸	吨/年	22 000	22 000	
塑料树脂及共聚物	吨/年	168 640	168 640	
轮胎外胎	万条/年	68	68	
轮胎内胎	万条/年	68	68	
其他汽车制造	辆/年	500	500	
彩色显像管	万只/年	170		
微型电子计算机	万部/年	1	1	
电子计算机外部设备	台/年	250 002	250 002	
#打印设备	部/年	250 002	250 002	
大中规模半导体集成电路	万块/年	11 000	3 000	
化学纤维	吨/年	1 200		1 200
食用植物油	日处理原料:吨	50	50	
	日精炼油:吨	25	25	
糖果	吨/年	5 000		
其他乳制品	吨/年	1 325	1 325	
机制纸及纸板	万吨/年	1		
服装	万件/年	120	40	
塑料制品	万吨/年			
手表	万只/年	19		19
家用洗衣机	万台/年	15	15	
载货汽车购置	辆	333	283	49
载客汽车购置	辆	285	283	
小汽车购置	辆	807	806	
其他汽车购置	辆	92	92	

4—13 续表

能 力 名 称	单 位	合 计	国 有	集 体
新建铁路主线正线交付运营里程	公里	29	29	
新建公路	公里	31	31	
#高速公路	公里	31	31	
改建公路	公里	53	53	
新建独立公路桥梁	延长米	79	79	
	座	1	1	
新(扩)建客、货运站	个	2	2	
	平方米	15 826	15 826	
民航机场跑道	条	1	1	
	米	3 800	3 800	
市内电话自动交换机	门	764 200	764 200	
长途自动电话交换设备	路端	26 000	26 000	
粮食仓库	万公斤	17 583	17 583	
	平方米	51 606	51 606	
商业饮食服务网点	处	8 051	8 042	6
	平方米	208 094	151 555	25 797
高等院校:学生席位	个	8 110	8 110	
建筑面积	平方米	43 686	43 686	
中等学校:学生席位	个	18 050	18 050	
建筑面积	平方米	90 694	90 694	
小 学 校:学生席位	个	6 824	6 824	
建筑面积	平方米	37 136	37 136	
其他学校:学生席位	个	3 200	3 200	
建筑面积	平方米	29 403	29 403	
文化馆	平方米	2 046	2 046	
医院病床	张	1 283	1 283	
疗养院、所病床	张	100	100	
宾馆、旅馆、招待所客房数	间	1 386	1 136	250
城市自来水管道长度	公里	32	32	
城市公共交通车辆购置	辆	953	953	
城市道路扩建长度	公里	19	19	
城市道路扩建面积	万平方米	67	67	
城市排水管道铺设长度	公里	49	49	
城市永久性桥梁	座	13	13	
城市防洪堤长度	公里	1	1	

4—14　基本建设

建设项目名称	建设地址	国民经济行业	隶属关系	建设性质	建设阶段	开工年月	投产年月	计划总投资
总　　计								**5 004 618**
北京农业大学	北京	高教	中央	扩建	施工	1991.01		10 400
中国林业科学研究院	北京	科研	中央	扩建	施工	1979.11	1996.12	7 435
中国软件评测中心	北京	软件开发	中央	扩建	施工	1994.09	1996.12	5 000
西客站	北京	铁路运输	中央	新建	施工	1993.01	1996.01	435 000
西客站								
西客站								
国家大剧院筹建处	北京	艺术	中央	新建	筹建			40 000
广播电影电视部中央电台业务楼	北京	广播	中央	新建	施工	1992.12		15 000
中国国际广播中心	北京	广播	中央	新建	施工	1992.09		36 379
国家教育委员会教育大楼	北京	高教	中央	新建	施工	1990.09		19 092
清华大学	北京	高教	中央	扩建	施工	1987.12		97 638
北京大学	北京	高教	中央	扩建	施工	1983.12		119 654
中国医学科学院北京协和医院	北京	综合医院	中央	扩建	施工	1985.10		14260
北京医科大学	北京	高教	中央	扩建	施工	1983.05		19 753
国家气象局5525工程指挥部	北京	气象	中央	扩建	施工	1990.05		12 732
中日友好环境保护中心	北京	环境保护	中央	新建	施工	1992.10	1996.05	45368
北京中医药大学第二附属医院	北京	医院	中央	新建	施工	1993.12		14 000
中科院数据库	北京	自然科学	中央	新建	施工	1993.04		6 987
航天工业总公司七七二所	北京	自然科学	中央	新建	施工	1996.03		46 600
华能北京热电厂	北京	火力发电	中央	新建	施工	1994.04		654 245
北京市邮政管理局	北京	邮政业	中央	新建	施工	1993.03		26 038
北京燕山石油化工公司	北京	原油加工	中央	扩建	施工	1995.03		126 983
石热扩建处	北京	火力发电	中央	扩建	施工	1993.12		131 933
十三陵抽水蓄能电站	北京	水力发电	中央	新建	施工	1990.12		344 657
首都机场航站楼	北京	航空	中央	扩建	施工	1995.10		918 412
北京炼焦化学厂	北京	煤气生产	市属	扩建	施工	1993.09		31 431
北京乙烯工程建设总指挥部	北京	乙烯	市属	扩建	施工	1992.05	1996.12	594354
首钢计划部水厂铁矿	北京	铁矿采选	市属	扩建	施工	1986.12		299 406
首钢日电电子有限公司日电工程	北京	集成电路	市属	扩建	施工	1992.03	1996.12	110 000
首钢日电电子有限公司日电工程技术升级	北京	集成电路	市属	扩建	施工	1996.06		105 000
北京松下彩色显象管有限公司	北京	电子器件	市属	扩建	施工	1991.05	1996.07	74 833
北京水泥厂	北京	水泥制造	市属	新建	施工	1992.10	1996.12	78 441
北京粮食销区中心供应库筹建处	北京	仓储	市属	新建	施工	1994.11		15000
北京市自来水公司	北京	自来水	市属	扩建	施工	1990.12		212 257
北京市地铁建设公司地铁复八线	北京	公共交通	市属	新建	施工	1988.05		326 801
中国印钞造币总公司信用卡厂	北京	中央银行	中央	新建	施工	1995.07		9529

大中型项目一览表

单位:万元

本年计划投资	自年初累计完成投资	建筑工程	安装工程	设备购置	本年新增固定资产	年初累计资金来源合计	建设规模和新增生产能力(或效益)				
							名称	计算单位	建设规模	新增能力累计	#本年
978 304	**826 671**	**314 482**	**103 170**	**261 202**	**1248287**	**702 359**					
4 660	4 142	3 560		582	2 121	4 460	汽车购置	辆	2	2	2
1	1	1			1	1					
460	460	160		300	2 408	460					
102 638	96 818	78 120	2 199	3 947	330 154	81 920	新建铁路	公里	28.8	28.8	28.80
							供热蒸气	吨/小时	315.0		
							道路扩建	万平方米	36.0	29.9	29.9
17	17					17					
10 580	8 138	6 162	780	814		10 580					
8 530	8 530	4 620	441	3 165		8 530					
3 602	3 661	2 728	416	404	7 962	3 602					
22 508	20 045	10 734		7 735	11 724	22 508					
24 608	22 100	12 572		7 330	7 007	24 236					
1 500	1 583	708	107	690		1 583	病床	张	841.0		
2 073	1 394	521		765	427	2 073					
287	287	116		152	309	287					
1 270	1 176	644	42	137	9 748	340					
2 700	2 700	2 515	14	4		2 700	病床	张	600.0		
1 398	1 398	1 351				718					
1 345	1 345	1 345			1 467	8 000					
197 500	170 956	34 885	17 830	82 094	27 133	91 686	火力发电	万千瓦	70		
5 660	5 660	5 109		451		3 056					
66 153	66 153	1 644	30 790	30 503	2 131	66 153	石油加工	万吨/年	100		
10 394	10 394	6 074	413	1 373	1 912	10 394	输电线路	公里	18		
140 206	126 804	17 668	44 161	23 156		126 804	水利发电	万千瓦	80	60	40
133 000	113 049	92 496		14 735		113 000	候机楼	平方米	268758		
14 045	8 500	2 478	1 288	2 110		2 088	煤气	万立方米日	60		
1 330	1 500	278	274	916	570 766	1 000	乙烯	吨/年	120960	120960	120960
50 000	15 591	2 426	133	10 857	60 544	17 091	铁矿开采	万吨/年	1050		
26 587	26 587	7	902	18 171	9 165		集成电路	万块/年	5 000	5000	5000
66 882	42 163		743	40 756	42 163	48 975	集成电路	万块/年	8000	3000	3000
1 874	1 635	1		1 634	9 784	1 635	彩色显像	万只/年	170	170	170
9 524	13 983	3 862	1 622		77 587	670	水泥	万吨/年	74	74	74
1 384	3 269	1 300	63	441	4 472	2 182	粮食仓库	万公斤	6200	1200	1200
14 351	12 850	4 873	753	2 460	67 574	9 180	供水	万吨/年	50.0	50.0	
49 130	25 496	14 385				29 130	地铁	公里	12.7	1.8	
2 107	8 286	1 139	199	5 520	1 728	7 300					

建设项目名称	建设地址	国民经济行业	隶属关系	建设性质	建设阶段	开工年月	投产年月	计划总投资
总　计								**5 485 973**
国家重点								**2 388 693**
西客站	北京	铁路运输	中央	新建	施工	9301	9601	435 000
首都机场航站楼	北京	航空运输	中央	扩建	施工	9510		918 412
中国国际广播中心	北京	广播	中央	新建	施工	9209		36 379
十三陵抽水蓄能电站	北京	水力发电	中央	新建	施工	9012		34 4657
华能北京热电厂	北京	火力发电	中央	新建	施工	9404		654 245
北京市重点工程								**3 097 280**
危旧房改造	北京	房地产管理	市属	改建	施工			
市妇婴医疗保健中心	北京	妇幼保健	市属	新建	施工	9509		6 500
抗日战争纪念馆二期	北京	文物保护	区属	扩建	施工	9512		5 000
首都图书馆	北京	图书馆	市属	新建	筹建			3 000
西藏大厦	北京	政党机关	中央	新建	施工	9507		12 577
市人大办公楼	北京	政党机关	市属	新建	施工	9405		31 000
市政协办公楼	北京	政党机关	市属	新建	施工	9312	9606	17 432
新东安市场	北京	百货零售	市属	新建	施工	9311		255 900
中央农副产品批发市场	北京	批发零售	市属	新建	施工	9411		166000
第三制药厂搬迁工程	北京	药品制造	市属	迁建	施工	9105		27 006
北京拖拉机厂迁建二期	北京	拖拉机制造	市属	迁建	施工	9212		18800
大兴氮肥厂改产尿素工程	北京	氮肥制造	县属	改建	施工	9408		10980
大兴"三四六"工程	北京	磷肥制造	县属	改建	筹建			7 467
北京JVC电子工程	北京	电子制造	市属	新建	施工	9512		52 960
畜牧生物药品厂改造	北京	生物制品	市属	改建	施工	9310		6 958
北京经济技术开发区基础设施	北京	房地产管理	市属	新建	施工	9204		150 878
电话局工程	北京	电信业	中央	扩建	施工	9409		111 916
双榆树供热厂	北京	蒸气热水供应	市属	扩建	筹建			14 300
水源九厂三期工程	北京	自来水	市属	扩建	筹建			251 278
陕北天然气进京市内工程	北京	煤气供应	市属	新建	施工	9604		292400
京通快速路尾工	北京	公路运输	市属	扩建	施工	9505	9612	19 0000
京昌路改扩建	北京	公路运输	市属	新建	施工	9408	9612	200 000
朝内大街扩建	北京	市政管理	区属	改建	施工	9412		75 000
崇外大街改造	北京	市政管理	区属	改建	施工	9512		50 000
阜外大街改造	北京	市政管理	区属	改建	施工	9512		11 000
高碑店污水处理厂二期	北京	市政管理	市属	新建	筹建			90 000
地铁"复八线"	北京	轨道交通	市属	新建	施工	8805		326 801
大北窑立交桥二期	北京	市政管理	市属	改建	筹建			500
第三水厂扩建	北京	自来水	市属	扩建	施工	9604		20 996
高碑店热电厂供热管线	北京	蒸气热水	市属	扩建	施工	9501		229020
南部城区污水截流工程	北京	市政工程	市属	新建	施工	9209		90000
苏州街道改造	北京	市政管理	区属	改建	施工	9604	9 608	12 800
高校调整								63 438
北京工业大学	北京	普通高教	市属	扩建	施工	9512		20 098
首都师范大学	北京	普通高教	市属	扩建	施工	9412		29 544
北京联合大学	北京	普通高教	市属	扩建	施工	9512		7 876
首都医科大学	北京	普通高教	市属	扩建	施工	8612		5 920
粮库工程								24 293
粮食销区中心供应库	北京	仓储业	市属	新建	施工	9411		15 000
通县机械化粮库	北京	仓储业	市属	扩建	施工	9212		5 379
西直门粮库立水桥分库	北京	仓储业	市属	新建	施工	9411		1 314
海淀国家粮食储备库	北京	仓储业	市属	新建	施工	9604		2 600
公安监所								9 160
朝阳监所	北京	政党机关	区属	扩建	施工	9504	9606	4 860
海淀监所	北京	政党机关	区属	扩建	施工	9405	9609	4 300
变电站工程								261 920
华北电管局	北京	电力供应	中央	扩建	施工	9306		195 920
北京供电局	北京	电力供应	市属	新建	施工	9312		66 000

市重点工程一览表

单位:万元

本年计划投资	自年初累计完成投资	#建筑工程	#安装工程	#设备、工器具购置	本年新增固定资产	本年资金来源	建设规模和新增生产能力(或效益)				
							名称	单位	建设规模	新增能力(或效益)	#本年新增
1655324	**1613672**	**1012012**	**84380**	**160850**	**762530**	**1863372**					
601874	**516157**	**236219**	**66877**	**113342**	**357287**	**517710**					
102638	96818	78120	2199	3947	330154	81920					
133000	113049	92496				113000	候机楼	平方米	268758.0		
8530	8530	4620	441	3165		8530					
140206	126804	17668	44161	23156		126804	水力发电	万千瓦	80.0	60.0	40.0
217500	170956	43315	20076	83074	27133	187456	火力发电	万千瓦	70.0		
1053450	**1097515**	**775793**	**17503**	**47508**	**405243**	**1345662**					
329900	418269	418269				659145					
1400	1400	1027	136			1400					
4800	4252	4252				4050					
1300	873					900					
10000	3356	3109				9515					
3500	6022	5883			745	5252					
2700	1500	1431			17432	2700					
75000	29831	7676	1282	11529		88666	商业网点	平方米	213504.0		
20000	8171			61	61	2090					
3000	3456	575	415	414			化学药剂	吨/年	250.0	250.0	
5000	3474	1318	343	824	4953	3300	拖拉机	台/年	30000.0		
4000	2142	448		985		2142	尿素	吨/年	18400.0		
4000	106					106	硫酸	吨/年	40000.0		
7000	4811	4811				6664					
3742	650	367	60	110		537					
27269	26562	23206	886	1270		20000	城市道路	公里	49.2	40.1	2.3
20824	20824	18133		487	34632	20594					
7050	7050	679				7050					
1400	599					1400	自来水	万吨/日	50.0		
21196	14863	2805		147		21196	输气管线	公里	200.0		
120000	120000	20112			94462	68297	改建道路	公里	26.7	26.7	
120000	152613	123746			194872	124000	新建公路	公里	31.2	31.2	31.2
1000	36565	17740				27102	城市道路	公里	2.1		
30000	30000	17000				26000	城市道路	公里	3.0	1.0	1.0
8500	4686	4686				8000	城市道路	公里	1.8		
12000	10888	7669	2120			20329	污水处理	万吨/日	50.0		
49130	25496	14385				29130	地铁	公里	13.7	1.8	
500	468					500	城市立交	座	1.0		
10000	6849	2843	20	100		10000	自来水	万吨/日	10.0		
8500	8500	7885				39000					
15200	15006	2859		4166		15132	排水管道	公里	38.0	10.8	
12400	12800	11304			12800	12800	改建道路	公里	3.5	3.5	3.5
16630	16138	14690		9	11257	16289					
3518	4181	3406			3818	3615					
8639	7682	7578		9	7036	8621					
3060	2862	2330			403	3060					
1413	1413	1376				993					
3175	6286	3847	151	669	4841	3973					
1384	3269	1300	63	441	4472	2182	粮食仓库	万公斤	6200.0	1200.0	1200.0
1091	669	372	88	209		1091	粮食仓库	万公斤	4500.0	2100.0	2100.0
400	400	400			369	400	粮食仓库	万公斤	2000.0	2000.0	1000.0
300	1948	1775		19		300	粮食仓库	万公斤	5000.0		
3434	7382	1884	102	350	11538	2776					
484	5432	484			7238	826					
2950	1950	1400	102	350	4300	1950					
89900	85627	31154	11988	26387	17650	85627					
78200	64497	24344	5688	19387		64497					
11700	21130	6810	6300	7000	17650	21130					

4—16 房屋建筑施工及竣工面积

单位:万平方米

项目	1996年	1995年	占竣工面积(%)	
			1996年	1995年
施工总面积	**5 633.2**	**5 524.3**		
竣工总面积	**1 517.5**	**1 530.2**	**100**	**100**
在竣工总面积中:				
按用途分				
#厂　房	91.4	82.5	6.0	5.4
仓　库	19.7	14.9	1.3	1.0
办公室	57.9	78.0	3.8	5.1
家属住宅	772.5	812.6	50.9	53.1
单身宿舍	15.6	24.6	1.0	1.6
教育用房	67.9	89.9	4.5	5.9
科研用房	29.1	47.9	1.9	3.1
医疗用房	31.1	16.9	2.0	1.1
商业营业用房	71.5	76.4	4.7	5.0
礼堂、俱乐部	2.5	2.3	0.2	0.2
影剧院	0.9	2.2	0.1	0.1
托儿所、幼儿园	6.0	8.9	0.4	0.6
旅馆、招待所	13.2	12.5	0.9	0.8
按隶属关系分				
中　央	388.1	365.0	25.6	23.9
地　方	466.0	622.6	30.7	40.7
#国　有	383.7	468.4	25.3	30.6
集　体	39.6	58.7	2.6	3.8
综合开发	663.4	542.6	43.7	35.4
按地区分				
城　区	261.9	248.9	17.3	16.3
近郊区	944.1	912.4	62.2	59.6
远郊区	311.5	368.9	20.5	24.1

4—17 房屋建筑每平方米造价

单位:元

项目	1996年	1995年	1996年比1995年增(+)减(—)
平均造价	**1 914**	**1 491**	**423**
厂房	2 140	1 939	201
仓库	1 184	954	230
办公室	2 532	2 253	279
家属住宅	1 212	1 044	168
单身宿舍	1 292	1 038	254
教育用房	1 628	1 521	107
科研用房	1 803	2 616	—813
医疗用房	4 190	1 615	2 575
商业营业用房	2 515	2 104	411
礼堂、俱乐部	2 991	3 664	—673
影剧院	2 055	1 804	251
托儿所、幼儿园	1 554	1 261	293
旅馆、招待所	4 050	3 777	273

4—18 新建住宅竣工面积

单位:万平方米

项目	1949年—1996年		占新建住宅面积(%)	
	合计	1996年	合计	1996年
总计	**13 341.9**	**870.4**	**100**	**100**
平房	792.2	8.0	5.9	0.9
楼房	12 549.7	862.4	94.1	99.1
二~三层	813.4	22.2	6.1	2.6
四~五层	3 015.9	39.3	22.6	4.5
六~八层	5 721.3	506.4	42.9	58.2
九层以上	2 999.1	294.5	22.5	33.8
在总计中				
城区	2 323.6	106.6	17.4	12.2
近郊区	8 866.7	562.8	66.5	64.7
远郊区	2 151.6	201.0	16.1	23.1

4—19 农村集体及城乡私人建房面积

单位:万平方米、间

项目	1996年建成房屋面积	#住宅面积	#住宅间数	1995年建成房屋面积	#住宅面积	#住宅间数
总计	**359.8**	**220.0**	**183 333**	**304.9**	**183.1**	**152 583**
农村集体建房	264.7	129.5	107 917	226.8	106.9	89 083
城镇私人建房	43.4	41.1	34 250	34.6	34.6	28 833
农村私人建房	51.7	49.4	41 167	43.5	41.6	34 667

4—20 房地产开发企业基本情况

项　　目	企业单位个数(个)	资本金合计(万元)	资产总计(万元)	年末职工人数(人)
总　计	**554**	**3 995 587**	**16 624 408**	**35 816**
一、按经济类型分				
国有经济	256	1 093 596	7 945 676	17 029
集体经济	18	34 743	218 941	719
联营经济	8	17 670	82 352	297
股份有限公司	16	351 674	847 979	1 382
有限责任公司	42	141 580	1 016 550	7 332
中外合资经营	73	717 776	1 894 377	4 284
中外合作经营	69	670 695	1 371 112	2 317
外资企业	1	4 620	26 896	67
与大陆合资经营企业	38	475 929	1 669 884	1 275
与大陆合作经营企业	31	469 037	1 416 133	1 056
港澳台独资企业	2	18 267	134 508	58
二、按隶属关系分				
中央单位	87	502 371	1 741 692	2 725
地方单位	439	3 381 114	14 624 661	32 449
其　他	28	112 102	258 055	642
三、按资质等级分				
一　级	25	240 987	3 963 229	6 346
二　级	57	360 321	1 329 292	3 207
三　级	15	32 235	191 432	666
四　级				
五　级	4	37 999	271 149	209
无　级	430	3 065 219	9 571 055	17 192
兼　营	23	258 826	1 298 251	8 196
四、按营业状况分				
营　业	495	3 498 449	15 047 768	28 703
停　业	6	7 733	2 329	57
其他	53	439 405	1 574 311	7 056

4—21 房地产开发企业开发情况

单位:万元

项　　目	全市合计	#国有经济	#三资企业	按隶属关系分 中央单位	地方单位
一、计划总投资	27 357 488	13 771 386	11 431 054	2 704 902	24 652 586
二、自开始建设至本年度累计完成投资	10 079 771	4 398 064	4 959 850	1 046 109	9033662
三、本年完成投资合计	3 281 659	1 381 255	1 586 002	383 902	2 897 757
#商品房建设投资	2 429 844	963 849	1 229 641	267 955	2 161 889
土地开发投资	330 385	146 483	155 169	40 906	289 479
土地购置费	150 091	30 377	102 877	41 646	108 445
四、本年完成投资按用途分					
住　宅	1 249 098	625 103	449 390	126 033	1 123 065
办公楼	841 752	240 655	571 110	174 411	667 341
商业营业用房	351 863	98 748	239 656	27 597	324 266
其　他	838 946	416 749	325 846	55 861	783 085
五、本年土地开发					
完成开发土地面积	2 398 057	1 762 025	323 123	452 306	1 945 751
开发土地面积	5 819 812	5 102 408	538 251	210 191	5 609 621
购置土地面积	2 663 548	1 498 549	729 598	106 079	2 557 469
六、房屋建筑施工和竣工面积					
施工面积	28 245 926	15 982 707	9 283 194	2 458 509	25 787 417
#住宅	15 206 987	10 166 077	2 999 513	928 130	14 278 857
竣工面积	6 634 039	4 636 143	1 059 326	638 891	5 995 148
#住宅	4 707 528	3 487 358	507 288	283 616	4 423 912
七、销售面积	2 153 265	1 688 070	314 919	175 114	1 978 151
#住宅	1 830 813	1 456 096	232 143	131 565	1 699 248

4—22 教职工住房调查基本情况

	单位	全市	区县	城近郊区	#城区	远郊区县	教委直属单位	市属技工学校
教职员工人数	人	165 822	141 958	82 165	36 718	59 793	20 915	2 949
非集体户	人	158 702	135 699	79 885	35 897	55 814	20 232	2 771
集体户	人	7 120	6 259	2 280	821	3 979	683	178
教职员工户籍人口	人	560 518	483 891	279 862	125 246	204 029	67 056	9 571
平均每户人口	人	3.53	3.57	3.50	3.49	3.66	3.31	3.45
住房使用面积	万平方米	677.69	588.67	312.92	130.61	275.75	78.57	10.45
住房居住面积	万平方米	458.79	398.53	211.85	88.43	186.68	53.19	7.07
人均住房使用面积	平方米	12.09	12.17	11.18	10.43	13.52	11.72	10.92
人均住房居住面积	平方米	8.18	8.24	7.57	7.06	9.15	7.93	7.39

4—23 教职工住房人均使用面积

单位:平方米/人

	全市	#区县	城近郊区	#城区	远郊区县
合计	**12.09**	**12.17**	**11.18**	**10.43**	**13.52**
按教工类别分					
教师	12.31	12.33	11.32	10.62	13.51
职员	12.11	12.21	11.59	10.93	13.56
工人	10.65	10.66	9.50	8.61	13.44
按职称分					
高级职称	12.96	12.74	12.51	12.12	13.42
中级职称	12.26	12.35	11.53	11.02	13.60
初级职称	11.99	12.06	10.81	9.77	13.33
未定职称	12.84	13.02	11.52	10.21	14.25
其他	10.75	10.72	9.67	8.83	13.38
按教育类别分					
普通高校	11.71	15.36			15.36
中等专业学校	11.64	12.26	11.53	11.03	12.74
技工学校	10.92				
普通中学	11.90	11.90	11.10	10.52	13.11
职业中学	11.22	11.22	10.70	10.27	13.19
小学校	12.61	12.61	11.45	10.44	13.90
幼儿园	10.96	10.96	10.02	9.22	13.44
特殊教育	11.51	11.04	10.63	9.98	12.38
成人教育	12.58	12.53	11.52	11.71	13.57
校外教育	11.66	11.58	11.13	11.08	13.43
直属单位	11.98	11.85	11.22	10.46	12.69
按隶属关系分					
市属	11.62				
区属	11.21	11.21	11.17	10.43	11.68
县属	13.34	13.34			13.34
乡镇	14.38	14.38	11.83		14.65
按房屋产权分					
本系统住房	11.62	11.53	11.48	11.61	11.60
房管局系统住房	9.63	9.58	9.37	8.90	11.21
驻京部队系统住房	14.20	14.34	14.39	14.14	13.97
中央单位系统住房	12.75	12.72	12.76	12.93	12.30
市属单位系统住房	11.21	11.17	11.07	11.29	11.63
区县单位系统住房	12.42	12.46	11.00	11.10	13.29
自有房屋	14.38	14.44	13.32	10.07	14.81
租住私房	7.86	7.96	6.13	5.41	9.15
其他	9.33	9.40	8.85	8.32	11.02
按房屋类别分					
平房	11.02	11.25	8.41	5.83	13.28
楼房	12.90	12.97	12.59	12.68	13.96
按产权人、承租人与填表人关系分					
本人	12.90	13.07	11.62	10.96	14.34
配偶	13.12	13.12	12.77	12.51	13.76
父母	11.41	11.60	10.33	9.04	13.54
其他	8.35	8.38	7.56	7.21	9.57

4—24 教职工住房人均居住面积

单位:平方米/人

	全市	#区县			
			城近郊区	#城区	远郊区县
合计	**8.18**	**8.24**	**7.57**	**7.06**	**9.15**
按教工类别分					
教师	8.33	8.35	7.67	7.19	9.15
职员	8.20	8.26	7.84	7.40	9.18
工人	7.21	7.22	6.43	5.83	9.10
按职称分					
高级职称	8.77	8.62	8.47	8.20	9.09
中级职称	8.30	8.36	7.81	7.46	9.20
初级职称	8.12	8.17	7.32	6.61	9.03
未定职称	8.69	8.82	7.80	6.91	9.65
其他	7.28	7.26	6.55	5.98	9.06
按教育类别分					
普通高校	7.93	10.40			10.40
中等专业学校	7.88	8.30	7.81	7.47	8.62
技工学校	7.39				
普通中学	8.06	8.06	7.51	7.12	8.88
职业中学	7.59	7.59	7.24	6.95	8.93
小学校	8.54	8.54	7.75	7.07	9.41
幼儿园	7.42	7.42	6.78	6.24	9.10
特殊教育	7.79	7.47	7.19	6.76	8.38
成人教育	8.51	8.48	7.80	7.93	9.19
校外教育	7.89	7.84	7.54	7.50	9.09
直属单位	8.11	8.02	7.60	7.08	8.59
按隶属关系分					
市属	7.86				
区属	7.59	7.59	7.56	7.06	7.91
县属	9.03	9.03			9.03
乡镇	9.73	9.73	8.01		9.92
按房屋产权分					
本系统住房	7.87	7.80	7.77	7.86	7.85
房管局系统住房	6.52	6.48	6.34	6.03	7.59
驻京部队系统住房	9.61	9.71	9.74	9.57	9.46
中央单位系统住房	8.63	8.61	8.64	8.75	8.33
市属单位系统住房	7.59	7.56	7.49	7.64	7.87
区县单位系统住房	8.41	8.44	7.45	7.51	9.00
自有房屋	9.74	9.78	9.02	6.81	10.02
租住私房	5.32	5.39	4.15	3.66	6.20
其他	6.31	6.36	5.99	5.63	7.46
按房屋类别分					
平房	7.46	7.62	5.69	3.95	8.99
楼房	8.74	8.78	8.53	8.58	9.45
按产权人、承租人与填表人关系分					
本人	8.73	8.85	7.87	7.42	9.71
配偶	8.88	8.88	8.65	8.47	9.31
父母	7.72	7.85	6.99	6.12	9.17
其他	5.65	5.67	5.12	4.88	6.48

4—25 全市500万元及以上固定资产投资项目快速调查资料

单位:万元

	项目个数(个)	原批准概 算	实际需要总投资	自开始建设累计完成投资	自开始建设累计到位资金
全市总计	**1 264**	**34 884 793**	**41 111 553**	**13 571 161**	**15 593 825**
一、按经济类型分					
国有经济	1 014	23 116 772	26 899 765	8 766 897	9 818 734
联营经济	11	151 796	164 061	52 103	63 246
股份有限公司	27	1 454 808	1 508 749	313 281	568 624
中外合资经营	106	4 186 865	5 496 955	2 235 691	2 637 506
中外合作经营	61	3 099 021	3 379 440	1 063 825	1 138 651
外资企业	7	43 697	53 282	20 498	32 696
与大陆合资经营	14	599 086	970 343	376 904	460 002
与大陆合作经营	18	2 186 409	2 584 276	713 176	845 911
港澳台独资	2	6 000	6 000	1 646	1 654
其他经营	4	40 339	48 682	27 140	26 801
二、按项目种类和规模分					
基本建设项目	598	9 360 055	11 843 673	5 024 923	5 564 866
#大中型项目	25	1 670 874	2 526 385	1 349 138	1 425 800
更新改造项目	373	2 890 739	3 866 907	1 590 298	1 886 394
#限额以上项目	67	2 291 734	3 162 767	1 197 842	1 456 624
其他项目	3	15 166	23 885	8 193	8 775
房地产开发	290	22 618 833	25 377 088	6 947 747	
三、按建设性质分					
新建	156	5 228 090	7 046 386	2 885 618	3 143 945
扩建	507	5 829 366	7 278 797	3 026 717	3 497 084
改建	109	572 920	691 100	366 323	425 576
单纯建造生活设施	180	508 263	580 981	264 536	307 104
迁建	18	123 743	133 623	77 999	83 906
单纯购置	4	3 578	3 578	2 221	
四、按计划审批机关分					
国家计委	124	6 383 356	8 231 034	2 828 849	3 241 659
国家经贸委	21	523 089	557 860	202 926	257 568
国务院各部门	212	1 232 113	1 449 582	751 357	855 666
市计委、市经委	616	23 021 953	26 511 406	8 679 236	9 884 494
区及市属各委、办、局总公司	110	3 013 623	3 595 261	754 717	964 921
县	51	343 832	364 671	148 849	178 058
企事业单位	130	366 827	401 739	205 227	211 459

4—25 续表

单位:万元

	项目个数(个)	原批准概算	实际需要总投资	自开始建设累计完成投资	自开始建设累计到位资金
五、按行业分					
农、林、牧渔业	15	20 753	21 438	10 438	11 008
采掘业	5	123 314	331 969	125 318	114 240
制造业	222	2 541 987	3 477 301	1 545 872	1 875 983
电力、煤气及水的生产和供应业	36	2 116 572	2 652 226	941 725	1 060 177
建筑业	34	541 022	567 007	124 608	128 627
地质勘探业、水利管理业	13	75 210	77 460	61 894	61 392
交通运输、仓储及邮电通讯业	129	2 027 401	2 507 515	985 888	1 069 384
批发和零售贸易、餐饮业	41	540 322	725 401	315 779	372 214
金融、保险业	7	122 952	133 067	38 331	67 806
房地产业	301	22 772 835	25 574 643	7 077 426	8 303 541
社会服务业	67	1 251 035	1 619 280	755 373	761 500
卫生、体育和社会福利业	42	151 664	211 812	121 972	126 421
教育、文化艺术及广播电影电视业	130	854 432	1 139 081	522 651	587 604
科学研究和综合技术服务业	78	535 701	617 736	295 256	321 689
国家机关、政党机关和社会团体	103	1 082 075	1 294 224	569 781	648 832
其他行业	41	127 518	161 393	78 849	83 407
六、按计划工期分					
一年以内项目	236	661 157	779 810	313 092	459 115
一年至三年以内项目	564	4 907 724	6 288 608	2 260 608	2 891 677
三年至五年以内项目	95	3 881 485	4 784 102	2 346 980	2 546 504
五年至八年以内项目	35	1 397 527	1 657 651	865 686	704 377
八年至十年以内项目	9	239 737	471 339	226 737	298 625
十年以上项目	15	925 996	1 499 772	412 136	372 992
七、按预计实际工期分					
一年以内项目	199	527 521	618 898	240 210	352 837
一年至三年以内项目	558	4 378 526	5 505 722	1 885 315	2 471 753
三年至五年以内项目	124	3 742 660	4 315 613	1 780 056	1 989 770
五年至八年以内项目	45	2 030 351	2 850 195	1 714 347	1 596 854
八年至十年以内项目	10	319 484	419 951	287 414	343 530
十年以上项目	18	1 015 084	1 770 903	517 897	518 546

说明:1.本次调查范围为1996年5月底在建的计划总投资500万元以上(包括500万元)的基本建设项目、更新改造项目、更新改造项目、其他固定资产。

2.本次调查内容为在建项目个数、建设规模、总投资、资金来源及资金到位情况、新增生产能力以及建设过程存在的主要问题等。

4—26 地方500万元及以上固定资产投资项目快速调查资料

单位:万元

	项目个数(个)	原批准概算	实际需要总投资	自开始建设累计完成投资	自开始建设累计到位资金
全市总计	**784**	**28 205 215**	**32 976 227**	**10 024 888**	**11 603 449**
一、按经济类型分	**784**	**28 205 215**	**32 976 227**	**10 024 888**	**11 603 449**
国有经济	565	17 898 351	20 443 072	5 954 787	6 836 040
联营经济	10	139 796	152 061	46 681	57 824
股份有限公司	19	1 331 288	1 376 577	257 816	509 203
中外合资经营	89	3 008 381	4 110 547	1 628 973	1 766 062
中外合作经营	57	2 957 907	3 237 426	1 000 658	1 070 521
外资企业	7	43 697	53 282	20 498	32 696
与大陆合资经营	14	599 086	970 343	376 904	460 002
与大陆合作经营	18	2 186 409	2 584 276	713 176	845 911
港澳台独资	2	6 000	6 000	1 646	1 654
其他经营	3	34 300	42 643	23 749	23 536
二、按项目种类和规模分	**784**	**28 205 215**	**32 976 227**	**10 024 888**	**11 603 449**
基本建设项目	268	3 919 686	5 173 943	2 079 927	2 248 825
#大中型项目	8	1 119 706	1 788 706	1 064 723	1 063 336
更新改造项目	257	2 384 762	3 317 365	1 344 033	1 605 991
#限额以上项目	60	2 005 891	2 856 868	1 093 369	1 320 452
其他项目	3	15 166	23 885	8 193	8 775
房地产开发	256	21 885 601	24 461 034	6 592 735	7 739 858
三、按建设性质分	**528**	**6 319 614**	**8 515 193**	**3 432 153**	**3 863 591**
新建	101	2 667 170	3 626 995	1 103 740	1 190 403
扩建	206	2 863 020	3 922 609	1 807 093	2 070 995
改建	75	450 028	560 990	308 598	359 533
单纯建造生活设施	133	269 599	324 932	153 385	179 006
迁建	13	69 797	79 667	59 337	63 654
四、按计划审批机关分	**784**	**28 205 215**	**32 976 227**	**10 024 888**	**11 603 449**
国家计委	9	2 031 354	2 845 285	581 342	676 140
国家经贸委	15	341 835	375 106	166 183	221 736
国务院各部门	4	13 024	13 450	7 886	8 501
市计委、市经委	587	22 438 546	25 745 677	8 346 403	9 533 471
区及市属各委、办、局总公司	110	3 013 623	3 595 261	754 717	964 921
县	51	343 832	364 671	148 849	178 058
企事业单位	8	23 001	36 777	19 508	20 622
五、按行业分	**784**	**28 205 215**	**32 976 227**	**10 024 888**	**11 603 449**
农、林、牧渔业	14	16 903	17 088	8 978	9 368
采掘业	5	123 314	331 969	125 318	114 240
制造业	188	2 095 322	2 999 755	1 374 045	1 675 569
电力、煤气及水的生产和供应业	20	1 011 521	1 363 254	413 400	440 733
建筑业	29	534 262	559 802	120 716	124 772
地质勘探业、水利管理业	7	44 715	44 715	37 863	35 980
交通运输、仓储及邮电通讯业	16	250 065	259 749	116 684	123 320
批发和零售贸易、餐饮业	38	522 072	703 651	304 336	359 569
金融、保险业	1	4 413	7 300	5 059	5 800
房地产业	265	21 904 898	24 489 884	6 609 328	7 760 142
社会服务业	55	995 044	1 334 218	551 333	564 777
卫生、体育和社会福利业	22	56 266	73 386	40 097	40 698
教育、文化艺术及广播电影电视业	44	185 100	226 227	109 824	125 468
科学研究和综合技术服务业	9	15 305	21 422	13 641	14 094
国家机关、政党机关和社会团体	44	369 766	448 372	153 028	169 365
其他行业	27	76 249	95 435	41 238	39 554
六、按计划工期分					
一年以内项目	115	284 662	335 411	123 080	177 384
一年至三年以内项目	334	2 434 598	3 505 780	1 186 746	1 498 169
三年至五年以内项目	39	1 561 539	1 846 544	1 052 111	1 088 287
五年至八年以内项目	15	887 454	964 915	402 842	455 429
八年至十年以内项目	3	65 348	262 631	123 851	156 432
十年以上项目	6	837 257	1 350 307	347 569	303 565
七、按预计实际工期分					
一年以内项目	91	188 751	217 605	72 657	101 853
一年至三年以内项目	327	1 976 152	2 845 750	909 006	1 183 941
三年至五年以内项目	63	1 878 602	2 258 445	1 048 060	1 144 889
五年至八年以内项目	21	1 044 848	1 230 464	672 968	707 206
八年至十年以内项目	3	128 958	166 256	95 357	131 645
十年以上项目	7	853 547	1 547 068	438 151	409 732

主要统计指标解释

一、全社会固定资产投资　固定资产投资是社会固定资产再生产的主要手段。通过建造和购置固定资产的活动，国民经济不断采用先进技术装备，建立新兴部门，进一步调整经济结构和生产力的地区分布，增强经济实力，为改善人民物质文化生活创造物质条件。这对我国的社会主义现代化建设具有重要意义。

现行国家统计制度规定，全社会固定资产投资统计范围包括：基本建设单位及更新改造企、事业单位，国有其他固定资产投资单位、城镇集体经济、联营经济、股份制经济、外商投资经济、港澳台投资经济及其他经济的固定资产投资单位，各种经济类型的房地产开发单位、农村集体单位和个人投资，城镇私人建房投资以及国防、人防基本建设投资。

二、基本建设投资包括：

(1)列入中央和各级地方本年基本建设计划的建设项目(包括授权市属各委、办、局总公司、各区县及企、事业单位自行审批的项目)和虽未列入本年基本建设计划，但使用以前年度基本建设结转资金(包括基建库存设备和材料 0 在本年继续施工的基本建设项目。

(2)本年基本建设计划内投资与更新改造计划内投资结合安排的新建项目和新增生产能力(或工程效益)达到大中型项目标准的扩建项目，以及为改变生产力布局而进行的全厂性迁建项目。

(3)国有单位既未列入基本建设计划也未列入更新改造计划，总投资在 5 万元以上的房屋建筑面积在 300 平方米以上的(含 5 万元及 300 平方米)新建、扩建、恢复项目和为改变生产力布局进行的全厂怀迁建项目，以及行政事业单位增建业务用房和行政单位增建生活福利设施的项目。

三、更新改造投资包括：

(1)列入中央和各级地方本年更新改造计划项目(包括授权市属各委、办、局、总公司、各区县及企、事业单位自行审批的项目)和虽未列入本年更新改造计划，但使用以前年度更新改造结转资金(包括库存设备和材料)在本年继续施工的更新改造项目。

(2)本年更新改造计划与基本建设计划结合安排的对企业、事业单位原有设施进行技术改造和更新的项目或增建主要生产车间、分厂等，其新增生产能力(或工程效益)尚未达到大中型项目标准的项目，以及由于城市环境保护、安全生产的需要而进行的迁建项目。

(3)国有单位既未列入基本建设计划，也未列入更新改造计划总投资在 5 万元以上和房屋建筑面积在 300 平方米以上的(含 5 万元及 300 平方米)属于改建或更新改造性质的项目，以及由于城市环境保护、安全生产的需要而进行的迁建项目。

四、其他固定资产投资包括：

(1)按规定不列入基本建设计划和更新改造计划管理的，其总投资在 5 万元以上的国有单位用油田维护费进行油田维护和用油田开发基金进行的油田开发工程：煤炭、铁矿、森工等采掘采伐业用维简费进行的开拓延伸工程；交通部门用养路费对原有公路、桥梁进行的改建工程；商业部门用简易建筑费建造的仓库工程。

(2)城镇集体经济单位固定资产投资。所有隶属城市、县和经国务院及市批准建制的镇领导的集体所有制单位建造和购置固定资产，计划总投资在 5 万元以上的项目。

(3)联营经济、股份制经济、外商投资经济、港台投资经济及其他类型的企、事业单位建造和购置固定资产其计划总投资在5万元以上的项目。

五、房地产开发投资

包括：各种经济类型的房地产开发公司、商品房建设公司及其他房地产开发单位统一开发的商品住宅、厂房、仓库、饭店、宾馆、度假村、写字楼、办公楼等建筑物和配套的服务设施，以及土地开发工程，如道路、给水、供电、供热、通讯、平整场地等基础设施工程。

房地产开发统计不包括单纯的土地交易活动。房地产开发单位本身进行的固定资产投资活动，如自建自用的房屋、设备购置等，应按报表种类分别填报调查表。

六、固定资产投资的资金来源 根据固定资产投资的资金来源不同，分为财务拨、贷款、各项应付投资款和其他资金来源。其中财务拨、贷款又分为国家预算内资金、国内贷款、利用外资、股票、债券、自筹和其他资金七种。

七、上年末结余资金 是指上年资金来源中没有形成固定资产投资额而结余的资金，包括尚未用到工程上去的材料价值、未开始安装的需要安装设备价值及结存的现金和银行存款等。

上年末结余资金是本年固定资产投资资金来源的一部分，可根据有关财务数字填报。为反映当年资金来源与当年投资完成额之间的关系，上年末结余资金不能出现负数，即不能把上年应付工程、材料款作为上年末结余资金的负数来处理。

八、资金来源小计 是指固定资产投资单位在本年内收到的，用于固定资产投资的各项货币资金，包括国家预算内资金、国内贷款、股票、债卷、利用外资、自筹资金和其他资金。

九、国家预算内资金 又称国家投资，分为国家预算内拨款和国家预算内“拨改贷”两部分。包括中央财政和地方财政中由国家统等安排的基本建设拨款和更新改造拨款、中央财政安排的专项拨款(包括煤代油拨款、以港养港拨款等)中用于基本建设的资金和基本建设拨款改贷款的资金。

十、国内贷款 指报告期固定资产投资单位向银行及非银行金融机构供入的用于固定资产投资的各种国内借款，包括银行利用自有资金及吸收的存款发放的贷款、上级主管部门拨入的国内贷款、国家专项贷款(包括煤代油贷款、劳改煤矿专项贷款等)，地方财政专项资金安排的贷款、国内储备贷款、周转贷款等。

十一、股票 是股份制企业通过发行股票筹集到的，用于固定资产投资的资金。

十二、债券 是企业(公司)或金融机构通过发行各种债券筹集到的用于固定资产投资的资金，包括由银行代理国家专业投资公司发行的重点企业债券和重点建设债券。

十三、利用外资 是指报告期收到的用于固定资产建造和购置的国外资金(包括设备、材料、技术在内)，包括对外借款(外国政府贷款、国际金融组织贷款、出口信贷，外国银行商业贷款、对外发行债券和股票)、外商直接投资及外商其他投资。不包括我国自有外汇贷款等资金(国家外汇、地方外汇、留成外汇、调剂外汇和中国银行自有资金发行的外汇贷款等)。其中，国家统借统还的外资，是指由我国政府出面同外国政府、团体或金融组织签订贷款协议，并负责偿还本息的国外贷款。

十四、自筹资金 是指固定资产投资单位报告期收到的，由各地区、各部门及企业单位筹集用于固定资产投资的预算外资金，包括中央各部门、各级地方和企事业单位的自筹资金。

(1)中央各部门自筹资金，是指国务院各部门按照国家规定筹集的用于固定资产投资的资金，包括各主管部门集中的企业折旧资金、部门利润留成、部门包干节余以及归部门管理的专用资金。

(2)省、地(市)、县自筹资金，是指省、地(市)、县各级政府及业务主管部门筹集的用于固定资产投资的预算外资金，包括地方预算外专项资金和地方财政机动财力。

(3)企、事业单位自筹资金，是指企、事业单位筹集的用于固定资产投资的资金。企、事业单位自筹资金是按财务制度规定归企业支配的各种自有资金，包括企业折旧资金、企业盈余公积金及其他自有资金,不包括通过发行股票、债券和集资方式筹集的资金,以及企、事业单位从银行和非银行金融机构借入的资金。

十五、其他资金来源 是指在报告期收到的除以上各种资金之外其他用于固定资产投资的资金。包括群众集资、个人资金、无偿损赠的资金及其他单位拨入的资金等。

十六、固定资产投资按国民经济行业分 建设项目归哪个行业,按其建成投产后的主要产品或主要用途及社会经济活动性质来确定。基本建设按建设项目划分国民经济行业,更新改造、国有经济单位其他固定资产投资及城镇集体投资根据整个企业、事业单位所属的行业来划分。一般情况下,一个建设项目或一个企业、事业单位只能属于一种国民经济行业。为了更准确地反映国民经济各行业之间的比例关系,联合企业(总厂)所属分厂属于不同行业的,原则上按分厂划分行业。

十七、固定资产投资按建设性质分

(1)新建:一般是指从无到有、"平地起家"开始建设的企业、事业和行政单位或独立工程。现有企、事业、行政单位进行的投资项目一般不属于新建。但如有的单位原有的基础很小,经过建设后其新增加的固定资产价值超过该企、事业单位原有固定资产价值(原值)三倍以上的也应作为新建。

(2)扩建:是指在厂内或其他地点,为扩大原有产品的生产能力(或效益)或增加新的产品生产能力,而增建主要生产车间(或主要工程)、独立的生产线、分厂的企、事业单位。行政、事业单位在原单位增建业务用房(如学校增建教学用房、医院增建门诊部、病房)也作为扩建。

现有企、事业单位为扩大原有主要产品生产能力或增加新的产品生产能力,增建一个或几个主要生产车间(或主要工程)、总厂之下的分厂,如同时进行一些更新改造工程的建设,则该企、事业单位也应作为扩建。

(3)改建:是指现有企业、事业单位,对原有设施进行技术改造或更新(包括相应配套的辅助性生产、生活福利设施),没有增建主要生产车间、总厂之下的分厂等,则该企、事业单位应作为改建。现有企、事业单位为适应市场变化的需要,而改变企业的主要产品种类(如军工企业转产民用品等),或原有产品生产作业线由于各工序(车间)之间能力不平衡,为填平补齐充分发挥原有生产能力而增建不增加本企业主要产品设计能力的车间,也应作为改建。

(4)单纯建造生活设施:是指在不扩建、改建生产性工程和业务用房的情况下,单纯建造职工住宅、托儿所、子弟学校、医务室、浴室、食堂等生活福利设施的企、事业及行政单位。

(5)迁建:指为改变生产力布局或由于城市环境保护和生产的需要等原因而搬迁到另地建设的企、事业单位。在搬迁另地建设过程中,不论是维护原来规模还是扩大规模都按迁建统计。

(6)恢复:是指因自然灾害、战争等原因,使原有固定资产全部或部分报废,以后又投资恢复建设的单位。不论是按原规模恢复还是在恢复的同时进行扩建的都按恢复项目统计。尚未建成投产的基本建设项目或企、事业单位,因自然灾害而损坏重建的,不作为恢复项目,仍按原有建设性质统计。

(7)单纯购置:是指现有企业、事业、行政单位单纯购置不需要安装设备、工具、器具而不进行工程建设的单位。有些单位当年虽然只从事一些购置活动,但其设计中规定有建筑安装活动,则应根据设计文件的内容来确定建设性质,不得作为单纯购置统计。

十八、固定资产投资按构成分

1.建筑工程:是指各种房屋、建筑物的建造工程,又称建筑工程量。这部分投资额必须兴工动料,通过施工活动才能实现,是固定资产投资额的重要组成部分。

2.安装工程:是指各种设备、装置的安装工程,又称安装工作量。

3.设备、工具、器具购置:是指把工业企业生产的产品转化为固定资产的购置活动,包括建设单位或企、事业单位购置或自制的，达到固定资产标准的设备、工具、器具的价值。

用于更新的设备：是指为更换陈旧设备而购置的设备。

4.其他费用：是指在固定资产建造和购置过程中发生的，除上述几项以外的各种应分摊计入固定资产的费用。

十九、城市基础设施 包括第二产业中的电力、煤气及水的生产和供应业；第三产业中的水利业、铁路运输、公路运输、管道运输、航空运输、邮电通信、公共服务和环境保护投资等。

二十、新增固定资产（又称交付使用的固定资产） 是指已经完成建造和购置过程，并已交付生产或使用单位的固定资产价值。

新增固定资产是表示固定资产投资成果的价值量指标，也是反映建设进度，计算固定资产投资效果的必要数据。

二十一、房屋建筑施工面积：指在报告期内施工的全部房屋建筑面积。包括本期内新开工的、上期施工跨入本期继续施工、上期停建本期复工的房屋建筑面积；不包括上期开工后又停工，本期未施工的房屋建筑面积。

二十二、房屋竣工面积：是指在报告期内房屋建筑按照设计要求已全部完工，达到了使用条件，经检查验收鉴定合格的房屋建筑面积。

计算房屋竣工面积，必须严格执行房屋竣工验收标准。对民用建筑来讲，一般应按设计要求在土建工程和房屋本身附属的水、卫、气、暖等工程已经完工，通风、电梯待设备已安装完毕，做到水通、灯亮，经验收鉴定合格并正式交付给使用单位后，才能计算竣工面积。对于工业及科研等生产性房屋建筑：一般应按设计要求在土建工程（包括水、暖、电、卫、通风）及属于房屋组成部分的生活间、操作间等已经完成，经验收合格后才算竣工面积。只差安装工艺设备、管线工程的亦可以计算竣工面积！

为综合反映建筑企业的施工进度和竣工程度，可以用房屋建筑面积竣工率来表示。其计算公式为：

$$\begin{matrix}\text{房屋建筑}\\\text{面积竣工率}\end{matrix}=\frac{\begin{matrix}\text{自年初至报告期累计}\\\text{房屋建筑竣工面积}\end{matrix}}{\begin{matrix}\text{自年初至报告期累计}\\\text{房屋建筑施工面积}\end{matrix}}\times 100\%$$

二十三、住宅竣工面积：指房屋建筑竣工面积中的供居住用的房屋建筑竣工面积。如单位职工家属宿舍和集体宿舍（包括职工单身宿舍和学生宿舍）等房屋建筑竣工面积。

AGRICULTURE AND RURAL ECONOMY

农业及农村经济

农村国内生产总值构成

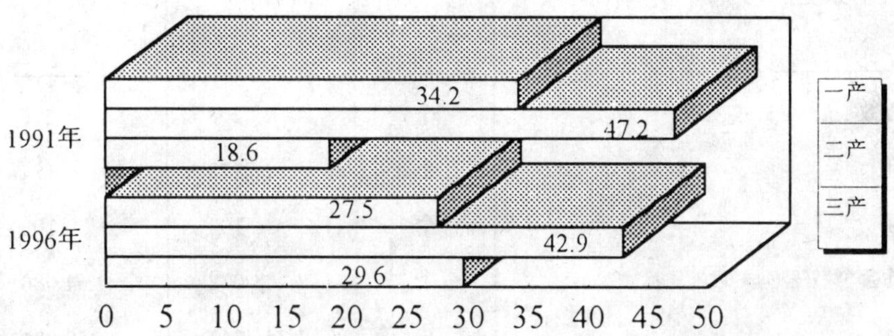

	1996年	1991年	1996年为1991年%
农业总产值(亿元)(90不变价)	89.6	75.6	118.5
粮食总产量(万吨)	237.4	279.7	84.9
蔬菜总产量(万吨)	403.2	368.4	109.4
干鲜果总产量(万吨)	51.3	29.3	175.1
大牲畜头数(万头)	20.5	27.9	73.5

分区县粮食耕地单位面积产量

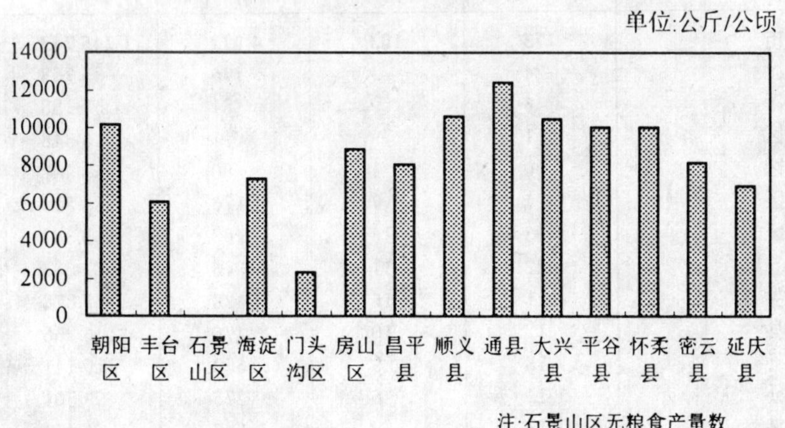

注:石景山区无粮食产量数

5—1 农村基层组织情况

项　　　目	单 位	1996 年	1995 年	1996 年为 1995 年%
乡镇政府个数	**个**	**276**	**276**	**100.0**
乡政府	个	173	174	99.4
镇政府	个	103	102	101.0
村民委员会个数	个	4 072	4 086	99.7
乡村户数	**户**	**1 245 743**	**1 250 026**	**99.7**
乡村人口	**人**	**3 688 765**	**3 714 986**	**99.3**
男	人	1 773 841	1 787 808	99.2
女	人	1 914 924	1 927 178	99.4

注:乡政府、镇政府个数含有农村的街道办事处和区县政府派出的管理机构。

5—2 郊区县基层组织情况

单位:个

项　　　目	乡政府	镇政府	村民委员会	乡村户数 (户)	乡村人口 (人)
全　　市	**173**	**103**	**4 072**	**1 245 743**	**3 688 765**
朝 阳 区	24		175	85 753	214 950
丰 台 区	6		81	57 488	153 026
石景山区	1		11	6 348	15 840
海 淀 区	10	1	80	53 968	140 287
门头沟区	4	7	176	33 319	92 182
房 山 区	13	15	463	161 387	497 550
昌 平 县	22	11	313	87 533	252 059
顺 义 县	11	16	428	137 878	441 107
通　　县	12	10	476	146 958	435 447
大 兴 县	18	9	550	110 141	377 149
平 谷 县	15	6	275	99 501	313 913
怀 柔 县	13	8	287	71 474	196 322
密 云 县	7	12	347	119 169	339 864
延 庆 县	17	8	410	74 826	219 069

5—3 农村劳动力

单位:人

项目	1996年	1995年	构成(%)	
			1996年	1995年
农村劳动力	**1 642 329**	**1 635 862**	**100**	**100**
#种植业	575 001	551 155	35.0	33.7
林业	42 212	47 208	2.6	2.9
牧业	41 310	44 098	2.5	2.7
渔业	10 931	12 086	0.7	0.7
农村工业	428 033	454 626	26.0	27.8
乡镇工业	179 050	185 549	10.9	11.3
村及村以下工业	248 983	269 077	15.2	2.8
农村建筑业	105 366	110 343	6.4	6.7
农村运输业	81 975	76 991	5.0	4.7
农村商业、饮食业	63 406	57 920	3.9	3.5

5—4 郊区县农村劳动力

单位:人

项目	劳动力		#种植业劳动力	
	1996年	1995年	1996年	1995年
全市	**1 642 329**	**1 635 862**	**575 001**	**551 155**
朝阳区	95 945	90 538	17 421	16 502
丰台区	71 517	74 089	16 968	16 912
石景山区	8 271	9 043	790	944
海淀区	52 612	56 201	10 672	10 430
门头沟区	44 834	42 738	12 322	10 485
房山区	224 335	226 464	69 495	69 531
昌平县	105 836	101 231	29 967	27 547
顺义县	188 048	188 575	48 396	43 946
通县	186 263	182 460	67 086	63 223
大兴县	180 134	175 866	112 258	107 342
平谷县	142 935	144 409	61 155	60 905
怀柔县	82 854	81 202	23 889	20 754
密云县	162 864	166 167	59 640	58 970
延庆县	95 881	96 879	44 942	43 664

5—5 农村国内生产总值

单位:亿元

项目	1996年	1995年	1996年为1995年%	构成(%)	
				1996年	1995年
总计	**303.52**	**306.62**	**98.99**	**100**	**100**
一、按部门划分					
物质生产部门	262.03	272.75	96.07	86.33	88.95
非物质生产部门	41.49	33.87	122.50	13.67	11.05
二、按产业划分					
第一产业	83.46	81.44	102.48	27.50	26.56
第二产业	130.11	155.97	83.42	42.87	50.87
第三产业	89.95	69.21	129.97	29.64	22.57
第一层次	48.46	35.34	137.13	15.97	11.53
第二层次	31.95	20.42	156.46	10.53	6.66
第三层次	5.40	5.46	98.90	1.78	1.78
第四层次	4.14	7.99	51.81	1.36	2.61

5—6 农村国内生产总值构成项目

单位:亿元

项目	增加值	劳动者报酬	固定资产折旧	生产税净额	营业盈余
总计	**303.52**	**149.65**	**45.37**	**27.31**	**81.19**
第一产业	83.46	46.63	6.25	1.64	28.94
第二产业	130.11	65.36	20.13	18.71	25.91
第三产业	89.95	37.66	18.99	6.96	26.34
第一层次	48.46	21.81	5.77	5.38	15.51
第二层次	31.95	8.18	11.82	1.53	10.42
第三层次	5.40	4.46	0.69	0.02	0.22
第四层次	4.14	3.21	0.71	0.02	0.20

5—7 农村固定资产结构

单位:万元

项目	合计	乡级所有	村及村以下所有	农户所有
年末固定资产原值	**7 160 401**	**1 852 962**	**1 660 585**	**3 646 854**
农林牧渔业固定资产	722 271	232 062	330 750	159 459
#生产用房屋及建筑物	268 972	97 564	128 322	43 085
役畜及产品畜	89 578	37 968	23 124	28 486
大中型铁木农具	61 045	9 646	35 728	15 671
农林牧渔业设备	268 643	74 747	127 320	55 676
工业固定资产	1 679 404	909 105	742 559	27 740
#生产用房屋及建筑物	614 479	314 849	285 064	14 566
生产设备	891 852	470 452	412 197	9 203
建筑业固定资产	113 696	78 046	34 483	1 167
运输业固定资产	346 987	46 936	91 852	208 199
商、饮、服务业固定资产	144 098	66 945	71 495	5 658
住宅	3 624 087	289 944	147 841	3 186 302
其他固定资产	529 858	229 924	241 605	58 329

注:本资料为农调队 8 县 75 乡抽样调查推算数。集体固定资产规定单位价值 200 元以上统计,农户为 50 元以上。

5—8 农业总产值

单位:万元

项目	总产值(1990 年不变价格)		1996 年为 1995 年%	总产值(现价)		1996 年为 1995 年%
	1996 年	1995 年		1996 年	1995 年	
总计	**895 909**	**904 309.1**	**99.1**	**1 689 207**	**1 644 702.7**	**102.7**
种植业	456 161	468 931.9	92.6	891 491	868 372.1	100.1
谷物	120 205	148 458.0	81.0	364 386	400 682.1	90.9
豆类	3 551	4 993.6	71.1	8 061	11 645.5	69.2
经济作物	6 903	8 005.5	86.2	12 514	15 591.6	80.3
蔬菜、瓜类	190 445	209 602.5	90.9	347 113	327 213.1	106.1
桑、水果	60 770	60 585.4	100.3	73 882	73 277.6	100.8
其他	74 287	37 286.9	199.0	85 535	39 962.2	214.0
林业	17 035	16 034.5	106.2	28 313	27 025.2	104.8
牧业	387 764	378 995.7	102.3	710 957	687 859.1	103.4
家畜繁殖增重	150 175	145 826.0	103.0	369 260	355 835.6	99.3
#养猪	127 344	122 899.1	103.6	314 995	301 784.7	104.4
家禽饲养	85 107	77 961.2	109.2	122 584	118 822.0	103.2
活的畜禽产品	145 955	147 684.9	98.8	210 388	204 967.0	102.6
#鲜蛋	113 559	128 518.3	88.4	172 808	185 484.0	93.2
其他	6 527	7 523.6	86.8	8 725	8 234.5	105.9
渔业	34 949	40 347.0	86.6	58 446	61 446.3	95.1

5—9 农林牧渔业中间消耗

单位:万元

项　　目	1996年	1995年	1996年为1995年%
农林牧渔业生产中间消耗	**854 595**	**830 295**	**102.9**
一、农业中间消耗合计	353 240	315 755	111.9
种植业中间消耗	347 632	307 121	113.2
中间物质消耗	320 694	281 316	114.0
#用种量	41 304	33 115	124.7
肥料	90 109	87 332	103.2
农药	25 353	17 759	142.8
对非物质生产部门劳务支出	26 938	25 805	104.4
其他农业中间消耗	5 608	8 634	65.0
中间物质消耗	5 153	8 380	61.5
对非物质生产部门劳务支出	455	254	179.1
二、林业中间消耗合计	8 846	9 831	90.0
中间物质消耗	7 874	9 192	85.7
#农药	725	883	82.1
对非物质生产部门劳务支出	972	639	152.1
三、牧业中间消耗合计	464 212	474 929	97.7
中间物质消耗	450 491	464 228	97.0
#饲料、饲草	388 962	411 064	94.6
对非物质生产部门劳务支出	13 721	10 701	128.2
四、渔业中间消耗合计	28 297	29 780	95.0
中间物质消耗	26 938	28 413	94.8
#饲料	23 099	23 652	97.7
对非物质生产部门劳务支出	1 359	1 367	99.4

5—10 耕地面积

项　　目	面　积(公顷)		构　成(%)	
	1996年	1995年	1996年	1995年
合　　计	**343 922.4**	**347 419.5**	**100**	**100**
按水利状况分				
水　田	31 042.7	31 358.4	9.0	9.0
旱　地	312 879.7	316 061.1	91.1	91.0
#水浇地	254 432.3	257 019.4	73.9	73.9
#菜地	30 834.4	30 834.4	8.9	8.9
按当年使用分				
粮食作物	254 729.0	259 085.7	74.1	74.6
经济作物	13 194.3	14 783.2	3.8	4.3
蔬　菜	41 969.2	44 796.7	12.2	12.9
其　他	34 029.9	28 753.9	9.9	8.3

注:本表数字由市土地局提供。

5—11 国有农场基本情况

项目	单位	1996年	1995年	1996年为1995年%
农场数	个	16	16	100.0
年末固定职工	人	73 727	54 542	135.2
耕地面积	公顷	3 298	3 924	84.0
农业总产值(1990年不变价)	万元	26 650	25 531	104.4
工业总产值(1990年不变价)	万元	132 005	109 700	120.3
主要农产品产量				
粮　食	吨	6 350	6 282	101.1
蔬　菜	吨	2 107	168	1 254.2
牛　奶	吨	128 421	126 183	101.8
#商品量	吨	124 562	122 483	101.7
干鲜果品	吨	11 344	15 899	71.4
大中型拖拉机	台	245	253	96.8
小型拖拉机	台	173	198	87.4
载重汽车	辆	806	815	98.9
销售收入	万元	400 084	484 900	82.5
利　润	万元	4 328	25 886	16.7
税　金	万元	11 311	12 000	94.3

5—12 主要农作物播种面积及产量

项目	1996年			1995年		
	播种面积(公顷)	单产(公斤/公顷)	总产量(吨)	播种面积(公顷)	单产(公斤/公顷)	总产量(吨)
一、粮　食	427 003.9	5 559.0	2 373 741	433 972.9	5 986.0	2 597 613
按季节分						
夏　粮	171 203.7	5 491.5	940 232	172 296.8	5 829.3	1 004 366
秋　粮	255 800.2	5 604.0	1 433 509	261 676.1	6 088.6	1 593 247
按品种分						
稻　谷	23 064.6	6 928.5	159 799	23 300.9	7 214.3	168 099
冬小麦	171 002.5	5 494.5	939 444	171 840.9	5 835.0	1 002 696
玉　米	207 830.4	5 761.5	1 197 415	207 787.1	6 399.0	1 329 630
薯　类	5 149.1	5 038.5	25 945	5 522.5	5 243.6	28 958
大　豆	9 196.1	2 476.5	22 778	12 587.3	2 627.0	33 067
二、棉　花	2 735.5	924.0	2 526	3 330.8	821.4	2 736
三、油　料	10 746.1	2 740.5	29 463	11 774.4	2 794.0	32 898
#花生	10 241.9	2 815.5	28 842	11 172.8	2 869.5	32 061
四、蔬　菜	87 560.7	46 044.2	4 031 666	90 882.7	43 714.3	3 972 875
#基地商品菜	65 389.1	46 367.4	3 031 922	64 054.7	43 562.2	2 790 364
五、瓜　类	4 531.3	54 248.4	245 816	5 223.1	52 582.2	274 642
#西瓜	4 248.8	54 089.3	229 815	5 120.1	52 845.3	270 573

5—13 郊区县粮食、油料占耕地面积

单位:公顷

地区	粮食			油料		
	1996年	1995年	1996年为1995年%	1996年	1995年	1996年为1995年%
全市	**254 728.9**	**259 085.7**	**98.3**	**10 272.3**	**11 238.5**	**91.4**
朝阳区	7 916.9	8 148.3	97.2			
丰台区	2 522.3	2 553.2	98.8	7.4	12.3	60.2
海淀区	5 364.1	5 349.3	100.3			
门头沟区	3 741.1	4 203.6	89.0			
房山区	32 594.5	32 611.5	99.9	858.2	1 087.7	78.9
昌平县	20 687.2	21 434.9	96.5	40.5	54.4	74.4
顺义县	40 236.9	40 070.5	100.4	476.1	837.8	56.8
通县	40 214.2	40 569.4	99.1	400.5	377.9	106.0
大兴县	31 427.6	32 007.5	98.2	3 665.3	3 610.4	101.5
平谷县	15 882.1	16 818.1	94.4	340.4	414.9	82.0
怀柔县	13 337.7	13 416.2	99.4	706	852.1	82.9
密云县	16 669.6	16 900.7	98.6	3 697.5	3 892.7	95.0
延庆县	24 134.8	25 002.5	96.5	80.4	98.3	81.8

5—14 郊区县蔬菜、西瓜占耕地面积

单位:公顷

地区	蔬菜			西瓜		
	1996年	1995年	1996年为1995年%	1996年	1995年	1996年为1995年%
全市	**41 969.2**	**44 796.7**	**93.7**	**3 179.7**	**4 309.5**	**73.8**
朝阳区	2 291.5	2 710.7	84.5			
丰台区	2 640.1	2 786.7	94.7			
石景山区	133.3	303.0	44.0			
海淀区	1 889.4	2 274.4	83.1			
门头沟区	455.5	531.5	85.7			
房山区	2 147.9	2 212.1	97.1	92.7	225.4	41.1
昌平县	1 477	1 717.5	86.0	3.7	72.5	5.1
顺义县	7 406.7	7 447.5	99.5	237	434.7	54.5
通县	6 018.8	6 187.1	97.3	226.6	282.5	80.2
大兴县	8 955.9	9 698.9	92.3	2 508.1	3 215.8	78.0
平谷县	2 619.5	2 795.0	93.7	95.2	68.1	139.8
怀柔县	1 207.5	1 194.3	101.1	1.7		
密云县	1 461.5	1 544.2	94.6	6.9	1.3	530.8
延庆县	3 264.5	3 393.9	96.2	7.6	9.2	82.6

5—15 郊区县粮食、油料播种面积

单位:公顷

地　　区	粮　食			油　料		
	1996年	1995年	1996年为1995年%	1996年	1995年	1996年为1995年%
全　市	**427 003.9**	**433 972.9**	**98.4**	**10 746.1**	**11 774.4**	**91.3**
朝阳区	12 946.5	13 336.5	97.1			
丰台区	3 678.7	3 738.0	98.4	7.4	13.3	55.6
海淀区	5 746.1	6 088.7	94.4			
门头沟区	4 066.5	4 565.1	89.1			
房山区	54 103.9	53 812.3	100.5	898.3	1 147.7	78.3
昌平县	33 439.2	34 930.5	95.7	43.5	72.5	60
顺义县	77 899.4	77 512.3	100.5	476.1	837.8	56.8
通　县	79 325.8	80 229.3	98.9	400.5	377.9	106.0
大兴县	57 042.2	57 227.5	99.7	3 934.1	3 931.4	100.1
平谷县	27 809.7	29 359.5	94.7	340.7	426.5	79.9
怀柔县	20 909.3	21 292.5	98.2	759.9	895.6	84.8
密云县	25 389.9	25 483.3	99.6	3 805.1	3 973.4	95.8
延庆县	24 646.8	26 397.7	93.4	80.4	98.3	81.8

5—16 郊区县蔬菜、西瓜播种面积

单位:公顷

地　　区	蔬　菜			西　瓜		
	1996年	1995年	1996年为1995年%	1996年	1995年	1996年为1995年%
全　市	**87 560.7**	**90 882.7**	**96.3**	**4 248.8**	**5 120.1**	**83.0**
朝阳区	4 993.6	5 668.4	88.1		2.0	
丰台区	5 625.7	6 083.1	92.5			
石景山区	320	387.8	82.5			
海淀区	4 260.9	4 495.6	94.8			
门头沟区	888.3	1 024.5	86.7			
房山区	4 464.1	4 434.6	100.7	106.1	238.7	44.4
昌平县	2 788.1	2 965.3	94.0	5.3	72.5	7.3
顺义县	14 206.4	14 359.4	98.9	474	672.3	70.5
通　县	13 334.4	13 160.8	101.3	452.9	565.0	80.2
大兴县	17 035.7	21 071.9	80.8	3 049.3	3 420.5	89.1
平谷县	6 222.3	6 847.9	90.9	137	134.9	101.6
怀柔县	2 563.4	2 124.6	120.7	2.1		
密云县	3 275.1	3 063.5	106.9	6.9	2.7	255.6
延庆县	5 582.5	5 195.3	107.5	15.1	13.4	112.7

5—17　郊区县粮食、油料总产量

单位:吨

地　区	粮食			油料		
	1996年	1995年	1996年为1995年%	1996年	1995年	1996年为1995年%
全　市	**2 373 741**	**2 597 613**	**91.4**	**29 463**	**32 900**	**89.6**
朝阳区	80 400	84 633	95.0			
丰台区	15 284	16 652	91.8	13	20	65.0
海淀区	39 131	41 204	95.0			
门头沟区	8 668	10 435	83.1			
房山区	288 864	317 670	90.9	2 059	2 810	73.3
昌平县	166 715	185 606	89.8	21	100	21.0
顺义县	427 219	450 952	94.7	1 399	2 580	54.2
通　县	500 025	516 323	96.8	939	1 180	79.6
大兴县	329 287	347 032	94.9	11 915	12 240	97.3
平谷县	159 441	169 250	94.2	858	1 030	83.3
怀柔县	133 764	139 553	95.9	2 600	3 260	79.8
密云县	135 552	136 813	99.1	9 551	9 530	100.2
延庆县	167 246	147 983	113.0	109	150	72.7

5—18　郊区县蔬菜、西瓜总产量

单位:吨

地　区	蔬菜			西瓜		
	1996年	1995年	1996年为1995年%	1996年	1995年	1996年为1995年%
全　市	**4 031 666**	**3 972 875**	**101.5**	**229 815**	**270 573**	**84.9**
朝阳区	193 329	224 830	86.0			
丰台区	220 367	225 670	97.7			
石景山区	10 990	14 422	76.2			
海淀区	192 949	192 907	100.0			
门头沟区	29 909	29 498	101.4			
房山区	178 458	163 226	109.3	5 742	8 482	67.7
昌平县	77 441	92 437	83.8	158	4 211	3.8
顺义县	831 084	774 488	107.3	26 400	35 047	75.3
通　县	699 745	715 593	97.8	28 413	36 742	77.3
大兴县	859 198	992 403	86.6	163 625	178 424	91.7
平谷县	239 011	348 721	68.5	4 442	7 066	62.9
怀柔县	58 771	49 157	120.0	84		
密云县	140 414	149 523	94.0	260	112	232.1
延庆县	300 000	199 880	150.0	691	489	141.3

5—19 蔬菜播种面积及产量

项　　目	播种面积(公顷)		总产量(吨)	
	1996年	1995年	1996年	1995年
合　　计	**87 560.7**	**90 882.7**	**4 031 666**	**3 972 875**
一、冬季生产	**6 088.6**	**5 576.4**	**246 721**	**249 804**
二、越冬根茬菜小计	**4 961.9**	**5 316.0**	**166 461**	**200 648**
#菠　菜	1 826.8	1 867.0	54 280	55 913
芹　菜	685.0	636.8	32 268	35 014
三、早春风障菜小计	**4 707.8**	**5 049.6**	**152 020**	**172 861**
#小萝卜	1 107.5	1 184.2	38 107	38 271
小白菜	527.3	536.6	15 769	15 310
小油菜	920.7	1 089.5	33 848	38 398
四、春播露地菜小计	**30 064.5**	**31 614.8**	**1 237 693**	**1 178 651**
#黄　瓜	3 427.9	3 812.1	178 480	193 115
茄　子	2 766.8	2 782.2	111 981	109 804
大　椒	1 729.9	1 992.0	67 380	65 114
冬　瓜	1 014.7	938.2	61 413	54 753
西红柿	3 465.5	3 711.1	177 735	187 784
元白菜	2 862.1	3 064.8	119 305	121 110
云架豆	1 592.3	1 731.0	43 277	42 941
老　葱	927.0	928.3	37 156	39 847
大　蒜	733.4	746.0	23 617	21 496
五、夏播菜小计	**14 493.6**	**13 665.5**	**588 922**	**514 463**
#黄　瓜	2 593.3	2 767.9	119 355	127 966
茄　子	1 662.5	1 655.0	69 680	66 383
冬　瓜	860.3	781.1	45 833	43 265
元白菜	1 036.3	966.8	42 938	36 279
云架豆	2 019.2	2 075.2	54 226	52 136
六、秋播菜小计	**27 244.3**	**29 660.2**	**1 639 849**	**1 656 448**
#窖白菜	13 350.8	14 336.2	999 297	996 222
贩白菜	2 235.6	2 339.8	111 117	112 085
菜　花	1 131.1	1 191.8	34 258	35 892
各种萝卜	3 500.7	4 086.2	160 901	191 132
芹　菜	996.3	990.9	57 619	54 670

5—20 郊区县粮食耕地单位面积产量

项目	1996年			1995年		
	耕地面积（公顷）	单产（公斤/公顷）	总产量（吨）	耕地面积（公顷）	单产（公斤/公顷）	总产量（吨）
全市	**254 729**	**9 319**	**2 373 741**	**259 086**	**10 026**	**2 597 613**
朝阳区	7 917	10 155	80 400	8 148	10 387	84 633
丰台区	2 522	6 060	15 284	2 553	6 523	16 652
海淀区	5 364	7 295	39 131	5 349	7 703	41 204
门头沟区	3 741	2 317	8 668	4 204	2 482	10 435
房山区	32 595	8 862	288 864	32 612	9 741	317 670
昌平县	20 687	8 059	166 716	21 435	8 659	185 606
顺义县	40 237	10 618	427 219	40 070	11 254	450 952
通县	40 214	12 434	500 025	40 569	12 727	516 323
大兴县	31 428	10 478	329 287	32 007	10 842	347 032
平谷县	15 882	10 039	159 441	16 818	10 064	169 250
怀柔县	13 338	10 029	133 764	13 416	10 402	139 553
密云县	16 670	8 131	135 552	16 901	8 095	136 813
延庆县	24 135	6 930	167 246	25 003	5 919	147 983

5—21 郊区县蔬菜耕地单位面积产量

项目	1996年			1995年		
	耕地面积（公顷）	单产（公斤/公顷）	总产量（吨）	耕地面积（公顷）	单产（公斤/公顷）	总产量（吨）
全市	**41 969.2**	**96 062**	**4 031 666**	**44 796.7**	**88 687**	**3 972 875**
朝阳区	2 291.5	84 368	193 329	2 710.6	82 944	224 830
丰台区	2 640.1	83 469	220 367	2 786.6	80 984	225 670
石景山区	133.3	82 446	10 990	303.0	47 594	14 422
海淀区	1 889.4	102 122	192 949	2 274.4	84 816	192 907
门头沟区	455.5	65 662	29 909	531.5	55 499	29 498
房山区	2 147.9	83 085	178 458	2 212.1	73 787	163 226
昌平县	1 477	52 431	77 441	1 717.5	53 820	92 437
顺义县	7 406.7	112 207	831 084	7 447.4	103 994	774 488
通县	6 018.8	116 260	699 745	6 187.1	115 658	715 593
大兴县	8 955.9	95 937	859 198	9 698.8	102 322	992 403
平谷县	2 619.5	91 243	239 011	2 795.0	124 766	348 721
怀柔县	1 207.5	48 672	58 771	1 194.3	41 159	49 157
密云县	1 461.5	96 075	140 414	1 544.2	96 828	149 523
延庆县	3 264.5	91 898	300 000	3 393.9	58 893	199 880

5—22 畜牧业生产

行　　业	单　位	1996年		1995年		1996年为1995年%	
		合　计	#国有集体	合　计	#国有集体	合　计	#国有集体
大牲畜							
年末总头数	万头	20.5	5.8	22.9	6.0	89.5	96.7
#役畜	万头	7.4		9.0		82.2	
牛	万头	12.6		13.8		91.3	
马	万头	1.2		1.5		80	
骡	万头	3.1		3.5		88.6	
驴	万头	3.7		4.1		90.2	
乳牛							
年末总头数	头	56 645	48 105	56 609	48 192	100.1	99.8
#成乳牛	头	33 788		32 785			103.1
牛奶总产量	万吨	21.0	18.4	20.6	18.2	101.9	101.1
#商品量	万吨	20.1		19.8		101.5	
肉牛							
全年出栏	头	92 829		110 888		83.7	
折净肉	吨	18 601		20 395		91.2	
羊							
全年出栏羊	万只	71.4		71.3		100.1	
折净肉	吨	10 809		10 873		99.4	
#商品羊	万只	68.9		69.8		98.7	
折净肉	吨	10 336		10 470		98.7	
年末存栏	万只	81.7		81.6		100.1	
山羊	万只	41.7		41.7		100.0	
绵羊	万只	40.0		39.9		100.3	
猪							
全年出栏肥猪	万头	355.3	265.5	340.2	245.0	104.4	108.4
折带骨肉	万吨	24.6		23.9		102.9	
#商品猪	万头	352.2		335.9		104.9	
折带骨肉	万吨	24.7		21.8		113.3	
年末存栏	万头	240.0	172.4	253.4	165.1	94.7	104.4
家禽							
年末存栏	万只	3 410.2		3 302.5		103.3	
鸭	万只	143.8		188.8		76.2	
肉鸡	万只	936.0		610.7		153.3	
产蛋鸡	万只	2 329.0		2 500.8		93.2	
产蛋量	万吨	24.7		28.5		86.7	
#鸡蛋	万吨	24.4		27.9		87.5	
商品蛋	万吨	23.0		26.2		87.8	
#鸡蛋	万吨	22.8		25.7		88.7	
年末养兔	万只	9.5		12.9		73.6	
养蜂							
年末养蜂	万箱	3.6		2.8		128.6	
蜂蜜产量	吨	868.2		1 121		77.4	

5—23　林业及干鲜果品生产

项　　　目	单　位	1996 年	1995 年	1996 年为 1995 年%
林业生产				
本年造林面积	公顷	39 887	23 187.5	172.0
育苗面积	公顷	4 301.7	4 462.4	96.4
#本年新育	公顷	938.2	1 099.3	85.3
果类生产				
干鲜果总产量	吨	513 235	467 704	109.7
干果	吨	18 609	15 304	121.6
#核桃	吨	6 518	6 188	105.3
板栗	吨	9 246	6 440	143.6
鲜果	吨	494 626	452 400	109.3
#苹果	吨	172 088	133 728	128.7
梨	吨	90 779	92 399	98.2
葡萄	吨	14 440	14 542	99.3
柿子	吨	31 474	33 157	94.9
桃	吨	155 680	146 630	106.2
年末实有果园面积	**公顷**	**57 527**	**59 833**	**96.1**

5—24　水产品生产

项　　　目	单　位	1996 年	1995 年	1996 年为 1995 年%
现有水面面积	公顷	22 982.4	23 222.9	99.0
#已利用水面面积	公顷	22 332.0	22 160.6	100.8
大水库	公顷	12 320.0	12 320.0	100.0
中、小水库	公顷	1 735.5	2 057.1	84.4
坑塘	公顷	7 911.7	8 480.0	93.3
#鱼种池	公顷	1 064.6	1 018.5	104.5
鱼种生产量	万尾	12 734.1	14 911.1	85.4
放养鱼种	万尾	16 403.7	13 146.7	124.8
成鱼捕捞量	吨	78 318.9	80 501.0	97.3
#大水库	吨	3 759.8	4 538.0	82.9
中、小水库	吨	681.6	1 042.0	65.4
坑塘	吨	73 530.1	74 613.0	98.5
#鱼类商品量	吨	62 927.8	66 176.8	95.1

5－25　主要农产品产量及商品量

项　　　目	单　位	1996年	1995年	1996年为 1995年％
蔬菜产量	吨	4 031 666	3 972 875	101.5
商品量	吨	3 483 091	3 696 669	94.2
商品率	％	86.4	93.0	92.9
干鲜果品产量	吨	513 235	467 704	109.7
商品量	吨	404 679	407 424	99.3
商品率	％	78.8	87.1	90.5
肉类总产量	吨	382 140	378 088	101.1
商品量	吨	361 184	359 183	100.5
商品率	％	94.5	95.0	99.5
牛奶产量	吨	209 635	206 009	101.8
商品量	吨	200 613	198 073	101.3
商品率	％	95.7	96.1	99.6
鲜蛋产量	吨	246 868	285 360	86.5
商品量	吨	230 256	261 971	87.9
商品率	％	93.3	91.8	101.6
淡水鱼产量	吨	78 318.9	80 501	97.3
商品量	吨	62 927.8	66 176	95.1
商品率	％	80.3	82.2	97.7

5－26　郊区县副食品产量

地　　区	蔬菜（吨）	鲜蛋（吨）	牛奶（吨）	干鲜果（吨）	成鱼捕捞量（吨）	肥猪出栏量（头）	蛋鸡存栏量（万只）
全　市	**4 031 666**	**246 868**	**209 635**	**513 235**	**78 318.9**	**3 552 829**	**2 329.0**
朝 阳 区	193 329	11 382	31 642	2 613	8 422.5	266 399	86.0
丰 台 区	220 367	11 568	5 226	6 495	1 187.5	139 659	109.1
石景山区	10 990	5 456	2 792	1 015	40.0	30 470	51.3
海 淀 区	192 949	17 111	15 803	21 391	3 226.4	223 036	125.0
门头沟区	29 909	3 343	3 033	2 507	196.0	46 763	39.0
房 山 区	178 458	16 108	11 836	34 099	1 900.0	237 253	174.6
昌 平 县	77 441	20 651	43 572	50 014	8 009.0	276 264	191.3
顺 义 县	831 084	26 748	1 506	35 603	16 278.7	966 693	284.7
通　 县	699 745	16 092	26 056	23 026	12 174.0	389 190	145.7
大 兴 县	859 198	40 221	43 271	72 810	5 286.9	320 180	353.6
平 谷 县	239 011	28 934	540	127 500	14 120.4	197 265	284.3
怀 柔 县	58 771	20 395	5 071	41 162	1 333.9	178 722	211.2
密 云 县	140 414	17 861	1 586	60 000	3 820.0	253 969	168.5
延 庆 县	300 000	10 998	17 701	35 000	2 323.0	126 966	105.1

5—27 郊区县副食品商品量

地　　区	蔬菜（吨）	鲜蛋（吨）	牛奶（吨）	干鲜果（吨）	商品鱼（吨）	商品肥猪（头）	商品肉鸡（万只）
全　　市	**3 483 091**	**230 256**	**200 613**	**404 679**	**62 927.8**	**3 521 889**	**5 097.2**
朝 阳 区	188 890	11 101	30 482	1 439	6 342.2	266 270	6.4
丰 台 区	217 103	11 483	4 889	6 140	1 195.6	139 601	
石景山区	11 070	5 456	2 690	975	40.0	30 470	
海 淀 区	191 079	16 744	15 162	19 703	2 366.1	222 722	23.6
门头沟区	27 698	3 139	2 978	2 066	121.0	46 644	0.3
房 山 区	141 548	13 418	11 456	30 685	1 666.0	233 846	155.0
昌 平 县	64 735	19 919	42 924	43 048	6 339.7	275 463	412.6
顺 义 县	757 905	25 027	1 474	29 733	12 919.4	963 979	2 947.5
通　　县	617 660	14 566	24 720	21 716	8 550.4	387 291	295.9
大 兴 县	779 115	38 230	42 128	65 157	4 468.4	319 370	50.4
平 谷 县	201 398	27 687	540	94 088	13 347.5	193 419	182.6
怀 柔 县	25 904	19 342	4 968	31 849	1 141.3	173 409	240.0
密 云 县	92 888	14 351	1 567	48 524	2 398.4	245 921	707.0
延 庆 县	166 098	9 793	14 635	9 556	2 032.0	123 484	75.9

注:全市蔬菜商品量各区县相加不等于合计。

5—28 农村劳动生产率

项　　　目	单　位	1996年	1995年	1996年为1995年%
一、每一农村劳动力创造产值				
（按各业劳动力分别计算）				
每一农村劳动力创造农村社会总产值	元	46 043	38 058	121.0
每一农村劳动力创造农业总产值	元	25 232	25 127	100.4
每一农村劳动力创造工业总产值	元	85 316	86 966	98.1
每一农村劳动力创造建筑业总产值	元	104 644	106 347	98.4
每一农村劳动力创造运输业总产值	元	63 604	63 142	100.7
每一农村劳动力创造商业、饮食业总产值	元	94 116	105 736	89.0
二、每一农业劳动力生产的农产品产量				
（按农林牧渔劳动力合计计算）				
粮　食	公斤	3 546	3 969	89.3
油　料	公斤	44	50	88.0
蔬　菜	公斤	6 022	6 070	99.2
水　果	公斤	793	715	103.4
猪牛羊肉	公斤	411	412	99.8
牛　奶	公斤	314	315	99.7
鲜　蛋	公斤	369	436	84.6
淡水鱼	公斤	117	123	95.1

5—29 农业生产条件

项目	单位	1996年	1995年	1996年为1995年%
一、主要农业机械拥有量				
农业机械总动力	万千瓦	468.38	468.1	100.1
大中型拖拉机	混合台	12 272	12 228	100.4
小型拖拉机	台	38 200	42 100	90.7
机引农具	台	36 900	37 000	99.7
机动喷雾器	部	124 900	121 900	102.5
机动插秧机	台	434	443	98.0
联合收割机	台	3 992	3 897	102.4
机动脱粒机	台	14 125	15 286	92.4
米面加工机	台	10 600	10 500	100.9
机动挤奶器	台	176	166	106.0
饲料粉碎机	台	5 700	6 200	91.9
载重汽车	辆	22 165	18 338	120.9
二、农业机械作业面积				
耕地面积	公顷	272 550	290 030	94.0
占全部耕地面积比重	%	79.2	88.3	89.7
机播面积	公顷	337 710	343 300	98.4
占播种面积比重	%	62.7	62.1	101.0
机收面积	公顷	265 350	260 230	102.0
占播种面积比重	%	49.3	47.1	104.7
三、农村用电量及小水电				
农村用电量	万千瓦小时	275 871	201 731	136.8
#农业生产用	万千瓦小时	115 671	105 710	109.4
乡镇、村办企业用	万千瓦小时	82 230	77 427	106.2
农村小水电站	处	39	40	97.5
发电量	万千瓦小时	2 697	3 104	86.9
四、农田水利				
排灌用动力机械	台	64 100	68 100	94.1
	万千瓦	70.99	73.6	96.5
机(电)井	眼	44 671	44 611	100.1
#已配套	眼	44 094	44 042	100.1
扬水站(固定机电排灌站)	处	4 796	4 907	97.7
有效灌溉面积	公顷	301 945	292 432	110.5
占耕地面积	%	87.8	73.2	
五、化肥施用量(折纯)				
化肥施用量	吨	188 868	188 088	100.4
氮　肥	吨	123 662	125 506	98.5
磷　肥	吨	10 181	9 826	103.6
钾　肥	吨	2 365	2 406	98.3
每公顷耕地施用量	公斤	549	471	116.6

注:农村小水电站是指乡村两级小水电实有数。农村用电量为市供电局提供。

5—30 乡镇集体企业各业基本情况

行业	企业个数(个)		从业人员(人)		总收入(万元)		利润总额(万元)		税金(万元)
	数量	占%	数量	占%	数量	占%	数量	占%	
合计	**16 893**	**100**	**856 254**	**100**	**5 093 092**	**100**	**227 326**	**100**	**184 512**
农业	499	2.95	20 439	2.39	134 002	2.63	14 873	6.54	833
工业	11 455	67.81	583 264	68.12	2 924 305	57.42	103 095	45.35	123 441
交通运输业	523	3.10	16 900	1.97	103 446	2.03	5 010	2.20	2 360
施工建筑业	960	5.68	159 039	18.57	768 377	15.09	40 852	17.97	29 296
商品流通业	2 252	13.33	36 188	4.23	798 904	15.69	25 440	11.19	18 200
旅游饮服业	1 042	6.17	34 660	4.05	252 042	4.95	22 425	9.87	10 767
其他	162	0.96	5 764	0.67	112 016	2.19	15 631	6.88	1 615

5—31 乡镇集体企业出口创汇情况

单位:万元

行业	出口产品交货总额		直接出口		间接出口	
	1996年	1995年	1996年	1995年	1996年	1995年
合计	**370 629**	**421 924**	**276 022**	**325 826**	**93 770**	**96 057**
化工	2 083	2 513	334	1 869	1 749	644
机械	10 791	8 838	9 829	7 467	962	1 371
矿产	2 121	954	340	575	1 781	379
轻工	44 036	46 611	27 860	33 090	16 176	13 521
食品	4 515	5 792	1 434	2 909	3 081	2 883
土产						
畜产	1 191	1 515	283	532	908	983
纺织	50 123	68 979	32 693	52 592	17 430	16 372
服装	181 674	214 676	151 054	187 712	29 794	26 943
工艺品	37 790	36 749	29 620	23 756	8 159	12 988
其他	36 305	35 297	22 575	15 324	13 730	19 973

5—32 乡镇企业主要产品产量及占全市的比重

产品名称	单 位	1996年		1995年	
		数量	占全市比重(%)	数量	占全市比重(%)
发电量	万千瓦时	3 538	0.2	2 016	0.2
原 煤	万吨	528.4	52.1	506	51.1
塑料制品	吨	36 375	29.0	40 529	16.3
泵	台	33 753	53.6	52 080	68.4
暖气片	万片	103			
水 泥	万吨	189	28.4	205	35.7
砖	亿块	61.2	91.9	50.5	88.6
石 灰	万吨	178.3	35.9		
水磨石	万平方米	153.7		165.5	80.9
水泥预制构件	万平方米	172.1		91	
棉 布	万米	8 055	51.6	11 101	65.7
服 装	万件	12 453	70.5	8 249	3.8
布鞋	万双	595	30.4	825	32.5
白 酒	吨	5 922	6.3	4 723	4.4
家 具	万件	5 974		195.8	25.9

5—33 郊区县乡镇集体企业主要经济指标

地 区	企业个数(个)	从业人员(人)	总收入(万元)	利润总额(万元)	人均利润(元)	税金(万元)	#所得税(万元)
全 市	**16 893**	**856 254**	**5 093 092**	**227 326**	**2 655**	**184 512**	**42 858**
朝 阳 区	2 083	113 614	652 728	20 801	1 831	22 071	5 064
丰 台 区	1 521	65 093	636 524	43 038	6 612	19 455	5 629
石景山区	294	12 174	96 771	157	129	2 541	340
海 淀 区	1 258	53 875	506 356	15 109	2 804	17 576	2 902
门头沟区	696	21 295	89 828	2 827	1 328	4 509	882
房 山 区	2 217	125 837	570 797	18 065	1 436	20 463	5 502
昌 平 县	1 358	52 957	203 734	9 158	1 729	8 491	1 443
顺 义 县	1 225	93 476	465 388	21 616	2 312	17 822	3 727
通 县	2 355	100 883	547 141	35 819	3 551	18 470	5 346
大 兴 县	1 361	54 100	335 597	20 174	3 729	11 363	2 430
平 谷 县	754	54 776	231 695	10 198	1 862	8 925	2 159
怀 柔 县	773	41 852	447 118	24 663	5 893	19 914	5 469
密 云 县	580	40 364	202 436	1 860	461	8 080	1 036
延 庆 县	418	25 958	106 979	3 841	1 480	4 832	929

5—34 郊区县农村个体、联合体企业主要经济指标

地区	企业个数（个）	从业人员（人）	总收入（万元）	利润总额（万元）	人均利润（元）	税金（万元）	#所得税（万元）
全市	**60 175**	**155 767**	**737 402**	**102 868**	**6 604**	**22 428**	**3 947**
丰台区	259	536	27 744	88	1 642	588	65
门头沟区	4 794	11 160	55 772	8 192	7 341	1 759	409
房山区	22 015	56 992	356 085	44 246	7 764	5 905	930
昌平县	1 297	3 141	11 306	705	2 245	647	26
顺义县	3 096	10 728	27 336	3 692	3 441	1 030	204
通县	9 161	24 725	118 973	31 577	12 771	6 589	917
大兴县	7 345	15 640	21 603	2 192	1 402	895	188
平谷县	3 003	8 760	16 439	2 266	2 587	357	77
密云县	6 702	16 752	82 549	8 101	4 836	3 785	1 042
延庆县	2 504	7 333	19 595	1 809	2 467	873	89

5—35 8县75乡农村劳动力转移情况

项目	合计		平原		山区	
	数量（人）	构成（%）	数量（人）	构成（%）	数量（人）	构成（%）
调查村整半劳动力	**61 186**	**100**	**37 194**	**100**	**23 992**	**100**
#第二、三产业劳动力	34 620	56.58	22 083	59.37	12 537	52.25
当年转移的劳动力	**1 513**	**100**	**1 020**	**100**	**493**	**100**
按性别分						
男劳动力	1 012	66.89	657	64.41	355	72.01
#整劳动力	986	65.17	636	62.35	350	70.99
女劳动力	501	33.11	363	35.59	138	27.99
#整劳动力	466	30.80	336	32.94	130	26.37
按文化程度分						
小学以下文化程度	319	21.09	237	23.24	82	16.63
初中文化程度	967	63.91	620	60.78	347	70.39
中专以上文化程度	227	15.01	163	15.98	64	12.98
按转移方式分						
有组织的	182	12.03	127	12.45	55	11.16
亲友介绍	358	23.66	256	25.10	102	20.69
自发转移	973	64.31	637	62.45	336	68.15
按转移行业分						
转向第二产业	833	55.06	609	59.71	224	45.44
#转向工业	386	25.51	269	26.37	117	23.73
转向第三产业	680	44.94	411	40.29	269	54.56
#转向交通运输、邮电业	154	10.18	101	9.90	53	10.75
转向商饮服务业	257	16.99	169	16.57	88	17.85
按转移地域分						
本市内转移	1 509	99.74	1 019	99.90	490	99.39
转向外省市	4	0.26	1	0.10	3	0.61
当年返回农业的劳动力	**387**	**25.58**	**124**	**12.16**	**263**	**53.35**

注：本表是在8个被调查县抽选75个乡（镇），每个乡（镇）抽选3个村，每村调查1个村民小组。

5—36　8县75乡劳动力构成

项　　目	合计		平原		山区	
	数量(人)	构　成(%)	数量(人)	构　成(%)	数量(人)	构　成(%)
调查村整半劳动力	**61 186**	**100**	**37 194**	**100**	**23 992**	**100**
按性别分						
男劳动力	31 198	50.99	18 602	50.01	12 596	52.50
＃整劳动力	26 960	44.06	16 126	43.36	10 834	45.16
女劳动力	29 988	49.01	18 592	49.99	11 396	47.50
＃整劳动力	25 778	42.13	16 092	43.27	9 686	40.37
按文化程度分						
文盲或半文盲	3 474	5.68	1 224	3.29	2 250	9.38
小学程度	12 572	20.55	6 343	17.05	6 229	25.96
初中程度	34 955	57.13	23 308	62.67	11 647	48.55
中专程度	9 890	16.16	6 102	16.41	3 788	15.79
大专及以上程度	295	0.48	217	0.58	78	0.32
按是否受过专业培训分						
受过各种专业培训	12 712	20.78	8 074	21.71	4 638	19.33
没有受过专业培训	48 474	79.22	27 120	78.29	19 354	80.67
按有无残疾分						
有残疾的劳动力	1 564	2.56	465	1.25	1 099	4.58
没有残疾的劳动力	59 622	97.44	36 729	98.75	22 893	95.42
附:调查村人口数	134 234		77 194		57 040	

注:本表及5—37表调查范围同5—35表。

5—37　8县75乡平均每人拥有固定资产及投资情况

单位:元

项　　目	合　计	乡(镇)所有	村组所有	农户所有
一、年末拥有固定资产原值	**19 411.38**	**5 023.26**	**4 501.74**	**9 886.38**
农　业	1 958.03	629.11	896.64	432.28
＃生产用房屋及建筑物	729.17	264.49	347.87	116.80
役畜及产品畜	242.84	102.93	62.69	77.22
农林牧渔业机械	728.27	202.64	345.15	180.48
工　业	4 552.75	2 464.52	2 013.03	75.20
＃生产用房屋及建筑物	1 665.81	853.54	772.79	39.49
生产设备	2 417.75	1 275.36	1 117.44	24.95
建筑业	308.22	211.58	93.48	3.16
交通运输邮电业	1 011.28	195.79	251.07	564.41
商饮服务业	390.64	181.48	193.82	15.34
文教卫生社会福利事业	504.98	300.78	204.19	
住　宅	9 824.66	786.02	400.79	8 637.86
其　他	860.82	253.98	448.71	158.13
二、本年固定资产投资完成额	**1 806.56**	**805.53**	**440.99**	**560.04**
按资金来源分				
自有资金	1 317.63	448.29	362.07	507.27
银行信用社贷款	108.64	74.27	34.37	
其他来源	380.29	282.97	44.55	52.77
按资金投向分				
农　业	258.11	123.94	78.40	55.77
工　业	498.20	244.08	206.87	47.25
建筑业	44.86	35.33	9.53	
其　他	1 005.39	402.18	146.19	457.02
＃住　宅	698.17	259.92	50.78	387.48

5—38 农村经济收入与分配

单位:万元

项　　目	1996年	1995年	1996年为1995年%
一、营业收入	**5 924 287**	**5 645 691**	**104.9**
农　业	202 310	212 568	95.2
＃粮　食	93 937	105 758	88.8
林　业	21 800	22 021	99.0
牧　业	209 892	223 572	93.9
渔　业	14 190	18 233	77.8
工　业	2 966 259	2 983 840	99.4
交通运输业	125 823	124 502	101.1
建筑业	927 607	921 985	100.6
商业、饮食业	969 193	718 270	134.9
服务业	262 080	226 458	115.7
其　他	225 133	194 242	115.9
二、营业成本	**5 048 734**	**4 829 441**	**104.5**
农　业	156 199	156 182	100.0
＃粮　食	70 536	62 686	112.5
林　业	14 403	13 905	103.6
牧　业	189 212	189 890	99.6
渔　业	17 722	13 797	128.4
工　业	2 026 909	2 609 723	96.8
交通运输业	105 249	103 623	101.6
建筑业	810 931	782 875	103.6
商业、饮食业	864 227	648 130	133.3
服务业	192 953	166 798	115.7
其　他	170 929	141 518	120.8
三、营业利润	**327 575**	**346 512**	**94.5**
四、利润总额	**396 395**	**427 694**	**92.7**
五、税后利润	**351 118**	**377 397**	**93.0**
六、可供分配的利润	**322 574**	**365 953**	**88.1**
七、未分配利润	**10 411**	**55 038**	**18.9**

5—39　郊区规模乡镇发展情况

乡村名称	总人口（人）	总劳动力（人）	农村社会总产值（万元）	乡镇企业个数（个）	乡镇企业总收入（万元）	乡镇企业利润总额（万元）
小红门	17 882	8 943	87 439.0	208	99 742.0	3 495.0
十八里店	23 119	12 473	65 095.3	261	20 518.0	1 951.0
南磨房	4 540	3 155	122 394.0	58	119 675.0	8 005.0
高碑店	7 492	3 829	82 571.8	289	81 667.0	3 666.0
来广营	12 366	5 293	63 386.0	130	61 258.0	1 443.0
芦沟桥	38 608	17 391	122 519.0	324	218 691.0	11 322.0
花　乡	37 255	21 953	110 525.0	338	170 278.0	17 632.0
南　苑	26 663	14 769	101 525.0	546	128 338.0	6 033.0
石景山乡	15 840	8 271	58 084.0	294	96 614.0	157.0
四季青	45 392	17 895	86 911.3	424	118 768.0	15 043.0
玉渊潭	180	68	56 115.0	162	170 229.0	8 991.0
东　升	12 875	7 666	51 418.0	218	121 624.0	3 793.0
东　营	14 825	7 371	162 214.3	972	158 144.3	13 201.3
琉璃河	24 945	10 821	76 139.9	333	56 081.7	2 805.0
窦　店	20 032	9 072	95 039.1	928	99 831.0	4 513.0
交　道	15 559	5 874	56 253.0	137	48 023.0	2 210.0
良　乡	21 113	9 420	61 565.3	2 266	70 772.0	6 400.0
闫　村	25 016	12 682	70 525.5	1 577	77 148.0	12 002.0
房山街道	32 066	14 046	109 239.4	2 279	190 708.0	14 281.0
周口店	28 888	11 283	114 482.7	567	111 872.8	8 769.2
顺义镇	37 970	15 378	107 010.7	134	88 377.0	4 665.0
牛栏山	14 999	7 275	55 508.0	71	39 358.0	3 821.0
高丽营	31 162	11 729	71 931.0	138	28 829.0	2 002.0
宋　庄	29 967	14 145	62 525.8	144	45 067.0	2 796.5
张家湾	27 568	10 897	112 177.0	372	89 620.0	6 531.4
梨　园	25 330	9 497	60 769.0	1 114	44 795.0	3 077.0
通县城关	29 016	11 658	139 906.0	2 704	115 295.0	9 599.0
旧　宫	11 253	3 670	52 390.6	603	35 948.0	2 605.0
西红门	8 330	2 842	72 690.0	50	26 346.0	2 216.0
怀柔镇	23 939	10 423	165 114.0	200	168 352.0	9 864.0
庙城镇	18 330	6 428	50 928.1	102	40 084.3	2 516.2

注：规模乡镇是指农村社会总产值达到 5 亿的乡镇。

5—40 郊区亿元村发展情况

乡村名称	总人口（人）	总劳动力（人）	农村经济总收入（万元）	乡镇企业个数（个）	乡镇企业总收入（万元）	乡镇企业利润总额（万元）
幺铺村	270	103	15 013.2	6	15 000.0	2 276.2
龙爪树村	4 375	2 910	26 585.0	130	25 526.0	130.0
肖　村	2 449	965	16 012.0	59	14 616.0	150.0
小红门村	5 544	2 613	27 630.0	54	22 811.0	1 250.0
牌坊村	5 552	2 540	13 251.0	44	9 300.0	79.2
龙王堂村	1 365	784	13 126.0	19	11 907.0	1 020.0
十里河村	1 956	775	10 399.0	38	6 043.1	23.7
十八里店	4 239	1 947	16 577.0	28	12 457.0	245.8
吕家营村	4 126	1 444	12 031.0	66	9 196.0	836.0
半壁店村	1 127	392	12 000.0	36	11 375.0	630.0
北花元村	1 017	609	15 852.0	54	15 275.0	900.0
高碑店村	2 161	402	13 020.0	57	12 302.0	280.0
八里庄村	1 968	1 010	16 317.0	26	14 292.0	1 400.0
高井村	1 406	1 205	15 946.0	90	16 425.0	903.6
太平桥村	2 273	1 410	16 192.0	53	14 265.0	149.0
三路居村	1 988	986	14 080.0	63	12 959.0	1 410.0
万泉寺村	2 838	1 165	10 887.0	20	7 277.0	30.0
东管头村	3 357	1 613	21 725.8	13	7 038.0	931.0
小井村	2 748	854	14 877.0	37	9 199.0	1 592.0
西局村	2 330	1 122	13 761.0	7	7 781.0	453.0
岳各庄村	2 618	1 583	13 374.0	34	13 373.0	1 011.0
大瓦窑村	1 470	615	12 078.0	51	10 872.0	1 309.0
草桥村	1 985	1 226	23 398.0	28	17 447.0	3 291.0
黄土岗村	3 519	1 787	11 881.0	9	9 373.0	7.0
新发地村	3 912	2 173	17 080.0	34	12 221.0	—248.0
白盆窑村	3 997	1 540	15 989.0	22	1 969.0	—61.0
郭公庄村	2 872	1 340	12 806.0	20	9 336.0	106.0
六圈村	2 658	995	11 528.0	6	1 217.0	—20.0
于树庄村	2 282	979	15 982.0	11	13 339.0	1 897.0
纪家庙村	2 053	956	18 661.0	18	18 662.0	2 824.0
四合庄村	1 617	917	10 129.0	40	7 970.0	145.0
东铁营村	343	290	11 660.0	69	10 566.0	870.0
大红门村	2 874	1 498	11 599.9	78	8 168.0	10.0
成寿寺村	1 271	464	10 423.8	55	5 270.5	1 734.3
石榴庄村	3 086	1 870	23 050.0	77	20 260.0	1 717.6
分中寺村	2 393	1 437	22 413.0	128	22 413.0	2 484.0
果元村	1 638	992	12 795.0	25	12 795.0	1 993.4
南宫村	2 480	998	13 000.0	18	11 000.0	1 189.0
樊家村	2 045	497	11 503.0	14	9 737.0	1 561.0
八宝山村	1 659	722	34 600.0	45	31 961.0	1 379.0
八大处村	3 084	1 527	45 063.0	25	6 156.0	—144.0
古城村	768	503	13 309.0	28	12 441.0	124.0
五里坨村	1 861	1 085	11 516.0	24	4 058.0	27.0

注：亿元村是指农村经济总收入达到 1 亿元的村。

5－40 续表

乡村名称	总人口（人）	总劳动力（人）	农村经济总收入（万元）	乡镇企业个数（个）	乡镇企业总收入（万元）	乡镇企业利润总额（万元）
景阳村	1 360	390	10 037.0	23	6 638.0	161.0
塔院村	1 580	996	24 693.0	45	19 800.5	3 500.0
大钟寺村	1 370	800	21 010.0	30	12 360.5	4 263.0
小营村	2 125	997	10 462.0	25	8 198.0	95.0
蓟门公司	1 168	831	11 420.0	21	9 250.0	177.0
清河公司	2 002	606	10 917.0	10	6 119.0	238.0
兴华村	1 620	785	11 682.0	21	9 341.9	115.8
冯　村	2 650	1 235	12 702.0	17	8 383.0	315.0
韩村河村	2 429	1 310	123 600.0	56	113 248.3	4 599.1
三街村	1 719	821	10 035.9	55	10 035.9	75.6
刘李店村	931	530	13 687.0	39	13 687.0	102.3
窦店村	4 023	1 701	21 328.0	220	20 114.0	559.0
白草洼村	852	335	11 505.0	35	11 115.0	710.0
苏　村	1 692	737	11 142.0	100	10 735.0	563.0
望楚村	1 896	890	18 305.0	103	16 606.0	701.0
小十三里	1 200	710	10 638.0	103	10 302.0	1 300.0
肖庄村	1 691	780	10 875.0	219	10 530.0	1 333.0
顾珊村	4 195	1 923	12 694.1	67	12 694.1	1 394.0
田各庄村	3 060	1 690	15 258.7	177	15 000.0	1 500.9
马各庄村	1 503	670	16 017.0	218	15 803.0	1 500.2
羊头岗村	2 701	1 272	13 492.0	164	13 246.1	1 302.0
洪寺村	3 708	1 037	12 013.1	266	12 013.1	1 204.7
东街村	1 277	404	10 180.4	143	9 913.9	620.2
南街村	674	323	16 060.0	109	16 060.0	1 320.0
南关村	1 266	489	12 630.0	209	12 578.0	1 259.6
南韩继村	1 175	557	12 611.0	15	12 489.0	15.2
瓦井村	2 492	1 230	12 784.0	12	12 471.0	1 196.0
新街村	3 062	982	17 484.0	14	15 734.0	128.0
大韩继村	2 531	879	12 416.0	17	12 168.0	1 142.0
周口村	2 219	600	12 000.0	15	11 800.0	1 030.0
周口店村	4 700	1 500	12 246.0	17	12 285.0	634.0
娄子水村	3 647	1 200	12 442.0	11	11 998.0	1 186.0
张坊村	3 627	1 976	11 034.0	445	9 728.0	914.0
龙湾屯村	3 513	1 800	11 800.0	2	4 000.0	238.0
俸伯村	2 826	1 422	12 097.0	12	9 179.0	551.0
西红门九村	669	330	16 525.0	26	16 525.0	1 502.0
东关村	903	634	10 532.0	22	27 194.0	1 161.0
小中富乐	267	132	14 349.0	9	10 370.0	66.0
东大街	275	152	22 070.0	15	21 678.0	1 058.0
新街村	1 047	292	12 481.0	17	13 584.0	813.0
南关村	1 560	634	39 085.0	19	34 349.0	3 200.0
滨阳村	2 807	1 400	12 467.0	169	10 907.0	556.0
太子务村	1 791	951	10 340.3	15	11 600.0	250.0

主 要 统 计 指 标 解 释

一、**农村劳动力**:是指实际参加农村各业生产活动的人数。

二、**年初实有耕地面积**:是指年初实有能够种植农作物,经常进行耕锄的田地。包括熟地,当年新开荒地,连续撩荒未满三年的耕地和当年的休闲地(轮歇地)。以种植农作物为主并附带种植桑树、茶树、果树和其他林木的土地以及沿海、沿湖地区已围垦利用的"海涂""湖田"等也应包括在内。但不包括专业性的桑园、茶园、果园、果木苗圃、林地、芦苇地、天然草原等。

三、**播种面积**:是指实际播种或移植有农作物的面积。凡是实际种植有农作物的面积,不论种植在耕地还是非耕地上,也不论面积大小,均应统计在内。

四、**农业产值**:包括种植业和其他农业的主产品和副产品产值。

(一)**种植业产值**:是指从事农作物栽培取得的产品的产值。包括谷物、豆类、油料、棉花、麻类、糖类、烟叶、药材、薯类、蔬菜、瓜类及其他种植业产值。

(1)**谷物产值**:包括稻谷、小麦、玉米、谷子、高粱及其他谷物等主产品的产值及秸杆、麦衣等副产品的产值,都按产品产量乘单价的办法进行计算。

(2)**豆类产值**:包括大豆和杂豆及其豆秆、豆荚等副产品的产值。大豆包括黄豆、黑豆、青豆,杂豆包括蚕豆、豌豆等。

(3)**油类产值**:包括花生、油菜籽、芝麻、线麻籽、胡麻籽、向日葵、苏子、蓖麻籽和其他油料作物的产值及上述油料作物的副产品产值。

(4)**麻类产值**:包括黄麻、红麻、苎麻、亚麻、苘麻、线麻、剑麻和其他麻的产值及这些麻的副产品产值。

(5)**糖类作物产值**:包括甘蔗(含果蔗)的蔗杆产值、甜菜的块根产值和甘蔗、甜菜叶等副产品产值。

(6)**烟叶产值**:包括烤烟和晒烟的干烟叶的产值和烟杆产值。

(7)**药材产值**:指人工种植的各种药材的主、副产品产值。如果缺乏统计资料时,可按收购量推算。

(8)**薯类产值**:包括甘薯、马铃薯及其他薯类(不包括木薯)产品的产值及其薯藤等副产品的产值。

(9)**蔬菜、瓜类产值**

甲、蔬菜产值:按各种蔬菜包括菜用瓜的产量乘该种蔬菜的单位价格进行计算。如果没有蔬菜产量资料,可用农业生产年报中的蔬菜面积及单位面积产量进行推算。

乙、瓜类产值:按各种果用瓜的产量乘该瓜的单位价格计算。

(10)**茶、桑、果产值**

①、菜叶产值:按红茶、绿茶、乌龙茶和其它茶的毛茶产量乘这些毛茶的单价计算。

②、桑叶产值:按饲养家蚕用的桑叶量乘桑叶单价推算。

③、水果产值:按各种水果(鲜果)产品产量乘该种水果的单价计算。

(11)**其他农作物种植业产值**:指不属于以上各类种植作物的产值,如饲料作物(专指青饲料)、绿肥作物、水生植物(如苇子、莒草、莲子、藕菱角等)以及花卉、香茅'等等。这些作物产值的计算一般以产量乘以单价计算。一般以出售为主种植的按饲料作物，绿肥作物的播种面积乘单位成本费用计算。

(二)其他农业产值。

(1)**采集野生植物产值**：按采集到的各种野生药材、纤维原料、油料、淀粉原料、柴草等原料产品(未经加工)的数量乘以产品的单价计算。

(2)**农民家庭兼营的商品性工业产值**：是指以经营农业为主的农民家庭所兼营的商品性工业产值。根据我国农村的实际情况。只计算农民家庭为出售而生产的工业品价值。工业生产活动又分为：农产品简单加工(如碾米、磨面、屠宰、轧花、饲料加工等)、颗粒肥料制造及肥料简单加工、缝纫、家具、修理、农具修理和其它属于工业性作业活动的生产活动，一律按加工价值计算产值。除上述这些活动以外，全部其他工业活动如榨油、制糖、造酒、酿醋、采矿、炼焦、炼铁、烧砖瓦、制造工具和农具，制造土化肥、造纸、编织等等都要按这些生产活动的成品产量乘单价(全部价值)计算产值。农民对企业承做的零配件加工不计算产值。

五、复种指数：反映耕地利用程度的指标。指全年内农作物的总播种面积对耕地面积之比，用百分数表示。复种指数表示耕地在一年内被用来种植农作物的平均次数。计算公式如下：

$$\text{复种指数} = \frac{\begin{array}{c}(\text{农作物总播种面积}\\ -\text{绿肥作物播种面积})\end{array}}{\text{耕地面积}} \times 100\%$$

六、农作物总播种面积：指应该在本日历年度内收获农产品的作物的播种面积之和。其计算公式为：

本年农作物总播种面积＝上年秋冬播作物面积＋本年春播作物面积＋本年夏播作物面积

或：本年农作物总播种面积＝本年夏收作物播种面积＋本年秋收作物播种面积。

七、农作物产量：是指本年度内生产的各种农作物总产量，不论计划内外，数量多少，耕地上与非耕地上的农作物产量，都应该统计在内，不得遗漏。

农作物产量应统计全社会的产量。不仅要把国营农场等国有经济和乡(社)集体经济的农作物产量统计在内，还要把社员自贸地，工矿企业职工家属办的农场和其他经营生产的农作物产量统计在内，不仅要把卖给国家的农作物产量统计在内，还要把生产单位自用的农作物产量统计在内。粮食作物全年实产数与实割实测数相差±2%以上的，需要重新核实。

农作物产量应统计晒干入库的产量。在些地区，粮食脱粒、晒干、入库比较迟，必须认真按照折干比例如实地折成晒干的粮食产量进行统计。

八、当年(期内)出栏的畜禽数：是指当年(报告期内)乡、树、各种合作经济和农民、国有农场、机关、团体、学校、工矿企业、部队等单位以及城镇居民饲养的，已屠宰或出售的全部畜禽数，包括交售给国家，集市中出售的农民自食的部分。但不包括个别地区习惯吃的“烤小猪”或出口的“乳猪”。

九、期初(末)畜禽存栏头数：指本期期初(报告期)(末)农村各种合作经济组织和国营农场、农民个人、机关、团体、学校、工矿企业、部队等单位以及城镇居民饲养的大牲畜、猪、羊、家禽等畜禽的存栏头数。

十、农用机械总动力合计：是指主要用于农、林、牧、渔业的各种动力机械的动力总和，包括耕作机械、农用排灌机械、收获机械、植保机械、林业机械、畜牧机械、渔业机械、农产品加工机械、农用运输机械、其他农业机械。按能源又分为柴油、汽油、和其他动力。总动力按法定计算单位千瓦计算。(注：1 马力＝735.5 瓦特＝0.735 千瓦)

十一、8 县 75 乡人均固定资产及投资

1、固定资产:是指企业、事业、机关或其他经济组织、家庭经营中可供长期使用,并在其使用过程中基本保持其原有实物形态的资产,如房屋及建筑物、水利设备、役畜及产品畜、大中型铁木农具、农林牧渔业机械、工业机械、运输工具、文教卫生电讯体育设备及其他固定资产,在农村经济调查中被称为固定资产的只包含一个特定范围。需同时具备两个条件,即使用年限在两年以上,单位价值在50元以上。在乡村企业中,规定单位价值在200元以上,使用年限在一年以上。如果企业的主要设备虽低于200元,但使用年限在一年以上,也划为固定资产。

2、固定资产原值:是指当初的购进价、新建价或开始转为固定资产的价值。如果没有购进价、新建价和开始转为固定资产价值的资料,可使用开始占有固定资产时的重新估价作为原值计算。

3、农业固定资产投资完成额:是指用于农林牧场、种畜场、渔港码头、养殖场、拖拉机站、兽医站、良种站等有关的农业生产建设工程,农林牧渔生产用机械设备、工具、器具、渔具、网具及大牲畜的购置,以及农村乡、村、组有关农田建设工程、水库、灌溉、排涝、防洪、河道整治等小型水利工程和乡、村、组集体建设沼气池等方面的资金。

06

INDUSTRY
工业

工业企业单位数构成及工业总产值构成

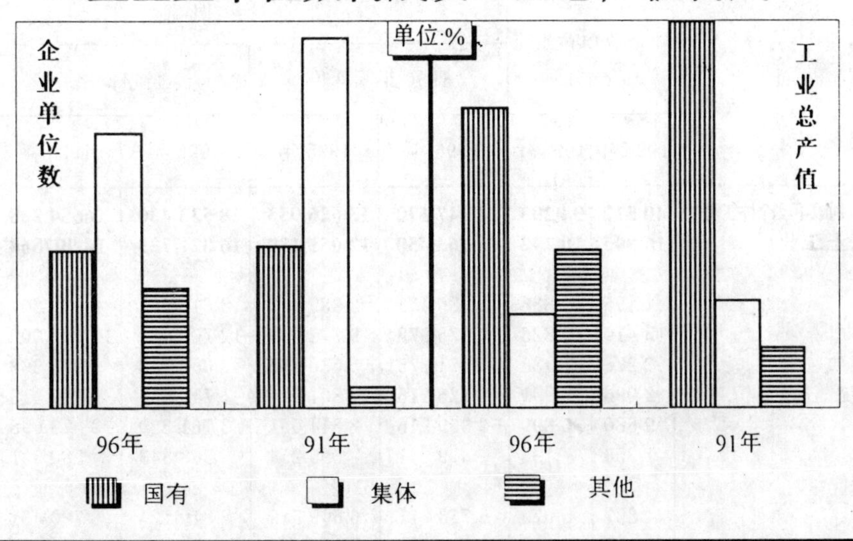

	1996年	1991年	1996年为1991年%
企业单位数(个)	40517	33951	119.3
工业总产值(亿元)(90年价)	1494.7	898.2	166.4
乡以上独立核算工业企业:			
固定资产原价(亿元)	1632.0	505.2	3.2倍
产品销售收入(亿元)	1580.1	727.2	2.2倍

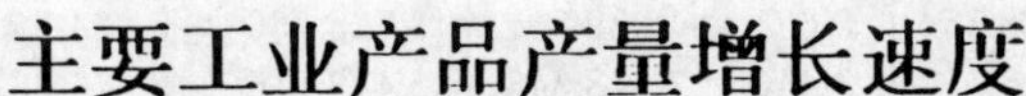

主要工业产品产量增长速度

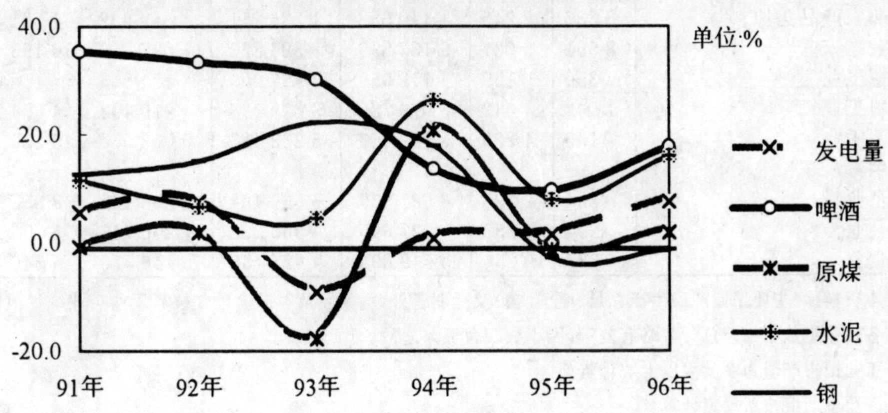

6—1 工业企业单位数和工业总产值、销售产值

单位:万元

项目	企业单位数(个)		工业总产值				销售产值(当年价格)
			1990年不变价		当年价格		
	1996年	1995年	1996年	1995年	1996年	1995年	
总计(含村及村以下和个体工业)	**40 517**	**34 293**	**14 947 170**	**13 626 953**	**18 533 430**	**16654 268**	**16 024 914**
(乡及乡以上工业)	**16 905**	**10 712**	**13 163 430**	**12 055 189**	**16 321 725**	**14 907864**	**16 024 914**
在总计中:							
中央企业	1 495	886	2 986 452	2 283 155	3 618 287	2 999 864	3 517 894
地方企业	15 410	9 826	10 176 978	9 772 034	12 703 438	11 908 000	12 507020
工业系统	2 278	1 438	5 371 775	5 630 165	6 653 148	6 973 368	6 606 560
非工业系统	2 096	991	1 126 216	801 924	1 719 627	1 280 413	1 710 952
区县工业	9 680	6 899	3 369 946	2 644 691	3 761 820	3 073 698	3 657 143
其他	1 356	498	309 041	695 254	568 843	580 521	532 365
在总计中:							
国有经济	4 827	3 079	6 753 711	6 509 589	8 870 124	8 780 431	8 792 542
集体经济	8 412	5 181	2 582 401	2 047 198	2 773 851	2 046 665	2 723 766
私营经济	493	20	47 872	19 516	52 420	25 010	44 015
联营经济	224	151	113 551	132 154	154 167	158 294	140 695
股份制经济	407	129	142 736	185 731	212 462	212 779	211 807
外商投资经济	1 486	1 212	2 722 807	2 299 315	3 260 222	2 652 437	31 56064
中外合资经营企业	1 148	997	2 559 683	2 226 530	3 038 926	2 565 605	2940690
中外合作经营企业	88	43	82 747	27 882	98 836	36 153	95 619
外资企业	250	172	80 377	44 903	122 461	50 679	119 755
港澳台投资经济	959	895	759 946	821 670	950 588	978 325	915 966
与大陆合资经营企业	752	713	693 074	756 140	865 349	896 761	83 8139
与大陆合作经营企业	25	25	5 430	8 201	16 832	9 743	13 297
港澳台独资企业	182	157	61 442	57 329	68 408	71 822	64 530
其他经济	97	45	40 406	40 016	47 892	53 923	40 060
在总计中:乡属企业	**2 149**	**2 028**	**750 957**	**751 680**	**816 165**	**835 124**	**797 754**
在总计中:国有控股企业	**922**		**5 561 155**		**6 877 563**		**6 769 965**
在总计中:							
轻工业	8 354	5 685	4 029 531	3 728 366	5 224 359	4 714 349	5 026 925
以农产品为原料	5 017	3 440	2 618 843	2 442 115	3 674 667	3 332 933	3563746
以非农产品为原料	3 337	2 245	1 410 688	1 286 251	1 549 692	1 381 416	1463179
重工业	8 551	5 027	9 133 899	8 326 823	11 097 366	10 193 515	10 997 989
采掘工业	359	159	112 059	67 209	174 813	118 066	188 693
原料工业	1 042	642	3 079 783	3 027 128	4 919 492	4 854 708	4 923 187
加工工业	7 150	4 226	5 942 057	5 232 487	6 003 060	5 220 741	5 886 110
在总计中:							
大型企业	224	203	6 685 839	6 569 481	8 668 101	8 358 204	8 609 574
中型企业	294	253	927 695	860 275	1 206 748	1 003 220	1 189 478
小型企业	16 387	10 256	5 549 895	4 625 433	6 446 876	5 546 440	6 225 863

注:1.本资料除"主要工业产品生产总量"(全社会)及标明者外,均为乡及乡以上独立核算工业企业统计范围。

2.各表分组数相加与总计数略有差额,因小数四舍五入之故。

3.工业销售产值为乡及乡以上统计资料。

4.工业总产值按新规定计算。

6—1　续表　　　　单位:万元

项　　目	企业单位数（个）		工业总产值				销售产值（当年价格）
			1990年不变价		当年价格		
	1996年	1995年	1996年	1995年	1996年	1995年	
在总计中：							
煤炭采选业	163	61	57 563	41 469	110 567	83 214	115 395
石油和天然气开采业	3	3	553	987	600	1 036	611
黑色金属矿采选业	21	14	17 981	13 216	27 129	19 774	29 217
有色金属矿采选业	10	15	3 379	2 470	3 276	2 682	3 693
非金属矿采选业	154	66	30 730	9 067	31 366	11 361	37 908
其他矿采选业	4		880		902		1 097
木材及竹材采运业	1						
食品加工业	576	407	356 667	493 373	830 897	884 715	832 621
食品制造业	664	475	303 265	248 013	411 663	336 207	408 399
饮料制造业	229	185	338 769	241 423	497 711	329 731	491 746
烟草加工业	5	2	45 999	42 890	63 141	57 153	63 301
纺织业	512	380	478 947	464 588	578 656	573 975	558 797
服装及其他纤维制品制造业	1 042	675	410 707	367 334	486 156	438 543	449 216
皮革、毛皮、羽绒及其制品业	197	162	61 614	74 990	79 943	96 410	75 325
木材加工及竹、藤、棕、草制品业	193	110	30 562	44 497	37 461	58 353	34 880
家具制造业	382	212	96 772	98 581	105 588	112 805	97 780
造纸及纸制品业	305	192	117 414	102 745	140 377	129 501	138 817
印刷业,记录媒介的复制	717	537	230 124	192 739	278 294	231 418	270 971
文教体育用品制造业	244	179	72 726	69 825	88 874	83 679	85 036
石油加工及炼焦业	104	59	713 534	688 254	1 277 982	1 300 955	1 274 939
化学原料及化学制品制造业	1 039	613	848 862	837 609	1 022 510	1 006 219	998 826
医药制造业	209	142	252 822	201 099	254 981	213 618	229 080
化学纤维制造业	47	27	33 114	37 529	31 686	42 484	30 458
橡胶制品业	110	83	165 656	48 679	146 926	47 331	147 484
塑料制品业	688	467	268 806	190 698	271 463	212 284	250 474
非金属矿物制品业	1 064	741	572 987	449 826	741 378	603 018	723 198
黑色金属冶炼及压延加工业	102	52	1 239 388	1 278 058	2 003 429	2 087 759	2 014 975
有色金属冶炼及压延加工业	121	69	77 305	90 582	94 433	110 909	94 201
金属制品业	1 578	949	413 486	306 918	435 233	342 250	409 228
普通机械制造业	1 054	658	483 365	498 803	540 525	563 549	534 120
专用设备制造业	987	529	409 204	375 778	453 501	402 174	434 348
交通运输设备制造业	1 527	772	1 475 766	1 551 821	1 669 072	1 743 174	1 673 785
武器弹药制造业	7	5	63 052	53 357	81 788	63 968	82 101
电气机械及器材制造业	889	579	422 661	347 264	461 182	364 281	447 118
电子及通信设备制造业	729	480	2 358 172	2 013 546	1 925 719	1 505 958	1 877 714
仪器仪表及文化、办公用机械制造业	483	318	262 980	208 940	316 625	238 210	293 563
其他制造业	642	432	146 522	136 802	174 843	159 487	168 923
电力、蒸汽、热水的生产和供应业	85	43	243 469	201 510	571 031	401 476	571 097
煤气生产和供应业	8	12	35 418	11 435	29 388	20 736	29 450
自来水的生产和供应业	10	7	22 209	18 476	45 431	27 472	45 026

6—2 主要工业产品生产总量

主要工业产品名称	单位	本年生产量	#乡及乡以上
原煤	吨	10 137 307	6 646 031
铁矿石成品矿	吨	6 070 060	6 070 060
木材	立方米	36 577	
发电量	万千瓦小时	1 415 555	1 414 790
#6000 千瓦及以上电站发电量	万千瓦小时	1 395 672	1 395 672
火电	万千瓦小时	1 332 157	1 332 157
供热量	万百万千焦	7 387	7 387
自来水生产量	万吨	3 350	3 350
自来水供应量	万吨	71 393	71 393
大米	吨	4 044	4 024
小麦粉	万吨	188	102
食用植物油	吨	101 615	101 365
配合饲料	吨	861 529	726 576
混合饲料	吨	3 052 898	2 921 243
乳制品	吨	11 982	11 954
罐头	吨	4 136	2 151
白酒	吨	93 472	93 355
啤酒	吨	928 743	928 743
碳酸饮料	吨	258 821	240 557
卷烟	箱	165 504	165 504
合成纤维	吨	25 567	24 186
纱	吨	67 522	67 522
布	万米	22 585	21 919
#棉布	万米	15 609	15 007
混纺交织布	万米	6 668	6 604
纯化纤布	万米	308	308
绒线(毛线)	吨	5 326	4 067
呢绒	万米	1 463	1 411
丝织品	万米	1 116	1 116
服装	万件	17 671	13 221
锯材	立方米	52 914	32 049
人造板	立方米	64 555	58 435
机制纸	吨	61 694	53 190
机制纸板	吨	90 995	60 370
汽油	吨	1 221 865	1 218 061
煤油	吨	1 773	1 773
柴油	吨	960 680	960 680
润滑油	吨	324 152	299 417
燃料油	吨	1 753 266	1 753 266
焦炭	吨	3 996 631	3 996 631
硫酸(折 100%)	吨	108 506	102 887
氢氧化钠(烧碱)(折 100%)	吨	115 351	115 211
碳化钙(电石)(折 300 升/千克)	吨	13 457	12 737
合成氨	吨	154 665	154 665
农用氮、磷、钾化学肥料总计(折纯)	吨	127 214	125 352
乙烯	吨	575 325	575 325
纯苯	吨	99 136	99 136
冰醋酸	吨	23 608	22 988
油漆	吨	27 319	24 886
染料	吨	5 394	5 394
塑料树脂及共聚物	吨	684 636	683 949
合成橡胶	吨	113 918	113 898
合成纤维单体	吨	36 246	36 246
合成纤维聚合物	吨	12 712	12 712
合成洗涤剂	吨	93 093	90 483
化学原料药	吨	4 672	4 670

6－2　续表

主要工业产品名称	单位	本年生产量	
			＃乡及乡以上
轮胎外胎	条	2 980 600	2 980 600
塑料制品	吨	125 483	109 964
＃农业用薄膜	吨	22 094	21 698
水泥	万吨	666	529
平板玻璃	重量箱	4 616 870	4 338 364
生铁	吨	7 321 684	7 310 311
钢	吨	7 947 359	7 944 979
成品钢材	吨	6 543 403	6 530 444
＃铁道用钢材	吨	114	114
普通中型钢材	吨	167 278	167 278
普通小型钢材	吨	2 506 856	2 501 527
优质型钢材	吨	388 674	388 104
线材	吨	2 618 693	2 613 693
中厚钢板	吨	371 197	371 197
薄钢板	吨	61 933	61 933
硅钢片	吨	9 103	9 103
钢带	吨	334 478	334 478
无缝钢管	吨	6 196	6 196
焊接钢管	吨	65 496	65 496
铁合金	吨	36 465	36 465
铜	吨	5 779	5 746
铜加工材	吨	16 729	13 230
铝材	吨	14 867	13 900
日用精铝制品	吨	220	212
工业锅炉	台	5 440	5 306
金属切削机床	台	2 820	2 806
＃高精度机床	台	230	230
数控机床	台	326	326
大型机床	台	71	71
缝纫机	架	2 690	2 690
小型拖拉机	台	9 063	9 063
汽车	辆	134 163	134 163
摩托车	辆	24 624	24 624
发电设备	千瓦	1 197 000	1 197 000
交流电动机	台	503 886	503 886
家用洗衣机	台	131 419	131 419
吸尘器	台	1 100	1 100
家用电冰箱	台	62 667	62 667
家用冷冻箱	台	1 864	1 864
电风扇	台	121 827	121 827
房间空气调节器	台	224 715	224 715
排油烟机	台	500	
程控交换机	线	3 566 173	3 566 173
电子计算机	部	834	834
＃小型计算机	部	834	834
微型电子计算机	部	280 683	280 683
彩色显象管	只	3 280 000	3 280 000
半导体集成电路	万块	5 489	5 489
彩色电视机	部	312 412	312 412
黑白电视机	部	59 584	59 584
录相机	部	398 274	398 274
收音机	部	57 374	57 274
收录放机	部	442 466	442 466
组合音响	部	82 574	82 574
照相机	台	2 343 225	2 343 225
表	只	3 475 979	3 475 979

6—3 全部独立核算工

项　　目	企业单位个数（个）	#亏损企业	工业总产值（当年价格新规定）	工业总产值（1990年不变价格新规定）	工业增加值（生产法）	工业销售产值（当年价格新规定）	成品	
							年初库存价值	生产价值
总　　计	**15 002**	**3 135**	**15 222 854**	**12 433 244**	**4 783 469**	**14 986 014**	**1 553 136**	**14 417 632**
在总计中：								
中央企业	1 325	280	3 121 915	2 756 198	765 971	3 032 630	207 260	2963283
地方企业	13 677	2 855	12 100 939	9 677 046	4 017 498	1 953 383	1 345 877	11 454 348
工业系统	1 948	388	6 603 122	5 325 077	1 924 748	6 559 819	657 039	6291240
非工业系统	1 649	351	1 487 457	969 463	528 640	1 490 453	138 898	1420053
区县工业	8 735	1 699	3 470 724	3 103 018	1 342 793	3 392 771	487 486	3239705
其他	1 345	417	539 637	279 488	221 318	510 341	62 454	503 350
在总计中：								
国有经济	4 025	682	8 366 714	6 518 384	2 341 667	8 292 984	762 286	7928858
集体经济	7 360	1 334	2 346 153	2 238 314	1 061 437	2 327 956	372 299	2175506
私营经济	492	28	32 590	28 045	13 014	28 098	5 305	28 948
联营经济	217	58	152 860	111 675	49 881	139 688	23 782	134 719
股份制经济	396	100	199 353	133 560	86 968	197 009	24 340	193 156
外商投资经济	1 474	520	3 148 606	2 625 011	894 346	3 064 038	20861 7	3 032 074
中外合资经营企业	1 137	389	2 952 583	2 480 195	816 058	2 873 298	186914	2 849 422
中外合作经营企业	87	34	97 774	81 704	37 810	94 638	14 885	93 353
外资企业	250	97	98 249	63 112	40 477	96 101	6 819	89 299
港澳台投资经济	952	399	928 687	737 848	316 991	896 182	153 092	877052
与大陆合资经营企业	746	305	852 666	680 659	285 742	825 460	13 5401	805 800
与大陆合作经营企业	24	15	16 832	5 430	9 221	13 296	2 419	15 431
港澳台独资企业	182	79	59 189	51 759	22 028	57 425	15 272	55 820
其他经济	86	14	47 892	40 406	19 164	40 060	3 416	47 318
在总计中：乡属工业	**2 089**	**454**	**756 230**	**699 915**	**324 054**	**743 191**	**116 486**	**695806**
在总计中：								
轻工业	7 499	1 711	4 830 683	3 704 534	1 618 440	4 665 707	711 205	4561037
以农产品为原料	4 488	1 068	3 397 588	2 402 773	1 097 399	3 302 241	407394	3 211 248
以非农产品为原料	3 011	643	1 433 096	1 301 762	521 042	1 363 466	303811	1 349 789
重工业	7 503	1 424	10 392 171	8 728 709	3 165 028	10 320 306	841 931	9856594
采掘工业	274	28	164 971	102 600	106 259	176 953	10 320	163 403
原料工业	913	182	4 488 682	2 897 639	1 226 522	4 494 914	221 244	4264362
加工工业	6 316	1 214	5 738 518	5 728 471	1 832 247	5 648 439	610 368	5428830
在总计中：								
大型企业	224	68	8 262 231	6 521 656	2 179 932	8 206 168	614 903	7 940980
中型企业	294	84	1 204 852	925 799	338 978	1 188 090	179 285	115 4785
小型企业	14 484	2 983	5 755 771	4 985 789	2 264 559	5 591 755	758 948	5321866

业企业主要经济指标

单位:万元

产销存		在产品自制半成品期末期初差额	对外加工费收入	工业中间投入合计	本年应付工资总额	本年应付福利费总额	全部职工(从业人员)年平均人数(人)	资本金合计		
销售价值	年末库存价值								国家资本金	外商资本金
14 146 826	**1 778 479**	**118 244**	**411 680**	**11 108 121**	**1 489 427**	**237 218**	**1 666 343**	**7 510 656**	**4 727 282**	**1 475 527**
2 831 104	231 824	44 646	85 821	2 536 706	257 026	35 947	209 474	1 482 398	1158 499	244 763
11 315 722	1 546 655	73 597	325 860	8 571 415	1 232 401	201 270	1 456 869	60 28258	3 568 783	1 230 764
6 269 369	712 736	2 995	101 839	4 992 789	746 829	120 765	733 512	3 013 493	1972 682	569 676
1 425 389	148 037	4 603	48 982	1 019 998	169 767	25 136	181 533	1 346 376	1146 151	144 581
3 147 229	600 654	46 191	158 783	2 223 657	277 633	48 640	505 932	1 354 698	419 684	339 003
473 735	85 229	19 809	16 256	334 971	38 172	6 730	35 892	313 691	30 267	177504
7 827 001	808 494	39 288	184 431	6 464 044	900 439	126 758	977 165	3 972 618	3 771 812	3 057
2 168 058	440 464	29 173	126 798	1 351 136	263 984	34 069	392 652	695 071	91476	22 266
26 207	7 836	1 056	2 442	20 400	2 616	207	3 911	13 221	3 455	370
127 310	25 373	10 185	7 677	107 226	16 829	1 987	22 589	81 931	17 432	252
188 647	31 493	2 352	3 337	125 030	22 916	3 635	29 032	188 200	33 942	8 240
2 904 981	287 344	18 671	57 248	2 373 151	202 923	50 933	143 488	1 920 238	605 833	1 120 367
2 729 992	260 038	16 405	46 526	2 246 829	183 712	47 794	129 212	1 749 772	583 571	978 939
93 477	16 572	664	3 315	63 538	6 594	1 109	5 767	60 308	22 197	31 528
81 512	10 734	1 601	7 407	62 784	12 618	2 031	8 509	110 158	65	109 900
860 716	173 674	17 473	29 219	637 350	74 400	18 898	91 955	634 228	20013 3	320 703
791 973	154 825	15 553	28 102	590 449	67 526	17 394	85 789	588 021	19827 8	279 073
14 207	3 419	1 384	16	7 979	1 374	486	1 322	10 528	1 856	6 933
54 536	15 430	536	1 101	38 922	5 500	1 017	4 844	35 678		34 697
43 906	3 800	46	527	29 785	5 320	732	5 551	5 150	3 199	271
689 669	**143 429**	**11 513**	**46 457**	**452 630**	**67 053**	**9 859**	**137 634**	**244 398**	**38 386**	**44859**
4 394 158	829 901	46 613	166 026	3 387 062	471 075	85 848	674 089	2 752 389	1418 213	814 586
3 110 316	490 303	27 438	117 193	2 426 249	322 412	55 960	451 332	1 705 059	805 139	607 850
1 283 842	339 598	19 175	48 832	960 813	148 663	29 888	222 757	1 047 330	613074	206 736
9 752 668	948 578	71 631	245 654	7 721 058	1 018 352	151 370	992 254	475 826 7	3 309 069	660 942
173 126	12 973	270	1 235	70 922	46 531	6 437	47 718	73 657	63 840	2 316
4 198 910	219 121	3 208	21 882	3 549 570	361 976	53 368	307 610	2 101 932	1947 553	84 120
5 380 631	716 484	68 153	222 538	4 100 567	609 846	91 565	636 926	2 582 678	1297 676	574 506
7 842 032	636 888	9 151	113 596	6 525 619	767 795	117 220	711 736	3 887 859	3115 658	390 083
1 141 680	201 836	10 503	31 911	910 762	144 220	24 275	198 832	648 167	4 68137	64 676
5 163 114	939 756	98 590	266 173	3 671 741	577 412	95 723	755 775	2 974 630	1143 487	1 020 768

6－3 续表 1

项 目	损 益 及 分 配								
	流动资产合 计	#存货	#产成品	流动资产年平均余 额	固定资产合 计	固定资产原价合计	#生产经营用	累计折旧	#本年折旧
总 计	**12938517**	**5207844**	**1797042**	**12182973**	**13181032**	**16319878**	**13469116**	**5090600**	**834860**
在总计中：									
中央企业	2712560	946676	239782	2448363	3300968	4360285	3403008	1562729	241966
地方企业	10225957	4261168	1557260	9734611	9880064	11959593	10066108	3527872	592894
工业系统	5832662	2546055	794717	5649166	6092186	7523275	6458694	2477392	360779
非工业系统	1219365	414572	167891	1427147	1892537	2271722	1977840	557066	111310
区县工业	2566711	1115936	516816	2305748	1696151	1952586	1483332	449821	105244
其他	607219	184606	77837	352549	199190	212009	146242	43593	15562
在总计中：									
国有经济	7104881	2878054	909292	7079691	9672972	12273744	10228286	4135737	584315
集体经济	1846344	811393	409655	1617520	938788	1158700	864736	354448	61136
私营经济	21989	10679	5960	19713	17211	18495	17232	3518	1930
联营经济	148011	62357	24989	132712	108097	124816	93971	28418	7598
股份制经济	261421	87424	34167	195434	149809	184026	133951	51532	9114
外商投资经济	2537161	906856	264499	2191057	1757408	2017051	1678985	398610	134481
中外合资经营企业	2342988	842959	242756	2029584	1636714	1879589	1574675	369741	125568
中外合作经营企业	87146	34308	13226	71855	52814	62764	47858	10345	4194
外资企业	107026	29589	8517	89618	67880	74698	56452	18524	4719
港澳台投资经济	987082	432952	142986	914627	522004	527839	443468	111288	35443
与大陆合资经营企业	905052	397700	125237	840626	497502	497900	421051	104488	32685
与大陆合作经营企业	16541	8015	4658	14333	8727	9615	7631	1651	743
港澳台独资企业	65489	27237	13091	59668	15775	20324	14786	5149	2015
其他经济	31627	18129	5494	32220	14743	15207	8485	7050	842
在总计中：乡属工业	**510050**	**258634**	**139109**	**476606**	**314826**	**363563**	**259085**	**102425**	**21931**
在总计中：									
轻工业	4268117	1856015	800409	3864824	3534657	4158480	3261434	1022827	215770
以农产品为原料	2709954	1170146	468010	2404114	2149544	2567735	1939440	643504	138451
以非农产品为原料	1558164	685869	332399	1460710	1385113	1590745	1321994	379322	77319
重工业	8670400	3351829	996633	8318149	9646376	12161397	10207682	4067774	619090
采掘工业	130263	26581	13051	122342	149447	199304	131436	65445	7502
原料工业	2863824	1073357	254737	3025767	6127040	7863193	6965436	2704886	396203
加工工业	5676313	2251892	728846	5170040	3369889	4098901	3110810	1297442	215385
在总计中：									
大型企业	6621018	2643471	759557	6400612	9238247	11607965	9918393	3854360	567050
中型企业	1143867	491406	195130	1050013	913078	1143818	849891	365629	53110
小型企业	5173632	2072968	842356	4732348	3029707	3568094	2700832	870611	214700

单位:万元

	损	益	及	分	配					
固定资产净值年平均余额	无形及递延资产合计	#无形资产	资产总计	流动负债合计	长期负债合计	负债合计	所有者权益合计	#股本	产品销售收入	产品销售成本
10450196	**902296**	**355498**	**28755517**	**12401847**	**4750983**	**17220941**	**11533241**	**960741**	**15801389**	**13097349**
2587071	109706	45442	6368810	2010262	1575007	3601374	2767436	138355	4113082	3317263
7863125	792590	310056	22386707	10391585	3175976	13619567	8765805	822387	11688307	9780086
4738560	453858	134271	13350583	6006673	2069831	8094241	5256343	483431	6737643	5618056
1566746	98693	38389	3359696	1185059	491206	1680904	1677457	63322	1625366	1468894
1427205	183437	96006	4750929	2717954	567426	3306127	1444802	166404	2744306	2254951
130615	56603	41391	925499	481899	47514	538295	387204	109230	560992	438185
7603056	429102	60192	18389623	7087741	3715731	10811923	7577546	79286	9303959	7842276
744202	80779	22918	3114029	1869676	383599	2268483	845199	58643	1740762	1426787
16364	6507	6096	50823	20711	556	21346	29476	2330	21747	15700
84584	11827	3282	284064	166042	27932	198698	85365	9505	161949	139876
124293	30702	19550	497938	167133	37896	206627	291311	165745	236517	179024
1467416	249310	180697	4710259	2171079	434017	2632928	2076498	468548	3337481	2637532
1377887	225195	167186	4343743	1994165	405429	2426398	1916512	439311	3141616	2492922
44357	7249	3870	155664	78577	11894	90708	64956	7053	94743	73528
45172	16865	9642	210853	98337	16694	115822	95030	22184	101121	71082
401762	93655	62698	1661146	892964	148944	1052126	609020	176201	953189	813733
379338	88998	60253	1543794	814053	147345	969949	573845	169748	875371	749826
7841	1103	711	28055	19085	450	20231	7823	232	16221	13967
14583	3554	1734	89297	59826	1150	61945	27351	6222	61590	49941
8519	414	65	47636	26501	2308	28810	18825	482	45785	42420
274636	**19963**	**8129**	**876350**	**512064**	**106775**	**621509**	**254841**	**12475**	**579837**	**480066**
2928241	384794	165193	8648858	4276920	1176959	5480035	3168790	383710	4716112	3869585
1810187	227145	111591	5363070	2726614	644188	3390486	1972551	221182	3473864	2851586
1118054	157649	53602	3285787	1550307	532771	2089549	1196238	162528	1242248	1018000
7521955	517502	190305	20106659	8124927	3574024	11740906	8364452	577032	11085277	9227764
121189	4705	257	291153	121990	63316	185870	105129	140	125905	101388
4839035	200782	61033	9686751	2975135	2153104	5136921	4550038	61101	5312375	4610329
2561731	312015	129015	10128756	5027801	1357604	6418116	3709284	515790	5646997	4516047
7282935	406512	115502	17303433	6563750	3404828	9981078	7322355	294313	9242455	7741462
704295	69160	12467	2300762	1094533	303907	1400310	900452	81191	1115620	881363
2462966	426624	227529	9151322	4743564	1042249	5839553	3310434	585237	5443314	4474524

6－3 续表 2

项　　目	损　益　及　分　配							
	产　品 销售费用	产品销售 税金及附加	产　品 销售利润	管理费用	税　金	财　产 保险费	劳动待业 保险费	利息支出
总　计	**502 518**	**226 039**	**1 974 454**	**1 669 900**	**52 841**	**21 139**	**224 525**	**611 592**
在总计中：								
中央企业	118 843	95 589	581 387	394 788	7 368	6 029	44 649	113 265
地方企业	383 675	130 450	1 393 067	1 275 112	45 473	15 110	179 876	498327
工业系统	161 766	82 929	874 892	775 292	26 141	8 845	144 906	32 8156
非工业系统	49 527	8 792	98 154	179 500	6 624	2 185	24 977	46 278
区县工业	116 697	36 256	356 402	255 187	11 179	3 612	9 612	116 789
其他	55 685	2 474	63 620	65 133	1 530	468	381	7 104
在总计中：								
国有经济	171 165	153 440	1 137 078	1 024 729	36 549	14 372	199 482	405943
集体经济	60 495	13 390	240 090	202 727	7 270	2 494	16 959	79 988
私营经济	2 563	298	3 185	3 400	443	20	5	611
联营经济	4 272	574	17 227	19 166	383	268	1 460	6 966
股份制经济	12 600	1 717	42 148	25 928	585	190	1 212	6 844
外商投资经济	206 370	47 300	446 279	298 214	4 733	2 523	3 090	8 1370
中外合资经营企业	181 599	46 268	420 827	264 796	3 967	2 302	2 709	77254
中外合作经营企业	7 525	633	13 058	10 205	155	136	312	2 570
外资企业	17 247	399	12 393	23 213	611	84	68	1 546
港澳台投资经济	44 781	8 410	86 265	91 770	2 784	1 221	681	28 622
与大陆合资经营企业	38 082	7 877	79 586	79 586	2 723	1 095	648	27998
与大陆合作经营企业	1 279	14	961	2 677	19	56		623
港澳台独资企业	5 420	519	5 718	9 507	42	70	32	
其他经济	273	910	2 182	3 965	94	50	1 637	1 248
在总计中：乡属工业	**17 036**	**2 872**	**79 863**	**47 432**	**3 502**	**374**	**301**	**23 029**
在总计中：								
轻工业	240 266	81 658	523 575	559 672	17 988	8 747	60 412	187 542
以农产品为原料	161 014	70 176	391 088	367 332	11 282	6 390	40 107	132368
以非农产品为原料	79 252	11 481	132 487	192 340	6 706	2 357	20 305	55175
重工业	262 253	144 382	1 450 879	1 110 228	34 854	12 392	164 114	424050
采掘工业	2 386	2 062	20 068	34 439	826	38	20 034	4 692
原料工业	44 676	80 357	577 013	388 489	16 089	7 343	61 744	219 090
加工工业	215 190	61 962	853 798	687 299	17 939	5 012	82 335	200 268
在总计中：								
大型企业	199 353	150 368	1 150 243	890 675	29 324	12 177	165 813	376385
中型企业	43 384	41 105	149 768	170 130	5 173	2 319	27 773	54 380
小型企业	259 781	34 567	674 443	609 094	18 344	6 643	30 939	180 827

单位:万元

损益及分配								本年应交增值税	本年进项税额	本年销项税额
营业利润	利润总额	亏损企业亏损总额	利税总额	应交所得税	转作奖金的利润	应付利润	#已分配股利			
—24 330	**330 539**	**376 311**	**1 225 314**	**110 043**	**11 418**	**153 898**	**71 626**	**668 736**	**1 872 778**	**2543022**
121 228	172 615	43 616	448 966	35 417	1 234	32 991	1 887	180 762	506 586	682782
—145 558	157 924	332 695	776 348	74 626	10 184	102 907	69 740	487 974	1 366192	1 860 240
—72 219	102 780	146 786	500 124	34 277	4 143	73 737	59 307	314 415	82519 0	1 146 994
—102 052	—508	57 420	69 465	10 961	1 666	6 943	1 459	61 181	187 025	25 4062
14 853	38 998	101 121	170 980	25 909	3 983	35 059	7 531	95 726	299 518	388965
13 860	16 654	27 368	35 780	3 480	392	5 168	1 443	16 652	54 459	70 219
—121 112	169 587	134 773	762 024	51 312	2 862	36 222	286	438 997	115 967 3	1 609 146
—1 366	25 408	48 268	105 218	16 417	3 243	13 701	2 174	66 420	214 185	2 75093
2 532	2 384	544	3 507	566	164	296	8	824	2 761	3 457
—6 106	—1 357	6 052	3 465	1 073	65	1 617	66	4 247	21 416	25 568
15 926	19 836	4 741	34 198	3 827	41	4 540	2 370	12 646	33 575	45 860
90 930	118 950	126 867	285 140	31 990	4 404	77 168	58 763	118 890	326 125	440262
94 467	118 664	110 714	275 236	30 033	3 882	75 705	58 276	110 304	304 001	409804
1 758	5 042	5 113	9 249	1 617	345	308	189	3 574	13 938	17 406
—5 295	—4 757	11 040	655	340	177	1 156	297	5 012	8 186	13 052
—2 209	—4 661	54 866	29 404	4 711	638	20 098	7 960	25 655	107 033	134 599
1 566	—738	47 853	30 665	4 532	620	19 626	7 852	23 526	97 831	123 235
—1 759	—1 907	2 072	—1 525	9		136	136	367	2 472	2 759
—2 016	—2 017	4 941	264	170	18	336	—28	1 762	6 730	8 605
—2 925	392	201	2 359	149		256		1 057	8 009	9 036
11 411	**9 804**	**19 227**	**33 130**	**6 708**	**2 017**	**8 584**	**2 542**	**20 454**	**63 026**	**82 954**
—113 225	—11 069	232 005	245 408	33 884	3 124	58 566	20 209	174 820	503 623	680 250
—53 571	12 141	156 458	208 378	27 008	2 193	46 016	16 980	126 060	346 320	474061
—59 654	—23 210	75 547	37 031	6 876	931	12 551	3 229	48 760	157 303	20 6188
88 895	341 608	144 307	979 905	76 159	8 294	95 332	51 417	493 916	136 915 6	1 862 772
—8 897	2 890	948	17 162	979	56	970	43	12 210	10 396	26 274
26 214	146 646	24 820	514 413	29 800	1 265	27 799	1 814	287 409	613 219	899883
71 577	192 072	118 539	448 331	45 379	6 973	66 563	49 560	194 297	745 540	936614
—5 891	258 274	105 906	851 961	52 190	4 701	79 241	52 832	443 319	112 830 3	1 578 609
—28 824	12 582	32 850	98 574	7 590	577	11 408	5 191	44 888	127 463	179 302
10 384	59 683	237 555	274 778	50 263	6 139	63 249	13 602	180 529	617 012	785 110

6—4 全部独立核算工

（按行

项目	企业单位个数（个）	亏损企业	工业总产值（当年价格新规定）	工业总产值（1990年不变价格新规定）	工业增加值（生产法）	工业销售产值（当年价格新规定）	成品	
							年初库存价值	生产价值
煤炭采选业	103	7	110 566	57 563	72 402	115 394	4 567	109 884
石油和天然气开采业	3		600	553	404	611	132	450
黑色金属矿采选业	16	1	20 269	11 417	9 792	19 965	3 258	20 249
有色金属矿采选业	9	1	1 981	2 099	512	2 566		1 970
非金属矿采选业	136	18	30 652	30 089	22 396	37 320	2 303	30 000
其他矿采选业	4	1	902	880	751	1 096	60	848
食品加工业	490	113	769 534	313 999	180 668	772 022	37 857	766 120
食品制造业	564	131	332 691	249 234	137 482	332 397	28 972	305 234
饮料制造业	216	59	439 364	290 538	172 750	433 411	27 480	425 650
烟草加工业	5		63 140	45 999	33 348	63 301	396	62 450
纺织业	474	144	554 184	454 894	143 174	538 165	118 220	517 832
服装及其他纤维制品制造业	947	232	465 756	392 115	140 641	435 332	89 010	425 681
皮革、毛皮、羽绒及其制品业	188	58	77 479	59 785	19 624	72 879	27 925	69 986
木材加工及竹、藤、棕、草制品业	156	32	34 420	27 975	16 314	32 187	16 700	28 806
家具制造业	346	68	91 821	85 658	31 855	82 637	13 320	83 133
造纸及纸制品业	274	53	135 080	113 056	34 176	134 098	15 536	132 957
印刷业、记录煤介的复制、	645	138	272 739	224 951	121 037	265 468	13 102	229 903
文教、体育用品制造业	223	56	85 104	69 217	24 240	81 577	16 129	79 451
石油加工及炼焦业	92	16	1 275 499	712 156	362 608	1 272 445	52 374	1272637
化学原料及化学制品制造业	939	166	997 723	825 181	248 536	977 224	95 864	984 001
医药制造业	190	44	252 502	249 867	112 691	227 495	41 510	233 280
化学纤维制造业	45	19	30 881	32 190	1 724	29 890	4 907	30 691
橡胶制品业	103	23	134 053	155 040	37 278	136 081	26 661	127 774
塑料制品业	608	140	262 460	260 320	67 213	242 848	35 997	241 742
非金属矿物制品业	923	207	683 136	537 750	271 604	671 192	94 041	665 316
黑色金属冶炼及压延加工业	72	18	2 002 467	1 238 529	722 681	2 014 117	64 216	1811438
有色金属冶炼及压延加工业	118	21	86 106	70 235	22 980	86 497	9 798	71 356
金属制品业	1 423	262	396 729	368 924	171 303	382 483	81 401	364 753
普通机械制造业	954	168	519 230	464 521	173 383	514 436	101 733	489 412
专用设备制造业	876	163	395 856	362 068	161 244	380 927	72 434	371 572
交通运输设备制造业	1 243	218	1 594 298	1 405 008	364 336	1 604 644	104 018	1482022
武器弹药制造业	7	2	81 788	63 052	29 298	82 101	10 465	71 311
电气机械及器材制造业	823	167	429 017	391 407	147 609	415 458	91 389	414 411
电子及通信设备制造业	696	158	1 906 185	2 345 495	637 329	1 864 175	151 882	1840391
仪器仪表及文化、办公用机械制造业	461	97	307 678	254 672	101 384	285 242	58 320	292 025
其他制造业	550	120	138 896	123 888	75 800	135 772	39 248	124 344
电力、蒸汽、热水的生产和供应业	64	11	167 334	85 378	—115 584	168 120	764	166 241
煤气生产和供应业	7		29 300	35 331	5 712	29 412	2	29 300
自来水的生产和供应业	9	3	45 431	22 209	22 774	45 026	1 142	43 007

业企业主要经济指标

业分）

单位:万元

产销存 销售价值	产销存 年末库存价值	在产品自制半成品期末期初差额	对外加工费收入	工业中间投入合计	本年应付工资总额	本年应付福利费总额	全部职工（从业人员）年平均人数（人）	资本金合计	#国家资本金	#外商资本金
114 351	5 587	49	568	48 943	41 358	5 796	40 704	55 544	52 908	
552	127	150		232	51	51	97	280	140	140
18 052	4 387	20		11 415	1 912	203	2 890	4 380	2 053	
2 429	2	1	10	1 474	164	7	343	1 782	1 373	
36 588	2 843	50	602	8 675	2 992	372	3 443	11 583	7 355	2 176
1 154	28		54	183	54	8	241	88	11	
774 412	44 995	725	1 743	596 278	25 852	3 875	29 546	182 806	121 525	47 703
287 896	38 454	2 046	768	219 050	38 797	7 634	41 628	309 945	76 192	209 850
413 760	37 410	1 328	882	286 921	26 962	3 639	25 650	276 362	129 055	132 474
62 610	83		691	34 335	1 569	205	1 008	3 425	3 425	
500 419	139 422	7 185	27 316	428 900	72 876	15 419	106 537	277 038	161 466	49 372
406 235	109 741	7 518	30 921	336 744	53 187	9 612	117 912	185 262	49 908	56 364
68 254	29 491	975	5 947	60 075	11 936	1 243	17 343	60 998	14 660	9 986
27 879	14 341	247	4 832	19 270	5 189	748	7 317	26 721	14 710	4 473
72 859	16 980	3 677	4 403	63 058	11 861	1 833	19 625	36 108	12 173	11 149
131 095	15 104	483	1 582	107 410	13 094	1 832	17 189	45 849	26 278	9 907
219 202	16 742	2 930	38 108	168 407	44 154	6 437	49 666	233 604	158 365	55 025
74 095	16 964	1 903	2 973	64 733	12 782	2 093	29 843	44 342	24 513	6 454
1 205 630	57 174	11	845	985 568	47 307	6 547	41 752	254 405	250 724	688
954 922	101 958	1 998	11 419	792 550	72 390	11 479	82 174	339 573	247 097	46 930
213 067	48 802	2 183	8 486	155 642	23 515	4 346	28 299	110 971	70 953	24 208
28 607	4 942	—102	268	30 369	5 070	715	7 975	33 617	19 048	8 548
130 319	26 757	1 236	5 035	100 213	12 470	1 647	20 520	49 060	41 959	3 448
235 642	40 170	13 957	5 952	200 027	24 765	3 646	37 276	159 719	87 652	33 163
647 682	116 294	4 852	8 480	444 358	93 044	15 224	123 614	415 620	238 996	88 955
1 821 936	63 239	512	2 049	1 387 852	171 589	26 603	137 009	675 354	640 577	26 511
78 807	10 306	—415	7 182	64 452	5 902	760	12 786	25 810	19 422	2 805
353 723	98 312	3 648	26 625	235 133	40 194	10 484	68 524	249 965	121 659	50 951
499 135	115 442	—2 259	31 094	365 136	130 932	12 550	101 563	383 686	154 662	127 247
369 673	88 728	5 958	18 085	250 344	54 270	8 627	66 541	227 822	132 012	17 434
1 540 491	112 077	7 568	95 376	1 284 648	152 669	26 816	146 509	624 588	334 309	103 235
69 692	12 772	9 410	1 067	53 280	10 763	1 688	14 836	43 098	43 092	
397 966	108 542	5 001	8 638	295 516	57 510	10 083	79 504	244 647	86 850	55 782
1 748 173	180 743	28 436	34 053	1 329 993	105 377	18 234	86 577	660 902	261 346	227 739
281 994	61 593	4 700	15 897	216 785	33 579	6 660	38 240	175 539	94 754	43 671
125 319	35 129	2 210	7 231	70 442	18 764	2 758	29 774	69 522	22 380	19 030
166 909	811	25	700	339 707	48 502	5 244	17 080	556 076	550 088	112
21 057				24 596	8 863	1 104	8 271	205 918	205 030	
44 240	1 988	29	1 800	25 404	7 158	995	6 537	248 649	248 563	

6—4 续表1

项目	损益及分配								
	流动资产合计	#存货	#产成品	流动资产年平均余额	固定资产合计	固定资产原价合计	#生产经营用	累计折旧	#本年折旧
煤炭采选业	95 129	14 532	5 197	88 950	110 503	152 926	93 319	54 107	5 120
石油和天然气开采业	332	138			674	807	618	133	62
黑色金属矿采选业	25 025	8 344	5 144	24 774	16 403	18 553	14 457	4 372	1 158
有色金属矿采选业	953	58	2	376	1 792	1 962	949	173	57
非金属矿采选业	8 672	3 463	2 679	8 068	19 968	24 922	21 964	6 633	1 096
其他矿采选业	152	46	29	174	108	135	130	27	8
食品加工业	428 601	121 400	36 503	298 516	213 655	254 794	189 576	57 430	12 758
食品制造业	274 466	86 595	29 928	235 079	320 789	360 998	232 190	66 061	17 215
饮料制造业	268 157	125 227	26 414	249 064	308 815	345 966	298 592	58 120	18 546
烟草加工业	32 211	25 975	834	29 454	33 742	39 488	9 796	7 246	1 944
纺织业	553 704	318 146	119 795	517 726	438 763	578 126	439 858	166 587	30 437
服装及其他纤维制品制造业	358 534	162 492	89 799	330 500	183 228	216 464	161 010	53 987	12 236
皮革、毛皮、羽绒及其制品业	118 808	55 407	31 130	116 322	59 205	66 425	48 296	15 634	2 225
木材加工及竹、藤、棕、草制品业	39 349	22 994	14 034	38 468	18 393	25 424	19 102	7 757	1 164
家具制造业	82 563	42 510	18 857	75 449	40 547	51 459	37 933	13 979	2 876
造纸及纸制品业	104 354	35 914	14 050	99 366	75 425	84 851	75 737	22 330	4 267
印刷业、记录媒介的复制、	197 487	61 668	16 807	173 529	351 038	425 080	329 377	139 394	27 483
文教、体育用品制造业	92 400	43 019	18 813	87 322	60 259	71 784	54 040	20 125	3 432
石油加工及炼焦业	483 412	173 740	56 160	525 716	739 867	1 389 291	1 120 905	741 857	107 360
化学原料及化学制品制造业	667 501	260 954	101 851	631 440	724 571	863 159	731 910	291 172	51 318
医药制造业	346 913	152 464	101 204	324 942	188 173	176 433	140 394	54 463	9 460
化学纤维制造业	25 539	13 896	5 008	24 615	61 118	86 759	66 595	27 826	3 308
橡胶制品业	115 843	62 493	27 239	102 768	100 674	100 681	79 312	28 912	4 512
塑料制品业	300 358	150 680	48 734	282 443	201 687	253 880	187 236	80 962	12 075
非金属矿物制品业	607 770	225 494	124 143	540 318	750 107	826 256	607 017	216 196	35 347
黑色金属冶炼及压延加工业	1 069 708	568 755	62 497	1 019 128	2 463 924	3 089 486	2 851 630	1030336	124 639
有色金属冶炼及压延加工业	57 204	22 177	10 282	57 079	59 160	71 427	59 115	20 372	2 669
金属制品业	376 224	175 961	91 534	335 316	240 000	264 198	183 648	67 848	13 440
普通机械制造业	744 854	338 568	117 446	749 098	501 384	595 779	433 840	190 766	21 800
专用设备制造业	537 248	245 532	88 972	457 380	310 783	391 379	258 404	130 376	17 231
交通运输设备制造业	1 129 660	486 779	116 801	1 120 390	824 755	970 108	766 049	322 798	52 509
武器弹药制造业	72 760	38 587	16 487	67 960	108 429	135 466	81 764	37 514	3 259
电气机械及器材制造业	647 446	271 865	101 923	599 332	342 894	432 798	357 096	121 251	21 658
电子及通信设备制造业	1 919 391	623 807	187 474	1 626 190	737 943	935 467	784 930	272 711	66 897
仪器仪表及文化、办公用机械制造业	358 446	139 367	46 850	360 532	164 640	191 307	136 174	65 873	7 239
其他制造业	139 926	61 423	33 047	133 013	73 436	88 129	59 453	26 141	4 920
电力、蒸汽、热水的生产和供应业	566 572	57 849	28 049	766 841	1 655 566	1 930 134	1 765 442	518 618	89 159
煤气生产和供应业	44 101	3 962	33	47 242	266 960	322 571	301 411	65 815	20 290
自来水的生产和供应业	46 746	5 565	1 294	38 091	411 657	485 005	469 845	84 700	23 686

单位:万元

损益及分配										
固定资产净值年平均余额	无形及递延资产合计	#无形资产	资产总计	流动负债合计	长期负债合计	负债合计	所有者权益合计	#股本	产品销售收入	产品销售成本
91 764	3 091	75	212 300	87 655	50 093	137 866	74 280	124	92 374	76 711
673	150	146	1 158	228	320	548	610		552	232
14 740	504		43 352	23 441	9 153	32 597	10 755		18 178	13 219
1 776	12		2 758	179	1 367	1 980	778		1 874	1 223
12 148	887	36	31 263	10 270	2 383	12 662	18 602	16	12 610	9 754
88	62		322	218		218	104		317	248
176 977	20 840	13 187	693 866	410 070	55 450	470 156	223 709	47 444	829 088	757 240
287 049	42 011	22 707	687 730	311 576	61 952	376 329	311 401	25 580	371 265	283 723
265 766	41 660	36 814	645 720	270 726	78 324	349 355	296 365	15 254	391 032	283 120
32 074	710		67 690	23 216	6 131	29 347	38 344		62 717	33 009
404 541	55 418	9 157	1 110 384	642 744	186 018	831 372	278 758	47 815	542 073	485 208
158 613	22 175	9 442	586 614	359 521	41 818	407 491	179 343	17 730	437 846	369 874
46 837	7 885	2 502	197 743	126 573	16 268	143 342	54 401	2 712	74 177	63 776
17 020	1 414	476	66 946	37 226	5 579	42 819	24 127	598	27 015	21 246
30 509	3 286	1 193	129 654	83 959	12 794	97 278	32 376	4 934	79 374	65 863
60 101	6 524	1 448	196 734	104 995	30 811	136 379	60 355	3 228	139 353	107 020
257 011	10 270	4 578	592 435	151 086	110 291	262 576	329 859	36 510	263 136	198 003
48 928	5 738	2 588	166 162	97 530	11 760	109 458	56 703	10 838	85 119	67 008
631 670	1 610	1 352	1 279 922	278 549	270 546	549 246	730 677	100	1 713 108	1 416 717
495 543	90 977	17 790	1 566 197	708 834	340 586	1 058 905	507 292	32 165	946 520	787 247
112 132	16 256	7 338	574 281	305 231	74 775	380 544	193 737	31 920	334 144	223 682
58 923	19 048	949	107 630	35 459	51 758	87 218	20 412	8 212	28 960	29 575
69 761	13 576	290	233 652	148 886	40 752	189 682	43 971	148	133 226	110 873
165 125	33 803	5 527	574 040	321 966	88 759	411 432	162 609	21 652	221 242	185 073
539 618	82 409	27 155	1 565 936	683 685	342 405	1 027 695	537 948	37 979	585 903	470 573
1 958 814	26 678	22 280	3 856 776	1 508 946	449 707	1 959 000	1 897 775	41 150	1 824 021	1 583 925
51 387	26 960	2 053	150 355	66 957	52 236	119 233	31 122	3 023	82 845	71 727
185 528	42 149	21 358	684 147	382 821	101 880	485 988	198 159	27 781	307 108	253 602
371 039	53 244	30 568	1 363 222	679 278	223 595	911 736	451 486	58 969	502 439	403 821
242 538	30 343	12 146	975 888	457 523	82 069	542 704	432 329	52 360	377 120	276 164
592 413	29 336	14 943	2 167 572	925 058	317 303	1 250 015	917 557	58 208	1 697 863	1 405 211
83 608	27	27	194 269	76 208	21 992	98 200	96 069		70 929	56 662
270 295	41 492	14 183	1 067 203	657 499	116 016	773 957	293 246	28 307	381 199	305 350
600 138	90 258	54 688	3 036 120	1 599 472	383 118	1 992 781	1 043 339	305 082	1 952 258	1 592 082
120 805	17 332	6 163	589 662	291 220	41 134	335 639	254 023	19 463	313 977	216 289
58 525	9 849	788	235 722	131 467	18 520	150 295	85 427	17 425	119 223	85 535
1 324 950	54 145	11 457	2 321 479	365 103	933 053	1 298 156	1 023 322	4 000	697 620	659 548
245 399	26	9	317 966	22 529	7 154	29 684	288 283	14	45 178	77 036
365 370	141	85	460 646	13 942	113 115	127 057	333 588		38 407	50 178

6—4 续表 2

项目	损益及分配								
	产品销售费用	产品销售税金及附加	产品销售利润	管理费用	税金	财产保险费	劳动待业保险费	利息支出	营业利润
煤炭采选业	979	1 024	13 659	30 315	504	6	19 784	2 791	—10045
石油和天然气开采业	200	81	40	83	81	1	1		11
黑色金属矿采选业	556	837	3 567	1 426	107	18	106	1 483	1042
有色金属矿采选业	94	2	554	310				91	153
非金属矿采选业	557	107	2 191	2 268	134	13	143	322	—54
其他矿采选业		11	57	38	1			4	—3
食品加工业	17 811	608	53 429	38 465	888	670	2 246	19 235	—1622
食品制造业	47 536	1 029	38 976	54 709	1 705	678	3 689	14 441	—25167
饮料制造业	24 826	34 478	48 608	36 613	728	675	2 064	12 243	1197
烟草加工业	475	26 657	2 576	3 880	70	179	467	2 879	—4088
纺织业	10 833	1 585	44 448	61 939	2 001	1 506	10 951	35 796	—45243
服装及其他纤维制品制造业	26 073	1 374	40 525	43 913	1 326	627	3 484	14 877	—3811
皮革、毛皮、羽绒及其制品业	4 076	322	6 003	11 167	534	270	2 446	5 459	—4383
木材加工及竹、藤、棕、草制品业	364	197	5 208	5 283	114	69	572	1 144	—803
家具制造业	3 866	630	9 014	8 526	233	159	616	2 515	—1299
造纸及纸制品业	4 067	342	27 925	16 990	456	226	2 706	4 173	9217
印刷业、记录煤介的复制、	5 402	1 839	57 892	54 822	1 809	876	7 017	5 712	9424
文教、体育用品制造业	3 394	515	14 202	15 189	321	193	2 393	3 762	—954
石油加工及炼焦业	9 493	53 960	232 938	134 033	2 699	4 743	12 428	46 677	59776
化学原料及化学制品制造业	23 405	9 535	126 333	105 006	2 893	2 032	11 950	34 339	—7005
医药制造业	33 022	1 671	75 769	46 422	1 759	651	3 484	17 799	13170
化学纤维制造业	470	144	—1 229	6 704	250	86	700	2 959	—10014
橡胶制品业	2 621	6 361	13 371	16 117	736	213	2 599	6 598	—6427
塑料制品业	6 252	920	28 997	36 233	735	614	7 271	10 352	—10721
非金属矿物制品业	17 602	4 597	93 131	84 736	3 361	1 220	13 277	32 212	—15134
黑色金属冶炼及压延加工业	15 670	16 303	208 123	113 885	9 152	174	30 211	116 028	16133
有色金属冶炼及压延加工业	1 679	157	9 282	7 689	240	141	1 136	4 686	—2342
金属制品业	10 729	1 715	41 061	37 672	2 217	334	3 376	16 478	—7015
普通机械制造业	19 383	1 873	77 363	78 300	3 027	730	16 309	28 387	—22512
专用设备制造业	16 649	2 035	82 272	76 715	3 172	569	11 941	15 093	5186
交通运输设备制造业	28 532	37 198	226 922	174 165	3 807	880	20 630	51 240	8371
武器弹药制造业	924	74	13 269	14 109	91	100	5 201	4 050	—3695
电气机械及器材制造业	14 828	1 369	58 624	75 851	1 877	749	12 535	23 064	—28379
电子及通信设备制造业	85 095	5 078	270 003	173 883	2 806	857	1 416	46 787	106239
仪器仪表及文化、办公用机械制造业	49 587	4 692	43 409	46 340	875	452	5 150	8 042	9632
其他制造业	14 068	1 014	18 606	21 772	544	228	2 171	4 534	1613
电力、蒸汽、热水的生产和供应业	1 246	5 320	31 506	17 484	560	136	1 671	15 866	2185
煤气生产和供应业		116	—31 974	9 238	401	59	813	59	—38221
自来水的生产和供应业	153	271	—12 195	7 613	825	6	1 570	—586	—18739

单位:万元

损益及分配							本年应交增值税	本年进项税额	本年销项税额
利润总额	亏损企业亏损总额	利税总额	应交所得税	转作奖金的利润	应付利润	#已分配股利			
1 899	277	13 702	472	37	804	43	10 779	6 697	21 385
11		128					36	92	128
1 015	178	2 790	342		103		938	3 393	4 254
−179	195	−172	111	1	2		5	5	10
150	291	677	54	18	61		419	185	440
−7	7	37					32	25	57
6 901	22 966	14 920	3 409	115	6 265	1 090	7 412	49 560	56 621
−18 191	40 652	6 680	4 038	274	7 124	452	23 842	36 014	58 290
12 922	17 805	67 706	5 160	121	1 412	842	20 307	46 224	66 645
192		31 391					4 542	7 239	11 781
−23 056	35 509	−3 581	2 025	166	2 239	312	17 890	74 083	91 443
627	14 278	13 630	2 588	355	5 349	2 450	11 628	39 049	56 450
−2 116	5 473	425	507	67	1 094	400	2 220	8 892	10 520
−850	1 432	512	96	10	255	2	1 165	2 870	3 963
619	3 726	4 341	882	175	1 913	246	3 091	8 173	10 904
8 950	1 260	15 798	890	218	7 864	7 454	6 506	16 920	23 320
14 317	8 148	32 861	4 818	434	7 450	1 536	16 705	28 513	45 001
1 260	2 940	5 643	673	35	1 277	158	3 868	9 918	13 669
71 516	565	198 153	15 585	16	18 130	192	72 677	222 738	295 251
18 470	15 403	71 367	5 149	523	14 049	3 209	43 362	116 072	159 253
14 287	5 067	31 789	3 602	118	1 096	191	15 831	42 743	58 422
−9 330	9 542	−7 974	33		23		1 212	4 595	5 652
−4 822	6 106	4 978	73	20	104	5	3 439	27 435	30 732
−7 500	13 098	−1 800	690	73	1 926	100	4 780	27 388	32 142
448	20 377	37 870	4 580	472	4 929	1 135	32 826	68 482	99 955
29 114	3 889	153 483	2 854	8	146		108 066	185 110	293 120
−2 019	5 093	−536	585	129	253	90	1 326	9 413	10 297
−4 471	19 037	6 951	2 175	385	4 380	1 312	9 707	42 245	50 510
−12 650	24 668	8 512	1 873	443	2 437	618	19 289	65 508	84 521
16 383	8 355	34 151	3 884	609	3 095	1 304	15 733	47 846	63 543
32 522	25 325	124 405	9 025	3 935	6 720	7 740	54 686	242 445	294 857
−139	1 803	724	41		1		790	4 478	5 267
−20 039	33 319	−4 562	2 130	112	1 712	316	14 108	44 915	60 112
141 119	18 981	2 073 334	22 883	1 058	43 010	37 737	61 137	252 267	315 435
23 192	4 676	38 376	2 978	264	4 397	282	10 491	37 299	47 097
2 361	4 278	10 722	728	61	3 970	2 401	7 346	12 068	19 715
33 977	1 337	96 086	5 100	17	65	5	56 789	76 021	132 721
2 625		3 748	5	824	142	1	1 008	5 686	6 694
1 031	253	4 050	4	325	102		2 748	171	2 846

6—5 全部独立核算工业

项目	企业亏损面	增加值率	产品销售率	资产负债率	流动比率
总计	**20.90**	**27.07**	**98.44**	**59.89**	**104.33**
在总计中：					
中央企业	21.13	21.04	97.14	56.55	134.94
地方企业	20.87	28.64	16.14	60.84	98.41
工业系统	19.92	24.91	99.34	60.63	97.10
非工业系统	21.29	30.74	100.20	50.03	102.89
区县工业	19.45	33.89	97.75	69.59	94.44
其他	31.00	36.45	94.57	58.16	126.01
在总计中：					
国有经济	16.94	23.86	99.12	58.79	100.24
集体经济	18.13	39.07	99.22	72.85	98.75
私营经济	5.69	34.46	86.22	42.00	106.17
联营经济	26.73	28.18	91.38	69.95	89.14
股份制经济	25.25	36.54	98.82	41.50	156.41
外商投资经济	35.28	25.09	97.31	55.90	116.86
中外合资经营企业	34.21	24.45	97.31	55.86	117.49
中外合作经营企业	39.08	32.67	96.79	58.27	110.91
外资企业	38.80	36.49	97.81	54.93	108.84
港澳台投资经济	41.91	29.91	96.50	63.34	110.54
与大陆合资经营企业	40.89	29.38	96.81	62.83	111.18
与大陆合作经营企业	62.50	46.82	78.99	72.11	86.67
港澳台独资企业	43.41	32.65	97.02	69.37	109.47
其他经济	16.28	33.42	83.65	60.48	119.34
在总计中：乡属工业	**21.73**	**37.49**	**98.28**	**70.92**	**99.61**
在总计中：					
轻工业	22.82	29.28	96.58	63.36	99.79
以农产品为原料	23.80	28.42	97.19	63.22	99.39
以非农产品为原料	21.36	31.18	95.14	63.59	100.51
重工业	18.98	26.07	99.31	58.39	106.71
采掘工业	10.22	53.29	107.26	63.84	106.78
原料工业	19.93	23.37	100.14	53.03	96.26
加工工业	19.22	27.39	98.43	63.37	112.90
在总计中：					
大型企业	30.36	22.54	99.32	57.68	100.87
中型企业	28.57	24.24	98.61	60.86	104.51
小型企业	20.60	34.38	97.15	63.81	109.07

企业主要经济分析指标

单位：%

速动比率	流动资产周转率（次）	资金利税率	销售收入利税率	产成品可供销售天数（天）	增加值劳产率（元/人）
62.33	**1.30**	**5.41**	**7.75**	**49**	**23 445**
87.84	1.68	8.92	10.92	26	29 864
57.40	1.20	4.41	6.64	57	22 522
54.72	1.19	4.81	7.42	51	21 430
67.91	1.14	2.32	4.27	41	23 783
53.38	1.19	4.58	6.23	83	21 676
87.70	1.59	7.41	6.38	64	50 360
59.64	1.31	5.19	8.19	42	19 571
55.35	1.08	4.46	6.04	103	22 077
54.61	1.10	9.72	16.13	137	27 176
51.59	1.22	1.59	2.14	64	18 034
104.11	1.21	10.70	14.46	69	24 465
75.09	1.52	7.79	8.54	36	50 904
75.22	1.55	8.08	8.76	35	51 580
67.24	1.32	7.96	9.76	65	53 545
78.75	1.13	0.49	0.65	43	38 850
62.06	1.04	2.23	3.08	63	28 154
62.32	1.04	2.51	3.50	60	27 202
44.67	1.13	−6.88	−9.40	120	56 965
63.94	1.03	0.36	0.43	94	37 139
50.93	1.42	5.79	5.15	47	28 195
49.10	**1.22**	**4.41**	**5.71**	**104**	**19 229**
56.40	1.22	3.61	5.20	74	19 608
56.47	1.45	4.94	6.00	59	19 858
56.27	0.85	1.44	2.98	118	19 103
65.46	1.33	6.19	8.84	39	26 051
84.99	1.03	7.05	13.63	46	18 186
60.18	1.76	6.54	9.68	20	32 564
68.11	1.09	5.80	7.94	58	23 494
60.60	1.44	6.23	9.22	35	25 014
59.61	1.06	5.62	8.84	80	13 923
65.37	1.15	3.82	5.05	68	24 471

6—6 全部独立核算国有

项目	企业单位个数(个)	#亏损企业	工业总产值(当年价格新规定)	工业总产值(1990年不变价格新规定)	工业增加值(生产法)	工业销售产值(当年价格新规定)	成品	
							年初库存价值	生产价值
总计	**4025**	**682**	**8366714**	**6518384**	**2341667**	**8292984**	**762286**	**7928858**
在总计中：								
中央企业	714	135	2541683	2295707	641787	2480002	159063	2438125
地方企业	3311	547	5825031	4222676	1699880	5812982	603223	5490733
工业系统	604	101	4143139	3052814	1168264	4144052	431725	3896487
非工业系统	872	198	978087	642801	323403	977705	101474	930140
区县工业	1810	246	700686	523853	206914	689113	69964	661000
其他	25	2	3119	3209	1299	2114	60	3105
在总计中：								
轻工业	1928	366	1938910	1438294	571220	1918030	281784	1854838
以农产品为原料	1229	244	1370425	895127	397228	1354433	154166	1320091
以非农产品为原料	699	122	568485	543166	173992	563596	127618	534747
重工业	2097	316	6427804	5080090	1770447	6374954	480502	6074020
采掘工业	30	5	97252	40947	56198	96394	5704	96618
原料工业	263	45	4094991	2541673	1037640	4108623	187322	3892117
加工工业	1804	266	2235560	2497470	676609	2169938	287476	2085285
在总计中：								
大型企业	174	50	6257102	4756922	1607277	6241675	491291	5963223
中型企业	207	50	755128	593210	232723	739257	121514	719663
小型企业	3644	582	1354483	1168252	501668	1312052	149482	1245972

6—6 续表1

项目	损益及分配								
	流动资产合计	#存货	#产成品	流动资产年平均余额	固定资产合计	固定资产原价合计	#生产经营用	累计折旧	#本年折旧
总计	**7104881**	**2878054**	**909292**	**7079691**	**9672972**	**12273744**	**10228286**	**4135737**	**584315**
在总计中：									
中央企业	2091311	726403	198687	1939955	2910155	3922551	3118265	1468173	219643
地方企业	5013570	2151650	710605	5139736	6762817	8351193	7110022	2667564	364672
工业系统	3667478	1684648	520305	3582716	4767079	5971744	5075759	2064378	250950
非工业系统	886400	280223	119520	1125384	1616092	1952631	1713318	497645	92916
区县工业	458977	186621	70751	430785	379227	426285	320446	105428	20784
其他	715	158	30	851	419	533	499	114	22
在总计中：									
轻工业	1767198	774587	356750	1747545	1901101	2295579	1820096	651414	106258
以农产品为原料	1064390	458945	204574	1043540	1000673	1235019	905416	375409	58964
以非农产品为原料	702808	315642	152176	704004	900428	1060560	914680	276006	47294
重工业	5337683	2103466	552542	5332146	7771871	9978165	8408190	3484322	478057
采掘工业	107334	17572	6183	102071	128604	173594	110042	58584	5997
原料工业	2558475	980184	212473	2746306	5881078	7599144	6745877	2658825	382628
加工工业	2671875	1105711	333886	2483769	1762188	2205426	1552271	766914	89432
在总计中：									
大型企业	5054080	2108158	621201	4975434	8233840	10478284	8925747	3564872	498122
中型企业	778683	327585	131041	700615	688223	873272	618498	290610	36734
小型企业	1272118	442311	157050	1403642	750909	922188	684042	280254	49459

工业企业主要经济指标

单位:万元

产销存		在产品自制半成品期末期初差额	对外加工费收入	工业中间投入合计	本年应付工资总额	本年应付福利费总额	全部职工(从业人员)年平均人数(人)	资本金合计		
销售价值	年末库存价值								国家资本金	外商资本金
7827001	**808494**	**39288**	**184431**	**6464044**	**900439**	**126758**	**977165**	**3972618**	**3771812**	**3057**
2315844	172298	37643	62840	2059069	208327	26629	103869	1067747	1044862	1200
5511157	636196	1645	121592	4404975	692112	100128	793296	2904871	2726950	1857
3946241	439886	—7330	52097	3187069	506772	74719	555850	1697272	1578075	1028
924955	103510	3012	39972	700449	130218	18069	148769	1000582	969713	384
637968	92453	5949	29523	515532	54967	7325	88429	206257	178844	445
1992	348	14		1926	155	14	248	760	317	
1826246	316929	7616	59903	1446271	222396	34823	297291	969002	932035	1898
1296246	179462	6856	40456	1030535	148294	24572	180476	494786	476861	871
530001	137467	760	19447	415736	74102	10251	116815	474216	455174	1028
6000754	491565	31672	124529	5017773	678043	91934	679874	3003616	2839777	1159
96114	6324	8	568	51547	40196	5622	39005	60121	59524	
3835896	175870	—724	7574	3334326	336765	45323	269410	1900463	1881373	22
2068745	309371	32388	116386	1631899	301082	40989	371459	1043032	898880	1137
5917440	499160	16528	89124	5009330	653176	92660	629489	3002702	2883541	
702107	140794	6841	20374	551691	105778	14661	152589	429301	398381	1055
1207454	168540	15918	74933	903023	141484	19436	195087	540615	489890	2002

单位:万元

损益及分配										
固定资产净值年平均余额	无形及递延资产合计	#无形资产	资产总计	流动负债合计	长期负债合计	负债合计	所有者权益合计	#股本	产品销售收入	产品销售成本
7603056	**429102**	**60192**	**18389623**	**7087741**	**3715731**	**10811923**	**7577546**	**79286**	**9303959**	**7842276**
2268155	79953	25520	5286273	1498431	1454583	2954770	2331503	53057	3331125	2714343
5334902	349150	34672	13103350	5589311	2261148	7857153	5246043	26229	5972834	5127933
3710402	282515	22236	9536635	4250095	1717361	5970454	3566181	20809	4179095	3552409
1336618	47044	4863	2663901	845494	419643	1265636	1398111	1373	1150666	1062582
287468	19584	7573	900958	492796	124145	620136	280822	3729	640996	511154
415	7		1856	925		927	930	319	2077	1789
1535398	128112	9067	4041119	1831200	772024	2605954	1435165	26641	2022480	1646951
817482	66158	5735	2262459	1098462	388604	1489762	772697	10234	1503503	1225062
717916	61954	3333	1778660	732738	383420	1116192	662468	16407	518977	421889
6067658	300991	51125	14348504	5256541	2943707	8205969	6142381	52645	7281479	6195325
101541	2813		244324	97909	57900	156242	87928		94123	78419
4665623	154856	26545	9064943	2682450	2092941	4778577	4286366	5872	4965338	4327575
1300494	143321	24580	5039236	2476182	792867	3271149	1768087	46774	2222019	1789331
6502724	298937	40512	14459641	5138972	3186180	8325154	6134486	43869	7186830	6126550
518250	53869	3681	1658440	775839	240058	1016011	642429	6212	681190	526509
582082	76297	15999	2271542	1172930	289492	1470757	800631	29206	1435938	1189218

6－6 续表 2

项目	损益及分配								
	产品销售费用	产品销售税金及附加	产品销售利润	管理费用	税金	财产保险费	劳动待业保险费	利息支出	营业利润
总计	**171165**	**153440**	**1137078**	**1024729**	**36549**	**14372**	**199482**	**405943**	**－121112**
在总计中：									
中央企业	48935	89260	478587	320338	6294	5802	43864	96336	99537
地方企业	122230	64180	658491	704392	30255	8571	155618	309607	－220649
工业系统	73875	38322	514490	524481	21581	6253	129238	257851	－155200
非工业系统	26439	6192	55453	127650	5342	1453	22026	30235	－85041
区县工业	21864	19655	88323	52046	3220	863	4350	21516	19585
其他	53	11	225	214	111	2	4	5	7
在总计中：									
轻工业	69803	62515	243211	276232	10221	4476	48402	98090	－77998
以农产品为原料	40152	55766	182523	178129	6902	3227	32568	67678	－35129
以非农产品为原料	29650	6750	60688	98104	3320	1248	15834	30412	－42869
重工业	101362	90925	893867	748497	26328	9897	151080	307853	－43114
采掘工业	1205	1488	13011	31604	575	16	20011	3119	－11750
原料工业	35526	73870	528366	352965	15164	7059	61284	206553	14105
加工工业	64631	15567	352490	363928	10588	2822	69786	98181	－45469
在总计中：									
大型企业	101960	108774	849546	736720	26794	11027	160472	328515	－105471
中型企业	19525	36823	98334	129575	4218	1726	24206	36473	－29676
小型企业	49680	7843	189198	158434	5537	1619	14804	40955	14035

6－7 全部独立核算国有工

项目	企业亏损面	增加值率	产品销售率	资产负债率
总计	**16.94**	**23.86**	**99.12**	**58.79**
在总计中：				
中央企业	18.91	21.50	97.57	55.90
地方企业	16.52	24.90	99.79	59.96
工业系统	16.72	23.83	100.02	62.61
非工业系统	22.71	28.57	99.96	47.51
区县工业	13.59	26.21	98.35	68.83
其他	8.00	39.12	67.78	49.95
在总计中：				
轻工业	18.98	25.38	98.92	64.49
以农产品为原料	19.85	25.21	98.83	65.85
以非农产品为原料	17.45	25.68	99.14	62.75
重工业	15.07	23.41	99.18	57.19
采掘工业	16.67	46.29	99.12	63.95
原料工业	17.11	21.61	100.33	52.71
加工工业	14.75	25.62	97.06	64.91
在总计中：				
大型企业	28.74	21.87	99.75	57.58
中型企业	24.15	26.22	97.90	61.26
小型企业	15.97	31.85	96.87	64.75

单位:万元

损益及分配							本年应交增值税	本年进项税额	本年销项税额
利润总额	亏损企业亏损总额	利税总额	应交所得税	转作奖金的利润	应付利润	#已分配股利			
169 587	**134 773**	**762 024**	**51 312**	**2 862**	**36 222**	**286**	**438 997**	**1 159 673**	**1 609 146**
134 229	19 699	382 662	24 950	693	24 026	395	159 173	421 653	580 578
35 358	115 075	379 362	26 361	2 170	12 196	—109	279 824	738 021	1 028 568
—10 308	76 224	240 208	9 683	395	3 793		212 194	549 032	765 981
14 213	25 479	66 170	8 933	1 360	672	—272	45 765	128 842	181 118
31 446	13 329	72 861	7 739	412	7 731	163	21 760	59 918	81 335
7	46	124	6	4			106	229	134
10 977	73 052	152 073	16 221	829	9 212	—122	78 581	239 905	324 771
17 716	48 964	130 820	13 646	423	8 430	183	57 339	161 774	225 194
—6 739	24 088	21 253	2 575	406	781	—305	21 242	78 131	99 577
158 610	61 721	609 951	35 091	2 034	27 010	408	360 416	919 768	1 284 374
520	452	12 501	292		96		10 493	8 980	23 386
134 813	8 830	485 658	25 097	910	22 095	187	276 975	581 114	857 620
23 277	52 439	111 792	9 702	1 124	4 819	221	72 948	329 674	403 368
125 476	72 294	593 755	33 579	1 449	27 798		359 505	890 683	1 255 701
2 519	19 944	68 627	5 086		1 186	294	29 285	83 198	119 369
41 592	42 536	99 642	12 647	1 413	7 238	—8	50 207	185 792	234 076

业企业主要经济分析指标

单位:%

流动比率	速动比率	流动资产周转率(次)	资金利税率	销售收入利税率	产成品可供销售天数(天)	增加值劳产率(元/人)
100.24	**59.64**	**1.31**	**5.19**	**8.19**	**42**	**19 571**
139.57	91.09	1.72	9.09	11.49	26	50 462
89.70	51.20	1.16	3.62	6.35	50	17 500
86.29	46.65	1.17	3.29	5.75	53	17 165
104.84	71.70	1.02	2.69	5.75	40	17 754
93.14	55.27	1.49	10.14	11.37	50	19 110
77.30	60.22	2.44	9.79	5.97	6	42 778
96.50	54.21	1.16	4.63	7.52	78	15 692
96.90	55.12	1.44	7.03	8.70	60	17 976
95.92	52.84	0.74	1.49	4.10	130	12 164
101.54	61.53	1.37	5.35	8.38	32	21 268
109.63	91.68	0.92	6.14	13.28	28	11 767
95.38	58.84	1.81	6.55	9.78	18	31 455
107.90	63.25	0.89	2.95	5.03	67	14 876
98.35	57.33	1.44	5.17	8.26	37	20 853
100.37	58.14	0.97	5.63	10.07	90	12 456
108.46	70.75	1.02	5.02	6.94	48	21 002

6－8　全部独立核算集体

项　　目	企业单位个数（个）	#亏损企业	工业总产值（当年价格新规定）	工业总产值（1990年不变价格新规定）	工业增加值（生产法）	工业销售产值（当年价格新规定）	成品	
							年初库存价值	生产价值
总　计	**7 360**	**1 334**	**2 346 153**	**2 238 314**	**1 061 437**	**2 327 956**	**372 299**	**2 175 506**
在总计中：								
中央企业	378	68	68 790	64 834	43 409	64 674	7 323	52 779
地方企业	6 982	1 266	2 277 363	2 173 481	1 018 029	2 263 282	364 977	2 122 727
工业系统	945	147	251 991	238 908	56 408	248 385	68 595	234 842
非工业系统	457	58	101 993	104 470	78 057	114 627	7 225	96 258
区县工业	5 354	977	1 841 493	1 756 826	848 495	1 827 928	270 874	1 712 478
其他	226	84	81 886	73 277	35 069	72 344	18 284	79 148
在总计中：								
街、镇、乡属企业	4 189	763	1 314 613	1 252 723	640 396	1 316 312	182 490	1 213 719
在总计中：								
轻工业	3 404	640	913 105	855 533	370 013	836 628	183 162	847 526
以农产品为原料	1 878	364	559 404	511 605	211 613	518 531	90 859	519 749
以非农产品为原料	1 526	276	353 701	343 928	158 399	318 097	92 302	327 777
重工业	3 956	694	1 433 048	1 382 781	691 425	1 491 328	189 137	1 327 981
采掘工业	223	20	63 820	58 118	48 427	75 955	4 306	63 348
原料工业	456	83	187 169	178 457	83 910	189 872	16 832	171 167
加工工业	3 277	591	1 182 059	1 146 206	559 088	1 225 502	168 000	1 093 466
在总计中：								
大型企业	11	2	158 518	149 603	21 128	150 439	34 250	152 651
中型企业	48	19	99 366	89 674	26 181	90 979	24 311	93 249
小型企业	7 301	1 313	2 088 269	1 999 037	1 014 128	2 086 538	313 738	1 929 606

6－8　续表1

项　　目	损　益　及　分　配								
	流动资产合计	#存货	#产成品	流动资产年平均余额	固定资产合计	固定资产原价合计	#生产经营用	累计折旧	#本年折旧
总　计	**1 846 344**	**811 393**	**409 655**	**1 617 520**	**938 788**	**1 158 700**	**864 736**	**354 448**	**61 136**
在总计中：									
中央企业	56 832	23 840	6 132	39 020	24 628	55 922	36 176	33 785	2 995
地方企业	1 789 512	787 553	403 522	1 578 499	914 160	1 102 778	828 560	320 663	58 141
工业系统	335 258	153 084	76 461	321 579	179 034	212 570	159 152	77 996	10 447
非工业系统	54 985	20 999	6 820	48 099	17 546	23 895	17 300	8 068	1 988
区县工业	1 296 074	569 288	295 462	1 133 774	690 196	843 643	637 930	229 515	43 783
其他	103 195	44 182	24 778	75 047	27 384	22 672	14 178	5 084	1 923
在总计中：									
街、镇、乡属企业	725 421	368 147	212 888	693 624	433 635	546 439	397 086	158 840	32 028
在总计中：									
轻工业	763 662	352 827	189 542	707 531	426 669	500 704	376 333	134 183	24 329
以农产品为原料	376 967	177 236	93 038	353 575	234 745	284 716	212 506	83 122	15 976
以非农产品为原料	386 695	175 591	96 504	353 956	191 923	215 988	163 827	51 061	8 353
重工业	1 082 683	458 566	220 113	909 988	512 119	657 997	488 403	220 264	36 807
采掘工业	20 371	8 186	6 508	18 919	16 263	20 323	17 593	6 048	1 246
原料工业	106 768	45 390	23 852	96 310	83 429	100 049	71 234	25 439	5 344
加工工业	955 544	404 991	189 753	794 760	412 427	537 624	399 576	188 777	30 217
在总计中：									
大型企业	284 981	84 810	24 604	203 279	131 496	152 637	137 867	27 997	4 492
中型企业	103 892	52 275	26 729	102 589	87 676	105 994	87 484	33 794	4 404
小型企业	1 457 470	674 308	358 322	1 311 652	719 615	900 070	639 385	292 657	52 240

工业企业主要经济指标

单位:万元

产销存		在产品自制半成品期末期初差额	对外加工费收入	工业中间投入合计	本年应付工资总额	本年福利费福利费总额	全部职工(从业人员)年平均人数(人)	资本金合计		
销售价值	年末库存价值								国家资本金	外商资本金
2 168 058	**440 464**	**29 173**	**126 798**	**1 351 136**	**263 984**	**34 069**	**392 652**	**695 071**	**91 476**	**22 266**
50 029	8 341	244	11 897	29 188	9 933	1 522	12 403	20 130	10 469	1 085
2 118 030	432 122	28 929	114 902	1 321 947	254 052	32 547	380 249	674 940	81 007	21 182
233 911	72 580	2 794	12 119	207 205	96 047	6 561	79 863	169 291	6 691	563
109 835	7 630	260	5 393	26 403	8 362	934	11 130	19 092	5 631	
1 708 350	325 372	24 775	96 276	1 038 235	143 615	24 243	281 730	461 067	67 060	20 578
65 934	26 540	1 100	1 115	50 104	6 028	808	7 526	25 490	1 626	41
1 228 173	228 496	15 105	80 665	707 367	101 186	14 134	212 506	301 198	37 955	9 309
776 820	211 558	11 900	48 992	573 858	95 699	17 554	190 252	294 140	31 740	6 022
483 790	103 045	7 332	30 596	367 033	58 581	7 386	119 685	170 415	20 688	4 075
293 031	108 513	4 568	18 396	206 826	37 118	10 168	70 567	123 725	11 052	1 947
1 391 238	228 906	17 273	77 806	777 277	168 286	16 515	202 400	400 931	59 736	16 245
72 858	6 212	112	353	16 948	5 822	688	8 115	8 064	1 584	
173 362	18 252	1 313	11 865	108 216	12 286	1 927	26 723	46 349	7 848	153
1 145 018	204 441	15 848	65 588	652 113	150 178	13 900	167 562	346 518	50 304	16 092
146 604	28 459	5 660	207	141 111	10 714	1 755	14 460	61 658	7 128	9 733
88 945	24 990	680	5 437	76 910	13 912	2 640	23 025	64 010	5 682	1 695
1 932 509	387 014	22 833	121 154	1 133 115	239 359	29 674	355 167	569 402	78 666	10 838

单位:万元

损益及分配										
固定资产净值年平均余额	无形及递延资产合计	#无形资产	资产总计	流动负债合计	长期负债合计	负债合计	所有者权益合计	#股本	产品销售收入	产品销售成本
744 202	**80 779**	**22 918**	**3 114 029**	**1 869 676**	**383 599**	**2 268 483**	**845 199**	**58 643**	**1 740 762**	**1 426 787**
18 438	1 822	401	88 661	54 097	6 134	62 538	26 123	114	69 689	55 461
725 764	78 957	22 518	3 025 369	1 815 579	377 465	2 205 945	819 076	58 530	1 671 073	1 371 327
117 317	23 386	1 738	576 417	302 835	73 991	376 900	199 516	6 633	283 994	232 634
14 490	1 517	9	79 150	52 254	3 693	56 002	22 801	164	44 622	35 772
576 780	47 513	16 060	2 217 816	1 376 343	290 757	1 679 789	538 028	49 748	1 269 199	1 048 959
17 177	6 541	4 711	151 986	84 147	9 024	93 255	58 731	1 984	73 258	53 962
371 393	24 764	10 138	1 226 566	727 210	162 017	898 859	327 706	16 857	875 883	719 634
329 457	36 087	10 036	1 292 804	786 312	151 511	940 063	352 961	9 598	727 186	596 015
192 362	18 444	6 556	665 827	384 025	94 219	478 596	187 451	5 256	458 154	380 645
137 094	17 643	3 480	626 977	402 287	57 292	461 467	165 510	4 342	269 032	215 370
414 745	44 692	12 882	1 821 225	1 083 364	232 088	1 328 420	492 238	49 045	1 013 576	830 773
15 198	1 514	78	38 492	22 172	4 596	26 890	11 602	140	27 425	20 498
69 233	3 767	627	206 464	122 654	36 487	163 643	43 030	549	136 990	111 511
330 314	39 411	12 178	1 576 269	938 538	191 004	1 137 887	437 606	48 356	849 161	698 764
108 601	15 832	4 046	524 476	352 676	64 866	417 542	106 934	29 841	146 459	126 078
66 106	3 712	534	210 140	103 601	37 613	141 214	68 927	7 111	90 127	75 684
569 495	61 235	18 339	2 379 412	1 413 399	281 120	1 709 727	669 338	21 692	1 504 175	1 225 025

6—8 续表 2

项目	损益及分配							
	产品销售费用	产品销售税金及附加	产品销售利润	管理费用	税金	财产保险费	劳动待业保险费	利息支出
总计	**60 495**	**13 390**	**240 090**	**202 727**	**7 270**	**2 494**	**16 959**	**79 988**
在总计中：								
中央企业	3 144	658	10 426	8 875	102	93	282	468
地方企业	57 351	12 732	229 664	193 852	7 168	2 401	16 678	79 520
工业系统	9 268	1 243	40 849	62 363	1 649	836	11 985	12 216
非工业系统	1 917	945	5 989	8 136	484	60	439	1 724
区县工业	38 539	9 877	171 825	116 005	4 918	1 403	4 103	63 199
其他	7 627	667	11 001	7 348	118	102	151	2 381
在总计中：								
街、镇、乡属企业	23 509	6 598	126 139	71 930	3 647	865	674	40 523
在总计中：								
轻工业	29 619	5 334	96 219	84 531	3 175	1 364	8 947	33 103
以农产品为原料	18 151	3 332	56 027	47 355	1 917	884	4 646	20 941
以非农产品为原料	11 468	2 003	40 192	37 176	1 258	479	4 302	12 162
重工业	30 876	8 056	143 871	118 196	4 095	1 130	8 012	46 886
采掘工业	614	484	5 828	2 213	170	20	16	1 522
原料工业	3 160	728	21 592	14 096	555	120	362	7 821
加工工业	27 102	6 844	116 451	101 888	3 370	990	7 634	37 543
在总计中：								
大型企业	3 427	363	16 591	17 167	221	51	961	5 391
中型企业	2 924	871	10 648	16 282	433	337	3 162	6 633
小型企业	54 143	12 155	212 852	169 278	6 616	2 106	12 837	67 964

6—9 全部独立核算“三资”

项目	企业单位个数（个）	#亏损企业	工业总产值（当年价格新规定）	工业总产值（1990年不变价格新规定）	工业增加值（生产法）	工业销售产值（当年价格新规定）	成品	
							年初库存价值	生产价值
总计	**2 426**	**919**	**4 077 293**	**3 362 859**	**1 211 337**	**3 960 220**	**361 709**	**3 909 126**
在总计中：								
中央企业	189	70	496 046	385 292	76 812	473 992	39 349	459 661
地方企业	2 237	849	3 581 247	2 977 567	1 134 525	3 486 227	322 361	3 449 465
工业系统	349	135	2 089 738	1 926 676	663 530	2 043 826	141 212	2 046 408
非工业系统	273	88	351 262	179 783	96 482	344 907	26 378	337 970
区县工业	1 057	388	791 754	709 255	242 253	753 649	124 488	737 382
其他	558	238	348 493	161 853	132 261	343 846	30 284	327 705
在总计中：								
轻工业	1 566	608	1 808 020	1 286 190	627 701	1 750 917	218 765	1 697 115
以农产品为原料	1 032	400	1 339 064	903 019	451 486	1 307 775	146 266	1 249 644
以非农产品为原料	534	208	468 956	383 172	176 216	443 141	72 499	447 472
重工业	860	311	2 269 273	2 076 668	583 635	2 209 303	142 944	2 212 010
采掘工业	9	3	2 131	1 879	970	1 922	310	1 668
原料工业	101	37	188 629	161 381	100 690	179 675	15 374	183 849
加工工业	750	271	2 078 514	1 913 408	481 975	2 027 706	127 260	2 026 493
在总计中：								
大型企业	31	15	1 692 721	1 507 827	493 985	1 657 404	68 197	1 675 724
中型企业	33	11	302 389	203 444	72 465	309 964	28 823	296 621
小型企业	2 362	893	2 082 183	1 651 588	644 887	1 992 851	264 689	1 936 780

单位:万元

损益及分配								本年应交增值税	本年进项税额	本年销项税额
营业利润	利润总额	亏损企业亏损总额	利税总额	应交所得税	转作奖金的利润	应付利润	#已分配股利			
-1 366	**25 408**	**48 268**	**105 218**	**16 417**	**3 243**	**13 701**	**2 174**	**66 420**	**214 185**	**275 093**
2 492	2 787	1 260	7 252	1 126	127	130		3 807	7 579	10 901
-3 859	22 621	47 008	97 966	15 291	3 116	13 571	2 174	62 613	206 607	264 192
-16 742	-7 720	13 305	5 145	1 515	187	839	110	11 622	39 261	49 504
1 480	1 373	1 713	4 785	536	41	129	-78	2 467	8 263	10 814
7 648	25 085	29 522	80 199	12 280	2 834	12 377	2 008	45 237	147 921	189 305
3 756	3 882	2 468	7 836	961	55	225	135	3 287	11 162	14 569
20 833	22 552	20 418	62 300	10 038	2 729	10 477	962	33 150	93 918	124 416
610	11 122	21 457	47 222	6 697	1 125	5 099	903	30 766	80 858	109 532
2 571	8 879	11 884	31 452	4 374	759	2 876	660	19 242	47 289	65 174
-1 961	2 243	9 572	15 770	2 322	366	2 222	244	11 524	33 569	44 358
-1976	14 286	26 811	57 996	9 720	2 118	8 602	1 271	35 654	133 327	165 561
2 200	2 060	415	4 100	542	39	798	43	1 556	1 273	2 632
557	2 971	4 272	8 656	1 741	167	540	41	4 957	16 335	20 874
-4 734	9 254	22 124	45 240	7 438	1 912	7 265	1 186	29 142	115 719	142 056
-869	1 590	1 666	5 675	662	7	841	754	3 721	22 159	25 880
-7 744	-4 343	5 940	254	305	47	468	199	3 725	12 513	16 328
7 248	28 160	40 662	99 290	15 451	3 189	12 392	1 221	58 974	179 514	232 886

工业企业主要经济指标

单位:万元

产销存		在产品自制半成品期末期初差额	对外加工费收入	工业中间投入合计	本年应付工资总额	本年应付福利费总额	全部职工(从业人员)年平均人数(人)	资本金合计		
销售价值	年末库存价值								国家资本金	外商资本金
3 765 697	**461 018**	**36 144**	**86 467**	**3 010 501**	**277 323**	**69 831**	**235 443**	**2 554 466**	**805 966**	**1 441 070**
452 306	49 627	6 738	8 663	43 532	36 404	7 623		380 146	92 018	242 278
3 313 391	411 391	29 407	77 805	257 518	240 919	62 208		2 174 320	713 949	1 198 792
1 969 271	180 388	6 929	33 474	151 101	127 959	37 429		1 035 336	379 511	564 084
333 283	35 035	1 312	3 207	26 487	24 567	5 155		316 145	163 779	144 197
689 828	158 204	13 242	27 689	57 266	64 100	14 932		600 791	154 001	316 513
321 009	37 765	7 924	13 435	22 665	24 293	4 692		222 048	16 658	173 999
1 640 488	270 965	25 614	49 949	1 240 462	133 404	31 188	158 719	1 379 855	419 478	805 160
1 216 966	188 861	12 405	40 197	934 057	99 722	22 379	128 380	970 341	281 977	601 440
423 522	82 103	13 209	9 752	306 405	33 682	8 809	30 339	409 513	137 501	203 719
2 125 209	190 054	10 531	36 518	1 770 039	143 919	38 643	76 724	1 174 611	386 488	635 910
1 592	436	150	313	1 241	240	96	320	4 211	1 568	2 316
173 959	22 961	2 586	1 927	91 583	11 172	5 868	9 654	143 032	50 812	83 945
1 949 658	166 657	7 795	34 278	1 677 214	132 507	32 679	66 750	1 027 368	334 108	549 649
1 620 515	86 281	-13 971	20 691	1 271 922	83 900	20 168	46 360	701 605	218 319	377 599
306 318	29 966	2 420	3 945	239 445	18 795	6 059	15 196	118 322	53 374	57 924
1 838 864	344 772	47 696	61 831	1 499 134	174 628	43 604	173 887	1 734 538	534 274	1 005 547

6—9 续表 1

项目	损益及分配								
	流动资产合计	#存货	#产成品	流动资产年平均余额	固定资产合计	固定资产原价合计	#生产经营用	累计折旧	#本年折旧
总计	**3 524 243**	**1 339 808**	**407 485**	**3 105 683**	**2 279 412**	**2 544 890**	**2 122 454**	**509 898**	**169 924**
在总计中：									
中央企业	532 037	188 412	31 597	445 114	346 589	360 893	231 051	56 394	17 419
地方企业	2 992 206	1 151 397	375 888	2 660 570	1 932 824	2 183 997	1 891 403	453 504	152 505
工业系统	1 659 897	639 571	175 867	1 582 327	1 021 578	1 175 623	1 097 876	285 648	90 381
非工业系统	237 276	94 515	36 120	212 729	238 797	271 482	230 406	40 737	14 752
区县工业	697 710	307 866	126 339	633 458	540 027	585 312	454 814	94 039	35 786
其他	397 323	109 444	37 561	232 056	132 422	151 580	108 307	33 080	11 587
在总计中：									
轻工业	1 574 798	659 299	222 570	1 269 283	1 083 524	1 219 852	955 901	209 179	76 048
以农产品为原料	1 154 513	486 969	150 385	905 765	824 833	942 476	735 869	161 304	55 944
以非农产品为原料	420 285	172 330	72 186	363 518	258 691	277 376	220 031	47 875	20 105
重工业	1 949 446	680 509	184 915	1 836 400	1 195 888	1 325 039	1 166 553	300 719	93 876
采掘工业	1 501	757	339	1 009	3 458	4 058	3 613	600	219
原料工业	173 042	42 491	15 467	164 032	149 051	147 687	135 844	17 490	7 516
加工工业	1 774 902	637 262	169 108	1 671 359	1 043 379	1 173 293	1 027 096	282 628	86 140
在总计中：									
大型企业	1 067 395	374 604	87 649	1 053 087	746 414	819 101	738 642	212 189	56 234
中型企业	212 718	91 314	31 652	200 303	98 274	114 977	99 426	28 052	8 426
小型企业	2 244 129	873 890	288 184	1 852 293	1 434 724	1 610 812	1 284 386	269 658	105 265

6—9 续表 2

项目	损益及分配							
	产品销售费用	产品销售税金及附加	产品销售利润	管理费用	税金	财产保险费	劳动待业保险费	利息支出
总计	**251 151**	**55 710**	**532 544**	**389 984**	**7 516**	**3 744**	**3 770**	**109 992**
在总计中：								
中央企业	65 529	5 396	83 797	62 443	944	119	437	16 345
地方企业	185 622	50 315	448 747	327 541	6 572	3 626	3 334	93 647
工业系统	75 494	42 399	297 077	169 098	2 444	1 515	1 403	53 277
非工业系统	20 803	578	32 363	37 978	699	623	842	12 809
区县工业	50 819	6 127	79 294	74 095	2 652	1 223	889	25 318
其他	38 506	1 211	40 013	46 371	777	266	199	2 243
在总计中：								
轻工业	133 578	13 003	164 825	178 714	4 115	2 621	1 749	48 541
以农产品为原料	98 778	10 572	142 749	126 235	2 138	2 053	1 622	38 693
以非农产品为原料	34 799	2 431	22 076	52 479	1 978	568	127	9 848
重工业	117 573	42 707	367 718	211 270	3 401	1 123	2 021	61 452
采掘工业	430	81	337	314	81	2	1	32
原料工业	5 433	5 560	18 732	18 183	357	160	52	4 459
加工工业	111 710	37 066	348 650	192 774	2 964	961	1 969	56 961
在总计中：								
大型企业	85 801	39 622	255 440	113 504	1 762	872	599	35 932
中型企业	20 281	2 982	36 764	18 954	312	229	328	9 055
小型企业	145 069	13 106	240 339	257 526	5 442	2 643	2 843	65 005

单位：万元

损益及分配										
固定资产净值年平均余额	无形及递延资产合计	#无形资产	资产总计	流动负债合计	长期负债合计	负债合计	所有者权益合计	#股本	产品销售收入	产品销售成本
1 869 178	**342 965**	**243 395**	**6 371 405**	**3 064 043**	**582 961**	**3 685 054**	**2 685 518**	**644 749**	**4 290 670**	**3 451 265**
285 811	27 122	19 297	940 021	439 638	110 017	560 886	379 135	77 484	687 391	532 669
1 583 367	315 843	224 099	5 431 384	2 624 405	472 945	3 124 167	2 306 383	567 265	3 603 279	2 918 596
804 281	134 639	106 929	2 893 712	1 321 194	254 295	1 590 155	1 303 557	373 408	2 122 530	1 707 560
201 712	49 292	33 413	549 144	245 998	64 130	314 214	234 096	58 658	373 004	319 261
489 455	100 755	62 412	1 390 254	739 326	126 201	869 404	520 849	81 884	731 821	595 581
87 918	31 157	21 345	598 275	317 887	28 319	350 394	247 881	53 315	375 925	296 194
964 396	200 621	136 536	2 983 525	1 483 191	221 221	1 721 228	1 262 043	305 495	1 783 631	1 472 225
729 624	132 594	96 274	2 203 037	1 110 573	139 107	1 261 979	940 804	185 660	1 371 186	1 119 086
234 771	68 027	40 262	780 488	372 618	82 114	459 249	321 239	119 834	412 445	353 139
904 782	142 344	106 859	3 387 880	1 580 852	361 740	1 963 826	1 423 475	339 254	2 507 039	1 979 040
3 508	366	179	6 146	1 505	320	1 833	4 313		1 963	1 115
93 050	41 796	33 828	370 996	150 839	22 327	174 160	196 836	47 495	181 476	151 752
808 224	100 182	72 852	3 010 738	1 428 508	339 093	1 787 833	1 222 326	291 759	2 323 600	1 826 173
570 042	65 755	56 570	1 911 583	904 162	126 276	1 042 937	868 646	122 971	1 687 625	1 306 762
85 558	8 821	5 783	336 321	173 998	19 007	194 762	141 559	37 156	305 230	245 202
1 213 578	268 389	181 042	4 123 500	1 985 882	437 678	2 447 354	1 675 312	484 622	2 297 815	1 899 301

单位：万元

损益及分配								本年应交增值税	本年进项税额	本年销项税额
营业利润	利润总额	亏损企业亏损总额	利税总额	应交所得税	转作奖金的利润	应付利润	#已分配股利			
88 722	**114 288**	**181 733**	**314 543**	**36 701**	**5 042**	**97 266**	**66 722**	**144 545**	**433 158**	**574 862**
13 833	30 158	22 575	51 638	7 953	397	6 450	593	16 084	74 482	86 836
74 888	84 131	159 158	262 907	28 749	4 645	90 816	66 129	128 461	358 676	488 026
96 025	110 144	54 932	237 343	21 547	3 562	67 669	57 843	84 800	218 358	306 981
−15 753	−16 602	30 126	−5 938	1 305	263	6 111	1 787	10 086	35 794	45 163
−10 163	−15 120	26 036	14 161	4 877	657	13 283	5 199	23 154	78 075	99 631
4 780	5 709	5 395	17 342	1 020	164	3 754	1 300	10 422	26 449	36 252
−31 078	−33 540	129 478	39 607	9 431	1 130	42 424	19 252	60 144	160 954	219 093
−12 314	−10 962	88 499	46 089	8 242	978	33 657	16 003	46 479	119 978	163 531
−18 764	−22 578	40 979	−6 482	1 188	153	8 767	3 249	13 665	40 976	55 563
119 800	147 828	52 255	274 936	27 271	3 912	54 842	47 470	84 401	272 204	355 768
49	64	81	224					79	97	167
7 799	5 119	11 411	14 324	1 688	167	2 883	677	3 645	12 760	16 624
111 951	142 645	40 763	260 388	25 582	3 745	51 960	46 793	80 676	259 347	338 978
96 181	115 766	30 469	228 574	15 912	3 245	49 258	50 733	73 186	186 177	260 820
11 155	16 198	4 906	28 700	2 115	530	9 712	4 698	9 521	26 811	36 308
−18 615	−17 675	146 358	57 269	18 674	1 267	38 297	11 291	61 838	220 170	277 734

6—10 地方独立核算大中

项目	企业单位个数（个）	#亏损企业	工业总产值（当年价格新规定）	工业总产值（1990年不变价格新规定）	工业增加值（生产法）	工业销售产值（当年价格新规定）	成品	
							年初库存价值	生产价值
总　计	**425**	**134**	**7 309 744**	**5 649 403**	**2 080 381**	**7 264 177**	**660 741**	**7 011 819**
在总计中：								
工业系统	272	86	5 709 743	4 555 580	1 622 164	5 680 883	501 281	5 469 863
非工业系统	82	24	843 850	528 935	246 222	846 863	77 310	813 133
区县工业	69	24	726 485	564 888	199 412	706 457	76 679	699 533
其他	2		29 665		12 584	29 974	5 471	29 290
在总计中：								
国有经济	293	82	4 965 969	3 625 590	1 422 591	4 962 880	488 711	4 704 715
集体经济	59	21	257 605	238 964	47 030	241 028	58 561	245 621
联营经济	5	3	45 481	33 226	8 156	46 367	8 399	42 327
股份制经济	7	2	118 601	82 123	42 449	123 482	13 950	116 708
外商投资经济	41	17	1 655 909	1 459 801	491 990	1 616 454	71 353	1 638 579
中外合资经营企业	38	15	1 631 445	1 439 526	485 815	1 594 202	67 572	1 615 294
中外合作经营企业	3	2	24 464	20 275	6 176	22 251	3 781	23 284
港澳台投资经济	19	9	232 295	181 950	54 780	243 168	16 874	230 022
与大陆合资经营企业	19	9	232 295	181 950	54 780	243 168	16 874	230 022
其他经济	1		33 883	27 751	13 384	30 798	2 893	33 846
在总计中：乡属工业	**4**		**21 506**	**14 180**	**5 319**	**20 027**	**3 551**	**19 993**
在总计中：国有控股企业	**106**	**37**	**4 654 937**	**3 534 471**	**1 277 260**	**4 637 453**	**301 030**	**4 433 242**
在总计中：								
轻工业	212	68	1 921 581	1 373 491	541 055	1 907 426	274 740	1 859 790
以农产品为原料	133	43	1 361 875	840 784	367 680	1 355 565	148 136	1 319 847
以非农产品为原料	79	25	559 706	532 707	173 375	551 860	126 604	539 944
重工业	213	66	5 388 163	4 275 912	1 539 327	5 356 752	386 000	5 152 029
采掘工业	5		94 366	38 472	55 523	93 788	5 238	93 790
原料工业	27	7	2 694 740	1 819 035	805 200	2 701 654	121 961	2 504 378
加工工业	181	59	2 599 057	2 418 404	678 604	2 561 310	258 801	2 553 861
在总计中：								
大型企业	180	57	6 316 263	4 895 418	1 830 165	6 282 635	507 894	6 053 439
中型企业	245	77	993 481	753 984	250 216	981 542	152 847	958 380

型工业企业主要经济指标

单位:万元

产销存 销售价值	年末库存价值	在产品自制半成品期末期初差额	对外加工费收入	工业中间投入合计	本年应付工资总额	本年应付福利费总额	全部职工(从业人员)年平均人数(人)	资本金合计	国家资本金	外商资本金
6 989 516	**702 290**	**－6 950**	**101 128**	**5 568 276**	**729 252**	**116 956**	**756 863**	**3 501 480**	**2 646 532**	**396 318**
5 461 158	535 254	－17 833	63 983	4 370 773	585 934	94 262	595 039	2 297 579	1 683 049	279 175
821 422	73 200	1 675	29 267	627 373	96 298	13 513	95 397	898 799	827 596	51 465
678 169	87 706	8 833	7 879	551 398	44 354	8 594	64 744	273 101	135 887	62 927
28 768	6 130	375		18 732	2 666	587	1 683	32 000		2 751
4 732 835	510 617	－3 963	71 148	3 787 349	584 558	84 829	631 825	2 493 934	2 355 494	1 055
235 160	53 450	6 340	5 644	218 020	24 626	4 395	37 485	125 668	12 810	11 428
42 514	8 756	520	2 634	38 085	6 431	493	8 957	23 901	4 676	
121 779	18 719	972	921	83 882	14 438	2 512	15 792	128 878	7 046	6 753
1 578 552	96 733	－10 232	17 884	1 235 312	76 972	20 425	42 979	571 158	209 970	302 890
1 557 300	91 523	－10 157	16 628	1 216 821	75 126	20 244	41 203	551 517	201 570	291 648
21 252	5 210	－75	1 255	18 491	1 846	181	1 776	19 641	8 400	11 241
243 327	12 588	－591	2 865	184 472	17 878	3 714	15 766	155 525	54 120	74 192
243 327	12 588	－591	2 865	184 472	17 878	3 714	15 766	155 525	54 120	74 192
35 349	1 427	4	33	21 156	4 350	588	4 059	2 416	2 416	
20 411	**3 133**	**149**	**1 363**	**16 582**	**1 770**	**281**	**3 344**	**10 673**	**2 965**	**3 189**
4 401 464	**316 402**	**－5 734**	**33 741**	**3 602 455**	**366 909**	**62 896**	**334 554**	**1 495 436**	**1 148 209**	**151 886**
1 856 911	300 503	4 276	41 825	1 454 976	189 021	32 524	244 096	1 118 919	796 442	200 158
1 318 160	162 856	3 627	28 351	1 046 692	124 162	22 428	144 073	629 026	392 064	171 291
538 751	137 647	649	13 474	408 284	64 859	10 096	100 023	489 893	404 378	28 867
5 132 605	401 787	－11 227	59 304	4 113 300	540 231	84 432	512 767	2 382 561	1 850 090	196 159
93 426	5 599	8	568	49 283	39 778	5 585	38 347	57 601	57 054	
2 499 404	106 907	－397	2 292	2 040 885	244 220	34 777	206 462	1 226 914	1 203 284	9 672
2 539 776	289 281	－10 837	56 443	2 023 133	256 233	44 070	267 958	1 098 045	589 752	186 487
6 044 281	526 109	－15 007	79 312	4 791 044	611 525	96 325	587 630	2 982 488	2 301 612	337 529
945 235	176 181	8 057	21 816	777 233	117 727	20 631	169 233	518 991	344 920	58 789

6—10 续表1

项目	损益及分配								
	流动资产合计	#存货	#产成品	流动资产年平均余额	固定资产合计	固定资产原价合计	#生产经营用	累计折旧	#本年折旧
总计	**6 051 482**	**2 532 636**	**782 126**	**5 797 560**	**7 319 840**	**8 939 526**	**7 727 603**	**2777279**	**408 389**
在总计中:									
工业系统	4 717 844	2 065 320	616 793	4 618 183	5 421 976	6 727 162	5 791 752	2272399	306 720
非工业系统	686 378	234 650	88 412	666 725	1 427 463	1 697 339	1 503 418	399 034	79 423
区县工业	594 157	225 524	72 882	499 491	452 617	497 944	419 703	103 666	21 929
其他	53 103	7 142	4 040	13 162	17 784	17 080	12 731	2 180	317
在总计中:									
国有经济	4 214 901	1 863 287	586 313	4 117 754	6 139 623	7 578 636	6 518 532	2425759	325 843
集体经济	388 874	137 085	51 332	305 868	219 172	258 631	225 351	61 791	8 896
联营经济	62 522	23 385	9 245	57 561	47 613	56 065	48 025	12 009	3 892
股份制经济	171 611	56 222	17 632	127 690	100 933	132 692	100 138	41 993	5 915
外商投资经济	983 075	360 657	95 613	958 715	626 056	745 162	688 588	188 951	52 543
中外合资经营企业	967 550	351 421	91 840	943 504	606 594	721 322	665 238	184 572	50 732
中外合作经营企业	15 525	9 236	3 772	15 211	19 462	23 840	23 350	4 379	1 811
港澳台投资经济	203 094	75 730	17 228	201 502	174 055	156 136	141 069	40 579	10 745
与大陆合资经营企业	203 094	75 730	17 228	201 502	174 055	156 136	141 069	40 579	10 745
其他经济	27 404	16 270	4 763	28 471	12 387	12 204	5 900	6 198	555
在总计中:乡属工业	**20 976**	**11 111**	**5 888**	**18 347**	**10 730**	**13 222**	**11 065**	**2 541**	**602**
在总计中:国有控股企业	**3 204 687**	**1 431 278**	**389 075**	**3 004 047**	**4 140 927**	**5 065 668**	**4 549 044**	**1679138**	**234 724**
在总计中:									
轻工业	1 762 788	768 980	348 658	1 736 683	1 877 537	2 239 576	1 910 340	555 973	104 192
以农产品为原料	1 053 712	466 406	200 259	1 034 625	948 801	1 158 004	944 037	298 992	57 172
以非农产品为原料	709 076	302 574	148 400	702 058	928 736	1 081 572	966 303	256 981	47 020
重工业	4 288 693	1 763 656	433 468	4 060 877	5 442 302	6 699 949	5 817 263	2221306	304 197
采掘工业	100 876	16 756	5 519	99 793	122 518	168 197	105 376	56 885	5 355
原料工业	1 534 964	738 781	121 531	1 463 551	3 674 706	4 530 215	4 103 930	1460135	202 012
加工工业	2 652 853	1 008 118	306 418	2 497 533	1 645 078	2 001 537	1 607 957	704 285	96 830
在总计中:									
大型企业	5 111 890	2 131 487	610 435	4 921 551	6 602 208	8 055 044	7 036 988	2490297	370 524
中型企业	939 591	401 149	171 691	876 010	717 632	884 482	690 615	286 982	37 865

单位:万元

固定资产净值年平均余额	无形及递延资产合计	#无形资产	资产总计	流动负债合计	长期负债合计	负债合计	所有者权益合计	#股本	产品销售收入	产品销售成本
	损益及分配									
5 786 812	**404 927**	**106 283**	**14 834 998**	**6 422 366**	**2327748**	**8 762 287**	**6 072 710**	**344 804**	**7 338 507**	**6 191 970**
4 220 178	307 497	60 278	11 306 168	5 079 603	1780226	6 869 080	4 437 088	217 482	5 728 823	4 778 801
1 194 307	50 005	15 821	2 227 648	615 629	374 272	992 650	1 234 998	36 352	920 588	860 869
360 649	33 061	17 287	1 210 733	686 267	167 641	854 081	356 652	59 495	633 703	510 961
11 679	14 364	12 897	90 449	40 867	5 609	46 477	43 972	31 475	55 392	41 338
4 840 554	283 111	23 498	11 499 818	4 760 098	2045377	6 805 493	4 694 325	22 718	5 005 020	4 304 636
174 707	19 544	4 580	734 617	456 277	102 478	558 756	175 861	36 952	236 587	201 763
38 590	4 393	79	119 677	84 925	9 393	94 318	25 359		73 096	67 224
86 536	23 964	16 764	337 247	99 899	23 471	123 371	213 876	128 345	150 093	113 587
526 403	59 426	54 674	1 698 738	821 961	77 077	908 552	790 186	135 233	1 575 491	1 246 896
508 910	56 475	52 167	1 654 869	803 642	67 730	880 885	773 984	131 188	1 554 583	1 228 633
17 494	2 951	2 507	43 870	18 320	9 348	27 668	16 202	4 045	20 908	18 263
113 482	14 160	6 689	404 362	175 874	68 082	246 596	157 765	21 556	262 937	224 381
113 482	14 160	6 689	404 362	175 874	68 082	246 596	157 765	21 556	262 937	224 381
6 540	330		40 539	23 332	1 869	25 201	15 338		35 283	33 482
11 956	**221**	**54**	**32 422**	**17 202**	**2 114**	**19 316**	**13 106**		**17 174**	**13 897**
3 210 664	**203 309**	**31 796**	**8 128 170**	**3 722 259**	**1190723**	**4 922 002**	**3 206 169**	**191 470**	**4 688 836**	**3 951 189**
1 583 549	168 988	54 582	4 070 481	1 900 550	734 704	2 639 140	1 431 342	121 643	2 008 124	1 669 504
830 746	103 789	42 166	2 242 170	1 117 823	351 543	1 473 141	769 029	70 589	1 513 199	1 262 345
752 803	65 200	12 416	1 828 311	782 727	383 161	1 165 999	662 312	51 054	494 925	407 159
4 203 263	235 939	51 701	10 764 516	4 521 816	1593044	6 123 148	4 641 369	223 161	5 330 383	4 522 466
98 021	2 809		230 312	89 051	55 849	144 900	85 412		91 464	76 252
2 892 441	71 740	13 483	5 630 292	2 029 705	853 966	2 883 875	2 746 417		2 591 706	2 302 416
1 212 802	161 390	38 218	4 903 912	2 403 061	683 228	3 094 372	1 809 539	223 161	2 647 212	2 143 798
5 244 112	340 405	94 371	12 955 108	5 491 336	2051799	7 553 691	5 401 417	266 241	6 436 554	5 458 528
542 700	64 522	11 912	1 879 889	931 030	275 949	1 208 596	671 293	78 563	901 952	733 442

6—10 续表 2

项　　目	损益及分配							
	产品销售费用	产品销售税金及附加	产品销售利润	管理费用	税金	财产保险费	劳动待业保险费	利息支出
总　　计	**172 463**	**100 266**	**872 779**	**774 936**	**28 578**	**8 829**	**150 827**	**341 433**
在总计中：								
工业系统	118 953	73 541	757 528	621 592	23 205	7 075	128 872	295 882
非工业系统	23 378	4 568	31 773	101 154	3 966	1 138	18 471	25 311
区县工业	24 832	22 036	75 874	47 966	1 360	617	3 482	18 746
其他	5 300	121	7 605	4 223	48		2	1 494
在总计中：								
国有经济	92 025	58 244	550 116	593 650	25 161	7 117	142 206	277 410
集体经济	6 351	1 235	27 238	33 453	654	388	4 122	12 024
联营经济	1 381	191	4 300	8 086	244	136	1 164	2 950
股份制经济	7 384	978	27 115	16 728	398	68	1 054	4 679
外商投资经济	56 335	37 756	234 505	98 870	1 589	708	608	32 262
中外合资经营企业	54 890	37 366	233 694	96 698	1 566	647	600	31 714
中外合作经营企业	1 445	390	811	2 172	22	61	8	548
港澳台投资经济	8 988	1 005	28 563	21 050	443	374	35	10 959
与大陆合资经营企业	8 988	1 005	28 563	21 050	443	374	35	10 959
其他经济		858	942	3 098	89	38	1 637	1 149
在总计中：乡属工业	**510**		**2 768**	**772**	**11**	**6**		**180**
在总计中：国有控股企业	**82 125**	**60 237**	**595 285**	**384 029**	**15 966**	**4 262**	**64 818**	**225 468**
在总计中：								
轻工业	84 742	39 771	213 079	237 851	7 247	3 961	38 273	99 349
以农产品为原料	54 166	34 035	162 654	154 445	4 141	2 797	24 570	69 325
以非农产品为原料	30 576	5 736	50 425	83 406	3 105	1 164	13 702	30 024
重工业	87 722	60 495	659 700	537 085	21 331	4 868	112 554	242 084
采掘工业	1 161	1 460	12 591	30 940	564	15	19 986	2 879
原料工业	25 972	14 670	248 648	206 572	12 281	2 126	46 308	143 626
加工工业	60 588	44 365	398 461	299 572	8 486	2 727	46 261	95 579
在总计中：								
大型企业	133 810	86 303	756 885	645 120	24 129	6 894	130 151	293 928
中型企业	38 653	13 963	115 894	129 816	4 448	1 936	20 676	47 505

单位:万元

损益及分配								本年应交增值税	本年进项税额	本年销项税额
营业利润	利润总额	亏损企业亏损总额	利税总额	应交所得税	转作奖金的利润	应付利润	#已分配股利			
-112 082	**151 963**	**123 531**	**591 142**	**36 564**	**4 933**	**68 876**	**57 845**	**338 914**	**890 300**	**1 242 763**
-45 485	115 989	90 128	472 724	25 434	3 490	58 716	54 654	283 194	713 805	1 004 011
-83 456	5 047	20 449	39 360	3 424	1 390	3 306	1 394	29 745	98 519	134 530
14 416	26 881	12 954	73 242	7 127	54	6 854	1 798	24 325	70 926	95 651
2 442	4 046		5 815	579				1 651	7 049	8 571
-204 397	29 547	77 012	331 762	17 228	1 449	7 211	116	243 972	620 264	876 245
-8 614	-2 752	7 606	5 928	966	54	1 309	953	7 446	34 672	42 208
-5 233	-449	1 651	502					759	9 905	10 664
9 957	13 788	1 887	22 496	2 058		1 388	1 345	7 730	17 277	25 025
102 926	114 708	23 778	223 857	15 754	3 247	54 625	53 847	71 393	167 074	239 327
104 815	116 574	21 896	225 131	15 754	3 247	54 625	53 847	71 191	164 183	236 234
-1 889	-1 866	1 882	-1 274					202	2 892	3 094
-3 513	-2 985	11 597	4 978	557	183	4 345	1 584	6 957	34 310	41 841
-3 513	-2 985	11 597	4 978	557	183	4 345	1 584	6 957	34 310	41 841
-3 208	105		1 620					657	6 797	7 454
1 674	**1 680**		**2 075**	**203**	**9**	**20**		**395**	**1 185**	**1 580**
43 426	**121 832**	**48 125**	**406 846**	**22 124**	**3 170**	**47 403**	**44 579**	**224 778**	**548 145**	**780 611**
-82 624	467	85 196	114 688	13 195	756	19 374	12 419	74 450	241 284	321 767
-40 412	6 966	60 321	93 498	10 654	424	15 090	9 953	52 496	168 976	227 377
-42 212	-6 500	24 875	21 190	2 542	332	4 284	2 466	21 953	72 307	94 390
-29 459	151 496	38 335	476 455	23 368	4 178	49 502	45 427	264 464	649 016	920 996
-11 315	882		12 781	290		90		10 440	8 962	23 349
-63 651	36 754	2 848	202 768	3 709	979	5 360		151 344	289 755	441 101
45 508	113 861	35 487	260 906	19 370	3 198	44 052	45 427	102 680	350 299	456 546
-84 528	148 234	93 319	539 483	30 854	4 701	58 086	52 832	304 946	786 529	1 098 091
-27 555	3 729	30 213	51 660	5 710	232	10 790	5 013	33 968	103 771	144 672

6—11 地方独立核算大中

（按行

项目	企业单位个数（个）	#亏损企业	工业总产值（当年价格新规定）	工业总产值（1990年不变价格新规定）	工业增加值（生产法）	工业销售产值（当年价格新规定）	成品 年初库存价值	成品 生产价值
煤炭采选业	1		81 945	32 074	50 698	81 493	3 016	81 369
黑色金属矿采选业	1		9 750	4 932	3 497	9 587	1 023	9 750
非金属矿采选业	3		2 671	1 466	1 328	2 708	1 199	2 671
食品加工业	24	10	340 253	121 083	51 412	344 785	9 600	340 243
食品制造业	11	5	49 976	29 339	29 600	48 404	2 320	49 415
饮料制造业	16	6	372 064	231 479	149 391	366 610	18 011	360 437
纺织业	33	15	306 820	232 045	54 066	307 635	65 046	294 944
服装及其他纤维制品制造业	15	1	95 720	64 950	26 899	95 369	19 243	91 162
皮革、毛皮、羽绒及其制品业	8	2	17 085	13 189	4 070	14 235	7 984	15 944
木材加工及竹、藤、棕、草制品业	1	1	6 023	3 177	1 902	4 475	6 521	2 511
家具制造业	1		2 370	2 296	—156	2 796	368	2 518
造纸及纸制品业	5		71 958	56 773	19 462	72 724	5 952	71 940
印刷业、记录煤介的复制、	12	2	40 306	33 966	17 412	39 338	1 265	31 481
文教、体育用品制造业	8	3	37 265	26 559	8 501	36 440	7 698	36 036
化学原料及化学制品制造业	21	7	683 811	551 662	134 889	673 362	59 886	683 390
医药制造业	10	1	116 502	120 882	29 980	114 921	20 156	104 493
化学纤维制造业	5	3	20 631	21 956	—648	19 556	2 377	20 689
橡胶制品业	8	3	106 960	128 534	26 807	107 778	24 146	104 981
塑料制品业	16	11	68 536	59 145	4 706	67 006	15 333	68 505
非金属矿物制品业	28	8	322 472	240 657	94 748	316 927	45 211	317 033
黑色金属冶炼及压延加工业	2		1 898 742	1 165 246	639 731	1 913 952	53 576	1711260
金属制品业	14	4	43 224	38 124	9 564	41 397	11 001	42 523
普通机械制造业	28	9	219 874	193 731	63 110	216 781	42 216	219 800
专用设备制造业	25	6	143 762	136 429	42 028	143 250	29 746	138 460
交通运输设备制造业	21	9	1 011 796	876 641	210 490	1 005 085	53 077	990 692
电气机械及器材制造业	31	18	179 690	150 334	34 945	171 988	43 063	177 079
电子及通信设备制造业	45	8	868 559	942 359	276 714	849 627	84 244	854 432
仪器仪表及文化、办公用机械制造业	17	2	43 865	47 716	16 818	44 245	14 113	43 175
其他制造业	9		43 218	32 877	35 823	46 919	12 568	42 806
电力、蒸汽、热水的生产和供应业	2		34 650	36 566	17 134	34 631	206	34 650
煤气生产和供应业	3		28 851	34 847	5 419	28 851		28 851
自来水的生产和供应业	1		40 394	18 369	20 042	41 302	573	38 578

型工业企业主要经济指标

业分） 单位：万元

产销存		在产品自制半成品期末期初差额	对外加工费收入	工业中间投入合计	本年应付工资总额	本年应付福利费总额	全部职工（从业人员）年平均人数（人）	资本金合计		
销售价值	年末库存价值								国家资本金	外商资本金
81 095	3 286	8	568	41 123	37 569	5 383	35 454	51 516	51 516	
9 622	1 151			6 679	1 243	102	1 610	2 010	2 010	
2 708	1 162			1 481	966	101	1 283	4 076	3 529	
351 874	10 564	8	7	291 746	11 374	1 757	10 685	94 298	67 319	26 773
46 901	2 823	352		23 671	8 115	1 095	8 132	46 317	25 888	20 118
348 823	28 069	914	68	239 380	18 540	2 573	17 700	211 821	100 546	109230
294 051	71 854	1 925	9 735	265 472	46 244	10 686	59 240	133 975	112 612	1 451
93 293	18 789	1 017	4 532	71 829	9 939	2 172	14 409	34 493	14 712	6 091
14 649	8 464	−415	1 556	13 568	4 197	280	7 426	27 909	5 860	
3 225	4 320	12	3 500	4 381	1 623	205	1 944	2 941	2 941	
2 579	308	−175	26	2 556	498	70	647	973	973	
72 750	5 364	−6	24	57 150	8 054	977	8 348	22 828	17 066	4 376
30 733	1 669	64	8 761	25 911	6 619	899	6 167	27 373	20 944	2 758
33 289	8 722	421	809	30 570	6 168	925	20 240	17 096	12 270	306
665 514	53 741	−254	699	580 963	46 453	6 859	45 469	193 019	176 780	6 757
104 474	19 446	839	5 532	93 582	13 593	2 402	15 826	40 825	37 922	850
19 618	1 925	−199	141	22 018	3 517	448	5 764	17 030	17 030	
106 462	23 685	1 134	845	83 151	8 475	1 090	11 638	30 018	28 711	
65 693	14 326	−17	48	64 967	8 626	1 170	12 933	61 298	43 802	2 237
310 158	46 017	1 836	3 658	245 094	50 420	8 621	58 495	159 659	132 163	7 002
1 724 422	48 774	−985		1 366 619	165 867	23 043	130 423	626 375	623 216	
41 568	13 492	−465	1 167	34 202	6 012	832	9 873	23 775	15 235	4 375
226 706	44 856	−6 662	6 810	166 731	49 142	7 692	54 628	155 198	116 428	28 061
142 784	34 395	209	4 915	108 097	23 868	3 202	28 592	114 588	68 876	
1 030 776	51 656	757	20 293	834 874	63 477	11 911	52 469	310 777	133 474	65 420
175 104	50 188	570	2 555	152 954	34 036	6 115	44 478	113 784	56 239	13 232
804 264	109 111	−7 399	21 525	628 374	56 944	11 108	52 323	301 176	104 369	78 897
42 694	15 436	−620	1 310	30 053	11 677	1 748	14 773	55 084	41 567	12 978
47 480	7 755	155	257	13 081	3 517	574	4 186	16 611	7 900	5 406
34 631	200			20 667	7 352	934	8 221	161 862	161 862	
20 535				24 435	8 810	1 100	8 196	205 026	205 026	
41 041	744	28	1 788	22 896	6 315	881	5 291	237 746	237 746	

6—11 续表1

项目	损益及分配								
	流动资产合计	#存货	#产成品	流动资产年平均余额	固定资产合计	固定资产原价合计	#生产经营用	累计折旧	#本年折旧
煤炭采选业	81 973	11 673	3 345	80 138	99 342	141 477	83 395	50 468	4 463
黑色金属矿采选业	15 868	3 909	1 151	16 639	11 042	11 575	7 678	2 395	551
非金属矿采选业	3 035	1 174	1 024	3 016	12 135	15 145	14 303	4 022	341
食品加工业	129 616	46 715	14 049	134 585	100 367	124 739	100 639	29 285	5 865
食品制造业	38 187	8 770	2 772	35 677	56 513	64 142	44 672	16 642	2 103
饮料制造业	201 408	95 839	16 647	185 634	255 565	284 492	250 774	47 572	14 762
纺织业	274 823	141 271	62 084	281 107	300 081	407 045	304 784	122 227	21 765
服装及其他纤维制品制造业	80 990	31 203	18 573	72 933	41 520	51 679	42 442	13 651	2 195
皮革、毛皮、羽绒及其制品业	51 370	19 468	11 569	50 028	32 428	34 595	26 806	8 217	596
木材加工及竹、藤、棕、草制品业	14 249	8 863	5 907	13 621	2 608	5 725	5 392	3 117	276
家具制造业	2 706	834	132	2 794	2 151	3 241	2 111	1 435	103
造纸及纸制品业	64 559	17 674	5 010	65 167	44 651	49 223	48 108	13 381	2 242
印刷业、记录媒介的复制、	29 761	9 003	2 047	27 076	48 818	62 390	54 168	17 659	3 838
文教、体育用品制造业	41 765	19 504	8 950	43 420	35 980	44 022	38 940	12 620	1 927
化学原料及化学制品制造业	405 768	163 485	57 776	389 852	578 640	689 675	604 827	248 786	41 251
医药制造业	215 671	111 355	79 658	213 193	125 558	98 970	84 634	35 354	4 502
化学纤维制造业	12 855	7 921	2 262	14 189	45 667	69 924	54 363	24 768	2 507
橡胶制品业	82 965	52 035	23 519	76 514	78 016	75 408	60 626	22 202	2 799
塑料制品业	114 432	52 229	22 887	107 064	86 342	108 812	82 324	38 451	4 324
非金属矿物制品业	302 159	107 458	56 269	303 064	435 601	476 258	368 909	135 810	15 536
黑色金属冶炼及压延加工业	944 787	545 540	53 662	902 190	2 422 655	3 054 959	2 820 955	1 025 591	123 577
金属制品业	46 811	22 207	10 462	44 868	38 614	48 310	43 306	14 905	1 891
普通机械制造业	437 938	185 375	46 618	462 306	344 976	403 365	292 420	138 810	12 602
专用设备制造业	226 866	110 110	34 744	224 658	174 321	212 946	145 867	72 005	7 637
交通运输设备制造业	570 834	223 462	53 289	564 515	382 458	393 036	339 369	137 075	25 200
电气机械及器材制造业	389 934	152 584	51 252	375 804	234 842	305 744	258 708	90 098	12 096
电子及通信设备制造业	973 061	317 871	108 758	832 233	392 393	535 554	454 287	187 289	31 057
仪器仪表及文化、办公用机械制造业	86 638	39 424	18 106	86 671	52 653	76 165	58 640	30 577	2 566
其他制造业	39 093	12 757	7 404	39 385	23 207	27 673	21 893	8 266	1 726
电力、蒸气、热水的生产和供应业	87 340	5 260	2 096	68 680	196 039	272 187	252 907	77 591	14 624
煤气生产和供应业	43 102	3 932	30	46 268	266 817	322 346	301 333	65 733	20 273
自来水的生产和供应业	40 918	3 731	75	34 271	397 841	468 704	458 022	81 277	23 195

单位:万元

损益及分配										
固定资产净值年平均余额	无形及递延资产合计	#无形资产	资产总计	流动负债合计	长期负债合计	负债合计	所有者权益合计	#股本	产品销售收入	产品销售成本
84 150	2 468		185 926	71 879	47 113	118 992	66 934		78 466	66 859
8 716			28 330	13 589	7 427	21 016	7 314		10 222	7 306
5 155	341		16 056	3 583	1 309	4 892	11 164		2 776	2 086
94 001	10 109	6 382	247 626	125 261	34 671	162 042	85 584	31 692	402 633	377 708
43 230	10 409	5 301	117 620	46 759	20 926	68 436	49 183	2 960	53 828	42 617
217 584	29 667	29 150	507 714	200 740	69 917	270 657	237 057	11 061	321 879	232 446
294 002	39 367	566	665 889	354 712	148 455	504 053	161 836	10 004	326 866	295 355
36 098	3 675	320	132 151	75 822	6 608	82 430	49 721	4 662	97 670	81 957
22 476	2 615		92 844	56 603	5 859	62 462	30 382		17 321	14 450
2 700	37		18 722	12 836	1 200	14 036	4 686		3 247	1 461
1 506	16		5 167	2 412	1 180	3 593	1 574		3 006	2 958
35 249	4 751	281	123 326	64 635	23 633	88 268	35 058	1 938	72 639	52 864
43 146	1 212	66	90 327	28 916	16 706	45 621	44 706	6 228	37 430	26 672
28 650	3 656	1 743	85 723	49 729	7 927	57 699	28 024	877	40 324	31 470
382 201	61 919	5 770	1 091 201	464 746	293 391	758 341	332 860		659 200	562 316
63 514	6 873	481	358 492	215 934	50 834	266 768	91 724	17 016	226 816	167 401
46 265	17 596		77 370	20 740	49 232	69 972	7 398		19 291	20 997
51 783	10 961	77	173 441	109 033	35 190	144 222	29 219		110 926	92 810
69 175	25 289	433	253 266	141 086	54 713	195 799	57 467	8 894	66 869	58 585
306 803	42 169	3 798	842 106	359 889	219 840	579 796	262 310	7 336	309 995	252 043
1 946 099	9 020	5 651	3 671 850	1 420 868	443 207	1 864 076	1 807 774		1 724 422	1 502 612
28 610	3 180	2 441	94 446	56 408	11 151	67 559	26 887	860	35 807	31 152
242 908	28 096	12 926	847 329	406 008	176 315	582 324	265 005	43 761	234 874	191 533
128 890	10 713	385	478 750	185 091	35 834	220 941	257 809	40 000	148 310	109 395
227 064	9 231	4 638	1 083 977	463 413	114 962	578 375	505 603	16 008	1 065 738	901 921
185 718	24 888	7 065	676 480	422 000	87 466	509 467	167 013	11 579	184 247	138 334
331 099	39 877	16 367	1 594 674	863 448	211 708	1 083 221	511 452	119 695	866 019	680 882
46 058	5 870	2 065	163 118	68 236	14 842	83 078	80 041		44 610	32 380
17 021	579	92	68 657	38 779	3 890	42 695	25 962	10 232	33 677	16 785
194 416	202	202	285 347	48 568	13 289	61 857	223 490		59 442	71 904
245 256			316 377	21 749	6 840	28 590	287 788		45 008	76 904
357 269	138	83	440 694	8 894	112 114	121 008	319 687		34 950	47 805

6—11 续表2

项目	损益及分配							
	产品销售费用	产品销售税金及附加	产品销售利润	管理费用	税金	财产保险费	劳动待业保险费	利息支出
煤炭采选业	693	843	10 071	29 011	498		19 745	2 344
黑色金属矿采选业	389	602	1 924	942	42	5	106	474
非金属矿采选业	79	14	596	987	24	10	135	61
食品加工业	6 772	160	17 994	17 218	408	326	1 328	10 230
食品制造业	6 802	103	4 306	9 874	282	122	1 370	3 177
饮料制造业	16 008	31 318	42 107	27 755	580	567	1 898	10 105
纺织业	4 691	1 178	25 641	43 300	1 381	727	9 959	24 996
服装及其他纤维制品制造业	7 743	175	7 794	9 449	204	137	1 422	2 345
皮革、毛皮、羽绒及其制品业	1 238	39	1 593	4 063	226	115	1 601	2 082
木材加工及竹、藤、棕、草制品业		6	1 780	1 813	58	16	287	255
家具制造业	29	4	14	858	15	9	239	214
造纸及纸制品业	1 631	161	17 983	11 016	320	155	2 251	2 545
印刷业、记录煤介的复制、	314	219	10 225	8 396	251	215	1 381	2 166
文教、体育用品制造业	1 028	192	7 634	7 815	181	104	1 546	2 885
化学原料及化学制品制造业	9 382	6 224	81 278	72 250	1 766	1 697	10 507	25 632
医药制造业	15 280	832	43 303	27 660	644	504	2 539	14 432
化学纤维制造业	70	14	—1 791	4 960	162	72	673	2 168
橡胶制品业	1 949	5 805	10 362	9 362	642	195	2 283	5 760
塑料制品业	1 266	26	6 993	13 117	353	426	3 015	5 701
非金属矿物制品业	9 588	1 487	46 877	43 174	1 647	604	11 389	10 925
黑色金属冶炼及压延加工业	15 372	10 808	195 631	106 173	8 926	167	29 994	115 005
金属制品业	1 622	70	2 962	5 420	231	86	842	3 076
普通机械制造业	4 683	855	37 804	45 210	1 724	472	14 152	16 373
专用设备制造业	4 351	710	33 855	33 063	1 388	328	7 296	8 132
交通运输设备制造业	13 862	33 054	116 901	78 503	1 591	492	8 117	26 614
电气机械及器材制造业	6 440	851	37 594	44 606	1 267	375	9 741	17 067
电子及通信设备制造业	31 564	3 436	150 138	76 876	1 597	445	353	22 485
仪器仪表及文化、办公用机械制造业	1 711	218	10 301	11 179	368	197	2 589	3 179
其他制造业	7 884	222	8 786	6 776	109	84	755	1 488
电力、蒸汽、热水的生产和供应业	25	294	—12 781	8 115	475	118	937	158
煤气生产和供应业		115	—32 012	9 221	401	59	813	54
自来水的生产和供应业		231	—13 086	6 775	819		1 565	—697

单位:万元

损益及分配								本年应交增值税	本年进项税额	本年销项税额
营业利润	利润总额	亏损企业亏损总额	利税总额	应交所得税	转作奖金的利润	应付利润	#已分配股利			
-11 823	3		10 722					9 876	6 150	19 974
891	878		1 907	290		90		426	2 812	3 238
-384			152					137		137
-9 045	-1 635	10 590	1 431	1 466	72	4 824	1 079	2 906	29 602	32 392
-7 102	-5 450	9 063	-2 051	495	159			3 296	6 154	9 450
5 027	13 885	13 266	61 910	4 728		392	116	16 707	38 412	55 114
-37 408	-15 928	23 850	-2 032	1 416	8	945	65	12 718	45 570	58 288
-157	2 699	75	5 882	392	10	1 223	1 223	3 008	6 653	15 683
-1 162	532	780	1 124	157		84		553	2 744	3 299
-265	-216	216	50					261	395	656
-971	1		36	1				31	480	511
6 132	7 785		12 599	72		6 240	6 217	4 653	9 260	13 913
1 597	2 735	391	5 971	405	150	1 126	1 113	3 018	5 946	8 964
-766	1 060	487	3 058	418		96	96	1 806	5 527	7 333
-13 284	11 076	4 121	49 341	1 698	153	5 225		32 041	81 165	113 565
3 262	4 500	102	12 392	1 592		117		7 060	36 033	43 192
-8 372	-7 691	7 696	-6 938					739	3 105	3 844
-4 774	-3 199	3 253	5 603	3				2 997	16 729	19 726
-8 115	-5 802	5 979	-4 640	7		3	3	1 137	11 650	12 788
-4 272	2 529	3 447	21 386	1 737	48	1 285		17 370	39 050	56 421
6 622	19 512		137 927	1 136		86		107 608	182 802	290 410
-3 698	-2 769	2 851	-2 157	10				542	5 009	5 554
-20 951	-11 096	12 478	-274	396	9	137	25	9 967	32 541	42 507
831	9 162	2 637	16 235	1 913	148	1 005	1 000	6 363	23 665	30 413
13 539	30 955	3 971	97 576	4 996	3 008	3 676	7 428	33 568	162 402	197 715
-15 296	-9 650	15 302	-589	1 320				8 209	23 676	31 788
71 085	94 062	2 627	134 026	11 186		36 975	36 974	36 529	93 231	130 828
-288	3 363	349	6 587	248		1 892		3 006	4 858	7 875
3 763	4 007		9 916	481	24	3 214	2 506	5 686	1 592	7 399
-19 862	2 887		6 332					3 150	7 418	10 569
-38 238	2 608		3 726		820	138		1 003	5 670	6 672
-18 598	1 158		3 933		325	102		2 544		2 544

6—12 村办工业企业主要经济指标

单位:万元

项目	企业单位数(个)	工业总产值(当年价格新规定)	从业人员年末人数(人)	产品销售收入	产品销售税金及附加
总计	**8 791**	**1 873 730**	**347 231**	**1 676 193**	**19 731**
轻工业	4 259	967 459	170 421	849 411	8 697
重工业	4 532	906 271	176 810	826 782	11 034
项目	**应交增值税**	**应交所得税**	**利润总额**	**固定资产原价年末数**	**流动资产年末数**
总计	**46 974**	**13 997**	**83 149**	**787 207**	**822 606**
轻工业	20 987	6 346	36 734	362 024	412 657
重工业	25 987	7 651	46 415	425 183	409 949

6—13 城乡合作经营工业和城乡个体工业主要经济指标

单位:万元

项目	企业单位数(个)	从业人员年末人数(万人)	工业总产值(当年价格新规定)	上缴税金	自有资金
总计	**14 821**	**74 603**	**337 975**	**8 275**	**63 365**
轻工业	11 893	53 205	215 067	5 513	45 953
重工业	2 928	21 398	122 908	2 762	17 412
城镇合作经营工业	**214**	**3 558**	**16 824**	**395**	**7 444**
轻工业	188	2 410	5 264	68	4 713
重工业	26	1 148	11 560	327	2 731
农村合作经营工业	**341**	**15 339**	**60 211**	**1 793**	**21 193**
轻工业	147	9 143	40 086	1 117	16 847
重工业	194	6 196	20 125	676	4 346
城镇个体工业	**3 299**	**7 937**	**40 560**	**879**	**6 399**
轻工业	2 846	6 402	28 165	680	4 799
重工业	453	1 535	12 395	199	1 600
农村个体工业	**10 967**	**47 769**	**220 380**	**5 208**	**28 329**
轻工业	8 712	35 250	141 552	3 648	19 594
重工业	2 255	12 519	78 828	1 560	8 735

6—14 大中型工业企业按销售收入排序

单位：千元

企 业 名 称	序 号	销售收入
首钢总公司	1	17 109 916
中国石化北京燕山石油化工公司	2	16 244 299
北京吉普汽车有限公司	3	5 504 141
北京化学工业集团有限责任公司	4	4 518 899
中国华北电力集团公司	5	4 067 741
北京松下彩色显像管有限公司	6	2 945 068
北京汽车摩托车联合制造公司	7	2 413 081
北京国际交换系统有限公司	8	1 714 655
北京建筑材料集团有限责任公司	9	1 702 518
中国北京同仁堂集团公司	10	1 589 564
联想集团公司	11	1 391 949
北京轻型汽车有限公司	12	1 070 284
北京四通集团公司	13	838 138
北内集团总公司	14	803 705
北京矿务局	15	784 660
北京燕京啤酒集团公司	16	725 489
中国惠普有限公司	17	651 169
北京牡丹电子集团公司	18	636 981
北京卷烟厂	19	627 171
中国石化长城高级润滑油公司	20	574 800
顺义县肉类联合加工厂	21	568 960
北京红星酿酒集团公司	22	541 893
北京市热力公司	23	532 756
北京第二棉纺织厂	24	513 024
北京重型电机厂	25	499 948
中国迅达电梯有限公司	26	496 958
北京市肉类联合加工厂	27	490 339
北京松下电子部品有限公司	28	464 935
北京轮胎厂	29	452 801
北京市三环毛纺针织集团公司	30	447 894
北京二七机车厂	31	447 810
北京印钞厂	32	406 774
北京第三棉纺织厂	33	394 283
北京六所华胜高技术股份有限公司	34	392 739
北京广东健力宝饮料有限公司	35	381 647
北京二七车辆厂	36	381 390
北京市松下通信设备有限公司	37	381 106
北京正大饲料有限公司	38	377 264
北人印刷机械股份有限公司	39	375 991
北京市潞河面粉公司	40	375 425
首都航天机械公司	41	358 709
北京恒通食品有限公司	42	358 553
北京市客车总厂	43	352 831
北京市造纸包装工业公司	44	350 830
北京北方车辆制造厂	45	349 530
北京市自来水公司	46	349 504
北京化工实验厂	47	326 972
北新建材(集团)有限公司	48	321 332
北京市汽车修理公司	49	311 856
国营北京有线电总厂	50	311 197

6-14 续表 单位:千元

企业名称	序号	销售收入
北京亚洲双合盛五星啤酒有限公司	51	306 309
邮电部北京通信设备厂	52	306 056
北京利乐包装有限公司	53	289 594
北京玻璃集团公司	54	277 763
北京星海乐器有限责任公司	55	272 583
北京制药厂	56	270 573
北京爱立信通信系统有限公司	57	269 965
北京开关厂	58	260 221
北京东方电子集团股份有限公司	59	258 668
北京统益油脂有限公司	60	257 733
北京嘉荣食品有限公司	61	255 389
北京巴布科克威尔科克斯有限公司	62	254 450
顺美服装有限公司	63	253 586
北京艾森绿宝油脂有限公司	64	253 171
北京市煤气公司	65	248 430
北京橡胶一厂	66	248 167
北京统一食品有限公司	67	245 541
北京染料厂	68	245 397
北京第一棉纺织厂	69	229 846
北京合成纤维实验厂	70	229 654
北京汽车摩托车联合制造公司怀柔冲压	71	220 414
北京市京工服装工业集团公司	72	213 364
北京天纬油泵油嘴股份有限公司	73	211 600
北京北化精细化学品有限责任公司	74	211 048
北京煤矿机械厂	75	210 620
北京博士伦眼睛护理产品有限公司	76	209 822
北京清河毛纺织厂	77	208 147
北京市东方罗门哈斯有限公司	78	207 756
北京雪莲羊绒有限公司	79	200 609
北京二毛纺织集团	80	193 380
北京第一机床厂	81	186 423
北京燕京啤酒集团公司一分厂	82	182 898
北京富帛实业股份有限公司	83	181 035
北京丽源公司	84	181 025
北京天海工业有限公司	85	172 383
北京三环亚太啤酒有限公司	86	170 250
北京航星机器制造公司	87	167 422
北京起重机器厂	88	164 830
北京亚都科技股份有限公司	89	161 185
北京市电机总厂	90	156 975
北京化工机械厂	91	151 558
北京市茶叶加工厂	92	151 498
国营华北光学仪器厂	93	150 154
北京市牛栏山酒厂	94	149 327
北京保温瓶工业公司	95	147 608
北京齿轮总厂	96	146 738
北京市面粉五厂	97	144 629
北京轻联塑料集团公司	98	144 409
北京丽都亚洲啤酒有限公司	99	135 284
北京市宏利钢管厂	100	134 305

6—15 大中型工业企业按利税总额排序

单位:千元

企 业 名 称	序 号	销售收入
中国石化北京燕山石油化工公司	1	1 894 051
首钢总公司	2	1 364 570
北京吉普汽车有限公司	3	723 612
北京松下彩色显像管有限公司	4	692 888
中国华北电力集团公司	5	639 225
北京国际交换系统有限公司	6	415 031
北京化学工业集团有限责任公司	7	346 671
北京卷烟厂	8	313 910
北京燕京啤酒集团公司	9	271 277
北京汽车摩托车联合制造公司	10	158 368
中国惠普有限公司	11	156 189
北京建筑材料集团有限责任公司	12	138 563
北人印刷机械股份有限公司	13	124 640
北京红星酿酒集团公司	14	118 167
北京矿务局	15	107 220
联想集团公司	16	106 778
北京市牛栏山酒厂	17	99 146
北京利乐包装有限公司	18	98 447
北京印钞厂	19	95 203
北京市松下通信设备有限公司	20	85 724
北京博士伦眼睛护理产品有限公司	21	83 445
中国北京同仁堂集团公司	22	81 939
北京爱立信通信系统有限公司	23	71 264
中国石化长城高级润滑油公司	24	70 217
北新建材(集团)有限公司	25	66 969
北京广东健力宝饮料有限公司	26	65 333
北京燕京啤酒集团公司一分厂	27	63 147
北京轮胎厂	28	59 507
北京市热力公司	29	57 522
国营北京有线电总厂	30	47 971
北京丽源公司	31	46 539
北京统一食品有限公司	32	45 875
北京亚都科技股份有限公司	33	44 611
北京市汽车修理公司	34	39 870
中国迅达电梯有限公司	35	39 772
北京重型电机厂	36	39 377
北京市自来水公司	37	39 331
北京东方电子集团股份有限公司	38	37 852
北京市三露厂	39	34 749
顺义县肉类联合加工厂	40	32 671
北京市煤气公司	41	32 060
北京长空工业有限公司	42	30 643
北京清河毛纺织厂	43	30 096
北京恒通食品有限公司	44	30 028
北京星海乐器有限责任公司	45	28 043
北京市东方罗门哈斯有限公司	46	28 041
北京四通集团公司	47	27 237
北京丽都亚洲啤酒有限公司	48	25 821
北京万东医疗装备公司	49	25 578
北京二七机车厂	50	25 070

6—15 续表 单位:千元

企业名称	序号	销售收入
北京二毛纺织集团	51	24 625
北京开关厂	52	23 477
国营华北光学仪器厂	53	23 231
北京制药厂	54	22 931
北京二七车辆厂	55	20 250
北京市三环毛纺针织集团公司	56	19 169
密云县冶金矿山公司	57	19 067
顺美服装有限公司	58	18 989
北京玻璃集团公司	59	18 747
北京正大饲料有限公司	60	18 354
北京第一机床厂	61	18 193
北京市造纸包装工业公司	62	17 494
北京威顿玻璃制品有限公司	63	16 926
北京雪莲羊绒有限公司	64	16 380
北京市客车总厂	65	16 199
北京日用化学二厂	66	15 525
北京北方车辆制造厂	67	15 390
北京中燕有限公司	68	15 256
北京电视配件三厂	69	15 226
北京铁路信号工厂	70	14 790
北京市宏利钢管厂	71	14 704
邮电部北京通信设备厂	72	14 142
北京轻联包装印刷集团公司	73	13 712
北京六所华胜高技术股份有限公司	74	13 560
北京生物制品研究所	75	13 406
北京松下电子部品有限公司	76	12 903
北京旅行车股份有限公司	77	12 233
北京汽车摩托车联合制造公司怀柔冲压厂	78	11 950
北京市电机总厂	79	11 937
北京光学仪器厂	80	11 348
北京亚洲双合盛五星啤酒有限公司	81	11 301
北京普莱克斯实用气体有限公司	82	10 971
北京市房山区服装一厂	83	10 970
北京宝岛包装印刷有限公司	84	10 588
北京煤矿机械厂	85	10 531
北京天纬油泵油嘴股份有限公司	86	10 450
北人集团公司	87	10 190
北京保温瓶工业公司	88	10 141
北京印刷二厂	89	10 062
北京光华染织厂	90	9 632
北京毛纺织厂	91	9 554
北京北化精细化学品有限责任公司	92	9 384
北京精工华晖凹印制板有限公司	93	9 315
北京市华都酿酒食品工业公司	94	9 260
新华通讯社印刷厂	95	8 832
北京助剂二厂	96	8 804
北京齿轮总厂	97	8 317
北京嘉荣食品有限公司	98	8 032
顺义县城关服装厂	99	7 736
北京敬业电工集团	100	7 535

6—16 大中型工业企业按资金利税率排序

单位:千元

企业名称	序号	销售收入
北京市牛栏山酒厂	1	87.77
北京市三露厂	2	63.69
北京卷烟厂	3	51.02
北京六所华胜高技术股份有限公司	4	46.14
北京利乐包装有限公司	5	39.25
中国惠普有限公司	6	38.34
北京统一食品有限公司	7	38.10
北京广东健力宝饮料有限公司	8	37.68
北京燕京啤酒集团公司	9	36.40
北京宝岛包装印刷有限公司	10	36.36
北京红星酿酒集团公司	11	34.25
北京市松下通信设备有限公司	12	34.25
北京远东仪表公司	13	33.30
北京燕京啤酒集团公司一分厂	14	28.19
北京博士伦眼睛护理产品有限公司	15	27.81
北新建材(集团)有限公司	16	27.63
北京松下彩色显像管有限公司	17	25.14
北京市酱油厂	18	24.17
北京吉普汽车有限公司	19	24.08
北京精工华晖凹印制板有限公司	20	21.88
北京威顿玻璃制品有限公司	21	21.41
北京爱立信通信系统有限公司	22	21.37
北京市酿造六厂	23	20.56
北京印钞厂	24	20.42
北京亚都科技股份有限公司	25	20.37
北京国际交换系统有限公司	26	19.61
北京市东方罗门哈斯有限公司	27	18.78
中国石化长城高级润滑油公司	28	18.73
北京市房山区服装一厂	29	17.53
顺义县肉类联合加工厂	30	17.47
中国石化北京燕山石油化工公司	31	17.19
联想集团公司	32	16.10
北京市纸箱厂	33	16.10
北京恒通食品有限公司	34	15.26
北京助剂二厂	35	15.24
北京印刷二厂	36	15.12
顺义县粮食局粮油加工厂	37	14.62
中国纺科院机械厂	38	13.52
北京市礼花厂	39	13.43
北京电视配件三厂	40	13.40
北京东方电子集团股份有限公司	41	13.39
北人印刷机械股份有限公司	42	13.26
北京汽车摩托车联合制造公司	43	13.21
北京中普电熔耐火材料有限公司	44	12.89
北京市科通电子继电器总厂	45	12.24
北京长空工业有限公司	46	12.23
北京丽源公司	47	12.13
北京日用化学二厂	48	12.12
北京丽都亚洲啤酒有限公司	49	12.03
北京联合印刷纸器有限公司	50	11.97

6—16 续表 单位:千元

企业名称	序号	销售收入
北京中燕有限公司	51	11.96
北京正大饲料有限公司	52	11.91
北京光学仪器厂	53	11.90
北京长城制药厂	54	11.89
北京万东医疗装备公司	55	11.64
北京市香油厂	56	11.54
北京铁路信号工厂	57	11.52
顺义县城关服装厂	58	11.50
北京汽车摩托车联合制造公司怀柔冲压厂	59	11.31
北京市政汽车改装厂	60	11.20
精美彩色印刷有限公司	61	10.81
北京龙凤酿总公司	62	10.78
北京钢顺联营楔横轧厂	63	10.16
顺美服装有限公司	64	9.89
北京清河毛纺织厂	65	9.82
中国迅达电梯有限公司	66	9.79
北京市京华印刷总厂	67	9.78
北京市红都时装公司	68	9.77
中国人民解放军第三二零九工厂	69	9.75
北京市面粉五厂	70	9.65
文物出版社印刷厂	71	9.48
北京高久雷蒙时装有限公司	72	9.42
北京强华印刷厂	73	9.37
北京轮胎厂	74	9.32
北京市汽车修理公司	75	9.29
北京神州摩奇食品饮料有限公司	76	9.20
新华通讯社印刷厂	77	9.17
国营华北光学仪器厂	78	8.76
北京市华都酿酒食品工业公司	79	8.69
北京市面粉三厂	80	8.53
北京胶印厂	81	8.40
北京市福斯特汽车装饰件厂	82	8.37
北京市汽车灯厂	83	8.28
北京星海乐器有限责任公司	84	8.27
解放军报社印刷厂	85	8.22
北京光华染织厂	86	8.21
北京衬衫厂	87	8.05
北京第四制药厂	88	7.94
国营北京有线电总厂	89	7.90
北京化学工业集团有限责任公司	90	7.60
北京轻联包装印刷集团公司	91	7.54
密云县冶金矿山公司	92	7.52
北京保温瓶工业公司	93	7.44
北京市宏利钢管厂	94	7.38
北京第六制药厂	95	7.17
北京开关厂	96	7.12
北京金漆镶嵌厂	97	7.10
邮电部北京通信设备厂	98	7.04
北京市良乡轮胎厂	99	7.02
邮电部北京通信元件厂	100	6.98

6—17 大中型工业企业按资产总额排序

单位:千元

企业名称	序号	销售收入
首钢总公司	1	36 473 609
中国华北电力集团公司	2	17 773 826
中国石化北京燕山石油化工公司	3	12 045 599
北京化学工业集团有限责任公司	4	6 546 003
北京市自来水公司	5	4 406 944
北京建筑材料集团有限责任公司	6	4 189 056
北京吉普汽车有限公司	7	3 103 487
北京松下彩色显像管有限公司	8	2 928 395
北内集团总公司	9	2 582 036
北京市热力公司	10	2 478 887
北京国际交换系统有限公司	11	2 477 972
北京四通集团公司	12	2 426 041
北京汽车摩托车联合制造公司	13	2 083 370
北京矿务局	14	1 859 260
中国北京同仁堂集团公司	15	1 799 385
北京轻型汽车有限公司	16	1 720 840
北京市煤气公司	17	1 662 964
北京牡丹电子集团公司	18	1 596 095
北京重型电机厂	19	1 497 750
北京京海集团公司	20	1 477 495
北京玻璃集团公司	21	1 388 009
首都航天机械公司	22	1 336 886
北京燕京啤酒集团公司	23	1 127 983
北京雪花电器集团公司	24	1 104 386
北人印刷机械股份有限公司	25	1 081 595
北京汽车工业集团总公司	26	1 005 609
北人集团公司	27	987 440
北京亚洲双合盛五星啤酒有限公司	28	981 544
北京市天然气公司	29	945 825
国营北京有线电总厂	30	920 763
北京天纬油泵油嘴股份有限公司	31	879 792
北京市造纸包装工业公司	32	863 613
北京轮胎厂	33	837 827
北京第一机床厂	34	818 567
北京印钞厂	35	790 210
北京制药厂	36	785 088
联想集团公司	37	775 391
北京航星机器制造公司	38	755 699
北京第二棉纺织厂	39	694 323
中国惠普有限公司	40	691 881
北京巴布科克威尔科克斯有限公司	41	678 570
北京卷烟厂	42	676 905
北京市三环毛纺针织集团公司	43	673 845
北新建材(集团)有限公司	44	671 408
北京北方车辆制造厂	45	619 350
北京二七机车厂	46	576 830
北京东方电子集团股份有限公司	47	570 289
北京市液压工业公司	48	556 000
北京市液化石油气公司	49	554 982
北京广播器材厂(七六一厂)	50	545 769

6—17 续表 单位:千元

企业名称	序号	销售收入
北京旅行车股份有限公司	51	536 537
北京化工实验厂	52	530 413
北京丽源公司	53	502 191
北京六所华胜高技术股份有限公司	54	499 404
中国石化长城高级润滑油公司	55	487 462
北京电视设备厂	56	485 238
北京第三棉纺织厂	57	481 440
北京齿轮总厂	58	479 231
北京化学纤维厂	59	478 673
北京第三制药厂	60	473 046
北京南口机车车辆工厂	61	463 900
北京中策北京啤酒有限公司	62	459 001
北京红星酿酒集团公司	63	445 222
北京北化精细化学品有限责任公司	64	441 976
北京市汽车修理公司	65	439 439
丰台桥梁工厂	66	436 910
北京起重机器厂	67	436 644
北京二毛纺织集团	68	430 008
北京合成纤维实验厂	69	426 937
北京星海乐器有限责任公司	70	417 827
北京丝绸总厂	71	413 003
北京市平板玻璃集团公司	72	412 970
北京煤矿机械厂	73	410 200
北京三环亚太啤酒有限公司	74	409 393
北京市客车总厂	75	405 388
北京亚都科技股份有限公司	76	405 083
北京卡夫食品有限公司	77	388 464
中国迅达电梯有限公司	78	380 096
北京开关厂	79	375 199
国营北京电子动力公司	80	374 586
北京普莱克斯实用气体有限公司	81	374 024
北京爱立信通信系统有限公司	82	370 102
北京第一棉纺织厂	83	363 784
北京化工三厂	84	353 409
北京长空机械公司	85	346 515
北京博士伦眼睛护理产品有限公司	86	345 226
北京威克特电器集团	87	344 147
北京市松下通信设备有限公司	88	341 379
北京青云航空仪表公司	89	341 014
北京雪莲羊绒有限公司	90	339 373
北京松下电子部品有限公司	91	337 967
北京华飞化工总公司	92	336 714
北京拖拉机公司	93	335 150
北京市京工服装工业集团公司	94	323 652
北京清河毛纺织厂	95	316 115
北京恩布拉科雪花压缩机有限公司	96	307 529
北京燕京啤酒集团公司一分厂	97	306 035
北京二七车辆厂	98	304 400
北京印染厂	99	300 336
邮电部北京通信设备厂	100	300 030

主 要 统 计 指 标 解 释

一、工业总产值:是以货币表现的工业企业在报告期内生产的工业产品总量。工业总产值按"工厂法"计算,即以工业企业作为一个整体,按企业工业生产活动的最终成果计算,企业内部不允许重复计算,不能把企业内部各个车间生产的成果相加。工业总产值包括成品价值、工业性作业价值和自制半成品,在产品期末期初差额价值。工业总产值分别按现行价格和 1990 年不变价格计算。

随着近年来我国计划经济向市场经济的转轨,工业总产值在其所包括的内容及计算方法上与经济发展的现实、经济管理的需要和国民经济核算的要求相脱节,为了弥补这一不足,在第三次全国工业普查方案中,对现行工业总产值的内容和计算原则及方法做了某些修订,为了保持该项指标历史资料可比,将工业总产值分别按"原规定"与"新规定"加以区别,分别介绍如下:

(一)工业总产值(现行价格、新规定)与工业总产值(现行价格、原规定)的区别:

一是计算价格不同:新规定按不含增值税(销项税额)的价格计算;原规定按含增值税(销项税额)的价格计算。

二是全价与加工费的计算原则不同:新规定凡自备原材料,不论其生产繁简程度如何,一律按全价计算总产值,凡来料加工,一律按加工费计算总产值;原规定对此则有特殊规定,某些加工,允许按全价计算,某些自备原材料生产,只允许按加工费计算总产值,详细内容参阅《工业统计主要指标解释》。

三是自制半成品、在产品期末期初差额价值的计算原则不同:新规定要求会计在产品成本核算时计算了这部份价值,工业总产值则应包括,否则,可不包括,原规定则是区分生产周期是否在六个月以上,凡生产周期在六个月以上工业总产值包括这部分价值,否则,可不包括。

(二)工业总产值(1990 年不变价格、新规定)与工业总产值(1990 年不变价格、原规定)的区别:

一是对外加工费收入中,按现价计算部分的计算价格不同:新规定按不含增值税(销项税额)的价格计算对外加工费收入,原规定按含增值税(销项税额)的价格计算对外加工费收入。

二是全价与加工费的计算原则不同(同一)。

三是自制半成品,在产品期末期初差额价值的计算原则不同(同一)。

需要指出的是,凡按 1990 年不变价格计算本年生产成品价值和工业性加工、修理价值,为了保持与 1990 年不变价格的一致性,新规定一律不再扣除增值税。

二、工业增加值:是工业企业在报告期内以货币表现的工业生产活动的最终成果。生产法计算工业增加值即工业总产出减去工业中间投入。

① 工业总产出:是工业企业在一定时期内工业生产活动的总成果。工业总产出包括:成品生产价值,对外加工费收入,自制半成品、在产品期末期初差额价值。

② 工业中间投入:指工业企业在工业生产活动中消耗的外购物质产品和对外支付的服务费用。服务费用包括支付给物质生产部门(工业、农业、批发零售贸易业、建筑业、运输邮电业)的服务费用和支付给非物质生产部门(如保险、金融、文化教育、科学研究、医疗卫生、行政管理等)的服务费用。

三、工业产品产量:是指工业企业(单位)在一定时期内生产的,并符合产品质量要求的实物数量。

四、工业销售产值：是以货币表现的工业企业在一定时期内销售的本企业生产的工业产品总量。包括已销售的成品、半成品价值，对外提供的工业性作业价值和对本企业基本建设部门、生活福利部门等提供的产品和工业性作业及自制设备的价值。

五、工业产品销售量：是指报告期内工业企业实际销售的由本企业生产（包括上期生产和本期生产）的工业产品的实物数量，但不包括用订货者来料加工生产的成品（半成品）实物数量。它反映工业企业生产成果已经实现销售的数量。

六、成品库存价值：指企业在报告期期初（期末）时点上尚未实现销售的全部成品（预定销售的半成品）库存的价值。成品库存价值按报告期期初（期末）成品（预定销售的半成品）实有库存量乘报告期该产品的实际销售平均单价计算。成品库存价值中不包括用订货者来料加工的成品（半成品）价值。

七、资本金：是指企业在工商行政管理部门登记的注册资金。企业筹集的资本金主要分为国家资本金、法人资本金、个人资本金以及外商资本金等。

①**国家资本金**：指有权代表国家投资的政府部门或者机构以国有资产投入企业形成的资本金。

②**法人资本金**：指其他法人单位以其依法可以支配的资产投入企业形成的资本金。

③**个人资本金**：指社会个人或者企业内部职工以个人合法财产投入企业形成的资本金。

④**外商资本金**：指外国投资者以及我国香港、澳门和台湾地区投资者投入企业形成的资本金。

八、流动资产合计：流动资产是指可以在一年或者超过一年的一个营业周期内变现或者耗用的资产，包括现金及各种存款、短期投资、应收及预付货款、存货等。

九、固定资产原价合计：固定资产原价指企业在建造、购置、安装、改建、扩建、技术改造某项固定资产时所支出的全部货币总额。它一般包括买价、包装费、运杂费和安装费等。

十、固定资产合计：指企业固定资产净值、固定资产清理、在建工程、待处理固定资产净损失所占有的资金。

十一、流动负债合计：流动负债是指将在一年或者超过一年的一个营业周期内偿还的债务。包括短期借款、应付票据、应付帐款、预收货款、应付工资、应交税金、应付利润、其他应付款、预提费用等。

十二、营运资金平均余额：指流动资产年平均余额减流动负债年平均余额后的净额。

十三、长期负债合计：长期负债是指偿还期在一年或者超过一年的一个营业周期以上的债务。它是除了投资人投入企业的资本以外，企业向债权人筹集，可供企业长期使用的资金。

十四、所有者权益合计：所有者权益是指企业投资人对企业净资产的所有权，包括企业所有者投入资金以及留存收益等。

十五、产品销售收入：指企业销售产品的销售收入和提供劳务等主要经营业务取得的业务总额。

十六、利润总额：指企业实现的利润。

十七、实现利税总额：指企业产品销售税金及附加、增值税及乡办、私营工业定额上缴税金和利润总额之和。

十八、产品销售税金及附加：指企业销售产品和提供劳务等主要经营业务应负提的城市维护建设税、消费税、资源税和教育费附加。

十九、税金：指企业应交纳的以管理费用中支出的房产税、印花税、车船使用税和土地使用税。

二十、净利润：指企业实现的利润在上交国家所得税后的剩余部分。

二十一、归还借款的利润：指企业按照规定用税前利润归还的各种借款。

二十二、单项留用的利润：指企业按照规定单项留用的治理“三废”盈利净额、技术转让净收入以及国外来料加工装配业务利润等。

二十三、本年实交税金总额：指企业在报告期内应上交给国家的各种税金之和。包括企业按规定应交纳的产品销售税金及附加(城市维护建设税、教育费附加、资源税、消费税)、增值税、所得税以及房产税、印花税、车船使用税、土地使用税等。

二十四、工业经济效益综合指数：是综合衡量工业经济效益各方面在数量上总体水平的一种特殊相对数。根据反映经济效益各个侧面的若干单项指标经过综合计算得到。权数是反映各项工业经济效益指标在综合经济效益中的重要程度标准是作为衡量经济效益水平及变动的尺度。计算公式为：

$$\text{工业经济效益综合指数} = \sum\left(\frac{\text{某项经济效益指标报告期数值}}{\text{该项指标全国标准值}} \times \text{权数}\right) \div \text{总权数}$$

二十五、工业产品销售率：指报告期工业销售产值与同期全部工业总产值之比，反映工业产品生产已实现销售的程度。计算公式为：

$$\text{工业产品销售率}(\%) = \frac{\text{报告期现价工业销售产值}}{\text{报告期现价工业总产值}} \times 100\%$$

二十六、工业资金利税率：指报告期已实现的利润、税金总额与同期的资产(流动资产和固定资产净值)之比，反映企业资金运用的经济效益。计算公式为：

$$\text{资金利税率}(\%) = \frac{\text{报告期累计实现利税总额}}{\text{报告期流动资产平均余额} + \text{报告期固定资产净值平均余额}} \times 100\%$$

二十七、工业增加值率：指报告期工业增加值占工业总产值的比重，反映降低中间消耗的经济效益。计算公式为：

$$\text{工业增加值率}(\%) = \frac{\text{报告期现价工业增加值}}{\text{报告期现价工业总产值}} \times 100\%$$

二十八、工业成本费用利润率：指报告期实现利润与成本费用之比，反映降低成本的经济效益，计算公式为：

$$\text{工业成本费用利润率}(\%) = \frac{\text{报告期实现利润总额}}{\text{报告期成本费用总额}} \times 100\%$$

二十九、工业全员劳动生产率：指报告期工业企业平均每个职工创造的工业增加值，反映企业职工劳动的经济效益。计算公式为：

$$\text{工业全员劳动生产率}(\text{元} / \text{人}) = \frac{\text{报告期累计工业增加值}}{\text{报告期全部职工平均人数}}$$

三十、营运资金周转率：指一定时期内营运资金完成的周转次数，反映营运资金的周转速度。计算公式为：

$$\text{营运资金周转率}(\text{次}) = \frac{\text{报告期止累计产品销售收入}}{\text{报告期平均营运资金}}$$

三十一、流动资产周转率：指一定时期内流动资产完成的周转次数，是反映工业企业投入流动资产的周转速度的指标。计算公式为：

$$\text{流动资产周转率}(\text{次}) = \frac{\text{报告期累计产品销售收入}}{\text{报告期流动资产平均余额}}$$

三十二、资产负债率：是反映负债总额占总资本的比率。表明企业全部资产中，有多少是债权人提供的，是反映企业负债经营程度的指标。计算公式：

$$资产负债率 = \frac{期末负债额}{期末资产总额} \times 100\%$$

三十三、流动比率:是流动资产与流动负债的比率,反映企业运用流动资产变为现金偿还流动负债的能力。流动比率高低反映企业偿还短期债务能力的强弱,一个企业流动比率越高,其短期债务偿还能力越强。如果流动比率小于1,说明流动资产根本不能保证负债的及时、足额清偿,这对于短期债权人来说,是一个危险的信号。

三十四、速动比率:是企业速动资产(包括货币资金、短期投资、应收票据、应收款)与流动负债的比率,是衡量企业短期偿债能力的另一个重要指标。一般认为"1"是速动比率的安全边际,小于"1",比较危险,大于"1",相对稳定。计算公式:

$$速动比率 = (流动资产 - 存货 - 待摊费用) \div 流动负债$$

ENERGY MATERIALS CONSUMPTION AND STORAGE
能源原材料消费与库存

7—1 工业行业用水量

行业	新水补给量(万立方米)				万元产值耗水(立方米)	复用率(%)
	合计	自来水	井水	河水		
总用水量	**54 376.8**	**10 307.5**	**29 303.2**	**14 766.1**	**43.72**	**87.12**
煤炭采选业	314.7	30.0	57.3	227.4	54.67	80.60
石油和天然气开采业	0.8		0.8		14.47	0
黑色金属矿采选业	251.1		182.0	69.1	219.94	77.61
有色金属矿采选业	12.0		2.0	10.0	57.18	0.83
非金属矿采选业	144.5	9.6	40.3	94.6	48.02	5.86
其他矿采选业	5.5		5.5		62.54	0
食品加工业	880.2	376.0	500.2	4.0	28.03	42.08
食品制造业	1 244.6	477.7	766.9		49.94	47.38
饮料制造业	2 303.4	377.5	1 925.9		79.28	72.52
烟草加工业	33.4		33.4		7.26	36.26
纺织业	3 238.1	802.0	2 355.6	80.5	71.18	75.12
服装及其它纤维制品制造业	372.4	266.4	106.0		9.50	0.88
皮革、毛皮、羽绒及其制品业	182.3	98.3	84.0		30.49	13.81
木材加工及竹、藤、棕、草制品业	96.6	68.3	28.3		34.53	25.64
家俱制造业	128.0	56.0	72.0		14.94	38.58
造纸及纸制品业	1 568.2	508.1	989.6	70.5	138.71	82.10
印刷业、记录媒介的复制	532.8	310.1	222.7		23.69	55.16
文教、体育用品制造业	154.2	94.4	59.8		22.28	21.92
石油加工业及炼焦业	7 810.6	0.8	3 203.5	4 606.3	109.68	89.31
化学原料及化学制品制造业	9 175.0	1 150.9	6 027.9	1 996.2	111.19	89.06
医药制造业	1 147.1	348.9	798.2		45.91	64.76
化学纤维制造业	481.2	12.6	468.6		149.49	78.82
橡胶制品业	686.5	49.3	634.6	2.6	44.28	63.92
塑料制品业	589.8	112.2	477.6		22.66	59.01
非金属矿物制品业	3 640.2	817.1	2 724.1	99.0	67.69	64.59
黑色金属冶炼及压延加工业	11 614.3	249.0	4 282.8	7 082.5	93.77	93.47
有色金属冶炼及压延加工业	260.4	51.3	209.1		37.08	72.24
金属制品业	592.5	223.9	368.5	0.1	16.06	30.28
普通机械制造业	744.1	310.2	407.2	26.7	16.02	65.15
专用设备制造业	851.5	395.7	455.8		23.52	48.12
交通运输设备制造业	1 594.6	979.8	613.9	0.9	11.35	60.59
武器弹药制造业	270.9	247.0	23.9		42.96	71.37
电气机械及器材制造业	471.0	337.8	120.3	12.9	12.03	65.71
电子及通信设备制造业	801.8	427.4	374.4		3.42	57.66
仪器仪表及文化、办公用机械制造业	312.7	191.3	121.4		12.28	42.24
其他制造业	244.4	208.2	36.2		19.73	4.72
电力、蒸汽、热水的生产和供应业	1 403.9	527.7	493.4	382.8	156.64	89.50
煤气生产和供应业	104.6	75.1	29.5		29.61	6.44
自来水的生产和供应业	116.9	116.9			52.64	83.45

注：1.不包括发电厂用水量。

2.1995 年全市总用水量为 629 849.6 万立方米，复复用水量为 554 059.3 万立方米。

7—2 工业、建筑业、

（按行

项　　目	原　煤 （吨）	洗精煤 （吨）	其他 洗煤 （吨）	焦　炭 （吨）	焦炉煤气 （万立 方米）	其他煤气 （万立 方米）	原　油 （吨）
合　计	**15841912**	**5 547 801**	**114 729**	**5 013 405**	**114 157**	**17 010**	**6 856 114**
采掘业							
煤炭采选业	158 771			6			
石油和天然气开采业							
黑色金属矿采选业	1 031						
有色金属矿采选业	43			15			
非金属矿采选业	6 899			300			
其他矿采选业	510			637			
制造业							
食品加工业	95 210			40	84		
食品制造业	175 852			128	319		
饮料制造业	289 186						
烟草加工业	14 213						
纺织业	331 368	95		16	328		
服装及其他纤维制品制造业	83 077			170	54		
皮革、毛皮、羽绒及其制品业	37 883				1		
木材加工及竹、藤、棕、草制品业	27 309						
家具制造业	34 512			30			
造纸及纸制品业	97 675				18		
印刷业	59 454				7		
文教体育用品制造业	20 672			1 468			
石油加工及炼焦业	4 916			177			6 400 774
化学原料及化学制品制造业	1 211 946	2 854 952		249 536	44 649	17 010	367 964
医药制造业	128 344				130		
化学纤维制造业	87 011				19		
橡胶制品业	147 025			85	1		
塑料制品业	62 717						
非金属矿物制品业	1 946 867		1 007	15 771	6 509		
黑色金属冶炼及压延加工业	2 332 391	2 692 754	113 688	4 688 206	54 363		
有色金属冶炼及压延加工业	25 420			1 501	46		
金属制品业	75 772			17 419	909		
普通机械制造业	162 543		21	22 074	1 307		
专用设备制造业	143 763			2 610	508		
交通运输设备制造业	360 934			7 925	637		
武器弹药制造业	50 149			23	74		
电气机械及器材制造业	97 674		13	1 762	1 014		
电子及通信设备制造业	75 565				431		
仪器仪表及文化、办公用机械制造业	34 942			22	97		
其他制造业	497 434			1 132	47		
电力、煤气及水的生产和供应业							
电力、蒸汽、热水的生产和供应业	6 731 103				2 120		87 357
煤气生产和供应业	483				485		
自来水的生产和供应业	1 159						
建筑业							
土木工程建筑业	87 539			272			19
线路管道和设备安装	28 993			6			
装修装饰业	478						
运输邮电业							
铁路运输业	86 605			2 074			
公路运输业	19 981						
航空运输业							
邮电通信业	6 493						

运输邮电业能源消费量

业分）

汽　油 （吨）	煤　油 （吨）	柴　油 （吨）	燃料油 （吨）	液　化 石油气 （吨）	炼厂 干气 （吨）	天然气 （万立 方米）	其　他 石油制品 （吨）	其他焦 化产品 （吨）	热　力 （百万千焦）	电　力 （万千瓦时）
192 009	**278 612**	**316 424**	**2 247 465**	**72 221**	**78 459**	**2 042**	**1 410 222**	**201 302**	**59 945 395**	**1 641 748**
1 608	8	1 270								17 248
										1
942		2 139								4 503
27		45								106
416		1 777	5							1 387
12		6								3
4 462		5 423		23						20 415
4 324		526	7 794	131		46			297 155	17 439
4 312	7	827		3					1 263 274	17 813
27	2	15								892
3 627	143	711	1 284	223					2 927 544	44 398
8 738	9	522		2					515 995	11 442
684		92		20					3	1 911
471	1	96	647	1						1 146
1 309	20	129							10 693	2 258
1 783	24	607	20 524	54					9 592	11 169
3 299	118	234	2 063			4			388 735	11 559
1 277	2	32		2					81 606	2 303
3 563	23	3 258	1 023 632	65 076	78 459		1 409 902		25 351 451	134 411
7 109	65	3 161	109 831	25		576		109 100	7 005 724	156 648
1 683	1	215	518	50		1			600 780	7 860
311	1	55							690 832	10 592
1 679	6	298	5 943						2 107	10 316
2 957		546	2 581	34					3 126	10 361
12 832	2 839	16 735	86 093	1 101		523	317	2 000	271 732	105 162
6 333	73	44 304	325 052					90 196	13 685 620	545 638
844		2 114	4 626						250	7 311
8 750	35	928		972				6	74 829	15 428
6 636	225	2 076	62	18		181	3		1 285 863	27 670
4 128	54	1 554	740	105		515			801 620	16 170
11 017	343	4 405	5 957	17		54			2 038 097	38 321
712	9	876	447						62 134	3 199
3 536	14	1 381	1 879	89		4			376 060	11 370
2 200	27	407	396	9		124			307 455	23 401
971	46	323		7					146 448	4 349
1 373	17	109	16	28					18 510	3 413
2 332	1	7 870	647 331						1 725 160	209 480
1 180		3		4 131		3				1 925
628	1	210		86						20 516
32 197	6 430	26 930	2	6		1			3 000	69 736
4 174	3	3 956		5						3 305
329		14		3		10				194
6 042		157 767								36 103
27 597		21 310	42							1 155
624	268 065	814								
2 954		354								1 721

7—3 主要原材料、

项　　目	单　位	年初库存量	本年购进量合计	直接购自生产企业	直接进口
生铁	吨	20 735	201 384	183 805	
钢材	吨	514 339	2 366 174	1 619 854	40 708
#铁道用钢材	吨	12 255	97 437	85 740	
普通大型钢材	吨	19 544	69 152	49 039	800
普通中型钢材	吨	42 975	202 227	155 656	
普通小型钢材	吨	85 603	687 969	531 840	7 922
钢带	吨	4 997	28 661	20 149	2 297
线材	吨	31 206	396 515	285 817	65
特厚钢板	吨	10 664	5 891	4 071	
中厚钢板	吨	66 954	215 890	118 908	11 010
薄钢板	吨	63 051	313 085	112 367	4 154
硅钢片	吨	2 675	16 853	12 603	
优质钢型材	吨	63 943	95 959	67 543	5
无缝钢管	吨	44 013	74 866	52 178	727
焊接钢管	吨	45 034	128 994	76 331	35
重复轧制用钢材	吨	32	338	218	
铜	吨	439	4 694	1 066	
铝	吨	840	12 901	3 748	177
铅	吨	296	587	309	
锌	吨	133	4 606	1 311	
锡	吨	41	262	203	
铜材	吨	3 144	10 467	4 658	
铝材	吨	3 530	5 844	3 878	18
硫酸	吨	3 726	85 231	56 646	
烧碱	吨	1 634	83 893	40 684	
纯碱	吨	3 902	51 076	28 954	
天然橡胶	吨	290	18 559	2 054	
合成橡胶	吨	937	14 820	2 044	
水泥	吨	103 436	4 002 473	3 312 801	31
平板玻璃	重量箱	30 035	225 923	171 609	13
原木	立方米	36 185	183 817	101 391	
#原木直接消费	立方米		38 395	23 679	
#原木加工锯材消费	立方米		33 473	18 284	
锯材	立方米	89 865	332 404	216 958	29 107
润滑油	吨	4 169	44 781	24 419	
原煤	吨	1 110 499	15 425 896	12 674 576	7 060
入洗原煤	吨	13 101	560 057	560 057	
#洗选损耗	吨				
洗精煤	吨	89 556	5 169 297	5 169 201	
其他洗煤	吨	10 099	908		
煤制品	吨	1 015	11 350	8 135	
焦炭	吨	175 677	2 559 339	2 526 442	
焦炉煤气	万立方米		15 922	3 689	
其他煤气	万立方米				
其他焦化产品	吨	2 041	25 546	2 006	
原油	吨	72 504	6 907 866	6 907 866	
汽油	吨	9 220	168 760	77 431	310
煤油	吨	658	10 141	9 312	
柴油	吨	24 838	301 748	243 125	102
燃料油	吨	179 963	1 182 944	1 055 474	
液化石油气	吨	1 345	7 331	6 782	
炼厂干气	吨				
其他石油制品	吨	54 172	832	829	
天然气	万立方米		2 042	2 042	
热力	百万千焦		14 691 734	14 691 734	
电力	万千瓦时		1 345 472	1 345 472	
其他能源	吨标准煤	10	13 238	330	

能源消费与库存

本年消费量合计	工业生产消费	建筑施工消费	运输邮电消费	其他	年末库存量合计	工业企业	建筑企业	运输邮电企业
7 503 999	7 490 892	7 801	5 035	271	20 219	18 373	1 846	
2 335 021	804 310	1 400 172	110 627	19 912	481 825	323 130	148 238	10 457
94 023	14 339	2 000	77 431	253	14 234	2 990	3 570	7 674
67 154	60 261	6 715	16	162	19 273	13 951	5 276	46
190 116	35 252	153 061	851	952	46 244	25 764	20 190	290
764 930	48 396	690 848	23 766	1 920	71 523	17 941	52 998	584
27 005	23 192	3 316		497	6 373	6 166	207	
370 401	49 596	316 514	2 723	1 568	28 272	8 810	19 365	97
6 120	4 732	1 375	1	12	8 639	8 046	591	2
183 351	145 003	35 677	729	1 942	70 961	59 189	11 500	272
259 392	234 276	18 261	1 038	5 817	63 959	60 057	3 632	270
16 482	16 432	47	3					
72 520	69 948	726	140	1 706	57 046	55 942	896	208
71 179	49 154	20 190	1 490	345	39 230	30 212	8 347	671
141 759	25 497	110 475	2 358	3 429	35 345	18 480	16 534	331
3 817	3 577	240			1 028	1 028		
12 637	12 614	20	3		331	321	6	4
13 794	13 733	61			867	865	2	
543	511	30	2		236	216	19	1
5 225	4 437	787	1		198	196	1	1
245	245				31	31		
6 560	6 439	108	9	4	2 655	2 581	64	10
5 739	5 264	461	9	5	3 264	3 182	82	
84 260	84 224	3	32	1	4 796	4 792	1	3
53 864	53 783		70	11	1 690	1 655		35
52 965	52 774		190	1	2 110	2 050		60
17 322	17 322				1 539	1 539		
14 911	14 856	28	26	1	661	655	6	
4 273 481	812 194	3 388 533	70 300	2 454	131 597	47 257	83 028	1 312
234 313	117 736	108 565	6 602	1 410	29 827	22 194	6 855	778
196 904	85 711	110 311	633	249	24 489	17 049	7 147	293
119 360	47 060	71 601	633	66				
77 544	38 651	38 710		183				
393 861	126 176	241 901	25 495	289	65 922	34 149	29 541	2 232
44 377	39 394	901	4 071	11	4 767	3 895	102	770
15 841 912	15 439 010	112 996	111 926	177 980	964 242	930 782	16 718	16 742
567 995	567 995				1 539	1 539		
11 432	11 432							
5 547 801	5 547 801				125 486	125 486		
114 729	114 729				39 498	39 498		
10 307	3 495	5 713	860	239	2 341	8	2 139	194
5 013 405	5 008 927	278	2 074	2 126	146 579	146 487	12	80
114 157	113 997			160				
17 010	17 010							
201 302	201 302				11 624	11 624		
6 856 114	6 856 060	19		35	78 686	78 681	5	
192 009	111 565	36 435	42 572	1 437	8 320	5 596	1 307	1 417
278 612	4 046	6 499	268 065	2	262	147	115	
316 424	104 276	30 976	180 605	567	16 079	6 132	1 386	8 561
2 247 465	2 246 893	2	32	538	168 272	168 271		1
72 221	60 803	810		10 608	2 485	2 485		
78 459	78 459							
1 410 222	1 410 222				26 961	26 961		
2 042	1 982	11		49				
59 945 395	56 690 564	1 415 360		1 839 471				
1 641 748	1 516 297	76 422	38 596	10 433				
218 801	218 758			43				

7—4 主要原材料按行业分组消费量

项目	钢材（吨）	铜材（吨）	铝材（吨）	原木直接消费（立方米）	锯材（立方米）
合计	**2 335 021**	**6 560.0**	**5 739.0**	**119 360**	**393 861**
采掘业					
煤炭采选业	13 738	2.0	1.0	23 350	733
黑色金属矿采选业	1 340				99
非金属矿采选业	148			106	
制造业					
食品加工业	570	1.0	2.0	92	33
食品制造业	75	2.0			28
饮料制造业	3 852	1.0	5.0		334
烟草加工业	4				
纺织业	1 267			5	380
服装及其他纤维制品制造业	6				
皮革、毛皮、羽绒及其制品业	194		12.0		39
木材加工及竹、藤、棕、草制品业	749			5 449	52 283
家具制造业	643		1.0	6 019	12 121
造纸及纸制品业	694	1.0		127	8
印刷业	672	2.0	335.0		22
文教体育用品制造业	1 957	213.0	40.0	1 193	13 447
石油加工及炼焦业	29 405	27.0	12.0	1 792	2 264
化学原料及化学制品制造业	9 704	7.0	16.0	3	604
医药制造业	187				65
化学纤维制造业	40				2
橡胶制品业	809	1.0			50
塑料制品业	6 794		1.0	6	14
非金属矿物制品业	64 679	14.0	231.0	5 732	33 010
黑色金属冶炼及压延加工业	107 084	158.0	20.0	831	5 053
有色金属冶炼及压延加工业	511	454.0	162.0	10	6
金属制品业	128 292	439.0	946.0	12	2 165
普通机械制造业	84 492	349.0	248.0	155	722
专用设备制造业	94 092	507.0	974.0	229	2 456
交通运输设备制造业	201 130	807.0	1 072.0	83	1 209
武器弹药制造业	4 012	25.0	231.0		226
电气机械及器材制造业	38 282	2 689.0	585.0	789	418
电子及通信设备制造业	11 287	183.0	181.0		310
仪器仪表及文化、办公用机械制造业	7 530	372.0	178.0	49	3
其他制造业	1 500	161.0	10.0	38	309
电力、煤气及水的生产和供应业					
电力、蒸汽、热水的生产和供应业	11 803	29.0	7.0	586	181
煤气生产和供应业	4 423	1.0		6	
自来水的生产和供应业	23 000				
建筑业					
土木工程建筑业	1 297 969	53.0	157.0	70 864	228 039
线路管道和设备安装	66 361	35.0	37.0	400	6 491
装修装饰业	4 706	18.0	266.0	801	5 205
运输邮电业					
铁路运输业	101 188	9.0	9.0	516	25 466
公路运输业	2 070				66
邮电通信业	7 762			117	

7—5 原材料、能源消费与库存总值

单位:万元

项目	企业单位个数(个)	年初库存总值	本年消费总值	工业企业	建筑企业	运输邮电企业	其他	年末库存总值
总计	**7 058**	**1 212 828.3**	**7 595 201.9**	**6160969.8**	**1118827.0**	**265 158.6**	**50 246.5**	**1191580.4**
按隶属关系分组								
中央	639	279 061.4	1 759 847.7	1194978.7	301 925.5	246 749.3	16 194.2	277 287.2
省	1 472	791 324.2	4 726 101.5	4073589.5	608 014.1	14 793.9	29 704.0	743 034.6
地区	1 906	93 509.7	823 996.5	665 457.5	153 584.6	2 718.7	2 235.7	123 895.8
县	3 041	48 933.0	285 256.2	226 944.1	55 302.8	896.7	2 112.6	47 362.8
按经济类型分组								
国有经济	2 154	876 646.6	5 566 110.3	4363724.2	898 206.2	263 239.4	40 940.5	818 567.4
集体经济	3 470	89 877.4	600 219.9	416 411.9	178 973.6	1 581.6	3 252.8	80 875.5
私营经济	39	2 732.5	12 916.3	12 821.0	18.2	50.8	26.3	3 627.3
联营经济	101	5 192.0	41 929.8	41 456.3		34.7	438.8	6 898.5
股份制经济	167	17 171.2	84 822.5	61 976.9	22 214.8	41.2	589.6	16 445.2
中外合资经营企业	495	159 009.1	910 549.0	894 978.6	14 340.1	116.3	1 114.0	176 733.9
中外合作经营企业	38	7 698.0	39 641.0	39 540.5	46.2	1.0	53.3	8 839.9
外资企业	91	4 770.0	28 664.3	28 355.4		1.7	307.2	7 618.4
与大陆合资经营企业	375	43 137.7	255 241.3	249 213.7	5 025.4	84.4	917.8	61 607.0
与大陆合作经营企业	13	697.8	4 288.0	4 288.0				752.8
港、澳、台独资企业	90	4 025.5	23 366.2	23 344.4		6.5	15.3	6 866.9
其他经济	25	1 870.5	27 453.3	24 858.9	2.5	1.0	2 590.9	2 747.6
按类值分组								
1.能源类	5 665	59 635.5	1 667 490.5	1454687.3	62 734.5	139 397.2	10 671.5	51 717.2
2.原材料类	4 253	1 153 192.8	5 927 711.4	4706282.5	1056092.5	125 761.4	39 575.0	1139863.2
黑色金属材料类	1 509	280 425.5	1 391 685.2	905 598.7	428 006.9	50 280.8	7 798.8	252 942.0
有色金属材料类	917	34 703.0	150 503.7	145 392.4	4 593.1	236.3	281.9	39 188.8
化工类	1 281	87 497.8	807 170.6	768 582.3	34 080.9	1 856.4	2 651.0	89 603.4
建材类	876	31 580.0	466 594.6	139 103.1	320 196.1	4 394.2	2 901.2	34 128.1
木材类	785	21 043.0	100 925.5	44 458.0	52 176.4	4 074.0	217.1	16 729.0
金属制品类	575	40 225.3	106 480.6	52 738.9	15 157.6	38 091.5	492.6	26 946.6
一次转移价值的机电产品类	815	353 017.4	1 190 760.6	1088889.8	76 284.0	16 033.4	9 553.4	357 243.4
3.其他类	2 502	304 700.8	1 713 590.6	1561519.3	125 597.5	10 794.8	15 679.0	323 081.9

7—6 原材料、能

（按行

项目	企业单位个数（个）	年初库存总值
工业		
煤炭采选业	46	5 641.8
石油和天然气开采业	1	
黑色金属矿采选业	8	210.0
有色金属矿采选业	5	
非金属矿采选业	41	142.3
其他矿采选业	3	31.2
食品加工业	218	37 962.6
食品制造业	257	19 134.6
饮料制造业	93	21 071.3
烟草加工业	1	10 369.0
纺织业	228	49 277.1
服装及其他纤维制品制造业	377	14 602.8
皮革、毛皮、羽绒及其制品业	85	6 538.2
木材加工及竹、藤、棕、草制品业	60	6 097.6
家具制造业	126	2 707.5
造纸及纸制品业	117	14 441.2
印刷业	384	14 964.0
文教体育用品制造业	101	4 790.6
石油加工及炼焦业	29	81 628.2
化学原料及化学制品制造业	377	56 603.4
医药制造业	90	17 667.6
化学纤维制造业	26	3 356.5
橡胶制品业	51	3 729.3
塑料制品业	261	17 497.8
非金属矿物制品业	466	43 002.3
黑色金属冶炼及压延加工业	30	135 941.8
有色金属冶炼及压延加工业	63	3 802.1
金属制品业	594	33 356.3
普通机械制造业	415	75 148.5
专用设备制造业	351	40 078.7
交通运输设备制造业	455	167 075.9
武器弹药制造业	6	6 268.0
电气机械及器材制造业	341	38 779.7
电子及通信设备制造业	273	79 461.1
仪器仪表及文化、办公用机械制造业	162	18 437.3
其他制造业	208	6 449.4
电力、蒸汽、热水的生产和供应业	25	19 847.6
煤气生产和供应业	5	2 180.5
自来水的生产和供应业	6	7 189.9
建筑业		
土木工程建筑业	386	95 746.5
线路管道和设备安装	72	19 882.7
装修装饰业	106	1 124.8
运输邮电业		
铁路运输业	2	21 672.4
公路运输业	101	4 117.4
航空运输业	1	
邮电通信业	5	4 800.8

源消费与库存总值

业分）　　　　　　　　　　　　　　　　　　单位:万元

本年消费总值	工业企业	建筑企业	运输邮电企业	其他	年末库存总值
27 071.8	23 840.7	3 205.2	20.9	5.0	5 983.6
13.5	13.5				
2555.6	2 256.3		18.1	281.2	312.2
64.3	64.3				
1866.3	1 839.9		23.4	3.0	122.3
34.1	34.1				27.7
292437.8	290 188.3	2.5	48.0	2 199.0	36 978.9
71012.5	69 388.6		102.0	1 521.9	18 415.5
236757.4	236 370.1	0.3	31.9	355.1	35 403.3
30946.1	30 543.5			402.6	15 614.9
270082.0	266 589.0	162.2	90.2	3 240.6	37 681.6
83645.6	83 472.7	3.5	24.0	145.4	16 901.5
27003.4	26 989.0	0.9	5.3	8.2	6 266.8
12616.9	12 613.6			3.3	3 743.3
14649.9	14 497.0	113.7	32.2	7.0	2 909.6
72349.9	68 522.1		20.6	3 807.2	10 786.5
91286.0	91 167.7		46.5	71.8	15 451.5
21579.8	21 321.2	0.2	14.9	243.5	4 683.0
523729.3	518 051.9	4 953.7		723.7	75 488.1
615967.2	609 707.4	4 213.3	85.6	1 960.9	51 994.3
87856.1	87 759.0	21.0	17.9	58.2	18 417.8
40207.3	38 416.6		8.1	1 782.6	3 394.7
90661.4	90 649.9	9.8	1.7		7 534.5
93947.9	93 905.2		13.5	29.2	19 626.9
328360.1	317 295.0	659.9	233.4	10 171.8	36 818.6
1013875.6	1 013 873.1		0.5	2.0	116 945.4
41965.7	41 718.9		22.2	224.6	3 643.4
108983.5	108 665.5	83.1	60.8	174.1	26 132.5
226792.8	226 238.8	31.1	81.3	441.6	72 308.3
147038.9	145 114.0	790.6	27.2	1 107.1	38 828.4
736236.9	721 874.6	80.2	63.5	14 218.6	177 413.3
12687.3	12 473.7			213.6	2 304.1
139666.8	137 854.1		89.5	1 723.2	39 917.2
422960.2	421 079.0	146.9	18.9	1 715.4	86 311.2
64354.0	63 375.3	9.0	18.0	951.7	21 042.7
36877.7	36 516.3	112.7	4.0	244.7	6 429.2
218534.8	214 299.5	4 114.6	2.5	118.2	19 728.9
4726.1	3 047.5	1 678.6			2 431.4
42679.2	12 638.7	30 040.5			7 242.2
943629.7	4 548.1	937 104.8	57.2	1 919.6	90 740.4
109388.7	464.6	108 765.3	4.1	154.7	23 467.6
21660.7	30.0	21 619.3	1.2	10.2	1 446.7
135088.8		904.1	134 184.7		23 632.8
19011.4	1 619.8		17 385.6	6.0	3 897.8
67608.5			67 608.5		
44732.4	41.7		44 690.7		3 069.8

主 要 统 计 指 标 解 释

一、能源消费量统计范围：是指乡以上独立核算的法人企业在报告期内实际消费的能源数量，其中工业企业消费合计包括工业生产用、工业企业内建筑施工及运输邮电用。

二、能源消费量包括：工业企业的"终端消费"合计，还包括"中间消费"中的"投入量合计"。

三、原材料消费：指县及县以上独立核算的法人企业在报告期内实际使用的原材料的数量，包括主营活动和附营活动实际使用的原材料的数量。即：原材料进入第一道生产工序，改变了原来的形态或性能，或者已经实际投入使用，即作消费统计。

四、原材料库存：指独立核算法人企业在报告期初、期末实际结存的原材料的数量。即：凡是本企业有权支配动用的某一时点实际结存的原材料，都作库存统计。

08

CONSTRUCTION
建筑业

全市建筑业总产值

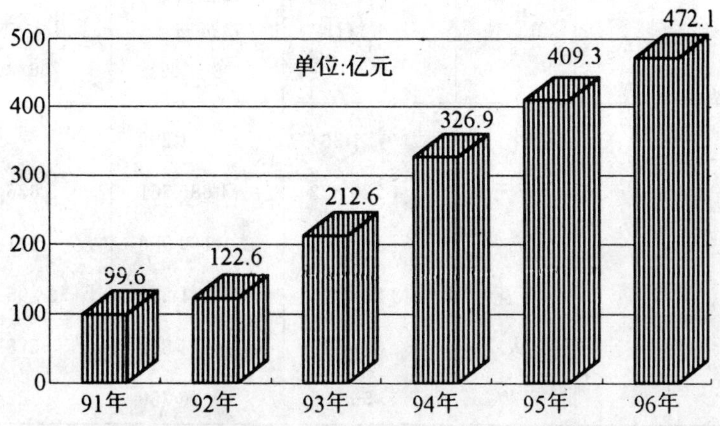

	1996年	1991年	1996年为1991年%
建筑施工企业个数(个)	1364	922	147.9
建筑企业从业人员数(万人)	83.3	60.3	138.1
建筑业总产值(亿元)	472.1	101.2	4.7倍
全员劳动生产率(元/人)	56705	17031	3.3倍

全员劳动生产率

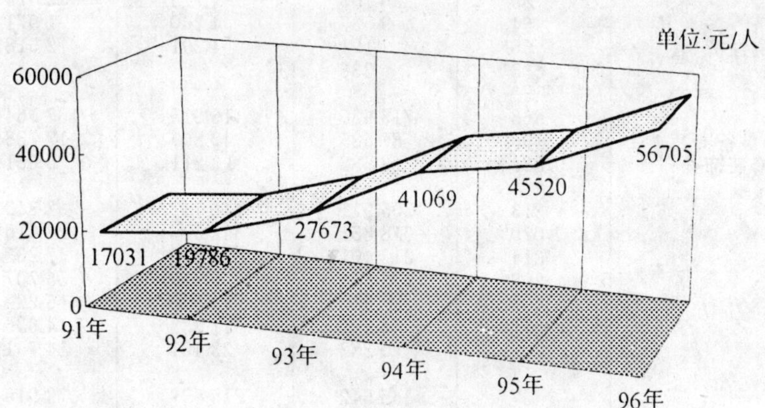

8—1 全市建筑施工企业主要经济指标

项　　目	单　位	全市总计	独立核算建筑施工企业	#大中型企业	建筑业活动单位
企业单位数	个	1 364	1 292	173	72
建筑业总产值	万元	4 720 822	4 680 761	3 636 925	40 061
自有机械设备年末总台数	台	162 751	160 958	111 248	1 793
自有机械设备年末总功率	千瓦	3 258 794	3 211 250	2 295 230	47 544
年末从业人数	人	832 521	824 802	578 011	7 719
劳动生产率	元/人	56 705	56 750	62 921	39 559

8—2 独立核算建筑施工企业基本情况

项　　目	企业单位数（个）	年末从业人员（人）	年末自有机械设备		
			净值（万元）	总台数（台）	总功率（千瓦）
总　　计	**1 292**	**824 802**	**460 827**	**160 958**	**3 211 250**
按经济类型分					
国有经济	391	514 774	237 115	81 024	2 042 823
集体经济	717	266 249	210 414	72 589	1 072 182
私营经济	3	277	10	15	13
联营经济	3	335	52	167	430
股份制经济	55	26 103	4 775	2 674	67 127
外商投资经济	64	9 537	4 260	1 971	6 558
港、澳、台投资经济	56	7 191	4 201	2 518	22 117
其他经济	3	336			
按行业类别分					
土木工程	863	713 635	416 815	137 564	2 817 244
线路、管道和设备安装	196	87 585	40 801	17 733	329 622
建筑物的装修装饰业	233	23 582	3 211	5 661	64 384
按隶属关系分					
中央	213	205 971	118 741	32 343	986 108
地方	1 079	618 831	342 086	128 615	2 225 142
市属	314	318 401	232 850	47 232	1 105 034
区县属	298	173 841	59 776	55 767	747 825
街道	104	22 516	14 696	6 229	45 881
镇	71	33 791	11 333	4 636	65 566
其他	292	70 282	23 431	14 751	260 836
按企业规模分					
大型	87	465 642	215 699	72 915	1 922 953
中型	86	112 369	61 297	38 333	372 277
小型	1 119	246 791	183 831	49 710	916 020

8—3 独立核算建筑施工企业总产值和劳动生产率

项 目	总产值(万元)		劳动生产率(元/人)	
	1996 年	1995 年	1996 年	1995 年
总 计	**4 680 760.5**	**3 706 600.2**	**56 750**	**44 852**
按经济类型分				
国有经济	3 181 252.4	2 561 685.0	61 799	46 267
集体经济	1 238 649.0	977 811.3	46 522	39 484
私营经济	232.3		8 386	
联营经济	1 022.0	2 285.6	30 507	48 942
股份制经济	124 603.4	63 757.3	47 735	53 510
外商投资经济	81 932.2	45 980.1	85 910	77 801
港、澳、台投资经济	52 062.0	53 638.2	72 399	84 152
其他经济	1 007.2	1 442.7	29 976	33 708
按行业类别分				
土木工程	3 963 589.2	3 014 780.0	55 541	49 188
线路、管道和设备安装	576 604.1	563 805.3	65 834	58 001
建筑物的装修装饰业	140 567.2	128 014.9	59 608	11 007
按隶属关系分				
中央	1 391 009.5	902 777.8	67 534	37 589
地方	3 289 751.0	2 803 822.4	53 161	47 827
市属	1 930 132.5	1 776 190.8	60 619	53 148
区县属	795 384.6	744 969.0	45 754	43 525
街道	75 050.9	100 249.7	33 332	30 037
镇	101 190.5	144 563.4	29 946	36 648
其他	387 992.5	37 849.5	55 205	46 907
按企业规模分				
大型	3 013 819.9	2 141 047.0	64 724	58 998
中型	623 105.3	457 793.1	55 452	47 992
小型	1 043 835.3	1 107 760.1	42 296	30 092

8—4 独立核算建筑施工企业竣工率

单位:%

项　　目	产值竣工率		面积竣工率	
	1996年	1995年	1996年	1995年
总　　计	**63.3**	**53.9**	**36.9**	**34.6**
按经济类型分				
国有经济	63.8	51.3	31.6	28.3
集体经济	60.2	61.7	46.9	47.8
私营经济	98.3		100.0	
联营经济	41.3	64.6	100.0	88.9
股份制经济	86.6	40.0	40.3	16.6
外商投资经济	52.7	63.7	27.8	43.9
港、澳、台投资经济	71.4	43.2	57.8	47.7
其他经济	86.7	88.4	0.0	100.0
按行业类别分				
土木工程	64.1	55.1	36.5	33.8
线路、管道和设备安装	56.0	47.2	42.5	41.1
建筑物的装修装饰业	73.0	55.6	72.4	58.7
按隶属关系分				
中央	67.2	50.2	32.8	26.3
地方	61.7	55.1	38.0	36.3
市属	61.4	51.4	30.0	27.8
区县属	59.7	58.3	47.2	51.1
街道	70.8	77.1	43.9	46.3
镇	52.0	70.6	50.3	68.8
其他	68.0	45.6	47.3	14.3
按企业规模分				
大型	59.8	47.5	31.9	26.5
中型	73.2	51.8	34.8	33.0
小型	67.6	67.1	53.0	47.6

8—5 独立核算建筑施工企业工程质量

单位:%

项目	单位工程优良品率		竣工面积优良品率	
	1996 年	1995 年	1996 年	1995 年
总计	**17.5**	**23.3**	**39.3**	**34.3**
按经济类型分				
国有经济	30.2	31.2	51.7	44.5
集体经济	12.8	21.1	24.2	22.7
股份制经济	4.8	5.3	40.4	38.2
外商投资经济	10.1	3.9	22.8	48.4
港、澳、台投资经济	8.5	20.7	6.0	14.0
其他经济	0.0	9.1	0.0	16.7
按行业类别分				
土木工程	19.5	17.3	39.7	35.2
线路、管道和设备安装	15.8	32.8	42.0	71.5
建筑物的装修装饰业	12.3	6.8	16.5	9.6
按隶属关系分				
中央	33.5	31.9	51.0	46.8
地方	12.9	20.9	36.5	32.5
市属	22.1	35.0	54.9	46.6
区县属	7.9	5.6	14.1	20.6
街道	3.7	3.8	15.4	9.7
镇	24.5	16.9	25.8	28.1
其他	10.1	2.2	50.0	36.1
按企业规模分				
大型	28.9	35.7	50.8	45.6
中型	23.4	22.6	43.3	38.8
小型	11.4	21.7	17.7	23.2

8—6 独立核算建筑施工企业主要财务指标

单位:万元

项目	资本金	年末资产	流动资产	长期投资	固定资产
总计	**805 810.7**	**6 381 092.7**	**5 157 282.8**	**231 633.0**	**785 243.1**
按经济类型分					
国有经济	514 173.7	4 918 900.3	3 979 966.5	202 659.2	585 914.4
集体经济	200 647.1	1 154 629.9	932 422.1	18 089.1	163 937.3
私营经济	662.6	666.2	462.1	10.4	177.9
联营经济	1 060.0	1 758.4	1 453.6	0.0	292.4
股份制经济	38 822.4	148 566.3	114 980.1	9 547.2	18 012.4
外商投资经济	26 254.6	89 553.8	76 397.6	415.3	9 229.0
港、澳、台投资经济	23 613.5	65 843.7	50 987.1	911.8	7 139.5
其他经济	576.8	1 174.1	613.7	0.0	540.2
按行业类别分					
土木工程	637 446.1	5 306 263.9	4 296 702.5	198 677.4	634 093.0
线路、管道和设备安装	104 296.0	912 448.7	731 312.2	28 882.7	130 943.1
建筑物的装修装饰业	64 068.6	162 380.1	129 268.1	4 072.9	20 207.0
按隶属关系分					
中央	256 717.7	1 820 468.3	1 406 677.6	71 993.5	295 112.7
地方	549 093.0	4 560 624.4	3 750 605.2	159 639.5	490 130.4
市属	297 745.4	3 368 695.8	2 815 301.4	137 973.5	305 548.3
区县属	144 031.2	673 868.1	528 596.6	12 442.1	105 262.7
街道	19 160.2	104 151.7	90 736.3	1 099.9	11 084.7
镇	19 741.0	106 287.1	80 989.4	2 350.0	15 813.5
其他	68 415.2	307 621.7	234 981.5	5 774.0	52 421.2
按企业规模分					
大型	367 037.0	3 597 128.1	2 826 302.0	129 656.0	502 147.1
中型	99 471.9	854 860.0	725 711.9	29 093.4	81 085.5
小型	339 301.8	1 929 104.6	1 605 268.9	72 883.6	202 010.5

项目	专项工程	无形及递延资产	其他资产	利润总额	利税总额	企业总收入
总计	**85 216.3**	**27 335.5**	**94 382.0**	**88 895.6**	**221 922.0**	**4 648 051.7**
按经济类型分						
国有经济	61 657.1	12 241.6	76 461.5	48 844.1	140 774.1	3 421 288.1
集体经济	18 536.7	7 478.7	14 166.0	35 175.6	68 827.2	974 430.6
私营经济	0.0	15.8	0.0	−87.8	−80.0	228.3
联营经济	0.0	12.3	0.1	28.9	50.6	1 031.6
股份制经济	3 093.3	2 693.4	239.9	2 133.8	5 495.5	113 184.6
外商投资经济	45.5	1 492.2	1 974.2	2 174.4	4 668.2	84 788.6
港、澳、台投资经济	1 882.9	3 382.1	1 540.3	628.8	2 161.9	52 092.7
其他经济	0.8	19.4	0.0	−2.2	24.5	1 007.2
按行业类别分						
土木工程	69 914.1	21 386.1	85 490.8	77 488.5	192 641.4	3 994 309.5
线路、管道和设备安装	12 720.9	3 109.9	5 479.9	9 766.0	23 176.3	507 148.1
建筑物的装修装饰业	2 581.3	2 839.5	3 411.3	1 641.1	6 104.3	146 594.1
按隶属关系分						
中央	27 281.8	4 438.9	14 963.8	20 231.3	60 958.3	1 526 308.8
地方	57 934.5	22 896.6	79 418.2	68 664.3	160 963.7	3 121 742.9
市属	34 572.2	9 849.3	65 451.1	31 085.8	86 909.7	2 057 815.2
区县属	15 309.3	6 860.5	5 396.9	17 913.1	38 700.4	568 354.5
街道	555.9	375.3	299.6	1 665.5	4 460.3	80 917.3
镇	1 364.6	150.6	5 619.0	5 374.0	8 400.7	90 368.3
其他	6 132.5	5 660.9	2 651.6	12 625.9	22 492.6	324 287.6
按企业规模分						
大型	58 353.0	10 151.6	70 518.4	41 120.6	123 120.0	2 953 930.5
中型	8 192.8	5 182.0	5 594.4	12 514.9	31 661.9	609 914.7
小型	18 670.5	12 001.9	18 269.2	35 260.1	67 140.1	1 084 206.5

8—7 全市建筑施工企业利税总额前50名排序

单位:千元

名次	企业名称	利税总额
1	北京住宅开发建设集团总公司	100 475
2	中国人民解放军总后勤部工程总队	96 966
3	北京韩村河建筑集团总公司	74 390
4	铁道部第十六工程局	55 149
5	中国建筑第一工程局第四建筑公司	48 046
6	交通部第一公路工程总公司	46 850
7	房山区建筑企业集团总公司	41 531
8	恒万实业有限公司	37 686
9	中国建筑第一工程局第二建筑公司	37 642
10	房山建工企业集团总公司	35 040
11	北京市第三建筑工程公司	34 751
12	北京城建集团二公司	34 116
13	北京市第五建筑工程公司	32 250
14	北京市第六建筑工程公司	32 147
15	北京市第一建筑工程公司	31 633
16	北京市第一城市建设工程公司	30 722
17	北京市第四城市建设工程公司	30 636
18	北京建雄建筑集团	30 534
19	北京市第五城市建设工程公司	30 285
20	中建一局	29 070
21	北京市房山区城乡建筑企业集团总公司	24 891
22	北京中铁建筑工程公司	24 126
23	北京市第三住宅建筑工程公司	23 658
24	中建第一工程局第五建筑公司	20 429
25	北京天桥建筑集团公司	20 138
26	北京市第二建筑工程公司	17 914
27	北京市第二住宅建筑工程公司	17 379
28	北京市第七建筑工程公司	17 099
29	北京市第六住宅建筑工程公司	16 562
30	北京正荣建筑工程有限责任公司	15 818
31	北京市第三城市建设工程公司	15 654
32	平谷县建筑工程总公司	15 392
33	北京燕山石油化工公司建筑安装工程公司	15 171
34	北京火电建设公司	14 800
35	北京市梨园建筑企业集团	14 377
36	北京市第一住宅建筑工程公司	13 580
37	北京长城竹中建设工程有限公司	13 391
38	北京市城建道桥工程公司	13 020
39	北京燕山石油化工公司建筑工程公司	13 011
40	北京城建亚泰工程公司	12 658
41	北京市第四建筑工程公司	12 162
42	北京市朝阳田华建筑集团公司	12 081
43	中国建筑第一工程局安装公司	11 890
44	北京市设备安装工程公司	11 378
45	北京市第七城市建设工程公司	11 164
46	延庆县建筑安装公司	11 151
47	北京大兴建筑集团公司	10 674
48	北京市城乡建设第一建筑工程公司	10 525
49	北京市京易建设联营公司	10 313
50	铁道部建厂工程局北京第一工程处	10 147

8—8 外埠进京施工单位主要指标

项　　目	单　位	1996 年	1995 年
单位个数	个	231	222
职工人数	万人	6.4	7.5
施工产值	亿元	21.6	25.2
施工面积	万平方米	362.5	204.1
竣工面积	万平方米	129.3	135.5

主 要 统 计 指 标 解 释

一、建筑业总产值：指建筑业企业或附属建筑业施工单位自行完成的按工程进度计算的建筑安装总价值。它包括建筑工程产值、设备安装工程产值、房屋、构筑物修理产值、非标准设备制造产值。

二、竣工产值：是指以货币表现的建筑业生产所形成的成品的价值，反映建筑业的成就，是考核建筑业施工速度和经济效益的依据之一。

竣工产值，一般是以单位工程为对象，当该工程按照设计所规定的工程内容全部完成，达到了设计规定的交工条件，经有关部门检查验收鉴定合格的单位工程价值，即为竣工产值。

有的专业承包公司按照合同规定，仅承包单位工程中某一部分工程内容。如电梯工程、水塔建筑等，只要按照合同规定内容全部完成，经验收鉴定合格之后，即可计入专业承包公司的竣工产值。

竣工产值包括范围应是报告期内竣工单位工程从开工到竣工的全部自行完成的价值，如果一个单位工程跨两个年度施工，其竣工价值应当包括上年度完成的价值。有的大型单位工程，如大型厂房、高级宾馆、各种管道、公路、铁路等，能够分跨、分层、分段施工并按合同规定，能够分开交付使用的，可以分开计算竣工产值。竣工产值不包括附属辅助企业或内部核算的其他单位为外单位生产和服务的价值。

三、自有机械设备年末总台数：指归本企业（或单位）所有，属于本企业（或单位）固定资产的生产性机械设备年末总台数。包括施工机械、生产设备、运输设备以及其他设备。

四、自有机械设备年末总功率：指本企业（或单位）自有施工机械、生产设备、运输设备以及其他设备等列为在册固定资产的生产性机械设备年末总功率，按设计能力或查定能力计算。包括机械本身的动力和为该机械服务的单独动力设备，如电动机等。计量单位用千瓦，动力换算可按 1 马力＝0.735 千瓦折合成千瓦数。电焊机、变压器、锅炉不计算动力。

五、优良品率：是以竣工的单位工程和房屋建筑面积作为观察对象，来衡量经过验收的已竣工工程达到优良标准的比率，比率愈大，证明企业竣工工程质量状况愈好。计算公式为：

$$\text{工程质量优良品率} = \frac{\text{验收鉴定评为优良的单位工程或房屋建筑面积(个或平方米)}}{\text{全部验收鉴定的单位工程或房屋建筑面积(个或平方米)}} \times 100\%$$

TRANSPORTATION,POSTALAND TELECOMMUNICATION SERVICES

交通运输邮电通信业

社会客货运输周转量构成

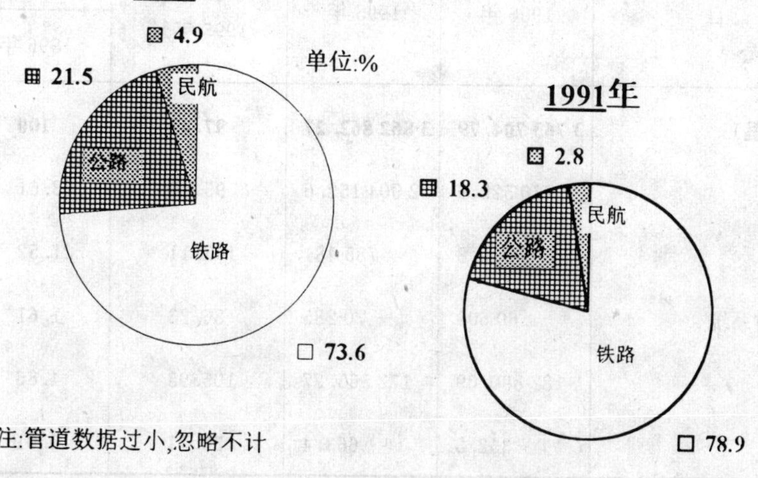

	1996年	1991年	1996年为1991年%
社会客货运总量(万吨公里)	3763705	3443658	109.3
邮电业务总量(万元)	729022	157418	4.6倍
各种车辆数(辆,1992年数)			
机动车	798392	473238	168.7
非机动车	9454276	7268885	130.1

邮电业务总量

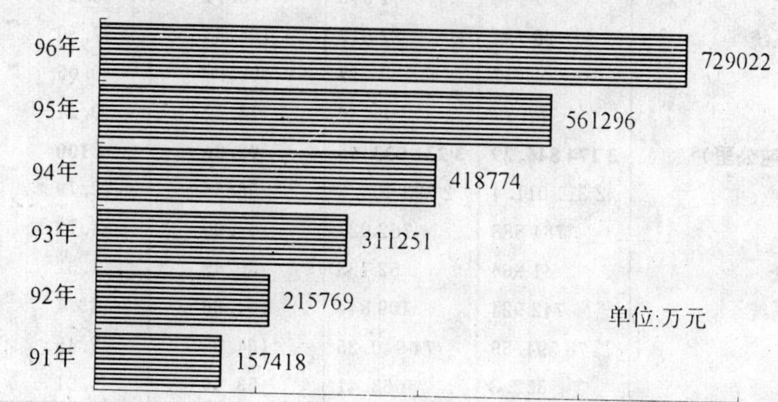

9—1 社会客货运总量

（换算周转量）

项目	1996年	1995年	1996年为1995年%	构成(%)	
				1996年	1995年
运输总量(万吨公里)	**3 763 704.79**	**3 862 862.27**	**97.43**	**100**	**100**
铁路	2 770 525.6	2 904 152.6	95.40	73.61	73.84
公路	809 936.8	785 481	103.11	21.52	19.97
#交通运输系统	60 609	70 285	86.23	1.61	1.79
民航	182 890.09	172 565.27	105.98	4.86	4.39
管道	352.3	663.4	53.11	0.01	0.02

9—2 社会货物运输量及周转量

项目	1996年	1995年	1996年为1995年%	构成(%)	
				1996年	1995年
货运总量(万吨)	**32 905.57**	**32 184.56**	**102.24**	**100**	**100**
铁路	2 850.8	2 974.2	95.85	8.66	9.24
公路	29 960	29 087	103.00	91.05	90.38
交通运输系统	1 166	1 540	75.71	3.54	4.79
非交通运输系统	28 794	27 547	104.53	87.50	85.59
民航	17	17	100.00	0.05	0.05
管道	77.77	106.36	73.12	0.24	0.33
货物周转总量(万吨公里)	**3 174 846.29**	**3 231 033.86**	**98.26**	**100**	**100**
铁路	2 311 011.4	2 393 403.2	96.56	72.79	74.08
公路	784 888	762 027	103.00	24.72	23.58
交通运输系统	41 964	52 183	80.42	1.32	1.61
非交通运输系统	742 924	709 844	104.66	23.4	21.97
民航	78 594.59	74 940.25	104.88	2.45	2.32
管道	352.3	663.41	53.10	0.01	0.02

9—3 运输线路

项目	条数(条)		长度(公里)	
	1996年	1995年	1996年	1995年
铁路	26	24	1 747.1	1 747.1
公路	2 529	2 468	112 084	11 811
民航	123	113		
管道	8	8	28.8	28.8

9—4 铁路运输量及主要技术经济指标

(铁路分局范围)

项目	单位	1996年	1995年	1996年为1995年%
营业里程	公里	1 747.1	1 747.1	100.0
旅客发送量	万人	4 735.9	5 188.7	91.3
旅客周转量	万人公里	939 496.4	1 030 100.0	91.2
货物发送量	万吨	4 504.7	4 591.1	98.1
货物到达量	万吨	8 214.3	8 246.9	99.6
货物周转量	万吨公里	5 331 417.3	5 519 470.0	96.6
货物平均净载重	吨	55.4	54.8	101.1
平均日装车数	日辆	2 221	2 297	96.7
平均日卸车数	日辆	4 032	4 084	98.7
货车周转时间	天	1.35	1.37	98.5
蒸汽机车万吨公里耗煤	公斤	332.4	384.6	86.4
内燃机万吨公里耗油	公斤	28.6	28.1	101.8

9—5 全社会客、货运输量及周转量

项目	1996年	1995年	1996年为1995年%	构成(%)	
				1996年	1995年
旅客运输量(万人)	**9 798.9**	**10 084.7**	**97.17**	**100**	**100**
铁路	4 735.9	5 188.7	91.27	48.33	51.45
公路	4 395	4 250	103.41	44.85	42.14
民航	668	646	103.41	6.82	6.41
旅客周转量(万人公里)	**2 107 834.2**	**2 076 878.78**	**101.49**	**100**	**100**
铁路	459 514.2	508 995.1	90.28	21.8	24.51
公路	250 488	234 540	106.80	11.88	11.29
民航	1 397 832	1 333 343.68	104.84	66.32	64.20
货运量(万吨)	**32 905.57**	**32 184.56**	**102.24**		**100**
铁路	2 850.8	2 974.2	95.85	8.66	9.24
公路	29 960	29 087	103.00	91.05	90.38
民航	17	17	100.00	0.05	0.05
管道	77.77	106.36	73.12	0.24	0.33
货物周转量(万吨公里)	**3 174 846.29**	**3 231 033.86**	**98.26**	**100**	**100**
铁路	2 311 011.4	2 393 403.2	96.56	72.79	74.08
公路	784 888	762 027	103.00	24.72	23.58
民航	78 594.59	74 940.25	104.88	2.48	2.32
管道	352.3	663.41	53.10	0.01	0.02

9—6 公路、民航、邮电主要技术经济指标

项目	单位	1996年	1995年	1996年为1995年%
一、公路货运				
货车百吨公里耗汽油	升	6.8	6.6	103.03
货车百吨公里耗柴油	升	4.8	4.7	102.13
货车车吨日产量	吨公里	43.7	50.5	86.53
货车完好率	%	89	89.5	
二、民航				
每吨公里耗航空油	公斤	0.4	0.4	100
三、邮电				
总包邮件延误率	‰	0.037	0.085	
总包邮件损失	个	2		
电报发报逾限率	%	0.0016		

9—7 邮电业务总量

项目	单位	1996年	1995年	1996年为1995年%
一、邮电业务量	**万元**	**729 022.4**	**561 296.4**	**129.88**
二、邮电业务总量				
函件	万件	57 876	60 060	96.36
包件	万件	763	832	91.71
汇票	万件	841	796	105.65
报纸累计	万份	136 308	112 577	121.08
杂志累计	万份	4 626	4 003	115.56
公众电报	万份	192.6	290.3	66.35
用户电报	万次	121.2	127.2	95.28
长途电话	万次	43 439.2	32 319.1	134.41
本地电话用户	户	1 957 310	1 505 242	130.03
公用电话	部	36 230	20 184	179.50

9—8 邮电局、所及邮路

单位:公里

项目	1996年	1995年	1996年为1995年%	构成(%)	
				1996年	1995年
邮电局所(处)	**681**	**633**	**107.58**		
邮路单程总长度	**89 077**	**61 100**	**145.78**	**100**	**100**
航空邮路	49 967	24 751	201.88	56.09	40.51
铁路邮路	19 492	19 626	99.32	21.88	32.12
自办汽车邮路	18 398	15 495	118.74	20.65	25.36
摩托车邮路	355	382	92.93	0.4	0.36
自行车邮路	865	846	102.25	0.97	1.68
农村投递线路单程长度		**18 665**			

9—9　邮电局、所地区分布

单位:处

地区	邮电局、所		#设在农村	
	1996年	1995年	1996年	1995年
全　　市	**681**	**633**	**262**	**251**
一、城　区	**357**	**108**		
东城区	39	37		
西城区	41	41		
崇文区	19	15		
宣武区	14	15		
二、近郊区	**244**	**219**		
朝阳区	91	74		
丰台区	36	31		
石景山区	15	15		
海淀区	102	99		
三、远郊区	**87**	**83**	**69**	**66**
门头沟区	19	19	13	13
房山区	68	64	56	53
四、各　县	**237**	**223**	**193**	**185**
昌平县	40	38	36	35
顺义县	30	27	23	22
通　县	43	41	34	33
大兴县	32	26	27	20
平谷县	22	24	16	18
怀柔县	24	24	20	21
密云县	23	23	19	19
延庆县	23	20	18	17

9—10 各种车辆

单位:辆

项　　目	1996年	1995年	1996年为1995年%	构　成(%)	
				1996年	1995年
一、机动车	**798 392**	**804 229**	**99.27**	**100**	**100**
汽车	614 021	577 214	106.38	76.9	71.7
货车	180 252	205 183	87.85	22.5	25.5
#大货	61 340	69 412	88.37	7.6	8.6
客车	430 471	368 512	116.81	53.9	45.8
#小客车	412 204	350 357	117.65	51.6	43.6
特种车	3 298	3 519	93.72	0.4	0.4
机动脚踏车(摩托车)	183 755	226 455	81.14	23	28.2
#轻便	78 173	106 648	73.30	9.8	13.3
电车	616	560	110.00	0.1	0.1
二、非机动车	**9 454 276**	**9 024 742**	**104.76**	**100**	**100**
自行车	8 708 449	8 314 764	104.73	92.1	92.1
三轮车	745 827	709 978	105.05	7.9	7.9

主 要 统 计 指 标 解 释

一、货运量：指在一定时期内，以重量单位吨计算的由各种运输工具实际完成运输过程的货物数量。

反映货运量的指标有发送货物吨数、到达货物吨数和运送货物吨数。

公路货运量按报告期到达货物数量统计，即报告期内已送达目的地并卸完的货物数量为该报告期的运输量。

二、货物周转量：指一定时期内由各种运输工具实际完成的运送货物重量与运送距离的乘积。

计算货物周转量所用的运送距离通常使用计费里程。

计算公式为：

货物周转量＝$\sum$（每吨货物重量×该批货物的运程）

三、客运量：指在一定时期内，各运输部门实际运送的旅客人数。

四、旅客周转量：指在报告期内实际运送的旅客人数与其相应的旅客运送距离的乘积。计算单位为人公里（海里）。

计算公式为：

旅客周转量＝$\sum$（实际运送的每一旅客×该旅客起程与到达港站间距离）

五、邮电业务总量：指以货币表现的邮电部门用于传递信息和提供其他邮电服务的总数量。它综合反映了一定时期邮电工作的总成果，是研究邮电业务量构成和发展趋势的重要指标。它用各种邮电分类业务量，如函件件数、电报份数、长话张数、市内电话和农村电话的年均户数、订销报刊累计份数等，分别乘以相应的平均单价（不变价），加总后再加上出租电路和设备的收入、代用房维护电话交换机和线路等设备的收入、其他业务收入求得。

WHOLESALE SALE AND CATERING TRADE
批发零售贸易业和餐饮业

社会消费品零售总额

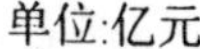

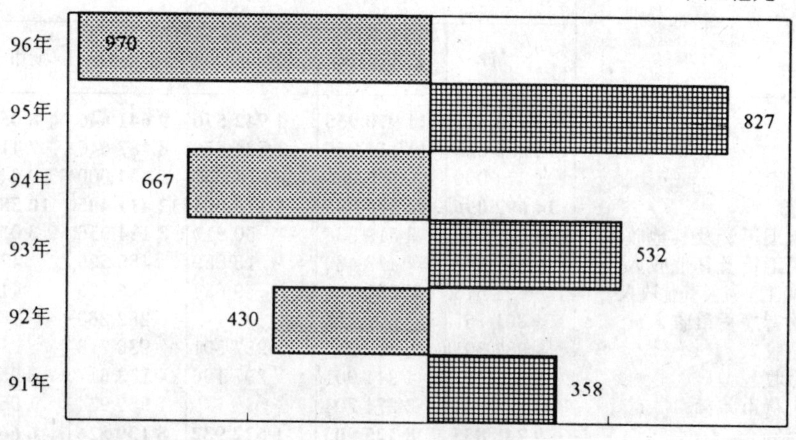

	1996年	1991年	1996年为1991年%
社会消费品零售额(亿元)	969.7	357.8	2.7倍
商品市内纯购进(亿元)	1022.3	256.8	4.0倍
商品市外购进(亿元)	833.4	172.5	4.8倍
商饮服零售网点(万个)	27.3	13.1	1.1倍
商饮服零售营业人员(万人)	100.9	76.1	132.6

商业饮食业服务业网点数

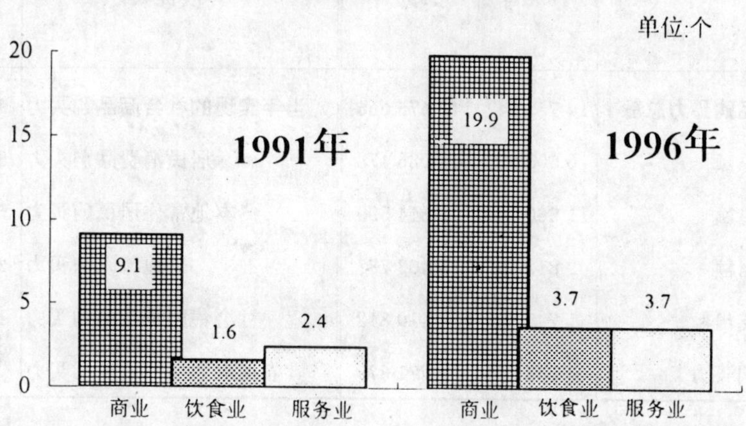

10—1 城乡居民货币收支情况表

单位:万元

项目	1996年			1995年		
	合计	城市居民	农村居民	合计	城市居民	农村居民
一、年初结余	**13 913 525**	**11 970 955**	**1 942 570**	**9 641 646**	**8 056 350**	**1 585 296**
储蓄	12 539 525	11 114 955	1 524 570	8 487 646	7 414 350	1 073 296
手存现金	1 374 000	856 000	518 000	1 154 000	642 000	512 000
二、货币收入总额	**14 692 096**	**12 579 095**	**2 113 001**	**12 411 405**	**10 581 102**	**1 830 303**
#国有单位职工工资及其他收入	3 570 748	3 519 838	50 910	3 114 956	3 079 185	35 771
集体单位职工工资及其他收入	487 348	473 489	13 859	485 599	472 101	13 498
各种合营单位职工工资及其他收入	591 613	581 959	9 654	418 103	411 725	6 378
城镇个体劳动者净货币收入	301 767	301 767		282 268	282 268	
出售农副产品收入	987 301		987 301	936 718		936 718
居民其他货币收入	5 241 197	4 944 001	297 196	4 153 617	3 950 563	203 054
外地汇(带)入货币差额	2 274 704	2 274 704		1 959 974	1 959 974	
三、货币支出总额	**9 748 835**	**8 125 903**	**1 622 932**	**8 139 526**	**6 666 497**	**1 473 029**
#购买消费品支出	7 885 428	6 685 028	1 200 400	6 594 753	5 550 919	1 043 834
文化生活服务支出	1 098 398	992 039	106 359	803 875	718 113	85 762
#房租、水电、煤气费	73 532	67 076	6 456	61 227	53 235	7 992
交通邮电费	432 037	407 128	24 909	388 559	373 855	14 704
医疗保健费	161 590	119 425	42 165	115 756	81 021	34 735
其他货币支出	567 255	409 895	157 360	522 160	372 293	149 867
四、年末结余	**18 856 786**	**16 424 147**	**2 432 639**	**13 913 525**	**11 970 955**	**1 942 570**
储蓄	17 069 786	15 284 147	1 785 639	12 539 525	11 114 955	1 424 570
手存现金	1 787 000	1 140 000	647 000	1 374 000	856 000	518 000

10—2 社会商品购买力总额

单位:万元

项目	1996年	1995年	项目	1996年	1995年
当年社会商品购买力总额	**14 755 847**	**12 675 666**	**当年实现的社会商品购买力**	**9 812 586**	**8 403 787**
货币收入总额	16 503 305	14 086 478	居民消费品购买力	8 295 009	7 079 253
货币支出总额	11 560 044	9 814 599	本地常住居民购买力	6 293 135	5 222 771
商品支出额	9 812 586	8 403 787	外地流入购买力	2 001 874	1 856 482
非商品支出额	1 747 458	1 410 812	社会集团消费品购买力	1 401 628	1 190 573
当年结余购买力	4 943 261	4 271 879	农民农业生产资料购买力	115 949	133 961

10—3 社会消费品零售额

单位:万元

项　　目	1996年	1995年	1996年为1995年%
社会消费品零售额	**9 696 637**	**8 269 826**	**117.25**
按用途分			
吃的商品	4 130 645	3 530 082	117.01
穿的商品	1 420 286	1 208 991	117.48
用的商品	3 972 970	3 374 812	117.72
烧的商品	172 736	155 941	110.77
按地区分			
市的零售额	6 894 561	5 984 526	115.21
县的零售额	1 790 942	1 479 181	121.08
县以下零售额	1 011 134	806 119	125.43
按行业分			
批发零售贸易业	6 912 274	5 848 554	118.19
餐饮业	719 175	630 426	114.08
制造业	380 904	295 676	128.82
其　他	292 731	80 916	3.62倍
农民对非农民	1 391 553	1 414 254	98.39
按经济类型分			
国有经济	3 361 450	3 379 837	99.46
集体经济	2 319 095	1 964 148	118.07
私营经济	47 004	40 001	117.51
个体经济	2 417 618	1 928 164	125.38
联营经济	255 494	99 031	2.58倍
股份制经济	751 195	553 191	135.79
外商投资经济	360 311	252 311	142.80
港澳台投资经济	136 846	40 549	3.37倍
其他经济	47 624	12 594	3.78倍

10—4 各区县社会消费品零售额

单位:万元

地区	合计	按用途分			
		吃的商品	穿的商品	用的商品	烧的商品
全　市	**6 998 748**	**2 688 827**	**894 066**	**3 228 178**	**187 677**
城　区	**2 090 193**	**906 031**	**348 826**	**828 433**	**6 903**
东城区	464 744	248 394	46 473	167 406	2 471
西城区	963 139	350 135	220 982	391 831	191
崇文区	294 809	142 508	57 949	92 560	1 792
宣武区	367 501	164 994	23 422	176 636	2 449
近郊区	**2 953 853**	**1 057 059**	**272 724**	**1 562 486**	**61 584**
朝阳区	915 513	283 809	161 130	438 530	32 044
丰台区	339 712	146 167	38 867	137 292	17 386
石景山区	237 779	144 656	12 285	77 633	3 205
海淀区	1 460 849	482 427	60 442	909 031	8 949
远郊区	**452 782**	**111 448**	**59 560**	**248 922**	**32 852**
门头沟区	91 041	30 412	7 574	51 739	1 316
房山区	361 741	81 036	51 986	197 183	31 536
各　县	**1 501 920**	**614 289**	**212 956**	**588 337**	**86 338**
昌平县	149 173	67 504	17 776	53 862	10 031
顺义县	301 854	123 060	51 497	83 626	43 671
通　县	348 140	137 870	35 771	168 425	6 074
大兴县	218 208	110 245	23 807	75 143	9 013
平谷县	116 200	43 458	12 367	58 608	1 767
怀柔县	120 116	34 581	21 025	60 109	4 401
密云县	116 013	50 288	22 940	37 773	5 012
延庆县	132 216	47 283	27 773	50 791	6 369

10—5 社会批发零售贸易业商品购、销、存总值

单位:万元

项目	1996年	1995年	1996年为1995年%
商品购进总额	**21 099 589**	**17 478 250**	**120.7**
市内纯购进	10 222 800	10 058 192	101.6
市外购进	8 334 088	5 706 136	146.1
进　口	2 542 701	1 713 922	148.4
商品销售总额	**22 758 327**	**18 132 687**	**125.5**
市内纯销售	15 161 658	11 616 644	130.5
市外销售	2 002 681	2 604 878	76.9
出　口	5 593 988	3 911 165	143.0
年末库存	**3 726 100**	**3 484 720**	**106.9**

10—6 批发零售贸易业商品购、销、存总值

单位:万元

项目	1996年	1995年	1996年为1995年%
商品购进总额	**15 793 010**	**15 249 682**	**103.6**
市内纯购进	6 877 447	7 829 624	87.8
市外购进	6 372 862	5 706 136	111.7
进　口	2 542 701	1 713 922	148.4
商品销售总额	**17 451 748**	**15 904 119**	**109.7**
市内纯销售	9 855 079	9 388 076	105.0
市外销售	2 002 681	2 604 878	76.9
出　口	5 593 988	3 911 165	143.0
年末库存	**3 726 100**	**3 484 720**	**106.9**

10—7 商委各局批发零售贸易业商品购、销、存总值

单位:千元

项目	一商局	食品工贸集团	粮食局	饮食服务公司	石油公司	供销社	旅游商品公司	粮贸公司
商品购进总额	**3 247 027**	**3 533 284**	**8 611 517**	**26 108**	**2 479 267**	**2 259 354**	**1 480 784**	**65 588**
从生产者购进	1 905 327	965 142	133 266	16 175	781 348	1 155 079	797 551	
#农副产品	766	23 814				428 625	10 695	
市外购进	1 063 076	642 154	77 404		558 393	695 900	354 724	
从批发零售贸易业购进	1 334 370	2 532 354	6 638 141	9 714	1 696 888	711 881	672 391	65 435
#市外购进	670 685	525 113	1 910 203		278 244	115 225	123 921	33 896
进口额			1 836 163		1 031		10 933	
其　他	7 330	35 788	3 947	219		392 394	−91	153
商品销售总额	**3 758 211**	**3 604 936**	**6 981 406**	**24 425**	**2 649 684**	**2 372 334**	**1 940 676**	**159 432**
对生产经营单位销售额	478 370	287 714	333 531	2 588	1 170 913	592 196		9 377
#生产资料销售	42 960	7 585	46 464		25 493	52 944		
市外销售	66		2 103		14 844	51 379		
对批发零售贸易业批发	2 421 255	3 170 801	6 455 529	803	1 160 864	1 417 535	270 189	144 602
#市外批发	366 313	231 941	106 710		31 202	180 538	4 486	15 302
出口额	10	281	1 100				3 201	
对居民的商品零售额	689 320	129 952	138 399	13 976	46 573	253 556	1 593 753	5 453
对集团的商品零售额	169 256	16 188	52 847	7 058	271 334	109 047	73 533	
年末库存	**610 912**	**578 313**	**2 459 333**	**5 721**	**62 203**	**464 670**	**180 253**	**31 878**

项目	烟草专卖局	百货大楼	西单商场	东安集团	友谊集团	生产合作总社	盐业公司
商品购进总额	**2 376 150**	**1 435 060**	**1 400 790**	**1 445 586**	**147 602**	**114 610**	**11 302**
从生产者购进	694 580	948 664	786 083	856 145	70 733	70 946	8 532
#农副产品						38	
市外购进		501 450	400 778	354 588	46 624	27 705	6 286
从批发零售贸易业购进	1 681 570	486 396	614 099	589 441	76 869	42 946	2 770
#市外购进	1 554 160	90 000	173 495	188 314	19 475	6 827	
进口额							
其　他			608			718	
商品销售总额	**2 606 690**	**1 681 966**	**1 894 357**	**1 811 604**	**316 689**	**127 671**	**14 951**
对生产经营单位销售额		149 319	135 171	14	9	75 704	1 946
#生产资料销售		22 456	32 638	14	9	19 671	
市外销售							
对批发零售贸易业批发	2 436 850	312 748	415 409	124 105	42 546	19 482	9 361
#市外批发	949 440	53 097	44 433	128	6 001	408	330
出口额		2 410			553	400	
对居民的商品零售额		1 154 227	1 292 106	1 571 993	269 194	22 240	3 644
对集团的商品零售额	169 840	63 262	51 671	115 492	4 387	9 845	
年末库存	**144 740**	**64 126**	**79 609**	**59 112**	**53 207**	**48 014**	**1 790**

10—8 大中型批发零售贸易业商品购、销、存总值

（按行政区划分）　　　　单位：千元

项　目	东城	西城	崇文	宣武	朝阳	丰台	石景山	海淀
商品购进总额	**28 162 699**	**38 014 734**	**5 148 542**	**16 558 353**	**37 380 251**	**8 354 226**	**2 152 547**	**16 375 568**
从生产者购进	20 896 639	15 070 992	2 213 674	9 471 906	26 703 303	4 128 012	1 628 056	9 950 191
＃农副产品	2 436 334	324 410	148 134	47 723	101 557	70 108	5 816	260 594
市外购进	10 899 131	4 343 389	1 176 711	2 069 059	17 658 693	634 355	438 429	2 217 087
从批发零售贸易业购进	5 987 758	9 065 657	2 282 675	5 266 551	4 977 128	3 608 299	508 053	5 754 687
＃市外购进	3 357 221	2 762 959	452 301	1 962 966	1 303 612	811 679	20 632	842 848
进口额	1 268 768	13 742 435	410 981	1 806 203	5 432 365	462 192		491 566
其　他	9 534	135 650	241 212	13 693	267 455	155 723	16 438	179 124
商品销售总额	**29 267 090**	**44 535 301**	**5 514 468**	**17 142 181**	**40 871 201**	**8 931 822**	**2 276 580**	**19 397 011**
对生产经营单位销售额	6 166 094	10 456 616	694 863	5 196 885	6 122 123	3 302 208	1 159 616	5 813 776
＃生产资料销售	4 383	1	22 662	12 592	16 919	408	1 688	21 150
市外销售	902 562	1 504 515	71 173	1 049 344	2 134 749	215 692	13 763	647 314
对批发零售贸易业批发	7 297 884	10 557 667	2 940 675	6 366 330	4 002 472	3 416 772	509 415	5 612 176
＃市外批发	2 822 434	2 737 899	428 830	1 286 605	397 898	623 013	346	639 496
出口额	11 449 301	16 085 672		2 976 013	21 128 233	259 734		2 186 312
对居民的商品零售额	3 435 018	6 611 158	1 464 848	1 844 209	6 714 069	1 328 535	513 981	4 699 656
对集团的商品零售额	918 793	824 188	414 082	758 744	2 904 304	624 573	93 568	1 085 091
年末库存	**4 309 122**	**5 459 011**	**1 233 221**	**4 842 348**	**4 194 079**	**1 223 354**	**191 412**	**2 574 043**

项　目	门头沟	房山	昌平	顺义	通县	大兴	平谷	怀柔	密云	延庆
商品购进总额	**234 670**	**1185 666**	**713 440**	**1753 413**	**1311088**	**827 541**	**237 818**	**876 993**	**524 601**	**433 124**
从生产者购进	39 351	281 623	261 235	735 012	541 381	584 010	69 543	307 678	153 638	200 249
＃农副产品	2 124	47 299	5 794	21 573	2 281	1 481	100	4 795	12 405	64 837
市外购进	19 407	71 580	132 590	182 977	199 346	79 865	35 518	130 862	105 130	53 487
从批发零售贸易业购进	195 319	882 624	452 205	989 876	754 411	234 179	166 031	565 147	370 963	232 837
＃市外购进	44 890	164 564	112 307	206 603	87 658	29 185	48 810	79 408	111 219	33 412
进口额										
其　他		21 419		28 525	15 296	9 352	2 244	4 168		38
商品销售总额	**362 676**	**1236 842**	**787 929**	**2031 465**	**1 442 421**	**992 811**	**355 880**	**1080679**	**609 910**	**505 781**
对生产经营单位销售额	38 630	348 995	78 195	281 264	296 072	380 425	142 225	325 261	125 203	47 382
＃生产资料销售	2 080	78 141	40 047	110 936	102 520	36 239	118 751	34 960	34 727	25 723
市外销售	101	13 799	2 801	6 029	12 113	2 246		390	1 993	475
对批发零售贸易业批发	126 051	403 670	332 302	828 624	364 207	254 165	45 044	285 145	227 613	181 007
＃市外批发	3 716	11 916	36 798	163 393	40 921	8 846	5 961	72 801	21 888	50 222
出口额			15 614							
对居民的商品零售额	186 247	417 026	284 591	661 957	638 528	299 714	117 498	408 988	182 450	259 269
对集团的商品零售额	11 748	67 151	77 227	259 620	143 614	58 507	51 113	61 285	74 644	18 123
年末库存	**107 656**	**203 076**	**178 889**	**491 550**	**244 218**	**125 274**	**103 179**	**115 652**	**122 265**	**104 193**

10—9 批发零售贸易企业商品分类销售库存

单位:千元

项目	合计			#大型企业		
	商品总销售	#零售额	年末库存	商品总销售	#零售额	年末库存
合计	**217 166 822**	**49 189 084**	**34 798 122**	**112 849 354**	**20 969 526**	**15 546 283**
食品、饮料、烟酒类	40 140 553	10 642 557	8 228 072	12 371 259	2 283 083	2 348 874
纺织品类	7 522 440	1 644 166	1 079 918	4 257 716	726 964	471 288
服装、鞋帽类	12 670 956	7 330 674	1 303 007	9 603 214	5 389 482	683 506
日用品类	6 563 962	4 194 170	1 104 534	2 464 092	1 914 766	242 748
家用电器类	9 118 902	5 322 537	1 658 256	4 308 504	3 042 580	479 517
文化体育用品类	4 355 074	2 182 309	1 154 284	1 944 608	1 092 054	651 627
化妆品类	2 291 593	1 087 241	233 315	704 585	627 463	38 714
首饰类	2 522 831	1 267 453	382 865	2 216 920	1 037 541	249 459
中西药品类	6 030 303	2 711 747	1 081 467	667 320	400 198	147 653
书报、杂志类	2 991 982	808 897	784 132	2 109 378	40 950	394 793
石油及制品类	10 044 931	3 012 255	501 956	5 132 025	1 839 942	211 407
煤炭及制品类	11 604 255	708 689	299 391	10 287 452	990	55 360
化工材料及制品类	13 053 707	226 595	1 772 834	7 888 830	8 066	1 203 430
木材类	1 043 496	131 042	229 901	516 957	2 222	115 263
建筑材料类	3 909 341	504 061	498 910	1 226 588	24 154	56 094
黑色金属材料类	18 169 191	189 118	2 253 732	7 751 018	15 296	767 031
有色金属材料类	2 889 743	13 651	443 896	1 591 656	2 803	262 078
机电设备类	31 166 226	2 127 220	2 347 629	22 500 912	908 696	1 258 816
其他类	31 077 336	5 084 702	9 440 023	15 306 320	1 612 276	5 908 625
#生活消费品	1 272 413	902 494	154 994	609 015	492 386	32 538

项目	#中型企业			#小型企业		
	商品总销售	#零售额	年末库存	商品总销售	#零售额	年末库存
合计	**64 492 694**	**17 544 591**	**10 276 259**	**39 824 774**	**10 674 967**	**8 975 580**
食品、饮料、烟酒类	16 907 210	5 182 748	2 707 295	10 862 084	3 176 726	3 171 903
纺织品类	2 167 866	681 853	354 384	1 096 858	235 349	254 246
服装、鞋帽类	2 283 276	1 444 701	399 469	784 466	496 491	220 032
日用品类	2 962 206	1 677 588	538 221	1 137 664	601 816	323 565
家用电器类	3 605 307	1 815 274	862 483	1 205 091	464 683	316 256
文化体育用品类	1 485 390	810 430	345 855	925 076	279 825	156 802
化妆品类	1 017 612	359 604	133 064	569 396	100 174	61 537
首饰类	210 412	208 230	89 816	95 499	21 682	43 590
中西药品类	3 610 317	1 221 105	556 102	1 752 666	1 090 444	377 712
书报、杂志类	581 217	523 502	234 068	301 387	244 445	155 271
石油及制品类	2 838 775	484 166	164 712	2 074 131	688 147	125 837
煤炭及制品类	714 087	430 960	118 990	602 716	276 739	125 041
化工材料及制品类	3 340 979	121 329	306 724	1 823 898	97 200	262 680
木材类	323 964	2 252	45 632	202 575	126 568	69 006
建筑材料类	1 247 423	109 386	168 613	1 435 330	370 521	274 203
黑色金属材料类	7 060 235	73 587	757 744	3 357 938	100 235	728 957
有色金属材料类	750 349	4 739	113 517	547 738	6 109	68 301
机电设备类	6 222 839	834 745	739 031	2 442 475	383 779	349 782
其他类	7 163 230	1 558 392	1 640 539	8 607 786	1 914 034	1 890 859
#生活消费品	422 744	270 057	91 149	240 654	140 051	31 307

10—10　社会农副产品购进、销售、库存数量

项　　目	单位	从生产者购进	市外购进	商品总销售	#对生产经营单位销售	#出口	#零售量	年末库存
粮食	百公斤	17 277 051	17 671 420	66 963 753	5 414 132	3 093 265	17 563 896	19 394 337
食用油	百公斤	1 504 225	618 113	3 208 960	180 051	3 210	1 635 973	813 881
猪和猪肉	百公斤	2 333 224	501 547	3 155 299	396 994	207 723	1 882 155	271 495
牛和牛肉	百公斤	420 855	47 532	637 232	10 143	27 507	407 338	51 195
羊和羊肉	百公斤	429 218	22 638	483 042	981		441 782	27 501
家禽	百公斤	627 144	234 394	773 354	5 711	205 867	459 795	68 932
鲜蛋	百公斤	913 771	1 117	925 135	11 367	8	884 753	8 476
鲜菜	百公斤	41 523 565	578 718	41 986 552	28 675	136 273	40 211 813	98 641
水产品	百公斤	3 271 404	196 819	3 534 345	30 983	21 466	2 415 049	96 252
鲜瓜果	百公斤	6 856 963	1 207 821	7 103 697	57 936	145 640	5 159 046	180 031

10—11　大中型批发零售贸易企业商品购进、销售、库存数量

项　　目	单位	从生产者购进	市外购进	商品总销售	#对生产经营单位销售	#出口	#零售量	年末库存
粮食	百公斤	6 369 854	11 886 890	27 181 944	1 918 575	3 001 731	5 725 635	6 462 002
食用植物油	百公斤	250 053	433 859	1 467 896	117 683	3 210	257 524	471 706
猪和猪肉	百公斤	414 537	392 862	945 827	153 434	186 806	315 975	166 006
牛和牛肉	百公斤	42 138	41 212	254 416	9 547	21 807	32 271	48 873
羊和羊肉	百公斤	12 828	22 107	62 747	842		22 200	25 343
家禽	百公斤	324 516	225 059	451 751	1 647	204 677	161 571	59 183
鲜蛋	百公斤	89 980	990	97 251	11 202		82 755	4 197
鲜菜	百公斤	633 143	156 638	962 852	5 833	134 402	550 032	56 017
水产品	百公斤	844 790	92 661	962 754	6 439	20 589	50 332	46 844
鲜瓜果	百公斤	1 724 997	1 145 316	1 942 692	48 052	145 640	93 818	165 049
盐	百公斤	230 842	241 296	541 006	52 278		82 017	32 490
食糖	百公斤	1 478 156	1 803 109	5 710 762	760 577	1 340 000	141 247	1 897 057
卷烟	箱	1 258 740	1 683 611	4 679 426	2 371	106 342	188 487	361 635
酒	百公斤	767 198	141 773	1 044 365	15 151	129 376	210 922	186 295
茶叶	百公斤	224 480	223 349	429 748	132 752	232 766	38 711	45 172

10—11　续表 1

项　　目	单位	从生产者购　进	市外购进	商　品总销售	#对生产经营单位销售	#出口	#零售量	年末库存
棉花	百公斤	1 396 432	5 934	1 528 232	10 340	414	344	651 164
布	百米	2 651 918	1 839 949	3 038 596	439 703	2 299 843	155 931	1 093 833
#棉布	百米	861 210	513 629	1 150 151	164 519	877 503	53 541	733 765
呢绒	百米	39 709	27 663	89 662	18 797	6 945	36 547	27 087
绸缎	百米	146 530	124 577	189 330	6 237	121 693	43 325	58 645
服装	百件	1 092 608	212 494	1 187 074	9 137	910 273	254 880	142 549
针织内衣裤	百件	147 754	79 129	324 683	3 380	172 925	121 966	177 821
鞋	百双	479 996	200 472	556 123	3 564	325 168	191 000	90 302
#皮鞋	百双	54 355	23 324	76 351	1 211	3 444	65 141	26 809
毛线	百公斤	7 741	3 463	19 726	2 646		16 234	58 483
合成洗衣粉	百公斤	168 483	91 587	264 565	6 241	3 060	56 857	68 478
手表	百个	9 295	3 846	12 827		224	10 840	5 485
缝纫机	架	41 093	3 348	57 277	3	20 379	6 868	18 266
黄金饰品	千元	688 994	497 577	1 274 685		237 676	901 435	213 171
照相机	台	54 999	76 403	267 640	3 163		239 206	58 143
自行车	辆	279 605	232 918	588 608	33 362	139 734	293 308	76 053
摩托车	辆	64 378	27 146	103 672	2 784	1 491	53 290	10 632
半导体收音机	台	100 170	44 191	289 255	381	14 999	236 155	57 987
电视机	台	290 955	239 426	619 174	2 556	129 741	269 970	100 671
#彩色电视机	台	220 964	193 069	463 101	2 065	1 740	246 630	87 658
#25 寸及以上	台	65 372	103 406	212 650	644		110 648	23 748
录音机	台	143 171	103 283	410 474	325	54 530	327 035	106 719
#组合音响	台	16 488	5 510	42 125	107		37 680	6 124
录相机	台	48 963	54 187	113 966	10 774		71 392	34 570
家用电脑	台	4 958	408	6 616	2 628		3 608	716
家用电风扇	台	275 716	194 484	484 955	23 322	26 550	263 601	183 261
家用洗衣机	台	257 881	115 536	428 276	808	24 842	218 498	101 970
家用电冰箱	台	179 397	145 077	336 594	5 235		211 549	56 943
房间空调器	台	66 476	45 204	90 495	5 139		45 808	31 839
热水淋浴器	台	95 851	79 929	171 879	1 618		127 941	30 030
冰柜	台	41 891	30 827	67 222	1 329		49 412	18 313
吸尘器	台	59 701	56 318	87 088	208	34 111	39 973	18 530
摄像机	架	2 792	4 901	11 847	100		9 730	3 367
抽油烟机	台	64 070	39 478	140 516	13 066		114 910	33 660
微波炉	台	96 194	90 848	436 995	106	29 636	92 420	19 203
电饭锅	个	72 586	65 426	267 768	4 897		98 583	67 871
化学肥料	吨	249 923	232 044	651 001	236 450	2 097	5 043	137 877
化学农药	吨	145 666	2 092	147 803	2 031	265	62	1 333
农用塑料薄膜	吨	14 798	26 289	49 097	10 676	678	59	7 740
农用动力机械	台	2 520	1 993	7 140	2 309	3 123	514	293
拖拉机	台	4 968	3 706	4 474	984	6	1 716	1 182
汽车	辆	57 185	23 181	101 420	29 911	461	44 132	10 061
#载货汽车	辆	5 575	2 955	12 724	8 874	266		2 752
轿车	辆	33 462	12 414	42 727	6 304	5	24 249	3 873

10—11 续表 2

项　　目	单位	从生产者购进	市外购进	商品总销售	#对生产经营单位销售	#出口	#零售量	年末库存
生铁	吨	428 878	408 950	445 933	86 629	351 106		27 091
钢材	吨	4 447 801	2 397 851	5 099 988	3 549 756	323 726		553 437
#铁道用钢材	吨	1 622	119	3 337	2 817			431
普通大型钢	吨	25 211	16 858	30 739	21 536	3 981		14 317
普通中型钢	吨	307 586	180 948	393 585	240 895	16 322		37 600
普通小型钢	吨	1 179 999	219 794	1 275 524	1 033 212	1 974		74 734
钢带	吨	94 818	505	145 016	110 322	11 479		23 283
线材	吨	903 954	665 142	1 439 268	809 844	89		73 280
特厚钢板	吨	2 057	80	1 881	1 881			176
中厚钢板	吨	393 508	190 487	402 454	283 805	79 551		32 783
薄钢板	吨	390 790	256 540	410 835	364 640	1 791		74 407
硅钢片	吨	9 428	3 461	9 479	9 069	2		774
优质钢型材	吨	11 947	4 131	14 223	12 491	1 106		8 253
无缝钢管	吨	68 808	48 089	77 525	73 297	201		5 908
焊接钢管	吨	58 783	39 461	73 729	65 481			11 217
铜	吨	24 912	13 268	31 034	22 618			1 195
铝	吨	12 152	11 751	17 801	6 130			3 686
铅	吨	679	658	934	454			94
锌	吨	2 195	2 722	3 222	2 115	162		1 016
锡	吨	2 050	2 038	2 043	6	2 000		6
铜材	吨	434	247	416	415			161
铝材	吨	1 501 768	1 501 633	3 790	1 884			346
硫酸	吨	2 596	2 596	2 447	171			325
烧碱	吨	14 741	8 985	15 828	8 634	6 919		202
纯碱	吨	18 412	16 169	21 398	19 220	800		2 035
天然橡胶	吨	22 484	52 414	73 478	71 391			7 591
合成橡胶	吨	22 197	19 214	32 193	31 230			3 491
水泥	吨	1 628 356	880 183	1 672 914	897 592	527 733	45 360	79 777
平板玻璃	重量箱	282 461	23 031	269 693	1 032	1 505	13 707	69 938
原木	立方米	148 513	127 615	205 036	135 865	1 996	307	100 195
锯材	立方米	417	468	23 070	21 927	156	53	875
煤炭	吨	2 922 350	2 678 885	3 707 424	1 282 636	45 908	2 071 134	607 147
焦炭	吨	219 680	161 377	267 494	51 621	215 873		36 383
原油	吨	8 027		9 233 191	8 091	9 225 100		−107
汽油	吨	498 831	464 034	1 056 820	428 094	30 649	152 166	10 583
柴油	吨	330 499	315 854	412 499	131 047		32 754	16 736
煤油	吨	806 712	807 833	841 904	702	29 900	810 133	65 392
燃料油	吨	483 333	84 420	483 681	479 270			20 275
润滑油	吨	19 422	9 061	42 391	13 542	16 100		5 982

10—12 重点零售商

项目	商品销售收入		利润总额		人均销售额	
	1996年	1995年	1996年	1995年	1996年	1995年
一、百货类						
西单商场	150 619	108 090	10 507	4 072	45.4	32.0
百货大楼	143 559	159 998	12 331	12 775	38.7	46.4
城乡贸易中心股份有限公司	142 060	151 791	9 280	8 891	62.4	66.5
北京贵友大厦有限公司	49 475	49 281	4 020	4 019	56.5	56.1
北京燕莎友谊商城有限公司	91 012	89 334	9 655	8 364	39.9	35.7
北京市西单购物中心	58 411	55 742	3 183	3 077	46.4	49.5
北京东安集团公司长安商场	72 371	68 703	2 413	4 287	31.9	30.9
赛特购物中心	72 178	56 192	6 300	4 532	62.9	43.6
北京市菜市口百货商场	28 794	26 176	1 472	2 040	65.0	63.1
北京百盛轻工发展有限公司	37 832	27 378	2 195	1 399	41.7	32.1
北京市复兴商业城	43 257	52 969	2 059	2 314	40.9	37.7
金伦商场	45 534	42 988	1 001	2 000	27.9	25.9
北京蓝岛大厦	114 105	102 827	220	2 800	34.7	39.5
北京市地安门商场	19 985	22 374	937	948	32.1	36.9
北京市宣武区国华商场	17 165	17 792	1 149	1 523	44.6	43.7
北京市天桥百货商场	24 108	29 019	1 522	1 788	22.1	27.7
白广路百货商店	12 457	11 058	656	853	45.8	41.1
北京市超音波音像设备公司	20 929	19 359	632	242	82.7	83.1
双安商场	74 609	66 793	71	4 001	31.4	28.3
西单商场顺义联营大楼	19 803	18 007	500	500	28.4	26.0
北京友谊商业集团	27 130	37 620	741	1 819	15.7	21.3
北京市西直门外百货商场	15 123	11 837	423	528	31.2	38.3
北京华奥商厦	16 763	14 120	444	273	25.8	21.4
隆福大厦股份有限公司	35 228	42 910	562	1 301	14.9	18.1
北京天元购物中心	12 284	11 192	601	450	14.9	15.1
天元发展总公司商业大楼	10 799	12 611	620	1 020	18.0	16.9
当代商城	49 888		235		26.6	
北京星座商厦	20 475	20 724	250	537	20.9	21.0
北京市朝阳商业大楼	16 000	14 003	200	181	52.3	44.9
北京方庄购物中心	12 824	12 510	541	500	22.1	21.6
北京市新街口百货商场	15 332	22 196	120	971	29.2	42.4
北京丰台百货股份有限公司	13 178	13 713	247	360	16.0	16.3
顺义国泰商业大厦	20 026	19 139	67	131	32.8	26.1
北京市崇文区光明百货商场	8 662	10 511	297	466	20.1	28.0
天元发展总公司百货商场	4 770	5 491	600	571	11.3	12.5
雪银大厦	24 888	1 973			19.4	1.1
北京市成文厚账簿商店	4 617	4 204	475	591	46.6	40.8
三友商场	8 588	9 853	300	600	18.8	20.7
天元利生体育用品服务中心	8 755	6 104	400		10.0	7.2
北京市朝阳区万惠商场	10 295	9 666	160	140	24.4	20.2
北京天元商城	3 397	3 225	530	620	8.3	7.3
北京鑫帝大厦	19 805	19 822			22.7	22.6
北京市西四电器公司	3 198	2 973	195	195	34.8	34.2
万惠双安商场	17 429		56		10.3	
星城商厦	21 237	20 864	—327	—313	26.0	23.6
北京市通县人民商场	19 921	27 616	1	6	20.6	23.4
北京前门文化体育用品公司	2 784	3 423	138	200	12.9	16.5
北京市劲松百货商场	12 107	2 965	8	20	17.4	10.5
海淀区永定路百货商场	4 361	5 447	62	190	18.5	22.1
西城区三里河百货商场	3 899	5 478	72	137	17.6	23.2
北京东高地百货商场	4 779	4 276	108	144	20.7	18.8

业企业主要经济指标

单位:万元

人均创利税		销售利税率(%)		存货周转率(%)	
1996年	1995年	1996年	1995年	1996年	1995年
4.6	2.1	10.1	6.4	2 969.4	2 240.2
4.4	5.3	11.4	11.3	2 106.8	2 897.9
5.5	5.6	8.9	8.5	1 369.6	1 416.6
7.4	6.6	13.2	11.7	7 565.8	3 593.7
6.1	5.0	15.4	14.0	924.1	1 021.9
4.4	4.8	8.9	9.6	1 412.0	1 690.1
2.2	3.2	6.9	10.3	4 128.5	4 509.8
8.8	5.4	13.9	12.5	451.2	385.2
7.2	8.1	11.0	12.9	1 620.3	767.1
5.1	3.4	12.2	10.7	1 178.8	1 010.4
3.3	3.1	8.2	8.2	1 783.3	1 789.3
1.3	1.9	4.6	7.4	8 511.1	5 346.5
1.3	2.7	3.8	6.8	3 024.5	2 974.9
3.3	3.6	10.1	9.8	1 074.1	1 419.2
4.7	6.5	10.5	15.0	832.6	881.5
2.2	2.4	9.9	8.8	539.1	641.2
3.8	4.6	8.2	11.1	1 802.5	1 426.3
3.2	1.8	3.9	2.1	512.9	934.3
1.0	1.7	3.0	6.0	1 864.2	2 107.6
1.3	1.1	4.5	4.0	3 553.7	21 240.5
1.2	2.0	7.5	9.4	411.3	518.7
2.1	3.9	6.6	10.3	1 502.6	1 317.1
1.8	0.4	6.8	1.9	954.2	799.3
0.5	1.1	3.7	6.0	1 515.5	1 076.9
1.2	0.6	8.3	4.1	4 696.8	1 718.1
1.4	1.4	7.5	8.2	3 480.6	3 212.3
1.1		4.1		325.3	
1.1	1.5	5.4	7.0	536.8	
2.2	2.1	4.1	4.7	567.5	599.0
1.4	1.5	6.6	6.8	524.1	2 811.5
1.4	3.0	4.7	7.0	942.8	1 432.1
0.7	0.4	4.4	2.7	2 647.2	1 560.0
0.6	0.7	1.9	2.7	1 017.1	1 852.3
1.2	1.4	6.0	5.0	1 076.2	6 260.7
1.9	1.3	16.7	10.5	1 850.3	2 967.4
0.5	0.0	2.7	3.9	2 799.9	76.3
6.9	7.0	14.7	17.1	189.1	233.3
1.1	1.8	5.7	8.5	674.8	680.4
0.7		6.7		898.0	701.0
1.0	0.9	3.9	4.2	630.7	606.6
1.6	1.4	19.8	19.4	1 248.9	1 096.6
0.7	0.9	3.2	4.1	601.2	5 818.4
3.4	3.4	9.7	10.1	705.3	898.8
0.3		−3.2		987.7	
				652.4	674.4
0.5	0.4	2.5	1.7	425.5	782.2
1.5	1.3	11.8	8.1	3 114.5	1 409.5
0.6	0.4	3.2	3.8	730.3	704.0
1.0	1.7	5.6	7.6	1 166.0	1 373.5
1.1	1.2	6.1	5.0	898.6	1 147.3
0.9	1.0	4.6	5.2	486.3	540.0

10—12 续表1

项目	商品销售收入		利润总额		人均销售额	
	1996年	1995年	1996年	1995年	1996年	1995年
新世纪商城	9 130	7 328	101	245	15.0	21.0
北京市菜市口文化用品商店	1 641	1 693	159	159	17.1	16.9
北京市鼓楼电器公司	5 424	8 581		98	26.0	38.5
北京市昌平商业大厦	6 441	7 233	91	191	15.2	20.5
北京银地大厦	7 624	8 633	29		13.8	15.2
北京市西四商场	3 222	3 837	52	111	14.4	16.1
北京市西直门五金批发商店	2 853	2 510	60	106	20.4	22.2
协和奥光商厦	8 188	11 235	—121	—180	14.9	13.6
怀柔百货大楼股份有限公司	6 881	7 443	40	169	20.4	23.6
北京市百货公司第一商场	2 840	3 215	72	180	11.5	12.3
北京东安集团公司新安商场	6 724	9 669	—1 221	—663	10.7	14.8
怀柔县京北商贸公司	12 008		—450		11.9	
金鼎大厦	6 949	7 493	8		10.8	13.5
北京市朝阳区新蕾百货商场	5 520	11 525		334	11.2	36.4
北京市石景山富国商贸公司	5 227	4 120			9.0	9.6
天元妇女儿童用品商城	2 418	3 901	200	735	5.9	9.0
北京丝绸商店	1 399	1 170	95	71	12.4	9.9
华润百货公司	7 875				18.5	
北京市门头沟华洋百货公司	2 536	2 046	47	141	8.1	6.3
和平门百货商场	1 318	286	37	—95	13.4	2.8
北辰购物中心	4 996	12 031	—1 402	45	9.4	20.7
北京市通州百货商场	5 185	6 175	—995		7.9	7.8
东华商场	3 780	5 180		654	3.7	4.5
北京市新汇百货公司	2 844	4 478	5	245	8.8	13.2
海淀五道口百货商场	3 266	4 084	6	119	8.4	17.7
北京市石景山北里百货商场	3 553	4 432			9.1	11.2
北京市西单服装店	1 666	5 906	34	310	5.6	19.0
北京元隆顾绣绸缎商行	1 404	2 787	11	311	8.3	19.8
房山人民商场	2 911	4 112	—134	86	8.7	13.4
新时代妇女儿童用品公司	1 782				7.3	
延庆县百货大楼	1 595	178	8	—2	9.0	0.9
银座购物中心	1 662	3 025	—1	—2	4.3	7.8
密云县供销社云光商场	1 593	1 788	—5	—30	6.4	7.4
北京市平谷县商业大厦	1 220	1 892	—2		6.3	9.9
新新时装公司	1 192	4 333		6	2.0	6.8
北京前门妇女服装店	668	1 498	—95		3.0	6.1
二、副食类						
崇文门菜市场	12 536	11 473	916	875	31.7	28.7
北京市朝阳区燕丰商场	12 052	10 660	200	180	31.7	23.2
北京市西城区西单菜市场	5 958	6 445	278	391	14.7	16.0
团结湖副食店	4 574	4 161	266	222	24.6	26.0
北京市海淀区北太平庄商场	10 375	10 500	182	224	21.1	24.6
王府井食品商场	3 621	4 057	341	550	18.9	23.5
北京市海淀区双榆树商场	6 723	9 260	192	146	16.0	21.9
北新桥副食商场	3 795	2 564	289	222	14.1	11.9
白广路商业大厦	3 437	3 664	221	219	25.6	25.4
北京市新街口购物中心	3 970	5 873	82	465	15.4	20.0
北京市西城地安门副食商场	9 586	9 012	—343	370	25.9	23.2
北京市东城区东单菜市场	2 838	6 316	180	315	10.1	21.9
银龙商贸公司	2 492	2 419	169	220	11.5	11.0
北京市海淀甘家口副食商场	8 594	8 683	54	42	14.2	14.7

单位:万元

人均创利税		销售利税率(%)		存货周转率(%)	
1996年	1995年	1996年	1995年	1996年	1995年
0.4	1.0	3.0	4.6	380.0	282.7
2.5	2.2	14.9	12.8	676.1	16 025.0
0.8	1.1	2.9	3.0	1 096.8	864.2
0.5	0.7	3.6	3.4	445.3	263.1
0.6	0.5	4.7	3.2	305.4	305.4
0.8	1.2	5.5	7.3	1 155.1	1 856.0
1.0	1.6	5.1	7.1	706.7	498.8
				1 186.6	1 808.3
0.3	1.0	1.6	4.3	456.3	884.0
0.6	1.0	4.9	8.5	1 564.0	2 514.3
				2 621.4	748.7
				350.6	
0.4	0.3	3.3	2.6	275.9	306.1
0.5	2.5	4.4	6.9	346.7	1 126.0
0.2	0.2	2.2	1.9	1 429.8	856.0
0.8	1.7	14.2	19.3		1 273.2
1.4	0.8	10.9	7.9	330.5	255.4
				207.4	
0.5	0.7	6.7	11.6	969.6	607.8
0.9		6.8		967.9	461.2
	1.0		4.8	788.4	1 189.5
	0.2		2.5	792.1	425.9
0.2	0.6	6.5	13.1	190.8	223.3
0.3	1.0	3.7	7.8	612.3	699.2
0.3	1.1	3.2	6.0	364.7	756.8
0.3	0.4	3.0	3.8	343.2	415.5
0.3	1.8	6.1	9.5	327.6	1 142.7
0.6	4.3	7.8	21.7	103.9	163.5
	0.6		4.5	703.3	
0.3		4.8		426.4	
0.3		3.8	2.2	521.3	635.0
0.2		4.6		418.1	544.9
0.1	0.1	2.1	0.9	605.1	680.3
0.1	0.3	1.0	3.0	233.6	440.5
	0.3	1.1	4.4	171.6	400.0
	0.3		5.6	155.7	297.4
3.3	3.1	10.3	10.7	9 070.4	5 880.1
1.6	1.1	5.2	4.8	819.2	966.1
1.3	1.6	8.5	10.1	2 293.7	24 223.8
2.3	2.4	9.2	10.0	707.1	790.1
0.9	1.2	4.1	4.7	1 357.0	2 272.1
2.5	4.1	13.5	17.6	844.4	849.7
0.9	0.9	5.6	3.9	1 373.1	1 154.5
1.6	1.5	11.5	12.8	633.1	2 441.0
2.2	2.6	8.8	10.3	1 094.3	1 506.9
0.9	2.5	6.1	12.3	7 385.7	10 933.3
	1.6		7.0	3 488.8	2 884.0
1.0	1.1	10.4	5.0	3 410.1	4 707.5
1.1	1.3	9.3	11.4	13 137.5	4 122.0
0.5	0.4	3.7	2.9	1 409.3	1 411.0

10—12 续表 2

项目	商品销售收入		利润总额		人均销售额	
	1996 年	1995 年	1996 年	1995 年	1996 年	1995 年
宣武区菜市口食品大楼	2 017	1 270	117	89	19.2	11.4
北京市西城和平门菜市场	2 799	1 964	96	61	17.9	13.2
北京市桂香村食品店	4 117	3 062	66	245	9.1	7.3
北京市海淀区菜市场	4 557	4 589	61	111	15.6	15.5
北京市东城奥之光富龙商场	2 368	2 939	162	190	11.2	13.2
北京市西城区京沪食品商场	3 007	3 015	—103	154	16.9	17.2
北京市西城区京华自选商场	5 658	3 760	—1 223	171	6.9	16.8
崇文区前门大街食品商场	1 271	1 548	77	100	7.9	9.7
北京市丰台北大地副食商场	1 736	1 692	52	30	10.8	10.2
北京市西城白塔寺副食商场	2 485	2 922	21	124	12.9	14.9
宝龙商贸公司	1 210	1 415	116	135	8.1	9.1
宣外大街第一副食店	1 314	1 427	30	42	15.1	16.4
宣武区菜市口菜市场	685	1 508	7		12.5	13.8
正阳商城	1 978	2 362			9.1	10.1
北京市西城区西四副食商场	2 404	1 170	—396	—125	9.1	6.6
北京市石景山区古城菜市场	1 021	1 170	—5	7	5.4	6.2
崇文区崇文门食品商场	597	1 698	—106	85	4.8	11.1

10—13 商委各局大中型

企业名称	商品销售收入	商品销售收入净额	商品销售成本	经营费用	商品销售税金及附加	商品销售利润	代购代销收入	主营业务利润	其他业务利润
一商局	2 726 086	2 725 457	2 401 928	138 625	6 469	178 435		178 435	27 214
食品工贸集团	2 767 086	2 767 086	2 660 980	96 422	1 754	7 930		7 930	18 201
粮食局	2 147 374	2 146 780	2 094 979	121 700	2 263	—72 162	43 264	—28 898	17 760
饮食服务总公司	4 984	4 984	4 184	756	26	18		18	
石油公司	2 200 895	2 200 895	2 012 977	90 185	5 907	91 826	1 378	93 204	2 673
供销社	1 476 904	1 474 855	1 329 112	79 831	3 535	62 377	—24	62 353	46 388
旅游商品公司	1 663 279	1 650 816	1 279 791	171 904	3 510	195 611	102	195 713	2 472
粮油贸易公司	141 849	141 849	133 997	5 385	409	2 058		2 058	6 400
烟草专卖局	2 274 673	2 274 673	1 944 278	24 415	6 588	299 392		299 392	299 392
百货大楼	1 451 777	1 451 777	1 220 615	65 963	6 203	158 996		158 996	3 798
西单商场	1 618 988	1 618 988	1 378 615	63 148	5 585	171 640		171 640	4 133
东安集团	1 554 106	1 554 094	1 284 804	97 977	7 143	164 170		164 170	3 829
友谊集团	271 303	271 303	208 133	16 952	1 439	44 779		44 779	6 050
盐业公司	7 937	7 937	6 138	1 445	328	26		26	

单位:万元

人均创利税		销售利税率(%)		存货周转率(%)	
1996 年	1995 年	1996 年	1995 年	1996 年	1995 年
1.8	1.8	9.1	15.4	9 782.4	4 080.0
1.4	1.3	7.7	9.7	1 645.3	1 136.9
0.6	1.0	6.7	13.7	2 973.6	1 462.9
0.6	0.9	3.7	5.6	1 262.9	2 310.2
1.1	0.9	10.1	6.5	1 891.3	1 966.7
0.1	1.5	0.5	8.8	1 506.6	1 364.1
	1.5		8.9	236.5	5 046.7
0.9	1.2	10.9	12.0	1 851.9	1 777.9
0.7	0.5	6.2	4.7	6 833.3	17 662.5
0.5	1.4	3.9	9.1	1 655.6	1 460.1
1.1	1.2	13.3	13.1	448.6	759.9
0.7	1.0	4.6	6.2	2 088.9	3 067.5
0.6	0.4	4.7	3.0	4 791.7	4 696.3
0.3	0.4	3.8	4.4	749.5	920.7
					1 796.5
0.1	0.2	2.6	3.8	807.4	968.6
	1.2		11.2	1 606.7	3 464.1

批发零售贸易业财务状况

单位:千元

管理费用	财务费用	利润总额	应付工资	资产总计	流动资产合计	固定资产合计	流动负债合计	长期负债合计	资本金总额
140 256	81 254	13 373	105 853	2 075 379	1 490 752	505 499	1 561 337	150 569	350 177
81 873	71 120	18 119	54 149	1 701 364	1 369 972	265 418	1 376 339	100 383	202 596
188 598	380 691	—146 328	103 579	4 414 886	3 092 315	952 111	3 513 272	156 076	679 714
207	—12	—47	212	1 042	987	15	526		283
71 598	25 684	20 745	29 925	1 129 566	507 773	246 456	657 050	5 878	310 178
84 678	38 582	5 376	43 593	1 036 576	812 404	130 839	891 491	4 491	105 487
157 576	4 734	53 763	86 883	637 931	474 345	112 114	419 329	21 672	178 883
12 275	5 221	242	1 768	245 993	126 875	99 322	146 013	7 000	73 057
38 977	9 859	254 275	5 835	979 029	459 757	386 824	298 183	4 829	45 906
82 168	—10 899	118 436	60 879	1 542 454	1 016 734	325 514	459 755	64 897	202 148
76 434	12 633	106 378	47 853	779 829	275 167	487 933	215 520	27 500	101 492
130 131	10 123	12 450	92 991	741 336	214 432	487 153	304 850	12 964	119 051
42 986	2 188	20 814	23 477	473 395	240 444	139 800	146 094	20 005	199 470
6 151	2 269	—6 735	1 956	52 958	44 782	3 529	26 426	7	8 977

10—14 大中型批发

项目	资本金合计	#国家资本金	#外商资本金	流动资产合计	#货币资金	#应收货款	#存货
合计	**20 489 650**	**17 924 166**	**298 939**	**134 938 382**	**23 768 898**	**37 212 130**	**29 122 313**
按经济类型划分							
国有经济	16 973 419	16 265 949	3 280	121 866 876	21 310 159	35 876 618	24 305 752
集体经济	1 175 002	426 992	15 380	6 186 054	724 885	760 024	2 753 573
私营经济	2 312		500	12 963	1 299	3 591	3 585
联营经济	476 862	94 703	44 950	960 817	97 456	155 075	355 475
股份制经济	1 442 494	955 344		5 389 101	1 417 407	386 558	1 567 731
外商投资经济	415 508	181 178	234 329	503 933	216 382	27 907	127 180
港澳台投资经济	2 000		500	14 235	1 299	2 357	6 749
其他经济	2 053			4 403	11		2 268
按国民经济行业分							
食品、饮料、烟草和家庭用品批发业	5 273 678	4 958 907	14 961	32 723 622	4 295 594	8 076 465	8 973 800
食品、饮料、烟草批发业	3 033 780	2 884 000	7 961	16 275 182	2 467 035	3 366 295	4 215 307
棉、麻、土畜产品批发业	155 978	132 614		2 447 266	153 868	305 787	1 324 757
纺织品、服装和鞋帽批发业	1 061 863	1 017 194		7 104 486	854 377	2 739 468	1 347 845
日用百货批发业	284 736	265 662		1 835 256	301 526	399 932	501 959
日用杂品批发业	41 060	27 967		135 622	15 363	36 323	37 256
五金、交电、化工批发业	488 972	446 384	7 000	2 998 650	349 973	889 240	832 351
药品及医疗器械批发业	207 289	185 086		1 927 160	153 452	339 420	714 325
能源、材料和机械电子设备批发业	8 511 343	7 990 972		58 658 013	8 933 038	19 371 488	14 543 634
能源批发业	1 247 981	1 242 536		6 927 565	1 912 213	2 777 316	407 121
化工材料批发业	656 916	572 611		7 325 599	671 108	3 976 418	1 006 245
木材批发业	77 990	47 990		581 940	81 818	114 779	174 078
建筑材料批发业	198 862	176 917		1 063 175	109 685	458 097	203 446
矿产品批发业	45 807	45 807		725 857	152 119	204 855	295 628
金属材料批发业	2 679 644	2 540 309		11 812 454	1 055 062	3 101 993	1 522 790
机械、电子设备批发业	1 599 880	1 559 370		13 105 389	2 919 664	6 465 428	1 664 029
汽车、摩托车及零配件批发业	1 915 173	1 743 366		16 587 911	1 983 023	2 119 624	9 080 663
再生物资回收批发业	89 090	62 066		528 123	48 346	152 978	189 634
其他批发业	1 686 010	1 562 002		30 302 420	7 419 303	8 747 373	1 497 584
工艺美术品批发业	197 119	197 119		2 325 432	352 585	610 853	240 988
图书报刊批发业	249 552	170 095		1 056 543	141 091	236 227	248 181
农业生产资料批发业	155 703	142 164		2 668 687	905 361	863 335	386 948
其他类未包括的批发业	1 083 636	1 052 624		24 251 758	6 020 266	7 036 958	621 467
零售业	5 018 619	3 412 285	283 978	13 254 327	3 120 963	1 016 804	4 107 295
食品、饮料和烟草零售业	361 945	288 197		1 528 126	426 702	35 918	560 243
日用百货零售业	2 755 883	1 551 253	180 376	7 177 205	1 882 449	180 565	2 065 416
纺织品、服装和鞋帽零售业	388 364	257 482	99 665	437 729	70 905	14 837	142 312
日用杂品零售业	86 084	78 214		127 461	29 033	5 455	40 096
五金、交电、化工零售业	254 849	194 772	2 687	847 389	79 495	127 613	252 387
药品及医疗器械零售业	24 779	23 111		119 162	14 354	8 187	57 641
图书报刊零售业	157 942	156 806		442 722	106 654	94 447	185 864
其他零售业	988 773	862 450	1 250	2 574 533	511 371	549 782	803 336
按规模划分							
大型企业	11 770 081	10 337 144	141 864	97 572 274	17 862 782	29 130 780	20 457 526
中型企业	8 719 569	7 587 022	157 075	37 366 108	5 906 116	8 081 350	8 664 787

零售贸易业财务状况

单位：千元

长期投资	固定资产合计	固定资产原价合计	#生产经营用	累计折旧	#本年折旧	无形及递延资产合计	#无形资产	其他资产合计
15 178 747	**19 296 984**	**17 766 799**	**10 021 923**	**3 189 065**	**710 053**	**1 859 224**	**808 007**	**11 625 164**
14 345 713	14 022 454	13 349 519	8 180 156	2 574 896	532 628	1 027 999	498 012	350 026
296 464	1 895 108	1 797 882	707 474	256 439	53 900	198 117	29 025	11 101 397
300	589	752	716	163	154	35		
13 967	731 969	769 787	240 546	82 238	57 666	307 509	121 311	1 024
515 198	2 389 411	1 511 905	792 749	195 828	48 750	269 105	104 529	15 284
6 657	255 883	334 440	100 043	78 557	16 509	56 459	55 130	157 369
448	1 570	2 514	239	944	446			64
4 556 834	4 717 144	4 457 928	2 357 849	915 437	156 021	231 188	100 088	11 146 066
2 817 768	3 007 075	3 009 597	1 425 053	638 849	99 092	86 598	41 518	60 774
302 970	124 771	91 708	49 028	19 678	5 469	4 988	3 102	10 984 812
932 061	601 937	366 721	283 225	57 226	13 390	45 025	18 498	13 182
149 731	194 914	240 340	116 622	56 924	9 405	25 244	7 401	73 570
6 224	31 817	38 939	36 476	8 322	1 836	595		22
236 924	529 451	444 756	316 537	68 895	17 004	66 866	29 395	4 271
111 156	227 179	265 867	130 908	65 543	9 825	1 872	174	9 435
6 943 050	5 040 880	4 471 273	2 602 561	893 547	198 593	326 201	208 010	95 165
909 253	920 801	944 619	275 002	211 934	37 869	62 194	49 458	22 449
502 703	377 948	312 222	195 006	73 530	16 431	31 897	18 097	
163 071	56 918	65 153	50 174	13 149	1 772	6 347	6 084	
167 615	209 268	264 859	109 476	61 473	8 632	6 733	1 373	28 964
59 960	31 769	38 203	1 247	6 434	2 042	3 660		
2 076 140	981 927	750 388	379 201	192 564	33 360	77 822	64 584	11 386
1 511 276	1 275 613	929 422	638 350	165 507	43 354	48 725	41 593	2 117
1 514 468	1 133 654	1 100 578	918 840	150 773	51 043	76 146	15 065	30 249
38 564	52 982	65 829	35 265	18 183	4 090	12 677	11 756	
2 871 623	1 298 156	1 346 296	848 409	239 760	38 626	139 697	92 917	55 385
1 454 595	411 413	457 604	451 590	49 081	4 649	81 957	64 885	
41 024	329 040	377 236	189 979	73 612	11 743	11 463	970	
106 555	130 526	144 009	40 079	33 912	5 761	7 924	1 480	5 209
1 269 449	427 177	367 447	166 761	83 155	16 473	38 353	25 582	50 176
807 240	8 240 804	7 491 302	4 213 104	1 140 321	316 813	1 162 138	406 992	328 548
41 503	717 345	828 936	651 175	195 861	36 836	119 488	28 966	14 518
394 537	5 924 362	5 185 729	2 698 335	647 539	196 852	847 267	269 550	290 997
15 543	374 653	383 507	151 671	47 120	11 362	115 069	67 392	7 676
5 380	197 846	25 269	21 110	7 151	1 767	13 088	6 920	215
69 529	182 731	212 950	103 664	42 066	13 360	14 347	5 043	950
2 519	29 895	37 594	33 903	7 715	2 353	7 238	6 270	
29 328	206 189	192 288	132 712	38 180	6 449	3 766	3 109	7 909
248 901	607 783	625 029	420 534	154 689	47 834	41 875	19 742	6 283
11 300 861	10 684 081	9 205 710	4 821 957	1 445 269	376 617	1 141 858	562 804	11 246 680
3 877 886	8 612 903	8 561 089	5 199 966	1 743 796	333 436	717 366	245 203	378 484

10—14 续表 1

项目	资产合计	流动负债合计	#短期借款	#应付帐款	长期负债合计	#长期借款
总计	**182 898 501**	**109 184 801**	**45 357 120**	**21 491 216**	**35 630 219**	**33 104 041**
按经济类型划分						
国有经济	151 613 068	98 110 225	39 859 636	18 605 862	22 661 284	20 400 619
集体经济	19 677 140	4 946 261	3 016 684	1 432 865	12 493 543	12 436 636
私营经济	13 887	11 257	43	3 271		
联营经济	2 015 286	1 138 202	376 425	440 812	30 994	30 994
股份制经济	8 578 099	4 592 985	2 004 992	864 737	392 792	184 186
外商投资经济	980 301	368 118	97 590	139 049	51 606	51 606
港澳台投资经济	16 317	15 513	1 750	4 620		
其他经济	4 403	2 240				
按国民经济行业分						
食品、饮料、烟草和家庭用品批发业	53 374 854	28 847 426	15 985 900	5 982 008	14 814 137	14 043 243
食品、饮料、烟草批发业	22 247 397	14 864 872	7 796 704	2 679 906	1 324 954	1 010 899
棉、麻、土畜产品批发业	13 864 807	1 132 090	1 417 450	382 555	12 428 237	12 428 147
纺织品、服装和鞋帽批发业	8 696 691	6 812 682	3 929 913	1 195 799	229 406	55 365
日用百货批发业	2 278 715	1 891 540	972 449	498 496	71 386	41 823
日用杂品批发业	174 280	128 834	56 050	33 318	356	
五金、交电、化工批发业	3 836 162	2 774 712	1 363 649	677 402	147 269	140 803
药品及医疗器械批发业	2 276 802	1 242 696	449 685	514 532	612 529	366 206
能源、材料和机械电子设备批发业	71 063 309	48 458 995	19 423 387	8 511 190	9 005 901	8 043 245
能源批发业	8 842 262	6 167 693	1 519 385	1 997 943	89 918	22 285
化工材料批发业	8 238 147	7 123 133	3 818 865	1 874 442	125 263	120 844
木材批发业	808 276	527 890	143 583	181 472	56 318	56 318
建筑材料批发业	1 475 755	1 033 545	225 595	474 168	45 608	37 025
矿产品批发业	821 246	774 609	378 889	17 175	46 864	43 500
金属材料批发业	14 959 729	10 757 297	4 591 338	1 667 505	790 306	509 729
机械、电子设备批发业	15 943 120	10 442 713	3 457 299	1 595 615	2 782 282	2 287 625
汽车、摩托车及零配件批发业	19 342 428	11 218 504	5 022 193	651 889	5 064 047	4 964 861
再生物资回收批发业	632 346	413 611	266 240	50 981	5 295	1 058
其他批发业	34 667 281	18 991 198	5 170 690	4 005 477	10 261 300	10 026 878
工艺美术品批发业	4 273 397	2 596 262	1 959 727	375 337	97 005	58 793
图书报刊批发业	1 438 070	691 808	107 000	224 445	61 648	11 823
农业生产资料批发业	2 918 901	2 389 397	772 319	485 514	140 732	136 286
其他类未包括的批发业	26 036 913	13 313 731	2 331 644	2 920 181	9 961 915	9 819 976
零售业	23 793 057	12 887 182	4 777 143	2 992 541	1 548 881	990 675
食品、饮料和烟草零售业	2 420 980	1 493 810	329 922	245 461	194 487	137 669
日用百货零售业	14 634 368	7 313 695	2 992 418	1 610 786	931 932	587 076
纺织品、服装和鞋帽零售业	950 670	482 776	168 019	117 938	78 941	56 317
日用杂品零售业	343 990	165 332	59 540	39 862	72 989	
五金、交电、化工零售业	1 114 946	713 089	169 559	167 973	30 626	19 827
药品及医疗器械零售业	158 814	84 757	9 109	44 473	15 946	11 841
图书报刊零售业	689 914	397 491	46 270	204 335	37 831	400
其他零售业	3 479 375	2 236 232	1 002 306	561 713	186 129	177 545
按规模划分						
大型企业	131 945 754	74 327 839	29 545 903	14 096 564	32 239 479	30 962 360
中型企业	50 952 747	34 856 962	15 811 217	7 394 652	3 390 740	2 141 681

单位：千元

负债合计	所有者权益合计	#股本	商品销售收入	销售折扣与折让	商品销售收入净额	商品销售成本	经营费用	#运杂及装卸费	商品销售税金及附加
145 415 677	**37 482 824**	**4 534 676**	**146 891 315**	**669 313**	**146 222 002**	**132 913 653**	**5937020**	**1013351**	**284 095**
121 208 336	30 404 732	3 066 829	122 586 948	638 694	121 948 254	111 775 633	4575860	914 770	205 984
17 583 562	2 093 578	96 595	10 351 603	10 516	10 341 087	9 268 039	586 306	64 921	27 341
11 257	2 630		61 871		61 871	55 063	3 867	170	220
1 169 196	846 090	12 050	2 393 184	5 624	2 387 560	2 045 851	144 534	6 511	6 610
4 985 784	3 592 315	1 278 905	9 402 469	1 901	9 400 568	8 157 981	408 132	23 270	39 879
439 670	540 631	80 297	2 019 435	12 578	2 006 857	1 540 328	214 962	3 707	4 061
15 632	685		15 812		15 812	11 968	2 783		
2 240	2 163		59 993		59 993	58 790	576	2	
43 727 931	9 646 923	1 193 168	42 486 263	35 036	42 451 227	39 163 532	1332679	242 461	49 665
16 238 689	6 008 708	799 476	20 325 716	6 343	20 319 373	18 981 331	582 312	107 425	29 439
13 560 327	304 480		2 123 157	3	2 123 154	1 918 652	142 303	35 383	289
7 058 127	1 638 564	256 869	7 960 718	162	7 960 556	7 158 166	205 932	42 048	3 648
1 962 927	315 788	9 976	2 496 996	2 073	2 494 923	2 274 821	109 679	20 998	3 166
129 192	45 088	3 518	301 503	125	301 378	259 152	14 830	4 108	684
2 923 444	912 718	115 012	6 701 787	4 952	6 696 835	6 325 127	157 711	22 239	7 816
1 855 225	421 577	8 317	2 576 386	21 378	2 555 008	2 246 283	119 912	10 260	4 623
57 599 693	13 463 616	1 391 121	56 612 453	7 161	56 605 292	53 323 819	1547889	468 185	65 270
6 257 894	2 584 368		15 553 186	6	15 553 180	14 869 503	387 171	102 446	29 021
7 253 510	984 637	18 394	6 960 911	1 198	6 959 713	6 499 501	219 272	72 533	4 685
584 208	224 068		597 526		597 526	530 189	38 781	12 188	354
1 081 977	393 778	5 244	1 644 458	536	1 643 922	1 463 869	110 265	67 144	2 059
821 474	—228		448 903		448 903	369 369	65 296	37 923	512
11 547 604	3 412 125	46 976	13 232 290	3 977	13 228 313	12 650 541	263 285	55 910	16 448
13 230 527	2 712 593	113 914	8 259 531		8 259 531	7 744 695	209 152	55 310	6 175
16 385 640	2 956 788	1 204 968	8 804 554	1 444	8 803 110	8 172 938	219 075	48 666	5 073
436 859	195 487	1 625	1 111 094		1 111 094	1 023 214	35 592	10 065	943
29 466 883	5 200 398	620 156	12 445 176	401 509	12 043 667	11 024 093	403 416	79 843	22 563
2 693 267	1 580 130		1 747 138		1 747 138	1 565 051	81 735	5 577	3 182
753 456	684 614		1 623 802	400 667	1 223 135	1 055 563	77 088	28 822	904
2 531 742	387 159	6 712	3 428 902	4	3 428 898	3 185 502	113 486	19 540	12 139
23 488 418	2 548 495	613 444	5 645 334	838	5 644 496	5 217 977	131 107	25 904	6 338
14 621 170	9 171 887	1 330 231	35 347 423	225 607	35 121 816	29 402 209	2653036	222 862	146 597
1 688 366	732 614	34 508	5 351 030	250	5 350 780	4 613 483	536 243	23 228	17 474
8 389 259	6 245 109	1 027 670	18 972 350	66 608	18 905 742	15 639 779	1370386	46 357	93 050
561 892	388 778	31 520	958 821	434	958 387	768 999	110 993	3 223	5 467
238 603	105 387	61 603	673 953		673 953	573 963	48 906	1 982	2 559
757 323	357 623	3 664	1 627 227	227	1 627 000	1 468 310	85 993	10 123	2 653
107 661	51 153	1 000	370 126	229	369 897	288 677	35 159	1 940	1 157
435 822	254 092	105 565	978 746	157 856	820 890	659 926	66 729	1 031	1 344
2 442 244	1 037 131	64 701	6 415 170	3	6 415 167	5 389 072	398 627	134 978	22 893
106 893 358	25 052 396	3 834 821	90 993 556	593 420	90 400 136	82 095 974	3313611	635 030	177 954
38 522 319	12 430 428	699 855	55 897 759	75 893	55 821 866	50 817 679	2623409	378 321	106 141

10—14 续表 2

项目	商品销售利润	代购代销收入	主营业务利润	其他业务利润	管理费用	#税金
总计	**7 087 234**	**749 611**	**7 836 845**	**1 499 213**	**5 521 054**	**141 313**
按经济类型划分						
国有经济	5 390 777	729 241	6 120 018	1 330 499	4 261 298	100 010
集体经济	459 401	7 997	467 398	118 911	459 428	13 336
私营经济	2 721		2 721	240	2 667	24
联营经济	190 565	215	190 780	14 430	184 290	1 556
股份制经济	794 576	11 951	806 527	32 394	436 777	24 042
外商投资经济	247 506	102	247 608	2 739	174 157	2 345
港澳台投资经济	1 061	105	1 166		2 318	
其他经济	627		627		119	
按国民经济行业分						
食品、饮料、烟草和家庭用品批发业	1 905 351	157 581	2 062 932	510 658	1 324 111	35 828
食品、饮料、烟草批发业	726 291	85 242	811 533	412 400	643 718	20 595
棉、麻、土畜产品批发业	61 910	1 291	63 201	1 729	57 220	752
纺织品、服装和鞋帽批发业	592 810	52 638	645 448	43 104	254 606	2 893
日用百货批发业	107 257	9 876	117 133	12 943	87 366	1 471
日用杂品批发业	26 712	131	26 843	971	15 926	176
五金、交电、化工批发业	206 181	6 761	212 942	31 927	154 277	4 640
药品及医疗器械批发业	184 190	1 642	185 832	7 584	110 998	5 301
能源、材料和机械电子设备批发业	1 668 314	349 095	2 017 409	403 480	1 567 800	22 133
能源批发业	267 485	142 645	410 130	54 868	285 260	3 859
化工材料批发业	236 255	46 054	282 309	50 376	166 461	1 555
木材批发业	28 202	1 422	29 624	4 475	19 292	304
建筑材料批发业	67 729	896	68 625	24 088	72 859	1 491
矿产品批发业	13 726	10 479	24 205	—371	15 038	172
金属材料批发业	298 039	19 280	317 319	200 514	318 396	5 796
机械、电子设备批发业	299 509	86 733	386 242	122 596	341 594	4 128
汽车、摩托车及零配件批发业	406 024	40 417	446 441	—69 461	311 108	3 784
再生物资回收批发业	51 345	1 169	52 514	16 395	37 792	1 044
其他批发业	593 595	233 127	826 722	267 147	487 286	11 728
工艺美术品批发业	97 170	2 922	100 092	38 501	82 781	886
图书报刊批发业	89 580	4 346	93 926	16 625	67 832	1 585
农业生产资料批发业	117 771	135 889	253 660	78 307	95 227	907
其他类未包括的批发业	289 074	89 970	379 044	133 714	241 446	8 350
零售业	2 919 974	9 808	2 929 782	317 928	2 141 857	71 624
食品、饮料和烟草零售业	183 580	125	183 705	67 028	236 864	9 939
日用百货零售业	1 802 527	2 053	1 804 580	138 266	1 378 644	41 533
纺织品、服装和鞋帽零售业	72 928	2 066	74 994	18 022	86 373	1 950
日用杂品零售业	48 525		48 525	9 619	29 776	262
五金、交电、化工零售业	70 044	860	70 904	32 621	81 929	1 784
药品及医疗器械零售业	44 904		44 904	5 569	26 136	391
图书报刊零售业	92 891		92 891	12 458	73 996	1 177
其他零售业	604 575	4 704	609 279	34 345	228 139	14 588
按规模划分						
大型企业	4 812 597	524 369	5 336 966	463 649	2 971 907	67 367
中型企业	2 274 637	225 242	2 499 879	1 035 564	2 549 147	73 946

单位:千元

#财产保险费	#劳动待业保险费	财务费用	#利息支出	营业利润	投资收益	补贴收入	营业外收入	营业外支出	利润总额
62 095	**444 267**	**3 354 460**	**3 029 227**	**39 608**	**1 012 366**	**843 834**	**548 228**	**225 652**	**2 923 334**
44 972	343 977	3 011 635	2 754 258	−179 099	921 623	755 458	433 132	197 447	2 400 930
7 090	53 000	240 654	166 918	−118 175	42 083	84 590	81 122	10 225	99 470
		167		127			17	238	−94
2 005	9 615	15 880	12 723	−4 157	−14 876		3 332	1 286	−12 234
6 659	37 529	76 871	87 238	274 620	63 536		16 060	15 820	349 962
1 369	146	8 704	8 090	67 485		3 786	14 510	635	86 439
		447		−1 599			55	1	−1 545
		102		406					406
15 023	96 765	1 443 966	1 342 405	−511 117	424 168	626 549	184 855	98 997	968 158
7 164	51 658	739 908	689 623	−463 702	305 999	530 949	75 304	52 260	664 758
161	4 287	100 952	60 366	−93 242	12 104	89 793	60 527	351	70 058
2 710	5 903	370 947	345 667	58 848	62 816	4 134	25 727	30 314	169 288
934	7 510	89 914	87 491	−48 058	7 610		4 954	2 188	−26 796
520	2 163	4 567	4 641	7 317	1 164	250	556	285	15 093
2 350	9 881	86 388	100 803	3 867	23 165		11 438	5 923	38 162
1 184	15 363	51 290	53 814	23 853	11 310	1 423	6 349	7 676	37 595
10 579	77 144	1 265 913	1 209 560	−499 548	338 052	124 978	181 855	51 822	321 518
468	17 235	58 316	94 338	118 316	52 626	116 352	24 739	20 492	311 686
740	4 899	196 184	148 841	−30 440	41 353		3 871	3 429	13 119
97	1 693	22 026	21 764	−7 220	2 384		7 902	523	2 547
513	3 335	14 208	10 158	−1 229	7 415		1 498	1 593	6 104
		17 627	29 186	−20 506	547		99	1 296	−6 408
2 592	16 486	411 074	415 948	−219 373	86 682	673	21 078	3 423	−107 520
3 079	16 527	245 316	244 385	−90 396	63 444	2 955	103 054	7 411	78 770
2 520	12 975	259 125	226 095	−237 761	81 990		17 112	12 557	26 129
570	3 994	42 037	18 845	−10 939	1 611	4 998	2 502	1 098	−2 909
1 926	24 836	310 774	177 236	290 181	131 203	23 643	55 982	21 961	552 313
262	5 301	128 360	42 591	−72 548	11 906	100	3 054	1 483	10 981
486	7 017	7 394	9 003	35 325	3 624	12 240	642	660	51 171
718	4 968	46 257	69 139	190 265	9 133	11 303	46 180	1 529	255 524
460	7 550	128 763	56 503	137 139	106 540		6 106	18 289	234 637
34 567	245 522	333 807	300 026	760 092	118 943	68 664	125 536	52 872	1 081 345
2 318	74 813	43 633	42 569	−29 822	27 430	57 670	33 149	8 998	81 624
16 186	123 945	159 287	124 184	401 198	67 727	3 786	67 844	30 142	546 722
967	7 134	14 128	11 464	−10 114	2 593	35	9 066	4 794	5 773
537	2 976	8 587	8 615	19 781	2 339		1 546	1 020	22 646
1 102	8 719	33 205	28 511	−11 851	725		6 670	3 617	−7 918
203	2 641	2 220	1 686	21 572	809		803	969	22 781
9 304	9 737	1 418	1 995	29 732	711		1 534	360	31 621
3 950	15 557	71 329	81 002	339 596	16 609	7 173	4 924	2 972	378 096
26 902	168 402	1 908 052	1 655 589	868 751	651 965	278 295	369 471	126 357	2 271 088
35 193	275 865	1 446 408	1 373 638	−829 143	360 401	565 539	178 757	99 295	652 246

10—14 续表 3

项　　目	应交所得税	转作奖金的利润	提取盈余公积	应付利润	#已分配股利	未分配利润
合　计	**1 122 660**	**5 287**	**982 050**	**572 482**	**19 215**	**—339 321**
按经济类型划分						
国有经济	912 401	3 233	895 562	512 134	9 756	—555 996
集体经济	39 659	2 054	50 244	16 746	309	—38 217
私营经济	513		144			603
联营经济	3 353		195	976		—4 115
股份制经济	143 486		35 905	41 063	9 150	196 777
外商投资经济	23 248			1 563		61 627
港澳台投资经济						
其他经济						
按国民经济行业分						
食品、饮料、烟草和家庭用品批发业	327 477	1 813	366 962	163 515	1 795	—294 199
食品、饮料、烟草批发业	187 563	1 209	206 714	94 014	217	—233 970
棉、麻、土畜产品批发业	11 342		23 343	11 988		23 294
纺织品、服装和鞋帽批发业	85 126	40	44 677	27 950		—55 268
日用百货批发业	1 518	135	42 573	1 744		—10 111
日用杂品批发业	1 964	8	3 776	5 398		—3 056
五金、交电、化工批发业	23 317	152	23 428	19 157		—22 660
药品及医疗器械批发业	16 647	269	22 451	3 264	1 578	7 572
能源、材料和机械电子设备批发业	204 351	670	295 872	58 753	940	—256 103
能源批发业	85 511	376	85 334	7 293		47 873
化工材料批发业	18 023	75	6 967	3 695		—13 466
木材批发业	3 675		3 500			—13 329
建筑材料批发业	4 376	154	4 773	1 965		—11 370
矿产品批发业						—7 634
金属材料批发业	21 665	17	16 701	8 391	940	—144 381
机械、电子设备批发业	59 665		64 330	25 069		—98 071
汽车、摩托车及零配件批发业	10 988	48	111 665	1 536		—15 792
再生物资回收批发业	448		2 602	10 804		67
其他批发业	179 300	30	96 288	85 845	2	85 071
工艺美术品批发业	865		4 410			—24 250
图书报刊批发业	17 503		17 274	691		5 700
农业生产资料批发业	91 382	30	48 962	936	2	—7 855
其他类未包括的批发业	69 550		25 642	84 218		111 476
零售业	411 532	2 774	222 928	264 369	16 478	125 910
食品、饮料和烟草零售业	36 272	1 239	37 972	4 421		—16 471
日用百货零售业	213 478	273	130 144	72 474	16 186	162 449
纺织品、服装和鞋帽零售业	5 265	760	5 308	5 118		—6 785
日用杂品零售业	6 305	9	3 489	1 645		6 289
五金、交电、化工零售业	5 692	201	2 324	2 909		—10 079
药品及医疗器械零售业	7 330	28	8 185	1 238		3 420
图书报刊零售业	10 215		4 305	7 299		4 899
其他零售业	126 975	264	31 201	169 265	292	—17 812
按规模划分						
大型企业	766 613	156	484 293	393 356	17 390	262 854
中型企业	356 047	5 131	497 757	179 126	1 825	—602 175

单位:千元

本年应付工资总额	#主营业务应付工资	本年应付福利费总额	#主营业务应付福利费	本年应交增值税	本年进项税额	本年销项税额	本年出口退税额	本年进项税额转出数
2 659 610	**2 533 595**	**450 223**	**426 006**	**1 457 543**	**17 115 250**	**16 049 413**	**－2 275 243**	**－1 194 067**
1 922 074	1 836 667	311 312	296 851	1 048 896	13 547 618	12 453 881	－2 127 008	－914 789
297 124	277 336	38 824	35 520	120 918	1 599 095	1 407 874	－5 943	－265 417
1 497	1 485	76	75	332	11 025	11 357		
81 185	76 561	12 443	11 809	43 514	358 972	401 733		－825
264 664	252 530	49 356	47 427	167 766	1 338 443	1 433 209	－142 292	－7 891
91 857	87 807	37 650	33 762	75 415	247 836	328 396		－5 145
1 069	1 069	556	556	644	2 120	2 764		
140	140	6	6	58	10 141	10 199		
559 348	536 933	103 633	98 783	289 514	5 652 451	4 406 223	－968 725	－821 779
280 617	267 325	66 053	62 447	166 603	2 568 193	2 433 982	－139 211	－176 817
15 921	15 921	2 438	2 438	1 459	467 618	88 492	－69 939	－277 770
76 607	72 507	8 331	7 823	9 275	1 100 687	355 696	－678 496	－307 284
49 184	47 400	6 258	5 993	23 507	343 729	325 975	－42 526	－17 316
7 013	6 785	1 989	1 932	6 679	34 195	40 813	－1 450	－1 346
70 577	70 535	10 123	10 108	51 075	820 802	822 630	－21 640	－30 069
59 429	56 460	8 441	8 042	30 916	317 227	338 635	－15 463	－11 177
402 149	373 366	63 181	58 304	333 913	6 162 669	5 715 242	－918 129	－241 838
81 620	76 538	16 285	15 737	75 519	820 809	891 049	－1 805	－9 750
28 056	27 790	5 135	5 091	23 982	902 760	760 993	－282 748	－16 222
4 586	4 586	563	563	685	71 995	51 378	－4 150	－12 365
35 290	30 096	5 613	5 069	17 461	210 677	192 393	－32 637	－16 079
4 899	3 321	550	381	6 429	83 242	17 602	－65 826	
101 312	94 996	14 614	12 863	147 730	1 907 032	1 885 307	－106 677	－57 619
77 351	70 335	11 377	10 458	18 356	847 972	617 253	－281 820	－48 625
54 882	53 420	6 801	6 622	37 049	1 141 262	1 142 963	－125 686	－65 437
14 153	12 284	2 243	1 520	6 702	176 920	156 304	－16 780	－15 741
111 171	97 698	24 125	22 038	30 270	671 613	504 704	－302 183	－68 423
16 011	10 823	2 445	1 503	1 433	51 803	8 902	－134 354	－20 775
23 858	23 858	3 340	3 340	11 657	133 437	144 058	－3 428	－2 556
22 393	20 176	3 058	2 699	5 591	82 234	77 732	－3 815	－5 960
48 909	42 841	15 282	14 496	11 589	404 139	274 012	－160 586	－39 132
1 586 942	1 525 598	259 284	246 881	803 846	4 628 517	5 423 244	－86 206	－62 027
307 075	302 420	43 136	42 364	116 842	711 467	827 536		－12 614
980 079	938 502	165 366	156 251	491 770	2 608 883	3 106 924	－746	－7 839
84 580	83 772	12 564	12 467	24 933	132 203	157 377		－1 215
15 212	15 056	3 409	3 378	15 054	98 187	113 396		－172
48 706	47 276	7 082	6 419	20 411	256 946	267 590	－5 890	－2 763
21 372	21 372	3 555	3 555	10 699	50 169	61 412		－544
47 635	47 401	7 083	6 921	12 127	96 281	109 230		－1 157
82 283	69 799	17 089	15 526	112 010	674 381	779 779	－79 570	－35 723
1 204 210	1 136 293	205 686	192 570	866 741	9 189 798	8 119 818	－1 778 409	－938 628
1 455 400	1 397 302	244 537	233 436	590 802	7 925 452	7 929 595	－496 834	－255 439

10—15 大中型餐

项　　目	合　计	按经济类型				
		国有经济	集体经济	私营经济	联营经济	股份制经济
资本金合计	1 027 924	231 826	99 446	789	8 578	74 250
#国家资本金	473 530	222 297	21 277		3 299	40 000
外商资本金	394 704					
流动资产合计	1 311 476	387 533	89 309	999	12 791	72 360
#货币资金	435 603	149 580	17 406	782	7 403	26 218
应收货款	169 369	15 203	14 551	100	839	8 092
存货	127 277	31 238	15 122	47	1 434	5 348
长期投资	147 469	90 739	8 493		5	2 330
固定资产合计	1 022 137	388 758	63 672	382	4 093	72 094
固定资产原价合计	1 254 072	414 572	80 145	482	6 847	85 460
#生产经营用	953 613	320 970	40 210		6 164	72 865
累计折旧	317 085	94 868	22 522	100	2 840	13 857
#本年折旧	88 487	16 225	6 794	100	580	3 287
无形及递延资产合计	400 393	51 550	31 671	400	2 555	18 771
#无形资产	22 873	9 888	1 260			
其他资产合计	198 362	5 758	9 409			
资产合计	3 079 837	924 338	202 554	1 781	19 444	165 555
流动负债合计	1 581 425	407 256	102 777	676	10 941	43 796
#短期借款	486 605	55 650	20 886			10 000
应付帐款	247 551	25 989	27 937	576	1 008	5 662
长期负债合计	273 805	86 244	9 966			7 875
#长期借款	257 769	84 310	9 586			7 875
负债合计	1 870 869	493 581	112 743	676	10 941	51 671
所有者权益合计	1 208 968	430 757	89 811	1 105	8 503	113 884
#股本	135 648			789		
主营业务收入	2 983 217	804 192	222 414	3 785	49 402	236 556
营业成本	1 390 735	388 035	120 592	1 922	26 239	121 936
营业费用	933 123	277 273	64 067	1 411	11 728	56 648
营业税金及附加	154 495	41 814	11 061	208	2 696	12 928
经营利润	500 082	94 196	24 792	243	8 739	45 044
其他业务利润	4 268	3 253	1 015			
管理费用	433 304	90 275	30 656	49	4 517	26 285
#税金	7 867	3 548	820		32	391
财产保险费	3 111	239	66		17	23
劳动待业保险费	39 910	32 681	548		620	3 307
财务费用	40 571	−577	1 549	4	−74	−1 618
#利息支出	34 036	−1 037	1 235		38	14
营业利润	25 882	7 383	−6 789	190	4 296	20 377
投资收益	13 261	12 587	30		1	421
补贴收入	713	87				
营业外收入	26 992	19 246	1 685		39	26
营业外支出	8 698	3 346	313	92	39	221
利润总额	60 548	36 490	−5 387	98	4 297	20 603
应交所得税	58 865	17 182	1 669	29	1 479	6 687
转作奖金的利润	2 212	662	113		61	
提取盈余公积	35 925	29 607	593	15	47	181
应付利润						
#已分配股利	3 403	−77				
未分配利润	48 434	−21 468	−11 733	46	567	12 786
本年应付工资总额	311 457	113 620	20 803	362	5 177	23 008
#主营业务应付工资	294 717	108 265	19 496	362	5 177	22 978
本年应付福利费总额	59 974	16 974	3 184		654	3 076
#主营业务应付福利费	58 882	16 931	2 577		654	3 076

饮业财务状况

单位:千元

划分		按行业划分			按规模划分	
外商投资经济	港澳台投资经济	正餐	快餐	其他餐饮业	大型企业	中型企业
397 604	215 431	890 540	137 313	71	596 587	431 337
116 517	70 140	412 788	60 671	71	284 715	188 815
249 413	145 291	322 168	72 536		213 061	181 643
518 595	229 889	1 099 270	212 186	20	879 107	432 369
185 008	49 206	369 006	66 582	15	279 390	156 213
66 344	64 240	156 911	12 458		92 370	76 999
52 325	21 763	95 045	32 231	1	58 814	68 463
7 740	38 162	145 923	1 546		125 327	22 142
382 802	110 336	720 203	301 929	5	642 823	379 314
505 704	160 862	902 851	351 213	8	743 460	510 612
424 872	88 532	633 985	319 620	8	631 375	322 238
123 912	58 986	265 275	51 807	3	163 698	153 387
48 224	13 277	53 777	34 707	3	49 089	39 398
119 660	175 786	344 815	55 578		252 305	148 088
8 899	2 826	22 700	173		12 256	10 617
131 467	51 728	171 691	26 671		77 179	121 183
1 160 264	605 901	2 481 902	597 910	25	1 976 741	1 103 096
549 454	466 525	1 267 279	314 140	6	1 137 613	443 812
246 689	153 380	312 095	174 510		432 280	54 325
101 697	84 682	197 518	50 033		157 212	90 339
158 774	10 946	267 996	5 809		97 369	176 436
151 711	4 287	252 549	5 220		93 563	164 206
713 094	488 163	1 548 130	322 733	6	1 239 263	631 606
447 170	117 738	933 772	275 177	19	737 478	471 490
34 300	100 559	129 663	5 985		92 237	43 411
1 332 361	334 507	2 225 622	755 292	2 303	1 582 965	1 400 252
599 791	132 220	1 016 520	373 037	1 178	766 002	624 733
384 645	137 351	733 505	198 839	779	468 376	464 747
67 813	17 975	117 861	36 507	127	81 450	73 045
280 107	46 961	352 954	146 909	219	267 137	232 945
		1 881	2 387		12	4 256
190 991	90 531	370 552	56 627	125	220 533	212 771
1 014	2 062	7 625	223	19	3 763	4 104
1 710	1 056	1 730	1 381		2 024	1 087
1 910	844	34 675	5 143	92	20 133	19 777
19 484	21 803	35 600	4 973	−2	24 895	15 676
16 682	17 104	29 215	4 823	−2	25 098	8 938
66 886	−66 461	−61 899	87 685	96	18 087	7 795
175	47	13 259	2		10 860	2 401
626		87	626		626	87
2 884	3 112	25 129	1 863		17 980	9 012
2 452	2 235	6 978	1 720		4 490	4 208
68 845	−64 398	−28 015	88 467	96	44 232	16 316
26 121	5 698	43 642	15 197	26	25 817	33 048
396	980	1 816	396		1 435	777
2 579	2 903	32 614	3 311		24 626	11 299
837	2 643	3 403			2 643	760
118 921	−50 685	−56 599	105 033		18 793	29 641
107 856	40 631	266 128	45 045	284	164 790	146 667
99 313	39 126	249 595	44 838	284	161 672	133 045
24 775	11 311	48 776	11 192	6	33 071	26 903
24 354	11 290	47 684	11 192	6	33 060	25 822

10－16　商业、饮食业、服务业经营机构及人员

项　　目	经营机构(个)		人　员(人)	
	1996 年	1995 年	1996 年	1995 年
总　　计	**294 341**	**286 757**	**1 375 085**	**1 018 934**
商　业	220 108	211 083	975 735	666 036
批　发	21 177	7 245	366 035	133 790
零　售	198 931	203 838	609 700	532 246
饮食业	36 981	39 196	169 341	167 452
服务业	37 252	36 478	230 009	185 446

10－17　商业、饮食业、服务业营业网点及人员

(按所有制形式分)　　单位:个、人

项　　目	合　计	国　有	集　体	个　体	其　他
营业网点	**273 164**	**11 950**	**20 445**	**233 151**	**7 618**
人　员	**1 009 050**	**311 126**	**210 949**	**314 848**	**172 127**
商　业					
零售网点	198 931	8 165	14 028	171 790	4 948
人　员	609 700	173 795	128 610	210 253	97 042
饮食业					
营业网点	36 981	1 905	3 837	28 956	2 283
人　员	169 341	39 111	39 034	64 557	26 639
服务业					
营业网点	37 252	1 880	2 580	32 405	387
人　员	230 009	98 220	43 305	40 038	48 446

10—18 批发业网点及人员

单位:个、人

项　　目	合 计	市	县	县以下
网点总计	**21 177**	**15 693**	**1 214**	**4 270**
食品、饮料、烟草批发业	4 803	3 137	283	1 383
棉、麻、土畜产品批发业	96	30	10	56
纺织品、服装和鞋帽批发业	1 156	889	38	229
日用百货批发业	1 748	1 416	62	270
日用杂品批发业	317	171	25	121
五金、交电、化工批发业	2 792	2 299	125	368
药品及医疗器械批发业	653	491	45	117
工艺美术品批发业	326	277	8	41
图书报刊批发业	108	73	1	34
农业生产资料批发业	253	130	53	70
其他批发业	8 925	6 780	564	1 581
人员总计	**366 035**	**261 048**	**23 039**	**81 948**
食品、饮料和烟草批发业	70 573	43 265	5 194	22 114
棉、麻、土畜产品批发业	2 229	1 249	110	870
纺织品、服装和鞋帽批发业	20 729	15 380	665	4 684
日用百货批发业	27 080	20 105	2 474	4 501
日用杂品批发业	4 632	2 709	865	1 058
五金、交电、化工批发业	40 919	30 595	1 845	8 479
药品及医疗器械批发业	16 564	13 326	1 089	2 149
工艺美术品批发业	4 874	2 685	90	2 099
图书报刊批发业	2 993	2 076	7	910
农业生产资料批发业	5 065	2 835	903	1 327
其他批发业	170 377	126 823	9 797	33 757

10—19　商业零售网点及人员

单位:个、人

项　　目	合　计	市	县	县以下
网点总计	**198 931**	**131 378**	**18 436**	**49 117**
食品、饮料、烟草零售业	109 558	84 194	7 315	18 049
纺织品、服装和鞋帽零售业	20 103	12 282	2 701	5 120
日用百货零售业	36 320	18 687	4 269	13 364
日用杂品零售业	2 027	670	441	916
五金、交电、化工零售业	5 415	3 440	679	1 296
药品及医疗器械零售业	403	283	22	98
图书报刊零售业	2 688	2 119	174	395
其他零售业	22 417	9 703	2 835	9 879
人员总计	**609 700**	**376 190**	**50 267**	**183 243**
食品、饮料和烟草零售业	212 467	152 539	14 256	45 672
纺织品、服装和鞋帽零售业	43 967	27 055	4 525	12 387
日用百货零售业	190 972	91 999	18 646	80 327
日用杂品零售业	8 533	3 607	730	4 196
五金、交电、化工零售业	50 405	34 211	3 917	12 277
药品及医疗器械零售业	6 986	4 493	165	2 328
图书报刊零售业	8 508	5 414	410	2 684
其他零售业	87 862	56 872	7 618	23 372

10—20　饮食业营业网点及人员

单位:个、人

项　　目	合　计	市	县	县以下
网点总计	**36 981**	**23 535**	**3 420**	**10 026**
正　餐	22 999	15 173	2 104	5 722
快　餐	1 214	892	61	261
其　他	12 768	7 470	1 255	4 043
人员总计	**169 341**	**109 963**	**10 989**	**48 389**
正　餐	136 060	89 237	8 719	38 104
快　餐	11 891	5 757	103	6 031
其　他	21 390	14 969	2 167	4 254

10—21 服务业营业网点及人员

单位:个、人

项目	合计	市	县	县以下
网点总计	**37 252**	**24 823**	**3 757**	**8 672**
理发及美容化妆业	7 202	4 665	757	1 780
沐浴业	204	182	9	13
洗染业	756	684	39	33
摄影及扩印业	1 611	1 266	172	173
日用品修理业	17 293	10 406	1 867	5 020
其他居民服务业	7 522	5 356	743	1 423
旅馆业	2 664	2 264	170	230
人员总计	**230 009**	**203 617**	**10 195**	**16 197**
理发及美容化妆业	11 824	8 890	951	1 983
沐浴业	3 462	3 073	179	210
洗染业	4 003	3 566	154	283
摄影及扩印业	7 300	6 436	431	433
日用品修理业	27 915	19 957	2 464	5 494
其他居民服务业	17 486	13 751	1 257	2 478
旅馆业	158 019	147 944	4 759	5 316

10—22 个体工商业户数及人数

单位:个、人

项目		1996年			1995年		
		全市	城镇	农村	全市	城镇	农村
总户数		**290 831**	**118 730**	**172 101**	**291 749**	**116 080**	**175 669**
总人数		**401 297**	**169 057**	**232 240**	**403 797**	**165 069**	**238 728**
农林牧渔业	户数	1 351	28	1 323	1 127	24	1 103
	人数	1 603	47	1 556	1 352	37	1 315
工业	户数	23 244	5 549	17 695	25 056	5 902	19 154
	人数	46 261	8 578	37 683	49 593	8 852	40 741
建筑业	户数	898	276	622	912	264	648
	人数	3 090	610	2 480	3 179	587	2 592
交通运输业	户数	30 935	6 454	24 481	30 446	6 623	23 823
	人数	33 609	7 127	26 482	33 278	7 082	26 196
商业	户数	171 790	78 212	93 578	171 230	75 312	95 918
	人数	210 253	96 680	113 573	209 530	95 600	113 930
饮食业	户数	28 956	14 391	14 565	29 144	14 240	14 904
	人数	64 557	38 208	26 349	64 950	35 503	29 447
服务业	户数	15 882	6 220	9 662	15 426	5 677	9 749
	人数	21 060	9 024	12 036	19 956	7 910	12 046
修理业	户数	16 570	7 340	9 230	16 709	7 167	9 542
	人数	19 036	8 395	10 641	19 567	8 322	11 245
其他行业	户数	1 205	260	945	1 699	871	828
	人数	1 828	388	1 440	2 392	1 176	1 216

主 要 统 计 指 标 解 释

一、社会消费品零售额:指各种经济类型的批发零售贸易业,餐饮业、制造业和其他行业售给城乡居民直接用于生活消费的商品和社会集团直接用于公用消费的商品。包括:

(1)售给城乡居民生活用的消费品;

(2)售给机关、团体、学校、部队、企业、事业单位的职工食堂和旅店(招待所)附设的专供本店旅客食用,不对外营业的食堂的各种食品、燃料;

(3)售给部队干部、战士生活用的粮食、副食品、衣着品、日用品、燃料;

(4)售给来华外国人、华侨、港澳台同胞的消费品;

(5)售给社会集团的办公用品、纸张、帐册、文印用品、计算工具、书报杂志和奖品;公共用品的纺织品、针织品;学校用的教学用品;文体用品;非专用的劳动保护用品,如工作服、套袖、围裙、手套、毛巾、肥皂等;日用百货和杂品,包括职工食堂用的餐具、炊具、设备和清洁卫生工具等;家具、设备、日用电器、电讯设备、电影器材和照相器材,取暖用的设备和燃料,防暑、降温的饮料;供职工乘用的交通工具和油料;零星修理各种公用消费品、生活用房屋的各种零配件、材料、工具、建筑材料等;中、西药品、中药材和医疗器材;其他非生产性设备和用品。

二、商品购进总额:指从本企业以外的单位和个人购进(包括从国外直接进口)作为转卖或加工后转卖的商品。本指标由从生产者购进额、从批发零售贸易业购进额、进口额和其他项目组成。这个指标反映批发零售贸易企业从国内、国外市场上购进商品的总量。

三、商品销售总额:指对本企业以外的单位和个人出售(包括对国(境)外直接出口)的商品(包括售给本单位消费用的商品)。本指标由对生产经营单位批发额、对批发零售贸易业批发额、出口额和对居民和社会集团商品零售额项目组成。这个指标反映批发零售贸易企业在国内市场上销售商品以及出口商品的总量。

四、出口:指直接向国(境)外出口商品和委托外贸部门代理出口的商品。不包括售给外贸部门出口或加工后出口的商品以及在国内市场以外币销售的商品。对外贸易企业只统计自主经营出口的商品,不包括受托代理出口的商品。

五、批发零售贸易网点数:指批发零售贸易企业设立的从事批发零售贸易业务的自然单位(包括本企业单位自身),凡具有独立固定的营业场所,配备一定的业务人员,不论单位大小、不论是否单独核算,均按自然点计算,即有一个点就算一个网点。同一营业场所内各柜组以及派出的流动推销小组、流动售货车等,不论临时性还是经常性的均不作为网点统计(但固定的售货亭应作为网点统计)。

六、餐饮业网点数:指餐饮企业设立的从事餐饮业务的营业单位(包括本企业自身),凡具有固定的营业场所,配备一定的业务人员,不论单位大小、不论是否单独核算,均按自然点计算,即有一个营业点就算一个网点。不包括派出的流动饭挡、流动饮食货车等,不论临时性还是经常性的均不作为网点统计(固定的饮食售货亭应作为网点统计)。

七、从业人员:指批发零售贸易企业的全部工作人员,包括行政管理人员、售货人员、服务人员等。既包括临时工、合同工等,也包括聘请的离、退休的人员。分别按批发贸易网点、零售贸易网点和餐饮业网点统计。

FOREIGN ECONOMY AND TOURISM
对外经济贸易和旅游

接待入境旅游人数

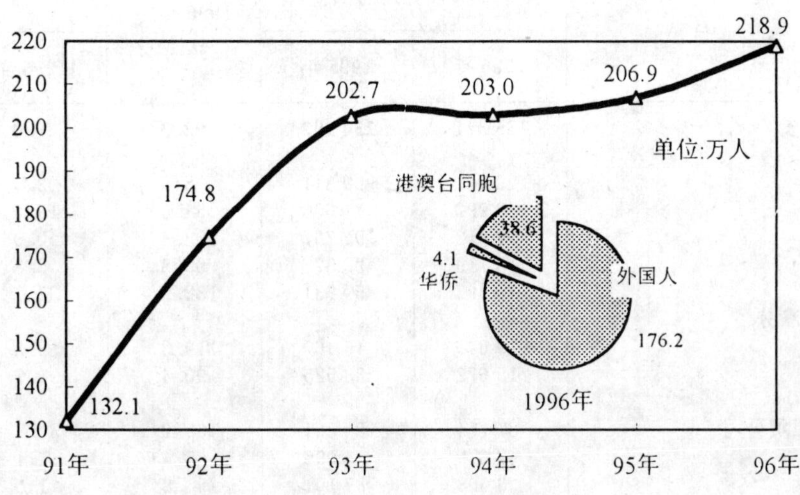

	1996年	1991年	1996年为1991年%
外贸出口总值(亿美元)	23.5	13.7	171.5
实际利用外资额(万美元)	155290	24482	6.3倍
#客商实际投资	124846	7383	16.9倍
接待入境旅游人数(万人)	218.9	132.1	165.7
批准三资企业数(个)	845	735	115.0

对外贸易商品出口总额构成

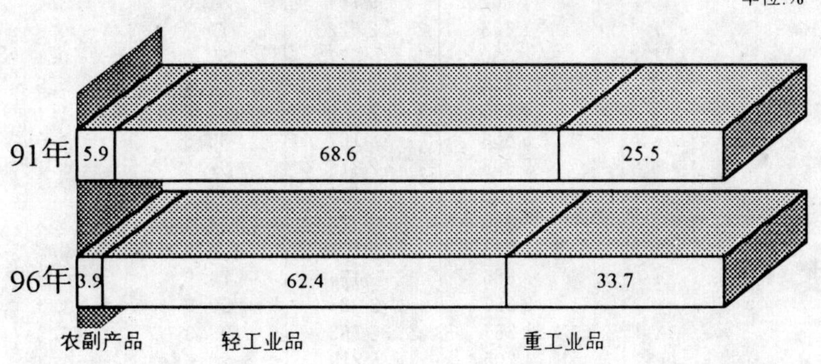

11—1 对外贸易商品出口总值

项目	金额(万美元)		1996年为1995年%	构成(%)	
	1996年	1995年		1996年	1995年
总计	**235 321**	**254 992**	**92.3**	**100**	**100**
按商品分					
农副产品	9 201	9 311	98.8	3.9	3.7
轻工业品	38 992	71 606	54.5	16.6	28.0
纺织品	94 012	91 767	102.4	40.0	36.0
工艺品	13 719	22 577	60.8	5.8	8.9
重工业品	79 397	59 731	132.9	33.7	23.4
按国际贸易标准分					
初级产品	19 649	16 467	119.3	8.3	6.5
工业制成品	215 672	238 525	90.4	91.7	93.5
按出口单位分					
专业外贸、工贸公司	87 754	126 821	69.2	37.3	49.7
#粮　油	2 679	4 096	65.4	1.1	1.6
纺　织	3 608	7 101	50.8	1.5	2.8
服　装	17 408	18 118	96.1	7.4	7.1
丝　绸	3 021	3 507	86.1	1.3	1.4
针　织	12 689	15 278	83.1	5.4	6.0
土　产	1 553	1 889	82.2	0.7	0.7
畜　产	1 554	1 821	85.3	0.7	0.7
地　毯	2 603	2 801	92.9	1.1	1.1
工　艺	8 327	10 053	82.8	3.5	3.9
抽　纱	1 765	4 071	43.4	0.8	1.6
首　饰	5 323	6 600	80.7	2.3	2.6
轻　工	3 519	6 004	58.6	1.5	2.4
医　药	1 613	1 938	83.2	0.7	0.8
五金矿产	3 236	4 192	77.2	1.4	1.6
化　工	847	1 400	60.5	0.4	0.5
机　械	2 905	4 215	68.9	1.2	1.7
设　备	940	2 463	38.2	0.4	1.0
自营出口生产企业	66 939	60 934	109.9	28.4	23.9
三资企业及其他	80 628	67 237	119.9	34.3	26.4
按国别(地区)分					
#香港地区	55 624	70 809	78.6	23.6	27.8
澳门地区	366	1 293	28.3	0.2	0.5
日　本	57 275	49 796	115.0	24.3	19.5
俄罗斯	7 967	9 761	81.6	3.4	3.8
波　兰	1 808	2 522	71.7	0.8	1.0
罗马尼亚	330	577	57.2	0.1	0.2
德　国	12 921	15 133	85.4	5.5	5.9
法　国	2 575	2 100	122.6	1.1	0.8
意大利	3 608	4 167	86.6	1.5	1.6
荷　兰	2 608	2 818	92.5	1.1	1.1
比利时	2 268	1 183	191.7	1.0	0.5
英　国	4 339	2 826	153.5	1.8	1.1
瑞　典	1 213	754	160.9	0.5	0.3
瑞　士	355	474	74.9	0.2	0.2
加拿大	3 567	3 925	90.9	1.5	1.5
美　国	31 267	31 793	98.3	13.3	12.5
澳大利亚	4 205	5 219	80.6	1.8	2.0

注:1996年进出口总额为395 510万美元,其中进口为160 189万美元。

11－2 海关进出口贸易总额

（按国别、地区分）

项　　目	金　额(万美元)		1996年为1995年%	构　成(%)	
	1996年	1995年		1996年	1995年
进出口总额	**539 201**	**530 925**	**101.6**		
一、出口总额	**208 624**	**227 027**	**91.9**	**100**	**100**
#香港地区	29 412	38 786	75.8	14.1	17.1
澳门地区	90	369	24.4	…	0.2
日　本	62 335	54 743	113.9	29.9	24.1
新加坡	7 556	8 026	94.1	3.6	3.5
英　国	3 407	3 146	108.3	1.6	1.4
德　国	9 269	12 345	75.1	4.4	5.4
法　国	1 738	1 969	88.3	0.8	0.9
意大利	3 659	4 839	75.6	1.8	2.1
瑞　士	443	692	64.0	0.2	0.3
波　兰	2 024	2 640	76.7	1.0	1.2
俄罗斯	6 273	8 358	75.1	3.0	3.7
埃　及	835	1 061	78.7	0.4	0.5
加拿大	2 425	3 186	76.1	1.2	1.4
美　国	25 978	25 351	102.5	12.5	11.2
澳大利亚	4 559	4 965	91.8	2.2	2.2
二、进口总额	**330 577**	**303 898**	**108.8**	**100**	**100**
#香港地区	10 868	12 101	89.9	3.6	4.0
日　本	79 202	80 663	98.2	26.1	26.5
新加坡	4 875	3 537	137.8	1.6	1.2
英　国	4 229	3 893	108.6	1.4	1.3
德　国	26 733	35 058	76.3	8.8	11.5
法　国	3 280	4 698	69.8	1.1	1.5
意大利	12 227	6 656	183.7	4.0	2.2
瑞　士	2 754	2 999	91.8	0.9	1.0
比利时	3 509	2 448	143.3	1.2	0.8
俄罗斯	52 298	19 543	2.7倍	17.2	6.4
加拿大	2 990	11 248	26.6	1.0	3.7
美　国	60 163	55 536	108.3	19.8	18.3
澳大利亚	4 029	5 898	68.3	1.3	1.9

注：海关进出口总额是指实际离开、实际进入我国国境的货物总金额。

11—3 海关进出口商品类别及构成

项　　目	金　额(万美元)		构　成(%)	
	1996 年	1995 年	1996 年	1995 年
出　口　总　额	**208 624**	**227 027**	**100**	**100**
一、初级产品	**17 416**	**21 471**	**8.3**	**9.5**
食品及主要供食用的活动物	12 043	13 467	5.8	5.9
饮料及烟草	560	405	0.3	0.2
非食用原料(燃料除外)	3 996	6 154	1.9	2.7
矿物燃料、润滑油及有关原料	700	1 434	0.3	0.7
动植物油、脂及蜡	117	11	…	…
二、工业制成品	**191 208**	**205 556**	**91.7**	**90.5**
化学品及有关产品	10 190	12 608	4.9	5.5
轻纺产品、橡胶制品、矿冶产品及其制品	36 888	50 746	17.7	22.4
机械及运输设备	55 254	44 678	26.5	19.7
杂项制品	88 854	97 524	42.6	42.9
未分类商品	22		…	
进　口　总　额	**330 577**	**303 898**	**100**	**100**
一、初级产品	**21 866**	**50 190**	**6.6**	**16.5**
食品及主要供食用的活动物	7 755	35 090	2.3	11.5
饮料及烟草	112	316	…	0.1
非食用原料(燃料除外)	9 553	9 030	2.9	3.0
矿物燃料、润滑油及有关原料	2 096	4 547	0.7	1.5
动植物油、脂及蜡	2 350	1 207	0.7	0.4
二、工业制成品	**308 771**	**253 708**	**93.4**	**83.5**
化学品及有关产品	19 111	15 991	5.8	5.3
轻纺产品、橡胶制品、矿冶产品及其制品	49 923	49 752	15.1	16.4
机械及运输设备	206 138	153 193	62.4	50.4
杂项制品	33 290	34 772	10.1	11.4
未分类商品	249		…	

11—4 海关主要商品出口量

品　　名	单　位	1996 年	1995 年	品　　名	单　位	1996 年	1995 年
食用油籽	万吨	1	1	铅　笔	万支	11 870	10 020
鲜、冻猪肉	万美元	158	1 268	洗衣粉	吨	67	599
冻　鸡	吨	12 702	12 280	彩色电视机	万美元	92	51
蔬　菜	万吨	1	1	收录机	万　台	36	34
干鲜果	万吨	1	1	照相机	万　架	199	228
栗　子	吨	2 921	6 041	自行车	万辆	26	8
罐　头	吨	54	1 325	地　毯	万平方米	77	110
啤　酒	万升	493	248	首　饰	万美元	3 397	4 350
中成药	万美元	954	733	玻璃制品	万美元	827	688
棉　纱	吨	3 873	4 314	石　蜡	万美元	11	28
棉　布	万米	10 382	6 283	糠　醛	吨	348	77
真丝绸缎	万米	394	591	钢　材	万美元	1 493	2 054
手　表	万只	53	29	铜　材	吨	513	2 657
服装及衣着附件	万美元	56 545	64 231	铝　材	吨	562	134
皮　鞋	万双	164	182	机　床	万台		7
胶或塑料底布鞋	万双	1 802	1 805	汽　车	辆	1 076	1 179

11—5 海关主要商品进口量

品　　名	单　位	1996 年	1995 年	品　　名	单　位	1996 年	1995 年
食　糖	万吨	1	3	复印机	台	132	157
谷物及谷物粉	万吨	8	16.1	天然橡胶	万吨		0.2
纺织用合成纤维	万吨	1	0.7	食品加工机械	万美元	4 041	4 055
合成纤维纱线	吨	587	779	聚乙烯	吨	22 269	11 859
羊毛及羊毛条	吨	7 007	7 338	聚丙烯	吨	4 281	2 088
肥　料	万吨	11	20	聚苯乙烯及共聚物	吨	1 701	2 091
纸及纸板	万吨	2	1.9	钢　材	万吨	17	10 596
空气调节器	台	1 059	1 967	铝　材	吨	5 098	2 454
家用电冰箱	台	1 963	3 910	机　床	台	1 304	1 538
彩色电视机	台	2 244	8 916	汽　车	辆	856	7 266
收录机	万台	5	0.1	成套数字式数据处理设备	台	3 184	3 518
电视摄像机	台	281	1 465	成套数字式中央处理机	台	3 511	4 547

11—6 进出口商品检验

项　　　目	单　位	1996年	1995年	1996年为1995年%
一、进口商品检验				
批　数	批	1 666	1 767	94.3
金　额	万美元	86 485	83 272	103.9
#不合格商品				
批　数	批	498	546	91.2
金　额	万美元	4 431	3 151	140.6
二、出口商品检验				
批　数	批	28 951	22 768	127.2
金　额	万美元	104 877	98 352	106.6
#不合格商品				
批　数	批	82	210	39.0

11—7 利用外资签约情况

项　　　目	合同数(个)		合同外资金额(万美元)	
	1996年	1995年	1996年	1995年
合　　计	**848**	**1 568**	**149 754.2**	**304 320.8**
对外借款	3	10	16 200.0	30 344.0
外商直接投资	845	1 552	133 554.2	273 504.5
合资经营	497	982	64 567.2	133 498.9
合作经营	75	150	46 255.9	109 242.3
独资经营	273	420	22 731.1	30 763.3
其他形式利用外资		6		472.3

注：1. 外商投资企业投资性借款作为外商直接投资统计，对外借款中不再重复统计。

2. 合资经营项目合同外资金额为项目总投资乘以外商出资比例。

11—8 外商投资企业签约情况

项目	项目数(个)		合同总金额(万美元)		#外资金额	
	1996年	1995年	1996年	1995年	1996年	1995年
合计	**845**	**1 552**	**196 205.0**	**410 055.4**	**133 554.2**	**273 504.5**
按投资方式分						
合资经营	497	982	114 679.3	230 921.2	64 567.2	133 498.9
合作经营	75	150	58 726.3	148 252.1	46 255.9	109 242.3
独资经营	273	420	22 799.4	30 882.2	22 731.1	30 763.3
按生产性、非生产性分						
生产性企业	642	1 240	94 651.2	213 947.7	66 213.6	139 698.1
非生产性企业	203	312	101 553.8	196 107.7	67 340.6	133 806.5
按客商国别(地区)分						
#日本	82	154	6 509.7	27 679.0	4 389.2	19 426.4
美国	144	294	22 405.8	59 124.9	16 137.4	38 393.4
香港地区	249	501	81 897.9	155 281.6	49 682.9	106 469.7
澳大利亚	22	31	6 893.1	3 237.9	6 538.2	2 172.3
法国	14	21	6 152.2	7 887.7	5 772.2	5 362.4
新加坡	36	65	3 441.8	21 053.8	2 335.7	15 160.3
加拿大	43	44	5 473.9	16 653.5	4 478.8	9 774.5
德国	17	35	3 012.9	16 929.1	2 133.8	10 580.5
西班牙	2	2	2 890.0	54.1	1 905.5	25.2
台湾	66	133	5 847.4	7 262.5	4 334.2	4 452.9
瑞典	2	6	3 160.8	499.9	1 714.9	432.7
朝鲜民主主义人民共和国		1		45.0		45.0
泰国	7	9	3 221.5	6 542.6	3 172.8	3 742.2
菲律宾	1	5	30.0	162.1	7.5	103.9
科威特		10		3 086.5		1 976.0
比利时	1	6	50.0	2 205.2	16.3	1 368.2
丹麦	1	1	195.0	15.0	58.5	4.5
韩国	57	85	13 173.1	10 387.4	9 452.4	7 607.8
俄罗斯	4	8	1 096.5	565.5	340.1	256.6

注:合资企业外资金额是以项目总投资乘以外商出资比例。

11—9 外商投资企业生产经营情况

单位:万元

项 目	总产值(现价)		销售营业收入		利润总额		交纳税金总额	
	1996 年	1995 年	1996 年	1995 年	1996 年	1995 年	1996 年	1995 年
合 计	**4 397 439**	**4 091 528**	**5 550 809**	**4 786 073**	**28 678**	**140 137**	**350 000**	**294 820**
按投资方式分								
合资经营	4 067 191	3 856 565	5 053 504	4 451 432	68 042	150 641	323 452	278 049
合作经营	163 952	134 555	199 843	192 093	－6 955	3 919	15 711	11 869
独资经营	166 296	100 408	297 462	142 548	－32 409	－14 423	10 837	4 902
按行业分								
农林牧渔水利业	67 579	53 125	68 079	53 178	3 708	3 701	2 876	1 739
工 业	4 239 180	3 922 317	4 150 706	3 694 297	25 053	140 252	257 023	222 273
运输邮电业	8 820	12 216	16 773	13 312	2 022	468	502	256
商业饮食业			267 146	198 452	10 841	5 621	16 751	10 378
居民服务业			593 372	566 216	12 509	－1 359	48 399	46 824
其他行业	81 860	103 870	454 733	260 618	－25 455	－8 546	24 449	13 350
按客商国别(地区)分								
#香港地区	1 257 506	1 263 609	1 750 123	1 583 084	－60 660	－15 884	72 064	61 590
澳门地区	34 549	29 668	30 248	30 198	－149	837	421	728
台湾地区	237 823	222 066	289 382	238 458	－8 158	－4 158	7 229	5 674
朝鲜民主主义人民共和国	612	20 275	1 494	16 936	－161	－3 533	56	73
日 本	809 023	751 951	869 965	817 508	43 134	63 721	55 434	54 349
泰 国	104 422	90 339	105 929	92 212	2 317	3 958	3 932	2 305
新加坡	67 458	43 121	200 327	175 143	10 832	13 378	9 230	8 970
印度尼西亚	1 342	1 964	2 158	3 254	－699	－204	136	149
法 国	98 360	85 183	99 104	77 161	－1 974	－1 135	4 144	3 222
意大利	7 303	11 734	9 856	12 293	－1 711	－705	126	379
荷 兰	74 819	45 411	78 318	43 840	－13 455	－7 906	4 637	3 459
瑞 典	74 549	64 647	69 163	55 265	7 305	5 900	5 663	3 274
西班牙	1 983	3 510	1 651	3 116	－371	－138	33	29
美 国	1 133 336	1 120 896	1 320 040	1 144 005	23 548	72 767	124 238	108 129
德 国	204 185	123 670	270 516	219 983	28 388	5 106	35 960	25 188
丹 麦	5 069	11 153	22 140	21 959	7 681	6 450	4 075	3 613
菲律宾	19 324	20 276	18 297	16 154	－1 565	－989	3 996	3 559
澳大利亚	22 544	19 281	36 432	47 338	－2 571	7 732	569	1 596
新西兰	1 871	1 314	1 976	2 364	－32	－174	61	58
韩 国	60 821	33 872	60 115	34 482	－4 487	－2 748	1 903	2 219
英 国	34 565	31 882	128 308	27 263	20 257	1 709	7 361	1 159
瑞 士	16 463	14 350	31 670	28 495	586	－2 526	2 429	1 447
奥地利	1 903	1 849	1 657	1 412	－486	－82	61	38
加拿大	17 721	10 202	30 717	24 699	－7 135	－3 634	1 342	969

11—10 外商投资企业利用外资情况

单位:万美元

项 目	实际利用外资额	客商实际投资	企业对外借款投资
合 计	**155 290**	**124 846**	**30 444**
按投资方式分			
合资经营	84 921	61 310	23 611
合作经营	42 982	36 149	6 833
独资经营	27 387	27 387	
按行业分			
工 业	60 816	54 464	6 352
建筑业	460	460	
商业饮食业	2 724	2 724	
居民服务业	89 004	64 912	24 092
#房地产业	68 926	49 372	19 554
其他行业	2 286	2 286	
按客商国别(地区)分			
香港地区	74 999	50 058	24 941
台湾地区	4 963	4 963	
日 本	21 321	20 352	969
泰 国	1 659	1 659	
新加坡	4 011	3 961	50
法 国	6 033	6 033	
美 国	22 321	22 321	
德 国	4 863	771	4 092
新西兰	15	15	
韩 国	3 556	3 556	
英 国	3 355	3 355	
奥地利	62	62	
加拿大	282	282	
其 他	7 850	7 458	392

注:包括对外借款及其他形式,全年实际利用外资 22.58 亿美元。

11—11 外商投资企业投产开业情况

项目	企业单位数(个)		企业职工人数(人)	
	1996年	1995年	1996年	1995年
合计	**4 586**	**4 002**	**362 779**	**331 973**
按投资方式分				
合资经营	3 660	3 311	325 787	304 235
合作经营	224	183	11 647	11 184
独资经营	702	508	25 345	16 554
按行业分				
农林牧渔水利业	43	39	4 755	3 225
工业	3 415	3 088	277 623	259 935
运输邮电业	18	14	463	426
商业饮食业	238	206	18 990	14 994
居民服务业	189	157	36 164	34 256
其他行业	683	498	24 784	19 137
按客商国别(地区)分				
#香港地区	1 953	1 732	149 501	141 388
澳门地区	39	38	2 660	2 611
台湾地区	497	455	25 178	25 942
朝鲜民主主义人民共和国	14	14	293	885
日本	515	437	52 913	46 146
泰国	43	33	5 373	3 017
新加坡	152	139	11 155	11 504
印度尼西亚	7	5	294	273
法国	51	41	4 554	3 746
意大利	22	17	1 747	2 119
荷兰	20	18	2 924	2 145
瑞典	22	18	1 975	1 720
西班牙	7	6	184	261
美国	646	572	59 685	54 376
德国	56	38	6 270	5 245
丹麦	8	7	1 404	1 356
菲律宾	16	14	2 349	1 783
澳大利亚	65	58	2 443	2 474
新西兰	11	11	384	359
韩国	110	76	9 354	5 750
英国	30	20	3 153	2 391
瑞士	16	13	3 031	2 521
奥地利	12	11	459	372
加拿大	84	74	3 159	3 487

11—12　对外承包工程和劳务合作

地　　区	签订合同份数(份)		签订合同金额(万美元)		营业额(万美元)	
	1996 年	1995 年	1996 年	1995 年	1996 年	1995 年
合　　计	**116**	**116**	**67 688**	**15 613**	**43 057**	**12 789**
对外承包工程	**34**	**30**	**61 654**	**13 905**	**37 394**	**12 019**
#斯里兰卡	1		650		163	1 153
马来西亚	3	4	947	1 523	1 490	532
美　国		7		290	202	110
巴基斯坦	2	7	6 851	3 929	4 973	5 428
新加坡	3	1	7 786	2 843	3 805	745
对外劳务合作	**67**	**81**	**4 743**	**1 599**	**4 933**	**633**
#日　本	17	16	163	311	403	405
香港地区	1	1	2	14	5	6
马来西亚	4	5	9	13	10	24
新加坡	15	7	183	36	93	79
韩　国	1	2	30	47	39	
埃　及		3		12	8	8
美　国	3	5	7	4	10	10
德　国		4		20		2
塞浦路斯	3	3	6	6	19	17
尼日利亚		2		2		
泰　国	4	8	32	118	14	4
巴　林					3	
澳门地区	2		21		2	8
沙特阿拉伯					2	1
斯里兰卡	1	3		7	1	3
以色列	1	9	2	1 001	44	15
波　兰		1		3	0.4	
印度尼西亚	2	2	2	30	8	14
伊　朗		1		5	11	6
设计咨询	**15**	**5**	**1 291**	**109**	**730**	**137**

11—13 海外企业签约情况

地　区	审批项目数(个)		#中方投资金额(万美元)	
	1996年	1995年	1996年	1995年
合　计	**22**	**25**	**1 656.7**	**2 540.0**
按投资方式分				
合资经营	9	7	288.7	138.0
合作经营				
独资经营	13	18	1 368	2 402.0
按生产性、非生产性分				
生产性企业	9	12	245	2 396
非生产性企业	13	13	1 411.7	144
按投资国别(地区)分				
#香港地区	3	1	13.7	449
俄罗斯		4		24.4
韩　国		1		10.5
蒙　古		3		35.5
美　国	4	3	1 150	1 770.0
吉尔吉斯	2	1	110	1.0
加　纳		1		
罗马尼亚	1	3	5	7.0
波　兰		1		5.2
捷　克		1		37.0
意大利		1		5.0
毛里求斯		1		5.7
朝　鲜		1		45.0
马来西亚	1	1	20	30.0
缅　甸		2		114

11—14 外国企业及华侨、港澳地区企业驻京代表机构

项目	数量(个)		构成(%)	
	1996年	1995年	1996年	1995年
总计	**5 532**	**4 726**	**100**	**100**
#日本	676	618	12.22	13.08
港澳地区	1 752	1 540	31.67	32.59
美国	986	816	17.82	17.27
德国	250	208	4.52	4.40
法国	142	118	2.57	2.50
英国	144	121	2.60	2.56
意大利	115	104	2.08	2.20
瑞士	68	57	1.23	1.21
瑞典	36	29	0.65	0.61
加拿大	135	106	2.44	2.24
澳大利亚	98	76	1.77	1.61
比利时	34	27	0.61	0.57
新加坡	214	178	3.87	3.77
荷兰	57	46	1.03	0.97
奥地利	36	32	0.65	0.68

11—15 区县对外经济基本情况

项目	单位	合计	城区	近郊区	远郊区	各县
利用外资						
签约项目	个	732	136	362	27	207
合同外资金额	万美元	83 613.2	13 277.0	34 472.5	2 862.0	33 001.7
外商实际投资额	万美元	65 905.0	29 450.0	17 499.0	978.0	17 978.0
出口商品交货						
交货总额	万元	422 089.4	1 614.8	102 712.9	32 401.9	285 359.8
直接交货	万元	333 506.1	1 614.8	97 604.1	25 403.5	208 883.7
#交本市外贸收购	万元	167 623.6	1 521.2	11 094.0	19 773.7	135 234.7
间接交货	万元	88 583.3		5 108.8	6 998.4	76 476.1
旅游业						
接待海外游客	人次	245 325	106 628	110 906	335	27 456

11—16 接待旅游人数

单位:人次

项目	1996年	1995年	项目	1996年	1995年
合计	**2 188 917**	**2 068 664**	法国	66 153	61 567
一、外国人	**1 761 608**	**1 665 246**	德国	99 878	88 250
#日本	429 506	424 308	意大利	42 413	38 382
菲律宾	8 510	11 886	瑞典	24 697	26 194
新加坡	85 690	72 725	瑞士	28 598	30 597
泰国	45 339	28 435	俄罗斯	69 169	62 071
印度尼西亚	25 170	22 627	澳大利亚	33 947	31 187
马来西亚	96 177	80 124	新西兰	6 999	5 328
蒙古	9 613	8 211	荷兰	20 394	14 323
韩国	179 781	172 536	西班牙	10 531	11 165
印度	5 126	5 779	**二、华侨**	**40 852**	**39 924**
美国	185 019	174 452	**三、港澳台胞**	**386 457**	**363 494**
加拿大	39 009	36 656	#台胞	131 410	109 821
英国	74 861	58 420			

11—17 旅游外汇收入

单位:亿美元

项目	1996年	1995年	1996年为1995年%	项目	1996年	1995年	1996年为1995年%
合计	**22.52**	**21.82**	**103.21**	餐饮	2.27	3.56	63.76
长途交通费	5.58	5.25	106.29	商品	6.37	2.14	297.66
民航	4.55	4.97	91.55	邮政电讯	1.31	0.70	187.14
铁路	0.52	0.15	346.67	景点门票	0.52	1.07	48.60
汽车	0.47	0.13	361.54	文化娱乐	0.32	0.46	69.57
市内交通费	0.34	0.59	57.63	其他	2.16	1.48	145.95
住宿	3.65	6.57	55.56				

11—18　生产型“三资”企业按销售收入排序

排　名	单　位　名　称	排　名	单　位　名　称
1	北京吉普汽车有限公司	29	和路雪北京有限公司
2	北京·松下彩色显象管公司	30	北京旺旺食品有限公司
3	北京国际交换系统有限公司	31	北京祥业房地产有限公司
4	和德(集团)有限公司	32	北京天纬油泵油嘴股份有限公司
5	北京轻型汽车有限公司	33	北京博士伦眼睛护理有限公司
6	北京首钢宝生带钢有限公司	34	北京东方罗门哈斯有限公司
7	北京首钢日电电子有限公司	35	北京雪莲羊绒有限公司
8	北京大发正大有限公司	36	北京天海工业有限公司
9	北京可口可乐饮料有限公司	37	北京三环亚太啤酒有限公司
10	北京松下电子部品有限公司	38	北京华胜计算机有限公司
11	北京广东健力宝饮料有限公司	39	北京金万利油脂有限公司
12	北京正大饲料有限公司	40	北京协兴建筑工程有限公司
13	北京恒通食品有限公司	41	爱芬食品北京有限公司
14	北京富士彩色设备有限公司	42	基士得耶办公设备(中国)有限公司
15	北京熊猫宝洁洗涤用品有限公司	43	北京梯安梯国际交通有限公司
16	北京四通松下电工有限公司	44	北京义利——纳贝斯克有限公司
17	北京亚洲双合盛有限公司	45	北京格林沃得营养保健有限公司
18	北京JVC电子产业有限公司	46	北京爱梯恩梯光缆有限公司
19	北京利乐包包装有限公司	47	北京丽都亚洲啤酒有限公司
20	北京华纳齿轮有限公司	48	北京北照—宝源光学工业有限公司
21	北京爱立信通信系统有限公司	49	中策北京啤酒有限公司
22	北京飞利浦有限公司	50	北京奥克兰防水材料有限公司
23	北京统益油脂有限公司	51	北京美厨食品有限公司
24	北京嘉荣食品有限公司	52	北京长空工业有限公司
25	北京巴·威有限公司	53	北京首钢吉泰安合金材料有限公司
26	北京顺美服装有限公司	54	北京阿克苏诺贝尔—红狮涂料有限公司
27	北京爱森绿宝有限公司	55	北京大磨坊面粉有限公司
28	北京统一食品有限公司		

11—19　非生产型“三资”企业按销售收入排序

排　名	单　位　名　称	排　名	单　位　名　称
1	北京华远房地产股份有限公司	29	北京亚运花园房地产开发有限公司
2	北京燕莎友谊商城有限公司	30	北京和平宾馆有限公司
3	北京燕莎中心有限公司	31	北京光明饭店有限公司
4	北京贵友大厦有限公司	32	北京南天信息工程有限公司
5	北京长城饭店有限公司	33	北京中乔智威汤逊广告有限公司
6	北京京广中心有限公司	34	北京金都假日饭店有限公司
7	北京麦当劳食品有限公司	35	北京国都大饭店有限公司
8	北京长富宫中心有限责任公司	36	北京建翔山庄有限公司
9	北京精信广告有限公司	37	北京亮星美食娱乐有限公司
10	北京亮马河大厦有限公司	38	北京光大高登房地产有限公司
11	北京新世纪饭店有限公司	39	北京康乐宫有限公司
12	北京肯德基有限公司	40	北京亚太大厦有限公司
13	北京市建国饭店有限公司	41	北京东苑公寓有限公司
14	北京西苑置地有限公司	42	北京中商西友大厦有限公司
15	北京市京伦饭店有限公司	43	北京比萨饼有限公司
16	北京东直门国际公寓有限公司	44	北京城市宾馆有限公司
17	北京华威大厦有限公司	45	北京中山消防保安技术有限公司
18	北京甲骨文软件系统有限公司	46	北京新侨饭店有限公司
19	北京裕京花园别墅有限公司	47	北京大观园游览中心有限公司
20	北京发展大厦有限公司	48	北京天桥宾馆有限公司
21	北京西科姆软件技术有限公司	49	北京鸿泰房地产开发有限公司
22	北京通标标准技术服务有限公司	50	北京东方集成机电装备有限公司
23	北京贵宾楼饭店有限公司	51	北京松鹤大酒店有限公司
24	北京渔阳饭店有限公司	52	北京顺峰饮食娱乐有限公司
25	北京天伦王朝饭店有限公司	53	北京台湾饭店有限公司
26	北京赛贝斯软件有限公司	54	北京大三元酒家有限公司
27	北京长安俱乐部有限公司	55	北京天坛饭店有限公司
28	北京国际艺苑有限公司		

11－20 北京星级涉外旅游饭店、宾馆名录

星级	饭店名称	地址	邮政编码	电话
5	北京饭店	北京市东城区东长安街33号	100004	65137766
5	长城饭店	北京市朝阳区东三环北路10号	100026	65005566
5	长富宫中心	北京市朝阳区建国门外大街26号	100022	65125555
5	钓鱼台国宾馆	北京阜成路2号	100830	68591188
5	港澳中心	北京市东城区朝阳门北大街2号	100027	65012288
5	贵宾楼饭店	北京市东城区东长安街35号	100006	65137788
5	华侨大厦	北京市东城区王府井大街2号	100006	65136666
5	皇冠假日饭店	北京市东城区王府井大街48号	100006	65133388
5	京广中心	北京市朝阳区呼家楼	100020	65018888
5	凯宾斯基饭店	北京市朝阳区亮马桥路50号	100016	64653388
5	昆仑饭店	北京市朝阳区新源南路2号	100004	65003388
5	王府饭店	北京市东城区金鱼胡同8号	100006	65128899
5	香格里拉饭店	北京市海淀区紫竹院路29号	100081	68412211
5	新世纪饭店	北京市海淀区首体南路6号	100044	68492001
5	中国大饭店	北京市建外大街1号	100004	65052266
4	大观园酒店	北京市宣武区南菜园88号	100054	63538899
4	德宝饭店	北京市西城德宝新园22楼	100044	68318866
4	国都大饭店	北京市顺义小天竺村	100621	64565588
4	国际饭店	北京市东城区建国门内大街9号	100005	65126688
4	国贸饭店	北京建外大街1号	100004	65052277
4	和平宾馆	北京市东城区金鱼胡同3号	100004	65128833
4	华润饭店	北京市朝阳区建国路35号	100025	65012233
4	建国饭店	北京市朝阳区建国门外大街5号	100020	65002233
4	金台饭店	北京东城地安门西大街38号	100035	63099111
4	京伦饭店	北京市朝阳区建国门外大街3号	100020	65002266
4	凯莱大酒店	北京市朝阳区建国门南大街2号	100022	65158855
4	丽都假日饭店	北京市朝阳区首都机场路将台路口	100004	64376688
4	亮马河大厦	北京市朝阳区东三环北路8号	100004	65016688
4	赛特饭店	北京市朝阳区建国门外大街22号	100004	65123388
4	首都大酒店	北京市东城区前门东大街3号	100006	65129988
4	天伦王朝饭店	北京市东城区王府井大街50号	100006	65138888
4	五洲大酒店	北京市朝阳区北四环北辰东	100101	64915588
4	西苑饭店	北京市海淀区三里河路1号	100046	68313388
4	香山饭店	北京市海淀区香山公园内	100093	62591166
4	新大都饭店	北京市西城区车公庄21号	100044	68319988
4	新万寿宾馆	北京市朝阳区将台西路8号	100016	64362288
4	友谊宾馆	北京市海淀区白石桥路3号	100873	68498888
4	渔阳饭店	北京市朝阳区新源西里中街18号	100027	64669988
4	兆龙饭店	北京市朝阳区工体北路2号	100027	65002299
4	中苑宾馆	北京市海淀区高梁桥斜街18号	100081	62178888
3	奥林匹克饭店	北京市海淀区海淀区白石桥52号	100081	62176688
3	百乐酒店	北京市丰台区蒲黄榆路36号	100078	67612233
3	保利大厦	北京市东城区东直门南大街14号	100027	65001188

11—20 续表 1

星级	饭店名称	地址	邮政编码	电话
3	北京展览馆宾馆	北京市西城区西直门外大街135号	100044	68316633
3	城市宾馆	北京市朝阳区工体东路4号	100027	65007799
3	崇文门饭店	北京市崇文区崇文门西大街2号	100062	65122211
3	东方饭店	北京市宣武区万明路11号	100050	63014466
3	二十一世纪饭店	北京市朝阳区亮马桥路40号	100016	64663311
3	丰泽园饭店	北京珠市口西大街83号	100050	63186688
3	光明饭店	北京市朝阳区亮马桥路	100016	64678822
3	国门路大饭店	北京朝阳和平路2号	100015	64378866
3	和平里大酒店	北京和平里北街16号	100013	64275577
3	鸿翔大厦	北京龙翔路15号	100083	62013355
3	华北大酒店	北京市朝阳区鼓楼外大街19号	100011	62028888
3	华都饭店	北京市朝阳区新源南路8号	100027	65001166
3	华风宾馆	北京前门东大街5号	100006	65247311
3	皇苑大酒店	北京市海淀区西三环北路厂	100081	68413388
3	回龙观饭店	北京市昌平县回龙观	102208	62913931
3	建银大厦	北京丰台区太平桥东里九号	100073	63266633
3	金都假日饭店	北京市西城区阜外北礼士路98号	100037	68338822
3	金朗大酒店	北京市东城区崇内大街75号	100005	65132288
3	金叶大厦	北京水碓子东路26号	100026	65013322
3	京闽饭店	北京市朝阳区十八里店周庄	100023	67716699
3	龙泉宾馆	北京市门头沟区三家店水闸	102300	69843366
3	梅地亚中心	北京市海淀区复兴路乙11号	100038	68514422
3	民族饭店	北京市西城区复兴门内大街51号	100046	66014466
3	栖湖饭店	北京市怀柔雁栖湖	101408	69661188
3	前门饭店	北京市宣武区永安路75号	100050	63016688
3	日坛宾馆	北京市朝阳区日坛路1号	100020	65125588
3	商务会馆	北京市丰台右安门外玉林里	100054	63292244
3	神路园大酒店	北京朝外大街甲77号	100022	65041188
3	四环宾馆	北京市海淀太平路27号	100850	68185599
3	松鹤大酒店	北京市东城区灯市口大街88号	100006	65138822
3	台湾饭店	北京市东城区王府井金鱼胡同5号	100006	65136688
3	天桥宾馆	北京市宣武区西经路11号	100050	63012266
3	天坛饭店	北京市崇文区体育馆路1号	100061	67112277
3	天兆大饭店	北京朝阳区工体东路18号	100020	65080088
3	新侨饭店	北京市东城区东交民巷2号	100004	65133366
3	新兴宾馆	北京市海淀区西三环中路17号	100036	68166688
3	亚洲大酒店	北京市朝阳区新中西街8号	100027	65007788
3	燕京饭店	北京市西城区复外大街19号	100046	68536688
3	燕山大酒店	北京市海淀区海淀路甲138号	100086	62563388
3	燕翔饭店	北京市朝阳区将台路甲2号	100016	64376666
3	裕龙大酒店	北京市海淀区阜成路40号	100046	68415588
3	圆山大酒店	北京市西城区德外裕民东里20号	100029	62010033
3	云湖度假村	北京市密云水库内湖	101512	69943931
3	云岫山庄	北京市雁栖湖东侧	101408	69662338

11—20 续表 2

星级	饭店名称	地址	邮政编码	电话
3	职工之家	北京市西城区真武庙路一号	100045	68566688
3	重庆饭店	北京市朝阳光西门北里 15 号	100028	64228888
3	竹园宾馆	北京市西城区旧鼓楼大街小石桥	100009	64032229
2	爱华饭店	北京天坛东里乙 48 号	100061	67112255
2	北纬饭店	北京市宣武区西经路 13 号	100050	63012266
2	北苑宾馆	北京朝阳大羊坊	100012	64232266
2	长征宾馆	北京市丰台区南大红门路 1 号	100076	68380138
2	畅春园饭店	北京市海淀区西苑草场 5 号	100080	62561177
2	达园宾馆	北京市海淀区颐和园路福缘甲 1 号	100091	62561115
2	大都老楼	北京市西城车公庄 21 号	100044	68319988
2	大兴宾馆	北京市大兴县黄村兴丰南大街	102600	69242356
2	大钟寺饭店	北京市海淀区北三环西路 18 号	100086	62252630
2	德胜饭店	北京市西城区北三环中路 14 号	100011	62024477
2	芳园宾馆	北京市东城区灯市口西街 36 号	100006	65256331
2	房山宾馆	北京市房山区东大街 8 号	102400	69312001
2	丰台饭店	北京市丰台区丰台镇北大街	100071	63811177
2	工体宾馆	北京市朝阳区工人体育场内	100027	65016655
2	光华饭店	北京市朝阳区东三环北路 38 号	100020	65018866
2	国安宾馆	北京市朝阳区东大桥	100020	65007700
2	国泰饭店	北京市朝阳区建外永安西里	100022	65013366
2	哈德门饭店	北京市崇文区崇外大街甲 2 号	100062	67112244
2	河北饭店	北京市东城区安内车辇店甲 11 号	100009	64015522
2	湖苑山庄	北京市怀柔湖光小区	101400	69624871
2	护国寺宾馆	北京市西城区护国寺街 125 号	100035	66011113
2	华侨饭店	北京市东城区北新桥三条 5 号	100004	64016688
2	华水大厦	北京市海淀区北洼村路 12 号	100081	68412233
2	华谊宾馆	北京市顺义县首都国际机场	100621	64563388
2	华园饭店	北京市东三环北路霄云路 28 号	100027	64678661
2	惠侨饭店	北京市朝阳区惠新东街 19 号	100101	64214061
2	蓟门饭店	北京市海淀区学院路黄亭子	100088	62012211
2	京丰宾馆	北京市丰台区丰台路 71 号	100071	63812233
2	京华饭店	北京市丰台区永外西罗园南	100077	67222211
2	京环宾馆	北京市怀柔县湖光小区 23 号	101400	69642827
2	京燕饭店	北京市石景山路 29 号	100043	68876261
2	劳动大厦	北京朝阳区德外大屯甲 1 号	100101	62024433
2	乐游饭店	北京市朝阳区东三环南路 13 号	100021	67712266
2	礼士宾馆	北京市东城东四南大街	100010	65236364
2	丽华饭店	北京市丰台区马家堡东路 71 号	100077	67211144
2	六合饭店	北京市朝阳工体北路春秀街	100027	64157766
2	六亭饭店	北京市昌平县昌平镇东环路	102200	69746666
2	龙都宾馆	北京市海淀区万泉河南庄 400	100080	62542277

11—20　续表 3

星级	饭店名称	地址	邮政编码	电话
2	龙山宾馆	北京市怀柔县龙山路 2 号	101400	69641501
2	龙潭饭店	北京市朝阳区潘家园南里 15 号	100021	67712244
2	龙源宾馆	北京市丰台菜户营东街	100073	63468882
2	芦园宾馆	北京市朝阳区六里屯苇子坑 101 号	100025	65004466
2	侣松园宾馆	北京市东城区板厂胡同 2 号	100009	64040436
2	牡丹宾馆	北京市海淀区花园东路 31 号	100083	62025544
2	南粤苑宾馆	北京丰台郑王坟 1 号	100071	63844466
2	盘峰宾馆	北京市平谷县旧城街 13 号	101200	69962200
2	清华园宾馆	北京市海淀区成府路 45 号	100083	62573355
2	山湖宾馆	北京市怀柔县龙山路	101400	63016318
2	上园饭店	北京市海淀区高梁桥斜街 4 号	100044	62251166
2	盛唐饭店	北京市海淀区万泉庄王公坟	100080	62564433
2	首都机场宾馆	北京市朝阳区首都机场内	100621	64564541
2	双龙宾馆	北京石景山玉泉路 63 号	100039	68214445
2	顺义宾馆	北京市顺义县府前中街	101300	69444815
2	太阳宫宾馆	北京安外甘水桥甲 1 号	100011	64237722
2	陶然宾馆	北京市宣武区太平街 19 号	100050	63023366
2	天坛体育宾馆	北京市崇文区体育馆路 10 号	100061	67113388
2	田园庄饭店	北京市海淀区圆明园西路	100094	62582277
2	铁路宾馆	北京市朝阳区永安西里 9 号	100022	65002211
2	万寿宾馆	北京市海淀区万寿路甲 12 号	100036	68214433
2	未名山庄	北京市海淀区黑山沪	100094	62581122
2	温阳饭店	北京市怀柔县龙山路 4 号	101400	69624381
2	西郊宾馆	北京市海淀区学院路丁 11 号	100083	62322288
2	西直门宾馆	北京市西城区西直门内大街 172 号	100035	66014455
2	新街口饭店	北京新街口南大街 44 号	100035	66166661
2	燕化宾馆	北京市房山区燕山岗南路 2 号	102500	69343112
2	燕岭宾馆	北京市丰台区槐树岭 4 号	100072	63886296
2	颐泉山庄宾馆	北京市海淀黑山沪羊场 1 号	100094	62585533
2	樱花宾馆	北京市朝阳区和平里惠新东里	100029	64934455
2	渔阳商务会馆	北京密云农机路 7 号	101500	69946688
2	宇翔园宾馆	北京市丰台区南苑机场	100076	67092128
2	玉都饭店	北京市海淀西八里庄北街 1 号	100036	68428882
2	远东饭店	北京市宣武区铁树斜街 90 号	100050	63018811
2	远方饭店	北京市朝阳区光熙门北里 22 号	100028	64225588
2	远望楼宾馆	北京市海淀区北三环中路 57 号	100088	62013366
2	中安宾馆	北京市昌平县政府街	102200	69746961
2	中成宾馆	北京市丰台区定安里 1 号	100075	67626688
2	珠穆朗玛宾馆	北京市西城区鼓楼西大街 149 号	100009	64018822
2	紫玉饭店	北京市海淀区增光路 55 号	100037	68411188
2	紫薇宾馆	北京市石景山区石景山路 40 号	100043	68878031
2	芙蓉宾馆	北京市朝阳区东郊十里堡	100025	65022921
2	昊园宾馆	北京市崇文区天坛东路甲 9 号	100061	67014499

11—20 续表 4

星级	饭店名称	地址	邮政编码	电话
1	百花饭店	北京市门头沟区新桥大街 35 号	102300	69842010
1	百灵饭店	北京市朝阳区左家庄前街 1 号	100028	64667744
1	北海宾馆	北京市西城区地安门西大街 141 号	100009	66162229
1	北林宾馆	北京市海淀区清华东路	100083	62566633
1	大北宾馆	北京市朝阳区建外郎家园	100022	65065511
1	大森林酒店	北京北三环中路甲 19 号	100029	62051119
1	飞霞饭店	北京市宣武区西便门西里 5 号	100053	63012228
1	富国饭店	北京市西城区富国街 2 号	100034	66012255
1	国务院第二招待所	北京市西城区西直门南大街 6 号	100035	66098971
1	海南饭店	北京市海淀区海淀南路 15 号	100080	62565550
1	华伦饭店	北京市东城区安内大街 291 号	100009	64033337
1	华夏宾馆	北京市朝阳区工体北春秀路	100027	64675231
1	化轻工贸易大厦	北京市东城区安外青年湖北	100011	64214466
1	佳丽饭店	北京市朝阳区酒仙桥路乙 21 号	100016	64363399
1	交通饭店	北京市崇文区东四块玉南街 35 号	100061	67112288
1	金海宾馆	北京平谷海子水库路 63 号	101201	69962789
1	京信大厦	北京朝阳东三环北路甲 2 号	100027	64663366
1	景泰宾馆	北京市崇文区永外景泰西里 65 号	100075	67619906
1	流芳宾馆	北京市朝阳区北三环中路 19 号	100029	62042266
1	求实饭店	北京朝阳区安华西里一区 13 楼	100011	64263335
1	射击宾馆	北京市石景山区福田寺甲 3 号	100041	68862277
1	神木宾馆	北京市朝阳区双井北里 14 号	100022	67713355
1	台胞体育宾馆	北京市海淀区上园村甲 4 号	100044	62251114
1	檀州宾馆	北京市密云县城关长安街 1 号	101500	69943772
1	天寿山饭店	北京市昌平县十三陵乡胡庄	102200	69746216
1	通州宾馆	北京市通县多福巷 38 号	101100	69542218
1	万年青宾馆	北京市海淀区西三环北路 25 号	100081	68421144
1	望海楼宾馆	北京市海淀区玉渊潭公园内	100038	68514447
1	卧佛寺饭店	北京市海淀区西山卧佛寺公园内	100093	62591459
1	西单饭店	北京市西单大木仓北一巷	100032	66032266
1	西直门饭店	北京市西外高梁桥斜街	100044	62257766
1	香山别墅	北京市海淀区香山公园内	100093	62591155
1	延庆宾馆	北京市延庆县东外大街 50 号	102100	69144118
1	银河宾馆	北京市朝阳区三元桥北曙光	100028	64663336
1	御园饭店	北京市海淀区太平路甲 18 号	100039	68217531
1	中关村酒店	北京市海淀区海淀路 19 号	100080	62565577

主 要 统 计 指 标 解 释

一、进出口总额 海关进出口总额指实际进出我国国境的货物总金额。包括对外贸易实际进出口货物，来料加工装配进出口货物，国家间、联合国及国际组织无偿援助物资和赠送品，华侨、港澳台同胞和外籍华人捐赠品，租赁期满归承租人所有的租赁货物，进料加工进出口货物，边境地方贸易及边境地区小额贸易进出口货物(边民互市贸易除外)，中外合资经营企业、中外合作经营企业、外商独资经营企业进出口货物和公用物品，到、离岸价格在规定限额以上的进出口货样和广告品(无商业价值、无使用价值和免费提供出口的除外)，从保税仓库提取在中国境内销售的进口货物，以及其他进出口货物。进出口总额用以观察一个国家在对外贸易方面的总规模。我国规定出口货物按离岸价格统计，进口货物按到岸价格统计。

二、合同总金额 合同总金额是指合同(章程)规定的投资总额。即合作双方出资额及企业筹措的建设资金的总和。

三、合同外资金额 合同外资金额是指合同(章程)规定的可使用的外商投资额。即外商的出资额加企业境外借款(含向境内外金融机构借款)。

四、利用外资 指我国各级政府、部门、企业和其他经济组织通过对外借款、吸收外商直接投资以及用其他方式筹措的境外现汇、设备、技术等。

五、实际利用外资 实际利用外资是指利用外资协议(合同)的实际执行金额。包括现汇，实物和双方同意计价投资的劳务、技术等无形资本。

六、对外借款 是我国利用外资的主要部分。包括我国通过外国政府贷款，国际金融组织贷款，外国银行商业贷款，出口信贷以及对外发行债券，股票等方式，从境外筹措的资金。

七、外商直接投资 是指外国企业和经济组织或个人(包括华侨、港澳台同胞以及我国在境外注册的企业)按我国有关政策、法规，用现汇、实物、技术等在我国境内开办外商独资企业、与我国境内的企业或经济组织共同举办中外合资经营企业、合作经营企业或合作开发资源的投资(包括外商投资收益的再投资)以及经政府有关部门批准的项目投资总额内，企业从境外借入的资金。

八、旅游人数 指来我国参观、访问、旅行、探亲、访友、休养、考察、参加会议和从事经济、科技、文化、教育、体育、宗教等活动的外国人、华侨、港澳和台湾同胞的人数。不包括外国在我国的常驻机构，如使领馆、通讯社、企业办事处的工作人员；来我国常住的外国专家、留学生以及在岸逗留不过夜人员。

九、旅游外汇收入 指国内各部门为来我国旅游的外国人、华侨、港澳和台湾同胞提供商品和劳务而获得的外汇收入。包括供应商品、饮食和提供住宿、交通、邮电、文化娱乐、导游等各项服务所得到的全部外汇收入。

12

FINANCE AND INSURANCE
金融、保险

银行存贷款余额

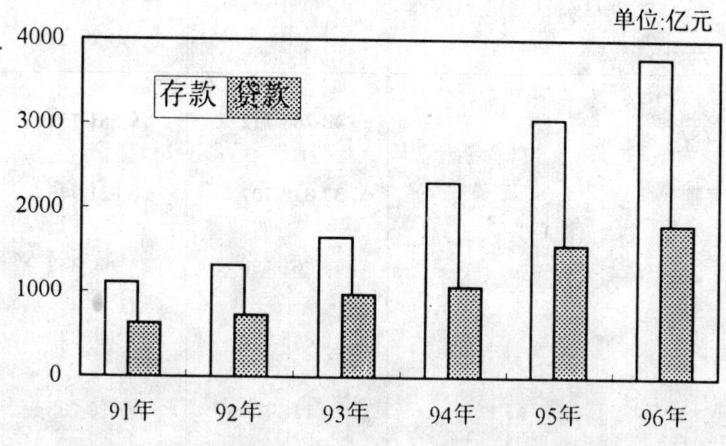

	1996年	1995年	1996年为1991年%
北京地区金融机构存款余额	4378.9	3527.2	124.1
增加额	926.2	792.7	116.8
北京地区金融机构贷款余额	2082.8	1779.1	117.1
增加额	371.0	293.6	126.4
城乡居民储蓄存款余额	1707.0	1254.0	136.1

城乡居民储蓄存款余额

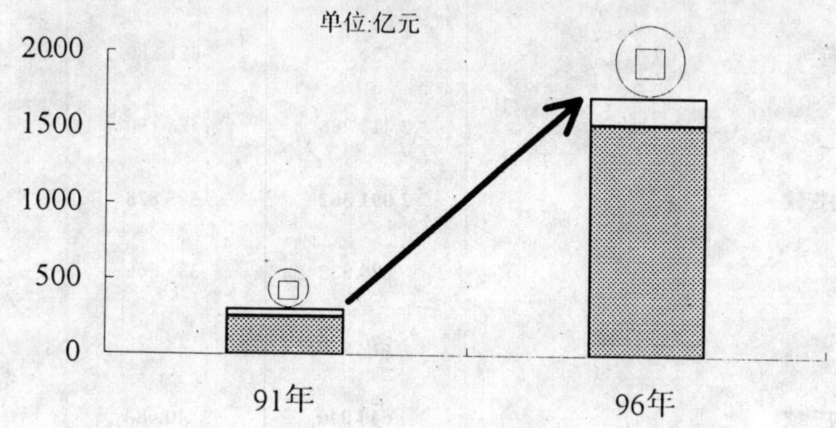

12—1 北京地区金融机构存贷款

单位:万元

项　　目	1996年余额	比年初增减额(+、—)	
		1996年	1995年
存款合计	**43 788 712**	**9 261 732**	**7 737 171**
一、地区各银行各项存款	**37 818 707**	**8 021 945**	**6 985 741**
国家商业银行	34 861 490	6 966 353	6 463 527
其他商业银行	2 845 057	1 066 325	528 317
政策性银行	112 160	—10 733	—6 103
二、信用合作机构存款	**5 330 929**	**1 289 734**	**755 149**
城市信用社	2 672 185	840 772	271 992
农村信用社	2 658 744	448 962	483 157
三、其他金融机构存款	**639 076**	**—49 947**	**—3 719**
贷款合计	**20 828 250**	**3 710 279**	**2 829 357**
一、地区各银行各项贷款	**18 096 848**	**3 163 767**	**2 549 323**
国家商业银行	13 949 324	2 119 297	1 786 375
其他商业银行	1 734 258	621 280	276 843
政策性银行	2 413 266	423 190	486 105
二、信用合作机构贷款	**2 091 362**	**505 828**	**260 180**
城市信用社	820 932	333 606	66 000
农村信用社	1 270 430	172 222	194 180
三、其他金融机构贷款	**640 040**	**40 684**	**19 854**

12—2 银行存款及贷款余额

项　　目	绝对数(万元)		1996年为1995年%	构　成(%)	
	1996年	1995年		1996年	1995年
年末存款余额总计	**37 818 707.1**	**30 541 198.3**	**123.83**	**100**	**100**
#地方存款	29 707 479.5	23 247 540.6	127.79	78.55	76.12
#地方工业企业存款	2 338 352.8	2 162 354.9	108.14	6.18	7.08
地方商业企业存款	1 628 550.9	1 535 259.8	106.08	4.31	5.03
一、企业存款	19 705 704.9	16 074 288.0	122.59	52.11	52.63
#工业存款	4 427 228.3	4 369 534.2	101.32	11.71	14.31
商业存款	1 985 307.1	1 778 180.2	111.65	5.25	5.82
建筑业存款	1 200 042.0	1 056 212.0	113.62	3.17	3.46
二、财政存款	483 316.5	359 667.0	134.38	1.28	1.18
#地方财政存款	313 839.9	194 092.4	161.70	0.83	0.64
三、机关团体存款	2 364 531.8	2 116 841.0	111.70	6.25	6.93
四、城镇储蓄存款	15 060 888.7	11 034 548.6	136.49	39.82	36.13
五、农业存款	199 136.2	184 282.6	108.06	0.53	0.60
六、信托类存款	—6 873.0	654 560.6		—0.02	2.14
七、其他存款	12 002.0	117 010.5	10.26	0.03	0.38
年末贷款余额总计	**18 096 848.2**	**15 605 874.6**	**115.96**	**100**	**100**
#地方贷款	13 905 408.7	11 800 569.6	117.84	76.84	75.62
#地方工业贷款	4 080 107.0	3 190 845.4	127.87	22.55	20.45
地方商业贷款	3 954 402.1	3 370 947.5	117.31	21.85	21.60
一、短期贷款	12 463 118.6	10 159 789.7	122.67	68.87	65.10
#工业贷款	5 747 916.0	4 643 921.4	123.77	31.76	29.76
商业贷款	4 327 060.0	3 592 486.5	120.45	23.91	23.02
农业贷款	386 783.8	339 787.5	113.83	2.14	2.18
二、中长期贷款	3 918 863.9	3 563 697.0	109.97	21.65	22.84
#基本建设贷款	1 657 612.0	1 532 317.0	108.18	9.16	9.82
技术改造贷款	1 716 270.2	1 524 389.3	112.59	9.48	9.77
三、信托类贷款	16 105.0	687 698.0	2.34	0.09	4.41
四、其他类贷款	532 981.7	314 240.9	169.61	2.95	2.01

12—3 城乡居民储蓄存款余额

项目	绝对数(万元)		1996年为1995年%	构成(%)	
	1996年	1995年		1996年	1995年
年末储蓄存款余额	**17 069 785.7**	**12 539 524.6**	**136.1**	**100**	**100**
定期	15 017 353.5	11 090 932.4	135.4	88.0	88.4
活期	2 052 432.2	1 448 592.2	141.7	12.0	11.6
城镇居民存款	15 284 146.7	11 114 954.6	137.5	89.5	88.6
农民存款	1 785 639.0	1 424 570.0	125.3	10.5	11.4

12—4 银行、保险系统机构及人员

项目	专业银行		保险公司	
	机构(个)	人员(人)	机构(个)	人员(人)
全市	**2 389**	**48 872**	**85**	**11 824**
城区	663	22 228	36	10 630
郊区	967	16 142	23	612
各县	759	10 502	26	582

注:1.专业银行中含农村金融体制改革办公室。

2.保险公司中含新成立的三家保险公司。

12—5 保险费收入

项目	绝对数(万元)		1996年为1995年%	构成(%)	
	1996年	1995年		1996年	1995年
国内保险总计	**386 712.0**	**215 617.0**	**179.4**	**100**	**100**
一、财产险小计	176 239.0	129 056.0	136.6	45.6	59.9
企业财产险	20 994.0	17 764.0	118.2	5.4	8.2
运输工具及责任险	107 934.0	70 019.0	154.1	27.9	32.5
货物运输险	6 286.0	5 889.0	106.7	1.6	2.7
家庭财产险	2 719.0	2 678.0	101.5	0.7	1.2
储金险产	34 146.0	30 116.0	113.4	8.8	14.1
农业险	228.0	331.0	68.9	0.1	0.2
其他财产险	3 932.0	2 259.0	174.1	1.0	1.0
二、人身险小计	210 473.0	86 561.0	243.1	54.4	40.1
#短期人身险	11 321.0	7 275.0	155.6	2.9	3.4
养老年金	172 914.0	44 491.0	388.6	44.7	20.6
储金性人险	26 228.0	34 795.0	75.4	6.8	16.1
国外保险总计	**46 113.0**	**47 871.0**	**96.3**	**100**	**100**
#货物运输险	38 526.0	41 751.0	92.3	83.5	87.2
各种非水险	6 588.0	3 893.0	169.2	14.3	8.1
飞机险	657.0	309.0	212.6	1.4	0.6
航空人身险	342.0	1 918.0	17.8	0.7	4.0

注:保险费收入中含新成立的三家保险公司。

12—6 金融市场交易量

单位:万元

项目	1996年	1995年	1996年为1995年%
合计	**52 247 724.4**	**16 190 383.9**	**322.7**
国家债券	8 801 325	934 685.41	941.6
企业债券	52 386.12	588 350.86	8.9
金融债券		44.95	
股票交易	29 006 348.39	5 204 819.6	557.3
大额定期存单	731	20 642	3.5
国债回购	14 386 933.89		
国债期货		9 441 841.08	

12—7 资金拆借

单位:万元

项目	1996年	1995年	1996年为1995年%
资金拆借总额	**15 530 920**	**9 028 040**	**172.0**
拆入资金	9 220 620	4 885 660	188.7
拆出资金	6 310 300	4 142 380	152.3

主 要 统 计 指 标 解 释

一、信贷资金 国家银行用于发放贷款的资金叫信贷资金。中国人民银行信贷资金的来源有各项存款、对国际金融机构负债、流通中货币、银行自有资金及当年结益等。信贷资金的运用有各项贷款、黄金占款、外汇占款、财政借款及在国际金融机构中的资产等。

二、存款 企业、机关、团体或居民根据可以收回的原则，把货币资金存入银行或其他信用机构保管并取得一定利息的一种信用活动形式。根据存款对象的不同可划分为企业存款、财政存款、机关团体存款、基本建设存款、城镇储蓄存款、农村存款等科目。它是银行信贷资金的主要来源。

三、贷款 银行或其他信用机构根据必须归还的原则，按一定利率，为企业、个人等提供资金的一种信用活动形式。我国银行贷款分流动资金贷款、固定资产贷款、城乡个体工商户贷款以及农户贷款等科目。

四、保费 又叫保险费。是保险人根据保险合同的有关规定，为被保险人取得因约定危险事故发生所造成的经济损失补偿（或给付）权利，付给保险人的代价。包括财产险和人身险储金收入。

13

PRICE
物价

居民消费及商品零售价格指数

(以1978年为100)

	以1978年为100	以1995年为100
居民消费价格指数	554.8	111.6
#食品类	682.2	107.7
商品零售价格指数	466.9	107.3
固定资产投资价格指数		108.2
居民货币购买力指数	18.0	89.6

居民消费价格分类指数

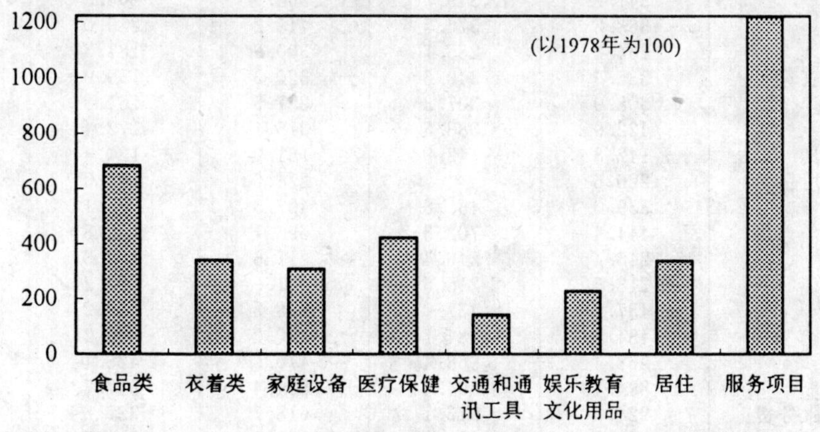

13—1 各种物价总指数

项目	以1978年为100	以1980年为100	以1985年为100	以1990年为100	以1995年为100
居民消费价格总指数	554.8	514.0	412.6	239.3	111.6
商品零售价格总指数	466.9	429.6	341.3	195.7	107.3
居民货币购买力指数	18.0	19.5	24.2	41.8	89.6
农副产品收购价格总指数	522.0	451.8	331.5	197.0	101.5
农业生产资料价格总指数	370.9	328.5	197.9	106.8	
郊区工业品零售价格总指数	373.3	369.5	337.5	198.3	105.7
原材料、燃料、动力购进价格指数					100.3
工业品出厂价格总指数					100.7
城市农贸市场价格总指数		409.3	324.1	182.8	101.5
固定资产投资额价格指数					108.2
建筑安装工程价格指数	447.7		320.3	258.8	111.6

13—2 居民消费价格指数

项目	以1978年为100	以1980年为100	以1985年为100	以1990年为100	以1995年为100
总指数	**554.8**	**514.0**	**412.6**	**239.3**	**111.6**
一、食品类	682.2	617.7	436.4	247.3	107.7
＃粮食	770.5	770.5	740.7	522.1	112.2
油脂类	574.9	574.9	491.4	225.6	90.8
肉禽及其制品	690.3	558.6	410.8	239.7	101.5
水产品	1 483.4	1 053.9	420.4	165.5	104.5
菜类	1 206.3	1 067.1	553.5	293.6	113.2
＃鲜菜	1 302.0	1 139.5	537.8	283.3	113.7
干菜	500.9	482.5	420.0	232.0	103.8
调味品	716.7	737.9	671.3	363.5	123.0
干鲜瓜果类	793.1	741.2	407.3	203.4	105.6
二、衣着类	341.2	349.0	368.9	208.8	119.1
服装	363.8	375.5	415.2	220.0	124.0
衣着材料	264.8	265.7	300.9	187.3	109.3
鞋袜帽及其他衣着	335.6	340.6	320.3	199.0	112.0
三、家庭设备	308.9	307.3	287.5	161.8	104.6
四、医疗保健	422.9	388.8	316.1	172.4	110.1
五、交通和通讯工具	142.8	142.8	161.0	120.4	102.1
六、娱乐教育文化用品	226.6		214.6	116.5	110.1
七、居住	339.0	455.8	437.3	334.1	129.2
住房	444.4	702.3	696.7	492.8	141.0
水电燃料	246.4	246.4	217.6	203.3	117.1
八、服务项目	1 218.5	1 215.5	1 081.9	523.2	120.0
＃电讯费	437.0	437.0	338.3	230.2	100.0
交通费	484.7	484.7	470.2	345.2	198.5
文娱费	5 968.4	5 968.4	5 470.5	2 428.1	117.2
学杂保育费	894.4	894.4	894.4	517.7	105.7
修理及其他服务费	924.5	913.1	618.7	327.6	106.6
医疗保健服务	381.1	381.1	381.1	211.7	100.0

13—3 商品零售价格指数

项目	以1995年为100	项目	以1995年为100
商品零售价格指数	**107.3**	化纤布	103.5
一、食品类	107.7	呢绒	117.4
粮食	112.1	绸缎	105.2
油脂类	90.8	其他纺织品	111.7
肉蛋禽	104.1	五、中西药品类	109.8
水产品	104.5	中药	112.9
鲜菜	113.3	西药	106.5
干菜	112.5	医疗用品	113.7
鲜果	104.6	六、化妆品类	102.4
干果	109.2	七、书报杂志类	130.1
其他食品类	117.4	八、文化体育用品	108.7
饮食业	106.2	文化用品	108.5
二、饮料烟酒类	106.1	体育用品	112.5
饮料	104.9	九、日用品类	108.4
烟酒	106.8	一般日用品	109.7
三、服装鞋帽类	120.0	家具类	106.0
服装	124.1	日用杂品	115.5
鞋	109.2	十、家用电器类	101.0
其他衣着	119.6	十一、首饰类	97.2
四、纺织品类	109.6	十二、燃料类	103.6
棉布	108.5	十三、建筑装璜材料类	110.1
棉花化纤混纺布	103.4	十四、机电产品类	93.0

13—4 居民货币购买力指数

项目	1996年	1995年
以1957年为100	17.6	19.6
以1965年为100	18.2	20.3
以1970年为100	17.9	20.0
以1975年为100	17.9	20.0
以1978年为100	18.0	20.1
以1980年为100	19.5	21.8
以1985年为100	24.2	27.0
以1990年为100	41.8	46.7
以1995年为100	89.6	85.3

13—5 农贸市场农产品成交价格指数

项　　目	以1979年为100	以1985年为100	以1990年为100	以1995年为100
总　指　数	**413.1**	**324.1**	**182.8**	**101.5**
粮　食	443.3	452.1	249.1	106.4
油脂类	251.7	289.9	132.9	87.8
肉禽蛋	452.4	339.0	214.3	103.2
水产品	496.4	278.8	169.0	100.3
鲜　菜	590.1	385.2	200.7	103.1
干　菜		301.3	147.1	98.9
干鲜果	466.1	327.5	173.0	102.6

13—6 鲜菜零售价格指数

项　　目	以1985年为100	以1990年为100	以1995年为100
大白菜	982.5	845.5	175.7
元白菜	470.2	336.6	100.0
菠　菜	866.7	355.4	132.3
油　菜	649.8	324.0	129.9
芹　菜	488.6	264.5	115.0
韭　菜	387.9	224.0	113.8
菜　花	313.7	164.7	90.2
生　笋	490.1	319.4	126.7
黄　瓜	525.9	228.9	110.0
冬　瓜	914.4	376.3	105.6
西红柿	561.6	227.1	91.7
茄　子	453.0	228.1	107.0
青　椒	832.5	270.1	100.1
豆　角	437.3	236.6	99.9
大　葱	823.8	492.2	111.6
大　蒜	772.0	565.5	151.7
萝　卜	1 229.2	442.4	126.1
胡萝卜	884.7	327.6	90.4

13—7 农副产品收购价格总指数

项目	以1978年为100	以1985年为100	以1990年为100	以1995年为100
总指数	**522.0**	**331.5**	**197.0**	**101.5**
粮食类	392.7	269.7	172.3	104.3
经济作物类	638.5	381.6	164.0	115.0
畜禽产品类	541.0	367.5	212.2	112.5
生猪	644.0	438.3	221.7	97.6
鸡蛋	430.4	298.4	180.0	122.0
干鲜果类	650.0	365.6	234.7	91.8
鲜瓜果	550.7	346.9	240.4	95.6
鲜果	506.7	276.1	202.2	86.3
西瓜	523.0	381.3	242.3	104.4
鲜菜类	791.0	390.6	221.3	94.4
水产品类	512.9	180.4	115.8	97.2

13—8 郊区工业品零售价格指数

项目	以1978年为100	以1985年为100	以1990年为100	以1995年为100
总指数	**373.3**	**377.5**	**198.3**	**105.7**
日用消费品	366.9	339.8	197.0	105.3
食品类	504.7	416.6	248.5	104.4
衣着类	320.5	333.9	181.7	106.7
日用杂品类	254.1	242.6	148.2	104.4
农业生产资料	370.9	328.5	197.9	106.8
农业机械	299.2	286.7	180.1	100.9
化学肥料	515.5	431.2	281.3	116.2
化学农药	277.1	264.2	110.3	113.8
农机用油		306.5	249.5	93.2
种子		298.4	131.0	121.5
饲料		461.3	241.4	89.4

13—9 工农业产品综合比价指数

基期	农副产品收购价格总指数	农村工业品零售价格总指数	工农业产品综合比价指数	
			以农产品指数为100	以工业品指数为100
以1957年为100	640.7	356.7	55.7	179.6
以1965年为100	575.8	346.5	60.2	166.2
以1970年为100	574.8	368.0	64.0	156.2
以1975年为100	534.9	378.6	70.8	141.3
以1978年为100	522.0	373.3	71.5	139.8
以1980年为100	451.8	369.5	81.8	122.3
以1985年为100	331.5	337.5	101.8	98.2
以1990年为100	197.0	198.3	100.7	99.4
以1995年为100	101.5	105.7	104.1	96.0

13—10 固定资产投资额价格指数

项　　目	以1992年为100	以1993年为100	以1994年为100	以1995年为100
总　指　数	**181.3**	**143.2**	**123.2**	**108.2**
建筑安装工程	198.2	151.2	126.1	111.6
设备、工器具购置	151.7	131.9	129.2	102.3
其他费用	160.2	131.3	106.2	100.1

注:按国家统计局的有关规定,固定资产投资额价格指数从1992年开始计算。

13—11 建筑安装工程价格指数

项　　目	以1978年为100	以1985年为100	以1990年为100	以1995年为100
总　指　数	**447.7**	**320.3**	**258.8**	**111.6**
直接费用价格指数	560.5	354.2	287.0	111.7
人工费	696.1	478.6	513.6	116.0
材料费用	504.9	356.1	256.8	109.8
其他费用价格指数	310.6	223.9	177.8	111.5

13—12 建筑安装工程中主要材料费用价格指数

项　　目	以1978年为100	以1985年为100	以1990年为100	以1995年为100
总　指　数	**504.9**	**356.1**	**256.8**	**109.8**
钢　材	486.6	385.5	345.4	98.3
木　材	879.2	453.1	331.0	125.8
水　泥	700.5	498.5	317.7	113.9
地方材料	482.9	325.7	219.2	118.1
其他材料	482.2	342.4	241.2	112.2

主 要 统 计 指 标 解 释

一、居民消费价格指数

价格指数是综合反映价格在时间上发展变动趋势和程度的经济指数，它是用某一时期的价格水平同另一时期的价格水平相对比，来产明价格变动趋势和程度的相对数(一般用百分数表示。高于100%表示价格水平上升，低于100%表示价格水平下降)。作为对比基础的时期称为基期，与之对比的时期称为报告期(或计算期)。目前政府统计部门公开发表的价格指数，其对比期除注明者外，一般为年距环比指数，即年度指数为本年比上年，月度指数为本月比上年同月。

居民消费价格指数是反映居民家庭所购买生活消费品和支付服务费用价格变动总趋势和程度的一种综合价格指数。它是通过具体商品和服务项目的价格变动，进行分类、分层计算出来的，既反映了消费品和服务项目价格变动的总趋势，也包含了具体商品和服务价格变动的态势。通过居民消费价格指数可以观察和分析消费品零售价格和服务项目价格的变动对居民生活费用支出的影响程度，并据以消除价格变动对职工货币工资的影响，计算职工实际工资指数。居民消费价格指数还是反映通货膨胀的重要指标。

居民消费价格指数是按国家统计制度规定的方法编制计算的。居民消费价格指数分为城市居民消费价格指数和农村居民消费价格指数，目前我市只正式编制城市居民消费价格指数。

计算指数的公式是：

$$\overline{K}=\frac{\sum \frac{P_1}{P_0}W}{\sum W}$$

K　总指数

P_1　报告期价格

P_0　基期价格

W　权数

编制居民消费价格指数涉及如下几个问题：

(1)代表规格品的选定

居民消费的各种商品(服务项目)多种多样，每种商品的价格由于规格、牌号、等级、干鲜、生熟、死活的不同而价格各异。编制物价指数不可能氢千万种商品都包括在内。因此，必须在各商品集团中，选择一部分销售量大、价格变动有代表性，有一定时期内价格可比的具体商品做为代表规格品。我市计算居民消费价格指数的代表规格品共有332种，分为食品、衣着、家庭设备及用品、医疗保健、交通和通讯、娱乐教育文化用品、居住、服务项目8大类。代表规格品中既有生活必需品，也有毛料服装、沙发、彩电、电冰箱等中高档消费品；服务项目中，包括水电、交通、邮电、医疗、学杂保育、文娱、修理及其他服务费等，可以说包括了人民生活消费的各个主要方面。

(2)价格资料的取得

随着商品流通渠道的增多和价格体制改革的深入，同一规格品，在同一时期不同商店(市场)的价格不尽相同；在同一时期内不同时点的价格也有变化；并且有的商品还有国家定价、国家指导价、市场调节价和农贸市场价之分。计算物价指数所采用的价格，需要把这些因素概括其中。我市价格资料的来源，主要依靠物价调查员定时、定点到300个商店和20个农贸市场直接采价。

(3)权数的确定

由于每类和每种商品(服务项目)在居民消费支出中的比重不同、每种商品的价值量大小相差悬殊，其价格的变动对人民生活的影响也不同，因此在计算指数时，需采用加权平均的计算方法。每类和每种商品支出在居民总消费支出中的比重称为权数。两个时期价格对比均按同一权数加权，以消除不同时期由于消费结构的变动对指数的影响。

(4)物价指数的计算

居民消费价格总指数是由各大类价格指数(简称类指数)构成的。由类指数计算总指数时，由于居民购买商品的支出中，各类商品所占比重各不相同(如食品支出占48.6%，居住支出只占5.6%)，不能以各类指数简单平均计算总指数，而需通过各类支出的比重(权数)加权平均计算。各类商品的权数不同，对总指数的影响也不同，如食品类和居住类价格指数同样上涨20%，由于居民用于购买食品和居住的支出在全部支出中的比重不同，它们价格上涨对总指数的影响程度也不同。食品类价格上涨影响总指数上升9.72%(指数乘权数，即20%×48.6%)，而居住类只影响总指数上升1.12%(20%×5.6%)。

各大类价格指数，是由属于本大类的小类商品价格指数构成的；小类商品价格指数则由具体商品(代表规格品)价格指数构成的。如食品类由粮食、油脂、肉禽及其制品、蛋类、水产品、菜类、调味品等17小类商品构成；每小类又由若干具体规格品构成，如肉禽及其制品包括猪肉后臀尖、瘦猪肉、牛肉、西装鸡、肉肠、熟肉等代表品，在计算各大小类商品价格指数时，同样采用加权平均的方法。

代表规格品的价格指数，是根据两个时期平均价相对比计算的。平均价是按不同价格形式、不同商店(市场)、不同时点的价格简单平均计算的。

二、商品零售价格指数

是反映商业、工业、餐饮业和其它零售企业向城乡居民、机关团体出售生活消费和办公用品价格变动趋势和程度的价格指数。编制商品零售价格指数的目的在于掌握零售商品的平均价格水平，为国家制定经济政策提供依据。

目前编制的商品零售价格指数，包括食品、饮料和烟酒、服装鞋帽、纺织品、中西药品、化妆品、书报杂志、文化体育用品、日用品、家用电器、首饰、燃料、建筑装璜材料、机电产吕14大类共300种代表规格品。

商品零售价格指数的计算方法与居民消费价格指数基本相同。其不同点是：

(1)商品零售价格指数不包括服务项目价格，但包括不属于居民消费品的集团办公用品的价格。

(2)商品零售价格指数的权数是根据社会商品零售总额中各类商品所占的比重确定的。

(3)两项指数的分类和划类标准不尽相同。

14

EDUCATION AND CULTURE

教育、文化

平均每万人口在校学生数

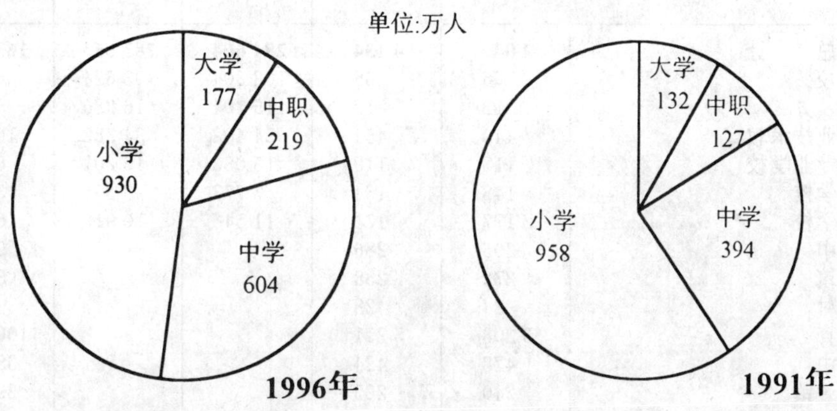

1978-1996年各类学校共培养：

大学毕业生 52.8万人

中等专业、中等技术学校毕业生 54.3万人

1979-1996年各类成人教育共培养：

大学毕业生 72.7万人

中等专业、中等技术学校毕业生 99.1万人

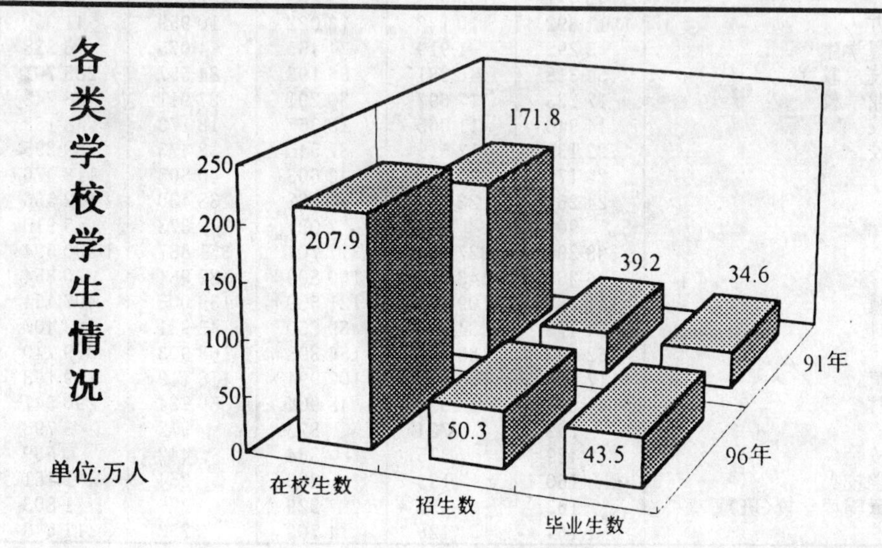

14—1 各类学校基本情况

单位:人

类别	校数(所)		教职员工数		#专任教师	
	1996年	1995年	1996年	1995年	1996年	1995年
总计	**4 049**	**4 134**	**284 604**	**283 553**	**163 301**	**160 446**
高等学校	65	65	102 304	103 624	36 387	36 563
#地方	12	12	15 704	16 286	5 755	5 755
中等职业技术教育	443	454	34 402	34 382	16 659	16 026
中等专业学校	118	119	15 083	15 201	6 643	6 510
技工学校	148	164	7 773	8 265	3 558	3 471
职业学校	177	171	11 546	10 916	6 458	6 045
普通高中	296	286			9 382	8 773
城镇	272	258			8 868	8 303
农村	24	28			514	470
义务教育	3 208	3 291			100 050	98 309
初中	428	424			38 002	37 333
城镇	240	225			29 058	28 460
农村	188	199			8 944	8 873
小学	2 780	2 867	75 301	74 075	62 048	60 976
城镇	1 518	1 490	55 284	54 554	45 048	44 367
农村	1 262	1 377	20 017	19 521	17 000	16 609
特殊教育	37	38	1 366	1 303	823	775
工读学校	6	6	415	429	163	176
盲聋哑学校	7	7	462	454	289	278
弱智儿童辅读学校(班)	24	25	489	420	371	321
民办学校	41	30	1 597	1 085	912	595

类别	毕业生数		招生数		在校学生数	
	1996年	1995年	1996年	1995年	1996年	1995年
总计	**435 007**	**443 005**	**502 645**	**531 087**	**2 078 517**	**2 027 568**
高等学校	46 471	45 094	55 269	52 868	189 953	182 173
#地方	11 892	10 122	13 022	10 959	41 050	40 140
#外国留学生	3 292	1 919	4 455	4 075	6 838	6 893
中等职业技术教育	54 318	46 281	86 193	84 557	235 701	205 923
中等专业学校	17 233	17 697	30 291	27 911	88 248	75 893
技工学校	14 946	11 065	18 357	18 173	48 158	44 486
职业学校	22 139	17 519	37 545	38 473	99 295	85 544
普通高中	25 170	23 353	42 603	40 803	118 476	102 522
城镇	24 263	22 394	40 582	38 430	112 566	97 289
农村	907	959	2 021	2 373	5 910	5 233
义务教育	308 296	327 553	317 707	351 887	1 530 594	1 533 025
初中	146 266	143 659	160 809	182 984	530 854	525 724
城镇	111 788	109 365	121 559	139 003	407 454	400 153
农村	34 478	34 294	39 250	43 981	123 400	125 571
小学	162 030	183 894	156 898	168 903	999 740	1 007 301
城镇	117 729	136 942	107 994	118 119	709 193	714 124
农村	44 301	46 952	48 904	50 784	290 547	293 177
特殊教育	752	724	873	972	3 793	3 925
工读学校	429	375	364	442	539	734
盲聋哑学校	160	193	280	254	1 451	1 289
弱智儿童辅读学校(班)	163	156	229	276	1 803	1 902
民办学校	1 164	128	4 709	2 253	11 548	4 761

14－2　高等学校基本情况

单位：人

类　别	校数（所）	毕业生数	招生数	在校学生数	教职工数	#专任教师
总　计	**65**	**46 471**	**55 269**	**189 953**	**102 304**	**36 387**
综合大学	3	6 475	7 233	24 255	14 110	4 760
理工院校	21	20 455	23 804	84 933	38 532	12 908
农业院校	2	2 328	2 437	8 430	3 801	1 430
林业院校	1	611	1 001	2 859	1 324	419
医药院校	6	1 956	2 258	9 024	15 455	5 609
师范院校	3	3 845	3 999	12 911	7 414	2 547
语文院校	7	2 070	3 089	9 366	5 625	2 428
财经院校	6	3 987	4 780	17 240	6 052	2 439
政法院校	5	2 547	2 796	9 505	3 947	1 309
体育院校	1	501	528	2 014	1 016	409
艺术院校	8	634	1 117	3 536	3 389	1 299
民族院校	1	674	1 127	3 948	1 551	797
短期职业大学	1	388	1 100	1 932	88	33
在总计中：						
市属院校	12	11 892	13 022	41 050	15 704	5 755
综合大学	1	2 792	3 276	9 111	3 285	1 276
理工院校	3	3 605	3 330	12 589	4 946	1 713
农业院校	1	584	430	1 337	563	254
医药院校	2	688	724	3 005	1 424	458
师范院校	2	2 449	2 496	7 743	3 107	1 240
语文院校	1	202	411	775	247	91
财经院校	1	1 184	1 255	4 558	2 044	690
短期职业大学	1	388	1 100	1 932	88	33

14－3　高等学校分科学生数

单位：人

学　科	毕业生数	招生数	在校学生数
总　计	**46 471**	**55 269**	**189 953**
哲　学	183	115	513
经济学	7 601	9 957	33 114
法　学	2 718	3 493	11 328
教育学	1 806	2 216	6 679
文　学	5 837	7 436	23 467
历史学	582	602	1 959
理　学	3 775	4 206	14 693
工　学	20 753	23 787	85 063
农　学	1 142	1 051	3 696
医　学	2 074	2 406	9 441

14—4 高等学校分科研究生数

单位:人

学　科	攻读博士学位研究生			攻读硕士学位研究生			研究生班研究生数
	毕业生数	招生数	在学研究生数	毕业生数	招生数	在学研究生数	
总　计	**1 273**	**2 646**	**7 475**	**5 871**	**8 425**	**22 824**	**37**
#市属院校	16	45	101	395	598	1 663	
哲　学	36	71	181	84	89	280	
经济学	60	197	466	642	1 194	2 939	
法　学	75	206	477	536	1 039	2 337	
教育学	19	70	165	154	210	591	
#体育学	3	16	38	40	73	172	
文　学	52	128	319	423	603	1 667	37
#艺　术	1	20	44	57	102	254	
历史学	27	56	141	100	125	417	
理　学	237	381	1 057	701	953	2 521	
工　学	450	1 089	3 426	2 776	3 554	10 139	
#力　学	29	52	187	79	121	321	
农　学	68	114	317	134	197	534	
#林　学	13	23	63	30	43	117	
医　学	249	334	926	321	461	1 399	

14—5 高等学校专任教师学历情况

单位:人

学　历	总　计	正高级	副高级	中　级	初　级	其　他
总　计	**36 387**	**5 510**	**10 957**	**12 835**	**5 525**	**1 560**
研究生毕业						
博　士	2 840	540	1 258	865	65	112
硕　士	9 904	581	2 096	4 761	1 770	696
未获博士硕士学位	1 238	437	320	361	82	38
本科毕业						
学　士	13 521	1 525	2 837	5 216	3 300	643
研究生肄业	92	18	18	46	7	3
未获学士学位	7 372	2 307	3 937	986	119	23
专科毕业及本专科肄业两年及以上	1 176	71	419	503	151	32
本专科肄业未满两年	244	31	72	97	31	13

14—6　中等专业学校基本情况

单位:人

类　　别	校　数(所)	毕业生数	招生数	在　校学生数	教职工数	#专任教师
总　　计	**118**	**17 233**	**30 291**	**88 248**	**15 083**	**6 643**
中等技术学校	**98**	**12 625**	**26 587**	**74 672**	**12 687**	**5 471**
工业学校	32	7 055	16 478	45 387	6 628	2 633
农业学校	1	296	979	2 530	337	126
林业学校	1	112	255	597	90	29
医药学校	37	2 598	3 093	9 925	1 982	963
财经学校	9	1 532	3 169	8 527	1 370	599
政法学校	4	256	1 170	2 711	444	199
体育学校	7	276	310	1 042	643	251
艺术学校	6	363	755	2 839	1 135	628
其他学校	1	137	378	1 114	58	43
中等师范学校	**20**	**4 608**	**3 704**	**13 576**	**2 396**	**1 172**
#幼儿师范	1	235	220	717	145	66

14—7　中等专业学校专任教师学历

单位:人

类　　别	中等专业学校		#中等专业技术学校		#中等专业师范学校	
	人　数	构成(%)	人　数	构成(%)	人　数	构成(%)
总　　计	**6 643**	**100.0**	**5 471**	**100.0**	**1 172**	**100.0**
一、大专及以上	6 073	91.4	4 941	90.3	1 132	96.6
本科毕业及以上	4 625	69.6	3 667	67.0	958	81.7
专科毕业和本专科肄业两年及以上	1 394	21.0	1 232	22.5	162	13.8
本专科肄业未满两年	54	0.8	42	0.8	12	1.0
二、中专、高中毕业及以下	570	8.6	530	9.7	40	3.4

14—8 中等专业学校分学科学生数

单位:人

学科	毕业生数		招生数		在校学生数	
	1996年	1995年	1996年	1995年	1996年	1995年
总计	**17 233**	**17 697**	**30 291**	**27 911**	**88 248**	**75 893**
工科	6 225	7 374	12 040	10 263	35 308	29 527
农科	208	304	432	259	1 151	927
林科	72	121	145	115	418	317
医药卫生	2 598	2 209	3 053	3 106	9 885	9 483
财经	1 497	1 414	4 363	3 893	11 189	8 279
管理	974	992	3 794	3 572	8 976	6 662
政法	256	592	1 170	830	2 711	1 799
艺术	450	484	1 230	970	3 890	3 183
体育	276	240	310	292	1 042	1 096
师范	4 677	3 967	3 754	4 611	13 678	14 620
#幼儿师范专业	484	427	356	423	1 135	1 264
特教师范专业	71	41	50	39	128	121

14—9 普通中学分课程专任教师数

单位:人

学科	合计		高中		初中	
	1996年	1995年	1996年	1995年	1996年	1995年
总计	**47 384**	**46 106**	**9 382**	**8 773**	**38 002**	**37 333**
政治	3 317	3 248	656	648	2 661	2 600
语文	7 584	7 434	1 348	1 245	6 236	6 189
数学	7 928	7 772	1 423	1 321	6 505	6 451
物理	3 757	3 586	1 016	959	2 741	2 627
化学	2 675	2 548	1 005	955	1 670	1 593
生物	1 862	1 899	290	297	1 572	1 602
地理	1 728	1 748	264	278	1 464	1 470
历史	2 186	2 137	556	531	1 630	1 606
英语	7 065	6 637	1 277	1 085	5 788	5 552
俄语	6	15	5	8	1	7
日语	16	10	5	5	11	5
体育	2 841	2 729	595	560	2 240	2 160
生理卫生	68	75	1	3	67	72
音乐	954	928	73	70	881	858
美术	919	845	63	47	856	798
计算机	454	363	204	192	250	171
职业劳动	443	463	30	40	413	423
其他	3 581	3 669	571	529	3 010	3 140

14—10 技工学校分专业学生数

单位:人

学科	毕业生数		招生数		在校学生数	
	1996年	1995年	1996年	1995年	1996年	1995年
总计	**14 946**	**11 065**	**18 357**	**18 173**	**48 158**	**44 486**
#市属	12 933	9 627	16 640	16 605	42 843	39 617
农、林、牧、渔业			40	118	90	104
机械制造及加工业	3 532	2 351	3 599	3 178	10 412	7 610
#车工	1 232	868	1 215	943	3 829	2 526
钳工	1 458	853	1 257	957	3 726	2 740
铣工	148	18	137	75	332	215
铸、锻工	249	202	217	500	1 016	941
铆、焊工	445	410	773	703	1 509	1 188
地质矿产业						
冶金工业	501	2 001	282	1 789	807	4 638
煤炭工业		54	80	460	371	841
电力工业	493	87	58	98	729	416
石油工业	266	639	239	460	643	1 333
化学工业	460	388	758	970	2 230	2 253
有色金属工业	149	141	419	312	799	568
轻工工业	1 171	872	1 622	1 501	4 237	4 116
纺织工业	439	552	1 160	1 247	2 205	2 328
电子、仪器、仪表	514	682	1 142	2 537	3 089	4 977
电工、电气	836		1 138		2 940	
医药.医疗	250	129	293	310	886	903
建材、建工、城建	530	939	278	1 365	1 337	3 832
交通运输	1 510	955	1 693	1 323	4 552	4 028
邮电通讯	135	50	70	300	230	460
商业、饮食、旅游、服务业	4 160	1 225	5 486	2 205	12 601	5 479
其他						600

14—11 职业高中分科学生数

单位:人

学 科	毕业生数		招 生 数		在校学生数	
	1996年	1995年	1996年	1995年	1996年	1995年
总 计	**22 139**	**17 519**	**37 410**	**38 293**	**99 160**	**85 364**
工 科	9 315	6 314	14 454	12 978	38 524	29 441
农 科	470	435	673	513	1 360	1 272
林 科	273	152	308	134	967	284
医 药	383	401	1 047	942	2 695	2 017
财 经	2 462	2 320	5 838	7 375	17 835	16 014
管 理	7 334	6 150	12 133	12 056	29 113	26 139
政 法	83	117	266	120	494	379
艺 术	1 158	852	1 758	2 253	5 209	5 020
体 育				62		98
师 范	661	778	933	1 860	2 963	4 700

14—12 普通中学、职业中学、小学校舍情况

单位:万平方米

类 别	学校占地面 积	校 舍建筑面积	教学及辅助用 房	行政办公用 房	生活福利用 房
合 计	**39 495 736**	**10 692 373**	**5 901 129**	**2 097 416**	**2 693 828**
城 市	12 438 018	5 952 501	3 293 400	1 202 083	1 457 018
县 镇	12 867 106	2 611 749	1 379 190	486 500	746 059
农 村	14 190 612	2 128 123	1 228 539	408 833	490 751
普通中学	**17 118 794**	**4 835 954**	**2 398 250**	**964 809**	**1 472 895**
城 市	6 379 162	2 878 978	1 484 906	548 467	845 605
县 镇	5 648 224	1 227 378	528 912	267 532	430 934
农 村	5 091 408	729 598	384 432	148 810	196 356
职业中学	**2 613 166**	**958 777**	**462 396**	**220 722**	**275 659**
城 市	1 043 784	692 736	344 714	170 999	177 023
县 镇	954 009	159 694	66 606	31 299	61 789
农 村	615 373	106 347	51 076	18 424	36 847
小 学	**19 763 776**	**4 897 642**	**3 040 483**	**911 885**	**945 274**
城 市	5 015 072	2 380 787	1 463 780	482 617	434 390
县 镇	6 264 873	1 224 677	783 672	187 669	253 336
农 村	8 483 831	1 292 178	793 031	241 599	257 548

14—13 普通中小学专任教师学历

单位:人

类　　别	高　中		初　中		小　学	
	人　数	构成(%)	人　数	构成(%)	人　数	构成(%)
总　计	**9 382**	**100**	**38 002**	**100**	**62 048**	**100**
本科毕业及以上	7 238	77.1	13 632	35.9	414	0.7
大专毕业	1 956	20.9	18 923	49.8	6 623	10.7
中专毕业	107	1.1	3 750	9.9	44 999	72.5
高中及以下	81	0.9	1 697	4.4	10 012	16.1

14—14 平均每万人口在校学生数

单位:人

类　　别	1996年	1995年
大　学	176.8	170.2
中等职业教育	219.3	192.4
普通中学	604.2	587.0
小　学	930.3	941.1

14—15 平均每一专任教师负担学生数

单位:人

类　　别	1996年	1995年
大　学	5.2	5.0
中等职业教育	14.1	12.8
普通中学	13.7	13.6
小　学	16.1	16.5

14－16 小学学龄儿童入学率

单位:人

项　目	校内外学龄人口总数	#女	在校学龄人口总数	#女	入学率(%)	#女
总　计	**955 680**	**464 416**	**954 983**	**464 053**	**99.93**	**99.92**
城　市	428 411	208 843	428 389	208 834	99.99	100.00
县　镇	253 805	124 362	253 398	124 146	99.84	99.83
农　村	273 464	131 211	273 196	131 073	99.90	99.89

14－17 中、小学校外教育

单位:人

项　目	单位数(个)	活动小组数(个)	参加小组学生数	教职工人数	#辅导员	兼职辅导员
总　计	**1 596**	**5 667**	**99 851**	**2 836**	**2 141**	**2 918**
少年宫	16	1 436	33 951	977	541	152
少年科技馆(站)	8	296	9 104	234	142	32
少年之家	39	880	16 419	465	298	95
少年活动站	1 533	3 055	40 377	1 160	1 160	2 639

14－18 幼儿园基本情况

单位:人

	总　计	#女	城　市	县　镇	农　村
园数(所)	3 056		927	471	1 658
班数(个)	9 802		5 080	1 821	2 901
#学前班	1 507		549	436	522
在园幼儿数	271 752	124 618	145 230	48 023	78 499
#学前班	46 765	23 098	19 473	13 644	13 648
教职工数	33 586	31 462	24 462	4 989	4 135
#园长	2 216	1 763	1 473	360	383
教师	14 792	12 257	9 881	2 474	2 437
保健员	1 161	961	938	136	87

14—19 各类成人教育教职工数

单位：人

类别	合计		#专任教师		#兼任教师	
	1996年	1995年	1996年	1995年	1996年	1995年
总计	**31 457**	**29 180**	**12 841**	**11 910**	**5 773**	**5 004**
高等教育	**22 206**	**17 895**	**8 726**	**6 661**	**2 890**	**2 644**
广播电视大学	1 005	1 029	375	404	318	293
职工高等学校	9 928	5 304	4 321	2 241	711	845
管理干部学院	8 310	8 151	2 910	2 896	415	136
教育学院	576	600	231	255		
独立函授学院	812	888	348	395	43	43
普通高校函授部、夜大学	1 575	1 923	541	470	1 403	1 327
中等专业教育	**9 251**	**11 285**	**4 115**	**5 249**	**2 883**	**2 360**
广播电视中专	913	1 208	480	636	746	560
职工中专学校	4 533	4 792	1 845	1 915	1 401	1 240
干部中专学校	479	2 437	135	1 237	106	125
农民中专学校	1 011	635	446	306	484	342
函授中专学校	167	96	37	23	145	90
教师进修学校	2 148	2 117	1 172	1 132	1	3

14—20 各类成人教育毕业生、招生、在校学生数

单位：人

类别	校数（教学点）（所）	毕（结）业生数	招生数	在校学生数
高等教育	**213**	**46 031**	**73 441**	**209 320**
广播电视大学	2	2 271	2 080	5 455
职工高等学校	44	6 749	12 805	45 350
管理干部学院	34	7 893	11 000	21 579
教育学院	1	511	2 113	5 723
独立函授学院	2	616	735	2 469
普通高校函授部	46	17 340	26 347	81 144
普通高校夜大学	51	7 947	14 641	39 486
普通高校成人脱产班	33	2 704	3 720	8 114
中等专业教育	**137**	**25 007**	**29 324**	**104 161**
广播电视中专	1	9 181	5 415	29 481
职工中专学校	88	8 766	12 946	43 457
干部中专学校	8	247	1 127	2 848
农民中专学校	16	4 923	5 612	16 608
函授中专学校	1	1 067	1 614	4 534
教师进修学校	23	823	2 610	7 233
中等文化教育	**378**	**4 561**	**7 545**	**12 570**
职工中学	279	2 923	5 960	9 175
高　中	274	2 671	5 741	8 913
初　中	5	252	219	262
农民中学	99	1 638	1 585	3 395
高　中	93	1 605	1 585	3 353
初　中	6	33		42
初等教育	**1**			**30**
职工初等教育	1			30

14—21 公共图书馆

项目	单位	总计	中央属	市属	区县属
个数	个	22	1	2	19
职工人数	人	2 341	1 523	235	583
总藏数	万册、件	2 652.4	2 026.4	299.0	327.0
#书刊	万册、件	2 150.9	1 615.9	227.0	308.0
建筑面积	平方米	253 000	175 000	10 402	67 598
阅览座席	个	8 000	3 000	322	4 678
外借人次	万人次	145.6	14.6	17.0	114.0
外借册次	万册次	322.2	33.2	47.0	242.0

14—22 档案事业基本情况

类别	单位	1996年	1995年
一、档案馆数	个	**20**	**20**
二、馆藏档案			
全宗	个	1 983	1 798
案卷	万卷	223.2	203.6
长度	米	26 110	22 851
建国前档案	卷	844 505	844 605
建国后档案	卷	1 387 593	1 191 622
照片档案	张	91 129	82 964
音像影片档案	盒	4 330	3 936
馆藏资料	万册	22	21.0
开放档案	卷	460 638	455 230
抢救档案	卷	122 061	3 223
三、馆内设备			
缩微摄影机	台	11	8
电子计算机	台	116	67
复印机	台	38	35
空调机	台	149	86
去湿机	台	56	57
四、利用情况			
利用档案	卷件次	244 151	60 547
利用资料	册份次	11 800	2 646
利用人次	人次	1 097	13 244
编研出版史料	万字	1 104	821
五、机关档案工作情况			
全宗	个	4 093	4 104
案卷	万卷	1 433.6	1 433.6
长度	米	355 977	316 375
接收立卷	卷	1 174 963	1 102 049
利用档案	卷件次	2 078 133	1 783 226
利用人次	人次	629 958	670 478

14—23 艺术剧团

项目	个数（个）	职工人数（人）	演出场次（场）	#农村	观众人数（万人次）	总收入（万元）	#演出收入
总计	**38**	**7 679**	**7 615**	**538**	**637.7**	**18 864.0**	**3 981.9**
一、按隶属关系分组							
中央属	17	5 011	2 757	220	337.7	12 950.4	2 731.2
市属	13	2 288	4 001	262	273.0	5 142.4	1 061.4
区县属	8	380	857	56	27.0	771.2	189.3
二、按剧种分							
话剧、儿童剧团	8	1 592	1 142	103	228.2	5 263.8	505.4
歌剧、舞剧、歌舞剧团	4	1 848	532	30	106.4	4 510.2	1 612.8
歌舞团、轻音乐团	6	1 337	1 184	27	83.4	3 451.3	1 330.8
乐团	4	759	384		34.3	2 428.2	429.3
文工团	4	1 195	950	27	90.5	2 410.5	236.1
戏曲剧团	14	2 716	2 293	132	112.2	6 038.1	1 086.1
#京剧团	5	1 681	1 353	66	76.4	3 259.4	737.5
曲、杂、木、皮影剧团	6	608	2 113	108	99.0	1 153.0	430.2

14—24 电影摄制情况

类别	合计		#长片		#短片	
	部	本	部	本	部	本
总计	**28**	**212**	**20**	**194**	**8**	**18**
故事片	14	132	14	132		
纪实性艺术片	1	10	1	10		
纪录片	3	6			3	6
科教片	4	9			4	9
汉语译制故事片	5	52	5	52		
外语译制纪录片	1	3			1	3

14—25 报纸出版情况

（地方）

门类	种数（种）	平均期印数（万份）	总印数（万份）	总印张（千印张）
总计	**36**	**541.7**	**80 037**	**1 339 348**
综合报	12	239.2	57 398	1 052 128
专业报	24	302.5	22 639	287 220

14—26 杂志出版情况

（地方）

门类	种数（种）	平均期印数（万份）	总印数（万份）	总印张（千印张）
总计	**136**	**344.10**	**4 080.36**	**120 907.71**
综合	5	12.60	134.70	5 751.84
哲学、社会科学	37	134.91	1 907.02	50 239.93
自然科学技术	68	56.08	485.61	14 724.03
文化、教育	17	80.52	906.73	27 675.91
文学、艺术	4	13.63	95.30	10 546.00
少年儿童读物	3	37.36	443.00	10 170.00
画刊	2	9.00	108.00	1 800.00

14—27 图书出版情况

（地方）

门类	图书种数 合计（种）	#新出	总印数（万册、张）	总印张（千印张）
总计	**2 074**	**1 132**	**6 013.78**	**432 078.49**
书籍合计	**2 071**	**1 129**	**6 012.78**	**431 076.49**
马列主义、毛泽东思想	2	1	1.5	201.82
哲学	16	15	15	3 150.18
社会科学总论	9	8	2.51	318.97
政治、法律	36	34	36.38	3 779.19
军事				
经济	93	55	89.7	12 875.79
文化、科学、教育、体育	1 148	585	5 136.55	306 128.06
语言、文字	23	9	23	3 543.24
文学	321	199	381.04	50 289.57
艺术	128	43	129.36	11 543.39
历史、地理	67	49	31.73	5 762.95
自然科学总论	3	2	0.85	112.48
数学科学、化学	13	11	5.76	653.47
天文学、物理科学				
生物科学				
医药、卫生	91	51	52.21	9 523.76
农业科学	13	6	4.82	641.04
工业技术	46	31	45.41	9 682.37
交通运输				
航空、航天				
环境科学				
综合性图书	62	30	56.97	12 870.21
图片合计	**3**	**3**	**1**	**78.00**

14—28 电视台情况

项目	单位	1996年		1995年	
		中央	地方	中央	地方
基本情况					
电视台	座	1	10	1	10
电视发射台、转播台	座	1	218	1	10
电视差转台	座				237
节目套数	套	8	12	7	12
平均每周播出时间	时:分	977:18	707:05	630:27	688:30
(按12月份第三周计算)					
播放节目情况					
自办节目时间	时:分	977:18	617:00	630:27	587:00
新闻节目	时:分	137:31	93:55	140:54	54:45
专题节目	时:分	338:53	93:30	244:05	122:50
教育节目	时:分	302:34	49:10	26:14	17:28
文艺节目	时:分	423:51	311:49	202:22	342:42
服务性节目	时:分	44:29	68:36	16:52	49:15

14—29 广播电台情况

项目	单位	1996年		1995年	
		中央	地方	中央	地方
基本情况					
电台	座		7	2	7
发射台、转播台	座		7	5	7
节目套数	套		13	7	13
平均每日播音时间	时:分		150:1	128:00	148:15
(按12月份计算)					
播放节目情况					
自办节目时间	时:分		139:1	295:30	138:30
新闻节目	时:分		10:30	72:46	22:40
专题节目	时:分		36:13	109:00	33:00
教育节目	时:分		18:40	6:30	12:05
文艺节目	时:分		57:15	89:59	56:50
服务性节目	时:分		16:35	17:15	13:56

14—30 农村有线广播普及情况

地区	通广播村(个)	村通播率(%)	已改装喇叭的农户(万户)	喇叭入户率(%)
全市	**3 200**	**73.5**	**0.50**	**0.40**

主 要 统 计 指 标 解 释

一、普通高等学校 指按照国家规定的设置标准和审批程序批准举办，通过国家统一招生考试，招收高中毕业生为主要培养对象，实施高等教育的全日制大学、独立设置的学院和高等专科学校、短期职业大学。

二、成人高等学校 指按照国家有关规定审批，招收通过全国成人高教统一招生考试的具有高中毕业或同等学历的在职从业人员利用脱产、半脱产、业余或函授等多种形式对其实施高等学历教育，培养高等教育专科或本科毕业水平的专门人才，修业年限、课程设置和总学时数均按高等学历教育要求付诸实施的学校。包括广播电视大学、职工高等学校、农民高等学校、管理干部学院、教育学院、独立设置的函授学院等。

三、小学学龄儿童入学率 指调查范围内已入小学学习的学龄儿童占校内外学龄儿童总数（包括弱智儿童在内，但不包括盲聋哑儿童）的比重。计算公式：

$$\text{小学学龄儿童入学率} = \frac{\text{已入学的小学学龄儿童数}}{\text{校内外小学学龄儿童总数}} \times 100\%$$

四、艺术剧团 指从事戏曲、音乐、舞蹈、杂技等专业艺术表演，有独立帐户，实行单独核算的团体。不包括半工半艺、半农半艺的业余剧团。

五、艺术表演观众人数（人次） 指售票、包场演出或民族地区免费演出的艺术表演观众人次数。不包括彩排审查和内部观摩演出的观看人次数。

15

SCIENCE AND TECHNOLOGY
科技

各类专业技术人员情况

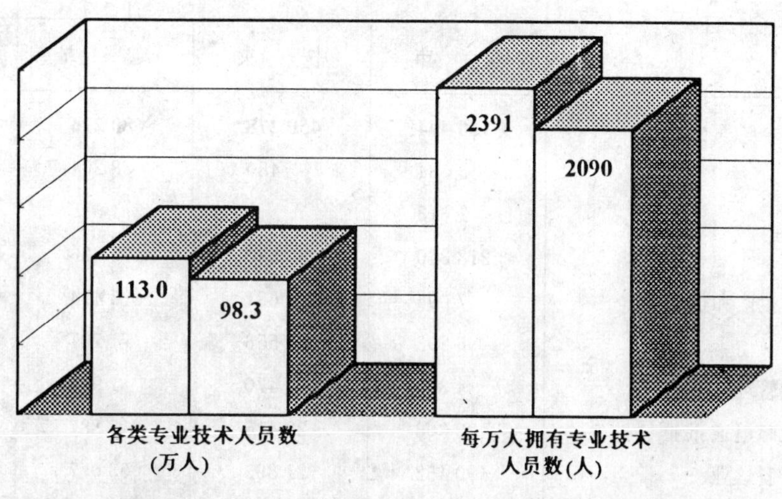

	1996年	1991年	1996年为1991年%
各类专业技术人员(万人)	113.0	98.3	115.0
平均每万人拥有专业技术人员(人)	2391	2091	114.3
科学研究机构数(个)	389	389	100.0
从事科技活动人员(人)	81572	99496	82.0

从事科技活动人员构成情况

单位:%

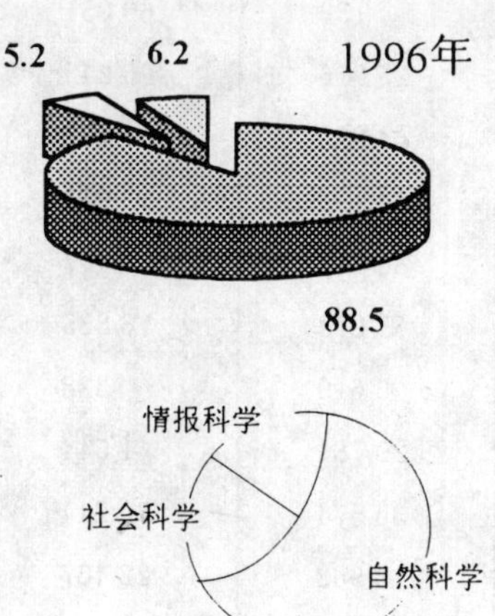

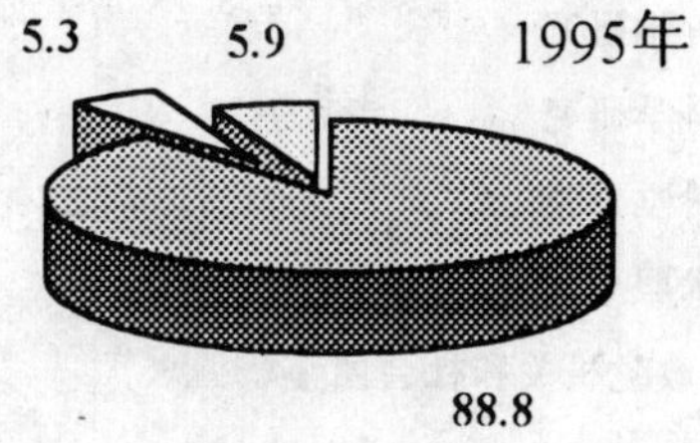

15—1 国民经济各行业专业技术人员

单位:人

项目	1996年			1995年
	全市	中央	地方	全市
合计	**1 130 494**	**450 278**	**680 216**	**1 126 617**
农、林、牧、渔业	8 684	480	8 204	6 783
采掘业	1 613		1 613	3 735
制造业	218 340	39 520	178 820	223 353
电力、煤气及水的生产和供应业	7 095	1 681	5 414	9 604
建筑业	96 293	24 556	71 737	84 691
地质勘查业、水利管理业	4 395	2 470	1 925	8 825
交通运输、仓储及邮电通讯业	28 303	22 416	5 887	31 815
批发和零售贸易、餐饮业	90 452	27 395	63 057	78 364
金融、保险业	41 405	40 188	1 217	40 955
房地产业	15 124	1 769	13 355	13 205
社会服务业	70 226	24 660	45 566	60 772
卫生、体育和社会福利业	83 764	28 006	55 758	87 489
卫生	81 552	27 446	54 106	85 151
体育	1 198	401	797	1 416
社会福利保障业	1 014	159	855	922
教育、文化艺术和广播电影电视业	245 957	88 314	157 643	249 738
教育	207 189	57 513	149 676	208 179
高等教育	66 953	53 884	13 069	65 523
中等教育	70 609	1 953	68 656	69 366
初等教育	60 210	159	60 051	61 917
文化艺术	32 161	25 916	6 245	33 454
广播电影电视	6 607	4 885	1 722	8 105
科学研究和综合技术服务业	163 143	124 192	38 951	171 652
科学研究	97 325	88 618	8 707	102 440
自然科学研究	68 053	61 218	6 835	72 961
社会科学研究	6 947	6 619	328	6 898
其他科学研究	22 325	20 781	1 544	22 581
综合技术服务	65 818	35 574	30 244	69 212
国家机关、政党机关和社会团体	39 429	16 962	22 467	37 423
其他行业	16 271	7 669	8 602	18 213

15-2 国民经济各行业每万从业人员拥有专业技术人员

单位:人

项　目	1996年			1995年
	全　市	中　央	地　方	全　市
总　计	**2 391**	**3 264**	**2 031**	**2 390**
农、林、牧、渔业	1 615	3 834	1 562	1 343
采掘业	373		373	800
制造业	1 622	1 920	1 569	1 610
电力、煤气及水的生产和供应业	1 682	1 320	1 839	2 227
建筑业	1 793	1 637	1 853	1 457
地质勘查业、水利管理业	2 777	4 430	1 878	4 027
交通运输、仓储及邮电通讯业	1 350	1 596	850	1 566
批发和零售贸易、餐饮业	1 504	3 384	1 212	1 401
金融、保险业	5 963	6 009	4 769	6 440
房地产业	2 173	2 112	2 181	1 971
社会服务业	1 454	2 185	1 231	1 330
卫生、体育和社会福利业	6 065	6 664	5 803	6 403
卫　生	6 530	7 207	6 233	6 922
体　育	1 413	1 253	1 510	1 557
社会福利保障业	2 141	2 149	2 140	2 036
教育、文化艺术和广播电影电视业	5 753	5 078	6 215	5 983
教　育	6 075	5 250	6 465	6 208
高等教育	5 391	5 329	5 665	5 531
中等教育	6 483	5 925	6 500	6 526
初等教育	7 230	4 392	7 242	7 410
文化艺术	4 685	4 974	3 772	5 011
广播电影电视	3 706	3 984	3 093	5 305
科学研究和综合技术服务业	5 553	6 147	4 246	5 746
科学研究	5 991	6 087	5 162	6 040
自然科学研究	5 871	5 972	5 100	5 985
社会科学研究	6 923	6 995	5 734	6 144
其他科学研究	6 114	6 181	5 337	6 188
综合技术服务	5 012	6 301	4 040	5 361
国家机关、政党机关和社会团体	1 238	1 129	1 335	1 194
其他行业	2 038	2 886	1 614	2 690

15—3 市属国有企事业单位专业技术人员

单位:人

项　　目	总　　计	#高　级	#中　级	#初　级
总　　计	**538 634**	**39 534**	**159 762**	**295 337**
工程技术人员	137 311	12 082	41 147	69 532
农业技术人员	5 585	333	1 516	3 272
科研实验人员	3 575	953	1 582	613
卫生技术人员	67 345	4 653	14 603	45 211
教学人员	164 582	17 398	62 210	69 076
高等教育	8 161	2 903	3 583	1 175
中　专	9 165	1 285	3 954	3 309
中　学	70 541	13 210	24 075	24 472
小　学	76 715		30 598	40 120
民航人员	9	2	4	3
船舶人员	3		1	1
经济人员	59 643	1 017	12 389	40 862
会计人员	47 239	422	6 558	37 440
统计人员	11 184	76	2 289	8 348
翻译人员	1 456	71	678	571
图书档案人员	6 416	197	1 894	3 959
新闻出版人员	2 227	276	803	847
律师公证人员	341	11	86	148
播音人员	133	7	43	58
工艺美术人员	876	45	250	551
体育人员	818	147	342	254
艺术人员	2 686	546	1 436	615
政工人员	27 205	1 298	11 931	13 976

15—4 科学研究机构及人员

项目	机构（个）	职工人数（人）	从事科技活动人员（人）	#大学毕业以上及具有高中级职称人员
总计	**389**	**123 729**	**81 572**	**59 686**
一、自然科学	**305**	**111 274**	**72 230**	**52 042**
中央	225	92 115	62 662	45 914
地方	80	19 159	9 568	6 128
在自然科学研究机构中：				
农、林、牧、渔业	27	5 192	3 720	2 739
采掘业	3	4 760	3 611	2 833
制造业	71	32 313	17 274	11 314
电力、煤气及水的生产和供应业	4	1 739	933	659
建筑业	10	5 111	3 473	2 507
地质勘查业、水利管理业	9	1 539	1 188	1 043
交通运输、仓储及邮电通信业	17	3 636	2 623	1 956
社会服务业	9	997	705	604
卫生、体育和社会福利业	39	15 276	9 788	5 823
教育、文化艺术及广播电影电视业	5	731	567	372
科学研究和综合技术服务业	103	38 814	27 404	21 449
国家机关、政党机关和社会团体	4	545	490	414
其他行业	4	621	454	329
二、社会科学	**52**	**4 887**	**4 276**	**3 755**
中央	48	4 492	3 977	3 493
地方	4	395	299	262
在社会科学研究机构中：				
哲学	4	341	325	296
经济学	17	1 364	1 168	1 026
管理学	2	168	153	124
法律学	3	168	150	136
政治学	4	179	168	145
社会学	5	220	189	174
历史学	3	409	369	340
考古学	2	210	177	152
语言学	1	98	89	81
教育学	2	362	331	305
文学与艺术科学	5	934	796	691
新闻学	1	53	20	15
民族问题研究	1	168	152	119
其他	2	213	189	151
三、情报科学	**32**	**7 568**	**5 066**	**3 889**

15—5 大中型工业企业技术开发机构和人员情况

项　　目	企业数（个）	技术开发机构数（个）	企业从事技术开发人员（人）	#机构人员
总　　计	**514**	**300**	**54 564**	**11 182**
采掘业	**5**	**2**	**3 981**	**31**
制造业	**498**	**295**	**49 542**	**11 109**
食品加工业	25	7	447	34
食品制造业	11	5	278	47
饮料制造业	15	8	878	37
烟草加工业	1	1	28	28
纺织业	33	23	1 208	241
服装及其他纤维制品制造业	16	1	252	13
皮革、毛皮、羽绒及其制品业	8	6	167	43
木材加工及竹、藤、棕、草制品业	2		24	
家具制造业	1		68	
造纸及纸制品业	5	4	34	28
印刷业、记录媒介的复制	40	1	316	25
文教体育用品制造业	8	2	226	88
石油加工及炼焦业	2	10	1 921	1 373
化学原料及化学制品制造业	21	29	3 186	625
医药制造业	12	14	2 126	503
化学纤维制造业	5	2	160	114
橡胶制品业	8	1	368	96
塑料制品业	17	6	1 061	140
非金属矿物制品业	30	18	2 898	308
黑色金属冶炼及压延加工业	2		7 011	
金属制品业	15	6	411	53
普通机械制造业	32	13	3 509	796
专用设备制造业	33	22	3 994	835
交通运输设备制造业	34	19	4 080	1 190
武器弹药制造业	6	7	865	342
电气机械及器材制造业	34	23	3 647	1 214
电子及通迅设备制造业	51	49	7 415	2 163
仪器仪表及文化、办公用机械制造业	22	17	2 845	770
其他制造业	9	1	119	3
电力、煤气及水的生产和供应业	**11**	**3**	**1 041**	**42**
电力、蒸汽、热水的生产和供应业	7	2	812	17
煤气生产和供应业	3	1	84	25
自来水的生产和供应业	1		145	

15－6 大中型工业企业技术开发经费情况

单位：万元

项　　目	技术开发经费筹集	#企业自筹	技术开发经费支出	#用于开发新产品
总　　计	**109 116**	**76 016**	**98 343**	**49 991**
采掘业	**515**	**500**	**481**	**441**
制造业	**105 915**	**72 976**	**95 838**	**49 465**
食品加工业	413	413	413	14
食品制造业	2 029	925	2 008	191
饮料制造业	1 680	1 198	1 545	424
烟草加工业	100	100	100	40
纺织业	2 598	774	2 244	1 292
服装及其他纤维制品制造业	79	79	154	67
皮革、毛皮、羽绒及其制品业	78	73	78	50
木材加工及竹、藤、棕、草制品业	34	33	34	3
家具制造业	3	3	3	3
造纸及纸制品业	8	8	8	8
印刷业、记录媒介的复制	890	303	1 058	31
文教体育用品制造业	351	256	281	121
石油加工及炼焦业	16 501	12 051	15 437	2 577
化学原料及化学制品制造业	3 086	2 665	2 686	1 171
医药制造业	1 622	1 204	2 883	2 551
化学纤维制造业	1 493	1 378	1 490	1 424
橡胶制品业	757	737	777	737
塑料制品业	2 629	1 983	2 450	1 460
非金属矿物制品业	8 076	4 894	7 529	1 076
黑色金属冶炼及压延加工业	13 448	8 959	5 476	153
金属制品业	797	677	433	423
普通机械制造业	5 268	3 588	3 434	2 650
专用设备制造业	6 373	5 515	5 150	4 065
交通运输设备制造业	7 427	5 860	12 529	5 172
武器弹药制造业	502	313	507	280
电气机械及器材制造业	3 663	1 937	2 842	2 476
电子及通迅设备制造业	21 413	14 682	20 872	18 413
仪器仪表及文化、办公用机械制造业	3 664	2 192	2 717	1 909
其他制造业	934	177	700	688
电力、煤气及水的生产和供应业	**2 686**	**2 540**	**2 024**	**85**
电力、蒸汽、热水的生产和供应业	1 504	1 447	1 297	85
煤气生产和供应业	625	575	714	
自来水的生产和供应业	557	518	12	

15—7 专利申请及授权情况

单位:项

项目	申请量		批准量	
	1996年	1995年	1996年	1995年
总计	**6 595**	**6 362**	**3 295**	**4 025**
按种类分				
发明	1 441	1 252	246	327
实用新型	4 255	4 372	2 563	3 170
外观设计	899	738	486	528
按对象分				
工矿企业	1 116	610	409	244
大专院校	180	222	138	140
科研单位	614	544	277	362
机关团体	74	412	233	492
个人	4 611	4 574	2 238	2 787

15—8 技术合同签定及执行情况

项目	签定合同数(项)		合同金额(万元)	
	1996年	1995年	1996年	1995年
总计	**14 850**	**16 347**	**458 151.5**	**411 680.7**
按合同类别分类				
技术开发合同	2 307	2 638	119 539.9	118 426.8
技术转让合同	3 881	3 774	142 028.3	74 834.4
技术咨询合同	2 482	2 759	40 194.8	41 059.4
技术服务合同	6 180	7 176	156 388.5	177 360.1
按合同卖方类别分类				
科研机构	10 263	11 281	308 890.8	269 064.4
高等院校	692	783	16 112.5	21 273.2
工业企业	301	428	11 566.0	16 254.2
技术贸易机构	1 784	2 147	57 860.8	51 694.7
个人及个人合伙	93	86	1 737.2	762.0
其他	1 717	1 622	61 984.2	52 632.2
按合同买方类别分类				
工业企业	7 667	8 274	265 899.0	232 474.9
科研机构	1 948	2 536	65 556.9	39 912.8
各级管理部门	855	699	42 576.8	29 728.0
技术贸易机构	1 151	761	27 375.3	19 322.7
个人及个人合伙	273	556	437.5	621.9
其他	2 956	3 521	56 306.0	89 620.4
按服务社会经济目标分类				
陆地、海洋和大气的开发与估价	14	195	135.1	9 747.9
民用宇宙空间	119	299	2 911.5	7 393.7
农业、林业和渔业的发展	303	291	5 969.9	10 892.7
促进工业的发展	5 191	6 343	217 781.0	202 124.6
能源的生产、储存和分配	884	867	30 805.2	20 262.3
交通、通讯事业的发展	1 130	1 102	45 141.7	36 089.6
教育事业的发展	81	97	563.0	1 831.6
卫生事业的发展	592	565	10 137.5	5 503.3
社会发展和社会经济服务	3 370	3 262	47 189.6	28 575.9
环境保护	595	416	5 679.0	4 051.8
知识的全面发展	47	108	682.9	2 112.4
其他目标	2 337	2 573	76 603.1	63 644.5
国防	187	229	14 552.0	19 450.4
按技术流向分类				
北京	6 630	7 201	238 210.3	216 495.1
外地	8 220	9 146	219 941.2	195 185.6

15—9 科学技术协会及所属学会工作情况

项目	单位	合计	市科协	市级学会
机构与人员				
机构	个	145	1	144
人员	人	256 500	54	256 446
学术交流				
国内学术会议	次	1 071	8	1 063
参加人数	人次	179 152	403	178 749
交流论文	篇	8 370	23	8 347
国际学术会议	次	30	1	29
参加人数	人次	2 535	143	2 392
交流论文	篇	763	32	731
民间科技交流				
出国科学考察	人次	203	84	119
出国参加国际会议	人次	162		162
出国参加技贸活动	次	3		3
外派科技研修生	人	41	35	6
接待海外科技团组	个	115	24	91
接待人次	人次	563	113	450
举办国际学术报告	个	90	2	88
听报告人次	人次	6 615	1 000	5 615
科学普及				
科普讲座	次	1 356	133	1 223
参加人次	人次	220 187	24 790	195 397
科普展览	次	76	12	64
参观人次	人次	518 523	93 000	425 523
科技培训				
培训班数	个(期)	3 258	115	3 143
培训人数	人次	114 366	4 554	109 812
科技咨询服务				
完成咨询合同	项	2 092	1 200	892
咨询合同实现金额	万元	37 850	36 000	1 850
无偿咨询项目	项	925	50	875
决策合同	项	69	2	67
青少年科技活动				
科技夏(冬)令营	个(期)	92	47	45
参加人数	人次	11 675	6 752	4 923
青少年科技竞赛	个	37	18	19

15—10 强制检定计量器具明细表

单位：台、件

名 称	检定数	名 称	检定数	名 称	检定数
竹木直尺	115	食用油售油器	193	心电图仪	2 039
钢卷尺	3 200	酒精计	36	脑电图仪	27
带锤钢卷尺	400	密度计	652	照射量计	8
体温计	2 200	糖量计	33	医用辐射源	400
谷物水份测定仪	5	乳汁计	11	射线监测仪	40
砝码	27 622	煤气表	113 551	放射性表面污染仪	7
链码	328	水表	3 289	个人剂量仪	5
增砣	5 129	液体流量计	18	活度计	6
定量铊	185	气体流量计	5	激光功率计	8
天平	4 869	蒸汽流量计	11	医用激声源	324
杆秤	563	压力表	55 610	医用超声源	329
戥秤	2 080	氧压表	17 042	声级计	200
案秤	22 250	血压计	15 599	听力计	30
台秤	11 564	血压表	375	CO 分析仪	326
地秤	1 264	眼压表	130	CO_2 分析仪	3
皮带秤	16	汽车里程表	13 616	SO_2 分析仪	19
吊秤	215	出租汽车里程表	51 398	酸度计	310
电子秤	3 894	公路管理速度监测仪	78	瓦斯报警器	3
行李秤	20	振动监测仪	30	瓦斯测定仪	168
邮政秤	50	单相电能表	500	可见光分光光度计	854
计价收费专用秤	18	三相电能表	3 626	紫外分光光度计	115
定量包装机	7	分时记度电能表	23	原子吸收分光光度计	30
定量灌装机	50	电流互感器	288	滤光光电比色计	52
谷物容重器	67	电压互感器	17	烟尘测量仪	3
立式计量罐车	9	绝缘电阻测量仪	2 080	电子血球计数器	84
汽车计量罐车	15	接地电阻测量仪	373	屈光度计	120
燃油加油机	3 127	场强计	10		

15—11 计量器具检定情况

单位:台、件、套

地区	合计	长度	温度	力学	#衡器	电学	光学	声学	化学	电离辐射	无线电	时间频率	其他
总计	**1 005 118**	**204 642**	**45 013**	**620 223**	**120 762**	**60 888**	**1 019**	**337**	**3 497**	**680**	**2 306**	**798**	**65 715**
市属小计	**196 823**	**37 127**	**2 177**	**148 442**	**366**	**4 128**	**755**	**239**	**1 953**	**680**	**524**	**798**	
区县属小计	**808 295**	**167 515**	**42 836**	**471 781**	**120 396**	**56 760**	**264**	**98**	**1 544**		**1 782**		**65 715**
东城区	40 674	18 617		20 740	2 722	598							719
西城区	93 154	38 666	460	48 812	11 202	3 842			736		638		
崇文区	37 800	19 600	2 000	13 000		1 200							2 000
宣武区	62 090	16 422	21 416	19 850	5 768	4 402							
朝阳区	138 240	12 134	5 212	58 340	15 756	9 828							52 726
丰台区	43 320	6 804	276	36 240	4 918								
石景山区	22 120	1 618	4 170	15 898	1 882				134		300		
海淀区	62 242	6 548	698	51 162	10 910	2 358	104		674		698		
门头沟区	18 150	1 450		16 222	3 480	142							336
房山区	74 780	7 452	1 864	35 612	21 226	29 156							696
昌平县	33 516	4 614	1 124	27 168	7 644								610
顺义县	31 390	17 088	994	10 912	2 036	1 116							1 280
通县	48 326	7 996	2 444	33 956	8 348	3 524							406
大兴县	18 504	1 344	458	16 346	3 702		140	98			118		
平谷县	28 646	2 410	1 190	22 886	13 332								2 160
怀柔县	18 626	788	16	17 296	1 648	478	20				28		
密云县	14 777	2 020	304	12 453	2 300								
延庆县	21 940	1 944	210	14 888	3 522	116							4 782

15—12 产品质量监督检验情况

产品名称	监督检验企业数(个)	查出不合格产品企业数(个)	不合格产品企业所占比例(%)	检验批次(批次)	合格批次(批次)	批次合格率(%)
总 计	**405**	**134**	**33**	**529**	**356**	**67**
农用产品	7	2	29	7	5	71
农业用运输车	6	2	33	6	4	67
其他农用产品	1			1	1	100
加工食品和饮料	57	19	33	63	44	70
啤 酒	35	18	51	37	19	51
糕点、糖果	10			10	10	100
非酒精液体饮料	12	1	8	16	15	94
家用电器	33	23	70	43	14	33
厨房电器具	31	23	74	41	12	29
其他家用电器	2			2	2	100
轻工产品	97	60	62	138	50	36
家 具	9	3	33	9	6	67
灯泡、灯管	43	14	33	65	40	62
玻璃制品	45	43	96	64	4	6
纺织、鞋类产品	72	19	26	95	76	80
布(印染色织坯)	4	1	25	4	3	75
棉纺织	3	2	67	3	1	33
毛织品	12	6	50	17	11	65
针织品	33	10	30	35	25	71
鞋	20			36	36	100
化工产品	12	1	8	16	15	94
其他化工产品	12	1	8	16	15	94
建材产品	1	1	100	1		
平板玻璃	1	1	100	1		
机电产品	112	2	2	143	141	99
汽车、摩托车	112	2	2	143	141	99
冶金、金属制品	14	7	50	23	11	48
型 材	7	4	57	13	6	46
其他冶金制品	7	3	43	10	5	50

主 要 统 计 指 标 解 释

一、专业技术人员:指具有中专以上学历或初级以上技术职称(务)的人员,以及从工作实践中指拔的专业人员。还包括已取得专业技术职称,从事科技管理工作的人员和从事与技术管理工作较为密切的党政领导工作的人员。专业技术人员包括:工程技术人员、农业技术人员、科学研究人员、卫生人员、教学人员、民航技术人员、船舶技术人员、会计人员、统计人员、经济管理人员、编辑、记者、播音人员、体育教练人员、图书、档案、资料人员、翻译人员、文艺人员、美术人员、工艺美术人员、律师公证人员、海关人员和政工人员等。

二、科技活动人员:根据科技活动包括研究与技术开发、科技教育与培训、科技服务三大类,直接从事这三大类活动的人员就是科技活动人员。科技活动人员分为:科技管理人员、课题活动人员、科技服务人员。

三、科技经费筹集额:指报告期内,为科学研究与技术开发活动所筹集的资金总额。包括:

1.政府资金:指由各级政府部门直接拨款,或企事业单位利用政府资金委托本机构从事科技活动所获的收入。

2.贷款:指向银行或其他金融机构申请并获得的用于科学研究与技术开发活动的贷款(不论贷款的偿还形式、期限和数额如何,均按当年获得贷款额填报,该贷款不包括用于基本建设用款)。

3.自筹资金:指本单位的各项收入中,用于科学研究与技术开发活动的资金。

4.横向委托收入:指本单位以各类科学研究与技术开发活动的服务形式获得的非政府资金。

四、科技经费支出额:指报告期内,用于科学研究与技术开发活动的经费支出总额。包括以下费用:

1.劳务费:指本单位以货币和实物形式,直接或间接支付给本单位从事科学研究与技术开发活动人员的全部费用,包括工资。

2.管理费:指本单位用于组织、管理科学研究与技术开发活动的全部实际性消耗支出。

3.业务费:指本单位用于科学研究与技术开发活动的全部实际性消耗支出(不包括劳务费和管理费)。

4.仪器设备购置费:指用于科学研究与技术开发活动购置的科研仪器设备的实际性消耗支出(不包括基本建设支出)。

五、科技课题(项目):指在本年度内为解决与科学技术有关的问题,而开展的有组织的、并得到本单位认可或立项的课题(项目),包括课题、专题、项目、任务等。可以细分为当年新开课题、上年结转课题、当年完成课题。

六、科技成果:指已经完成或达到预定目标的科学研究与技术开发课题(项目),并以一定形式得到验收、鉴定或在国家、地方各级科技成果管理机构正式登记的课题(项目)。

七、签定技术合同数:是指在技术市场的交易活动中,报告期鉴定成立的技术合同数。

八、合同金额:是指报告期鉴定成立的合同中,经当事人协商议定的价款。

九、专利申请量:是指专利管理部门接收到的专利申请数量。包括发明、实用新型、外观设计三种专利申请。

1.发明申请量:是指申请受理量中的发明申请部分。发明是指有关产品、方法或其改进的新技术方案。

2.实用新型申请量:是指申请受理量中的实用新型部分。实用新型是指对产品的形状构造或其结合所提出的适于实用的新的技术方案,又称小发明。

3.外观设计申请量:是指申请受理量中的外观设计申请部分。外观设计是指对产品的形状、色彩、图案或其结合所作出的富有美感并适于工业应用的新设计。

十、专利批准量:是指专利管理部门对申请人申请的专利根据专利法和专利法实施细则的规定要求,审核受理,并给予申请号,明确申请日期的专利数。

十一、计量检定:指为评定计量器具的计量特性,确定其是否合格所进行全部工作。计量检定是进行量值传递或量值溯源以保证量值准确一致的重要措施。

十二、计量仪器:是一种单独地或连同其他设备一起用以进行计量的器具,它将被计量的量转换成可直接观察的示值或等效信息。

十三、计量仪器分类:对于计量仪器可以从不同的角度来进行分类。这里是按十大类别(长度、温度、力学、电磁、光学、声学、化学、电离辐射、无线电、时间频率)分别统计。

十四、质量监督检验:包括日常监督检验、全国的统一检验、监督抽查、采用国际标准产品复查、获生产许可证产品复查以及其他部门的联合检查等。下列检验均不列本统计范围:①委托检验、仲裁检验、新产品鉴定检验等由送检单位送样的检验。②企业或生产主管部门汇总的质量考核数据。③创优检验、生产许可证和产品认证等各种发证验收检验。

十五、监督检验企业数:指报告期内实际受检的企业数。同一企业在报告期内,不得重复统计。例如某一企业,即生产冰箱又生产空调器,且这两种产品在同一统计期内都被监督,则应按一个企业数统计。

十六、查出不合格产品企业数:指监督检查中查出不合格产品企业的数量。同一企业在报告期内不得重复统计。如检查同一企业生产和多种产品不合格,应按一个企业统计。

十七、检验批次:在同一时期,对同一企业生产的同种规格的产品,按规定办法抽取样品,进行一次监督检验,为一个批次。

十八、上年批次合格率:指该种产品上年监督检验的批次合格率。

十九、强制检定:指由政府计量行政部门所属的法定计量检定机构或授权的计量检定机构(含机构授权和单项授权),对社会公用计量标准,部门和企事业单位使用的最高计量标准以及用于贸易结算、安全防护、医疗卫生、环境监测四个方面列入强检目录的工作计量器具实行定点定期的检定。

二十、强检计量器具项(种)数:指《中华人民共和国强制检定的工作计量器具明细目录》中规定的55项、111种。

16

PUBLIC HEALTH AND SPORTS

卫生、体育

医疗卫生机构数及人员数

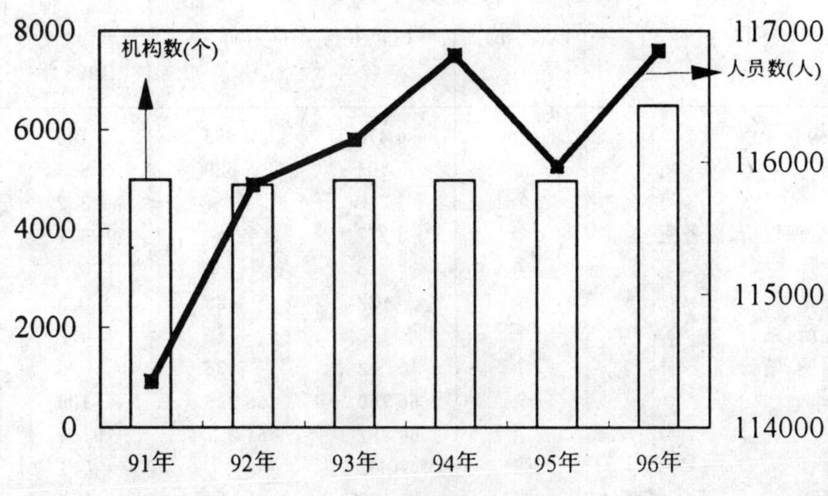

	1996年	1991年	1996年为1991年%
卫生事业机构(个)	6470	4970	130.2
# 医院	405	525	77.1
卫生事业床位(张)	66760	61744	108.1
# 医院	60997	58747	103.8
卫生技术人员(人)	116849	114342	102.2

平均每千人拥有医院床位数及中西医师 (士)数

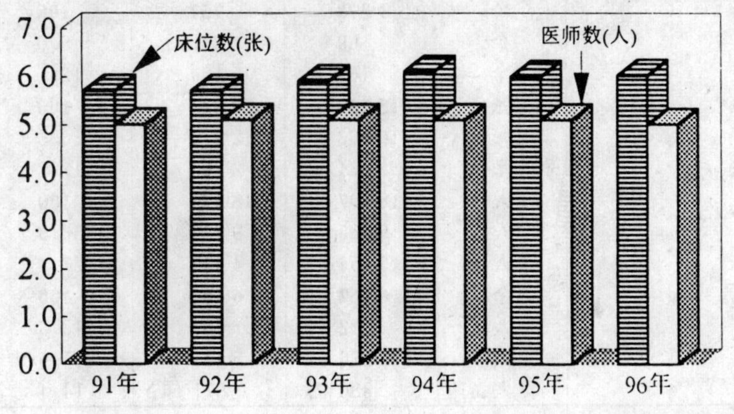

16—1 医疗卫生机构基本情况

项　　目	单　位	1996年	1995年	构　成(%)	
				1996年	1995年
一、卫生事业机构	**个**	**6 470**	**4 955**	**100**	**100**
#医院	个	405	629	6.3	12.7
门诊部	个	210		3.2	
诊所、卫生保健所、医务室	个	5 377		83.1	
疗养院、所	个	6	6	0.1	0.1
卫生防疫站	个	22	22	0.3	0.4
妇幼保健所、站	个	13	15	0.2	0.3
专科防治所、站	个	42	36	0.6	0.7
二、床位	**个**	**66 760**	**66 925**	**100**	**100**
#医院	个	60 997	64 211	91.4	95.9
门诊部	张	62		0.1	
疗养院、所	张	1 142	1 119	1.7	1.7
平均每千人拥有医院床位	张	6.02	6.00		
三、卫生技术人员	**张**	**116 849**	**115 967**	**100**	**100**
医生	人	54 091	54 114	46.3	46.7
护师(士)	人	37 712	36 719	32.3	31.7
平均每千人拥有医生	人	5.02	5.06		
平均每千人拥有护士	人	3.50	3.41		

16—2 农村医疗卫生机构基本情况

项　　目	单　位	1996年	1995年	构　成(%)	
				1996年	1995年
一、卫生事业机构	**个**	**1 378**	**757**	**100**	**100**
#医院	个	69	232	5.0	30.6
乡(镇)卫生院	个	167	169	12.1	22.3
二、床位	**张**	**13 230**	**12 822**	**100**	**100**
#医院	张	10 663	12 472	80.6	97.3
乡(镇)卫生院	张	2 274	2 268	17.2	17.7
三、卫生技术人员	**人**	**18 797**	**18 379**	**100**	**100**
#医生	人	9 485	9 225	50.5	50.2
护师(士)	人	5 154	4 990	27.4	27.2
四、乡村医生和卫生员	**个**	**6 162**	**6 402**	**100**	**1004**
#会接生的	人	822	907	13.3	14.2
乡村医生	人	5 276	5 431	85.6	84.8
卫生员	人	886	971	14.4	15.2

16－3 全市各饮食单位食品卫生合格率情况

单位：%

地　区	合　计	饮　食	副　食	宾馆、饭店、招待所	农贸市场摊群	车摊亭	集体食堂	食品加工厂	其　他
总　　计	**89.44**	**82.82**	**89.47**	**90.67**	**92.13**	**91.52**	**85.72**	**84.52**	**90.70**
东城区	92.39	85.20	94.43	87.80	93.66	100.00	95.26	91.89	95.15
西城区	87.36	75.66	89.34	91.00	90.10	90.76	90.00	90.57	90.80
崇文区	94.72	89.12	97.62	91.88	96.27	64.29	96.84	97.37	89.66
宣武区	89.27	83.27	92.83	81.58	90.19	96.08	89.68	84.83	90.97
朝阳区	97.24	75.31	85.61	98.38		99.32	59.34	74.26	
丰台区	90.57	89.93	90.05	93.57	95.99	85.75	74.55	95.70	96.27
石景山区	95.44	90.45	96.06	98.18	95.92	98.52	97.60	94.15	96.13
海淀区	75.94	57.92	84.73	70.94	78.80	77.33	79.62	70.96	85.76
门头沟区	88.57	89.91	92.78	95.92	82.07	73.80	83.54	78.93	65.93
房山区	95.23	94.97	95.60			94.66	96.15	95.86	
昌平县	77.15	80.12	83.63	95.94	72.95	64.60	88.06	79.45	94.44
顺义县	85.47	84.62	87.42	80.56		87.50	82.05	79.10	
通　县	79.99	77.00	82.79	79.05	81.28	77.77	78.39	75.98	100.00
大兴县	94.66	94.29	94.92			94.05	96.83	94.38	97.62
平谷县	95.56	96.43	96.82	98.80	97.56	93.07	92.05	95.24	96.08
怀柔县	91.55	90.33	88.62	99.24	95.69	89.13	97.19	80.41	
密云县	81.60	79.78	87.16	82.35	72.44	77.73	84.87	81.25	
延庆县	83.05	78.51	82.56	80.77	35.48	92.86	68.18	54.20	

16—4 全市医院基本情况

项目	医院数（个）	床位数（张）	职工人数（人）	#卫生技术人员	中医师	西医师	中医士
总计	**405**	**60 997**	**113 496**	**84 312**	**4 194**	**26 579**	**269**
县及县以上医院	**242**	**53 826**	**102 056**	**75 574**	**3 590**	**24 007**	**195**
城市	187	43 851	88 629	65 228	3 127	20 787	115
农村	55	9 975	13 427	10 346	463	3 220	80
其他医院	**163**	**7 171**	**11 440**	**8 738**	**604**	**2 572**	**74**
在县及县以上医院中							
综合医院	169	33 587	66 020	49 139	1 266	16 988	68
中医医院	22	3 682	7 857	6 049	1 633	649	103
医学院校附属医院	9	4 697	10 795	8 276	449	2 696	7
传染病院	2	1 000	1 478	1 038	13	308	
精神病院	8	3 741	2 402	1 599	15	339	1
结核病院	1	533	704	580	2	179	
妇幼保健院	7	415	1 014	817	9	355	2
妇产医院	2	440	1 074	760	6	223	
儿童医院	4	1 031	2 619	1 953	46	584	
职业病院	1	400	288	139	3	41	
肿瘤医院	3	1 191	2 030	1 205	7	345	
康复医院	3	823	1 203	772	18	225	1
口腔医院	1	80	643	451		222	
眼科医院	1	100	48	39	11	7	
骨科医院	2	420	734	567	31	149	8
整形医院	1	320	493	294	1	94	
中西医结合医院	2	341	590	466	64	143	2
其他专科医院	4	1 025	2 064	1 430	16	460	3

项目	西医士	中西医结合医师	其他中医	药师	检验师	助产士	护师(士)
总计	**2 496**	**387**	**76**	**4 796**	**2 095**	**287**	**33 216**
县及县以上医院	**1 764**	**360**	**51**	**4 157**	**1 891**	**278**	**30 703**
城市	1 279	346	42	3 592	1 645	254	26 492
农村	485	14	9	565	246	24	4 211
其他医院	**732**	**27**	**25**	**639**	**204**	**9**	**2 513**
在县及县以上医院中							
综合医院	1 358	55	12	2 706	1 231	175	20 150
中医医院	161	209	38	598	129	11	1 933
医学院校附属医院	6	73		362	171	6	3 181
传染病院	5			56	76	13	488
精神病院	38			51	17		1 010
结核病院				17	16		280
妇幼保健院	49		1	37	21	4	303
妇产医院	14	3		31	19	65	327
儿童医院	18	7		111	69		923
职业病院	13			6	8		51
肿瘤医院	6			32	36		487
康复医院	15			20	10		345
口腔医院				12	8		131
眼科医院				2			14
骨科医院	53	9		36	16	1	150
整形医院				4	7		149
中西医结合医院	11	4		24	17	3	178
其他专科医院	17			52	40		603

16—5 医院、卫生院工作情况

项目	机构数(个)	诊疗人次数(人次)	#门诊(人次)	健康检查人数(人)	平均开放病床数(张)	入院人数(人)
总计	**635**	**55 686 667**	**47 998 789**	**1 249 633**	**60 830**	**728 930**
一、医院合计	**398**	**49 407 030**	**42 374 167**	**1 000 648**	**57 238**	**633 127**
县及县以上医院合计	**240**	**44 208 841**	**37 733 674**	**822 459**	**50 234**	**597 435**
卫生部门医院合计	105	28 221 057	24 455 489	370 690	33 327	433 566
综合医院	46	15 616 364	13 100 496	196 962	16 354	255 044
#县医院	16	3 401 301	2 548 304	42 733	3 433	73 261
中医医院	18	3 754 737	3 530 118	28 181	3 201	30 422
医学院校附属医院	9	5 161 258	4 446 341	37 023	4 776	74 316
传染病院	2	98 338	96 465	3 582	953	6 341
精神病院	5	155 288	66 815	2 293	2 587	4 160
结核病院	1	19 624	19 342	1 000	534	2 483
妇幼保健院	7	312 477	281 484	67 481	409	11 356
妇产医院	2	259 473	252 444	3 500	439	9 870
儿童医院	4	1 917 049	1 787 613	7 763	1 026	16 505
肿瘤医院	2	147 473	146 412	8 922	938	7 717
康复医院	1	12 754	9 024		341	538
口腔医院	1	318 054	310 914		80	473
眼科医院	1	12 618	12 618	285	100	424
整形医院	1	16 702	16 540	120	321	1 959
中西医结核医院	1	189 681	175 862	11 773	242	3 453
其他专科医院	4	229 167	203 001	1 805	1 025	8 505
工业及其他部门医院	125	14 715 135	12 145 761	424 120	15 317	149 152
集体所有制医院	10	1 272 649	1 132 424	27 649	1 590	14 717
其他医院合计	**158**	**5 198 189**	**4 640 493**	**178 189**	**7 004**	**35 692**
二、卫生院合计	**237**	**6 279 637**	**5 624 622**	**248 985**	**3 592**	**95 803**

项目	出院人数(人)	治愈率(%)	好转率(%)	病死率(%)	病床周转次数(次)	病床使用率(%)	出院者平均住院日(日)
总计	**727 341**						
一、医院合计	**632 116**						
县及县以上医院合计	**595 593**	**62.97**	**30.59**	**2.60**	**11.86**	**76.09**	**23.01**
卫生部门医院	432 477	62.52	30.93	2.41	12.98	83.24	23.30
综合医院	255 216	63.25	30.48	2.45	15.61	84.17	19.20
#县医院	73 449	68.11	26.91	1.61	21.39	78.87	11.75
中医医院	30 534	46.38	46.35	3.28	9.54	75.59	31.44
医学院校附属医院	73 511	63.97	29.14	2.24	15.39	86.72	20.36
传染病院	6 317	60.02	30.41	5.38	6.63	64.43	35.59
精神病院	4 180	36.86	56.72	2.16	1.62	107.80	197.95
结核病院	2 208	16.80	53.67	5.98	4.13	78.39	69.17
妇幼保健院	11 228	98.17	1.47	0.01	27.45	61.69	7.48
妇产医院	9 826	89.71	7.12	0.39	22.38	80.01	13.76
儿童医院	16 624	67.70	27.85	1.15	16.20	70.01	15.92
肿瘤医院	7 593	56.83	29.52	3.57	8.09	93.35	41.13
康复医院	538	26.21	55.76	2.23	1.58	31.33	97.04
口腔医院	473	90.48	9.52		5.91	36.01	22.98
眼科医院	409	32.91	56.46		4.09	44.41	39.45
整形医院	2 012	92.20	7.67		6.27	64.16	39.86
中西医结核医院	3 408	57.91	37.51	2.03	14.08	71.66	17.52
其他专科医院	8 400	51.29	39.98	2.84	8.20	81.75	59.53
工业及其他部门医院	148 292	63.83	29.84	3.19	9.68	61.44	22.91
集体所有制医院	14 824	68.10	27.70	2.47	9.32	67.36	15.61
其他医院合计	**36 523**	**47.26**	**40.77**	**5.35**	**5.21**	**52.47**	**29.10**
二、卫生院合计	**95 225**	**69.57**	**28.34**	**0.38**	**26.51**	**49.44**	**5.42**

16—6 全市居民前十位死因顺位、死亡率及构成

顺位	全市			区			县		
	死因名称	死亡率(1/10万)	构成(%)	死因名称	死亡率(1/10万)	构成(%)	死因名称	死亡率(1/10万)	构成(%)
1	脑血管病	167.39	28.06	脑血管病	140.58	25.37	脑血管病	225.30	32.73
2	心脏病	128.32	21.51	心脏病	132.69	22.32	心脏病	138.33	20.09
3	恶性肿瘤	98.39	16.49	恶性肿瘤	106.72	19.26	呼吸系病	106.21	15.43
4	呼吸系病	80.60	13.51	呼吸系病	68.75	12.41	恶性肿瘤	80.40	11.68
5	损伤和中毒	33.56	5.62	损伤和中毒	25.20	4.55	损伤和中毒	51.60	7.50
6	内分泌营养和代谢及免疫病	14.72	2.47	内分泌营养和代谢及免疫病	16.31	2.94	消化系病	12.71	1.85
7	消化系病	14.67	2.46	消化系病	15.58	2.81	内分泌营养和代谢及免疫病	11.30	1.64
8	泌尿生殖系病	9.04	1.52	泌尿生殖系病	8.96	1.62	泌尿生殖系病	9.21	1.34
9	传染病	5.39	0.90	传染病	5.42	0.98	传染病	5.33	0.77
10	神经系病	4.36	0.73	神经系病	5.22	0.94	新生儿病	449.87	0.67

16—7 全市婴儿、新生儿死亡率

单位:‰

地区	婴儿死亡率		新生儿死亡率	
	1996年	1995年	1996年	1995年
合计	**10.05**	**11.45**	**6.97**	**7.52**
区	11.57	14.23	7.61	8.91
县	8.13	8.20	6.17	5.90

16—8　全市 0—6 岁儿童系统管理情况

地　区	0—6 岁儿童数	体检人数（人）	系统管理人数（人）	0～2 岁儿童佝偻病患病率（%）	0～2 岁儿童贫血患病率（%）	3～6 岁儿童贫血患病率（%）	0～6 岁儿童系统管理覆盖率（%）
总　计	**558 228**	**508 312**	**517 244**	**0.97**	**5.20**	**2.12**	**92.66**
东城区	24 423	20 943	22 983	0.31	2.95	0.82	94.10
西城区	25 095	24 844	24 949	0.08	4.60	1.38	99.42
崇文区	15 790	15 566	15 790	0.06	10.21	2.47	100.00
宣武区	15 927	15 692	15 927	0.05	1.64	0.66	100.00
朝阳区	60 051	58 209	57 315	0.47	4.86	1.16	95.44
海淀区	69 728	67 482	68 301	1.64	4.94	1.43	97.95
丰台区	35 056	31 304	32 612	1.10	7.20	2.33	93.03
石景山区	14 921	13 980	14 621	0.26	3.95	1.61	97.99
门头沟区	10 580	7 056	7 660	2.33	8.37	3.84	72.40
房山区	49 141	44 268	41 394	1.38	5.90	4.16	84.24
昌平县	24 433	20 370	19 151	1.62	7.76	3.18	78.38
大兴县	39 253	37 255	38 216	1.04	2.59	0.86	97.36
通　县	42 216	38 269	42 216	1.04	5.65	3.16	100.00
顺义县	31 987	31 272	31 595	1.37	8.16	3.72	98.77
怀柔县	17 799	16 275	17 159	0.45	7.23	3.58	96.40
密云县	32 553	27 989	26 852	1.01	1.62	1.44	82.49
延庆县	17 767	9 722	11 230	1.65	5.35	3.97	63.21
平谷县	31 508	27 816	29 273	0.88	2.91	1.78	92.91

16—9 农村改水情况

项目	单位	1996年	1995年
农村总人口	万人	373.4	390.7
已改水受益人口	万人	371.74	387.2
占农村人口比重	%	99.5	99.1
饮用自来水			
现有水厂	(站)座	3 759	3 726
受益人口	万人	362.29	375.6
饮用水压机井水			
现有机井	万台	2.17	1.5
受益人口	万人	6.74	6.9
其他形式			
受益人口	万人	2.71	4.7
饮用自来水人口占农村总人口比重	%	97.0	96.1

16—10 举办运动会情况

项目	单位	1996年	1995年
举办县以上运动会次数	次	490	702
体委系统	次	316	205
其他系统	次	174	497
参加县以上运动会运动员人数	人次	550 608	1 010 873
体委系统	人次	284 674	141 168
其他系统	人次	265 934	869 705
举办乡镇运动会次数	次	704	572
参加乡镇运动会运动员人数	人次	336 067	182 302

16—11 分等级运动员情况

单位:人

项　目	合　计	国家级健将	运动健将	一级	二级	三级	少年级
总　计	1 831	7	60	140	776	469	379
＃女性	779	6	32	65	293	211	172

16—12 分等级教练员情况

单位:人

项　目	合　计	国家级教练	高级教练	一级	二级	三级
总　计	591	5	120	237	208	21
＃女性	157		21	64	67	5

16—13 分等级裁判员情况

单位:人

项　目	合　计	国家级	一级	二级	三级
总　计	910	20	154	271	465
＃女性	279	6	52	88	133

16—14 运动员打破世界、亚洲、全国纪录及获奖牌情况

项　目	项 (项)	人数 (人)	次数 (次)	项　目	金牌 (块)	银牌 (块)	铜牌 (块)
总　计	**5**	**9**	**15**	**总　计**	**63**	**47**	**47**
创世界纪录	3	3	5	国际比赛	17	12	6
破亚洲纪录	1	1	1	国内比赛	46	35	41
破全国纪录	1	5	9				

16—15　北京市运动员获全国冠军名单

比赛名称	大项名称	小项名称	姓　名
全国锦标赛	射　箭	男子淘汰赛团体	张海舟、高宇、张峥
全国锦标赛	田　径	男子铅球	刘昊
全国锦标赛	田　径	女子 800 米	张健
全国锦标赛	田　径	女子标枪	李雷
全国锦标赛	羽毛球	男子单打	董炯
全国锦标赛	自行车	男子 1000 米计时赛	龚玉岩
全国锦标赛	自行车	男子争先赛	龚玉岩
全国锦标赛	自行车	男子公路个人赛	汤学忠
全国锦标赛	自行车	山地车男子越野个人	王海利
全国锦标赛	体　操	女子团体	王欣等 10 人
全国锦标赛	体　操	女子高低杠	温静
全国锦标赛	体　操	女子平衡木	奎园园
全国锦标赛	手　球	女子	翟超等 15 人
全国锦标赛	游　泳	女子 50 米自由泳	晁娜
全国锦标赛	游　泳	女子 100 米蛙泳	韩雪
全国锦标赛	跳　水	女子 10 米跳台	王睿
全国锦标赛	花样游泳	集体	李飞等 10 人
全国锦标赛	乒乓球	女子双打	朱芳、曹冬梅
全国锦标赛	乒乓球	混合双打	熊柯、王晨
全国锦标赛	摔　跤	古典式 57 公斤级	张洋
全国锦标赛	武　术	男子长拳全能	江邦军
全国锦标赛	武　术	男子枪剑全能	孔祥东
全国锦标赛	武　术	男子对练	卡力、江邦军、商昱
全国锦标赛	武　术	女子刀棍全能	左娟
全国锦标赛	武　术	女子枪剑全能	韩静
全国冠军赛	射　箭	女子淘汰赛团体	张晓颖、王英、叶飞
全国冠军赛	田　径	女子标枪	李雷
全国冠军赛	自行车	男子 1000 米计时赛	龚玉岩
全国冠军赛	体　操	男子个人全能	张津京
全国冠军赛	体　操	女子个人全能	奎园园
全国冠军赛	体　操	女子高低杠	温静
全国冠军赛	体　操	女子平衡木	奎园园
全国冠军赛	体　操	女子自由体操	孟菲
全国冠军赛	游　泳	女子 100 米蛙泳	韩雪
全国冠军赛	摔　跤	古典式 68 公斤级	赵东升
全国冠军赛	摔　跤	古典式 57 公斤级	张帆
全国冠军赛	武　术	男子南拳全能	卡力
全国冠军赛	武　术	男子太级拳全能	孔祥东
全国冠军赛	武　术	男子抢剑全能	孔祥东
全国冠军赛	武　术	女子长拳全能	刘青华
全国冠军赛	武　术	女子枪剑全能	刘青华
全国甲级联赛	棒　球	男子	罗莲等 18 人
全国甲级联赛	垒　球	女子	王丽红等 18 人
全国青年锦标赛	排　球	男子	向京磊等 9 人

17

URBAN PUBLIC UTILITIES
城市公用事业

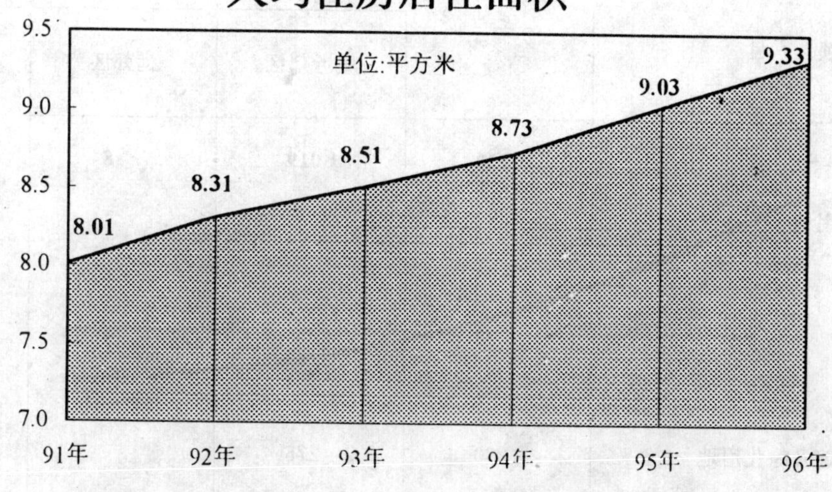

	1996年	1991年	1996年为1991年%
年末住宅建筑面积(万平方米	13920.5	10489.4	132.7
人均居住面积(平方米/人)	9.33	8.01	116.5
公共交通运营车辆(辆)	6828	5182	131.8
城市道路长度(公里)	3665	3308	110.8
公共绿地面积(公顷)	5147.4	4279.4	120.3

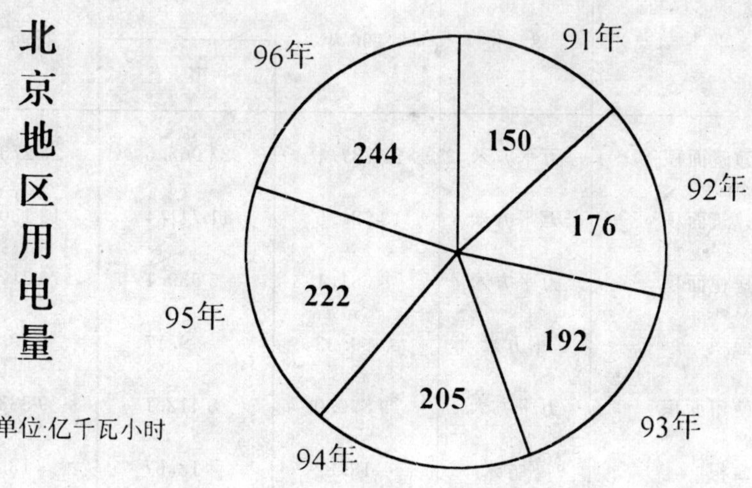

17—1 城镇建设用地

单位:公顷

项目	全市	城近郊区	远郊区	各县
总计	**1 222**	**1 019**	**8**	**195**
商业服务业用地	32			32
工业用地	73		6	67
仓储用地	26			26
交通用地	1			1
市政公用设施及绿化用地	280	275		5
公共建筑用地	211	200		11
住宅用地	120	84		36
特殊用地	108	103		5
其他用地	371	357	2	12

17—2 城市居民居住水平

项目	单位	1996年	#市区	1995年	#市区
年末实有房屋建筑面积	万平方米	27 737.1	23 062.6	26 273.1	21 910.2
年末实有住宅建筑面积	万平方米	13 920.5	11 741.4	13 130.7	11 149.1
年末实有住宅居住面积	万平方米	6 661.1	5 639.1	6 317.5	5 381.6
平均每人居住面积	平方米	9.33	9.17	9.03	8.87
年末实有住宅使用面积	万平方米	9 870.0	8 412.1	9 333.8	8 001.6
平均每人使用面积	平方米	13.82	13.67	13.34	13.19

17—3 用 电 量

(北京地区)　　　　单位:万千瓦小时

项目	1996年	1995年	1996年为1995年%
合计	**2 443 709**	**2 225 922**	**109.8**
一、农、林、牧、渔、水利业	**111 904**	**102 099**	**109.6**
#排灌	66 438	59 256	112.1
二、工业	**1 422 590**	**1 341 398**	**106.1**
按轻重工业分			
轻工业	269 894	260 407	103.6
重工业	1 152 696	1 080 991	106.6
按行业分			
采掘业	74 941	71 306	105.1
采矿业	51 140	48 191	106.1
自来水生产和供应	23 799	23 115	103.0
制造业	1 347 649	1 270 092	106.3
食品、饮料和烟草制造业	56 420	53 365	105.7
纺织业	44 739	47 725	93.7
电力、蒸汽热水生产和供应业	57 651	15 542	370.9
石油加工业	109 830	105 410	104.2
炼焦、煤气及煤制品业	15 904	15 944	99.7
化学工业	189 414	186 904	101.3
建筑材料及其他非金属矿制品业	133 539	124 103	107.6
黑色金属冶练及压延加工业	417 215	420 715	99.2
金属制品业	32 239	33 888	95.1
机械工业	50 935	50 591	100.7
交通运输、电气、电子设备制造业	102 675	85 837	119.6
三、地质普查和勘探业	**1 041**	**893**	**116.6**
四、建筑业	**74 378**	**62 466**	**119.1**
五、交通运输、邮电通信业	**85 742**	**75 836**	**113.1**
六、商业、公共饮食业、物资供销和仓储业	**128 648**	**78 887**	**163.1**
七、其他事业	**401 855**	**383 320**	**104.8**
#市内公共交通业	11 366	17 028	66.7
#路灯业	6 460	5 882	109.8
八、城乡居民生活用电	**217 551**	**181 023**	**120.2**
乡村	59 077	50 125	117.9
城市	158 474	130 898	121.1

17—4 供　　热

项　　　目	单　　位	1996年	1995年	1996年为1995年%
一、集中供热				
热力供应能力	百万千焦/小时	9 315	9 315	100.0
采暖单位	户	2 628	2 544	103.3
采暖面积	万平方米	3 035.2	2 835.2	107.1
热力供应单位	户	630	592	106.4
管道长度	公里	213.0	212.5	100.2
销售量	万百万千焦	1 782.5	1 616.0	110.3
二、小区集中供热				
采暖面积	万平方米	4 389.6	3 825.3	114.8
三、联片供热				
采暖面积	万平方米		676.9	
四、余热供热				
采暖面积	万平方米	413.4	199.9	206.8
全市采暖面积合计	**万平方米**	**7 838.2**	**7 537.3**	**104.0**

注:1.小区集中供热、余热供热统计范围为市区10万平方米以上的供热面积。

2.根据国家有关集中供热定义的新规定,96年取消联片供热指标,将纳入其他相关指标。

17—5 供　　汽

项　　　目	单　　位	1996年	1995年	1996年为1995年%
蒸汽供应能力	吨/小时	850	850	100.0
用汽单位	个	105	104	101.0
#工业	个	92	91	101.1
管道长度	公里	37.7	34.9	108.0
销售量	万吨	446.5	455.9	97.9
#工业	万吨	446.5	455.9	97.9

17—6 煤气、液化石油气及天然气

项　　目	单　位	1996年	1995年	1996年为 1995年%
一、煤气				
管道长度	公里	2 286.4	2 184.4	104.7
供应量	万立方米	90 085	86 883	103.7
#公用局	万立方米	87 856	84 878	103.5
销售量	万立方米	88 356	85 201	103.7
#工业用	万立方米	10 462	11 453	91.3
#生活用	万立方米	76 499	71 203	107.4
#公用局	万立方米	74 270	69 198	107.3
用户	万户	78.5	75.6	103.8
#家庭用户	万户	78.1	75.2	103.9
二、液化石油气				
储气能力	吨/罐	24164 /81	24164 /81	
#公用局	吨/罐	22229 /49	22229 /49	
供应站	个	107	109	98.2
#公用局	个	86	88	97.7
液化气钢瓶	万个	123.7	123.9	99.8
销售量	吨	185 304	177 637	104.3
#工业用	吨	3 491	4 988	70.0
#生活用	吨	170 470	160 970	105.9
#公用局	吨	140 905	141 094	99.9
用户	万户	112.6	113.3	99.4
#家庭用户	万户	110.0	110.7	99.4
三、天然气				
管道长度	公里	1 158	1 023	113.2
供应量	万立方米	14 998	12 129	123.7
#公用局	万立方米	14 998	12 129	123.7
销售量	万立方米	13 504	11 003	122.7
#工业用	万立方米	2 609	2 076	125.7
#生活用	万立方米	10 870	8 927	121.8
#公用局	万立方米	10 870	8 927	121.8
用户	万户	40.3	34.2	117.8
#家庭用户	万户	39.5	33.9	116.5
四、居民燃气用户	**万户**	**227.6**	**219.8**	**103.5**
气化率	%	92.7	91.7	

注：本表燃气气化率数字为年末燃气家庭用户占全部城市户数的百分比。

17—7 自来水及自备水源

项目	单位	1996年	#城近郊区	1995年	#城近郊区
一、自来水					
水厂	个	24	13	23	13
生产能力	万吨/日	266.4	244.3	263.6	221.2
管线长度	公里	6 907.4	5 055.6	6 907.4	5 645.5
供水面积	平方公里	684.8	526.7	684.8	506.3
售水量	万吨	69 684.3	63 083.3	67 877.1	58 949.8
#工业用	万吨	14 090.1	12 731.8	13 096.0	10 602.2
生活用	万吨	50 305.5	46 298.8	50 658.5	44 644.5
平均每人每日生活用水	公斤	237.3	250.1	219.2	233.6
自来水普及率	%	100.0	100	99.7	100.0
二、自备水源					
生产能力	万吨/日	294.8	204.9	333.9	206.8
用水量	万吨	45 289.1	32 661.6	46 223.3	32 963.0
生产用	万吨	25 733.9	17 024.2	26 341.3	17 426.0
生活用	万吨	19 555.0	15 637.4	19 882.0	15 537.0

17—8 节 水

项目	单位	1996年	1995年	1996年为1995年%
节水量	万吨	2 529	2 238	113.0
自来水	万吨	1 933	1 556	124.2
自备水井	万吨	596	682	87.4
完成节水措施	项	185	200	92.5

注:节水量中未包括河水节水量。

17—9 公共交通

项目	单位	1996年	#城近郊区	1995年	#城近郊区
一、年末营运车辆	**辆**	**6 828**	**6 600**	**5 367**	**5 185**
公共汽车	辆	5 891	5 663	4 459	4 277
#小公共汽车	辆	1 319	1 319	350	350
无轨电车	辆	536	536	525	525
地铁机车	辆	401	401	383	383
二、营业线路					
条数	条	399	391	300	292
公共汽车	条	383	375	284	276
#小公共汽车	条	103	103	30	30
无轨电车	条	14	14	14	14
地铁	条	2	2	2	2
长度	公里	7 317.2	7 192.6	4 538.2	4 413.6
公共汽车	公里	7 106.6	6 982.0	4 327.6	4 203.0
#小公共汽车	公里	1 777.0	1 777.0	433.0	433.0
无轨电车	公里	169.0	169.0	169.0	169.0
地铁	公里	41.6	41.6	41.6	41.6
三、里程利用率					
公共汽车	%	98.6	98.6	87.6	87.4
#小公共汽车	%	99.4	99.4	90.2	90.2
无轨电车	%	100.0	100.0	99.8	99.8
地铁	%	99.8	99.8	99.8	99.8
四、客运量	**万人次**	**349 847.0**	**345 136.1**	**371 579.6**	**367 577.4**
按车种分					
公共汽车及无轨电车	万人次	305 433.1	300 722.2	315 777.2	311 775.0
#小公共汽车	万人次	3 698.8	3 698.8	1 239.0	1 239.0
地铁	万人次	44 413.9	44 413.9	55 802.4	55 802.4
按购票方式分					
普票	万人次	81 365.3	80 647.8	115 304.1	114 405.4
月票	万人次	263 430.5	260 040.1	252 213.2	250 010.0
包车	万人次	2 692.6	2 146.0	2 704.0	1 858.0
旅游	万人次	1 080.6	1 071.1	83.6	72.0
免费	万人次	1 278.0	1 231.1	1 274.7	1 232.0
五、售出月票	**万张**	**1 683.1**	**1 660.5**	**1 839.2**	**1 824.5**
六、客运收入	**万元**	**105 332.6**	**103 778.6**	**45 697.9**	**43 959.4**

17—10 客运出租汽车

项　　目	单　位	1996年	1995年	1996年为1995年%
出租汽车营运单位	**个**	**2 502**	**2 269**	**110.3**
国有单位	个	465	518	89.8
集体单位	个	883	966	91.4
个体户	个	1 147	773	148.4
中外合资	个	3	3	100.0
其他	个	4	9	44.4
营运车辆	**辆**	**59 493**	**56 686**	**105.0**
小轿车	辆	36 943	27 534	134.2
微型面包车	辆	20 310	26 602	76.3
旅行车	辆	545	746	73.1
大轿车	辆	1 695	1 804	94.0
客运量	**万人次**	**64 895**	**59 600**	**108.9**
小轿车	万人次	34 867	23 230	150.1
微型面包车	万人次	27 370	34 570	79.2
旅行车	万人次	516	970	53.2
大轿车	万人次	2 142	830	258.1
里程利用率				
小轿车	%	67	68	
微型面包车	%	84	85	
旅行车	%	85	95	
大轿车	%	85	95	

17—11 交通管理设施

项　　目	单　位	1996年	1995年	1996年为1995年%
交通警岗	个	746	676	110.4
灯　岗	个	157	179	87.7
巡逻岗	个	589	497	118.5
信号灯	座	418	429	97.4
#自动信号灯	座	418	422	99.1
安全示意线	公里	6 463	6 463	100.0
交通标志	面	38 619	37 164	103.9
隔离墩	套	25 117	25 205	99.7
护　栏	米	143 757	139 245	103.2

17—12 道路及桥梁

项　目	单　位	1996年	#城近郊区	1995年	#城近郊区
一、道路					
道路长度	公里	3 664.5	3 267.5	3 193.6	2 641.5
按质量分					
#高　级	公里	1 576.5	1 430.5	1 697.1	1 513.1
次高级	公里	1 265.0	1 050.0	959.2	655.5
按车辆运行方式分					
#快慢车分行路	公里	297.0	246.0	343.4	245.8
道路面积	万平方米	3 806.9	3 446.4	3 494.4	2 868.9
按质量分					
#高　级	万平方米	2 319.4	2 153.4	2 383.2	2 166.1
次高级	万平方米	1 010.5	822.0	718.7	469.5
按车辆运行方式分					
#快慢车分行路	万平方米	879.4	768.0	1 001.3	763.7
铺装步路	万平方米	571.8	481.0	480.2	382.9
二、桥梁					
城市桥梁	座	646	547	582	506
#大型道路立交桥	座	133	107	84	80
行人过街天桥	座	103	102	68	68
三、地下通道	**座/处**	**161/118**	**135/92**	**128/88**	**126/86**

17—13 城市路灯设施

项　目	单　位	1996年	#城近郊区	1995年	#城近郊区
一、路灯盏数	**盏**	**103 393**	**83 139**	**100 740**	**81 245**
白炽灯	盏	6 828	5 142	6 931	5 189
汞　灯	盏	57 755	49 479	57 759	49 564
钠　灯	盏	38 810	28 518	36 050	26 492
二、线路长度	**公里**	**6 201.2**	**3 353.9**	**6 113.9**	**3 252.2**

17—14 城市园林绿化

项目	单位	1996年	#城近郊区	1995年	#城近郊区
年末公共绿地面积	公顷	5 147.4	4 194.3	5 016.5	4 066.4
平均每人占有公共绿地面积(包括水面)	平方米	7.54	7.18	7:48	7.08
城市绿化覆盖率	%	33.24	32.83	32.68	32.42
道路绿化总长度	公里	2 240	1 792	2 181.3	1 761.4
年末实有树木	万株	4 120	3 220	3 848.4	3 010.3
#本年新植	万株	289	220	332.4	250.5
全年出圃苗木	万株	96.0	96.0	144.1	144.1
苗圃面积	公顷	212.3	212.3	188.8	188.8
草坪面积	万平方米	3 626.0	2 940.0	3 328.9	2 807.9
#本年新植	万平方米	332.0	199.0	224.6	168.7
公园、风景区、游乐场					
公园(包括动物园)	个	112	90	105	83
风景区	个				
游乐场	个	2	2	2	2
公园、风景区、游乐场面积					
公园(包括动物园)面积	公顷	4 122.7	3 786.5	3 977.2	3 630.3
风景区面积	公顷				
游乐场面积	公顷	65.6	65.6	65.6	65.6
全年游园人数	万人次	10 736.0	10 377.0	11 479.3	13 993.4

注:1996年数字为建成区范围。

17—15 城市排水

项　　目	单　位	1996 年	#城近郊区	1995 年	#城近郊区
一、下水道长度	**公里**	**4 188**	**3 647**	**3 345.1**	**2 596.1**
雨水管	公里	1 191	1 079	1 024.2	889.5
污水管	公里	1 597	1 475	1 064.5	823.9
雨污合流管	公里	1 400	1 093	1 256.4	882.7
二、污水处理					
处理厂	个	4	4	4	4
处理能力	万吨/日	58.5	58.5	58.5	58.5
处理量	万吨	19 546	18 980	19 513.9	19 492.9
处理率	%	21.2	21.2	19.4	19.4
平均每日污水量	万吨	289.5	245.0	359.9	245.0

17—16 城市环境卫生

项　　目	单　位	1996 年	#城近郊区	1995 年	#城近郊区
一、工作量					
清扫街道面积	万平方米/日	4 711	3 940	4 540.7	3 880.3
清运垃圾	万吨	483	433	483.9	425.9
清运粪便	万吨	268	244	258.4	239.1
二、环卫机械数量					
大中型扫尘车	辆	131	121	93	85
大中型洒水车	辆	106	94	104	93
大中型垃圾车	辆	1 643	1 431	1 472	1 278
真空吸粪车	辆	476	416	424	371
小型扫尘车	辆	8	2	16	14
叉车	辆			28	24
其他环卫车辆	辆	439	405	290	270
三、环卫设施					
垃圾台	座	19	3	18	2
垃圾桶	个	25 949	17 412	26 421	20 102
果皮箱	个	6 256	4 864	6 241	4 651
公共厕所	座	6 213	5 716	6 286	5 802
密闭式集装箱垃圾站	座	665	645	547	535

主 要 统 计 指 标 解 释

一、城市建设用地面积:是指城市用地面积中的各项建设用地面积。包括:居住用地、公共设施用地、工业用地、仓储用地、对外交通用地、道路广场用地、市政公用设施用地、绿地和特殊用地。

二、年末实有房屋建筑面积:是指截止到年末在城市范围内各类房屋建筑面积的总和。包括住宅、工业、交通、商业、文教、卫生、服务行业、机关及其他房屋等。这些房屋应是永久性或半永久性的。不包括一些简陋的临时过渡用房。

三、年末实有住宅建筑面积:是指截止到年末城市居民居住的全部住宅建筑面积。包括政府房管部门直管的和各单位自管家属宿舍、集体宿舍以及私人住宅的全部房屋建筑面积。

四、住宅使用面积:是指全部住宅中以户为单位的分户门内全部可供使用的净面积。包括日常生活起居使用的卧室、起居室和客厅(堂屋)、亭子间、厨房、厕所、室内走道、楼梯、壁厨、阳台、地下室、假层、附层(夹层)、阁楼(暗楼)等面积。

使用面积按房屋的内墙线计算。目前本市使用面积按计租面积计算。

五、住宅居住面积:是指沿内墙线计算的供人们起居使用的卧室、起居室的面积。不包括门厅、卫生间、厨房等辅助用房面积。如将设计中的居住房间改做客厅使用,仍按居住面积计算。

目前北京市住宅建筑面积折算居住面积的标准是:平房按 64.9%折算,二至六层按 50%折算,七层以上按 48%折算。

六、人均居住面积(水平)是指按居住人口计算的平均居住面积。

$$人均居住面积 = \frac{住宅居住面积}{居住人口}$$

七、供热面积:是指在报告期末符合集中供热标准的供热单位(企业),向城市各类房屋建筑物、构筑物及其它设施供热的建筑面积。

八、煤气、天然气、液化气销售总量:是指售给各类用户的全部煤气、天然气、液化气量。包括生产用量、家庭用量和其他用量。

1.生产用量:是指各种生产与工业生产用户在生产过程中所耗用的煤气、天然气、液化气量。

2.家庭用量:是指居民日常生活用量。

3.其它用量:是指除生产用气和家庭用气量以外的公共福利设施、机关、团体等燃气用量。

九、用气总户数:是指用气的全部户数,包括生产、家庭和其他用户。

1.生产用户:是指使用煤气、天然气、液化气的工业和其它生产单位、企业用户的户数。

2.家庭用户:是指使用煤气、天然气、液休气供生活用的纯居民用气户数。

3.其他用户:是指除生产和家庭用户外的公共福利设施、机关、团体的用气户数。

十、用气人数:是指家庭用气户的人数。

十一、气化率:是指使用燃气的城市非农业户数与城市非农业总户数之比。

$$气化率 = \frac{城市非农业用气户数}{城市非农业总户数} \times 100\%$$

十二、年末供水管道长度:是指从送水泵至用户水表之间所有管道长度,不包括水源地至水厂的管道,水源井之间的井群连络管、水厂内部的管道、进户管、庭院管和新安装尚未使用的管道,计算时应按单管计算,即:如在同一条街道上埋设二条或二条以上管道时,则应按每条管道的长度计算,管道长度就按不同口径的管道分别计算,管道口径在300毫米以上的为干管。

十三、售水量:是指收费供应的水量。包括生产用水、生活用水、农业灌溉用水和其他用水四部分。

1.生产用水:是指生产用户在生产过程中耕用的水量。包括基本建设单位的施工用水量、铁路机车用水量、科学研究单位及大专院校的研究化验室、附属工厂、车间耗用的水量,自来水出厂后再送回水厂的生产自用水量和冲洗厂外管道的用水量。

2.生活用水:是指居民日常生活与行政、事业单位、部队营区、商业及服务等行业的用水量。包括饮食店、旅馆、医院、理发店、浴室、洗衣店、游泳池、商店、学校、机关、部队等单位,以及工业生产单位和基建施工单位装有专用水表的生活用水量(不能分开的计入工业用水量内)。

3.农业灌溉用水:是指农业生产过程中用于灌溉农田所耗用的水量。不包括农村农业人口日常生活用水和农村社办工厂及队办工厂的生产用水量。

4.其他用水:指没有包括在工业用水量、生活用水量和农业灌溉用水量之内的所有收费供应的水量,如市政用水和计费的消防用水(指消防演习、试验消火栓等用水)、娱乐用水等。

十四、人均日生活用水量:是指每个用水人口平均每天生活耗用的水量。

$$\text{人均日生活用水量(公斤)} = \frac{\text{生活用水量(吨)}}{\text{用水人数(人)}} \div \text{全年日历日数} \times 1000\text{(公斤)}$$

用水总人口:是指城市范围内由城市供水设施供给生活用水的人口(含公用水站用水人口)。包括非农业人口、农业人口和部队的用水人口,不包括流动人口。

十五、年末运营线路条数:是指城市公共交通企业设置的固定营业线条数。包括干线、支线和客流高峰时行驶的固定运营线路,不包括临时行驶和联营的线路。临时行驶线路是指不是每天行驶的线路,如重大集会增开的班车、固定日期特约车等等。

十六、客运总量:是指运送乘客的总人次。包括月票乘客人次、普通票乘客人次和包车乘客人次。

1.月票乘客人次:指购买城市公共交通企业出售的月票乘车人次。月票日乘车次数由城市公共交通客流调查资料测定,无客流调查资料的城市,其月票日乘车次数公共汽车、电车按5次计算。公共交通企业职工如采用凭月票乘车的,可计算乘客人次,否则,均不计算乘客人次。

2.普通乘客人次:是指在车上或站上购票乘车的乘客人次,包括旅游的乘客人次。凡购买一张车票,不论其乘车路程远近和距离长短,均计算一个人次,其中:旅游客票不论到达几个旅游点,一张客票只计算一个人次,购往返票的按二个人次计算。

3.团体包车乘客人次:是指机关、学校、工矿、企业、事业等单位包车的载客人数,其人数应按实际载运人数计算。如实际载运的人数不易计算时,亦可按车辆的客位(定员)数计算,凡包车一次,不论其包车时间长短和路程远近(指一天内时间),亦不论到达几个目的地,一个乘客只能计算一个人次。但往返运送的,应按二个人次计算。

十七、公共绿地:指向公众开放的各级各类公园、小游园、街头绿地等,包括其范围内的水域。

十八、每人平均占有公共绿地面积:是指每个非农业人口平均占有的城市公共绿地面积。

$$\text{每人平均占有公共绿地面积} = \frac{\text{公共绿地面积(平方米)}}{\text{非农业人口(人)}}$$

十九、公园:指常年开放供休息游览、进行科普教育、开展科学文化活动、有较好的植物配置,有一定设施和艺术布局的各级、各类公园。包括综合性公园、儿童公园、游乐公园、文物古迹公园、纪念性公园、郊野公园、风景名胜公园、小游园、植物园、动物园等。

二十、年底实有草坪：指上年末实有草坪＋本年新植－本年减少。

二十一、城市绿化覆盖率：指一年区域范围内绿化覆盖面积占区域总面积的比便。

$$\text{绿化覆盖率}(\%)=\frac{\text{区域内绿化覆盖面积}}{\text{区域总面积}}\times 100\%$$

道路绿化覆盖面积可按树冠垂直投影测算。

二十二、道路绿化总长度：指城市（县镇）范围内的道路、胡同河岸栽树的总长度。

二十三、全年污水处理量：指污水处理厂处理的全部污水量，包括物理处理、化学处理和生物处理。

$$\text{污水处理率}(\%)=\frac{\text{全年处理污水量}}{\text{全年污水总量}}\times 100\%$$

二十四、清运垃极：是指从城市各生活垃圾点运到指定的生活垃圾最终处理场所（堆积场）的数量。包括专业队伍用机械直接清运和人力收运后再经机械中转清运的数量，以及社会各单位的清运量和农民运出的数量。

二十五、清运粪便：是指环卫专业队伍用真空吸粪车和其它机械直接抽（装）运、人力清运后再经机械中转以及农民进城清运的城市粪便量。

18

PEOPLE'S LIVELIHOLD
人民生活

城镇居民人均生活费收入及支出情况

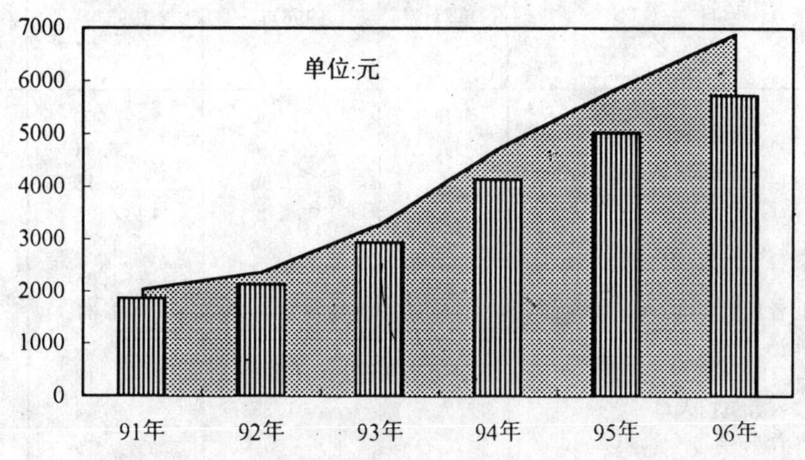

	1996年	1991年	1996年为1991年%
城镇居民:			
人均年生活费收入(元)	6886	2040	3.4倍
人均生活费支出(元)	5729	1860	3.1倍
农村居民:			
人均纯收入(元)	3580	1422	2.5倍
人均生活费支出(元)	2656	1100	2.4倍

农村居民人均纯收入及消费支出情况

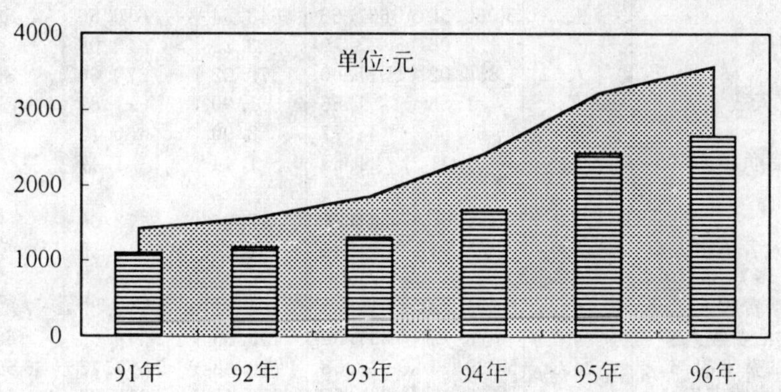

18—1 1000户居民家庭基本情况

项　　目	单　位	1996年	1995年	1996年为1995年%
一、调查户数	户	1 000	1 000	
二、家庭人口数	人	3 060.36	3 125.94	97.90
平均每户人口	人	3.06	3.13	97.76
三、就业人数	人	1 856.02	1 924.28	96.45
平均每户就业人数	人	1.86	1.92	96.88
平均就业面	%	60.65	61.56	98.52
四、平均每一就业者负担人口（包括就业者）	人	1.41	1.41	100.00
五、离、退休人数	人	436	412	105.83
六、平均每一有收入者负担人口（包括有收入者）	人	1.33	1.33	100.00
七、平均每人年生活费收入	元	6 885.48	5 868.36	117.33
平均每人月生活费收入	元	573.79	489.03	117.33
八、平均每人年生活费支出	元	5 729.45	5 019.76	114.14
平均每人月生活费支出	元	477.45	418.32	114.14

注：1. 有收入者指就业者和16岁以上的当月财产性收入、转移性收入、零星劳动收入在50元以上的无职业者。

2. 离、退休人数包括离、退休后再就业人员。

18—2 1000户居民家庭基本情况

（按收入水平分）

项　　目	单　位	全市合计	低收入户	中等偏下收入户	中等收入户	中等偏上收入户	高收入户
一、调查户数	户	1 000	200	200	200	200	200
二、家庭人口数	人	3 060.36	637.66	643.54	616.50	583.66	579.00
平均每户人口	人	3.06	3.19	3.22	3.08	2.92	2.90
三、就业人数	人	1 856.02	311.00	379.02	370.66	367.50	427.84
平均每户就业人数	人	1.86	1.56	1.90	1.85	1.84	2.14
平均就业面	%	60.65	48.77	58.90	60.12	62.96	73.89
四、平均每一就业者负担人口包括就业者）	人	1.41	1.65	1.44	1.47	1.34	1.23
五、离、退休人数	人	436.00	124.16	97.34	72.00	90.84	51.66
六、平均每一有收入者负担人口包括有收入者）	人	1.33	1.44	1.34	1.39	1.27	1.20
七、平均每人年生活费收入	元	6 885.48	4 012.60	5 464.22	6 596.29	7 835.68	10 979.13
平均每人月生活费收入	元	573.79	334.38	455.35	549.69	652.97	914.93
八、平均每人年生活费支出	元	5 729.45	3 978.58	4 756.88	5 651.75	6 595.51	7 948.35
平均每人月生活费支出	元	477.45	331.55	396.41	470.98	549.63	662.36

18—3 1000户居民家庭每人每年现金收入

单位:元

项 目	总平均	低收入户	中等偏下收入户	中等收入户	中等偏上收入户	高收入户	1996年为1995年%
现金收入	**7 945.78**	**4 682.14**	**6 169.85**	**7 391.77**	**9 125.30**	**12 914.81**	**117.74**
一、实际收入	**7 338.67**	**4 296.07**	**5 868.58**	**6 954.88**	**8 380.56**	**11 681.84**	**117.65**
#生活费收入	6 885.48	4 012.60	5 464.22	6 596.29	7 835.68	10 979.13	117.33
职工收入	5 506.12	2 760.64	4 190.33	5 600.43	6 153.76	9 238.92	116.33
个体经营劳动者收入	31.42	12.39	37.39	0.00	69.39	40.92	182.77
离退休再就业人员收入	155.58	82.71	136.07	80.87	152.64	340.00	122.99
其他就业者收入	19.94	39.33	28.47	22.48	6.28	0.21	160.47
其他劳动收入	170.84	85.62	123.72	106.39	244.81	311.13	127.42
财产性收入	82.72	27.89	34.90	28.53	84.22	252.46	134.77
转移性收入	1 372.05	1 287.48	1 317.71	1 116.18	1 669.46	1 498.21	118.99
离退休金	1 069.25	1 059.91	956.37	885.54	1 366.07	1 101.39	119.42
价格补贴	37.09	44.77	45.84	33.34	36.56	23.45	110.55
赡养收入	46.06	33.81	57.52	38.77	6.78	34.40	77.91
赠送收入	71.42	30.14	107.30	52.30	41.65	127.42	120.35
亲友搭伙费	62.86	81.01	85.50	28.58	76.39	40.59	125.73
记帐补贴	31.54	29.34	32.39	25.23	35.59	35.66	103.79
出售财物收入	1.53	0.23	4.28	0.00	1.41	1.65	75.31
其 他	52.29	8.28	28.51	52.42	45.74	133.64	224.80
二、借贷收入	**607.11**	**386.07**	**301.28**	**436.89**	**744.74**	**1 232.97**	**118.86**

18—4 1000户居民家庭每人每年现金支出

单位:元

项 目	总平均	低收入户	中等偏下收入户	中等收入户	中等偏上收入户	高收入户	1996年为1995年%
现金支出合计	**7 469.40**	**4 431.69**	**5 698.99**	**6 919.13**	**8 518.86**	**12 310.65**	**116.23**
一、消费性支出	**5 729.45**	**3 978.58**	**4 756.88**	**5 651.75**	**6 595.51**	**7 948.35**	**114.14**
食 品	2 671.49	2 298.18	2 491.21	2 693.55	2 893.54	3 035.65	109.65
衣 着	847.01	415.20	612.08	833.51	1 063.03	1 380.30	111.86
家庭设备用品及服务	436.31	239.99	266.04	313.72	541.58	866.17	98.60
医疗保健	217.82	157.19	184.99	160.77	213.41	386.28	147.42
交通通讯	257.02	124.69	197.05	308.22	341.55	329.70	108.91
娱乐教育文化及服务	699.14	361.51	540.96	723.95	897.64	1 020.25	136.88
居 住	286.99	224.96	251.30	282.75	291.88	394.55	125.99
杂项商品及服务	313.67	156.86	213.25	335.27	352.89	535.46	120.06
二、非消费支出	**566.91**	**237.82**	**357.53**	**443.11**	**550.04**	**1 310.93**	**129.63**
各种税金	9.50	1.45	1.16	7.15	11.55	28.28	154.71
赡养支出	127.30	57.51	109.62	94.32	99.33	287.12	123.30
赠送支出	231.48	115.60	176.85	210.45	333.58	339.35	124.48
购房与建房支出	148.51	46.42	43.07	76.62	31.24	572.87	140.68
其他非消费性支出	50.12	16.83	26.82	54.56	74.56	83.32	185.77
三、借贷支出	**1 173.04**	**215.28**	**584.58**	**824.27**	**1 373.30**	**3 051.37**	**121.01**

18—5 1000户居民平均每人年消费性支出

单位:元

项　　目	总平均	低收入户	中等偏下收入户	中等收入户	中等偏上收入户	高收入户	1996年为1995年%
一、食　品	**2 671.49**	**2 298.18**	**2 491.21**	**2 693.55**	**2 893.54**	**3 035.65**	**109.65**
粮　食	286.44	294.89	279.97	300.47	284.30	271.57	105.92
淀粉及薯类	24.22	24.77	22.78	25.75	23.81	23.99	114.62
干豆类及豆制品	37.31	32.73	36.75	40.43	37.06	39.90	113.78
油　脂	62.24	78.31	73.05	57.35	57.34	42.67	94.43
肉禽及其制品	581.95	502.71	563.88	615.96	614.48	620.28	103.27
蛋　类	101.38	110.89	104.64	96.96	97.86	95.52	114.89
水产品	123.17	100.98	108.55	117.31	127.97	165.26	108.91
菜　类	261.12	258.77	248.35	267.25	263.05	269.44	110.78
调味品	56.39	57.90	58.65	52.36	57.41	55.47	133.75
糖　类	44.59	40.83	41.32	45.47	46.41	49.60	117.68
烟草类	70.20	47.83	62.57	64.57	98.22	81.05	89.40
酒和饮料类	146.19	128.32	141.76	145.45	167.60	150.01	116.12
干鲜瓜果类	202.92	156.65	191.17	221.05	211.24	239.22	108.26
坚果及果仁	51.23	41.32	43.53	51.20	58.29	63.64	114.69
糕　点	97.18	76.43	90.28	97.85	102.07	122.05	113.55
奶及奶制品	84.98	66.88	76.28	78.95	91.48	114.47	115.54
其他食品	80.50	53.99	73.70	77.93	103.50	96.81	122.51
在外用餐	359.07	223.89	273.76	336.61	450.61	534.41	118.13
食品加工服务费	0.41	0.09	0.20	0.63	0.86	0.29	132.26
二、衣　着	**847.01**	**415.20**	**612.08**	**833.52**	**1 063.03**	**1 380.30**	**111.86**
服　装	512.34	232.62	360.20	473.12	645.27	897.28	116.10
衣着材料	89.05	40.31	72.46	96.88	117.56	124.12	91.84
鞋、袜、帽及其他衣着	216.37	128.99	159.66	232.28	264.33	310.32	117.63
衣着加工服务费	29.25	13.28	19.76	31.24	35.86	48.58	83.52
三、家庭设备用品及服务	**436.31**	**239.99**	**266.04**	**313.72**	**541.58**	**866.17**	**98.60**
耐用消费品	246.60	119.36	99.63	148.03	326.33	574.68	87.83
#日用机电消费品	157.80	62.84	70.08	106.90	228.18	343.14	89.80
室内装饰品	15.75	3.80	11.87	8.99	11.81	44.37	83.03
床上用品	24.69	12.29	21.83	21.69	27.66	41.71	99.39
家庭日用杂品	131.63	89.60	118.31	116.86	153.32	186.60	131.55
家具材料	0.76	1.11		1.86	0.51	0.31	53.15
家庭服务	16.88	13.83	14.40	16.29	21.95	18.50	100.84
四、医疗保健	**217.82**	**157.19**	**184.99**	**160.77**	**213.41**	**386.28**	**147.42**
#医药费	135.86	126.86	134.31	100.94	95.27	225.59	150.55
五、交通和通讯	**257.02**	**124.68**	**197.05**	**308.22**	**341.55**	**329.70**	**108.91**
交　通	154.56	84.34	114.33	201.07	196.04	185.28	144.46
#交通费	86.49	41.96	77.70	85.96	94.48	137.80	177.49
通　讯	102.46	40.34	82.72	107.16	145.50	144.42	79.43
#电讯费	51.95	29.80	36.18	60.33	65.94	70.84	116.04
六、娱乐、教育、文化服务	**699.14**	**361.51**	**540.96**	**723.95**	**897.64**	**1 020.25**	**136.88**
文娱用耐用消费品	207.81	70.80	119.28	232.56	286.42	351.45	155.11
教　育	276.82	187.88	263.13	270.26	376.77	296.24	136.22
#学杂费	156.06	118.06	129.86	166.58	199.17	172.37	140.27
托幼费	20.49	11.75	39.12	17.69	18.88	13.99	101.69
文化、娱乐	241.51	102.83	158.55	221.13	234.46	372.56	123.57
#书报杂志	68.86	36.75	55.52	70.39	74.12	112.13	126.86
七、居　住	**286.99**	**224.96**	**251.30**	**282.75**	**291.88**	**394.55**	**125.99**
住　房	150.59	96.74	120.43	151.30	150.74	242.53	122.86
#房　租	86.03	64.79	75.53	90.44	91.46	110.89	159.40
水电燃料	136.40	128.22	130.87	131.45	141.14	152.02	129.65
八、杂项商品和服务	**313.67**	**156.86**	**213.25**	**335.27**	**352.89**	**535.46**	**120.06**
个人消费	279.56	139.63	184.56	309.84	313.99	472.29	123.57
#金银珠宝饰品	35.38	13.33	7.37	62.37	23.98	73.55	116.96
旅　游	81.95	29.56	50.95	78.38	92.63	167.14	112.97
理发、洗澡、美容	16.70	10.36	11.49	14.35	17.54	31.13	129.56
其他商品	8.18	1.18	1.53	2.51	6.83	30.70	89.30
其他服务	25.93	16.05	27.16	22.92	32.08	32.47	100.23

18—6 1000户居民家庭消费性支出构成

单位:%

项目	总平均	低收入户	中等偏下收入户	中等收入户	中等偏上收入户	高收入户
消费性支出合计	**100**	**100**	**100**	**100**	**100**	**100**
食品	46.63	57.76	52.37	47.66	43.87	38.19
穿着	14.78	10.44	12.87	14.75	16.12	17.37
家庭用品及服务	7.62	6.03	5.59	5.55	8.21	10.90
医疗保健	3.80	3.95	3.89	2.84	3.24	4.86
交通通讯	4.49	3.13	4.14	5.45	5.18	4.15
娱乐教育文化及服务	12.20	9.09	11.37	12.81	13.61	12.84
居住	5.01	5.65	5.28	5.00	4.43	4.96
杂项商品及服务	5.47	3.94	4.48	5.93	5.35	6.74

18—7 1000户居民家庭平均每人年购买主要消费品支出

单位:元

项目	总平均	低收入户	中等偏下收入户	中等收入户	中等偏上收入户	高收入户	1996年为1995年%
粮食	357.92	365.37	360.90	373.14	345.52	342.65	106.92
食用植物油	78.19	89.81	86.00	70.66	76.90	59.60	96.78
鲜菜	304.37	279.09	273.43	304.47	325.28	344.81	114.68
猪肉及其制品	400.91	333.04	384.73	425.83	470.14	501.08	102.55
牛羊肉及其制品	179.36	140.98	171.09	187.25	205.49	197.61	122.11
家禽	150.78	102.56	108.00	145.78	148.45	167.67	98.56
鲜蛋	127.35	119.82	114.65	109.95	119.54	116.29	117.74
水产品	154.73	115.81	127.79	144.53	171.61	230.82	111.64
食糖	14.52	16.28	15.14	13.18	13.63	13.34	100.41
卷烟	70.13	47.64	62.57	64.45	98.22	81.05	89.35
酒	64.08	60.66	67.12	62.59	74.71	55.36	110.48
茶叶	29.84	30.25	32.16	27.10	35.11	24.42	119.65
鲜瓜果	197.21	123.87	148.61	171.15	160.92	172.74	108.61
糖果	16.33	13.28	15.07	15.85	18.33	19.59	112.16
糕点	97.18	76.43	90.28	97.85	102.07	122.05	113.61
鲜奶	41.57	36.91	38.96	35.57	45.41	52.10	118.03
棉布	8.26	6.47	7.39	7.70	9.51	10.51	129.06
棉化纤布	3.89	1.73	4.44	4.59	2.96	5.86	107.76
化纤布	22.58	12.86	17.76	23.63	27.63	32.45	101.07
呢绒	21.19	7.39	17.16	23.00	27.65	32.44	72.42
绸缎	9.98	2.42	11.10	11.12	13.22	12.56	67.12
毛皮大衣	48.15	24.06	48.35	21.90	71.84	78.51	146.44
呢大衣	16.99	8.51	7.59	14.69	12.93	43.29	102.23
风雨衣	9.04	2.18	6.81	9.70	5.32	22.15	95.26
西服	17.89	3.17	6.96	14.38	22.63	45.21	63.60
毛线衣	65.74	29.73	41.28	64.38	77.57	122.10	114.75
各式童装	40.31	28.55	33.83	32.67	49.56	59.26	123.54
毛线	15.18	6.95	8.65	18.66	22.39	20.54	107.58
皮鞋	109.28	60.28	76.79	116.96	133.96	166.30	112.12
旅游鞋	15.30	9.97	8.91	19.83	19.24	19.50	111.76

18—8 1000户居民家庭主要消费品平均每人年购买量

项目	单位	总平均	低收入户	中等偏下收入户	中等收入户	中等偏上收入户	高收入户	1996年为1995年%
粮食	公斤	85.47	84.75	78.82	82.05	80.43	74.04	97.06
食用植物油	公斤	7.85	9.41	8.60	7.15	7.71	5.45	103.56
鲜菜	公斤	178.10	176.07	165.18	167.86	188.27	191.42	108.05
猪肉及其制品	公斤	26.79	22.60	25.51	26.78	29.62	30.69	102.37
牛羊肉及其制品	公斤	10.68	10.19	11.80	12.68	11.82	10.87	128.21
家禽	公斤	7.18	6.33	6.32	8.28	8.60	9.16	92.41
鲜蛋	公斤	16.63	16.24	15.38	14.69	16.16	15.81	99.94
水产品	公斤	10.13	9.38	9.25	10.95	12.85	14.81	106.63
食糖	公斤	2.44	2.70	2.54	2.25	2.34	2.20	103.38
卷烟	盒	24.51	23.19	26.24	21.94	28.14	23.12	82.66
酒	公斤	12.21	12.91	13.51	10.32	14.77	9.39	100.58
茶叶	公斤	0.38	0.41	0.44	0.37	0.41	0.25	95.00
鲜瓜果	公斤	63.17	45.68	55.21	61.98	58.21	59.21	111.23
糖果	公斤	0.71	0.60	0.69	0.66	0.82	0.80	101.43
糕点	公斤	6.04	5.21	5.59	6.20	6.20	7.06	101.34
鲜奶	公斤	15.78	14.07	14.88	13.63	17.32	19.40	104.85
棉布	米	0.93	0.63	0.83	0.80	1.37	1.04	134.87
棉化纤布	米	0.23	0.07	0.31	0.28	0.21	0.29	104.69
化纤布	米	0.81	0.46	0.79	0.72	0.96	1.17	105.01
呢绒	米	0.31	0.12	0.24	0.29	0.47	0.46	70.17
绸缎	米	0.28	0.07	0.28	0.33	0.39	0.34	67.38
毛皮大衣	件	0.04	0.03	0.05	0.02	0.05	0.06	161.32
呢大衣	件	0.04	0.03	0.03	0.04	0.03	0.06	94.38
风雨衣	件	0.06	0.02	0.06	0.06	0.05	0.11	103.29
西服	件	0.08	0.03	0.04	0.06	0.09	0.19	59.21
毛线衣	件	0.57	0.31	0.34	0.62	0.73	0.91	111.49
各式童装	件	1.06	0.72	0.99	0.81	1.18	1.66	105.08
毛线	公斤	0.22	0.11	0.17	0.27	0.31	0.27	87.03
皮鞋	双	0.94	0.61	0.73	1.10	1.02	1.26	103.96
旅游鞋	双	0.17	0.12	0.12	0.21	0.20	0.20	94.53

18—9　1000户居民家庭平均每百户耐用消费品年购买量

项　　目	单位	总平均	低收入户	中等偏下收入户	中等收入户	中等偏上收入户	高收入户	1996年为1995年%
毛皮大衣	件	12	9	15	15	5	16	157.89
呢大衣	件	11.8	11	10	10	12	16	92.19
地　毯	平方米	8.4		24	6		12	75.95
组合家具	套	1.6		1	1	1	5	72.73
沙发床	个	3.4	2	2	2	5	6	89.47
沙　发	个	4.2	7	1	2	1	10	42.86
自行车	辆	14.6	9	10	12	17	25	107.35
电风扇	台	5.6	2	4	4	6	12	100.00
电冰箱	台	2.8	1	1	2	3	7	100.00
冰　柜	台	0.6	1		1	1		300.00
洗衣机	台	3.8	2	4	2	6	5	118.75
彩　电	台	4.8		4	4	8	8	240.00
录放像机	台	1		1	2	1	1	55.56
游戏机	台	1.2	1	1	3	1		150.00
组合音响	套	1			2		3	55.56
收录机	台	7.2	4	8	10	3	11	128.57
照相机	架	2.8	1	5	2	2	4	82.35
空调器	台	1.6		1	1	4	2	32.00
淋浴热水器	个	4.6	5	6	5	2	5	47.92
排油烟机	台	3.6	3		2	4	9	94.74
吸尘器	台	0.6			1		2	150.00
电炊具	台	8.8	4	3	11	7	19	104.76

18—10　1000户居民家庭平均每百户耐用消费品年末拥有量

项　　目	单位	总平均	低收入户	中等偏下收入户	中等收入户	中等偏上收入户	高收入户	1996年为1995年%
毛皮大衣	件	86	69	75	76	97	113	116.85
呢大衣	件	239	201	235	235	255	269	98.84
地　毯	平方米	244.6	87	147	241	206	542	104.89
组合家具	套	64.2	52	60	63	69	77	102.88
沙发床	个	69.8	48	65	69	73	94	105.44
沙　发	个	210	172	159	196	249	274	93.33
自行车	辆	249	212	238	257	258	280	102.22
电风扇	台	138.8	126	123	134	143	168	100.87
电冰箱	台	105.4	97	102	105	109	114	100.96
冰　柜	台	13.6	20	3	15	12	18	115.25
洗衣机	台	101.4	88	102	103	106	108	101.00
彩　电	台	119.2	103	113	116	129	135	104.93
录放像机	台	57.8	38	56	59	68	68	106.64
游戏机	台	37.6	30	34	43	43	38	109.94
组合音响	套	16.6	7	8	14	17	37	112.16
收录机	台	113.8	99	107	129	113	121	103.27
照相机	架	87.2	70	87	84	92	103	100.46
空调器	台	14.2	5	8	9	27	22	120.34
淋浴热水器	个	52	39	44	50	54	73	114.54
排油烟机	台	17.2	33	36	51	54	62	109.77
吸尘器	台	20.4	8	14	14	27	39	100.00
电炊具	台	46.6	27	34	45	51	76	137.06
摩托车	辆	3.4	4		6	4	3	141.67

18－11　2200户农民家庭基本情况

项　　目	单　位	总平均	按人均年纯收入水平分组				1996年为1995年%
			1000元以下	1000～2000元	2000～3500元	3500元以上	
1.调查户数	户	2 200	59	421	803	917	100.0
2.常住人口	人	8 167	253	1 723	3 067	3 124	99.8
平均每户	人	3.71	4.29	4.09	3.82	3.41	99.7
3.整半劳动力	个	5 617	158	1 115	2 058	2 286	100.7
平均每户	个	2.55	2.68	2.65	2.56	2.49	100.4
4.平均每一劳动力负担人口	人	1.45	1.60	1.55	1.49	1.37	98.6
5.学龄前儿童人数	人	251	7	59	116	69	82.8
6.6～11岁人口	人	752	31	170	283	268	93.9
＃在校人口	人	689	29	146	262	252	96.1
7.12～14岁人口	人	543	20	116	204	203	100.2
＃在校人口	人	538	20	114	203	201	100.0
8.15～17岁人口	人	324	14	70	132	108	111.3
＃在校人口	人	318	13	70	130	105	111.2
9.家庭经营耕地面积	公顷	471.82	14.13	96.74	175.55	185.40	96.9
10.家庭经营山地面积	公顷	73.31	2.41	20.05	41.86	8.99	109.0
11.人均生产性固定资产原值	元	644.95	1 370.27	774.89	598.06	560.57	86.4
12.人均住房面积	平方米	25.74	22.49	23.04	24.73	28.49	104.0
13.人均总收入	元	4 002.42	1 101.68	1 863.15	3 039.07	6 202.94	107.5
＃现金收入	元	3 438.47	861.82	1 517.12	2 603.45	5 526.63	109.6
14.人均纯收入	元	3 580.16	742.15	1 557.66	2 687.35	5 641.95	111.0
15.人均生活消费支出	元	2 655.50	1 238.93	1 545.42	2 179.49	3 849.80	109.1
＃现金支出	元	2 474.25	1 012.93	1 367.23	1 994.63	3 674.04	111.4
16.职工人数	人	701	4	76	228	393	106.0
17.乡村企业从业人数	人	1 310	17	199	491	603	96.5
18.平均每个劳动力创造纯收入	元	4 835.80	1 150.25	2 277.45	3 809.06	7 043.99	110.8

18—12 2200户农民家庭平均每人年纯收入

单位:元

项 目	总平均	按人均年纯收入水平分组				1996年为1995年%
		1000元以下	1000~2000元	2000~3500元	3500元以上	
合 计	**3 580.16**	**742.15**	**1 557.66**	**2 687.35**	**5 641.95**	**111.0**
一、基本收入	**3 325.91**	**718.34**	**1 473.80**	**2 555.93**	**5 154.47**	**111.9**
(一)劳动者的报酬收入	2 317.84	304.10	958.86	1 767.21	3 610.96	122.4
1.在集体组织中劳动的报酬	839.50	111.94	351.24	659.14	1 184.74	112.5
2.在企业劳动得到的报酬	1 462.45	178.58	591.28	1 096.67	2 406.00	128.7
在集体企业的劳动所得	835.37	117.63	349.44	610.37	1 382.40	128.4
在个体企业的劳动所得	69.27	7.31	39.02	60.26	99.82	117.0
在其他企业的劳动所得	557.81	53.64	202.82	426.04	923.78	130.8
3.在其他单位劳动得到的报酬	15.89	13.58	16.34	11.40	20.22	148.6
(二)家庭经营纯收入	1 008.07	414.24	514.94	788.72	1 543.51	93.3
从第一产业得到	823.48	327.01	441.22	655.69	1 239.30	93.8
从第二产业得到	9.51	28.87	3.03	5.95	14.96	78.7
从第三产业得到	175.08	58.36	70.69	127.08	289.25	92.2
二、转移性和财产性收入	**254.25**	**23.81**	**83.86**	**131.42**	**487.48**	**101.5**
#在外人口寄、带回	8.95	4.74	6.30	7.44	12.23	133.8
农村外部亲友赠送	24.86	3.44	10.10	12.46	46.90	93.9
奖励收入	42.12		5.11	13.05	94.49	98.2
财产性收入	85.16	5.20	19.49	37.56	174.60	96.4

18—13 2200户农民家庭平均每人年生活费支出

单位:元

项　　目	总平均	按人均年纯收入水平分组				1996年为1995年%
		1000元以下	1000～2000元	2000～3500元	3500元以上	
合　　计	**2 655.50**	**1 238.93**	**1 545.42**	**2 179.49**	**3 849.80**	**109.1**
一、食品支出	**1 233.07**	**732.61**	**864.62**	**1 103.87**	**1 603.67**	**97.9**
＃主食	331.03	284.57	308.59	321.97	356.06	92.7
副食	517.70	299.25	345.12	457.88	689.30	102.3
其他食品	291.99	128.51	176.57	243.40	416.60	109.0
二、衣着支出	**286.66**	**105.36**	**136.11**	**220.89**	**449.48**	**108.8**
＃服装支出	134.34	33.28	54.37	98.36	221.89	103.9
三、居住支出	**329.21**	**76.92**	**164.54**	**237.65**	**530.35**	**140.0**
＃住房	187.68	10.30	82.49	114.69	331.73	139.5
燃料	86.10	50.34	57.80	82.85	107.81	139.3
四、家庭设备用品及服务支出	**191.72**	**52.09**	**71.37**	**134.01**	**326.06**	**103.6**
＃耐用消费品	92.87	8.96	23.27	58.52	171.78	97.1
家庭日用杂品	79.05	31.43	37.01	61.77	123.05	116.6
五、医疗保健支出	**140.05**	**91.13**	**99.55**	**129.36**	**176.84**	**118.8**
六、交通和通讯支出	**117.36**	**28.32**	**33.18**	**70.61**	**216.89**	**117.4**
＃交通工具	69.26	16.55	13.43	38.02	134.99	104.2
交通费	11.11	8.30	4.77	9.31	16.60	124.7
邮电费	7.30	0.27	3.57	3.86	13.31	372.4
七、文教娱乐用品及服务支出	**272.24**	**107.50**	**148.97**	**233.61**	**391.49**	**105.8**
＃文娱用机电消费品	53.93	0.57	13.48	41.36	92.91	100.5
书报杂志	3.34	0.81	1.74	2.14	5.61	114.8
学杂费	169.49	87.17	118.30	161.71	212.04	106.0
文娱费	12.21	2.11	2.87	4.85	25.40	137.8
八、其他商品及服务支出	**84.99**	**45.00**	**27.08**	**49.49**	**155.02**	**124.9**
＃商品性支出	18.58	2.14	5.18	11.34	34.41	106.7

18—14 2200户农民家庭平均每人年粮食收支存情况

单位:公斤

项目	总平均	按人均年纯收入水平分组				1996年为1995年%
		1000元以下	1000～2000元	2000～3500元	3500元以上	
一、年末粮食结存	**195.01**	**165.51**	**179.71**	**200.25**	**200.69**	**112.9**
二、年内粮食收入	**457.94**	**251.60**	**360.38**	**414.79**	**570.83**	**102.1**
从集体得到	1.41		1.57	1.70	1.17	113.7
家庭经营生产	372.98	209.45	279.34	338.35	471.85	107.3
购入	81.48	42.15	78.15	73.25	94.58	84.5
#从集市购入	36.15	12.87	32.40	35.42	40.84	84.1
其他	2.07		1.32	1.49	3.23	64.3
三、年内粮食支出	**313.17**	**257.15**	**263.77**	**278.03**	**379.45**	**96.0**
生活用粮	162.67	158.22	155.81	159.12	170.29	84.5
#稻谷	32.33	19.51	28.24	31.59	36.34	85.0
小麦	108.70	111.68	103.71	106.45	113.41	85.4
出售粮食	139.15	96.46	91.03	109.81	197.97	119.0
#出售给国家	47.84	31.91	37.55	30.09	72.24	114.6
其他	11.35	2.47	16.93	9.10	11.19	67.9
四、年末粮食结存	**339.78**	**159.96**	**276.32**	**337.01**	**392.07**	**115.2**
#口粮	213.07	129.72	204.04	227.54	210.59	111.3
饲料	7.30	0.86	6.89	6.82	8.52	112.3
种籽	5.17	1.77	5.43	4.99	5.48	110.7

18—15 2200户农民家庭主要生活消费品平均每人消费量

项　　目	单位	总平均	按人均年纯收入水平分组				1996年为1995年%
			1000元以下	1000～2000元	2000～3500元	3500元以上	
粮　食	公斤	162.64	158.22	155.81	159.10	170.23	84.5
豆制品	公斤	2.62	1.21	1.91	2.38	3.36	89.4
蔬　菜	公斤	106.29	73.58	93.77	100.83	121.22	94.7
植物油	公斤	7.18	5.89	5.80	7.28	7.95	97.8
动物油	公斤	0.79	0.62	0.89	0.63	0.91	84.0
猪牛羊肉	公斤	13.19	7.75	9.03	11.82	17.28	103.2
家　禽	公斤	1.21	0.54	0.60	0.92	1.90	77.1
蛋　类	公斤	5.52	2.74	3.68	5.04	7.24	95.7
奶及奶制品	公斤	1.54	0.87	1.40	1.18	2.02	102.0
水产品	公斤	3.45	2.11	2.24	3.12	4.54	103.9
食　糖	公斤	1.17	0.79	0.85	1.08	1.46	109.3
糖　果	公斤	0.33	0.15	0.19	0.26	0.49	89.2
酒　类	公斤	15.87	8.84	11.99	14.15	20.26	104.3
茶　叶	公斤	0.46	0.19	0.36	0.42	0.57	83.6
糕　点	公斤	2.39	1.33	1.51	2.05	3.29	89.5
瓜　果	公斤	26.19	13.17	16.02	22.36	36.63	109.8
棉布及其服装	米	0.81	1.18	0.57	0.66	1.07	80.2
化纤布及其服装	米	1.74	1.00	1.00	1.55	2.38	95.6
呢绒、绸缎及其服装	米	0.11	0.09	0.04	0.09	0.17	73.3
毛线及其织品	公斤	0.26	0.07	0.13	0.20	0.41	92.9
针织衣裤	件	0.64	0.21	0.31	0.47	1.03	112.3
#尼龙衫裤	件	0.07	0.04	0.04	0.06	0.09	87.5
棉毛衫裤	件	0.29	0.11	0.16	0.19	0.48	116.0
卫生衫裤	件	0.28	0.06	0.10	0.22	0.47	121.7
皮　鞋	双	0.59	0.21	0.30	0.52	0.84	118.0
胶球鞋	双	0.22	0.22	0.22	0.21	0.21	110.0
肥　皂	块	0.82	0.56	0.67	0.72	1.01	88.2
洗衣粉	公斤	0.92	0.66	0.88	1.00	0.89	103.4

18—16　2200户农民家庭平均每百户耐用消费品拥有量

项　　目	单位	总平均	按人均年纯收入水平分组				1996年为1995年%
			1000元以下	1000～2000元	2000～3500元	3500元以上	
自行车	辆	250	202	222	251	264	99.6
缝纫机	架	68	59	66	69	68	101.5
钟	只	105	93	97	106	109	99.1
手　表	只	217	237	202	210	229	101.4
电风扇	台	117	105	99	112	130	101.7
洗衣机	台	83	66	70	81	91	102.5
电冰箱	台	67	41	48	60	83	106.3
摩托车	辆	19	10	12	17	24	126.7
收音机	台	43	37	36	41	48	104.9
黑白电视机	台	44	51	53	46	37	95.7
彩色电视机	台	79	61	62	77	91	106.8
收录机	台	58	47	48	57	63	103.6
照相机	架	21	12	10	16	32	100.0
录相机	台	12	8	4	10	19	100.0
抽油烟机	台	10	7	3	8	14	111.1
吸尘器	台	4	2	0.5	2	6	100.0
组合家具	套	41	36	31	38	48	105.1
沙　发	个	234	180	173	226	272	101.3
床	个	187	120	157	183	209	100.0
大衣柜	个	98	90	93	100	98	102.1
写字台	张	95	58	88	93	103	101.1

主 要 统 计 指 标 解 释

一、城镇居民家庭就业人口：指城镇居民从事社会劳动并取得劳动报酬或经营收入的人口。就业人口包括通过国家统筹规划和指导由劳动部门介绍就业，自愿组织起来就业和自谋职业等种方式，在国有、集体、中外合资、中外合作、外资在华独资的企事业单位和私营企业单位工作或从事个体劳动的有固定性职业或临时性职业的人口。“就业人口”包括“国有单位职工”“集体单位职工”、“其他单位职工”、“个体经营者”、“个体被雇人员”、“离退休再就业人员”、“其他就业人员”七项。

二、城镇居民家庭全部收入：指被调查城镇居民家庭全部的实际现金收入，包括经常或固定得到的收入和一次性收入。不包括周转性收入，如提取银行存款、向亲友借款、收回借出款以及其他各种暂收款。

三、城市居民人均生活费收入：生活费收入是指居民家庭全部收入中，可用于支付生活费用的收入。人均生活费收入是按家庭全部人口计算的平均每人生活费收入。它包括居民家庭所有成员的工资、奖金、津贴、洗理费、书报费、交通补贴、价格补贴、独生子女费以及离、退休者收入、赡养赠送收入、出售财物收入、利息收入、稿费、讲课费等全部经常和一次性收入，但应扣除赡养、赠送支出、记帐补贴及非家庭人口经常在私用饭所交的“搭火费”。

全市被调查的1000户居民家庭，是按照国家统一规定的方法，在我市10个区中，按街道、居委会采用分阶段等距抽样的方法随机抽选的，包括了各种不同类型的居民家庭，因此具有一定的代表性。

四、城镇居民人均消费性支出：指被调查的城镇居民家庭用于日常生活的全部支出。人均消费性支出是按家庭全部人口计算的平均每人消费性支出。它包括食品、衣着、家庭设备用品及服务、医疗保健、交通和通讯、娱乐教育文化服务、居住、杂项商品和服务等八大类支出，均按用途划分归类。其中商品支出是指被调查的城镇居民购买商品的全部支出，包括从商店、工厂、饮食业、单位食堂、集市以及直接从农民或农村购买的各种商品开支。无论是自用或赠送亲友都包括在内。

五、其他劳动收入：指所有家庭成员的兼职、兼业收入和从事其他零星劳动的收入，如稿费，讲课费等。

六、农民家庭整半劳动力：指农村常住居民家庭成员中有劳动能力并经常参加实际劳动的人员。它是生产的基本要素指标之一，是发展生产增加农民家庭收入的重要源泉。按规定，农村男18周岁至50周岁、女18周岁至45周岁为整劳动力；男16周岁到17周岁、51周岁到60周岁，女16周岁到17周岁、46周岁至55周岁为半劳动力。农民家庭整半劳动力，既包括在上述规定劳动年龄内和在劳动年龄以外有劳动能力并经常能加实际劳动的男女整半劳动力；也包括农民家庭常住人员中属于职工的劳动力。但不包括在劳动年龄内已丧失劳动能力的人员。

七、农民家庭纯收入：是总收入扣除相应的各项费用性支出后，归农民所有的收入。它既可以用于生产、非生产投资，改善物质和文化生活，以及用于再分配的支出和结余的收入。这个指标用来观察农民实际收入水平，以及农民扩大再生产和改善生活的能力。

八、农民家庭生活消费支出：是指农村住户年内用于物质生活和精神生活方面的实际支出，直接反映农民的生活水平、研究农民消费结构变化的基本指标。生活消费支出包括食品，依着，居住，家庭设备用品及服务，医疗保健，交通和通讯，文化教育娱乐用品及服务，其他商品和服务等消费支出。

19

SOCIAL WELFARE, LAW AND OTHERS

社会福利、政法及其他

19—1 离休、退休职工人数

单位：人

行业	1996年			1995年		
	合计	#退休职工	#离休干部	合计	#退休职工	#离休干部
总计	**1 329 894**	**1 199 202**	**96 990**	**1 207 142**	**1 085 844**	**92 209**
#由民政部门支付离退休费的	31 516	20 370	3 092	31 742	21 020	3 062
中央单位	274 118	216 378	52 132	256 786	204 476	49 595
地方单位	1 055 776	982 824	44 858	950 356	881 368	42 614
国有经济	1 034 830	924 756	91 772	936 371	823 603	89 486
集体经济	271 180	252 014	4 549	251 937	244 668	2 169
其他经济类型	23 884	22 432	669	18 834	17 573	554
在国有经济中：						
农、林、牧、渔业	23 799	22 332	1 162	21 530	19 816	1 424
采掘业	40 922	39 533	1 101	21 914	21 018	764
制造业	393 310	371 817	17 378	370 805	349 519	17 594
电力、煤气及水的生产和供应业	4 394	4 004	326	4 137	3 728	384
建筑业	88 515	84 025	3 548	76 046	71 930	3 502
地质勘查业、水利管理业	4 077	2 940	1 085	4 847	4 210	588
交通运输、仓储及邮电通信业	80 299	71 395	7 560	79 127	72 463	5 995
批发、零售贸易、餐饮业	92 167	84 291	5 960	82 590	77 176	4 299
金融、保险业	1 607	1 192	412	4 900	3 956	934
房地产业	9 037	8 540	372	8 198	7 732	387
社会服务业	57 031	51 074	4 936	41 119	37 644	3 037
卫生、体育和社会福利业	26 568	22 687	3 680	22 720	18 401	4 130
教育、文化艺术和广播电影电视业	95 794	78 653	14 503	77 761	62 243	14 693
科学研究和综合技术服务业	46 084	34 933	10 927	50 370	39 232	10 733
国家机关、政党机关和社会团体	61 581	38 833	17 786	65 479	30 709	20 104
其他行业	9 645	8 507	1 036	4 828	3 826	918

项　　目	全　市	全　民 所有制 合　计	农、林 牧、渔 业	采掘业	制造业	电力煤 气及水 生产和 供应业	建筑业	地质勘查 业、水利 管理业	交通运输 仓储及邮 电通信业
在职职工劳保福利费用	**372 760**	**316 870**	**11 740**	**7 402**	**71 501**	**4 764**	**16 575**	**958**	**24 651**
医疗卫生费	254 011	220 318	5 573	4 267	50 824	3 699	11 680	612	18 419
丧葬、抚恤救济费	3 301	3 006	233	292	718	21	342	23	116
生活困难补助	4 738	4 298	114	158	825	31	219	6	208
文体宣传费	13 551	11 884	298	615	2 423	171	701	39	1 437
集体福利设施费	29 769	24 717	687	699	4 909	295	1 147	123	1 811
计划生育补贴	5 704	4 700	180	102	1 158	72	183	17	354
冬季取暖补贴	15 732	12 492	587	355	3 052	268	641	30	805
其他	45 954	35 455	4 068	913	7 592	207	1 664	107	1 501
非在职职工保险福利费用	**885 431**	**740 517**	**16 524**	**27 781**	**247 585**	**3 555**	**59 331**	**3 703**	**48 927**
离休工资	82 133	78 358	961	856	13 790	275	2 936	861	6 324
退休金	538 802	436 066	9 813	17 733	165 477	1 805	38 197	1 613	32 663
退职生活费	7 325	4 370	80	72	959	25	278	15	364
医疗卫生费	182 658	154 412	4 058	6 170	50 166	1 234	12 170	861	4 867
护理费	8 457	8 135	60	166	680	15	213	159	187
交通费补贴	3 968	3 697	68	56	649	11	163	16	110
丧葬、抚恤救济金	6 095	5 414	105	1 549	1 085	15	548	15	000
冬季取暖补贴	5 711	4 145	157	39	1 827	34	401	6	282
其他	50 282	45 920	1 224	1 140	12 952	143	4 426	157	3 792

保 福 利 费 用

单位:万元

批发和零售贸易、餐饮业	金融、保险业	房地产业	社会服务业	卫生、体育和社会福利业	教育、文化艺术及广播电影电视业	科学研究和综合技术服务业	国家机关政党机关社会团体	其他行业	集体所有制单位	其他所有制单位
36 947	**4 908**	**5 385**	**28 559**	**9 088**	**40 329**	**27 945**	**20 782**	**5 337**	**27 992**	**27 898**
27 056	2 989	3 826	20 046	6 210	30 426	17 251	14 357	3 083	18 372	15 322
151	15	13	151	90	369	194	230	48	172	123
456	47	39	217	77	886	559	403	53	314	125
710	234	169	897	766	936	1 417	874	197	636	1 031
2 144	331	447	2 194	331	1 953	5 784	1 291	571	2 765	2 286
643	123	67	437	163	407	408	330	57	624	380
1 727	113	235	1 134	378	1 823	246	844	255	1 978	1 262
4 062	1 058	589	3 483	1 073	3 528	2 085	2 454	1 073	3 131	7 369
68 441	**1 979**	**8 062**	**41 013**	**22 328**	**75 391**	**44 579**	**57 579**	**13 739**	**132 532**	**12 382**
4 707	350	266	4 205	3 134	12 056	10 406	16 481	751	3 181	594
34 544	721	4 584	23 250	12 955	46 345	20 995	21 317	4 054	94 382	8 354
426	1	28	228	115	483	77	1 193	27	2 764	191
24 340	629	2 543	10 395	3 941	9 906	8 793	11 036	3 302	25 718	2 528
332	18	20	113	168	495	460	928	4 120	298	24
342	62	13	149	170	419	497	891	84	247	24
347	29	66	140	164	437	214	319	44	607	74
535	4	104	201	95	183	94	148	35	1 475	91
2 868	164	438	2 332	1 586	5 067	3 043	5 266	1 323	3 860	502

19—3 优抚、救济对象得到抚恤、补助、救济情况

项　　目	人　　数（人）	抚恤、补助、救济金额（千元）
烈属牺牲病故军人家属抚恤	3 835	19 187
革命伤残人员抚恤	13 324	6 645
复退军人生活补助	24 881	39 791
农村五保户定期救济补助	4 259	3 748
农村贫困户救济	13 675	7 687
城镇散居孤老残幼救济	1 170	4 397
城镇贫困户定期救济	4 072	4 211
精减退职老职工救济	8 942	11 400
自然灾害救济（人次）	86 828	11 816
临时救济困难户（人次）	93 181	6 241
离退休人员	31 516	183 981
＃离休	3 144	25 506

19—4 优抚及主要救济对象情况

单位：人

项　　目	人　　数		1996 年为 1995 年％
	1996 年	1995 年	
优抚对象合计	**298 675**	**305 629**	**97.7**
烈属	16 654	17 008	97.9
牺牲、病故军人家属	2 086	2 127	98.1
现役军人家属	150 066	150 832	99.5
革命伤残人员	13 324	13 334	99.9
在乡复员军人	16 064	16 416	97.9
在乡退伍军人	100 476	105 907	01.0
在乡退伍军红军老战士	5	5	100.0
主要救济对象	**103 286**	**86 815**	**119.0**
社会困难户人数	89 011	72 472	122.8
社会散居孤老、残、幼	5 333	5 190	102.8
精减退职老职工	8 942	9 153	97.7

19—5 社会福利事业情况

项目	单位	1996年	1995年	1996年为1995年%
建立社会保障网络的乡镇	个	210	212	99.1
社会福利企业	个	2 433	2 487	97.8
#民政部门办	个	94	127	74.0
职工人数	人	69 247	70 057	98.8
#残疾职工	人	28 499	30 114	94.6
全年增加值	万元	78 825.9	72 510.3	108.7
城镇社区服务设施	个	497	454	319.6

19—6 城乡各种福利院情况

项目	单位	合计	光荣院	社会福利院	儿童福利院	精神病院	敬老院
社会收养单位	个	305	10	5	1	2	287
福利院单位数	个	305	10	5	1	2	287
职工人数	人	2 805	232	548	251	240	1 534
床位数	张	11 338	593	1 185	782	638	8 140
收养人数	人	8 000	493	949	782	589	5 187
#自费	人	948	18	576	24	330	
国家拨款	千元	33 678	7 066	13 151	6 903	4 891	1 667
集体资助	千元	9 954					9 954

19—7 社会保险基金统筹情况

项目	退休(养老)基金统筹			失业保险基金统筹		
	单位个数(个)	人数(人)	提取金额(万元)	单位个数(个)	人数(人)	提取金额(万元)
合计	**16 221**	**1 927 018**	**354 672**	**17 222**	**2 160 370**	**23 067**
按经济类型划分						
国有经济	6 155	1 316 123	251 944	10 391	1 703 847	18 158
集体经济	5 791	267 796	25 314	5 529	292 888	2 615
其他经济	4 275	343 099	77 414	1 302	163 635	2 294
按隶属关系划分						
#中央单位	1 552	180 173	69 524	1 120	365 187	3 576
地方单位	14 493	1 732 009	281 194	16 102	1 795 183	19 491

19—8 婚姻登记情况

项　　目	单　位	1996 年	1995 年	1996 年为 1995 年%
登记结婚对数	**对**	**85 924**	**84 669**	**101.5**
初婚人数	人	146 666	148 722	98.6
城市	人	97 874	97 452	100.4
男初婚人数	人	50 607	50 503	100.2
#22—24 岁	人	8 353	8 260	101.1
25 岁以上	人	42 254	42 243	100.0
女初婚人数	人	47 267	46 949	100.7
#20—22 岁	人	5 599	5 600	100.0
23 岁以上	人	41 668	41 349	100.8
农村	人	48 792	51 270	95.2
男初婚人数	人	22 253	23 557	94.5
#22—24 岁	人	14 313	15 403	92.9
25 岁以上	人	7 940	8 154	97.4
女初婚人数	人	26 539	27 713	95.8
#20—22 岁	人	10 387	11 825	87.8
23 岁以上	人	16 152	15 888	101.7
再婚人数	人	25 218	20 616	122.3
男性	人	13 252	10 609	124.9
女性	人	11 966	10 007	119.6
登记离婚对数	**对**	**20 708**	**20 160**	**102.7**

19—9 律师工作

项　　目	单　位	1996 年	1995 年	1996 年为 1995 年%
律师事务所	个	263	227	115.9
律师工作人员(注册)	人	3 799	3 504	108.4
专职律师	人	1 569	1 229	127.7
兼职律师	人	1 140	763	149.4
特邀律师	人	449	374	120.1
其他	人	600	421	142.5
聘请常年法律顾问的单位	个	4 700	4 320	108.8
民事代理	件	5 433	5 331	101.9
经济案件	件	6 018	5 016	120.0
行政案件	件	169	159	106.3
刑事辩护	件	5 202	3 496	148.8
非诉讼法律事务	件	9 805	9 247	106.0
解答法律咨询	件	20 085	26 192	86.7
代写法律事务文书	件	12 255	8 572	143.0

19—10 部分市属律师事务所主要业务情况(前十名)

律师事务所	担任常年法律顾问(家)	律师事务所	律协诉讼案件(件)			律师事务所	办理非诉讼法律事务(件)
			刑 事	民 事	经 济		
经济	103	正大	181	228	72	嘉和	462
法大	88	大成	88	146	223	经济	356
正大	74	经济	285	61	78	李文	331
中伦	55	青山	154	153	96	华宇	328
青山	49	共和	6	36	164	共和	325
共和	45	翔龙	20	95	36	通商	293
地石	44	金杜			139	国方	248
万象	39	经纬	10	26	68	海斯	171
天宇	35	陆通	32	25	37	华夏	161
法轮	35	北斗	3	23	67	博宇	143

19—11 部分基层法律服务所主要业务情况(前十名)

基层法律服务所	担任常年法律顾问(家)	民事代理(件)	代写法律文书(件)	协办公证(件)	解答法律咨询(件)
包诚所	20	378	145		23 565
昌平所	18	50	433	2	501
双隆所	17	157	223	18	1 958
华诚所	20	108	12		276
卢沟桥乡所	35	41	37	2	125
中关村所	15	42			25
青龙桥所	23	185	62	26	527
三信所	18	176	3 427		13 562
燕园所	18	151	56	628	755
和信所	17	82	79	7	293

19—12 历届律师资格考试情况

年 份	报考人数(人)	实考人数(人)	录取人数(人)	录取人数占实考人数比例(%)
1988	4 280	2 782	1 329	47.8
1990	3 735	2 549	46	1.8
1992	2 732	1 882	510	27.1
1993	4 769	3 400	1 068	31.4
1994	5 653	4 480	533	11.9
1995	5 842	4 661	1 204	25.8
1996	5 873	4 445	317	7.1

19—13　乡镇(街道)法律服务情况

项　　目	单位	1996 年	1995 年	1996 年为 1995 年%
法律服务所	个	404	369	109.5
法律工作者	人	2 498	2 207	113.2
调解纠纷	件	7 915	7 783	101.7
法制宣传	场次	9 417	10 999	85.6
协办公证	件	3 205	3 762	85.2
担任法律顾问	家	3 800	3 383	112.3
解答咨询	人次	105 219	95 120	110.6
代写法律文书	份	19 703	16 771	117.5
民事代理	件	13 138	12 041	109.1

19—14　法院行政案件收、结案情况

单位:件

项　　目	收　案	结　案					
			维　持	撤　销	变　更	撤　诉	其　他
合　　计	**411**	**406**	**135**	**42**	**4**	**155**	**70**
公　安	72	67	18	7	1	20	21
工　商	14	15	9	1		3	2
卫　生	3	4				3	1
土　地	83	84	22	3		53	6
税　务	3	3	1			2	
城　建	122	126	59	12		42	13
环　保	3	3	1	1		1	
林　业							
专　利	5	5	3	2			
民　政	1	1			1		
其　他	105	98	22	16	2	31	27

19—15　刑事案件情况

单位:起

项　　目	1996 年	1995 年	1996 年为 1995 年%
刑事案件			
立案	13 068	16 267	80.3
破案	10 737	12 435	86.3
破案率(%)	**82.2**	**76.4**	
#重大案件			
立案	7 743	8 964	86.4
破案	6 220	6 426	96.8
破案率(%)	80.3	71.7	

19—16 法院刑事案件收、结案情况

项　　目	收　案（件）	结　案（件）	判决发生法律效力	
			件　数(件)	人　数(人)
合　计	**13 696**	**13 853**	**11 361**	**17 435**
危害公共安全罪	438	442	377	493
破坏社会主义经济秩序罪	306	324	231	379
侵犯公民人身权利、民主权利罪	2 840	2 920	2 273	2 787
侵犯财产罪	8 297	8 325	7 064	11 359
妨害社会管理秩序罪	1 443	1 461	1 205	2 177
妨害婚姻、家庭罪	69	73	11	17
渎职罪	296	300	194	215
其他	7	8	6	8

19—17 法院民事案件收、结案情况

单位:件

项　　目	收　案	结　案	#调　解	#判　决
合　计	**50 569**	**50 458**	**18 187**	**16 985**
离　婚	22 132	22 081	10 235	5 097
抚　育	2 149	2 149	975	677
继　承	481	492	114	248
房　屋	5 002	4 979	950	2 404
相邻关系	642	655	150	279
赔　偿	5 502	5 453	1 578	2 547
债　务	11 088	11 068	3 155	4 216
知识产权	121	139	26	74
人身权	122	132	15	54
其　他	3 330	3 310	989	1 389

19—18 法院经济纠纷案件收、结案情况

单位:件

项　　目	收　案	结　案	#调　解	#判　决
合　计	**15 453**	**15 304**	**4 663**	**5 236**
购销合同	6 248	6 302	2 158	1 966
加工承揽合同	120	132	38	43
借款合同	1 277	1 308	380	618
企业承包经营合同	693	698	138	302
联营合同	363	333	84	114
财产租赁合同	421	422	134	144
建筑工程承包合同	120	132	36	43
交通运输纠纷	141	134	47	38
涉外、港澳、台经济纠纷	90	76	6	30
其他	5 980	5 767	1 642	1 938

19—19 检察机关办理各类案件情况

项目	受案(受理)		结案合计		#重特大案	
	件	人	件	人	件	人
审查批捕	11 583	17 139	10 976	16 135		4 950
#批准逮捕			10 832	15 922		
不批准逮捕			144	213		
审查起、免诉	12 704	20 562	12 860	20 579		5 911
#起诉			12 187	19 635		
免予起诉			650	896		
自侦经济、法纪案件	2 180		1 152	1 319	155	
1.自侦经济案件	1 702		941	1 021	139	
#移送起诉			572	627		
移送免予起诉			216	228		
2.自侦法纪案件	478		211	298	16	
#移送起诉			111	160		
移送免予起诉			82	114		
控告检举案件	7 467		6 688			
申诉案件	719		847			

19—20 检察机关自侦经济、法纪案件情况

单位:件

项目	单位	自侦经济案件						自侦法纪案件
		合计	#贪污	#受贿	#行贿	#挪用公款	#偷税抗税	
受案	件	1 702	709	382	31	291	43	478
立案	件	836	222	213	22	147	37	197
#重特大案	件							19
1万元以下	件	156	61	68	2	6		
1至5万元	件	354	95	115	6	42	18	
5至10万元	件	99	21	17	8	20	8	
10至50万元	件	146	36	12	5	43	8	
50至100万元	件	33	7	1		10	1	
100万元以上	件	48	2		1	26	2	
结案								
件数	件	941	253	228	21	194	50	211
人数	人	1 021	281	232	23	211	52	298
#移送起诉								
件数	件	572	172	146	8	99	20	111
人数	人	627	193	149	9	107	22	160
移送免予起诉								
件数	件	216	35	52	7	53	17	82
人数	人	228	38	52	8	60	17	114
挽回直接经济损失	万元	28 545.8	10 138.4	5 515.97	3 625.3	5 276.1	852.8	1 011.1

19—21 查处治安案件情况

项目	查处(起)	构成(%)
合计	**157 989**	**100**
扰乱工作、公共秩序	71 191	45.0
结伙斗殴、寻衅滋事	503	0.3
侮辱妇女及其他流氓活动	1 072	0.7
阻碍国家工作人员执行公务	461	0.3
违反枪支管理规定	790	0.5
违反爆炸物品管理规定	470	0.3
殴打他人	6 428	4.1
偷窃财物	7 529	4.8
骗取、抢夺、敲诈勒索财物	1 522	1.0
哄抢公私财物	77	…
故意损坏公私财物	256	0.2
伪造倒卖票券、证件	2 027	1.3
利用迷信扰乱秩序或骗财	85	…
卖淫、嫖娼	1 329	0.8
赌博	1 250	0.8
违反户口、居民身份证管理	25 880	16.4
其他	37 119	23.5

19—22 调解工作

项目	单位	1996年	1995年	1996年为1995年%
专职司法助理员	人	642	688	93.3
人民调解委员会	个	14 014	14 027	99.1
调解人员	万人	21.4	20.9	102.2
调解委员	万人	7.4	6.6	112.9
调解各类纠纷	万件	12.3	12.1	101.8
防止民间纠纷激化	件	1 952	1 801	108.4
避免伤亡	人	4 356	3 082	141.3

19—23 公证工作

项目	单位	1996年	1995年	1996年为1995年%
公证处	个	24	24	100.0
公证人员	人	254	244	104.1
办理国内民事公证	件	29 736	34 302	86.7
办理国内经济公证	件	10 033	12 523	80.1
办理涉外公证	件	155 787	124 729	124.9

19—24 全市公证处总办证量情况表

单位:件

公证处名称	总办证量	国内民事	国内经济	涉外公证
市公证处	76 265	1 487	3 753	71 025
海　淀	29 540	1 401	86	28 053
海　三	16 838	1 709	206	14 923
东　城	16 280	2 127	295	13 858
朝　阳	9 066	3 564	414	5 088
海　二	8 547	613	104	7 830
西　城	5 925	2 160	39	3 726
宣　武	5 397	2 481	210	2 706
崇　文	3 240	1 064	142	2 034
西　二	3 217	699	49	2 469
丰　台	3 164	1 364	129	1 671
石景山	3 171	946	114	2 111

19—25 国内公证文书分类

单位:件

项　　目	民事公证数	项　　目	经济公证数
总　　计	**29 736**	**总　　计**	**10 033**
收　养	520	购　销	68
解除收养	48	联　营	41
继承权	1 907	拍　卖	82
遗　嘱	924	贷　款	552
产　权	120	担　保	152
亲属关系	111	招标投标	35
死　亡	47	科技协作	3
房屋租赁	120	供用电	
房屋买卖	1 419	劳务合同	201
留学协议	672	建筑工程承包	61
遗赠扶养协议	240	工商服务业承包	140
其他民事协议	8 844	农林牧副渔业承包	682
委托书	2 563	乡镇企业承包	105
赠与书	2 472	财产租赁	495
声明书	849	企业租赁	109
现场监督	599	资产经营责任制	48
执行许可证明	4	其他经济合同	1 115
副本等与原本相符	185	法人(代表人)资格	22
宅基地使用权		法人委托书	77
证据保全	557	公司章程	7
计划生育协议	665	执行许可证明	5
独生子女父母养老金	2 030	提存	21
赡养协议	118	养路费缴纳协议	
综合治理协议		转换经营机制协议	
拆迁安置协议		劳动合同	665
农转工人员自谋职业协议		聘用合同	616
证明		购房合同	1 150
移民协议		扶贫协议	
其他	4 722	其他	3 581

19—26 消防建设情况

项　目	单　位	1996 年	1995 年	1994 年	1993 年	1992 年	1991 年
消防队数	队	36	35	35	34	34	34
消防车辆	辆	180	180	180	180	180	180
义务消防团	个	20	20	20	20	20	
队　数	万个	3.9	3.9	3.9	3.9	3.9	
人　数	万人	77	77	77	77	77	

19—27 火灾及损失

项　　目	1996 年	#市区
总　计(起)	**750**	**131**
#特大火灾	1	
重大火灾	20	9
起火原因		
#电　器	289	57
违反安全规定	111	16
生活用火不慎	147	87
直接经济损失(千元)	**7 272**	**1 801**

19—28 交通事故及损失

项　　目	单 位	1996年	#市区	1995年
总　　计	**起**	**14 687**	**2 118**	**11 035**
伤　人	人	4 237	273	3 834
死　亡	人	851	76	457
在总计中:机动车事故	起	14 687	1 998	9 701
伤　人	人	4 237	194	2 626
死　亡	人	851	43	312
直接经济损失	万元	9 357.7	1 028	6 812.0
每万辆机动车伤亡	人	8.04	5.1	47.9

19—29 妇联组织状况

项　　目	单 位	1996年	1995年
区妇联数	个	10	10
区妇联干部数	人	154	147
县妇联数	个	8	8
县妇联干部数	人	71	68
乡妇联组织数	个	272	269
街妇联组织数	个	112	112
乡、街妇联干部数	人	579	495
城市基层妇代会组织数	个	4 452	4 409
农村基层妇代会组织数	个	4 200	4 045
机关及事业单位妇委会组织数	个	377	375
厂矿企业女职工委员会数	个	19	19
乡、镇企业妇委会组织数	个	1 063	783
各类妇女联谊组织数	个	14	14

19—30 工会组织及会员

项目	基层工会委员会(个)		会员人数(人)	
	1996年	1995年	1996年	1995年
总计	**10 409**	**11 040**	**2 754 297**	**2 702 171**
按经济类型分				
国有单位	8 026	8 112	2 382 846	2 261 055
集体单位	1 956	2 278	252 972	292 514
私营经济	6	23	829	1 189
个体经济		63		6 475
联营经济	24	53	14 693	22 702
股份制经济	205	149	28 344	26 848
外商投资经济	170	203	70 669	76 447
港澳台投资经济	22	148	3 944	13 536
其他		11		1 405
按国民经济部门分				
农、林、牧、渔业	365	447	43 549	58 213
采掘业	38	44	44 489	47 313
制造业	2 203	2 242	998 057	982 294
电力、煤气及水的生产和供应业	74	25	100 546	48 782
建筑业	442	472	249 984	241 344
地质勘探业、水利管理业	127	91	21 683	15 837
交通运输业、仓储及邮电通信业	464	431	177 327	198 123
批发和零售贸易及餐饮业	2 119	2 109	317 720	281 937
金融、保险业	232	220	54 376	51 397
房地产管理业	184	191	38 045	45 440
社会服务业	742	858	163 370	150 035
卫生、体育和社会福利事业	514	661	99 533	124 499
教育、文化艺术和广播电影电视事业	2 195	2 394	292 231	301 462
科学研究和综合技术服务事业	199	337	34 185	36 605
国家机关、政党机关和社会团体	399	383	70 298	84 286
其他	112	135	48 904	34 604

19 31 职工民主管理情况

项目	建立职工代表大会制的单位(个)	召开职工代表大会情况		
		召开职代会的单位(个)	提出提案(项)	实现提案(项)
总计	**8 150**	**6 596**	**89 454**	**53 605**
国有单位	6 226	5 195	76 096	46 977
集体单位	1 452	1 199	10 303	5 320
乡(镇)企业	147	6	44	17
股份制经济				
私营经济	13	13	541	219
联营经济		84	1 812	530
外商投资	210	77	591	525
港澳台投资经济		22	67	17
其他经济	102			

19—32 职工民主参与情况

项　　目	单 位	1996年	1995年
本年度与同级政府、行政开过联席会议的单位	个	177	191
全年议题提案	件	1 233	775
解决处理提案	件	649	440
参加政府涉及职工利益的工作机构	个	18	23
机构中参加工作的工会干部	人	19	29

19—33 工会参与处理劳动争议情况

项　　目	单 位	1996年	1995年
已建立劳动争议调解委员会	个	6 762	7 430
劳动争议调解委员会人数	人	36 713	34 998
职工代表	人	15 076	16 933
企业行政代表	人	10 975	9 053
工会代表	人	10 662	9 012
受理劳动争议件数	件	2 191	1 903
#集体劳动争议	件	251	
受理劳动争议人数	人	5 851	4 481
#集体劳动争议涉及人数	人	3 480	2 310
经调解达成协议件数	件	1 338	190
经调解达成协议涉及职工	人	4 681	1 617

19—34 群众性技术活动和评先评模情况

项　　目	单 位	1996年	1995年
劳动竞赛：			
开展单位	个	7 522	8 992
参加人数	人	2 826 206	2 330 046
合理化建议：			
开展单位	个	7 667	7 801
提建议职工	人	651 560	759 571
提出建议	件	664 702	703 001
已采纳建议	件	161 855	267 201
已实施建议	件	36 529	57 093

19—35 《九十年代中国儿童发展规划纲要》监测统计资料

(目标指标)

项　　目	单　位	1990 年	1995 年	1996 年
婴儿死亡率	‰	11.66	11.45	10.05
城市	‰	11.15	14.23	11.57
农村	‰	12.27	8.20	8.13
五岁以下儿童死亡率	‰	13.72	13.56	12.00
城市	‰	13.06	16.53	13.61
农村	‰	14.51	10.80	9.98
孕产妇死亡率	1/10 万	24.99	22.27	15.32
城市	1/10 万	20.92	23.89	11.45
农村	1/10 万	29.89	20.36	20.19
五岁以下儿童中重度营养不良患病率	%	2.44	1.11	1.32
城市	%	1.04	1.07	1.25
农村	%	3.49	1.16	1.43
年龄别体重	%	2.44	1.11	1.32
年龄别身高	%			1.83
身高别体重	%			0.83
缺水地区农村饮用水受益人口	万人	62.00	71.71	73.46
城市污水处理率	%	6.60	20.30	21.10
垃圾粪便无害化处理率	%			
城市卫生厕所覆盖率	%	99.50	99.80	99.89
农村享有卫生厕所的人口比重	%	8.54	85.38	57.60
学龄儿童入学率	%	99.50	99.93	99.93
城市	%	99.70	99.98	99.94
农村	%	99.60	99.80	99.90
小学毕业率	%	99.20	99.47	99.70
小学巩固率	%	100.23	99.78	99.76
小学辍学率	%	−0.17	0.23	0.30
男	%		0.04	0.38
女	%		0.44	0.20
初中入学率	%	99.24	98.39	98.00
初中毕业率	%	91.43	96.06	95.95
初中巩固率	%	93.69	97.83	97.23
小学专任教师学历合格率	%	89.00	94.89	95.83
3－6 岁儿童入园率	%	71.20	86.35	76.70
城市	%	94.10	103.46	95.40
农村	%	50.80	69.04	60.90
青壮年文盲率	%	1.60		
男	%			
女	%			
校外教育活动场所数	个	1 434.00	1 220.00	1 596.00
家长受教育率	%			90.00
科学育儿知识普及率	%	59.40	90.00	92.66
出生缺陷儿发生率	‰	7.36	5.58	8.81
城市	‰		5.34	
农村	‰		6.34	
婚前检查率	%	54.70	97.00	99.40
城市	%	77.00	99.00	
农村	%	23.30	90.80	
残疾儿童入学率	%	64.15	95.18	95.18

19－36 《九十年代中国儿童发展规划纲要》监测统计资料

（措施指标）

项　　目	单　位	1990年	1995年	1996年
人口自然增长率	‰	6.62	2.80	2.68
节育手术并发症发生率	1/万	2.50	1.40	2.76
城市	1/万	3.50	1.70	3.17
农村	1/万	2.70	0.70	1.73
预算内卫生事业经费增长速度	%		38.60	27.90
妇幼保健费增长速度(卫生局系统)	%			30.00
卫生防疫费增长速度(卫生局系统)	%			8.00
新法接生率	%	99.70	100.00	100.00
城市	%	99.90	100.00	100.00
农村	%	99.60	100.00	100.00
孕产妇住院分娩率	%	83.79	96.88	97.84
城市	%	99.90	100.00	98.88
农村	%	67.30	94.13	96.36
产后出血死亡率	1/10万	9.28	4.69	1.28
孕妇缺铁性贫血患病率	%		2.33	4.39
城市	%		3.66	5.62
农村	%		0.48	1.38
母乳喂养率(0－4个月)	%		70.30	75.23
城市	%	13.60	62.59	69.07
农村	%	67.00	79.82	83.03
七岁以下儿童保健复盖率	%	59.40	86.61	92.66
城市	%		91.96	94.03
农村	%	82.73	79.38	90.81
孕产妇保健复盖率	%		95.79	94.63
城市	%		95.14	94.25
农村	%		96.36	95.15
一岁以内儿童计划免疫"四苗"接种率	%	98.73	98.97	99.37
卡介苗	%	99.50	99.78	99.94
麻疹疫苗	%	99.20	99.50	99.63
百白破三联制剂	%	99.10	99.76	99.76
脊髓灰质炎疫苗	%	99.30	99.71	99.89
小儿脊髓灰质炎发病率	1/10万	0.04	0.00	0.00
新生儿破伤风发病率	‰	0.04	0.00	0.01
新生儿破伤风死亡专率	‰	0.50	0.00	0.00
麻疹死亡专率	1/10万	0.00	0.00	0.00
麻疹发病率	1/10万	0.51	0.33	0.03
儿童腹泄发病率	‰		3.08	1.37
五岁以下儿童因腹泻死亡的人数比例	%	0.19	0.87	
急性呼吸道感染标准病例管理率	%		64.56	64.56
急性呼吸道感染临床管理率	%		60.00	60.00
五岁以下儿童因急性呼吸道感染死亡的人数	人	92.00	121.00	93.00
地方性甲状腺肿大率	%	1.90	3.70	
城市三岁以上儿童入园率	%		103.46	95.40
农村学前一年幼儿入园(班)率达60%	%		89.40	94.20

主要统计指标解释

一、职工保险福利费用具体包括:

①**医疗卫生费** 指实行公费医疗企业的职工及其供养的直系亲属的医疗费、医务经费、职工因工负伤就医路费以及住院伙食补助费等;卫生部门开支的事业及机关单位职工的公费医疗经费;未参加公费医疗的企业、事业和机关单位职工的医药费。

②**丧葬抚恤救济费** 指职工死亡的丧葬费、丧葬补助费和所遗供养直系亲属的抚恤费、救济费、生活补助费以及职工供养直系亲属死亡时的丧葬补助费等。

③**生活困难补助** 指对生活困难的职工实际支付的定期补助和临时性补助。

④**文体宣传费** 指企业、事业和机关单位实际支付的文化宣传费。不包括学习费。

⑤**集体福利事业补贴费** 指对职工浴室、理发室、洗衣房、哺乳室、托儿所等集体福利设施各项支出与收入相抵后的差额补助费。

⑥**集体福利设施费** 指按照国家规定开支的集体福利设施费用。如职工食堂炊事用具的购置费、修理费、职工宿舍的修缮费用。不包括由企业、事业、机关单位自筹经费开支的职工福利设施的基本建设费用。

⑦**计划生育补贴** 指发给职工独生子女的补贴费和保健费。

⑧**其他** 指上述费用以外,单位支付给职工的保险福利费。

二、离、退休、退职人员保险福利费用

①**离休工资** 指发给离休人员的工资和按 1982 年国务院发布的"关于老干部离职休养制度的几项规定"发给符合规定的离休干部相当于 1—2 个月标准工资的生活补贴和国务院[1989]82、83 号文件规定提高离休人员的待遇所增加的费用及粮油价格补贴等。

②**退休金** 指按照国家有关规定发给退休人员的退休费和国务院[1989]82、83 号文件规定提高退休人员的待遇所增加的费用及粮油价格补贴等。

③**退职生活费** 指按照 1978 年国务院《关于工人退休、退职的暂行办法》规定定期发给退职人员的生活费用和国务院[1989]82、83 号文件规定提高退职人员的待遇所增加的费用及粮油价格补贴等。

④**医疗卫生费** 指离休、退休、退职人员的医疗费、住院费以及住院伙食补助等费用。

⑤**护理费** 指因工致残、饮食起居需人扶助和离休、退休人员的护理费以及因病不能自理的离休人员的护理费。

⑥**生活补贴** 指按照 1985 年国务院《关于发给离休退休人员生活补贴费的通知》规定,发给离休、退休人员的生活补贴费。

⑦**交通费补贴** 指按月发给离休人员的交通补贴。

⑧**丧葬抚恤救济费** 指离休、退休、退职人员死亡的丧葬费、丧葬补助费和所遗供养直系亲属的抚恤费、救济费、生活补助费以及供养直系亲属死亡时的丧葬补助费等。

⑨**其他** 包括易地安置的离休、退休、退职人员的安家补助费;离休、退休、退职人员的生活困难补助费、书报费、洗理费、副食品价格补贴、房租价格补贴、水电补贴、少数民族补贴以及老干部活动经费开支的旅游费用等。

三、社会福利事业单位 指集中收养社会孤老、残、幼的机构。包括由民政部门管理的社会福利院、儿童福利院、精神病人福利院和城镇集体办的福利院，以及农村集体举办的敬老院。

四、社会福利事业单位收养人数 包括民政部门管理的和城镇及农村集体举办的社会福利事业单位中收养的老人、少年儿童、缺乏生活自理能力的残疾人员和精神病人。

五、社会福利企业单位 指以安置城镇有一定劳动能力的盲、聋、哑和肢体残疾人员就业为目的，享受国家减免税待遇的国有或集体经济性质的企业。包括福利工厂、福利商业服务业、假肢厂和安置农场等单位。

六、保险福利费用 指企业、事业、机关单位在工资以外实际支付给职工和离休、退休、退职人员个人以及用于集体的劳动保险和福利费用。

七、律师工作人员 是指持司法行政机关颁发的执业证书及实习律师工作证、律师助理工作证的人员。

八、公证人员 指在国家公证机关依法办理公证事务的司法人员。包括公证员、公证员助理和在公证处从事公证业务的其他人员。

九、办理公证文书 指公证处在一定时期内办结的公证文书件数。公证文书系按司法部规定或批准的格式制作，包括国内公证和涉外公证两部分，其中国内公证分为经济公证和民事公证两大类。

十、调解人员 指在人民调解委员会中担负对调解民间一般民事纠纷和轻微违法行为所引起的纠纷的工作人员。包括调解委员会的委员和调解小组的调解员。

十一、调解民间纠纷 指调解委员会依照法律规定，根据自愿原则，用说服教育的方法调解民间发生的有关民事权利和义务的争执，促成当事双方达到协议和凉解，解决纠纷。包括婚姻家庭纠纷，财产权益纠纷等。不包括法院受理调解的民事案件数。

十二、检察机关受案 指人民检察院依法受理公安局、国家安全局移送的提请批准逮捕和审查起诉的案件以及监狱管理局移送提请批准逮捕、审查起诉的在押已决犯人又犯罪案件和自行侦查的贪污贿赂等经济犯罪案件、法纪案件以及依法管辖的举报、申诉案件。

十三、立案 指决定侦查、审查、复查的案件。

十四、结案 指侦查终结的案件。

GENERAL SURVEY OF DISTRICTS AND COUNTIES

区县资料

20—1 东城区、西城区国民经济主要指标

项　　目	单 位	东城区			西城区		
		1996年	1995年	1996年为1995年%	1996年	1995年	1996年为1995年%
综合							
国内生产总值	万元	208 479	183 355	113.7	285 768	256 819	111.2
第一产业	万元						
第二产业	万元	32 044	28 282	113.3	22 276	38 595	57.7
第三产业	万元	176 436	155 073	113.8	263 492	218 224	120.7
国内生产总值指数	%	103.5	109.0		106.2	115.3	−9.1
(可比价,以上年为100)							
第一产业	%						
第二产业	%	103.8	116.7		53.9	260.7	
第三产业	%	103.4	107.5		115.4	102.3	
财政收入	万元	65 491	44 111	148.5	86 422	58 544.4	147.6
#各项税收	万元	43 134	30 159	143.0	67 523	43 711	154.4
财政支出	万元	76 230	51 811	147.1	94 470	60 234	156.8
#基本建设支出	万元	4 490	3 300	136.1	7 430	2 994	248.1
支援农业生产支出	万元						
文教卫生事业费	万元	30 618	22 668	135.1	35 322	28 099	125.7
人口和劳动力							
总人口	人	719 474	723 525	99.4	860 753	862 460	99.8
常住户籍人口	人	640 726	641 323	99.9	797 570	794 417	100.4
#非农业人口	人	640 726	641 323	99.9	797 569	794 416	100.4
男	人	320 249	320 648	99.9	400 001	398 210	100.4
女	人	320 477	320 675	99.9	397 568	396 206	100.3
出生率	‰	4.2	4.6		4.8	4.9	
死亡率	‰	6.2	6.4		5.8	5.96	
自然增长率	‰	−2.0	−1.8		−1	−1.1	
从业人员	人	122 798	107 347	114.4	122 110	105 208	116.0
按产业分							
第一产业	人						
第二产业	人	24 007	23 712	101.2	20 849	20 066	103.9
第三产业	人	98 791	83 635	118.1	101 261	85 142	118.9
按职工非职工分							
职工人数	人	116 073	103 307	112.4	115 488	101 231	114.0
#国有单位	人	61 455	59 903	102.6	63 032	60 713	103.8
集体单位	人	34 894	33 956	102.8	29 526	24 299	121.5
城镇个体劳动者	人	22 269	21 739	102.4	14 270	13 852	103.0
乡村劳动力	人						
劳动工资							
工资总额	万元	99 250.4	78 802.9	125.9	108 316	83 885.1	129.1
#国有单位	万元	59 978.5	50 940.8	117.7	66 046	55 610.1	118.7
集体单位	万元	22 079.8	19 808.3	111.5	21 360	14 799	144.3
职工平均工资	元	8 893	7 792	114.1	9 713	8 490	114.4
固定资产投资							
全社会固定资产投资	万元	288 129	215 103	133.9	321 921	354 698	90.7
按建设性质分							
#基本建设投资	万元	18 747	25 978	72.2	27 931	21 741	128.4
更新改造投资	万元	9 049	10 276	88.1	20 741	10 798	192.0

20—1 续表1

项目	单位	东城区			西城区		
		1996年	1995年	1996年为1995年%	1996年	1995年	1996年为1995年%
按经济类型分							
国有单位	万元	109 865	56 386	194.8	166 719	79 853	208.7
集体单位	万元		382		107	59	181.3
#城镇	万元		382		107	59	181.3
乡村	万元						
城乡个人	万元						
#城镇	万元						
乡村	万元						
按三次产业分							
第一产业	万元						
第二产业	万元				107	2 259	4.7
第三产业	万元	288 129	215 103	133.9	321 814	352 439	91.3
新增固定资产	万元	140 406	61 785	227.2	41 040	65 754	62.4
#国有单位	万元	58 171	57 359	101.4	40 874	18 722	218.3
集体单位	万元		600		166		
房屋施工面积	万平方米	216.7	191.3	113.3	224.9	198	113.5
#国有单位	万平方米	119.4	139.4	85.7	113.1	80.7	140.1
集体单位	万平方米		0.3		0.2	0.2	100.0
房屋竣工面积	万平方米	36.8	26.2	140.5	50.1	30.5	164.2
#国有单位	万平方米	27.8	25.1	110.8	18.8	13.3	141.3
#住宅	万平方米	13.5	15.0	90.0	11	2.6	423.0
#集体单位	万平方米		0.3		0.2		
#住宅	万平方米						
#城乡个人	万平方米						
#住宅	万平方米						
工业							
全部工业企业单位数	个	271	288	94.1	251	269	93.3
#国有	个	84	79	106.3	73	120	60.8
集体	个	131	112	117.0	99	103	96.1
私营	个	7	14	50.0	3	3	100.0
工业增加值	万元	15 167.8	15 125.5	100.3	13 467.8	16 181.1	83.2
全部工业总产值(现价)	万元	59 606.3	50 491.2	118.1	52 212.4	45 506.4	114.7
#国有	万元	10 756.3	11 069.8	97.2	14 404.3	17 396.7	82.8
集体	万元	21 754.6	19 773.3	110.0	14 836.9	11 159.3	132.9
私营	万元	168.3	266.2	63.2			
全部工业总产值(90不变价)	万元	44 537.4	40 413.5	100.2	38 744.6	32 168	120.4
#国有	万元	9 538.1	9 874.7	96.6	11 286.8	12 930.6	87.2
集体	万元	15 852.6	14 988.4	105.8	8 562.7	7 950.1	107.7
私营	万元	168.3	266.2	63.2			
乡及乡以上轻工业总产值(现价)	万元	47 960.9	39 498.1	121.4	32 741.3	29 969.8	109.2
以农产品为原料	万元	37 131.7	29 635.8	125.3	20 839.6	17 866.6	116.6
以非农产品为原料	万元	10 829.2	9 862.3	109.8	11 901.7	12 103.2	98.3
乡及乡以上轻工业总产值(90年不变价)	万元	34 269.6	29 733.6	115.3	20 520.9	19 186.5	106.9
以农产品为原料	万元	22 956.8	19 610.8	117.1	11 316.8	10 965.8	103.2
以非农产品为原料	万元	11 312.8	10 122.8	111.8	9 204.1	8 220.7	111.9

20—1 续表 2

项　　目	单位	东城区			西城区		
		1996年	1995年	1996年为1995年%	1996年	1995年	1996年为1995年%
乡及乡以上重工业产值（现价）	万元	11 477.1	10 726.9	107.0	19 471.1	15 536.6	125.3
采掘工业	万元						
原料工业	万元	48.3	1 621.1	3.0	2 589.9	1 304.5	198.5
制造工业	万元	11 428.8	9 105.8	125.5	16 881.2	14 232.1	118.6
乡及乡以上重工业总产值（90年不变价）	万元	10 099.5	10 413.7	97.0	18 223.7	12 981.5	140.3
采掘工业	万元						
原料工业	万元	42.1	1 711	2.5	2 502.4	1 696.8	147.4
制造工业	万元	10 057.4	8 702.7	115.6	15 721.3	11 284.7	139.3
独立核算工业企业平均职工人数	人	8 989	9 028	99.6	9 729	9 177	106.0
#国有	人	1 773	1 885	94.1	3 592	3 585	100.2
集体	人	5 399	5 141	105.0	3 791	4 432	85.5
独立核算工业企业总产值（现价）	万元	49 061.6	41 873.7	117.2	52 212.4	45 080.4	115.8
#国有	万元	9 513.9	10 351.9	91.9	14 404.3	16 970.7	84.8
集体	万元	12 620.6	12 139.9	104.0	14 836.9	11 159.3	132.9
独立核算工业企业总产值（90年不变价）	万元	38 260.2	35 329.7	108.3	38 744.6	31 827.4	121.7
#国有	万元	8 476.0	9 570.8	88.6	11 286.8	12 590	89.6
集体	万元	10 805.8	10 474.7	103.2	8 562.7	7 950.1	107.7
独立核算工业企业财务指标							
产品销售收入	万元	54 082.4	39 230.8	137.9	65 658.1	42 604.3	154.1
#国有	万元	9 590.2	10 348.8	92.7	16 132.6	15 646.3	103.1
产品销售成本	万元	39 464.9	28 753.1	137.3	51 258.5	37 809.9	135.5
#国有	万元	6 080.6	6 606.3	92.0	12 481.7	11 553	108.0
固定资产原价	万元	19 498.1	17 685.5	110.2	23 391.7	18 763	124.6
#国有	力元	3 271.8	2 485.6	131.6	8 475.2	8 016.8	105.7
固定资产净值	万元	14 678.3	14 009.1	104.8	16 871.6	13 495.9	125.0
#国有	万元	2 044.6	1 674.1	122.1	6 076.4	5 841	104.0
全部流动资金年平均余额	万元	51 095.1	39 382.5	129.7	58 362.5	41 388.1	141.0
#国有	万元	9 139.7	6 995.5	130.7	11 215.1	12 461.3	90.0
利润总额	万元	3 604.2	3 653.6	98.6	－302.2	2 912.5	
#国有	万元	2 022.0	1 642.1	123.1	1 574.5	2 068	76.1
企业留利	万元						
#国有	万元						
资金利税率	%	9.4	11.6		0.1	7.9	
产品销售率	%	99.3	95.0		93.8	95.5	
成本利润率	%	6.7	9.6		－0.01	7.7	
增加值率	%	30.9	36.1		21.3	35.5	
独立核算工业企业全员劳动生产率	元/人	16 874	16 754	100.7	12 858	17 467	73.6
#国有	元/人	26 402	22 811	115.7	18 054.6	17 711	101.9
集体	元/人	6 467	8 262	78.3	11 283.7	10 160	111.0

项 目	单位	东城区			西城区		
		1996 年	1995 年	1996 年为 1995 年%	1996 年	1995 年	1996 年为 1995 年%
商 业							
社会消费品零售额	万元	680 615	671 113	101.4	963 139	757 786	127.1
按经济类型分	万元	680 615	671 113	101.4	963 139	757 786	127.1
#国有	万元	254 856	410 983	62.0	640 080	535 979	119.4
集体	万元	70 003	66 658	105.0	69 160	140 798	49.1
私营	万元	10 549	8 136	129.7			
个体	万元	130 416	135 410	96.3	125 512	25 558	491.0
按类别分							
食品类	万元	281 884	253 226	111.3	350 135	287 660	121.7
衣着类	万元	125 867	134 191	93.8	220 982	154 435	143.0
日用品类	万元	52 225	53 315	98.0	161 335	51 460	313.5
房屋及建筑材料类	万元	2 599	2 527	102.8	8 256	3 507	235.4
文化娱乐品类	万元	38 459	37 510	102.5	32 886	39 230	83.8
书报杂志类	万元	34 013	37 862	89.8	1 105	3 402	32.4
药及医疗用品类	万元	21 704	19 237	112.8	36 550	41 719	87.6
燃料类	万元	2 471	2 116	116.8	191	15	1 273.3
按对象分							
售给居民	万元	586 810	562 645	104.3	858 510	649 262	132.2
售给社会集团	万元	93 805	108 468	86.5	104 629	108 524	96.4
对农民农业生产资料销售	万元					31 129	
网点数	个	13 429	12 542	107.1	12 209	10 427	117.0
#商业	个	9 282	8 502	109.2	7 478	6 540	114.3
饮食业	个	2 426	2 322	104.5	2 111	2 104	100.3
服务业	个	1 721	1 718	100.2	2 556	1 783	143.3
#宾馆、饭店	个	235	126	186.5	64	114	56.1
平均每万人拥有网点	个	209	195	107.2	154	131	117.5
营业人员	人	87 474	73 477	119.0	89 804	52 914	169.7
#商业	人	44 658	38 164	117.0	53 133	30 661	173.2
饮食业	人	13 922	14 127	98.5	13 632	12 487	109.1
服务业	人	28 894	21 186	136.4	21 278	9 766	217.8
#宾馆、饭店	人	17 737	13 814	128.4	1 761	4 878	36.1
平均每万人拥有营业人员	人	1 365	1 146	119.1	1 131	666	169.8
外经、外贸							
出口商品交货额	万元	93.6	615.2	15.2	1 169	2 115	55.2
#农副商品	万元						
工矿产品	万元	93.6	615.2	15.2			
利用外资签订协议(合同)数	个	33	61	54.1	65	117	55.6
对外借款	个						
外商直接投资	个	33	61	54.1	65	117	55.6
外商其他投资	个						
利用外资签订协议							
(合同)金额	万美元	4 115.5	3 427.5	120.1	5 998.8	5 391.5	111.3
对外借款	万美元						
外商直接投资	万美元	4 115.5	3 427.5	120.1	5 998.8	5 391.5	111.3
外商其他投资	万美元						
实际利用外资	万美元	9 441	10 182	92.7	6 280	3 822	164.3

20—1　续表 4

项　　目	单　位	东城区			西城区		
		1996 年	1995 年	1996 年为1995 年%	1996 年	1995 年	1996 年为1995 年%
对外借款	万美元						
外商直接投资	万美元	9 441	10 182	92.7	6 280	3 822	164.3
外商其他投资	万美元						
旅游人数	人	36 180	876	4 030.1		20 092	
教　育							
学校数							
小学	个	67	69	97.1	91	92	98.9
普通中学	个	30	31	96.8	42	40	105.0
中等专业教育	个	12	13	92.3	16	16	100.0
招生数							
小学	人	6 670	7 311	91.2	7 608	8 539	89.1
初级中等学校	人	10 487	11 976	87.6	11 643	13 121	88.7
高级中等学校	人	4 110	4 047	101.6	4 644	4 560	101.8
中等专业教育	人	3 424	3 685	92.9	3 751	3 408	110.1
在校学生							
小学	人	47 369	50 016	94.7	56 061	59 852	93.6
普通中学	人	46 406	44 727	103.8	52 702	51 192	102.9
中等专业教育	人	10 023	8 945	112.1	10 103	8 696	116.2
毕业生							
小学	人	9 739	11 006	88.5	11 582	12 968	89.3
初级中等学校	人	9 315	9 102	102.3	11 081	11 176	99.1
高级中等学校	人	2 230	2 032	109.7	3 432	3 051	112.4
中等专业教育	人	2 257	1 884	119.8	2 849	2 443	111.6
达到"国家体育标准"学生数	人	45 327	73 541	61.6	105 989	91 869	115.4
幼儿园、托儿所个数	个	93	106	87.7	116	111	104.5
幼儿入托数	人	12 618	14 841	85.0	16 164	16 991	95.1
文　化							
文化馆、站	个	11	11	100.0	11	11	100.0
公共图书馆	个	1	1	100.0	1	1	100.0
公共图书馆藏书	万册	32	37	86.5	33	32	103.1
电影放映单位	个	6	6	100.0	6	3	200.0
区级以上重点文物保护单位	个	130	130	100.0	108	99	109.0
卫生							
卫生机构数	个	35	38	92.1	752	741	101.5
＃医院	个	19	18	105.6	21	22	95.5
卫生院	个						
床位数	张	1 868	1 959	95.4	7 480	7 511	99.6
＃医院	张	1 868	1 959	95.4	7 360	7 225	101.9
卫生院	张						
平均每千人拥有床位数	人	3	3	100.0	9.5	9.5	100.0
卫生技术人员	人	3 636	3 916	92.8	14 921	15 330	97.3
＃医生	人	1 690	1 775	95.2	5 530	6 361	86.9
城市公用							
区级以上公园	个	7	7	100.0	10	10	100.0
体育场馆	个	9	9	100.0	1	1	100.0
道路长度	公里	184.3	183.5	100.4		182.6	

注：1. 国内生产总值：为区县及以下单位创造的国内生产总值。不包括民航、铁路。（下同）

2. 工业：为区县及区县以下各单位进行的工业经济活动。（下同）

3. 商业：为各区县地域内各商业单位进行的经营活动（下同）

4. 中等专业教育：包括区县属中等专业学校、职业高中和师范学校。

5. 卫生：为各区县地域内卫生事业数据。（下同）

20—2 崇文区、宣武区国民经济主要指标

项　　目	单 位	崇文区			宣武区		
		1996 年	1995 年	1996 年为 1995 年％	1996 年	1995 年	1996 年为 1995 年％
综合							
国内生产总值	万元	96 942.7	94 337.1	102.8	119 874.0	109 446.9	109.5
第一产业	万元						
第二产业	万元	10 793.9	8 457	127.6	25 483.0	24 715.4	103.1
第三产业	万元	86 148.8	85 880.7	100.3	94 391.0	84 731.5	111.4
国内生产总值指数	％	102.8					
第一产业	％						
第二产业	％	127.6					
第三产业	％	100.3					
财政收入	万元	28 509.9	18 807.1	151.6	49 019.1	32 640.0	150.2
＃各项税收	万元	16 919.4	10 076.1	167.9	40 887.4	26 707.3	153.1
财政支出	万元	32 208	25 318	127.2	54 585.7	36 058.2	151.4
＃基本建设支出	万元	455	430	105.8	4 423.0	4 090.9	108.1
支援农业生产支出	万元						
文教卫生事业费	万元	14 853	12 027	123.5	18 712.0	14 623.4	128.0
人口和劳动力							
总人口	人	486 431	468 530	103.8	595 125	599 628	99.2
常住户籍人口	人	430 734	431 987	99.7	544 076	547 047	99.5
＃非农业人口	人	430 671	431 924	99.7	544 057	547 012	99.5
男	人	215 912	216 696	99.6	275 338	276 655	99.5
女	人	214 822	215 291	99.8	268 738	270 392	99.4
出生率	‰	3.95	4.32		4.3	5	
死亡率	‰	6.28	6.26		7.6	6.7	
自然增长率	‰	−2.33	−1.94		−3.3	−1.7	
从业人员	人	72 118	72 546	99.4	70 107	75 583	92.8
按产业分							
第一产业	人						
第二产业	人	13 582	13 339	101.8	12 148	17 115	71.0
第三产业	人	58 536	59 207	98.9	57 959	58 468	99.1
按职工非职工分							
职工人数	人	68 252	69 058	98.8	63 001	69 528	90.6
＃国有单位	人	41 971	40 041	104.8	39 507	40 454	97.7
集体单位	人	20 675	20 988	98.5	20 699	24 708	83.8
城镇个体劳动者	人						
乡村劳动力	人						
劳动工资							
工资总额	万元	55 020.9	49 070.5	112.1	52 899.7	48 904.9	108.2
＃国有单位	万元	[illegible]	[illegible]	[illegible]	[illegible]	[illegible]	[illegible]
集体单位	万元	12 837.3	11 740.8	109.3	12 948.9		
职工平均工资	元	8 016.0	7 106	113.4	8 384	6 825	122.8
固定资产投资							
全社会固定资产投资	万元	123 511	104 801	117.9	258 730	61 895	418.0
按建设性质分							
＃基本建设投资	万元	71 203	94 173	75.6	41 065	37 958	108.2
更新改造投资	万元	45 124	10 628	424.6	11 458	6 823	167.9

项目	单位	崇文区			宣武区		
		1996年	1995年	1996年为1995年%	1996年	1995年	1996年为1995年%
按经济类型分							
国有单位	万元	59 730	34 448	173.4	125 928	44 781	281.2
集体单位	万元	1 666	4 322	38.5	15 505	17 114	90.6
#城镇	万元	123 511	10 481	117.9	15 505	17 114	90.6
乡村	万元						
城乡个人	万元						
#城镇	万元						
乡村	万元						
按三次产业分							
第一产业	万元						
第二产业	万元	640	40	1 600	8 660	1 536	563.8
第三产业	万元	122 871	104 761	117.3	250 070	60 359	414.3
新增固定资产	万元	57 357	9 392	610.7	99 259	13 313	745.6
#国有单位	万元	29 318	9 044	324.2	74 698	5 189	1 439.5
集体单位	万元		348		13 195	8 124	162.4
房屋施工面积	万平方米	59.8	66.4	90.1	270	98.2	274.9
#国有单位	万平方米	26.9	30.9	87.1	186	25.2	738.1
集体单位	万平方米	3.9	7	55.7	38	35.9	105.8
房屋竣工面积	万平方米	13.7	9.4	145.7	58	11.4	508.8
#国有单位	万平方米	8.3	8.3	100	47	4.9	959.2
#住宅	万平方米	4.5	1.5	300	34	0.7	4 857.1
#集体单位	万平方米		1.1		11	6.5	169.2
#住宅	万平方米		1.1		7	5.4	129.6
#城乡个人	万平方米						
#住宅	万平方米						
工业							
全部工业企业单位数	个	212	243	87.2	192	313	61.3
#国有	个	44	46	95.7	47	83	56.6
集体	个	128	127	100.8	116	149	77.9
私营	个	1	21	19.0	5	4	125.0
工业增加值	万元	9 338.4	5 969.8	156.4	5 156.6	8 114	63.6
全部工业总产值(现价)	万元	34 659.4	26 724.7	129.7	24 583.6	28 972.7	84.9
#国有	万元	9 739.5	4 179.3	233.0	4 396.4	4 741.7	92.7
集体	万元	19 107.5	13 191.8	144.8	10 965.5	9 698.5	113.1
私营	万元	182.1	1 924	9.5	1 281.0	393.4	325.6
全部工业总产值(90不变价)	万元	28 091.5	20 958.3	134.0	26 232.5	25 690.7	102.1
#国有	万元	7 489.5	3 312.1	226.1	4 204.1	3 849.6	109.2
集体	万元	15 971.6	10 710.4	149.1	11 369.8	9 292.5	122.4
私营	万元		1 924		1 220.3	393.2	310.4
乡及乡以上轻工业总产值(现价)	万元	24 313.6	20 878.8	116.5	16 377.6	17 825.2	91.9
以农产品为原料	万元	16 219.6	14 394.6	112.7	11 558.6	11 253.2	102.7
以非农产品为原料	万元	8 094	6 484.2	124.8	4 819.0	6 572.0	73.3
乡及乡以上轻工业总产值(90年不变价)	万元	19 593.7	16 584.4	118.1	17 522.0	14 367.8	122.0
以农产品为原料	万元	13 290.7	10 798.9	123.1	12 541.9	8 394.7	149.4
以非农产品为原料	万元	6 303	5 785.5	108.9	4 980.1	5 973.1	83.4

20－2 续表 2

项　　目	单 位	崇 文 区			宣 武 区		
		1996 年	1995 年	1996 年为 1995 年％	1996 年	1995 年	1996 年为 1995 年％
乡及乡以上重工业总产值（现价）	万元	10 345.8	5 845.9	177.0	8 206.0	8 406.9	65.0
采掘工业	万元						
原料工业	万元	353.2	2 474.8	14.3	144.2	776.5	18.6
制造工业	万元	9 992.6	3 371.1	296.4	8 061.8	7 630.4	105.7
乡及乡以上重工业总产值（90 年不变价）	万元	8 497.8	4 373.9	194.3	8 710.5	8 584.3	101.5
采掘工业	万元						
原料工业	万元	334.2	1 507.7	22.2	144.2	928.6	15.5
制造工业	万元	8 163.6	2 866.2	284.8	8 566.3	7 655.7	111.9
独立核算工业企业平均							
职工人数	人	7 247	7 764	93.3	5 755	7 013	82.1
＃国有	人	1 012	1 116	90.7	1 160	1 322	87.7
集体	人	4 824	5 356	90.1	3 875	4 095	94.6
独立核算工业企业总产值（现价）	万元	34 659.4	26 724.7	129.7	24 420.2	25 707.9	95.0
＃国有	万元	9 739.0	4 179.3	233.0	4 396.4	4 266.3	103.0
集体	万元	19 107.5	13 191.8	144.8	10 965.5	8 458.1	129.6
独立核算工业企业总产值（90 年不变价）	万元	28 091.5	20 958.3	134.0	26 069.1	22 623.5	115.2
＃国有	万元	7 489.5	3 312.1	226.1	4 204.1	1 357.4	309.7
集体	万元	15 971.6	10 710.4	149.1	11 369.8	8 053.9	141.2
独立核算工业企业财务指标							
产品销售收入	万元	37 839.6	30 380.8	124.6	28 533.2	27 778.5	102.7
＃国有	万元	5 970.6	4 890.5	122.1	4 471.7	4 563.8	98.0
产品销售成本	万元	30 170.3	23 864.2	126.4	22 960.2	22 300.2	103.0
＃国有	万元	4 612.7	3 664.6	125.9	3 516.4	3 558	98.8
固定资产原价	万元	13 311.4	12 664.6	105.1	10 790.2	11 687.5	92.3
＃国有	万元	728.6	1 699.7	42.9	2 457.9	1 944.9	126.4
固定资产净值	万元	7 799.0	9 161.6	85.1	7 525.2	8 372.8	89.9
＃国有	万元	434.9	1 349.6	32.2	1 789.0	1 278.6	139.9
全部流动资金年平均余额	万元	33 343.7	39 467	84.5	25 502.0	25 501.2	100.0
＃国有	万元	3 332.5	3 137.2	106.2	3 780.2	3 497.5	108.1
利润总额	万元	142.5	－685.6		－1 285.1	563.3	
＃国有	万元	419.7	460.5	91.1	339.9	709.3	47.9
企业留利	万元						
＃国有	万元						
资金利税率	％	1.18				1.67	
产品销售率	％	100.3	113.7		100.0	97.8	
成本利润率	％					－2.9	
增加值率	％	26.9	22.3		21.1	24	
独立核算工业企业							
全员劳动生产率	％	12 886	26 994	47.7	8 986.0	8 566.7	104.9
＃国有	％	29 375	29 678	99.0	12 910.0	10 267.8	125.7
集体	％	19 358	19 997	96.8	8 143.0	4 774.4	170.6

20—2 续表 3

项目	单位	崇文区			宣武区		
		1996 年	1995 年	1996 年为 1995 年%	1996 年	1995 年	1996 年为 1995 年%
商业							
社会消费品零售额	万元	294 809	289 924	101.7	367 501	354 531	103.7
按经济类型分							
#国有	万元	146 039	101 954	143.4	172 183	210 714	81.7
集体	万元	69 746	32 329	215.7	73 408	63 180	116.2
私营	万元		12 940		1 226		
个体	万元	79 024	62 248	127.0	8 922	10 846	82.3
按类别分							
食品类	万元	142 508	109 396	130.3	164 994	146 090	112.9
衣着类	万元	57 949	26 643	217.5	24 168	26 035	92.8
日用品类	万元	74 668	117 363	63.6	26 723	18 774	142.3
房屋及建筑材料类	万元	864	1 334	64.8	1 850	1 495	123.7
文化娱乐品类	万元	11 772	12 761	92.2	25 786	16 640	155.0
书报杂志类	万元		50		756	716	105.6
药及医疗用品类	万元	5 256	2 074.1	253.4	16 831	22 964	73.3
燃料类	万元	1 792	1 636	109.5	2 449	1 994	122.8
按对象分							
售给居民	万元	257 446			300 040	268 332	111.8
售给社会集团	万元	37 363			67 461	86 199	78.3
对农民农业生产资料销售	万元						
网点数	个	8 577	7 195	119.2	9 544	8 212	116.2
#商业	个	6 469	5 052	128.0	7 021	5 692	123.3
饮食业	个	1 180	1 121	105.3	1 173	1 265	92.7
服务业	个	928	960	96.7	1 350	1 255	107.6
#宾馆、饭店	个	11	62	17.7			
平均每万人拥有网点	个	199	167	119.2	175	149.9	116.7
营业人员	人	48 937	38 336	127.7	52 313	43 046	121.5
#商业	人	33 587	25 881	129.8	35 737	29 273	122.1
饮食业	人	5 705	4 741	120.3	6 521	6 832	95.4
服务业	人	9 645	4 184	230.5	10 055	6 941	144.9
#宾馆、饭店	人	901	3 530	25.5			
平均每万人拥有营业人员	人	1 136	891	127.5	961	786	122.3
外经、外贸							
出口商品交货额	万元	136.8	320.3	42.7	215.4	294.8	73.1
#农副商品	万元						
工矿产品	万元						
利用外资签订协议(合同)数	个	13	32	40.6	25	30	83.3
对外借款	个						
外商直接投资	个	13	32	40.6	25	30	83.3
外商其他投资	个						
利用外资签订协议(合同)金额	万美元	547.9	3 239.9	16.9	2 614.8	5 070.8	51.6
对外借款	万美元						
外商直接投资	万美元	547.9	3 239.9	16.9	2 614.8	5 070.8	51.6
外商其他投资	万美元						
实际利用外资	万美元	13 649.7	20 167	67.7	149	554	26.9

项目	单位	崇文区			宣武区		
		1996年	1995年	1996年为1995年%	1996年	1995年	1996年为1995年%
对外借款	万美元	38.7					
外商直接投资	万美元	13 580.0	20 167	67.3	149	554	26.9
外商其他投资	万美元	31					
旅游人数	人	31 815	37 261	85.4	39 124	31 818	123.0
教育							
学校数							
小学	个	49	49	100	63	66	95.5
普通中学	个	22	22	100	31	28	110.7
中等专业教育	个	9	9	100	10	10	100.0
招生数							
小学	人	4 478	5 267	85.0	5 463	6 156	88.7
初级中等学校	人	7 269	8 471	85.8	8 352	10 022	83.3
高级中等学校	人	2 001	2 064	96.9	2 050	1 700	120.6
中等专业教育	人	2 532	2 627	96.4	2 386	2 576	92.6
在校学生							
小学	人	33 601	36 244	92.7	40 004	43 184	92.6
普通中学	人	30 153	28 899	104.3	34 140	33 355	102.4
中等专业教育	人	7 192	4 792	150.1	6 788	5 606	121.1
毕业生							
小学	人	7 183	8 531	84.2	8 421	9 785	86.1
初级中等学校	人	6 561	6 130	107.0	7 810	7 458	104.7
高级中等学校	人	1 046	942	111.0	1 283	1 077	119.1
中等专业教育	人	1 575	1 355	116.2	1 121	1 099	102.0
达到"国家体育标准"学生数	人	49 499	67 590	73.2	76 024	75 995	100.0
幼儿园托儿所个数	个	93	59	157.6	67	116	57.8
幼儿入托数	人	8 593	8 070	106.5	9 344	11 534	81.0
文化							
文化馆、站	个	9	9	100	9	9	100.0
公共图书馆	个	1	1	100	1	1	100.0
公共图书馆藏书	万册	36	34	105.9	21.4	21.1	101.4
电影放映单位	个	5	5	100	6	6	100.0
区级以上重点文物保护单位	个	21	21	100	38	38	100.0
卫生							
卫生机构数	个	16	16	100	17	17	100.0
#医院	个	9	8	112.5	10	10	100.0
卫生院	个						
床位数	张	803	740	108.5	855	837	102.2
#医院	张	803	740	108.5	785	787	99.7
卫生院	张						
平均每千人拥有床位数	人	1.9	1.7	111.8	1.6	1.5	106.7
卫生技术人员	人	2 754	2 747	100.3	2 086	2 155	96.8
#医生	人	958	975	98.3	1 037	1 057	98.1
城市公用							
区级以上公园	个	4	4	100	4	4	100.0
体育场馆	个	6	6	100	2	2	100.0
道路长度	公里	164	173.5	94.5	115.8	110.4	104.9

20—3 朝阳区、丰台区国民经济主要指标

项目	单位	朝阳区			丰台区		
		1996年	1995年	1996年为1995年%	1996年	1995年	1996年为1995年%
综合							
国内生产总值	万元	487 063.5	424 178	114.8	265 254.9	262 398.6	101.1
第一产业	万元	34 548.2	39 233	88.1	21 281.4	22 812.9	93.3
第二产业	万元	167 793.0	165 997	101.1	96 273.1	108 704.3	88.6
第三产业	万元	274 722.3	218 948	130.0	147 700.4	130 881.4	112.9
国内生产总值指数	%	107.2	99.7		96.5		
(可比价,以上年为100)							
第一产业	%	84.4	70.4		89.4	89.3	
第二产业	%	100	96.8		92.1	142.8	
第三产业	%	118.2	111.1		102.6	122.0	
财政收入	万元	110 167	74 956	147.0	49 092	41 517	118.2
#各项税收	万元	101 148	57 869	174.8	44 699	58 721	76.1
财政支出	万元	110 861	74 763	148.3	67 134	45 121	148.8
#基本建设支出	万元	7 740	1 500	516.0	6 729	1 637	411.1
支援农业生产支出	万元	2 891	2 306	125.4	1 988	955	208.2
文教卫生事业费	万元	33 776	29 942	112.8	16 887	16 052	105.2
人口和劳动力							
总人口	人	1 655 967	1 566 660	105.7	948 046	912 534	103.9
常住户籍人口	人	1 413 614	1 391 474	101.6	766 393	755 849	101.4
#非农业人口	人	1 200 638	1 172 803	102.4	614 293	600 467	102.3
男	人	722 527	710 555	101.7	389 658	384 362	101.4
女	人	691 087	680 919	101.5	376 735	371 487	101.4
出生率	‰	6.19	6.05		7.11	6.67	
死亡率	‰	5.24	5.19		5.76	5.18	
自然增长率	‰	0.95	0.86		1.35	1.49	
从业人员	人	267 742	291 365	91.9	73 566	78 602	93.6
按产业分							
第一产业	人	20 478	20 011	102.3	291	251	115.9
第二产业	人	88 102	100 641	87.5	21 504	22 106	97.3
第三产业	人	159 162	170 713	93.2	51 771	56 245	92.0
按职工非职工分							
职工人数	人	121 562	140 751	86.4	70 509	76 149	92.6
#国有单位	人	72 010	73 030	98.6	41 309	43 274	95.5
集体单位	人	43 109	49 739	86.7	18 567	18 928	98.1
城镇个体劳动者	人	45 289	53 082	85.3	15 759	17 452	90.3
乡村劳动力	人	95 945	90 538	106.0	71 517	74 089	96.5
劳动工资							
工资总额	万元	111 344.4	103 714	107.4	59 378.4	50 607.5	117.3
#国有单位	万元	75 210.4	28 297.1		37 251	31 199.6	119.4
集体单位	万元	29 308.0			12 250.3	9 338.9	131.2
职工平均工资	元	9 306	7 604.5	122.4	8 584	6 897	124.5
固定资产投资							
全社会固定资产投资	万元	285 294	351 688	81.1	94 431	120 000	78.7
按建设性质分							
#基本建设投资	万元	276 639	240 555	115.0	94 431	8 320	1 135.0
更新改造投资	万元	2 383	8 836	27.0		4 461	
按经济类型分							
国有单位	万元	117 524	103 149	113.9	94 431		
集体单位	万元	6 272	9 809	63.9			
#城镇	万元	6 272	9 809	63.9			
乡村	万元						

20—3 续表1

项目	单位	朝阳区			丰台区		
		1996年	1995年	1996年为1995年%	1996年	1995年	1996年为1995年%
城乡个人	万元						
#城镇	万元						
乡村	万元						
按三次产业分							
第一产业	万元						
第二产业	万元	853	2 432	35.1			
第三产业	万元	284 441	349 256	81.4			
新增固定资产	万元	111 247	51 492	216.0			
#国有单位	万元	56 243	30 057	187.1			
集体单位	万元	5 768	300	1 922.7			
房屋施工面积	万平方米	231.8	235.7	98.3	1 365 440		
#国有单位	万平方米	120.5	142.7	84.4			
集体单位	万平方米	8.6	5.9	145.8			
房屋竣工面积	万平方米	51.6	50.7	101.8	258 273		
#国有单位	万平方米	34.4	45	76.4			
#住宅	万平方米	22	21.1	104.3			
#集体单位	万平方米	3	0.3	1 000.0			
#住宅	万平方米		0.2				
#城乡个人	万平方米						
#住宅	万平方米						
农村经济							
农村劳动力	人	95 945	90 538	106.0	71 517	74 089	96.5
种植业	人	17 421	16 502	106.0	16 968	16 912	100.3
林业	人	606	754	80.0	1 590	1 766	90.0
牧业	人	1 642	1 831	90.0	1 043	1 298	80.4
渔业	人	809	912	89.0	226	430	52.6
农村工业	人	40 697	42 183	96.5	32 003	34 507	92.7
农村建筑业	人	3 658	3 365	108.7	2 121	1 894	112.0
农村运输业	人	5 605	4 335	129.3	3 863	3 461	111.6
农村商、饮食业、服务业	人	4 571	3 867	118.0	4 771	4 338	110.0
耕地面积	公顷	13 464	17 236	78.0	6 823.4	9 161.5	74.5
农业机械总动力	千瓦	374 000	359 000	104.0	371 000	353 000	105.1
化肥施用实物量	吨	15 956	16 383	97.4	5 480	5 306	103.3
化肥施用折纯量	吨	5 135	5 407	95.0	1 866	1 759	106.1
农村用电量	万千瓦时	27 851.1	24 011.9	116.0	16 901	19 624.5	86.1
农村国内生产总值	万元	219 510.3	270 210.6	81.2	159 941.3	159 059.4	100.6
第一产业	万元	31 671.5	54 966.6	57.6	21 281.4	22 812.9	93.3
第二产业	万元	103 492.8	132 421.5	78.2	69 535.2	77 499.0	89.7
第三产业	万元	84 346	82 822.5	101.8	69 124.7	58 747.5	117.7
农业总产值	万元	35 338.9	44 664.7	79.1	52 746.3	52 327.9	100.8
种植业	万元	14 591.9	18 916.5	77.1	29 632.2	28 421.6	104.3
林业	万元	193.8	195.5	99.1	695.3	784.9	88.6
牧业	万元	16 623.6	21 102.7	78.8	21 310.2	21 940.1	97.1
渔业	万元	3 929.6	4 450	88.3	1 108.6	1 181.2	93.9
农作物总播种面积	万公顷	1.9	2	95.0	0.98	1.02	96.1
粮食作物	万公顷	1.3	1.3	100.0	0.4	0.4	100.0
经济作物	万公顷				0.58	0.62	93.5
其他作物	万公顷	0.6	0.7	85.7			

项　　　目	单位	朝 阳 区			丰 台 区		
		1996 年	1995 年	1996 年为 1995 年%	1996 年	1995 年	1996 年为 1995 年%
农作物产量							
粮食	万吨	8	8.5	94.1	1.53	1.6651	91.9
粮食每公顷耕地面积单产	公斤	10 156		97.8	6 059.5	4 455.0	136.0
棉花	吨						
油料	吨				12.7	18.0	70.6
干鲜果	吨	2 613	4 845	53.9	6 495	6 369.0	102.0
畜产品产量							
生猪出栏	头	266 399	296 207	89.9	139 659	129 805	107.6
商品猪	头	266 270	295 973	90.0	139 601	129 713	107.6
猪牛羊肉	吨	17 329	19 023	91.0	8 938	8 068	110.8
#猪肉	吨	16 746	18 692	90.0	8 896	8 032	110.8
禽肉	吨	817	1 460	56.0	2 659	3 041	87.4
禽蛋	吨	11 382	16 598	69.0	11 568	11 052	104.7
牲畜年底头数	头	208 496	226 067	92.0			
大牲畜	头	9 919	11 658	85.0	1 923	2 200	87.4
猪	头	184 796	201 690	91.6	91 287	89 852	101.6
羊	头	13 781	12 719	108.0	2 475	1 679	147.4
水产品产量	吨	8 266	9 633	86.0	1 187.6	1 152	103.1
农村集体经济收入	万元	1 029 947	912 378	112.9	753 483	658 158	114.5
农村集体经济利润总额	万元	69 964	74 362	94.1	77 928	66 446	117.3
国家税金	万元	27 454	25 414	108.0	19 401	16 776	115.6
集体积累	万元	65 123	75 282	86.5	5 030	3 607.5	139.4
劳动所得	万元	68 296	71 722	95.2	63 557	52 737	120.5
乡镇企业单位数	个	2 070	2 106	98.2	1 780	1 757	101.3
乡镇企业人数	人	111 446	117 201	95.1	65 656	75 000	87.5
乡镇企业各项费用支出	万元		544 074		580 972	524 111	110.8
乡镇企业国家税金	万元	23 347	21 882	106.7	8 217	19 729	41.6
乡镇企业纯利润	万元	19 640	23 429	83.8	37 409	50 129	74.6
乡镇企业固定资产原价	万元	222 059	184 152	120.6	248 560	224 898	110.5
乡镇企业固定资产净值	万元	159 975	137 173	116.6	175 929	162 742	108.1
乡镇企业年末占用流动资金	万元				244 867	331 265	73.9
工业							
全部工业企业单位数	个	3 487	2 512	138.8	345	293	117.7
#国有	个	158	104	151.9	98	77	127.3
集体	个	2 465	1 986	124.1	134	139	96.4
私营	个	864	422	204.7			
工业增加值	万元	196 030	184 554.5	106.2	74 409.4	45 461.4	163.7
全部工业总产值(现价)	万元	569 519	524 669	108.5	214 929.1	161 984.4	132.7
#国有	万元	21 927	18 448.4	118.9	33 189.4	24 126.5	137.6
集体	万元	503 812	496 193.1	101.5	69 292.9	67 741.8	102.3
私营	万元	43 780	10 027.5	436.6			
全部工业总产值(90 不变价)	万元	524 909.3	505 402.9	103.8	198 809.8	147 914.8	134.4
#国有	万元	17 583.2	14 172	124.1	30 236.7	21 287.8	142.0
集体	万元	463 546.1	481 203.4	96.3	63 306.8	57 066.1	110.9
私营	万元	43 780	10 027.5	436.6			
乡及乡以上轻工业总产值(现价)	万元	105 256.9	171 132.3	614.4	93 202.5	90 229.3	103.3
以农产品为原料	万元	81 889.9	133 309.6	61.4	74 879.4	64 996.1	115.2
以非农产品为原料	万元	23 367			18 323.1	25 233.2	72.6
乡及乡以上轻工业总产值(90 年不变价)	万元	105 708.2	127 258.3	83.1	83 799.7	82 593.7	101.5
以农产品为原料	万元	78 752.6	94 899.6	83.0	65 101.7	58 725.2	110.9
以非农产品为原料	万元	26 955.6	32 358.7	83.3	18 698.0	23 868.5	78.3

项　　目	单　位	朝　阳　区			丰　台　区		
		1996 年	1995 年	1996 年为 1995 年%	1996 年	1995 年	1996 年为 1995 年%
乡及乡以上重工业总产值（现价）	万元	185 354.8	105 434.4	175.8	121 726.6	71 755.1	169.6
采掘工业	万元				182.5	124.2	146.9
原料工业	万元				33 218.9	9 384.7	354.0
制造工业	万元				88 325.2	62 246.2	141.9
乡及乡以上重工业总产值（90 年不变价）	万元	145 977.8	91 143	160.2	115 010.1	65 321.1	176.1
采掘工业	万元				182.5	124.2	146.9
原料工业	万元				32 306.0	7 517.5	429.7
制造工业	万元				82 521.6	57 679.4	143.1
独立核算工业企业平均							
职工人数	人	44 363	43 498	102.0	25 154	23 027	109.2
#国有	人	3 191	2 854	111.8	4 133	3 290	125.6
集体	人	41 172	27 064	152.1	12 034	13 064	92.1
独立核算工业企业总产值（现价）	万元	281 186.3	276 566.7	101.7	214 440.7	160 912.8	133.3
#国有	万元	21 927	19 913.5	110.1	33 189.1	23 421.1	141.7
集体	万元	259 259.3	128 151	202.3	69 110.8	67 375.6	102.6
独立核算工业企业总产值（90 年不变价）	万元	242 427.9	218 401.3	111.0	198 321.4	146 855.0	135.0
#国有	万元	17 041.2	14 172	120.2	30 236.4	20 582.4	146.9
集体	万元	225 386.7	103 308.8	218.2	63 124.7	56 711.7	111.3
独立核算工业企业财务指标							
产品销售收入	万元	266 531.8	246 357	108.2	215 758.8	140 954.7	153.1
#国有	万元	19 646.1	17 786	110.5	31 950.8	19 870.0	160.8
产品销售成本	万元	209 796.6	193 381.1	108.5	164 755.8	103 359.8	159.4
#国有	万元	15 508.8	14 754.1	105.1	26 384.9	15 832.0	166.7
固定资产原价	万元	120 689.8	109 853	109.9	112 538.5	71 348.5	157.7
#国有	万元	6 396.1	3 182.3	201.0	9 636.5	7 014.8	137.4
固定资产净值	万元	86 540.4	85 237	101.5	94 129.8	53 449.1	176.1
#国有	万元	4 875.4	2 260.7	215.6	8 197.3	5 391.8	152.0
全部流动资金年平均余额	万元	224 083.7	203 219.6	110.3	187 617.8	109 644.6	171.1
#国有	万元	10 750.1	8 193.2	131.2	32 294.2	16 052.6	201.2
利润总额	万元	8 693.8	11 882.3	73.2	4 484.7	9 407.5	47.7
#国有	万元	1 462.3	1 542.8	94.8	1 545.8	1 125.9	137.3
企业留利	万元						
#国有	万元						
资金利税率	%	7.65	7.49		6.4	11.2	
产品销售率	%	96.31	91.7		93.1	93.2	
成本利润率	%	3.58	5.06		2.1	7.1	
增加值率	%	35.11	39.67		34.7	28.3	
独立核算工业企业							
全员劳动生产率	%	20 821	25 067	83.1	29 582	19 742.6	149.8
#国有	%	26 774	24 100	111.1	13 546	23 899.7	56.7
集体	%	23 766	22 560	105.3	22 695	11 481.6	197.7

项目	单位	朝阳区			丰台区		
		1996年	1995年	1996年为1995年%	1996年	1995年	1996年为1995年%
商业							
社会商品零售总额	万元	917 652	790 511	116.1	345 674	291 755	118.5
消费品零售额	万元	915 513	788 535	116.1	339 712	286 713	118.5
按经济类型分							
＃国有	万元	434 932	349 977	124.3	125 273	117 463	106.6
集体	万元	163 531	167 415	97.7	66 156	88 560	74.7
私营	万元	37 982	3 795	100			
个体	万元	228 203	239 273	95.4	74 929	76 167	98.4
按类别分							
食品类	万元	283 808	359 569	78.9	146 167	111 963	130.5
衣着类	万元	161 130	115 328	139.7	38 867	36 942	105.2
日用品类	万元	256 934	151 667	169.4	122 938	118 825	103.5
房屋及建筑材料类	万元	102 714	60 626	169.4			
文化娱乐品类	万元	62 249	36 742	169.4			
书报杂志类	万元	689	407	169.3			
药及医疗用品类	万元	15 944	9 396	169.7	14 354	5 615	255.6
燃料类	万元	32 044	16 412	195.2	17 386	13 368	130.1
按对象分							
售给居民	万元	723 713	658 769	109.9	312 337	271 263	115.1
售给社会集团	万元	191 800	129 767	147.8	27 375	15 450	177.2
对农民农业生产资料销售	万元	2 139	1 976	108.2	5 962	5 042	118.2
网点数	个	40 469	35 867	112.8	28 626	28 378	100.9
＃商业	个	39 449	28 266	139.6	22 386	21 973	101.9
饮食业	个	3 885	3 505	110.8	3 136	3 096	101.3
服务业	个	5 362	4 010	133.7	3 104	1 378	225.3
＃宾馆饭店	个		21				
平均每万人拥有网点	个	286	258	110.8	374	375	99.7
营业人员	人	115 466	101 012	114.3	84 310	63 493	132.8
＃商业	人	73 180	62 452	117.2	64 589	45 062	143.3
饮食业	人	24 533	16 538	148.3	11 623	11 004	105.6
服务业	人	17 753	22 022	80.6	8 098	4 943	163.8
＃宾馆饭店	人						
平均每万人拥有营业人员	人	817	726	112.5	1 101	840	131.1
外经外贸							
出口商品交货额	万元	12 613.5	13 114.6	96.2	6 844.1	8 689.0	78.8
＃农副商品	万元		89				
工矿产品	万元	12 613.5	13 025.6	96.8	6 844.1	8 689.0	78.8
利用外资签订协议(合同)数	个	105	162	64.8	52	82	63.4
对外借款	个						
外商直接投资	个	105	162	64.8	52	82	63.4
外商其他投资	个						
利用外资签订协议(合同)金额	万美元	12 843.5	16 462.4	78.0	5 690.9	12 649.5	45.0
对外借款	万美元						
外商直接投资	万美元	12 843.5	16 462.4	78.0	5 690.9	12 649.5	45.0
外商其他投资	万美元						
实际利用外资	万美元	9 351.4	11 313.5	82.7	5 710.0	1 273	448.5

项目	单位	朝阳区			丰台区		
		1996年	1995年	1996年为1995年%	1996年	1995年	1996年为1995年%
对外借款	万美元	1 829.3					
外商直接投资	万美元	6 296.0			5 710.0	1 273	448.5
外商其他投资	万美元	1 226.1					
旅游人数	人	83 829	137 734	60.8	8 077		
教育							
学校数	个	336	339	99.1			
小学	个	231	231	100	130	131	99.2
普通中学	个	76	78	97.4	60	65	92.3
中等专业教育	个	29	30	96.7	1	1	100.0
招生数	人	40 597	45 256	89.7			
小学	人	15 314	17 221	88.9	9 771	10 811	90.4
初级中等学校	人	16 405	19 373	84.7	9 757	10 487	93.0
高级中等学校	人	4 189	3 548	118.1	2 230	1 713	130.2
中等专业教育	人	4 689	5 114	91.7	200	215	93.0
在校学生	人	180 487	181 078	99.7			
小学	人	99 867	103 180	96.8	62 421	63 564	98.2
普通中学	人	67 006	65 923	101.6	37 767	36 438	103.6
中等专业教育	人	13 614	11 975	113.7	643	688	93.5
毕业生	人	35 653	37 454	95.2			
小学	人	17 359	19 995	86.8	8 855	11 765	75.3
初级中等学校	人	16 101	15 640	102.9	11 088	7 436	149.1
高级中等学校	人	2 193	1 819	120.6	1 437	914	157.2
中等专业教育	人	2 945	2 259	130.4			
达到"国家体育标准"学生数	人	115 579	174 939	66.1	77 384	75 078	103.1
幼儿园托儿所个数	个		317		146	169	86.4
幼儿入托数	人		44 249		23 313	25 655	90.9
文化							
文化馆站	个	43	43	100	19	17	111.8
公共图书馆	个	1	1	100	1	1	100.0
公共图书馆藏书	万册	39.1	37.6	104	19.8	19.0	104.2
电影放映单位	个	16	8	200	2	7	28.6
区及以上重点文物保护单位	个	13	13	100	21	24	87.5
卫生							
卫生机构数	个	1 078	957	112.6	302	301	100.3
#医院	个	104	83	125.3	50	61	82.0
卫生院	个				4	4	100.0
床位数	张	8 861	9 166	96.7	5 299	5 656	93.7
#医院	张	8 805	8 816	99.9	5 164	5 473	94.4
卫生院	张				135	135	100.0
平均每千人拥有床位数	人	6.30	6.59	95.6	6.96	7.53	92.4
卫生技术人员	人	16 085	16 387	98.2	8 801	8 826	99.7
#医生	人	7 466	6 849	109.0	4 061	4 108	98.9
城市公用							
区级以上公园	个	20	20	100	6	6	100.0
体育场馆	个	10	7	142.9	5	5	100.0
道路长度	公里	258	258	100	2		

20—4 石景山区、海淀区国民经济主要指标

项　　目	单　位	石　景　山　区			海　淀　区		
		1996年	1995年	1996年为1995年%	1996年	1995年	1996年为1995年%
综合							
国内生产总值	万元	76 449.1	65 244.6	111.7	1 261 995	906 835	139.2
第一产业	万元	2 065.8	2 130.7	97.0	19 041	24 372	79.1
第二产业	万元	17 863.7	17 190.6	110.4	608 550	356 459	170.7
第三产业	万元	56 519.6	45 923.3	112.3	634 404	526 004	120.6
国内生产总值指数	%	44 356.8	38 980.6				
(可比价,以上年为100)							
第一产业	%	1 088.3	1 171.5				
第二产业	%	14 389.2	11 987.7				
第三产业	%	28 879.3	25 821.4				
财政收入	万元	17 704	14 217.0	124.5	112 529	82 014	137.2
#各项税收	万元	16 454	13 075.0	125.8	103 758	64 466	160.9
财政支出	万元	30 039	23 725.0	126.6	141 887	104 976	135.2
#基本建设支出	万元	470	200.0	235.0	18 009	9 866	182.5
支援农业生产支出	万元	465	179.0	259.8	2 466	1 616	152.6
文教卫生事业费	万元	9 210	9 385.0	98.1	36 549	34 433	106.1
人口和劳动力							
总人口	人	369 252	363 165	101.7			
常住户籍人口	人	315 473	312 512	100.9	1 462 839	1 429 330	102.3
#非农业人口	人	299 788	296 207	101.2	1 325 204	1 287 381	102.9
男	人	159 906	165 595	96.6	753 693	736 869	102.3
女	人	139 882	146 917	95.2	709 146	692 461	102.4
出生率	‰	5.9	5.9		6.25	6.1	
死亡率	‰	4.9	4.6		4.38	4.5	
自然增长率	‰	1.0	1.4		1.86	1.6	
从业人员	人				267 072	268 595	99.8
按产业分							
第一产业	人				13 407	14 676	91.4
第二产业	人				55 325	78 251	70.7
第三产业	人				198 340	175 668	112.9
按职工非职工分							
职工人数	人	36 526	36 959	98.8	199 325	213 706	93.3
#国有单位	人	24 536	24 999	98.1	87 282	100 911	86.5
集体单位	人	6 926	7 877	87.9	42 870	62 295	68.8
城镇个体劳动者	人				49 908		
乡村劳动力	人		10 272	0.0	52 612	56 000	94.0
劳动工资							
工资总额	万元	31 380	26 607	117.9	202 017.1	176 443.3	114.5
#国有单位	万元	22 801	18 472	123.4	95 644.8	86 696.8	110.3
集体单位	万元	4 585	4 747	96.6	34 898.2	43 745.7	79.8
职工平均工资	元	8 591	7 608	112.9	10 044	8 457	118.8
固定资产投资							
全社会固定资产投资	万元	19 365	12 322	157.2	107 610	112 069	96.0
按建设性质分							
#基本建设投资	万元	11 860	7 358	161.2	86 310	78 354	110.2
更新改造投资	万元	1 663	1 858	89.5	21 300	21 500	99.1
按经济类型分							
国有单位	万元	12 041	5 406	222.7	81 216	75 188	108.0
集体单位	万元	5 842	241	2 424.1	3 996	12 751	31.3
#城镇	万元	5 842	241	2 424.1			
乡村	万元						

20—4 续表1

项目	单位	石景山区			海淀区		
		1996年	1995年	1996年为1995年%	1996年	1995年	1996年为1995年%
城乡个人	万元						
#城镇	万元						
乡村	万元						
按三次产业分							
第一产业	万元						
第二产业	万元	4 355	7 663	56.8	17 257	20 731	83.2
第三产业	万元	15 010	4 659	322.2	90 353	27 140	332.9
新增固定资产	万元	8 484	12 736	66.6	58 060	42 484	136.7
#国有单位	万元	6 406	7 465	85.8	54 665	34 774	157.2
集体单位	万元	1 375	100	1 375.0	1 400	6 700	20.9
房屋施工面积	万平方米	275 616	206 157	133.7	81.5	97.1	83.9
#国有单位	万平方米	155 210	105 390	147.3	48.7	60.5	80.5
集体单位	万平方米	90 849	9 804	926.7	14.2	10.2	139.2
房屋竣工面积	万平方米	39 206	90 085	43.5	19.8	39.8	49.7
#国有单位	万平方米	26 002	63 902	40.7	17.1	30.0	57.0
#住宅	万平方米	7 499	20 872	35.9	8.2	4.7	174.5
#集体单位	万平方米	8 314	1 490	558.0	0.6	7.6	7.9
#住宅	万平方米						
#城乡个人	万平方米						
#住宅	万平方米						
农村经济							
农村劳动力	人	8 271	9 043	91.5	52 612	56 201	93.6
种植业	人	790	944	83.7	10 672	10 434	102.3
林业	人				660	2 160	30.6
牧业	人	332	373	89.0	1 770	1 771	99.9
渔业	人	13	7	185.7	305	315	96.8
农村工业	人	3 809	3 915	97.3	26 030	28 533	91.2
农村建筑业	人	122	139	87.8	2 036	2 216	91.2
农村运输业	人	468	460	101.7	1 177	1 147	102.6
农村商、饮、服务业	人	560	879	63.7	3 246	9 629	33.7
耕地面积	公顷	459	528	86.9	8 781.5	10 579	83.0
农业机械总动力	千瓦	51 170	52 000	98.4	211 050	231 000	91.4
化肥施用实物量	吨	212	326	65.0	9 084	10 223	88.9
化肥施用折纯量	吨	78	110	70.9	4 102	3 283	124.9
农村用电量	万千瓦时	1 418.5	2 124.1	66.8	13 575	11 627.7	116.7
农村国内生产总值	万元	20 810.5	17 777.4	117.1	130 211.9	124 312.1	104.7
第一产业	万元	2 065.8	2 130.7	97.0	19 041.5	24 372	78.1
第二产业	万元	7 468.6	7 213.0	103.5	53 485.1	54 932.5	97.4
第三产业	万元	11 276.1	8 433.7	133.7	59 485.1	45 007.6	132.2
农业总产值	万元	8 292.9	8 548.3	97.0	62 287.4	68 366	91.1
种植业	万元	1 196.2	1 579.3	75.7	25 107.4	28 672.9	87.6
林业	万元	2.8	22.3	12.6	302.6	235.3	128.6
牧业	万元	7 066.9	6 926.2	102.0	35 032.4	36 744.2	95.3
渔业	万元	27.0	20.5	131.7	1 845	2 713.6	68.0
农作物总播种面积	万公顷	0.1	0.1	100.0	1	1.1	90.9
粮食作物	万公顷				0.6	0.6	100.0
经济作物	万公顷	0.1	0.1	100.0			
其他作物	万公顷				0.1	0.1	100.0

项目	单位	石景山区			海淀区		
		1996年	1995年	1996年为1995年%	1996年	1995年	1996年为1995年%
农作物产量							
粮食	万吨				3.9	4.1	95.1
粮食每公顷耕地面积单产	公斤						
棉花	吨						
油料	吨						
干鲜果	吨	1 015	1 281	79.2	21 391	22 665	94.4
畜产品产量							
生猪出栏	头	30 470	29 634	102.8	223 036	230 739	96.7
商品猪	头	30 470	29 634	102.8	222 722	230 680	96.6
猪牛羊肉	吨	2 289.4	1 940	118.0	13 142	14 347	91.6
#猪肉	吨	1 986.6	1 936	102.6	13 096	14 309	91.5
禽肉	吨	298.9	420	71.2	2 066	2 691	76.8
禽蛋	吨	5 087.9	6 227	81.7	16 744	19 986	83.8
牲畜年底头数	头	15 466	16 082	96.2			
大牲畜	头	781	761	102.6	4 828	5 005	96.5
猪	头	14 685	15 321	95.8	117 823	145 774	80.8
羊	头				2 505	2 683	93.4
水产品产量	吨		35	0.0	3 261.9	3 503	93.1
农村经济总收入	万元	165 709	158 681	104.4	787 810	701 638	112.3
农村经济总费用	万元	158 913	142 429	111.6	126 285	117 514	107.5
农村经济纯收入	万元	13 591	16 252	83.6			
国家税金	万元	2 955	4 629	63.8	19 477	17 716	109.9
集体提留	万元	3 659	2 999	122.0	27 304	27 662	98.7
个人所得	万元	6 977	8 624	80.9	79 504	59 703	133.2
乡镇企业单位数	个	294	302	97.4	1 258	1 285	97.9
乡镇企业人数	人	12 174	12 775	95.3	54 000	60 000	90.0
乡镇企业各项费用支出	万元	96 614	122 249	79.0	476 053	438 822	108.5
乡镇企业国家税金	万元	2 541	4 630	54.9	15 080	15 322	98.4
乡镇企业纯利润	万元	—183	2 313	—7.9	12 207	11 965	102.0
乡镇企业固定资产原价	万元	46 905	46 905	100.0	211 272	176 252	119.9
乡镇企业固定资产净值	万元	36 226	36 226	100.0	142 573	121 233	117.6
乡镇企业年末占用固定资金	万元				328 920	300 370	109.5
工业							
全部工业企业单位数	个	332	234	141.9	786	755	104.1
#国有	个	52	70	74.3	158	104	151.9
集体	个	163	122	133.6	464	478	0.97
私营	个	14			7	4	175.0
工业增加值	万元	13 558.3	9 125.6	148.6	608 549.8	338 121	180.0
全部工业总产值(现价)	万元	61 937.7	61 223.5	101.2	1 559 910.7	1 146 632.8	136.0
#国有	万元	3 971.3	8 219.8	48.3	25 927.4	25 584.6	101.3
集体	万元	36 237.3	34 630.9	104.6	1 458 557.1	1 044 819.8	139.6
私营	万元	194.0			2 898	302.6	957.7
全部工业总产值(90不变价)	万元	56 613.3	32 892.4	172.1	1 851 988	1 282 356.8	144.4
#国有	万元	3 522.0	7 918.1	44.5	20 851	20 514.7	101.6
集体	万元	34 091.7	11 856.3	287.5	1 762 935.1	1 179 808.6	149.4
私营	万元	191.0			2 153.9	260.6	826.5
乡及乡以上轻工业总产值(现价)	万元	23 285.4	25 741.1	90.5	87 825.9	99 420.7	88.3
以农产品为原料	万元	20 954.8	21 564.6	97.2	55 182.8	55 779.3	98.9
以非农产品为原料	万元	2 330.6	4 176.5	55.8	32 643.1	43 641.4	74.8
乡及乡以上轻工业总产值(90年不变价)	万元	20 323.6	20 199.5	100.6	75 869.2	92 117.5	82.4
以农产品为原料	万元	17 986.3	16 137.3	111.5	44 925.0	50 782.3	88.5
以非农产品为原料	万元	2 337.3	4 062.2	57.5	30 944.2	41 335.2	74.9

项　　目	单位	石景山区			海淀区		
		1996 年	1995 年	1996 年为 1995 年%	1996 年	1995 年	1996 年为 1995 年%
乡及乡以上重工业总产值（现价）	万元	19 263.1	13 169.3	146.3	1 472 084.8	1 047 212.1	140.6
采掘工业	万元	72.6					
原料工业	万元	1 458.9	706.9	206.4	11 455.4	10 391.4	110.2
制造工业	万元	17 731.6	12 462.9	142.3	1 460 629.4	1 036 820.7	140.9
乡及乡以上重工业总产值（90 年不变价）	万元	19 930.9	12 692.9	157.0	1 776 118.8	1 190 239.3	149.2
采掘工业	万元	72					
原料工业	万元	1 523.8	750.3	203.1	10 038.0	7 780.5	129.0
制造工业	万元	18 335.1	11 942.6	153.5	1 766 080.8	1 182 458.8	93.8
独立核算工业企业平均职工人数	人	8 546	8 207	104.1	68 592.0	70 890	96.8
＃国有	人	2 583	2 535	101.9	3 495	4 036	86.6
集体	人	3 809	3 997	95.3	56 185	56 962	98.6
独立核算工业企业总产值（现价）	万元	37 584.3	35 745.7	105.1	1 559 910.7	1 146 632.8	136.0
＃国有	万元	3 868.0	8 219.9	47.1	25 927.4	25 584.6	101.3
集体	万元	12 217.0	12 741.3	95.9	1 458 557.1	1 044 819.8	139.6
独立核算工业企业总产值（90 年不变价）	万元	34 196.5	30 959.3	110.5	1 851 988	1 282 356.8	144.4
＃国有	万元	3 444.1	7 457.5	46.2	20 851.0	20 514.7	101.6
集体	万元	11 968.8	11 350.1	105.5	1 762 935.1	1 179 808.6	149.4
独立核算工业企业财务指标							
产品销售收入	万元	39 179.9	36 397.1	107.6	1 453 173.4	1 061 578.7	136.9
＃国有	万元	4 204.4	7 842.1	53.6	27 617.7	56 442.2	48.9
产品销售成本	万元	31 960.4			1 126 232.3		
＃国有	万元	3 516.3			21 177.7		
固定资产原价	万元	28 725.1	31 100.8	92.4	467 806.3	301 014.8	155.4
＃国有	万元	1 971.3	11 433.1	17.2	8 001.1	6 484.7	123.4
固定资产净值	万元	19 594.6	24 320.6	80.6	347 526.8	228 797.9	151.9
＃国有	万元	1 486.4	8 723.0	17.0	5 114.8	4 384.4	116.7
全部流动资金年平均余额	万元	38 395.2	30 110.1	127.5	1 092 664.3	983 857.9	111.1
＃国有	万元	1 523.8	5 795.7	26.3	13 808.7	11 323.8	121.9
利润总额	万元	－1 712.1	－281.5	608.2	103 902.7	66 200	157.0
＃国有	万元	377.7	446.3	84.6	1 535.6	1 354.6	113.4
企业留利	万元						
＃国有	万元						
资金利税率	%	－2.7	1.9				
产品销售率	%	104.0	89				
成本利润率	%						
增加值率	%	36.0	25.5				
独立核算工业企业动生产率全员劳	%	43 978	11 119	395.5			
＃国有	%	14 975	9 311	160.8			
集体	%	30 565	11 492	266.0			

20—4 续表 4

项目	单位	石景山区			海淀区		
		1996 年	1995 年	1996 年为 1995 年%	1996 年	1995 年	1996 年为 1995 年%
商业							
社会消费品零售额	万元	237 779	219 970	108.1	1 657 000	1 458 041	113.6
按经济类型分							
#国有	万元	75 098	54 485	137.8	638 525	573 895	111.3
集体	万元	18 894	13 318	141.9	341 927	306 482	111.6
私营	万元	9 099			13 886	16 531	84.0
个体	万元	43 152	33 400	129.2	159 274	137 046	116.2
按类别分							
食品类	万元	144 656	139 427	103.8	506 867	432 243	117.3
衣着类	万元	12 285	14 920	82.3	124 746	122 212	102.1
日用品类	万元				68 308	71 903	95.0
房屋及建筑材料类	万元				32 960	35 441	90.0
文化娱乐品类	万元	77 633	65 623	118.3	21 647	21 532	100.5
书报杂志类	万元				7 769	5 698	136.3
药及医疗用品类	万元				17 365	10 945	158.7
燃料类	万元	3 205			11 809	13 359	88.4
按对象分							
售给居民	万元	203 909	205 037	99.4	848 484	808 866	104.9
售给社会集团	万元	33 870	14 933	226.8	808 516	649 175	124.5
对农民农业生产资料销售	万元				7 253	7 716	94.0
网点数	个	13 445	12 577	106.9	37 746	33 098	114.0
#商业	个	9 444	8 876	106.4	29 251	25 741	113.6
饮食业	个	1 262	1 266	99.7	3 333	3 007	110.8
服务业	个	2 739	2 435	112.5	5 162	4 350	118.7
#宾馆、饭店	个				40	40	100.0
平均每万人拥有网点	个	427	402	106.2	262	231	113.4
营业人员	人	43 870	27 487	159.6	108 167	106 992	101.1
#商业	人	21 779	18 859	115.5	73 086	69 087	105.8
饮食业	人	4 855	4 437	109.4	16 770	12 671	132.3
服务业	人	17 236	4 191	411.3	25 311	25 234	100.3
#宾馆、饭店	人		910	0.0	14 609	14 191	102.7
平均每万人拥有营业人员	人	1 393	880	158.3	752	748	100.5
外经、外贸							
出口商品交货额	万元	6 563.4	5 465.5	120.1	78 027.7	65 346.2	119.4
#农副商品	万元						
工矿产品	万元	6 563.4	5 465.5	120.1	78 027.7	65 346.2	119.4
利用外资签订协议(合同)数	个	21	36	58.3	184	285	64.6
对外借款	个						
外商直接投资	个	21	36	58.3	184	285	64.6
外商其他投资	个						
利用外资签订协议(合同)金额	万美元	1 253.2	3 208.7	39.1	15 078.3	20 950	72.0
对外借款	万美元						
外商直接投资	万美元	819.2	1 567.8	52.3	15 078.3	20 950	72.0
外商其他投资	万美元						
实际利用外资	万美元				5 321	5 207	102.2

20—4 续表 5

项目	单位	石景山区			海淀区		
		1996年	1995年	1996年为1995年%	1996年	1995年	1996年为1995年%
对外借款	万美元						
外商直接投资	万美元	478.0	2 186.0	21.9	5 321	5 207	102.2
外商其他投资	万美元						
旅游人数	万人	209.0	200.0	104.5		63 252	
教育							
学校数	个				256	267	95.9
小学	个	48	48	100.0	163	171	95.3
普通中学	个	26	24	108.3	74	78	94.9
中等专业学校	个	5	5	100.0	19	18	105.6
招生数	个				48 267	50 900	94.8
小学	人	3 431	3 985	86.1	17 267	18 176	95.0
初级中等学校	人	4 187	5 239	79.9	18 140	20 273	89.5
高级中等学校	人	1 053	1 028	102.4	8 883	8 756	101.5
中等专业学校	人	1 630	1 635	99.7	3 977	3 695	107.6
在校学生	人				201 053	194 993	103.1
小学	人	23 346	24 188	96.5	105 280	105 427	99.9
普通中学	人	18 195	18 316	99.3	85 323	80 829	105.6
中等专业学校	人	4 165	3 253	128.0	10 450	8 737	119.6
毕业生					39 813	41 442	96.1
小学	人	4 197	5 280	79.5	15 804	20 248	78.1
初级中等学校	人	4 401	4 434	99.3	15 953	15 739	101.4
高级中等学校	人	675	586	115.2	8 056	5 455	147.7
中等专业学校	人				2 138	1 389	153.9
达到"国家体育标准"学生数	人						
幼儿园托儿所个数	个		73			294	
幼儿入托数	人		11 664			47 026	
文化							
文化馆、站	个	6	6	100.0	27	28	96.4
公共图书馆	个	2	2	100.0	1	1	100.0
公共图书馆藏书	万册	29	27.0	107.4	22	22	100.0
电影放映单位	个	1	1	100.0	50	102	49.0
区级以上重点文物保护单位	个	2	2	100.0	87	83	104.8
卫生							
卫生机构数	个	201	168	119.6	825	652	126.5
#医院	个	22	21	104.8	89	85	104.7
卫生院	个	1	1	100.0	8	8	100.0
床位数	张	3 994	4 028	99.2	9 608	9 696	99.1
#医院	张	3 974	3 698	107.5	9 168	9 136	100.4
卫生院	张	20	20	100.0	505	595	84.9
平均每千人拥有床位数	人	12.7	12.8	99.2	6.6	6.8	97.1
卫生技术人员	人	5 527	5 525	100.0	15 801	15 335	103.1
#医生	人	2 458	2 527	97.3	7 204	6 709	107.4
城市公用							
区级以上公园	个	10	10	100.0	3	3	100.0
体育场馆	个	4	3	133.3	2	2	100.0
道路长度	公里	165	165	100.0			

20—5 门头沟区、房山区国民经济主要指标

项目	单位	门头沟区			房山区		
		1996年	1995年	1996年为1995年%	1996年	1995年	1996年为1995年%
综合							
国内生产总值	万元	100 405.4	86 108.2	116.6	549 967.1	486 321.1	113.1
第一产业	万元	5 266.3	5 873	89.7	62 080.9	59 647.2	104.1
第二产业	万元	48 899.4	47 481.7	103.0	288 986.2	267 490.8	108.0
第三产业	万元	46 239.7	32 753.5	141.2	198 900.0	159 183.1	125.0
国内生产总值指数	%	116.6	103		101.6	116.8	
(可比价,以上年为100)							
第一产业	%	89.7	100.4		101.3	112.6	
第二产业	%	103.0	89.5		96.5	109.7	
第三产业	%	141.2	132.7		113.5	136.4	
财政收入	万元	14 647.0	10 831.3	135.2	21 991.0	15 981	137.6
#各项税收	万元	13 142.0	10 546.5	124.6	43 940.0	35 161.1	125.0
财政支出	万元	25 725.0	19 557.7	131.5	40 137.0	30 855	130.1
#基本建设支出	万元				1 857.0	1 248.7	148.7
支援农业生产支出	万元	1 883	1 568	120.1	3 164.0	2 087	151.6
文教卫生事业费	万元	9 432	7 070	133.4	17 894.0	15 002	119.3
人口和劳动力							
总人口	人	258 570	257 332	100.5	746 357	746 632	100.0
常住户籍人口	人	240 857	242 946	99.1	746 357	746 632	100.0
#非农业人口	人	151 626	148 949	101.8	250 668	246 319	101.8
男	人	126 170	127 078	99.3	376 971	377 239	99.9
女	人	114 687	115 868	99.0	369 386	369 393	100.0
出生率	‰	8.00	8.98		7.5	8.01	
死亡率	‰	7.42	6.07		7.0	6.56	
自然增长率	‰	0.58	2.91		0.6	1.45	
从业人员	人	93 279	83 304	112.0	289 666	289 104	100.2
按产业分							
第一产业	人	15 063	17 000	88.6	80 392	83 402	96.4
第二产业	人	27 904	20 104	138.8	99 701	99 919	99.8
第三产业	人	50 312	46 200	108.9	109 573	105 783	103.6
按职工非职工分							
职工人数	人	45 327	38 436	117.9	51 895	50 973	101.8
#国有单位	人	23 153	26 356	87.8	35 888	35 231	101.9
集体单位	人	9 817	9 864	99.5	14 036	14 261	98.4
城镇个体劳动者	人	3 118	2 130	146.4	13 436	11 667	115.2
乡村劳动力	人	44 834	42 738	104.9	224 335	226 464	99.1
劳动工资							
工资总额	万元	28 342.1	19 294.1	146.9	34 718.5	28 920.3	120.0
#国有单位	万元	17 054.3	13 588.0	125.5	25 804.2	18 242.9	141.4
集体单位	万元	5 440.9	4 530.3	120.1	7 602.3	6 740.8	112.8
职工平均工资	元	7 038	5 614	125.4	6 692.0	5 770	116.0
固定资产投资							
全社会固定资产投资	万元	37 324	53 199	70.2	35 273.0	38 303.2	92.1
按建设性质分							
#基本建设投资	万元	32 107	45 430	70.7	9 683.0	5 315.2	182.2
更新改造投资	万元	5 217	7 769	67.2	5 444.0	6 981	78.0
按经济类型分							
国有单位	万元	33 557	47 040	71.3	12 558.0	7 527	166.8
集体单位	万元	3 767	3 546	106.2	20 255.0	28 107	72.1
#城镇	万元	3 070	1 761	174.3	9 965.0	11 156	89.3
乡村	万元				10 290.0	16 951	60.7

20—5 续表1

项目	单位	门头沟区			房山区		
		1996年	1995年	1996年为1995年%	1996年	1995年	1996年为1995年%
城乡个人	万元		2 613		2 460.0	2 669.2	92.2
#城镇	万元				303.0	329	92.1
乡村	万元		2 613		2 157.0	2 340.2	92.2
按三次产业分							
第一产业	万元	482	134	359.7			
第二产业	万元	22 664	27 949	81.1			
第三产业	万元	14 178	25 116	56.5			
新增固定资产	万元	45 920	27 916	164.5	34 700.0	22 478	154.4
#国有单位	万元		26 580		7 424.0	4 241	175.1
集体单位	万元		1 336		27 273.0	15 981	170.7
房屋施工面积	万平方米	26.0	44.1	59.0	50.5	44.4	113.7
#国有单位	万平方米		38.5		12.4	6	206.7
集体单位	万平方米		3.2		35.8	28.9	123.9
房屋竣工面积	万平方米	16.9	19.2	88.0	32.3	20.1	160.7
#国有单位	万平方米		15.2		4.6	4	115.0
#住宅	万平方米		10.3		3.3	2.8	117.9
#集体单位	万平方米		1.5		27.1	13.6	199.3
#住宅	万平方米		1.5		7.0	4.4	159.1
#城乡个人	万平方米		2.4		2.3	2.5	92.0
#住宅	万平方米		2.4		1.7	2	85.0
农村经济							
农村劳动力	人	44 834	42 738	104.9	224 335	226 464	99.1
种植业	人	12 322	10 485	117.5	69 495	69 531	99.9
林业	人	1 532	1 692	90.5	4 501	6 170	72.9
牧业	人	1 187	1 563	75.9	5 865	6 599	88.9
渔业	人	22	28	78.6	531	665	79.8
农村工业	人	9 998	10 003	100.0	55 121	58 899	93.6
农村建筑业	人	1 721	1 622	106.1	26 392	26 860	98.3
农村运输业	人	4 644	4 002	116.0	18 233	18 724	97.4
农村商、饮、服务业	人	2 253	1 953	115.4	44 197	39 016	113.3
耕地面积	公顷	2 848.4	7 391	38.5	41 427.0	42 406	97.7
农业机械总动力	千瓦	113 947	120 310	94.7	669 439.0	670 157	100.1
化肥施用实物量	吨	1 424	1 350	105.5	50 504.0	52 714	95.8
化肥施用折纯量	吨	524.5	481	109.0	16 990.1	17 484	97.2
农村用电量	万千瓦时	3 932.8	4 042.9	97.3	19 595.5	19 514.9	100.4
农村国内生产总值	万元	36 968.3	28 742.4	128.6	423 149.6	404 949.0	104.5
第一产业	万元	4 089.5	5 872.8	69.6	61 580.9	58 767.2	104.8
第二产业	万元	19 569.3	15 773.2	124.1	224 936.8	221 728.9	101.4
第三产业	万元	13 309.5	7 096.4	187.6	136 631.9	124 452.9	109.8
农业总产值	万元	6 911.0	7 121.3	97.0	65 420.6	63 366.3	103.2
种植业	万元	2 502.3	2 594	96.5	38 893.0	37 586.7	103.5
林业	万元	466.4	534.2	87.3	969.2	1 546.1	62.7
牧业	万元	3 854.2	3 850.9	100.1	24 838.6	23 517.9	105.6
渔业	万元	88.1	142.2	62.0	719.8	715.6	100.6
农作物总播种面积	万公顷	0.495	0.559	88.6	6.0	6	100.0
粮食作物	万公顷	0.407	0.456	89.3	5.4	5.3	101.9
经济作物	万公顷				0.5	0.6	83.3
其他作物	万公顷	0.088	0.103	85.4	0.1	0.1	100.0

20—5 续表 2

项目	单位	门头沟区			房山区		
		1996 年	1995 年	1996 年为 1995 年%	1996 年	1995 年	1996 年为 1995 年%
农作物产量							
粮食	万吨	0.9	1	90.0	28.9	31.8	90.9
粮食每公顷耕地面积单产	公斤	2 319.9	2 060.3	112.6	8 862.0	9 741.2	91.0
棉花	吨						
油料	吨				2 059.0	2 813	73.2
干鲜果	吨	2 507	2 775	90.3	34 099.0	34 130	100.0
畜产品产量							
生猪出栏	头	46 763	39 160	119.4	237 253	222 010	106.9
商品猪	头	46 644	38 920	119.8	233 846	215 326	108.6
猪牛羊肉	吨	3 994	2 972	134.4	20 890.0	19 429	107.5
#猪肉	吨	3 615	2 649	136.5	16 470.0	16 998	96.9
禽肉	吨	140	242	57.9	2 174.0	1 895	114.7
禽蛋	吨	3 139	3 830	82.0	16 108.0	15 581	103.4
牲畜年底头数	头	96 201	85 479	112.5	345 988	346 908	99.7
大牲畜	头	2 811	3 243	86.7	13 909	14 252	97.6
猪	头	33 237	34 879	95.3	168 916	180 029	93.8
羊	头	60 153	47 357	127.0	163 163	152 627	106.9
水产品产量	吨	183.5	63	291.3	1 900.0	1 856	102.4
农村集体经济收入	万元	158 950	140 130	113.4	1 228 621	1 118 236	109.9
农村集体经济利润总额	万元	32 509	27 314.8	119.0	163 592.0	175 822	93.0
国家税金	万元	6 176	6 036	102.3	24 563.0	24 451	100.5
集体积累	万元	1 808	1 277	141.6	11 436.0	12 178	93.9
劳动所得	万元	24 525	20 001.8	122.6	127 593.0	139 193	91.7
乡镇企业单位数	个	5 401	5 899	91.6	24 258	22 299	108.8
乡镇企业人数	人	32 479	32 224	100.8	182 829	194 579	94.0
乡镇企业各项费用支出	万元	104 024	71 366	145.8	948 768.0	803 220	118.1
乡镇企业国家税金	万元	4 351	3 760	115.7	26 368.0	30 112	87.6
乡镇企业纯利润	万元	7 161	541	1 323.7	55 879.0	57 735	96.8
乡镇企业固定资产原价	万元	34 793	25 997	133.8	238 139.0	220 671	107.9
乡镇企业固定资产净值	万元	25 969	19 584	132.6	182 007.0	176 671	103.0
乡镇企业年末占用固定资金	万元		23 249		205 201.0	223 245	91.9
工业							
全部工业企业单位数	个	918	995	92.3	3 228	3 437	93.9
#国有	个	48	40	120.0	33	33	100.0
集体	个	544	551	98.7	1 564	1 706	91.7
私营	个	322	404	79.7	1 631	1 698	96.1
工业增加值	万元	40 427.7	39 394.1	102.6	142 400.0	133 421.8	106.7
全部工业总产值(现价)	万元	140 467.8	123 758.1	113.5	496 573.7	470 043.9	105.6
#国有	万元	27 774.7	30 063.3	92.4	28 288.0	38 317.2	73.8
集体	万元	64 918.4	57 476.7	112.9	389 706.7	371 827.1	104.8
私营	万元	9 404	14 022.0	67.1	78 579.0	59 899.6	131.2
全部工业总产值(90 不变价)	万元	115 471.8	121 087.4	95.4	428 846.9	408 931	104.9
#国有	万元	24 006.1	27 394.6	87.6	26 930.7	33 709.7	79.9
集体	万元	61 733.3	59 826.5	103.2	330 366.0	316 817.5	104.3
私营	万元	8 398.0	15 521.1	54.1	71 550.2	58 425.9	122.5
乡及乡以上轻工业总产值(现价)	万元	48 858.2	46 094.2	106.0	84 138.1	61 623.0	136.5
以农产品为原料	万元		33 097.0		36 107.2	26 445.0	136.5
以非农产品为原料	万元				48 030.9	35 178.0	136.5
乡及乡以上轻工业总产值	万元	33 473.2	38 414.9	87.1	64 362.5	51 251.0	125.6
(90 年不变价)							125.6
以农产品为原料	万元		22 796.0		27 564.2	21 949.0	125.6
以非农产品为原料	万元		15 618.9		36 798.3	29 302.0	125.6

项目	单位	门头沟区			房山区		
		1996年	1995年	1996年为1995年%	1996年	1995年	1996年为1995年%
乡及乡以上重工业总产值	万元	48 511.9	34 639.4	140.0	90 911.2	125 112.0	72.7
（现价）							72.7
采掘工业	万元		4 504.7		17 121.0	23 562.0	72.7
原料工业	万元		11 257.2		29 319.9	40 350.0	72.7
制造工业	万元		18 877.5		44 470.3	61 200.0	72.7
乡及乡以上重工业总产值	万元	43 996.5	35 676.9	123.3	79 251.1	104 055.0	76.2
（90年不变价）							76.2
采掘工业	万元		4 014.8		14 924.8	19 596.0	76.2
原料工业	万元		13 776.5		25 609.7	33 625.0	76.2
制造工业	万元		17 885.6		38 716.5	50 834.0	76.2
独立核算工业企业平均							
职工人数	人	17 663	18 019	98.0	33 217	37 378.0	88.9
＃国有	人	5 013	4 473	112.1	5 223	7 860.0	66.5
集体	人	9 342	9 889	94.5	25 088	29 518.0	85.0
独立核算工业企业总产值	万元	82 135.4	71 282.3	115.2	171 120.9	189 104.1	90.5
（现价）							90.5
＃国有	万元	25 949.4	21 738.9	119.4	24 116.9	33 563.5	71.9
集体	万元	26 013.4	27 347.3	95.1	114 871.9	134 987.2	85.1
独立核算工业企业总产值	万元	62 916.0	64 200.5	98.0	142 763.7	151 259.4	94.4
（90年不变价）							94.4
＃国有	万元	20 106.1	20 106.3	100.0	16 377.4	22 126.7	74.0
集体	万元	22 490.8	27 207.5	82.7	101 782.7	118 557.9	85.9
独立核算工业企业财务指标							
产品销售收入	万元	81 809.2	65 174	125.5	155 236.6	159 717.7	97.2
＃国有	万元	27 077.6	18 413.3	147.1	21 626.6	27 510.2	78.6
产品销售成本	万元	67 564.8	57 494.9	117.5	131 364.8	133 931.2	98.1
＃国有	万元	23 246.6	14 949.7	155.5	18 745.8	20 891.2	89.7
固定资产原价	万元	96 155.3	48 642.5	197.7	117 317.3	110 366.3	106.3
＃国有	万元	23 072.6	18 306.6	126.0	23 878.3	17 951	133.0
固定资产净值	万元	84 419.5	36 392	232.0	96 274.0	80 264.1	119.9
＃国有	万元	18 578.3	13 125.2	141.5	17 703.6	12 008	147.4
全部流动资金年平均余额	万元	100 109.1	63 125.3	158.6	110 455.2	99 361	111.2
＃国有	万元	41 705.6	20 365.9	204.8	12 255.6	12 445.8	98.5
利润总额	万元	－5 898.7	－1 781.4		－464.0	2 487.2	
＃国有	万元	－273.0	－543.6		－633.1	619.6	
企业留利	万元						
＃国有	万元						
资金利税率	%	0.1	1.6		5.1	5.78	
产品销售率	%	97.2	94.7		90.4	94.13	
成本利润率	%	－5.5	－1.9		0.4	1.58	
增加值率	%	28.7	35.6		29.3	35.27	
独立核算工业企业							
全员劳动生产率	元/人	13 324	14 776	90.2	12 849.0	17 874	71.9
＃国有	元/人	14 198	17 405	81.6	7 243.0	17 869	40.5
集体	元/人	9 884	10 017	98.7	12 540.0	16 303	76.9

20—5　续表4

项　　目	单　位	门　头　沟　区			房　山　区		
		1996年	1995年	1996年为1995年%	1996年	1995年	1996年为1995年%
商业							
社会消费品零售额	万元	96 644.2	86 216.1	112.1	361 740.9	280 833.7	128.8
按经济类型分	万元						
#国有	万元	54 998.6	50 662.1	108.6	127 963.4	99 343.0	128.8
集体	万元	22 405.3	23 417.1	95.7	88 654.5	68 826	128.8
私营	万元				8 702.4	6 756	128.8
个体	万元	22 662.2	17 099.6	132.5	122 697.2	95 254.7	128.8
按类别分							
食品类	万元	33 930.8	35 921	94.5	81 036.1	65 677.3	123.4
衣着类	万元	7 573.5	7 696.5	98.4	51 985.6	42 368	122.7
日用品类	万元	36 339.4	23 953.1	151.7	197 182.5	141 270.2	139.6
房屋及建筑材料类	万元	10 727.0	8 521.9	125.9			
文化娱乐品类	万元	2 370.0	1 666.7	142.2			
书报杂志类	万元	527.6	1 193.2	44.2			
药及医疗用品类	万元	2 303.0	3 156.3	73.0			
燃料类	万元	2 872.9	4 107.4	69.9	31 536.7	31 518.2	100.1
按对象分							
售给居民	万元	82 891.2	76 249.5	108.7	309 216.1	240 056.6	128.8
售给社会集团	万元	13 753.0	9 966.6	138.0	52 524.8	40 777.1	128.8
对农民农业生产资料销售	万元	3 421.9	4 962.7	69.0	24 002.2	25 618.3	93.7
网点数	个		4 107		17 389	16 638	104.5
#商业	个	4 745	3 155	150.4	12 582	12 187	103.2
饮食业	个	598	415	144.1	3 074	2 758	111.5
服务业	个	438	281	155.9	1 733	1 482	116.9
#宾馆、饭店	个		2				
平均每万人拥有网点	个		169		232	223	104.0
营业人员	人		12 323		45 330	42 358	107.0
#商业	人	21 724	8 696	249.8	34 688	30 016	115.6
饮食业	人	2 499	1 947	128.4	6 200	5 867	105.7
服务业	人	11 213	1 369	819.1	4 442	2 085	213.0
#宾馆、饭店	人		621				
平均每万人拥有营业人员	人		507		575	567	101.4
外经、外贸							
出口商品交货额	万元	6 630.5	6 084	109.0	27 811.4	27 131.7	102.5
#农副商品	万元	1 197.5	1 990.6	60.2	1 003.0	1 473	68.1
工矿产品	万元	5 433.0	4 093.4	132.7	26 808.4	25 658.7	104.5
利用外资签订协议(合同)数	个	14	38	36.8	13	21	61.9
对外借款	个						
外商直接投资	个	14	38	36.8	13	21	61.9
外商其他投资	个						
利用外资签订协议(合同)金额	万美元	2 050.1	1 770.8	115.8	811.9	376.2	215.8
对外借款	万美元						
外商直接投资	万美元	2 050.1	1 770.8	115.8	811.9	376.2	215.8
外商其他投资	万美元						
实际利用外资	万美元	794.0	1 001.3	79.3	2 080.5	2 927.6	71.1

项目	单位	门头沟区			房山区		
		1996 年	1995 年	1996 年为 1995 年%	1996 年	1995 年	1996 年为 1995 年%
对外借款	万美元						
外商直接投资	万美元	794.0	1 001.3	79.3	2 080.5	2 927.6	71.1
外商其他投资	万美元						
旅游人数	人	335	945	35.4	202.1	231.8	87.2
教育							
学校数	个				431	436	98.9
小学	个	93	98	94.9	357	369	96.7
普通中学	个	22	22	100.0	65	62	104.8
中等专业教育	个	6	5	120.0	9	5	180.0
招生数							
小学	人	2 833	3 246	87.3	14 677	17 517	83.8
初级中等学校	人	3 671	4 237	86.6	13 013	14 121	92.2
高级中等学校	人	1 193	1 216	98.1	2 170	1 704	127.3
中等专业教育	人	610	581	105.0	1 718	1 459	117.8
在校学生							
小学	人	21 339	22 246	95.9	91 720	93 680	97.9
普通中学	人	14 011	14 523	96.5	49 548	48 333	102.5
中等专业教育	人	1 655	1 579	104.8	3 856	2 949	130.8
毕业生							
小学	人	3 570	4 280	83.4	12 974	14 289	90.8
初级中等学校	人	3 901	3 857	101.1	11 565	12 326	93.8
高级中等学校	人	345	444	77.7	1 167	1 316	88.7
中等专业教育	人	345	286	120.6	1 052	590	178.3
达到"国家体育标准"学生数	人	26 685	27 769	96.1	134 965	135 142	99.9
幼儿园托儿所个数	个	54	26	246.2	373	269	138.7
幼儿入托数	人	4 649	5 541	83.9	16 464	15 142	108.7
文化							
文化馆、站	个	15	15	100.0	7	7	100.0
公共图书馆	个	1	1	100.0	1	2	50.0
公共图书馆藏书	万册	20.3	20	101.5	11	12	91.7
电影放映单位	个	5	5	100.0	8	8	100.0
区级以上重点文物保护单位	个	59	55	107.3	68	64	106.3
卫生							
卫生机构数	个	36	36	100.0	70	68	102.9
# 医院	个	11	11	100.0	44	42	104.8
卫生院	个	15	15	100.0	26	26	100.0
床位数	张	1 825	1 835	99.5	4 468	4 130	108.2
# 医院	张	1 548	1 660	93.3	3 965	3 703	107.1
卫生院	张	132	98	134.7	503	427	117.8
平均每十人拥有床位数	人	7	7	100.0	3.7	3.5	108.0
卫生技术人员	人	2 343	2 627	89.2	4 261	4 759	89.5
# 医生	人	1 025	1 239	82.7	1 901	2 128	89.3
城市公用							
区级以上公园	个	4	4	100.0	9	9	100.0
体育场馆	个	2	2	100.0	9	8	112.5
道路长度	公里	368.7	297.3	124.0	1 538.7	1 418.4	108.5

20—6 昌平县、顺义县国民经济主要指标

项目	单位	昌平县			顺义县		
		1996年	1995年	1996年为1995年%	1996年	1995年	1996年为1995年%
综合							
国内生产总值	万元	359 982.6	333 979.3	107.8	517 289.7	484 053.4	106.9
第一产业	万元	43 540.6	44 698.1	97.4	122 882.6	125 108.1	98.2
第二产业	万元	131 369.2	155 689.1	84.4	226 970.9	224 751.4	101.0
第三产业	万元	185 072.8	133 592.1	138.5	167 436.2	134 193.9	124.8
国内生产总值指数	%	99.1	108.3		103.2	98.9	
(可比价,以上年为100)							
第一产业	%	93.3	69.4		94.1	92.2	
第二产业	%	84.5	101.5		102.4	100.1	
第三产业	%	125.9	151.4		113.4	103	
财政收入	万元	13 547.0	11 567.0	117.1	19 454	15 008	129.6
#各项税收	万元	13 129.0	9 703.0	135.3	18 367.1	15 865.3	115.8
财政支出	万元	31 932.0	25 615.0	124.7	36 356	30 535.5	119.1
#基本建设支出	万元	0.0	0.0	0.0	151	262	57.6
支援农业生产支出	万元	2 437.0	2 113.0	115.3	3 033	3 138.1	96.7
文教卫生事业费	万元	11 584.0	9 555.0	121.2	13 827	11 580.5	119.4
人口和劳动力							
总人口	人	431 093.0	452 662.0		538 582	540 123	99.7
常住户籍人口	人	418 163.0	417 902.0		534 664	535 457	99.9
#非农业人口	人	159 629.0	156 366.0		93 533	88 141	106.1
男	人	209 348.0	209 459.0		265 888	266 821	99.7
女	人	208 815.0	208 443.0		272 350	273 302	99.7
出生率	‰	8.2	8.7		7.65	7.45	
死亡率	‰	7.2	5.8		8.35	7.01	
自然增长率	‰	1.0	2.7		−0.66	0.44	
从业人员	人	171 753.0	168 348.0	102.0	258 353	255 866	101.0
按产业分							
第一产业	人	38 631.0	36 793.0	105.0	61 500	57 015	107.9
第二产业	人	60 586.0	62 062.0	97.6	94 384	113 150	83.4
第三产业	人	72 536.0	69 493.0	104.4	102 469	85 701	119.6
按职工非职工分							
职工人数	人	62 095.0	65 576.0	94.7	65 605	64 021	102.5
#国有单位	人	34 674.0	36 341.0	95.4	41 505	41 590	99.8
集体单位	人	21 620.0	22 066.0	98.0	18 132	19 926	91.0
城镇个体劳动者	人	1 845.0	1 541.0	119.7	4 700	3 270	143.7
乡村劳动力	人	105 836.0	101 231.0	104.5	188 048	188 575	99.7
劳动工资							
工资总额	万元	52 549.4	39 485.5	133.1	45 857.7	35 947.3	127.6
#国有单位	万元	33 776.0	21 848.4	154.6	30 767.8	24 707.2	124.5
集体单位	万元	14 081.7	12 527.9	112.4	11 326.5	10 058	112.6
职工平均工资	元	7 079.0	6 078.0	116.5	6 990	5 716	122.3
固定资产投资							
全社会固定资产投资	万元	155 465.6	131 634.2	118.1	170 068	250 926.4	67.8
按建设性质分							
#基本建设投资	万元	131 454.9	94 764.4	138.7	26 371.31	78 926.4	70.6
更新改造投资	万元	7 910.2	36 869.8	21.5	43 696.7	72 000	32.7
按经济类型分							
国有单位	万元	5 738.0	8 963.4	64.0	93 542	133 600	70.0
集体单位	万元	133 627.1	107 792.8	124.0	71 153.8	109 400	65.0
#城镇	万元	15 777.0	37 889.9	41.6	14 198.2	21 830	65.0
乡村	万元	38 397.2	69 902.9	54.9	56 955.6	87 570	65.0

20－6　续表1

项　　目	单　位	昌　平　县			顺　义　县		
		1996年	1995年	1996年为1995年%	1996年	1995年	1996年为1995年%
城乡个人	万元	16 100.5	14 878.0	108.2	5 372.2	7 926.4	67.8
#城镇	万元	1 371.5	0.0	0.0	680.5	1 004	67.8
乡村	万元	14 729.0	14 878.0	99.0	4 691.7	6 922.4	67.8
按三次产业分							
第一产业	万元	2 139.6	2 253.4	94.9	10 232.9	21 000	48.7
第二产业	万元	13 425.2	6 118.6	219.4	74 553.6	110 000	67.8
第三产业	万元	139 900.8	123 262.2	113.5	85 281.5	119 926.4	71.1
新增固定资产	万元	83 667.6	86 853.7	96.3	52 225	200 741	26.0
#国有单位	万元	5 507.0	5 959.0	92.4	16 056.6	61 718	26.0
集体单位	万元	78 160.6	80 894.7	96.6	36 168.41	31 096.6	27.6
房屋施工面积	万平方米	176.7	159.9	110.5	43.3	158.2	27.4
#国有单位	万平方米	8.6	13.9	61.9	23.4	78.1	30.0
集体单位	万平方米	119.5	146.0	81.8	19.9	51.9	38.3
房屋竣工面积	万平方米	108.9	139.3	78.2	25.8	119.2	21.6
#国有单位	万平方米	3.7	4.1	90.2	10.7	49.7	21.5
#住宅	万平方米	3.4	1.4	242.9	1.2	4.3	27.9
#集体单位	万平方米	56.6	97.1	58.3	8.9	41.3	21.5
#住宅	万平方米	19.7	26.6	74.1	7.9	36.7	21.5
#城乡个人	万平方米	48.6	38.1	127.6	6.2	28.2	22.0
#住宅	万平方米	48.6	38.1	127.6	6.2	28.2	22.0
农村经济							
农村劳动力	人	105 836.0	101 231.0	104.5	188 048	188 575	99.7
种植业	人	29 967.0	27 547.0	108.8	48 396	43 946	110.1
林业	人	4 286.0	4 606.0	93.1	3 017	3 294	91.6
牧业	人	3 130.0	2 869.0	109.1	7 260	7 523	96.5
渔业	人	617.0	562.0	109.8	2 011	2 252	89.3
农村工业	人	25 406.0	27 976.0	90.8	64 803	67 157	96.5
农村建筑业	人	5 862.0	5 573.0	105.2	14 122	16 891	83.6
农村运输业	人	7 375.0	5 916.0	124.7	9 302	8 755	106.2
农村商、饮、服务业	人	4 695.0	3 737.0	125.6	6 802	6 084	111.8
耕地面积	公顷	24 665.0	24 849.0	99.3	51 264.4	56 364.1	91.0
农业机械总动力	千瓦	359 980.0	364 551.0	98.7	566 723	527 694.4	107.4
化肥施用实物量	吨	27 822.7	29 651.0	93.8	96 513.8	98 210	98.3
化肥施用折纯量	吨	9 500.2	10 270.0	92.5	33 333.2	33 325	100.0
农村用电量	万千瓦时	18 862.3	16 772.0	112.5	21 173.6	25 752.4	82.2
农村国内生产总值	万元	195 787.8	179 179.4	109.3	326 993.9	307 359.4	106.4
第一产业	万元	43 540.6	44 698.1	97.4	122 959.3	123 405.3	99.6
第二产业	万元	69 380.9	58 739.7	118.1	124 457.5	124 156.6	100.2
第三产业	万元	82 866.3	75 741.6	109.4	79 577.1	59 797.5	133.7
农业总产值	万元	51 407.0	52 180.5	98.5	160 681	154 391.8	104.1
种植业	万元	19 869.4	20 421.2	97.3	65 465.6	65 384.6	100.1
林业	万元	772.0	975.4	79.1	1 198.8	897.5	133.6
牧业	万元	27 630.2	27 650.8	99.9	86 996.8	81 671.9	106.5
渔业	万元	3 135.4	3 133.1	100.1	7 019.8	6 437.8	109.0
农作物总播种面积	万公顷	3.3	4.0	82.5	9.1	8.8	103.4
粮食作物	万公顷	3.3	3.5	94.3	7.8	7.8	100.0
经济作物	万公顷	0.0	0.0	0.0	0.1	0.1	100.0
其他作物	万公顷	0.0	0.5	0.0	1.2	0.9	133.3

项目	单位	昌平县			顺义县		
		1996年	1995年	1996年为1995年%	1996年	1995年	1996年为1995年%
农作物产量							
粮食	万吨	16.7	18.6	89.8	42.7	45.1	94.7
粮食每公顷耕地面积单产	公斤	8 059.0	8 659.0	93.1	10 617.6	11 257.5	94.3
棉花	吨	0.0	0.0	0.0	23.3	145	16.1
油料	吨	22.0	96.4	22.8	1 399	2 584	54.1
干鲜果	吨	50 014.0	44 035.4	113.6	35 603	30 540	116.6
畜产品产量							
生猪出栏	头	276 264.0	257 002.0	107.5	966 693	963 466	100.3
商品猪	头	275 463.0	251 465.0	109.5	963 979	962 732	100.1
猪牛羊肉	吨	17 462.0	17 845.0	97.9	76 518.3	73 352.4	104.3
#猪肉	吨	15 732.0	16 576.0	94.9	67 701.4	65 646.5	103.1
禽肉	吨	8 473.0	8 539.0	99.2	53 423.5	45 502.8	117.4
禽蛋	吨	20 651.0	21 837.0	94.6	26 748	28 928.3	92.5
牲畜年底头数	头	238 041.0	248 864.0	95.7	709 952	700 882	101.3
大牲畜	头	23 632.0	22 667.0	104.3	25 720	25 694	100.1
猪	头	162 067.0	178 752.0	90.7	586 430	581 253	100.9
羊	头	52 342.0	47 445.0	110.3	97 802	93 935	104.1
水产品产量	吨	8 129.1	8 126.0	100.0	16 279	15 938	102.1
农村集体经济收入	万元	486 566.1	476 223.0	102.2	841 959	815 985	103.2
农村集体经济利润总额	万元	110 589.0	105 666.0	104.7	207 761	200 354	103.7
国家税金	万元	16 298.0	15 890.0	102.6	21 411	21 581	99.2
集体积累	万元	20 936.0	24 044.0	87.1	19 453	17 922	108.5
劳动所得	万元	73 355.0	65 732.0	111.6	158 859	149 386	106.3
乡镇企业单位数	个	1 358.0	1 346.0	100.9	1 225	1 529	80.1
乡镇企业人数	人	52 957.0	53 625.0	98.8	94 972	109 338	86.9
乡镇企业各项费用支出	万元	206 404.0	206 941.0	99.7	438 059	425 708	102.9
乡镇企业国家税金	万元	9 077.0	9 849.0	92.2	17 822	18 634	95.6
乡镇企业纯利润	万元	7 715.0	9 338.0	82.6	17 889	18 020	99.3
乡镇企业固定资产原价	万元	117 031.0	97 282.0	120.3	285 136	219 378	130.0
乡镇企业固定资产净值	万元	86 156.0	72 026.0	119.6	224 261	171 072	131.1
乡镇企业年末占用固定资金	万元	105 222.0	86 160.0	122.1	245 613	271 422	90.5
工业							
全部工业企业单位数	个	1 419.0	1 401.0	101.3	1 907	1 870	102.0
#国有	个	34.0	53.0	64.2	130	149	87.3
集体	个	997.0	1 002.0	99.5	907	1 186	76.5
私营	个	257.0	128.0	200.8	1	8	12.5
工业增加值	万元	112 892.4	139 897.2	80.7	148 079.8	135 094.3	109.6
全部工业总产值(现价)	万元	357 192.9	328 744.4	108.7	825 721.5	819 742.6	100.7
#国有	万元	27 279.0	40 321.2	67.7	58 198.12	55 849.2	100.9
集体	万元	219 853.5	196 968.4	111.6	98 097.14	29 853.3	92.6
私营	万元	12 149.8	22 295.9	54.5	14	7 543.2	0.2
全部工业总产值(90不变价)	万元	333 072.3	293 702.9	113.4	666 710.5	619 899	107.6
#国有	万元	20 446.4	30 511.8	67.0	67 384.31	51 461.7	110.5
集体	万元	205 787.3	181 872.1	113.1	4 166.23	97 827.2	101.6
私营	万元	12 134.4	18 122.0	67.0		7 543.2	
乡及乡以上轻工业总产值(现价)	万元	114 658.0	115 289.0	99.5	467 430.7	459 905.4	101.6
以农产品为原料	万元	73 208.2	76 510.9	95.2	385 189	401 454.6	96.0
以非农产品为原料	万元	50 870.9	38 778.1	131.2	82 241.7	58 450.8	140.7
乡及乡以上轻工业总产值(90年不变价)	万元	99 797.3	92 837.5	107.5	329 684	309 324.9	106.6
以农产品为原料	万元	62 233.2	59 448.1	104.7	278 796.5	259 299.2	107.5
以非农产品为原料	万元	45 823.6	33 389.4	137.2	50 887.5	50 025.7	101.7

20—6 续表 3

项目	单位	昌平县			顺义县		
		1996 年	1995 年	1996 年为 1995 年%	1996 年	1995 年	1996 年为 1995 年%
乡及乡以上重工业总产值（现价）	万元	102 285.9	121 196.5	84.4	175 725.5	191 909.5	91.6
采掘工业	万元	1 536.6	1 237.8	124.1	2 397.4	2 570.1	93.3
原料工业	万元	8 089.7	11 639.1	69.5	41 984.2	56 364.6	74.5
制造工业	万元	92 659.6	108 319.6	85.5	131 343.9	132 974.8	98.8
乡及乡以上重工业总产值（90 年不变价）	万元	95 027.4	108 606.5	87.5	155 930.2	147 284.4	105.9
采掘工业	万元	1 377.7	1 210.6	113.8	2 330.9	1 166.4	199.8
原料工业	万元	7 982.9	12 456.2	64.1	37 655.8	44 622.3	84.4
制造工业	万元	85 666.8	94 939.7	90.2	115 943.5	101 495.7	114.2
独立核算工业企业平均							
职工人数	人	39 626.0	39 859.0	99.4	74 532	73 922	100.8
#国有	人	3 476.0	3 426.0	101.5	15 832	14 559	108.7
集体	人	25 826.0	25 461.0	101.4	40 298	42 562	94.7
独立核算工业企业总产值（现价）	万元	231 468.2	232 637.1	99.5	643 156.2	633 639	101.5
#国有	万元	27 279.0	37 014.8	73.7	58 198.12	45 424.3	105.2
集体	万元	110 432.2	107 676.9	102.6	27 964.92	64 212.7	86.3
独立核算工业企业总产值（90 年不变价）	万元	208 509.2	198 933.5	104.8	485 614.2	456 609.3	106.4
#国有	万元	20 446.4	28 456.2	71.9	67 384.31	51 461.7	110.5
集体	万元	96 366.0	92 667.7	104.0	2 010 582	8 882.4	96.3
独立核算工业企业财务指标							
产品销售收入	万元	215 101.2	244 168.9	88.1	564 227.9	522 041.4	108.1
#国有	万元	31 076.0	42 007.6	74.0	22 970.82	19 296.5	101.7
产品销售成本	万元	170 652.1	174 043.3	98.1	454 378.1	419 337.5	108.4
#国有	万元	25 502.8	31 873.6	80.0	71 330.41	71 806.4	99.7
固定资产原价	万元	164 611.0	143 515.9	114.7	428 237.8	323 081.3	132.6
#国有	万元	16 854.4	11 932.8	141.2	1 416 821	3 660.4	136.7
固定资产净值	万元	122 679.0	108 564.1	113.0	328 451.3	263 174.2	124.8
#国有	万元	12 373.0	8 724.2	141.8	96 561.2	88 185.1	109.5
全部流动资金年平均余额	万元	210 218.3	194 918.9	107.8	361 770.8	272 094.2	133.0
#国有	万元	24 098.5	24 630.5	97.8	208.2	76 421.6	131.1
利润总额	万元	2 517.5	4 394.6	57.3	25 253.9	20 677	122.1
#国有	万元	—32.6	1 116.4		23 878.9	19 483.9	122.6
企业留利	万元	—214.2	2 520.9				
#国有	万元	51.3	848.1	6.0			
资金利税率	%	4.2	5.3		9.1	9	
产品销售率	%	90.9	[illegible]		[illegible]	[illegible]	
成本利润率	%	2.6	5.5		5	4.9	
增加值率	%	27.2	32.1		22.8	20.3	
独立核算工业企业							
全员劳动生产率	元/人	15 774.0	26 131.0	60.4	19 867.9	17 391	114.2
#国有	元/人	14 712.0	35 599.0	41.3	43 256.6	36 274	119.3
集体	元/人	11 769.0	21 021.0	56.0	14 393	13 241	108.7

20－6 续表 4

项目	单位	昌平县			顺义县		
		1996年	1995年	1996年为1995年%	1996年	1995年	1996年为1995年%
商业							
社会商品零售额	万元	150 794.0	175 799.4	85.8	301 854	149 332	132.6
按经济类型分	万元						
#国有	万元	34 350.0	44 249.0	77.6	70 407	67 811	103.8
集体	万元	50 228.0	64 239.0	78.2	92 743	47 580.4	194.9
私营	万元	0.0	0.0	0.0			
个体	万元	54 064.0	27 440.0	197.0	138 704	33 940.6	123.6
按类别分							
食品类	万元	60 476.0	60 331.0	100.2	130 116	55 335.3	127.2
衣着类	万元	11 887.0	19 528.0	60.9	51 497	27 667.6	130.7
日用品类	万元	11 055.0	12 794.0	86.4	90 276	46 112.7	137.4
房屋及建筑材料类	万元	2 778.0	4 058.0	68.5	10 500	9 508	110.4
文化娱乐品类	万元	2 899.0	10 543.0	27.5	1 994	1 893	105.8
书报杂志类	万元	1 250.0	1 855.0	67.4	1 675	974	172.0
药及医疗用品类	万元	2 367.0	3 805.0	62.2	2 000	2 308	86.7
燃料类	万元	11 500.0	12 572.0	91.5	13 796	5 533.5	249.3
按对象分							
售给居民	万元	113 095.0	131 849.0	85.8	174 720	120 342.8	135.6
售给社会集团	万元	37 699.0	43 950.4	85.8	26 476	28 989.2	129.3
对农民农业生产资料销售	万元	10 702.0	13 237.0	80.8	100 658	78 287	128.6
网点数	个	7 063.0	9 684.0	72.9	15 700	13 928	112.7
#商业	个	5 607.0	7 763.0	72.2	11 799	10 628	111.0
饮食业	个	862.0	1 382.0	62.4	1 683	1 487	113.2
服务业	个	594.0	539.0	110.2	2 218	509	124.7
#宾馆、饭店	个	5.0	5.0	100.0	14	4	350.0
平均每万人拥有网点	个	169.0	232.0	72.8	246	257	95.7
营业人员	人	23 234.0	22 966.0	101.2	35 846	28 250	126.9
#商业	人	18 199.0	17 778.0	102.4	23 364	20 106	116.2
饮食业	人	4 155.0	4 191.0	99.1	3 357	3 471	96.7
服务业	人	880.0	997.0	88.3	9 125	3 266	195.2
#宾馆、饭店	人	1 008.0	1 036.0	97.3	943	1 499	63.0
平均每万人拥有营业人员	人	556.0	592.0	93.9	531	523	101.5
外经、外贸							
出口商品交货额	万元	27 283.1	37 745.7	72.3	139 696.7	132 932.3	105.1
#农副商品	万元	344.3	4 250.2	8.1			
工矿产品	万元	26 938.8	33 495.5	80.4			
利用外资签订协议(合同)数	个	35.0	55.0	63.6	41	82	50.0
对外借款	个						
外商直接投资	个	35.0	55.0	63.6	41	82	50.0
外商其他投资	个						
利用外资签订协议(合同)金额	万美元	4 455.4	3 891.6	114.5	9 510.3	9 186.6	103.5
对外借款	万美元						
外商直接投资	万美元	4 455.4	3 891.6	114.5			
外商其他投资	万美元						

20—6 续表 5

项目	单位	昌平县 1996 年	昌平县 1995 年	昌平县 1996 年为 1995 年%	顺义县 1996 年	顺义县 1995 年	顺义县 1996 年为 1995 年%
实际利用外资	万美元	2 541.0	3 468.0	73.3	8 651.6	7 833.2	110.4
对外借款	万美元						
外商直接投资	万美元	2 541.0	3 468	73.3	8 651.6	7 833.2	110.4
外商其他投资	万美元						
旅游人数	人	6 780 000.0	8 049 000.0	84.2	508 000	350 000	145.1
教育							
学校数	个	211.0	215.0	98.1	228	219	104.1
小学	个	169.0	174.0	97.1	173	175	98.9
普通中学	个	32.0	31.0	103.2	39	41	95.1
中等专业教育	个	1.0	1.0	100.0	3	3	100.0
招生数		13 325.0	17 231.0	77.3	26 779	27 557	97.2
小学	人	4 981.0	6 044.0	82.4	13 694	14 310	95.7
初级中等学校	人	6 727.0	7 353.0	91.5	9 609	10 011	96.0
高级中等学校	人	1 327.0	1 362.0	97.4	2 177	1 886	115.4
中等专业教育	人	290.0	336.0	86.3	1 299	1 350	96.2
在校学生		68 604.0	68 939.0	99.5	116 244	111 547	104.2
小学	人	38 808.0	40 631.0	95.5	77 751	73 773	105.4
普通中学	人	24 546.0	23 136.0	106.1	35 230	34 944	100.8
中等专业教育	人	969.0	928.0	104.4	3 263	2 830	115.3
毕业生	人	14 574.0	14 752.0	97.9	20 440	20 173	101.3
小学	人	6 741.0	7 469.0	90.3	9 609	10 011	96.0
初级中等学校	人	6 648.0	5 807.0	114.5	8 450	8 186	103.2
高级中等学校	人	936.0	582.0	160.8	1 252	1 120	111.8
中等专业教育	人	249.0	199.0	125.2	1 129	856	131.9
达到"国家体育标准"学生数	人	62 546.0	63 870.0	97.9	90 350	81 835	110.4
幼儿园托儿所个数	个	203.0	242.0	83.9	258	331	77.9
幼儿入托数	人	9 478.0	11 807.0	80.3	14 627	21 067	69.4
文化							
文化馆、站	个	35.0	36.0	97.2	28	28	100.0
公共图书馆	个	1.0	1.0	100.0	1	1	100.0
公共图书馆藏书	万册	14.0	13.8	101.4	12	11	109.1
电影放映单位	个	40.0	46.0	87.0	12	4	300.0
区级以上重点文物保护单位	个	65.0	71.0	91.5	10	10	100.0
卫生							
卫生机构数	个	121.0	121.0	100.0	83	84	98.8
#医院	个	11.0	11.0	100.0	10	9	111.1
卫生院	个	26.0	26.0	100.0	27	28	96.4
床位数	张	4 333.0	4 343.0	99.8	1 777	1 702	104.4
#医院	张	3 758.0	3 815.0	98.5	1 324	1 247	106.2
卫生院	张	331.0	287.0	115.3	423	424	99.8
平均每千人拥有床位数	人	10.4	10.4	100.0	3.3	3.2	103.1
卫生技术人员	人	3 594.0	3 800.0	94.6	2 832	2 716	104.3
#医生	人	1 612.0	1 625.0	99.2	1 463	1 331	109.9
城市公用							
区级以上公园	个	6.0	6.0	100.0	4	4	100.0
体育场馆	个	2.0	2.0	100.0	3	3	100.0
道路长度	公里	113.9	111.0	102.6	59	35	168.6

20—7　通县、大兴县国民经济主要指标

项　目	单　位	通　县			大　兴　县		
		1996 年	1995 年	1996 年为 1995 年%	1996 年	1995 年	1996 年为 1995 年%
综合							
国内生产总值	万元	478 649.4	437 637.1	109.4	296 892	284 354	104.4
第一产业	万元	81 364	87 269	93.2	103 697	99 759	103.9
第二产业	万元	182 010.7	180 479.3	100.9	90 881	105 941	85.8
第三产业	万元	215 274.7	169 924.8	126.7	102 314	78 654	130.1
国内生产总值指数	%	102.7	109.5		96.3	97.3	
(可比价,以上年为 100)							
第一产业	%	89.3	102.2		99.6	113.2	
第二产业	%	98.5	112.2		81.6	72.8	
第三产业	%	115.1	116.9		118.2	134.6	
政收入	万元	17 876	15 501	115.3	13 172	10 343	127.4
#各项税收	万元	11 724	10 441	112.3	12 635	10 230	123.5
财政支出	万元	29 477	24 795	118.9	30 973	24 037	128.9
#基本建设支出	万元	100	20	500.0			
支援农业生产支出	万元	2 072	1 873	110.6	2 889	1 446	199.8
文教卫生事业费	万元	10 577	9 523	111.1	12 872	10 065	127.8
人口和劳动力							
总人口	人	625 117	625 401	100.0	587 615	584 261	100.6
常住户籍人口	人	597 923	597 558	100.1	517 615	514 261	100.7
#非农业人口	人	162 774	159 116	102.3	131 395	125 693	104.5
男	人	295 928	295 516	100.1	259 711	258 392	100.5
女	人	301 995	302 042	100.0	257 904	255 869	100.7
出生率	‰	8.33	7.48		7.9	8.55	
死亡率	‰	7.2	6.58		6.67	6.23	
自然增长率	‰	1.13	0.9		1.24	2.32	
从业人员	人	241 568	235 254	102.7	228 797	224 742	101.8
按产业分							
第一产业	人	75 427	71 802	105.1	123 046	118 021	104.3
第二产业	人	77 839	92 422	84.2	48 993	62 223	78.7
第三产业	人	88 302	71 030	124.3	56 758	44 498	127.6
按职工非职工分							
职工人数	人	51 429	48 911	105.2	68 101	65 869	103.4
#国有单位	人	34 979	36 311	96.3	31 493	31 419	100.2
集体单位	人	12 867	11 165	115.2	28 816	26 853	107.3
城镇个体劳动者	人	3 876	3 883	99.8	1 821	1 515	120.2
乡村劳动力	人	186 263	182 460	102.1	158 875	157 358	100.9
劳动工资							
工资总额	万元	33 780.8	27 347	123.5	43 920.6	38 843.9	113.1
#国有单位	万元	24 751.6	21 245	116.5	22 375.8		
集体单位	万元	6 757.3	5 229	129.2	15 673.7	12 983.3	120.7
职工平均工资	元	6 688.2	5 718	117.0	6 510	5 648	115.3
固定资产投资							
全社会固定资产投资	万元	40 799.1	49 341	82.7	78 549	32 762	239.8
按建设性质分							
#基本建设投资	万元	17 813	43 692	40.8	76 301	30 749	248.1
更新改造投资	万元	7 171.1	3 549	202.1	2 248	2 013	111.7
按经济类型分							
国有单位	万元	22 137	26 947	82.2	27 466	29 452	93.3
集体单位	万元	6 628.1	2 100	315.6	17 569	1 310	1 341.1
#城镇	万元	5 992.5	2 100	285.4	4 810		
乡村	万元	635.6			12 759	110	11 599.1

20—7 续表1

项目	单位	通县			大兴县		
		1996年	1995年	1996年为1995年%	1996年	1995年	1996年为1995年%
城乡个人	万元					2 000	
#城镇	万元					890	
乡村	万元					1 110	
其他	万元	12 034.1					
按三次产业分							
第一产业	万元	40	564	7.1			
第二产业	万元	8 266.1	2 072	398.9	2 248	2 133	105.4
第三产业	万元	32 493	46 705	69.6	76 301	30 629	249.1
新增固定资产	万元	57 291.5	7 930	722.5	88 593	6 239	1 419.9
#国有单位	万元	37 564	5 530	679.3	72 569	6 129	1 184.0
集体单位	万元	5 499.5	2 400	229.2	2686	110	2 441.8
房屋施工面积	万平方米	50.5	28.2	178.7	94.2	23.9	394.1
#国有单位	万平方米	28.5	27.5	103.6	62.1	21.5	288.8
集体单位	万平方米	16.4	0.7	2 342.8	8.3	2.4	345.8
房屋竣工面积	万平方米	44.6	7	637.1	30	7.8	384.6
#国有单位	万平方米	16.2	6.3	257.1	16.4	5.2	315.4
#住宅	万平方米	11.2	0.7	1 600.0	15.8	3.8	415.8
#集体单位	万平方米	25.9			3.6	0.6	600.0
#住宅	万平方米	0.33			3.6	0.4	900.0
#城乡个人	万平方米					2	
#住宅	万平方米					2	
农村经济							
农村劳动力	人	186 232	182 460	102.1	180 134	175 866	102.4
种植业	人	67 086	63 223	106.1	112 258	107 342	104.6
林业	人	1 991	2 354	84.6	6 121	5 811	105.3
牧业	人	3 447	4 038	85.4	3 644	3 848	94.7
渔业	人	2 053	2 187	93.9	502	623	80.6
农村工业	人	74 577	60 791	122.7	24 011	25 784	93.1
农村建筑业	人	11 629	12 328	94.3	5 459	5 371	101.6
农村运输业	人	8 220	7 614	108.0	4 753	4 760	99.9
农村商、饮、服务业	人	32 986	29 925	110.2	4 453	3 819	116.6
耕地面积	公顷		58 068.6		52 764.5	59 621.4	88.5
农业机械总动力	千瓦	510 855	502 000	101.8	400 000	300 678	133.0
化肥施用实物量	吨	119 532	119 211	100.3	107 116.4	103 454	103.5
化肥施用折纯量	吨	40 135	39 216	102.3	33 177.8	32 870	100.9
农村用电量	万千瓦时	21 313.8	18 418.3	115.7	20 836	21 669.1	96.2
农村国内生产总值	万元	292 938.6	281 856.3	103.9	231 160.1	220 746.2	104.7
第一产业	万元	81 364	87 269	93.2	103 425	99 595.5	103.8
第二产业	万元	132 389.1	133 833.4	98.9	69 229.8	77 356.2	89.5
第三产业	万元	79 184.9	60 753.9	130.3	58 505.3	43 794.5	133.6
农业总产值	万元	97 927	102 647.9	95.4	135 070.2	140 960.5	95.8
种植业	万元	65 075	67 585.7	96.3	93 333.5	93 661.7	99.6
林业	万元	577	625.7	92.2	1 215.9	1 027	118.4
牧业	万元	27 680	29 766.5	93.0	38 385.9		
渔业	万元	4 595	4 670	98.4	2 134.9	2 158.3	98.9
农作物总播种面积	万公顷	9.6	9.6	100.0	8.58	8.92	96.2
粮食作物	万公顷	7.9	8	98.8	5.7	5.72	99.6
经济作物	万公顷	0.2	0.3	66.7	0.45	0.47	95.7
其他作物	万公顷	1.5	1.3	115.4	2.42	2.73	88.6

20—7 续表 2

项目	单位	通县			大兴县		
		1996 年	1995 年	1996 年为1995 年%	1996 年	1995 年	1996 年为1995 年%
农作物产量							
粮食	万吨	50	51.6	96.9	32.9	34.7	94.8
粮食每公顷耕地面积单产	公斤	12 430	12 726.9	97.7	10 478	11 567	90.6
棉花	吨	1 314	1 398	94.0	522	731	71.4
油料	吨	991	1 182	83.8	11 921	12 238	97.4
干鲜果	吨	23 026	22 010	104.6	72 810	73 774	98.7
畜产品产量							
生猪出栏	头	389 190	385 552	100.9	320 180	312 713	102.4
商品猪	头	387 291	383 671	100.9	319 370	311 137	102.6
猪牛羊肉	吨	31 214	32 325	96.6	23 648	22 331	105.9
#猪肉	吨	26 810	27 414	97.8	20 315	19 378	104.8
禽肉	吨	5 269	4 875	108.1	7 233	8 171	88.5
禽蛋	吨	16 092	18 835	85.4	40 221	45 617	88.2
牲畜年底头数	头	408 218	438 205	93.2	370 230	388 741	95.2
大牲畜	头	23 970	29 393	81.6	22 491	24 056	93.5
猪	头	268 721	263 752	101.9	223 931	221 142	101.3
羊	头	103 353	127 783	80.9	123 808	143 543	86.3
水产品产量	吨	12 174	12 402	98.2	5 288	5 396.7	97.9
农村集体经济收入	万元				540 606	377 357	143.3
农村集体经济利润总额	万元				142 637		
国家税金	万元				12 050	12 340	97.6
集体积累	万元				3877		
劳动所得	万元						
乡镇企业单位数	个	2 355	2 491	94.5	8 706	8 780	99.2
乡镇企业人数	人	100 883	108 193	93.2	69 700	60 027	116.1
乡镇企业各项费用支出	万元	508 637			330 390	204 539	161.5
乡镇企业国家税金	万元	13 984			11 810	9 866	119.7
乡镇企业纯利润	万元	30 473			19 748	9 697	203.7
乡镇企业固定资产原价	万元	283 219			160 221	97 763	163.9
乡镇企业固定资产净值	万元	215 516			126 349	78 885	160.2
乡镇企业年末占用固定资金	万元	377 024					
工业							
全部工业企业单位数	个	2 700	2 471	109.3	1 901	1 810	105.0
#国有	个	48	38	126.3	230	220	104.5
集体	个	1 883	1 820	103.5	1 332	1 269	104.9
私营	个	769	613	125.5	214	204	104.9
工业增加值	万元	136 622.3	135 293.6	101.0	67 853	80 632.3	84.2
全部工业总产值(现价)	万元	625 800	446 308.3	140.2	375 117.3	357 810.1	104.8
#国有	万元	52 724.3	55 529.2	95.0	47 387.7	56 836.6	83.4
集体	万元	557 220.7	378 676	147.2	245 763.2	227 273.9	108.1
私营	万元	15 855	12 103.1	131.0	14 075.9	17 574	80.1
全部工业总产值(90 不变价)	万元	581 275.4	408 829.4	142.2	349 599.9	327 446.6	106.8
#国有	万元	35 669.5	39 183	90.0	40 400.8	42 389.4	95.3
集体	万元	529 894.9	357 543.3	148.2	236 722.9	218 769.2	108.2
私营	万元	15 711	12 103.1	129.8	13 765.9	12 574	109.5
乡及乡以上轻工业总产值(现价)	万元	151 065.6	134 404.9	112.4	138 772.9	117 864.1	117.7
以农产品为原料	万元	104 990.8	83 343	126.0	99 278.2	84 320.4	117.7
以非农产品为原料	万元	46 074.8	51 061.9	90.2	39 494.3	33 543.7	117.7
乡及乡以上轻工业总产值(90 年不变价)	万元	130 551.4	112 162.3	116.4	121 676.1	100 933.2	120.6
以农产品为原料	万元	86 548.8	63 527	136.2	84 815.8	70 356.7	120.6
以非农产品为原料	万元	44 002.6	48 635.3	90.5	36 860.3	30 576.5	120.6

项 目	单 位	通县			大兴县		
		1996年	1995年	1996年为1995年%	1996年	1995年	1996年为1995年%
乡及乡以上重工业总产值（现价）	万元	119 801.6	104 603	114.5	80 080.6	102 142.2	78.4
采掘工业	万元				376	480.3	78.3
原料工业	万元	22 489.1	18 296.4	122.9	13 601.8	17 349	78.4
制造工业	万元	97 312.5	86 306.6	112.8	66 102.2	84 312.9	78.4
乡及乡以上重工业总产值（90年不变价）	万元	101 249.1	90 216.2	112.2	71 660	88 709.6	80.8
采掘工业	万元						
原料工业	万元	18 830.7	13 559.6	138.9	13 020.4	16 118.2	80.8
制造工业	万元	82 418.4	76 656.6	107.5	58 378	72 267.5	80.7
独立核算工业企业平均							
职工人数	人	48 330	44 569	108.4	30 898	37 320	82.8
#国有	人	10 679	10 461	102.1	8 071	10 035	80.4
集体	人	29 680	23 536	126.1	14 641	18 623	78.6
独立核算工业企业总产值（现价）	万元	257 006.2	228 729	112.4	210 261.9	180 182	116.7
#国有	万元	52 724.3	56 577	93.2	44 833.4	39 658	113.1
集体	万元	129 055.8	104 272.1	123.8	83 089.3	83 747.2	99.2
独立核算工业企业总产值（90年不变价）	万元	221 988.3	194 303.3	114.3	187 389.3	160 448	116.8
#国有	万元	35 669.5	43 535.8	81.9	37 959.7	30 768.5	123.4
集体	万元	120 426	93 690.6	128.5	77 385.6	83 747.2	92.4
独立核算工业企业财务指标							
产品销售收入	万元	209 039.5	190 702.4	109.6	173 453.3	156 786.4	110.6
#国有	万元	41 227.9	47 622.2	86.6	35 302.6	30 339.4	116.4
产品销售成本	万元	172 738.4	153 740	112.4	140 031.6	127 256	110.0
#国有	万元	35 479.6	39 202	90.5	29 297.7	24 149.7	121.3
固定资产原价	万元	183 558	171 232.9	107.2	127 638.3	119 896.6	106.5
#国有	万元	63 998.8	52 524.9	121.8	21 532.7	22 988.1	93.7
固定资产净值	万元	131 393.2	134 192.6	97.9	95 645.6	96 623.6	98.9
#国有	万元	44 949.6	39 067.3	115.1	15 007.2	17 249.3	87.0
全部流动资金年平均余额	万元	191 018.1	181 713.9	105.1	135 218	127 174.7	106.3
#国有	万元	41 125.5	38 849.6	105.9	21 642.8	30 396.9	71.2
利润总额	万元	4 563.6	2 767.4	164.9	2 534.6	866.1	292.6
#国有	万元	－668.7	1 033.4		620.9	519.9	119.4
企业留利	万元						
#国有	万元						
资金利税率	%	1.8	3.4		2.3	3	
产品销售率	%	92.6	80.5		90.1	87	
成本利润率	%	2.6	1.9		1.81	24	
增加值率	%	21.83	25.4				
独立核算工业企业							
全员劳动生产率	元/人	15 110	13 152	114.9	60 647.2	42 993.5	141.1
#国有	元/人	14 812	13 079	113.3	47 032.2	30 661.2	153.4
集体	元/人	13 835	13 175	105.0	52 855.4	44 972.2	117.5

20—7 续表4

项目	单位	通县			大兴县		
		1996年	1995年	1996年为1995年%	1996年	1995年	1996年为1995年%
商业							
社会消费品零售额	万元	324 040	281 876	115.0	218 208	185 318	117.7
按经济类型分	万元						
#国有	万元	58 057	52 504	110.6	71 783	59 136	121.4
集体	万元	109 044	96 442	113.1	52 940	51 809	102.2
私营	万元						
个体	万元	156 939	132 930	118.1	93 485	74 373	125.7
按类别分							
食品类	万元	137 870	131 852	104.6	112 303	85 014	132.1
衣着类	万元	35 771	40 828	87.6	23 807	18 499	128.7
日用品类	万元	85 073	64 704	131.5	43 148	49 353	87.4
房屋及建筑材料类	万元	39 307	29 896	131.5	18 921	12 746	148.4
文化娱乐品类	万元	6 007	4 570	131.4	2 938	2 980	98.5
书报杂志类	万元	2 750	1 814	151.6	2 486	2 361	105.3
药及医疗用品类	万元	11 188	8 507	131.5	4 821	6 184	77.9
燃料类	万元	6 074	2 459	247.0	9 784	8 181	119.6
按对象分							
售给居民	万元	289 946	266 783	108.7	182 498	145 040	125.8
售给社会集团	万元	34 094	17 847	191.0	35 713	40 278	88.7
对农民农业生产资料销售	万元	16 870	14 560	115.9	16 377	18 975	86.3
网点数	个	14 528	13 180	110.2	15 892	18 763	84.7
#商业	个	11 187	9 380	119.3	11 235	12 965	86.7
饮食业	个	1 770	1 751	101.1	1 943	2 283	85.1
服务业	个	1 543	1 180	130.8	2 289	1 634	140.1
#宾馆、饭店	个	27	35	77.1	1	1	
平均每万人拥有网点	个	243	220.6	110.2	307.4	365	84.2
营业人员	人	32 075	28 429	112.8	30 675	52 120	58.9
#商业	人	24 818	20 636	120.3	28 973	41 805	69.3
饮食业	人	4 430	3 813	116.2	4 283	5 103	83.9
服务业	人	2 600	2 593	100.3	2 557	4 100	62.4
#宾馆、饭店	人	1 140	536	212.7	272	272	
平均每万人拥有营业人员	人	536.4	475.7	112.8	593	1 013	58.5
外经、外贸							
出口商品交货额	万元	45 977.1	54 656.8	84.1	34 542.6	29 299	117.9
#农副商品	万元	1 761.9	9 722.9	18.1	104	57	182.5
工矿产品	万元	44 215.2	44 933.9	98.4	34 438.6	29 242	117.8
利用外资签订协议(合同)数	个	32	93	34.4	40	105	38.1
对外借款	个						
外商直接投资	个	32	93	34.4	40	105	38.1
外商其他投资	个						
利用外资签订协议(合同)金额	万美元	4 611.5	9 029.1	51.1	3 807.6	7 498	50.8
对外借款	万美元						
外商直接投资	万美元	4 611.5	9 029.1	51.1	3 807.6	7 498	50.8
外商其他投资	万美元						

20—7 续表 5

项目	单位	通县			大兴县		
		1996年	1995年	1996年为1995年%	1996年	1995年	1996年为1995年%
实际利用外资	万美元	825	1 520.9	54.2	825	865	95.4
对外借款	万美元						
外商直接投资	万美元	825	1 520.9	54.2	825	865	95.4
外商其他投资	万美元						
旅游人数	人				401 000		
教育							
学校数	个	241	246	98.0	274	275	99.6
小学	个	197	204	96.6	221	224	98.7
普通中学	个	44	42	104.8	47	46	102.2
中等专业教育	个	5			7	7	100.0
招生数							
小学	人	12 436	12 297	101.1	11 465	11 660	98.3
初级中等学校	人	10 408	12 494	83.3	8 971	9 657	92.9
高级中等学校	人	1 530	1 496	102.3	1 183	1 006	117.6
中等专业教育	人	971	1 054	92.1	2 752	2 500	110.1
在校学生							
小学	人	66 714	65 349	102.1	70 439	68 283	103.2
普通中学	人	38 212	37 965	100.7	30 730	28 416	108.1
中等专业教育	人	2 331	2 042	114.2	7 702	5 698	135.2
毕业生							
小学	人	10 784	12 759	84.5	9 142	9 750	93.8
初级中等学校	人	9 719	9 054	107.3	6 265	5 977	104.8
高级中等学校	人	1 007	981	102.7	643	641	100.3
中等专业教育	人	680	553	123.0	1 350	771	175.1
达到"国家体育标准"学生数	人	103 261	74 661	138.3			
幼儿园托儿所个数	个	232	279	83.2	228	179	127.4
幼儿入托数	人	24 717	21 808	113.3	15 351	9 809	156.5
文化							
文化馆、站	个	18	18	100.0			
公共图书馆	个	1	1	100.0	1	1	100.0
公共图书馆藏书	万册	13.7	13	105.4	10.2	10.2	100.0
电影放映单位	个	9	9	100.0	21	21	100.0
区级以上重点文物保护单位	个	23	23	100.0	15	15	100.0
卫生							
卫生机构数	个	146	145	100.7	97	97	100.0
#医院	个	10	9	111.1	3	3	100.0
卫生院	个	16	16	100.0	19	19	100.0
床位数	张	1 952	1 860	105.0	1 520	1 531	93.3
#医院	张	1 564	1 496	104.6	459	459	100.0
卫生院	张	370	345	107.3	437	437	100.0
平均每千人拥有床位数	人	3.26	3.1	105.2	3	3	100.0
卫生技术人员	人	3 199	3 018	106.0	3 210	3 196	100.4
#医生	人	1 542	1 472	104.8	1 222	1 213	100.7
城市公用							
区级以上公园	个	1	1	100.0	2	2	100.0
体育场馆	个	1	1	100.0	2	2	100.0
道路长度	公里	1 598.1	1 576.2	101.4	1 330	1 310	101.5

20—8 平谷县、怀柔县国民经济主要指标

项　　目	单位	平谷县			怀柔县		
		1996年	1995年	1996年为1995年%	1996年	1995年	1996年为1995年%
综合							
国内生产总值	万元	218 295.1	285 555	76.4	245 327	226 614.4	108.3
第一产业	万元	70 712.7	75 969.9	93.1	35 410.7	36 422.7	97.2
第二产业	万元	68 904.2	134 839.4	51.1	126 487.7	117 755.8	107.4
第三产业	万元	78 678.2	74 745.7	105.3	83 428.6	72 435.9	115.2
国内生产总值指数	%	70.2	94.9		102.8	106.8	
（可比价，以上年为100）							
第一产业	%	89.2	93.2		93.2	120.6	
第二产业	%	50.6	90.2		104.2	94.9	
第三产业	%	95.7	110.1		104.7	133.8	
财政收入	万元	5 879	4 974	118.2	30 849	21 091	146.3
#各项税收	万元	6 880	5 728	120.1	30 081	23 759.1	126.6
财政支出	万元	28 237	24 007	117.6	41 003	31 146.6	131.6
#基本建设支出	万元	101	262	38.5		289	
支援农业生产支出	万元	1 815	1 305	139.1	4 882	3 698.1	132.0
文教卫生事业费	万元	10 787	9 054	119.1	8 862	7 701	115.1
人口和劳动力							
总人口	人	395 734	393 257	100.6	263 000	261 576	100.5
常住户籍人口	人	387 734	387 244	100.1	259 318	258 270	100.4
#非农业人口	人	77 129	71 473	107.9	68 039	61 761	110.2
男	人	41 334	38 724	106.7	132 463	132 203	100.2
女	人	35 795	32 749	109.3	126 855	126 067	100.6
出生率	‰	7.84	9.11		11.22	11.19	
死亡率	‰	6.84	6.34		7.51	6.51	
自然增长率	‰	1	2.78		3.71	4.68	
从业人员	人	202 668	200 693	101.0	138 374	140 066	98.8
按产业分							
第一产业	人	70 470	70 145	100.5	34 158	29 069	117.5
第二产业	人	67 488	67 012	100.7	54 532	57 973	94.1
第三产业	人	64 710	63 536	101.8	49 684	53 024	93.7
按职工非职工分							
职工人数	人	46 533	43 610	106.7	42 429	45 540	93.2
#国有单位	人	37 793	35 622	106.1	23 047	22 277	103.5
集体单位	人	4 094	4 011	102.1	9 569	11 375	84.1
城镇个体劳动者	人	13 200	12 674	104.2	13 091	13 324	98.3
乡村劳动力	人	142 935	144 409	99.0	82 854	81 202	102.0
劳动工资							
工资总额	万元	27 542.5	22 906.7	120.2	35 431.2	25 793.9	137.4
#国有单位	万元	23 066.6	19 428.5	118.7	24 249.1	17 720	136.8
集体单位	万元	1 817.3	1 545	117.6	6 794.7	5 524.6	123.0
职工平均工资	元	5 922	5 243	113.0	8 067	6 177	130.6
固定资产投资							
全社会固定资产投资	万元	68 301.2	45 186.6	151.2	95 687	126 014	75.9
按建设性质分							
#基本建设投资	万元	60 058.7	37 089.6	161.9	52 625	74 636	70.5
更新改造投资	万元	7 987.5	8 097	98.6	4 125	22 594	18.3
按经济类型分							
国有单位	万元	14 597	18 850	77.4	28 003	49 474	56.6
集体单位	万元	9 108	17 413	52.3	58 344	72 209	80.8
#城镇	万元	455	95	478.9	25 814	32 196	80.2
乡村	万元	8 653	17 318	50.0	32 530	40 013	81.3

20—8 续表1

项目	单位	平谷县			怀柔县		
		1996年	1995年	1996年为1995年%	1996年	1995年	1996年为1995年%
城乡个人	万元	3 034.2	8 923.6	34.0	9 340	4 331	215.7
#城镇	万元		310.4		2 060	998	206.4
乡村	万元	3 034.2	8 613.2	35.2	7 280	3 333	218.4
按三次产业分							
第一产业	万元	1 092	504	216.7	750	1 903	39.4
第二产业	万元	45 122	18 445.6	244.6	40 748	28 009	145.5
第三产业	万元	22 087.2	26 237	84.2	35 477	91 771	38.7
新增固定资产	万元	34 913	35 004	99.7	162 814	126 120	129.1
#国有单位	万元	12 000	24 865	48.3	20 250	35 254	57.4
集体单位	万元	6 999	10 139	69.0	84 070	90 866	92.5
房屋施工面积	万平方米	57.4	90	63.8	62	80	77.5
#国有单位	万平方米	35	45	77.8	13	35	37.1
集体单位	万平方米	12	14	85.7	49	45	108.9
房屋竣工面积	万平方米	43.4	64	67.8	41.7	55.4	75.2
#国有单位	万平方米	18	20	90.0	11.3	25.4	44.5
#住宅	万平方米	10	13	76.9	4.0	12.4	32.3
#集体单位	万平方米	12	13	92.3	30.4	30	101.3
#住宅	万平方米	7	6	116.7	11.7	20.5	57.1
#城乡个人	万平方米	10.4	31	33.5			
#住宅	万平方米	10.4	31	33.5			
农村经济							
农村劳动力	人	142 935	144 409	99.0	82 854	81 202	102.0
种植业	人	61 155	60 905	100.4	23 889	20 754	115.1
林业	人	1 898	1 941	97.8	6 270	6 008	104.4
牧业	人	3 687	4 514	81.7	1 795	2 003	89.6
渔业	人	2 146	2 150	99.8	321	304	105.6
农村工业	人	36 202	38 600	93.8	15 824	17 370	91.1
农村建筑业	人	12 332	12 455	99.0	4 023	3 816	105.4
农村运输业	人	5 067	4 767	106.3	3 635	3 491	104.1
农村商、饮、服务业	人	4 329	3 846	112.6	3 633	3 261	111.4
耕地面积	公顷	26 748	26 759	99.9	15 508.3	17 878	86.7
农业机械总动力	千瓦	330 540	339 117	97.5	198 261	195 000	101.7
化肥施用实物量	吨	56 103.4	55 090	101.8	20 403.8	21 582	94.5
化肥施用折纯量	吨	16 921.5	17 020	99.4	7 460.2	7 444	100.2
农村用电量	万千瓦时	14 157.8	17 385.5	81.4	10 361.1	10 480	98.9
农村国内生产总值	万元	135 295.4	224 090.3	60.4	139 733.6	129 994.5	107.5
第一产业	万元	50 729.2	76 117.8	66.6	35 006.8	36 142.8	96.9
第二产业	万元	49 301.1	109 538.4	45.0	66 848.4	60 418.3	110.6
第三产业	万元	35 265.1	38 434.1	91.8	37 878.4	33 433.4	113.3
农业总产值	万元	71 621	93 218	76.8	42 991.8	42 572.5	101.0
种植业	万元	39 176	42 872	91.4	18 340.3	18 007	101.9
林业	万元	1 156	1 318	87.7	3 483.3	3 089.2	112.8
牧业	万元	24 940	41 138	60.6	20 608	20 954	98.3
渔业	万元	6 349	7 890	80.5	560.2	522.3	107.3
农作物总播种面积	万公顷	3.6	3.7	97.3	2.4	2.44	98.4
粮食作物	万公顷	2.8	3.0	96.6	2.09	2.1	99.5
经济作物	万公顷	0.1	0.1	100.0	0.08	0.09	88.9
其他作物	万公顷	0.7	0.7	100.0	0.22	0.22	100.0

20—8 续表 2

项目	单位	平谷县			怀柔县		
		1996年	1995年	1996年为1995年%	1996年	1995年	1996年为1995年%
农作物产量							
粮食	万吨	15.9	16.9	94.1	13.4	14	95.7
粮食每公顷耕地面积单产	公斤	10 039	10 064	99.8	10 029	10 402	96.4
棉花	吨	354	421	84.1			
油料	吨	858	1 035	82.9	2 600	3 257	79.8
干鲜果	吨	127 500	123 175	103.5	41 162	38 851	105.9
畜产品产量							
生猪出栏	头	197 265	309 760	63.7	178 722	164 209	108.8
商品猪	头	193 419	304 032	63.6	173 409	157 880	109.8
猪牛羊肉	吨	16 330	26 735	61.1	13 444	12 601	106.7
#猪肉	吨	12 767	20 501	62.3	11 396	12 105	106.2
禽肉	吨	4 081	9 309	43.8	5 200	7 719	67.4
禽蛋	吨	28 934	43 589	66.4	17 037	19 103	89.2
牲畜年底头数	头	217 966	309 184	70.5	172 536	170 567	101.2
大牲畜	头	13 640	22 962	59.4	16 585	18 016	92.1
猪	头	153 060	220 918	69.3	121 317	122 411	99.1
羊	头	51 266	65 304	78.5	34 634	30 140	114.9
水产品产量	吨	14 120	17 034	82.9	1 334	1 141	116.9
农村集体经济收入	万元	366 634	546 277	67.1	569 472	504 358	112.9
农村集体经济利润总额	万元	56 596	100 802	56.1	89 091	77 060	115.6
国家税金	万元	13 345.2	12 921	103.3	18 836	25 691	73.3
集体积累	万元	1 136.2	13 385	8.5	10 326	11 035	93.6
劳动所得	万元	42 114.5	74 496	56.5	50 515	47 144	107.2
乡镇企业单位数	个	754	708	106.5	773	796	97.1
乡镇企业人数	人	54 776	59 820	91.6	41 852	44 000	95.1
乡镇企业各项费用支出	万元	217 157	266 725	81.4	415 709	377 400	110.2
乡镇企业国家税金	万元	9 362	10 487.8	89.3	19 914	11 116.3	179.1
乡镇企业纯利润	万元	8 039	20 664	38.9	19 194	16 350.2	117.4
乡镇企业固定资产原价	万元	86 899	102 018	85.2	129 929	111 500	116.5
乡镇企业固定资产净值	万元	64 205	80 599	79.7	106 746	91 500	116.7
乡镇企业年末占用固定资金	万元	172 342	172 258	100.0	125 104	111 520.7	112.2
工业							
全部工业企业单位数	个	245	343	71.4	745	708	105.2
#国有	个	56	100	56.0	29	32	90.6
集体	个	117	158	74.1	663	657	100.9
私营	个						
工业增加值	万元	51 219.5	54 505.8	94.0	91 018.3	82 991.3	109.7
全部工业总产值(现价)	万元	198 839.1	240 460.6	82.7	605 784.3	533 209.9	113.6
#国有	万元	46 180.4	60 115.5	76.8	67 912.6	82 329.5	82.5
集体	万元	49 242.1	52 284.6	94.2	373 800.4	396 685.1	94.2
私营	万元					2 621.3	
全部工业总产值(90不变价)	万元	172 955.9	231 683.4	74.7	590 394.6	531 264.2	111.1
#国有	万元	40 960.7	52 918	77.4	67 566.3	100 147.9	67.5
集体	万元	45 181.6	51 617.1	87.5	364 988.9	379 685.5	96.1
私营	万元					2 067	
乡及乡以上轻工业总产值(现价)	万元	153 559.7	188 076.9	81.6	243 226.5	189 497.6	128.4
以农产品为原料	万元	133 897.6	167 357	80.0	212 740	150 137	141.7
以非农产品为原料	万元	19 662.1	20 719.9	94.9	30 486.5	35 760.6	85.3
乡及乡以上轻工业总产值(90年不变价)	万元	132 423	178 309.4	74.3	239 874.6	175 934.9	136.3
以农产品为原料	万元	109 929.6	154 525.4	71.1	201 431.2	142 055.7	141.8
以非农产品为原料	万元	22 493.4	23 784	94.6	38 443.4	33 879.2	113.5

20—8 续表3

项目	单位	平谷县			怀柔县		
		1996年	1995年	1996年为1995年%	1996年	1995年	1996年为1995年%
乡及乡以上重工业总产值(现价)	万元	45 279.4	52 383.7	86.4	171 769.1	153 104.6	112.2
采掘工业	万元	352.7	310.5	113.6	9 896.2	8 249.1	120.0
原料工业	万元	7 871.4	7 185.4	109.5	40 533.9	36 202.2	112.0
制造工业	万元	37 055.3	44 887.8	82.6	121 339	108 653.3	111.7
乡及乡以上重工业总产值(90年不变价)	万元	40 532.9	53 374	75.9	168 076.5	154 827.5	108.6
采掘工业	万元	185.7	183.8	101.0	8 987	7 330.5	122.6
原料工业	万元	6 393.2	5 481.6	116.6	38 457.6	35 598.4	108.0
制造工业	万元	33 954	47 708.6	71.2	120 631.9	111 898.6	107.8
独立核算工业企业平均							
职工人数	人	35 659	39 957	89.2	36 465	28 076	129.9
#国有	人	7 711	9 029	85.4	6 075	8 467	71.7
集体	人	11 086	11 931	92.9	21 911	17 527	125.0
独立核算工业企业总产值(现价)	万元	184 819.6	264 744.4	69.8	414 995.6	332 721.8	124.7
#国有	万元	32 614	47 694.4	68.4	67 912.6	82 329.5	82.5
集体	万元	48 789	63 664.5	76.6	191 028.6	183 579.4	104.1
独立核算工业企业总产值(90年不变价)	万元	162 591.7	238 451.1	68.2	407 622.8	330 762.4	123.2
#国有	万元	30 992.4	40 501	76.5	67 566.3	100 147.9	67.5
集体	万元	44 785.7	59 869.9	74.8	182 217.1	179 183.7	101.7
独立核算工业企业财务指标							
产品销售收入	万元	149 717.1	194 736.2	76.9	294 993.5	254 923.1	115.7
#国有	万元	36 556.6	40 681.1	89.9	62 653.9	72 800	86.1
产品销售成本	万元	125 618.9	163 709.3	76.7	254 961.7	205 343.9	124.2
#国有	万元	31 813.9	34 513.9	92.2	54 126	53 640	100.9
固定资产原价	万元	113 475.5	121 819.2	93.2	166 934	149 023.1	112.0
#国有	万元	32 409.9	30 867.7	105.0	33 855	33 628.3	100.7
固定资产净值	万元	88 251.3	98 366	89.7	152 721.7	121 209.7	126.0
#国有	万元	24 182.9	23 198.4	104.2	26 402.2	24 556.1	107.5
全部流动资金年平均余额	万元	135 877.2	170 987.8	79.5	139 542.8	123 961.2	112.6
#国有	万元	31 145.4	30 610.1	101.7	28 975.7	25 660.8	112.9
利润总额	万元	−1 994.3	3 299.8		8 174	4 140.4	197.4
#国有	万元	−872.1	−60.4		1 787	1 948.8	91.7
企业留利	万元				1 746.7	1 676.5	104.2
#国有	万元				1 215.8	1 472.8	82.5
资金利税率	%	2.7	4.6		5.82	2.93	
产品销售率	%	90.2	96.2		92.16	94.03	
成本利润率	%	−1.4	2		8.97	1.4	
增加值率	%	26.9	20.6		15.0	15.6	
独立核算工业企业							
全员劳动生产率	%	14 364	13 641	105.3	111 785	97 209	115.0
#国有	%	19 877	13 367	148.7	111 220.2	110 040	101.1
集体	%	11 286	8 584	131.5	83 162	87 001	95.6

项目	单位	平谷县			怀柔县		
		1996年	1995年	1996年为1995年%	1996年	1995年	1996年为1995年%
商业							
社会消费品零售额	万元	116 200	110 862	104.8	120 116	100 104	120.0
按经济类型分	万元						
#国有	万元	44 790	38 316	116.9	44 988	40 550	110.9
集体	万元	29 036	32 282	89.9	46 341	34 371	134.8
私营	万元	330					
个体	万元	42 044	40 183	104.6	28 787	25 183	114.3
按类别分							
食品类	万元	43 458	30 960	140.4	34 581	30 029	115.2
衣着类	万元	12 367	12 119	102.0	21 025	19 258	109.2
日用品类	万元	17 243	16 034	107.5	54 164	40 193	134.8
房屋及建筑材料类	万元	34 186	40 159	85.1	2 219	3 866	57.4
文化娱乐品类	万元	3 665	4 865	75.3	1 889	1 662	113.7
书报杂志类	万元	2 016	664	303.6	637	392	162.5
药及医疗用品类	万元	1 498	1 732	86.5	1 200	1 160	103.4
燃料类	万元	1 767	4 329	40.8	4 401	3 544	124.2
按对象分							
售给居民	万元	112 917	102 976	109.7	104 212	87 919	118.5
售给社会集团	万元	3 283	7 886	41.6	15 904	12 185	130.5
对农民农业生产资料销售	万元	25 205	28 138	89.6	8 268	12 221	67.7
网点数	个	13 434	8 799	152.7	7 693	8 144	94.5
#商业	个	7 743	6 372	121.5	5 565	5 788	96.1
饮食业	个	2 925	726	402.9	672	738	91.1
服务业	个	1 572	565	278.2	1 456	1 618	90.0
#宾馆、饭店	个	7	7		6	6	100.0
平均每万人拥有网点	个	346	227	152.4	297	315	94.3
营业人员	人	19 714	14 118	139.6	16 305	17 956	90.8
#商业	人	12 151	9 831	123.6	11 635	12 917	90.1
饮食业	人	3 623	1 449	250.0	2 056	2 381	86.4
服务业	人	1 965	1 505	130.6	2 614	2 658	98.3
#宾馆、饭店	人	340	338	100.6	732	704	104.0
平均每万人拥有营业人员	人	508	365	139.2	629	695	90.5
外经、外贸							
出口商品交货额	万元	68 317	120 668	56.6	23 818.3	24 016.4	99.2
#农副商品	万元	365.1	1 236.6	29.5	237	1 383.4	17.1
工矿产品	万元	67 951.9	119 431.4	56.9	23 581.3	22 633	104.2
利用外资签订协议(合同)数	个	20	34	58.8	30	44	68.2
对外借款	个						
外商直接投资	个	20	34	58.8	30	44	68.2
外商其他投资	个						
利用外资签订协议(合同)金额	万美元	6 235.7	3 266.8	190.9	5 775.5	2 184.9	264.3
对外借款	万美元						
外商直接投资	万美元	6 235.7	3 266.8	190.9	5 775.5	2 184.9	264.3
外商其他投资	万美元						

项目	单位	平谷县			怀柔县		
		1996 年	1995 年	1996 年为 1995 年%	1996 年	1995 年	1996 年为 1995 年%
实际利用外资	万美元	3 017	2 176.6	138.6	6 725.0	1 322.9	508.4
对外借款	万美元						
外商直接投资	万美元	3 017	2 176.6	138.6	6 725.0	1 322.9	508.4
外商其他投资	万美元						
旅游人数	人	2 010 215	1 977 616	101.6	3 710 000	2 318 000	160.1
教育							
学校数		238	241	98.8	176	190	92.6
小学	个	206	209	98.6	139	156	89.1
普通中学	个	30	30		26	29	89.7
中等专业教育	个	3	3	100.0	5	6	83.3
招生数					11 591	11 408	101.6
小学	人	8 472	9 409	90.0	4 173	3 903	106.9
初级中等学校	人	7 242	7 885	91.8	4 274	4 993	85.6
高级中等学校	人	1 607	1 951	82.4	1 054	865	121.8
中等专业教育	人	1 231	1 036	118.8	799	473	168.9
在校学生					49 203	47 818	102.9
小学	人	56 602	55 651	101.7	27 059	27 425	98.7
普通中学	人	27 528	26 263	104.8	16 233	16 221	100.1
中等专业教育	人	3 023	2 511	120.4	2 727	1 533	177.9
毕业生					10 221	10 227	99.9
小学	人	7 420	7 997	92.8	4 294	5 086	84.4
初级中等学校	人	6 465	6 492	99.6	4 025	3 945	102.0
高级中等学校	人	679	658	103.2	390	373	104.6
中等专业教育	人	713	449 688.0	688	198	347.5	
达到"国家体育标准"学生	人	79 949	55 198	144.8	33 446	31 833	105.1
幼儿园托儿所个数	个	253	250	101.2	148	142	104.2
幼儿入托数	人	14 133	17 269	81.8	5 655	5 783	97.8
文化							
文化馆、站	个	22	22	100.0	21	21	100.0
公共图书馆	个	1	1	100.0	1	1	100.0
公共图书馆藏书	万册	12.6	11.1	113.5	11	13	84.6
电影放映单位	个	8	4	200.0	55	55	100.0
区级以上重点文物保护单位	个	17	16	106.3	16	14	114.3
卫生							
卫生机构数	个	126	73	172.6	409	96	426.0
#医院	个	5	5	100.0	8	8	100.0
卫生院	个	21	21	100.0	17	18	94.4
床位数	张	992	915	108.4	884	884	100.0
#医院	张	607	500	121.4	824	780	105.6
卫生院	张	340	405	84.0	60	104	57.7
平均每千人拥有床位数	人	2.6	2.4	108.3	3.4	3.4	100.0
卫生技术人员	人	1 921	1 727	111.2	1 586	1 592	99.6
#医生	人	889	979	90.8	744	892	83.4
城市公用							
区级以上公园	个	1	1	100.0	7	7	100.0
体育场馆	个	1	1	100.0	4	4	100.0
道路长度	公里	780.2	774.7	100.7	79.38	52.45	151.3

20—9　密云县、延庆县国民经济主要指标

项　　目	单　位	密云县			延庆县		
		1996年	1995年	1996年为1995年%	1996年	1995年	1996年为1995年%
综合							
国内生产总值	万元	270 604.6	246 659.5	109.7	144 722.9	134 667.3	107.4
第一产业	万元	63 593.6	63 662.6	99.9	53 230.6	51 618.2	103.1
第二产业	万元	138 504.4	125 669	110.2	44 527.3	42 267.7	105.3
第三产业	万元	68 506.5	57 327.9	119.5	46 965	40 781.4	115.2
国内生产总值指数（可比价，以上年为100）	%	106.8	122.6		98.8		
第一产业	%	95.7	113		98.8		
第二产业	%	113.8	103.8		94.4		
第三产业	%	108.6	158.5		104.7		
政收入	万元	18 914	16 202.5	116.7	10 029	8 193	122.4
#各项税收	万元	6 519	5 174	114.1	3 873	3 177	121.9
财政支出	万元	34 846	27 932.9	124.7	27 969	22 341.7	125.2
#基本建设支出	万元						
支援农业生产支出	万元	4 388	2 103.3	208.6	3 043	2 026	150.2
文教卫生事业费	万元	12 847	11 468.4	112.0	8 923	7 621	117.1
人口和劳动力							
总人口	人	428 008	428 089	99.9	271 556	271 377	100.1
常住户籍人口	人	424 056	423 391	100.2	269 116	268 394	100.3
#非农业人口	人	80 483	75 078	107.2	51 453	48 045	107.1
男	人	214 725	214 451	100.1	137 466	137 478	0.0
女	人	209 331	208 940	100.2	131 650	130 916	100.6
出生率	‰	10.8	11.85	91.1	8.41	8.59	−2.1
死亡率	‰	6.98	6.45	108.2	7.34	6.82	107.6
自然增长率	‰	3.82	5.4	70.7	1.07	1.77	−39.5
从业人员	人	225 797	235 716	95.8	99 857	97 308	102.6
按产业分							
第一产业	人	72 669	71 672	101.4	49 536	49 131	100.8
第二产业	人	70 008	74 168	94.4	26 540	30 677	−13.5
第三产业	人	83 120	83 776	99.2	23 781	17 500	135.9
按职工非职工分							
职工人数	人	42 059	45 133	93.2	35 725	38 682	−7.6
#国有单位	人	29 435	31 302	94.0	23 162	23 922	−3.2
集体单位	人	4 943	6 324	78.2	5 122	12 790	−60.0
城镇个体劳动者	人	14 695	13 779	106.6			
乡村劳动力	人	162 864	166 167	98.0	64 132	58 626	109.4
劳动工资							
工资总额	万元	28 557	26 930.1	106.0	23 388.6	23 283.6	100.5
#国有单位	万元	20 917	20 155.9	103.8	17 176	14 514.8	118.3
集体单位	万元	2 641	2 721.3	97.0	4 330	7 810.9	−44.6
职工平均工资	元	6 817	6 013	113.4	6 470	5 796	11.6
固定资产投资							
全社会固定资产投资	万元	32 768	36 718	89.2	14 766	14 884	−0.8
按建设性质分							
#基本建设投资	万元	29 637	34 715	85.4	12 273	5 280	232.4
更新改造投资	万元	3 131	2 003	156.3	2 493	9 604	−74.0
按经济类型分							
国有单位	万元	30 324	28 960	104.7	5 093	1 153.5	441.5
集体单位	万元	2 444	7 758	31.5	9 673	3 349	288.8
#城镇	万元	2 444	7 758	31.5	9 673	3 349	288.8
乡村	万元						

20—9 续表1

项目	单位	密云县			延庆县		
		1996年	1995年	1996年为1995年%	1996年	1995年	1996年为1995年%
城乡个人	万元						
#城镇	万元						
乡村	万元						
按三次产业分							
第一产业	万元						
第二产业	万元	1 782	2 597	68.6	855	105	814.3
第三产业	万元	30 986	34 121	90.8	13 911	14 779	−5.9
新增固定资产	万元	31 434	32 127	97.8	7 056	13 066	−45.9
#国有单位	万元	28 502	24 619	115.8	7 056	8 750	−19.4
集体单位	万元	2 932	7 504	39.1		6 134	
房屋施工面积	万平方米	40.9	45.4	90.1	11.4	16.8	−32.1
#国有单位	万平方米	37.1	38.8	95.6	7.9	10.1	−21.8
集体单位	万平方米	3.8	16.6	22.9	3.5	6.02	−41.9
房屋竣工面积	万平方米	31.6	31.4	100.6	5.8	9.6	−39.6
#国有单位	万平方米	27.9	25.3	110.3	4.7	6.5	−27.7
#住宅	万平方米	19.1	13.5	141.5	3.8	4.2	−9.5
#集体单位	万平方米	3.8	6.1	62.3	1.1	3.1	−64.5
#住宅	万平方米	3.6	5.6	64.3	1.1	2.4	−54.2
#城乡个人	万平方米						
#住宅	万平方米						
农村经济							
农村劳动力	人	162 864	166 167	98.0	72 804	96 879	−24.9
种植业	人	59 640	58 970	101.1	44 942	43 654	102.9
林业	人	7 420	7 340	101.1	2 320	3 315	−30.0
牧业	人	4 561	4 083	111.7	1 947	1 780	109.4
渔业	人	1 048	1 279	81.9	327	372	100.0
农村工业	人	24 855	27 798	89.4	10 423	11 011	−5.3
农村建筑业	人	9 037	10 200	88.6	6 852	7 613	−1.0
农村运输业	人	6 446	6 367	101.2	3 187	3 912	−18.5
农村商、饮、服务业	人	5 190	4 827	107.5	2 806	2 509	111.8
耕地面积	公顷	23 947	24 038	99.6	33 002	33 634	−1.9
农业机械总动力	千瓦	291 000	289 469	100.5	185 979	143 248	129.8
化肥施用实物量	吨	42 643	42 426	100.5	32 470	30 577.4	106.2
化肥施用折纯量	吨	10 781	10 711	100.7	8 898	8 723.3	102.0
农村用电量	万千瓦时	8 174.4	7 462.9	109.5	6 707	2 844.61	235.8
农村国内生产总值	万元	140 411.9	147 170.9	95.4	105 275.4	99 888.6	105.4
第一产业	万元	53 043.9	55 935.1	94.8	53 230.6	51 503.9	103.4
第二产业	万元	47 821.7	56 044.1	85.3	31 131	30 013.1	103.7
第三产业	万元	39 546.3	35 191.7	112.4	20 913.8	18 371	113.8
农业总产值	万元	56 048.2	57 000	98.3	43 505.7	41 124.1	105.8
种植业	万元	25 818.7	25 612.2	100.8	23 706	17 083	138.8
林业	万元	2 718.9	2 467.9	110.2	1 208.6	1 288.9	−6.2
牧业	万元	25 882.2	26 879.6	96.3	13 034.2	17 918.2	−27.3
渔业	万元	1 628.4	2 040.3	79.8	803.6	931.8	−13.8
农作物总播种面积	万公顷	3.3	3.3	100.0	3.1	3.3	−7.0
粮食作物	万公顷	2.5	2.6	96.2	2.5	2.6	−5.4
经济作物	万公顷	0.4	0.4	100.0	0.01	0.01	100.0
其他作物	万公顷	0.4	0.3	133.3	0.6	0.6	100.0

20—9 续表2

项目	单位	密云县			延庆县		
		1996年	1995年	1996年为1995年%	1996年	1995年	1996年为1995年%
农作物产量							
粮食	万吨	13.6	13.7	99.3	16.7	14.7	113.6
粮食每公顷耕地面积单产	公斤	5 661	8 095	99.3	4 620	5 280	—12.5
棉花	吨	3	33	9.1			
油料	吨	9 551	9 528	100.2	109	135	—19.3
干鲜果	吨	60 000	53 000	113.2	35 000	10 255.2	341.3
畜产品产量							
生猪出栏	头	253 969	270 994	93.7	126 966	101 043	125.7
商品猪	头	245 921	261 295	94.1	123 484	96 627	127.8
猪牛羊肉	吨	30 987	19 950	103.5	13 905	18 566	—25.1
#猪肉	吨	17 029	17 933	95.0	12 914	16 754	—22.9
禽肉	吨	11 865	8 679	136.7	1 621	2 446	—33.7
禽蛋	吨	17 586	19 964	88.1	10 998	14 213	—22.6
牲畜年底头数	头	303 754	311 054	97.7	126 701	107 368	118.0
大牲畜	头	24 452	27 785	88.0	20 741	21 207	—2.2
猪	头	192 100	210 208	91.4	81 825	68 617	119.2
羊	头	87 202	73 061	119.4	24 135	17 544	137.6
水产品产量	吨	3 820	4 624	82.6	232.3	2 181.6	—89.4
农村集体经济收入	万元	430 383	411 000	104.7	210 842	200 653	105.1
农村集体经济利润总额	万元	88 991	91 000	97.8	101 365	90 248	112.3
国家税金	万元	9 714	11 138	87.2	5 226	6 495	—19.5
集体积累	万元	831.1	1 133	73.4	596	552	108.0
劳动所得	万元	78 445.9	78 729	99.6	0.2305	0.2021	114.1
乡镇企业单位数	个	580	579	100.2	2 922	5 126	—43.0
乡镇企业人数	人	57 116	66 440	86.0	33 291	37 774	—11.9
乡镇企业各项费用支出	万元	269 635	253 346	106.4	113 227	8 961	1 263.6
乡镇企业国家税金	万元	11 865	12 345	96.1	5 705	7 572	—24.7
乡镇企业纯利润	万元	7 976	9 090	87.7	4 632	4 569	101.4
乡镇企业固定资产原价	万元	105 563	97 899	107.8	54 101	58 867	—8.1
乡镇企业固定资产净值	万元	80 408	75 992	105.8	42 168	49 431	—14.7
乡镇企业年末占用固定资金	万元				45 470	46 232	—1.6
工业							
全部工业企业单位数	个	1 509	1 942	77.7	183	278	—34.2
#国有	个	25	32	78.1	32	43	—25.6
集体	个	507	708	71.6	119	187	—36.4
私营	个	58	58	100		1	
工业增加值	万元	76 555.1	118 008.9	109.4	8 994.8	14 954.8	—39.9
全部工业总产值(现价)	万元	374 464	355 098	105.5	120 266.5	102 263	117.6
#国有	万元	48 909.1	56 147.1	87.1	32 216.9	48 179	—33.1
集体	万元	250 786.1	287 217.9	109.2	38 919.2	37 397	104.1
私营	万元	12 000	11 733	102.3			
全部工业总产值(90不变价)	万元	322 064.5	315 255.8	102.2	106 349.1	85 990	123.7
#国有	万元	27 359.2	31 914.1	85.7	21 627.9	36 362	—40.5
集体	万元	217 420.3	271 608.7	104.1	37 289.7	33 825	110.2
私营	万元	12 000	11 733	102.3			
乡及乡以上轻工业总产值(现价)	万元	133 518.9	150 810	88.5	54 090.7	76 125	—28.9
以农产品为原料	万元	118 855	134 495.2	88.4	32 645.9	62 594.5	—47.8
以非农产品为原料	万元	14 663.9	16 314.8	89.9	21 444.8	13 530.5	158.5
乡及乡以上轻工业总产值(90年不变价)	万元	102 079	120 323.9	84.8	42 453.7	64 264	—33.9
以农产品为原料	万元	89 829.5	106 348.5	84.5	23 075.4	52 012.8	—55.6
以非农产品为原料	万元	12 249.5	13 975.4	87.7	19 378.3	12 251.2	158.2

20—9 续表 3

项目	单位	密云县			延庆县		
		1996 年	1995 年	1996 年为 1995 年%	1996 年	1995 年	1996 年为 1995 年%
乡及乡以上重工业总产值（现价）	万元	89 012.6	93 674.8	95.0	25 675.8	26 138	−1.8
采掘工业	万元	14 747.2	16 469.8	89.5	1 217.3	818.3	148.8
原料工业	万元	7 336.8	8 186.6	89.6	6 051	7 580.8	−20.2
制造工业	万元	66 928.6	69 018.6	97.0	18 407.5	17 738.9	103.8
乡及乡以上重工业总产值（90 年不变价）	万元	68 052.7	85 574.7	79.5	23 605	217 266	108.6
采掘工业	万元	7 313.7	9 938.5	73.6	969.3	688.9	140.7
原料工业	万元	4 295.4	5 932	72.4	6 482.1	6 472	100.2
制造工业	万元	15 443.6	69 704.2	79.4	16 153.6	14 565	110.9
独立核算工业企业平均职工人数	人	33 295	34 300	97.1	17 013	18 053	−5.8
#国有	人	8 527	8 720	97.8	5 222	5 735	−8.9
集体	人	24 768	25 880	96.8	7 942	7 794	101.9
独立核算工业企业总产值（现价）	万元	204 918.1	241 103.4	85.0	59 471.4	86 338.6	−31.1
#国有	万元	48 909.1	56 147.1	87.1	25 218.3	40 618.8	−37.9
集体	万元	156 009	184 956.3	84.3	18 715.3	25 402.1	−26.3
独立核算工业企业总产值	万元	150 002.4	201 261.2	74.5	47 135	72 103.3	−34.6
（90 年不变价）	万元				47 135	72 103.3	−34.6
#国有	万元	27 359.2	31 914.1	85.7	16 020.1	25 577.2	−37.4
集体	万元	122 643.2	169 347.1	72.4	17 496.4	21 210.8	−17.5
独立核算工业企业财务指标							
产品销售收入	万元	187 550.5	192 459.8	97.4	57 135.3	70 578.1	−19.0
#国有	万元	47 446.2	47 770.1	99.3	24 411	33 554.9	−27.3
产品销售成本	万元	169 480.1	159 224.2	106.4	47 854.5		
#国有	万元	40 164.2	37 593.4	106.8	20 529.7		
固定资产原价	万元	143 768.3	166 195	86.5	44 427.8	55 812.2	−20.4
#国有	万元	40 587.4	42 743.9	95.0	17 418.7	20 971.4	−16.9
固定资产净值	万元	122 707.5	134 399.7	91.3	31 506.3	45 188.3	−30.3
#国有	万元	28 516.4	32 556.1	87.6	12 366.2	16 219.6	−23.8
全部流动资金年平均余额	万元	162 963.9	168 251.2	96.9	55 708.1	57 308	−2.8
#国有	万元	50 112.2	44 352.3	113.0	21 687.2	26 696.5	−18.8
利润总额	万元	−8 238.2	−2 566.4		−2 420.8	−2 534	
#国有	万元	−593.1	158.4		−810.1	−1 026.1	
企业留利	万元		−3 803.2				
#国有	万元		−206.1				
资金利税率	%	−1.23	1.06		2.4	1.9	
产品销售率	%	102.8	[illegible]		97.5	93.9	
成本利润率	%	−5.9					
增加值率	%	26.8	20.4		26.3	19.4	
独立核算工业企业全员劳动生产率	元/人	61 546	73 048	84.3	5 287	8 283	−36.2
#国有	元/人	57 358	72 201	79.4	4 616	12 202	−62.2
集体	元/人	78 000	73 307	106.4	3 669	2 817	130.2

20—9 续表4

项目	单位	密云县			延庆县		
		1996年	1995年	1996年为1995年%	1996年	1995年	1996年为1995年%
商业							
社会消费品零售额	万元	116 213	108 929	106.7	132 216	108 058	122.4
按经济类型分	万元						
#国有	万元	38 305	48 693	78.7	50 842	39 940	127.3
集体	万元	13 309	16 201	82.1	29 649	33 796	—12.3
私营	万元	8 908	5 649	157.7			
个体	万元	28 914	15 746	179.1	51 725	32 377	159.8
按类别分							
食品类	万元	57 997	53 047	109.3	44 354	10 622	417.6
衣着类	万元	15 401	10 237	150.4	25 582	8 868	288.5
日用品类	万元	8 532	7 866	108.5	51 274	2 070	2 477.0
房屋及建筑材料类	万元	8 533	5 913	144.3	2 047	452	452.9
文化娱乐品类	万元	635	625	101.6	855	534	160.1
书报杂志类	万元	1 254	1 119	112.1	43	33	130.3
药及医疗用品类	万元	1 441	1 243	115.9	1 583	1 333	118.8
燃料类	万元	5 173	4 470	115.7	6 478	4 246	152.6
按对象分							
售给居民	万元	101 628	93 453	108.7	112 256	33 855	331.6
售给社会集团	万元	14 585	15 476	94.2	19 960	4 343	459.6
对农民农业生产资料销售	万元	8 261	6 906	119.6	3 072	5 386	—43.0
网点数	个	8 928	7 247	123.2		8 447	
#商业	个	6 559	5 938	110.5		5 116	
饮食业	个	890	753	118.2		1 180	
服务业	个	1 479	556	266.0		1 118	
#宾馆、饭店	个	12	12	100.0		98	
平均每万人拥有网点	个	210	171	122.8		311.6	
营业人员	人	19 234	18 078	106.4		37 402	
#商业	人	14 294	13 560	105.4		23 455	
饮食业	人	1 744	1 771	98.5		5 673	
服务业	人	3 196	2 747	116.3		5 393	
#宾馆、饭店	人	1 650	1 595	103.4		836	
平均每万人拥有营业人员	人	454	427	106.3		1 380.3	
外经、外贸							
出口商品交货额	万元	61 197.4	61 465.8	99.6	8 984.2	12 758.4	70.4
#农副商品	万元				188	380	49.5
工矿产品	万元						
利用外资签订协议(合同)数	个	10	32	31.3	5	135	3.7
对外借款	个						
外商直接投资	个				5	135	3.7
外商其他投资	个						
利用外资签订协议							
(合同)金额	万美元	393.6	5 346.6	7.4	3 128.8	21 598	14.5
对外借款	万美元						
外商直接投资	万美元	393.6	5 346.6	7.4	3 128.8	10 627.2	29.4
外商其他投资	万美元						

20—9　续表 5

项　　目	单　位	密　云　县			延　庆　县		
		1996 年	1995 年	1996 年为 1995 年%	1996 年	1995 年	1996 年为 1995 年%
实际利用外资	万美元	505	2 873	9.4	39	205.8	19.0
对外借款	万美元						
外商直接投资	万美元	505	2 873	9.4	39	205.8	19.0
外商其他投资	万美元						
旅游人数	人	2 600 000	1 905 300	136.5	5 444 317	9 316 278	58.4
教育							
学校数	个	237	246	96.3			
小学	个	191	202	94.6	196	206	—4.9
普通中学	个	41	42	97.6	35	35	100.0
中等专业教育	个	2	2	100.0	1	1	100.0
招生数	人						
小学	人	7 563	7 141	105.9	6 353	5 629	112.9
初级中等学校	人	7 006	8 173	85.7	3 845	4 376	—12.1
高级中等学校	人	1 097	893	128.6	856	811	105.5
中等专业教育	人	293	359	81.6	120	216	—44.4
在校学生	人	73 393	72 331	101.5			
小学	人	45 464	44 916	101.2	85 179	32 669	260.7
普通中学	人	26 734	26 612	100.5	14 988	12 497	119.9
中等专业教育	人	1 195	803	148.8	471	681	—30.8
毕业生	人						
小学	人	7 058	8 196	86.1	4 535	4 497	100.8
初级中等学校	人	6 762	7 203	93.9	4 075	3 868	105.4
高级中等学校	人	602	691	87.0	895	630	142.1
中等专业教育	人	269	202	133.2			
达到"国家体育标准"学生数	人	70 981	69 954	101.5	34 405	44 154	—22.1
幼儿园托儿所个数	个	238	260	91.5	61	69	—11.6
幼儿入托数	人	11 144	14 346	77.7	3 989	3 119	127.9
文化							
文化馆、站	个	20	20	100.0	26	26	100.0
公共图书馆	个	1	1	100.0	1	1	100.0
公共图书馆藏书	万册	11	10	110.0	12.3	15.3	—19.6
电影放映单位	个	22	21	104.8	14	12	116.7
区级以上重点文物保护单位	个	13	13	100.0	82	82	100.0
卫生							
卫生机构数	个	89	87	102.3	54	53	101.9
＃医院	个	11	8	137.5	4	4	100.0
卫生院	个	21	21	100.0	24	24	100.0
床位数	张	965	874	110.4	699	614	113.8
＃医院	张	768	678	113.3	609	524	116.2
卫生院	张	197	196	100.5	90	90	100.0
平均每千人拥有床位数	人	2.3	2	115.0	2.0	2.3	113.0
卫生技术人员	人	1 609	1 751	100.7	1 121	1 114	100.6
＃医生	人	1 119	1 056	106.0	473	479	—1.3
城市公用							
区级以上公园	个	1	1	100.0			
体育场馆	个	1	1	100.0	2	2	100.0
道路长度	公里	65.43	61	107.3	984.4	894.7	110.0

APPENDIX
附　录

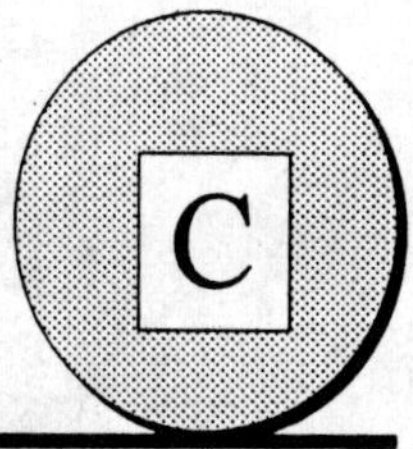

附录1:历史资料

附1—1　人口状况

年　份	年　底 总人口 （万人）	按性别分		按农业、非农业分		人　口 出生率 （‰）	人　口 死亡率 （‰）	人口自然 增长率 （‰）
		男	女	农业人口	非农业人口			
1978	872	443	429	393	479	12.93	6.12	6.81
1979	897	455	442	387	510	13.67	5.92	7.75
1980	904	458	446	383	521	15.56	6.30	9.26
1981	919	466	453	386	533	16.93	6.02	10.91
1982	935	474	461	391	544	20.04	5.68	14.36
1983	950	483	467	393	557	15.63	5.49	10.14
1984	965	491	474	395	570	16.74	5.53	11.21
1985	981	500	481	395	586	15.45	5.75	9.70
1986	1 028	524	504	407	621	15.82	4.47	11.35
1987	1 047	525	522	410	637	17.29	5.40	11.89
1988	1 061	534	527	411	650	14.43	5.08	9.35
1989	1 075	538	537	431	664	12.84	5.53	7.49
1990	1 086	545	541	413	673	13.04	5.75	7.23
1991	1 094	547	547	411	683	8.03	5.82	2.21
1992	1 102	554	548	410	692	9.22	6.11	3.11
1993	1 112	559	553	405	707	9.35	6.16	3.19
1994	1 125	564	561	400	725	8.96	5.76	3.20
1995	1 251	627	624	436	815	7.92	5.12	2.80
1996	1 259	639	620	430	829	8.02	5.34	2.68

注:1982—1989年数据是根据1982、1990年两年人口普查数据调整的,1990年以后数据是人口变动抽样调查数。其余年份数据为户籍统计数。

附1—2按城乡分从业人员(年底数)

单位:万人

年　份	合　计	城　镇	#国有经济 单　位	#集体经济 单　位	#联营经济 单　位	#股份制 经济单位	#外商投资 经济单位	#港澳台投资 经济单位	#个体	乡　村
1978	291.6	291.6	240.9	50.7						
1979	312.0	312.0	254.2	57.8						
1980	484.2	326.8	269.4	57.1					0.3	157.4
1981	511.7	345.2	283.1	61.3					0.8	166.5
1982	535.2	361.1	293.0	67.1					1.0	174.1
1983	552.0	373.8	303.4	68.5					1.9	178.2
1984	556.2	377.6	302.5	71.6			1.3		2.2	178.6
1985	558.7	384.8	308.1	72.6			1.6		2.5	173.9
1986	572.7	400.5	324.4	71.1			2.4		2.6	172.2
1987	580.3	408.4	331.8	70.7			2.8		3.1	171.9
1988	603.1	413.9	336.4	69.9	0.2		3.4		3.5	189.2
1989	593.9	424.0	343.8	67.4	3.4		3.7		5.6	169.9
1990	627.1	461.2	357.9	86.8	5.1		4.6		6.3	165.9
1991	634.0	477.2	367.8	89.0	0.5		7.7	0.2	7.2	156.8
1992	649.3	490.6	371.5	90.5	0.4		11.4	0.2	14.0	158.7
1993	627.8	481.4	362.3	79.7	2.8		11.0	6.4	14.0	146.4
1994	664.3	492.7	363.5	73.3	3.5	6.3	15.0	9.4	20.9	171.6
1995	665.3	492.7	358.1	72.1	3.7	8.0	17.4	10.4	21.9	172.6
1996	660.2	495.7	355.1	68.6	3.4	14.8	20.7	10.1	22.9	164.5

附 1—3　从业人员和职工人数(年底数)

单位:万人

年　份	从业人员	第一产业	第二产业	第三产业	职工人数	国有经济单　位	城镇集体经济单位	其　他经济单位
1978	291.6	75.9	127.4	87.8	291.6	240.9	50.7	
1979	312.0	71.4	145.2	95.4	311.9	254.2	57.7	
1980	484.2	118.0	207.3	158.9	326.5	269.4	57.1	
1981	511.7	117.2	220.4	174.1	344.4	283.1	61.3	
1982	535.2	115.1	228.6	191.5	360.1	293.0	67.1	
1983	552.0	117.1	240.2	194.7	371.9	303.4	68.5	
1984	556.2	106.7	236.2	213.3	375.4	302.5	71.6	1.3
1985	558.7	97.1	238.2	223.4	382.3	308.1	72.6	1.6
1986	572.7	93.3	260.8	235.9	397.9	324.4	71.1	2.4
1987	580.3	91.8	264.1	242.3	405.2	331.8	70.7	2.7
1988	603.1	88.4	267.6	247.1	410.4	336.4	69.9	4.1
1989	593.9	91.0	266.3	236.6	418.4	343.8	67.4	7.2
1990	627.1	90.7	281.6	254.8	454.9	357.9	86.8	10.2
1991	634.0	90.8	279.7	263.5	470.0	367.8	89.0	13.2
1992	649.3	84.5	281.6	283.2	476.6	371.5	90.5	14.6
1993	627.8	65.1	279.4	283.3	467.3	362.3	79.6	25.4
1994	664.3	73.2	272.2	318.9	471.8	363.5	73.4	34.9
1995	665.3	70.6	271.0	323.7	470.9	358.2	72.1	40.6
1996	660.2	72.5	260.1	327.6	460.6	349.0	64.8	46.8

附 1—4　国民生产总值

单位:亿元

年　份	国民生产总　　值	国内生产总　　值	第一产业	第二产业	#工业	#建筑业	第三产业	#运输邮电业	#商业	人均国内生产总值(元)
1978	108.84	108.84	5.63	77.43	70.22	7.21	25.78	7.00	8.28	1 290
1979	120.11	120.11	5.17	85.18	77.37	7.81	29.76	6.55	8.79	1 391
1980	139.07	139.07	6.07	95.79	86.94	8.85	37.21	6.96	11.01	1 582
1981—1985	**950.95**	**950.95**	**62.46**	**589.30**	**515.41**	**73.89**	**299.19**	**48.08**	**80.80**	
1981	139.15	139.15	6.61	92.52	82.71	9.81	40.02	7.60	11.86	1 558
1982	154.94	154.94	10.34	99.79	89.30	10.49	44.81	8.25	11.05	1 704
1983	183.13	183.13	12.85	112.65	98.76	13.89	57.63	9.06	13.63	1 977
1984	216.61	216.61	14.85	130.68	113.99	16.69	71.08	10.43	18.37	2 308
1985	257.12	257.12	17.81	153.66	130.65	23.01	85.65	12.74	25.89	2 704
1986—1990	**1 978.58**	**1 978.68**	**162.93**	**1 084.23**	**917.29**	**166.94**	**731.52**	**94.39**	**172.89**	
1986	284.86	284.86	19.14	165.75	141.17	24.58	99.97	14.98	27.99	2 955
1987	326.82	326.82	24.31	182.59	154.54	28.05	119.92	17.70	27.21	3 338
1988	410.22	410.22	37.07	221.27	189.48	31.79	151.88	19.03	39.07	4 125
1989	455.96	455.96	38.53	252.23	212.83	39.40	165.20	18.72	34.77	4 499
1990	500.72	500.82	43.88	262.39	219.27	43.12	194.55	23.96	43.85	5 224
1991—1995	**4 650.47**	**4 650.44**	**303.97**	**2 167.24**	**1 791.38**	**375.86**	**2 179.23**	**247.74**	**586.26**	
1991	598.79	598.89	45.52	291.53	255.59	35.94	261.84	29.61	65.65	5 781
1992	709.00	709.10	48.67	345.91	292.97	52.94	314.52	35.49	85.41	6 805
1993	863.23	863.53	53.57	414.79	334.00	80.79	395.17	37.58	113.88	8 240
1994	1 084.33	1 084.03	74.77	499.84	405.11	94.73	509.42	61.51	146.62	10 265
1995	1 395.12	1 394.89	81.44	615.17	503.71	111.46	698.28	83.55	174.70	13 073
1996	1 616.03	1 615.73	83.46	683.14	541.41	141.73	849.13	113.78	187.59	15 044

注:本表按当年价格计算。

附1—5　国民生产总值指数

(1978＝100)

年　份	国民生产总　　值	国内生产总　　值	第一产业	第二产业	＃工业	＃建筑业	第三产业	＃运输邮电业	＃商业	人均国内生产总值
1978	100.0	100.0	100.0	100.0	100.0	100.0	100.0	100.0	100.0	100.0
1979	109.7	109.7	86.8	110.0	110.1	108.4	113.2	93.5	104.3	107.2
1980	122.6	122.6	93.7	121.1	121.2	119.6	134.1	96.7	124.5	117.7
1981	120.7	120.7	129.7	113.5	111.9	130.8	142.3	104.1	132.3	113.9
1982	128.9	128.9	192.9	126.3	112.1	145.3	167.5	117.5	151.7	119.8
1983	149.3	149.3	239.4	143.6	125.0	192.3	199.3	113.9	159.1	127.1
1984	175.5	175.5	277.2	166.6	144.6	228.4	242.4	130.1	210.5	158.3
1985	190.6	190.6	279.2	185.3	158.1	284.8	252.8	149.2	249.7	168.9
1986	207.6	207.6	278.9	189.9	162.5	286.0	320.3	152.1	255.4	181.5
1987	227.5	227.5	317.4	199.0	169.8	304.0	379.3	168.2	227.8	195.9
1988	256.6	256.6	402.5	223.1	191.9	323.7	423.6	166.7	268.9	217.6
1989	267.9	267.9	356.2	242.9	208.0	363.3	421.5	227.2	204.6	222.7
1990	282.4	282.4	368.3	245.4	211.9	347.3	480.5	241.3	244.9	231.8
1991	309.2	309.2	381.5	264.3	238.7	283.4	543.0	313.4	239.0	251.5
1992	345.1	345.1	393.0	296.3	263.3	356.2	610.9	344.5	286.5	298.8
1993	386.8	386.8	405.2	334.5	290.9	457.7	688.5	379.2	328.0	332.8
1994	439.0	439.0	415.7	383.3	330.2	552.9	782.8	470.2	359.5	374.8
1995	493.9	493.4	381.2	412.4	355.6	594.9	946.4	657.8	422.1	416.8
1996	539.3	538.8	369.8	442.9	377.3	677.6	1062.8	782.1	444.9	452.2

注:本表按当年价格计算。

附1—6　国民生产总值指数

(上年＝100)

年　份	国民生产总　　值	国内生产总　　值	第一产业	第二产业	＃工业	＃建筑业	第三产业	＃运输邮电业	＃商业	人均国内生产总值
1979	109.7	109.7	86.8	110.0	110.1	108.4	113.2	93.5	104.3	107.2
1980	111.8	111.8	108.0	110.1	110.1	110.3	118.5	103.4	119.4	109.8
1981	98.4	98.4	138.4	93.7	92.3	109.4	106.1	107.7	106.2	96.8
1982	106.8	106.8	148.7	101.2	100.2	111.1	117.7	112.8	114.7	105.2
1983	115.8	115.8	124.1	113.7	111.5	132.3	119.0	97.0	104.9	106.1
1984	117.6	117.6	115.8	116.0	115.7	118.8	121.6	114.2	132.3	124.6
1985	108.6	108.6	100.7	111.2	109.3	124.7	104.3	114.7	118.6	106.7
1986	108.9	108.9	99.9	102.5	102.8	100.4	126.7	101.9	102.3	107.4
1987	109.6	109.6	113.8	104.8	104.5	106.3	118.4	110.6	89.2	107.7
1988	112.8	112.8	126.8	112.1	113.0	106.5	111.7	98.1	118.0	111.1
1989	104.4	104.4	88.5	108.9	108.4	112.2	99.5	136.3	76.1	102.4
1990	105.4	105.4	103.4	101.0	101.9	95.6	114.0	106.2	119.7	104.1
1991	109.5	109.5	103.6	107.7	112.6	81.6	113.0	129.9	97.6	108.5
1992	111.6	111.6	103.0	112.1	110.3	125.7	112.5	109.9	118.6	118.8
1993	112.1	112.1	103.1	112.9	110.5	128.5	112.7	110.1	115.7	111.4
1994	113.5	113.5	102.6	114.6	113.5	120.8	113.7	124.0	109.6	112.6
1995	112.5	112.4	91.7	107.6	107.7	107.6	120.9	139.9	117.4	111.2
1996	109.2	109.2	97.0	107.4	106.1	113.9	112.3	118.9	105.4	108.5

注:本表按当年价格计算。

附1－7 国内支出总额

单位:亿元

年份	国内支出总额	总消费	居民消费	农民	非农业居民	社会消费	总投资	固定资产	存货
1978	108.84	40.98	30.47	7.32	23.15	10.51	31.67	24.84	6.83
1979	120.11	49.34	36.24	8.63	27.61	13.10	37.40	29.76	7.64
1980	139.07	57.44	44.35	10.53	33.82	13.09	43.69	35.63	8.06
1981－1985	**950.95**	**424.69**	**306.14**	**87.83**	**218.31**	**118.55**	**398.04**	**271.97**	**126.07**
1981	139.15	63.72	47.66	11.98	35.68	16.06	38.85	29.53	9.32
1982	154.94	71.22	51.24	13.64	37.60	19.98	34.43	26.10	8.33
1983	183.13	81.31	56.45	16.57	39.88	24.86	54.76	49.04	5.72
1984	216.61	96.14	67.65	21.05	46.60	28.49	78.57	68.60	9.97
1985	257.12	112.30	83.14	24.59	58.55	29.16	191.43	98.70	92.73
1986－1990	**1 978.68**	**880.15**	**640.93**	**188.47**	**452.46**	**239.22**	**1 218.96**	**925.87**	**293.59**
1986	284.86	125.16	92.40	26.10	66.30	32.76	156.33	129.75	26.58
1987	326.82	147.87	107.73	29.12	78.61	40.14	208.33	170.12	38.71
1988	410.22	178.49	131.98	37.25	94.73	46.51	250.01	197.79	52.22
1989	455.96	197.67	138.99	46.78	92.21	58.68	297.00	200.26	96.74
1990	500.82	230.96	169.83	49.22	120.61	61.13	307.29	227.95	79.34
1991－1995	**5 185.01**	**1 701.59**	**1 177.92**	**276.13**	**901.79**	**523.87**	**3 530.54**	**2 119.49**	**1 411.05**
1991	598.89	225.47	153.62	37.59	116.03	71.85	322.77	184.37	138.40
1992	709.10	262.97	177.08	40.11	136.97	85.89	423.71	200.98	222.73
1993	863.53	310.28	207.21	52.95	154.26	103.07	625.15	326.82	298.33
1994	1 318.60	396.29	264.55	66.95	197.60	131.74	902.63	519.01	383.62
1995	1 694.89	506.58	375.46	78.53	296.93	131.32	1 256.28	888.31	367.97
1996	1 678.52	617.85	451.96	92.89	359.07	165.89	1 107.06	922.48	184.58

注:本表按当年价格计算。

附1—8　全社会固定资产投资

单位:亿元

年　份	固定资产投资总额	国有经济单位	#基本建设	#更新改造	集体经济单位	#农村	其他经济单位	个体经济	#农村
1985	94.0	73.6	50.7	21.7	16.2	10.8		4.2	3.8
1986—1990	**724.1**	**609.6**	**378.3**	**201.3**	**83.1**	**49.1**		**31.4**	**27.5**
1986	106.2	88.7	54.2	33.4	13.3	6.4		4.2	4.0
1987	136.2	115.8	71.7	43.1	15.2	8.3		5.2	4.5
1988	163.0	133.2	87.7	43.6	21.4	13.7		8.4	7.6
1989	139.5	117.7	79.8	36.5	15.1	9.0		6.7	5.7
1990	179.2	154.2	84.8	44.7	18.1	11.7		6.9	5.7
1991—1995	**2175.0**	**1748.7**	**808.7**	**567.9**	**186.2**	**134.7**	**215.3**	**24.8**	**19.3**
1991	192.0	165.0	86.8	52.4	20.2	14.6		6.8	6.4
1992	266.0	230.1	114.9	79.2	27.3	19.8		8.6	7.4
1993	410.4	340.1	157.1	116.1	37.4	28.8	30.9	2.0	1.2
1994	648.8	514.8	229.2	179.2	44.6	33.6	86.3	3.1	2.0
1995	841.5	514.2	220.7	141.0	59.2	37.9	263.8	4.3	2.3
1996	876.9	545.7	241.8	156.4	57.6	41.1	268.8	4.8	2.5

年　份	固定资产投资来源					固定资产投资					
	国家预算内投资	国内贷款	利用外资	自筹投资	其他投资	第一产业	第二产业	#工业	#能源工业	第三产业	#运输邮电业
1985	30.4	11.5	5.1	26.4	4.4	1.6	30.0	25.7	1.8	46.2	5.3
1986—1990	**185.0**	**90.2**	**69.0**	**245.7**	**39.5**	**9.4**	**222.5**	**209.1**	**43.1**	**380.6**	**47.6**
1986	33.1	16.9	4.5	37.5	2.6	1.5	41.9	38.8	5.5	51.1	6.6
1987	43.1	19.5	8.8	49.1	5.7	1.6	47.5	44.3	10.0	72.3	9.7
1988	37.4	18.2	22.3	62.3	9.2	2.0	49.8	47.2	9.9	86.9	7.8
1989	35.6	12.8	18.2	44.5	11.9	1.9	39.4	37.0	8.5	81.0	10.0
1990	35.8	22.8	15.2	52.3	10.1	2.4	43.9	41.8	9.2	89.3	13.5
1991—1995	**254.5**	**274.8**	**189.6**	**888.5**	**127.3**	**15.5**	**625.1**	**585.1**	**154.7**	**972.3**	**256.1**
1991	35.5	28.2	13.9	65.5	8.0	2.7	51.8	49.3	11.7	89.8	12.9
1992	42.2	40.1	14.9	109.9	9.6	3.9	83.4	80.2	22.0	113.7	28.4
1993	46.4	71.0	28.0	168.9	35.8	2.1	150.4	134.6	28.2	165.7	51.7
1994	62.5	70.9	87.8	283.7	44.9	3.7	185.8	175.9	40.2	318.4	81.2
1995	67.9	64.6	45.0	260.5	29.0	3.1	153.7	145.1	52.6	284.7	81.9
1996	73.1	71.1	53.8	265.7	39.9	2.8	174.9	167.3	69.8	319.7	99.5

注:1. 全社会固定资产投资来源中,1985 和 1986 年为固定资产投资完成额资金来源分组。

2. 按资金来源和三次产业划分的固定资产投资不含房地产。

附1—9 基本建设投资额

年份	基本建设投资额（万元）	按隶属关系分		按建设性质分			新增固定资产（万元）	固定资产交付使用率（%）
		中央	地方	新建	扩建、改建	其他		
1978	198 908	108 410	90 498				169 148	85.0
1979	234 741	124 132	110 609	107 611	105 561	21 569	212 111	90.4
1980	265 185	139 843	125 342	123 520	135 064	6 601	231 715	87.4
1981—1985	**1 672 352**	**926 161**	**746 191**	**670 739**	**827 830**	**173 783**	**1 421 535**	**85.0**
1981	238 693	130 589	108 104	111 150	121 431	6 112	309 203	129.5
1982	259 866	121 116	138 750	119 196	130 002	10 668	199 313	76.7
1983	271 126	141 087	130 039	93 471	172 287	5 368	236 816	87.3
1984	360 756	210 516	150 240	136 480	161 372	62 904	360 997	100.1
1985	541 911	322 853	219 058	210 442	242 738	88 731	315 206	58.2
1986—1990	**4 000 931**	**2 506 444**	**1494 487**	**1 888 490**	**1 641 503**	**470 938**	**2 662 712**	**66.6**
1986	587 030	358 562	228 468	249 512	254 774	82 744	354 264	60.3
1987	763 286	494 817	268 469	297 042	359 192	107 052	463 887	60.8
1988	926 549	590 549	336 000	454 766	365 721	106 062	455 230	49.1
1989	835 661	521 340	314 321	419 002	323 336	93 323	512 484	61.3
1990	888 405	541 176	347 229	468 168	338 480	81 757	876 847	98.7
1991—1995	**9 314 619**	**5 081 070**	**4 233 549**	**3 940 498**	**4 651 510**	**722 611**	**5 263 959**	**56.5**
1991	902 052	481 844	420 208	390 091	412 787	99 174	779 764	86.4
1992	1 185 313	646 031	539 282	458 089	618 029	109 195	726 984	61.3
1993	1 726 260	934 439	791 821	640 690	962 772	122 798	805 405	46.7
1994	2 851 219	1 329 286	1 521 933	1 340 373	1 306 164	204 682	1 386 866	48.6
1995	2 649 775	1 689 470	960 305	1 111 255	1 351 758	186 762	1 564 940	59.1
1996	3 138 456	1 892 321	1 246 135	1 213 019	1 675 846	249 591	2 625 211	83.6

附1—10 国有单位基本建设投资额

年份	基本建设投资额（亿元）	按隶属关系分		按建设性质分			新增固定资产（万元）	固定资产交付使用率（%）
		中央	地方	新建	扩建、改建	其他		
1981—1985	**160.2**						**132.6**	**82.8**
1981	23.4						24.9	106.4
1982	25.0	12.1	12.9				19.4	77.6
1983	26.4	14.1	12.3				23.2	87.9
1984	34.7	21.0	13.7	13.0	15.9	5.8	35.0	100.9
1985	50.7	32.3	18.4	18.8	23.9	8.0	30.1	59.4
1986—1990	**378.2**	**250.4**	**127.8**	**177.6**	**160.6**	**40.0**	**251.2**	**66.4**
1986	54.2	35.8	18.4	22.7	24.6	6.9	32.9	60.7
1987	71.7	49.5	22.2	26.8	35.5	9.4	43.7	60.9
1988	87.7	58.9	28.8	42.4	36.0	9.3	42.3	48.2
1989	79.8	52.1	27.7	40.1	31.7	8.0	48.3	60.5
1990	84.8	54.1	30.7	45.6	32.8	6.4	84.0	99.1
1991—1995	**808.7**	**480.8**	**327.9**				**457.9**	**56.6**
1991	86.8	48.2	38.6	38.1	40.4	8.3	75.6	87.1
1992	114.9	64.6	50.3	45.2	60.1	9.6	67.4	58.7
1993	157.1	89.7	67.4				53.5	34.1
1994	229.2	125.6	103.6				124.3	54.2
1995	220.7	152.7	68.0				137.1	62.1
1996	241.8	165.8	76.0				229.8	95.0

附1—11　更新改造投资额

年　份	更新改造投资额（万元）	按隶属关系分		按建设性质分			新　增固定资产（万元）	固定资产交付使用率（%）
		中　央	地　方	新　建	扩建、改建	其　他		
1980	66 542						48 089	72.3
1981－1985	**671 784**						**479 560**	**71.4**
1981	75 545						56 527	74.8
1982	84 818	16 044	68 774				63 785	75.2
1983	114 327	26 087	88 240				88 582	77.5
1984	161 276	35 069	126 207	3 354	138 963	18 959	110 265	68.4
1985	235 818	44 706	191 112	14 281	208 010	13 527	160 401	68.0
1986－1990	**2 123 897**	**331 964**	**1 791 933**	**133 715**	**1 710 681**	**279 501**	**1 511 075**	**71.1**
1986	358 357	57 582	300 775	26 619	289 075	42 663	230 940	64.4
1987	450 629	79 105	371 524	11 550	386 744	52 335	335 159	74.4
1988	460 025	66 340	393 685	29 480	366 311	64 234	317 796	69.1
1989	386 827	58 418	328 409	26 969	307 067	52 791	283 194	73.2
1990	468 059	70 519	397 540	39 097	361 484	67 478	343 986	52.1
1991－1995	**6 178 916**	**1 888 982**	**4 289 934**	**237 180**	**5 256 320**	**685 416**	**4 378 783**	**70.9**
1991	541 624	86 149	455 475	11 578	460 759	69 287	448 861	82.9
1992	824 518	169 979	654 539	17 901	564 200	242 417	600 487	72.8
1993	1 218 170	367 869	850 301	33 269	1 092 674	92 227	687 026	56.4
1994	2 022 193	669 408	1 352 785	36 723	1 855 312	130 158	1 625 303	80.4
1995	1 572 441	595 577	976 834	137 709	1 283 375	151 327	1 017 106	64.7
1996	1 680 479	636 918	1 043 561	222 645	1 318 904	138 930	1 553 521	92.4

附1—12　国有单位更新改造投资额

年　份	更新改造投资额（亿元）	按隶属关系分		按建设性质分			新　增固定资产（万元）	固定资产交付使用率（%）
		中　央	地　方	新建	扩建、改建	其他		
1981－1985	**62.5**						**44.7**	**71.5**
1981	6.8						5.3	77.9
1982	7.9	1.6	6.3				5.9	74.7
1983	10.8	2.6	8.2				8.1	75.0
1984	15.3	3.5	11.8	0.3	13.2	1.8	10.3	67.3
1985	21.7	4.5	17.2	1.3	19.3	1.1	15.1	69.6
1986－1990	**201.3**	**33.2**	**168.1**	**12.8**	**163.1**	**25.4**	**143.2**	**71.1**
1986	33.4	5.7	27.7	2.4	27.1	3.9	21.9	65.6
1987	43.1	7.9	35.2	1.1	37.1	4.9	32.1	74.5
1988	43.6	6.6	37.0	2.8	34.9	5.9	29.5	67.7
1989	36.5	5.9	30.6	2.6	29.2	4.7	26.8	73.4
1990	44.7	7.1	37.6	3.9	34.8	6.0	32.9	73.6
1991－1995	**567.9**	**185.1**	**382.8**				**418.3**	**73.7**
1991	52.4	8.6	43.8	1.2	44.9	6.3	43.1	82.3
1992	79.2	17.0	62.2	1.8	70.5	6.9	57.8	73.0
1993	116.1	36.3	79.8				66.7	57.5
1994	179.2	65.9	113.3				154.9	86.4
1995	141.0	57.3	83.7				95.8	67.9
1996	156.4	61.8	94.6				138.4	88.5

附1—13 房地产投资额

年　份	投资总额（亿元）	商品房屋施工面积（万平方米）	#本年新开工面积	商品房屋竣工面积（万平方米）	商品房销售建筑面积（万平方米）
1990	22.54				
1991—1995	**568.38**	**7 575.7**	**3 095.6**	**2 057.5**	**998.1**
1991	23.95	802.7	302.5	270.9	153.1
1992	33.70	1 012.1	486.7	321.4	319.1
1993	58.39	1 263.4	524.8	356.5	165.4
1994	99.54	1 687.3	769.4	455.7	168.6
1995	352.8	2 810.2	1 012.2	653.0	191.9
1996	328.2	2 824.6	578.7	663.4	215.3

附1—14 地方财政收支额

单位:亿元

年　份	地方财政收入	#各项税收	地方财政支出	#基本建设	#农业生产和农业事业费	#文教科卫事业费	#教育事业费	#科研事业费
1978	50.46	18.25	20.38	10.89	0.84	2.43	1.46	0.22
1979	47.75	19.41	20.06	10.07	0.86	2.94	1.77	0.24
1980	51.29	21.22	14.87	5.65	0.75	3.22	1.93	0.26
1981—1985	**234.28**	**149.21**	**111.39**	**39.75**	**4.68**	**24.82**	**14.04**	**1.64**
1981	49.12	22.47	14.85	5.95	0.71	3.65	2.15	0.29
1982	47.25	24.40	16.80	6.44	0.80	4.17	2.37	0.27
1983	39.84	26.45	19.61	6.47	0.83	4.63	2.65	0.36
1984	45.62	31.49	27.15	10.06	1.12	5.53	3.00	0.37
1985	52.44	44.40	32.99	10.83	1.23	6.84	3.87	0.37
1986—1990	**337.75**	**335.42**	**273.53**	**55.78**	**12.72**	**59.37**	**30.49**	**2.99**
1986	60.34	49.82	44.27	11.22	1.57	8.20	4.45	0.49
1987	63.62	55.16	49.67	10.47	1.91	9.21	4.79	0.58
1988	68.11	67.27	52.93	10.53	2.88	11.46	6.04	0.58
1989	71.05	79.30	59.50	11.70	3.15	13.67	7.00	0.57
1990	74.54	83.87	67.15	11.86	3.21	16.82	8.20	0.76
1991—1995	**161.28**	**586.35**	**477.82**	**51.06**	**22.73**	**131.96**	**73.30**	**7.36**
1991	78.32	92.03	69.28	9.35	3.67	17.58	9.41	1.01
1992	81.65	104.14	72.80	8.57	3.98	19.72	10.56	1.10
1993	86.20	134.77	82.81	10.35	4.33	24.08	13.10	1.30
1994	99.85	107.48	98.53	9.37	4.93	29.81	17.22	1.62
1995	115.26	145.94	154.40	13.43	5.83	40.67	23.01	2.34
1996	150.90	179.29	187.45	21.66	7.42	51.66	29.57	2.94

附 1—15　国家银行各项存款年末余额

单位:万元

年　份	合　计	企业存款	财政存款	机关团体存　款	城镇储蓄存　款	农村存款	其他存款
1978	1 146 580	527 922	40 273	53 236	389 409	88 991	46 749
1979	1 390 517	649 013	49 342	66 682	463 723	104 400	57 357
1980	1 679 891	834 102	71 486	566 547	133 710	67 679	6 767
1981	2 204 737	1 131 870	65 544	750 606	157 369	89 070	10 278
1982	2 792 318	1 432 034	87 904	974 105	191 882	105 168	1 225
1983	3 212 851	1 660 027	85 297	1 087 862	251 065	128 364	236
1984	3 855 220	2 254 153	129 052	927 955	321 447	122 081	532
1985	4 109 535	2 454 797	182 064	890 667	422 447	137 390	22 170
1986	5 087 562	3 116 297	165 906	1 027 730	556 249	179 889	41 491
1987	6 107 619	3 555 956	150 093	1 335 385	751 854	205 995	108 336
1988	6 099 142	3 328 559	97 147	1 180 338	905 519	295 712	291 857
1989	7 176 132	3 709 770	259 761	1 218 831	1 337 629	317 000	313 142
1990	8 689 227	4 293 690	290 365	1 503 878	1 879 081	297 212	425 001
1991	11 060 952	5 484 293	333 025	1 879 611	2 498 786	367 665	497 572
1992	13 095 965	7 005 468	112 779	1 422 621	3 282 099	534 536	738 462
1993	16 492 164	8 351 199	142 235	1 551 093	4 824 810	804 791	818 036
1994	23 111 169	10 377 956	227 561	2 004 247	7 414 350	932 779	2 107 852
1995	30 541 198	16 074 288	359 667	2 116 841	11 034 549	184 283	771 572
1996	37 818 707	19 705 705	483 317	2 364 532	15 060 889	199 136	5 128

附 1—16　国家银行各项贷款年末余额

单位:万元

年　份	合　计	工业生产企业贷款	商　业企业贷款	建　筑企业贷款	农业贷款	固定资产贷　款	其　他贷　款	短　期贷　款	中长期贷　款
1978	539 078	214 352	319 239		5 481	3			
1979	742 332	216 791	475 507		6 133	43 907			
1980	873 420	252 528	495 423	2 198	7 442	110 685	5 144		
1981	912 591	265 718	517 190	3 624	9 642	102 540	14 877		
1982	1 090 686	346 081	522 596	10 508	9 479	178 107	23 915		
1983	1 494 770	687 371	552 268	21 486	14 350	189 486	29 801		
1984	1 933 724	774 286	646 218	76 085	55 606	304 220	77 215		
1985	2 534 647	926 420	697 008	90 789	61 870	428 020	168 950		
1986	3 127 010	1 126 873	814 253	109 423	96 030	528 287	292 902		
1987	3 623 937	1 237 457	896 170	120 812	126 462	608 207	479 881		
1988	4 157 237	1 401 628	1 133 718	162 539	72 292	753 177	431 624		
1989	4 870 606	1 740 436	1 407 018	175 324	99 980	776 477	424 703		
1990	5 526 782	2 113 813	1 613 340		147 878	946 906	420 594	4 159 282	946 906
1991	6 326 887	2 407 065	1 810 436		193 636	1 159 300	443 253	4 724 335	1 159 301
1992	7 304 636	2 662 278	2 091 350		232 829	1 473 004	505 942	5 325 684	1 473 004
1993	9 715 379	3 372 431	2 519 224		271 067	2 344 437	657 231	6 713 712	2 344 437
1994	10 703 251	3 887 403	1 954 192		274 209	3 124 624	336 201	7 155 394	3 124 624
1995	15 605 875	4 643 921	3 592 487		339 788	3 563 697	1 001 939	10 159 790	3 563 697
1996	18 096 848	5 747 916	4 327 060	483 578	386 784	3 918 864	3 232 646	12 463 119	3 918 864

附1—17　各种物价总指数

年　份	商品零售价格总指数(上年＝100)	居民消费价格总指数(上年＝100)	农副产品收购价格总指数(上年＝100)	农业生产资料价格指数(上年＝100)	商品零售价格总指数(1978＝100)	居民消费价格总指数(1978＝100)	农副产品收购价格总指数(1978＝100)	农业生产资料价格指数(1978＝100)
1978					100.0	100.0	100.0	100.0
1979	101.8	101.8	109.5	100.0	101.5	101.4	109.5	100.0
1980	106.7	106.0	105.5	100.2	108.6	107.9	115.5	100.3
1981	101.4	101.3	109.4	100.1	110.2	109.2	126.4	100.3
1982	102.0	101.8	101.9	100.1	112.3	111.2	128.7	100.4
1983	100.6	100.5	101.8	101.6	113.0	111.8	131.0	102.0
1984	102.1	102.2	102.3	109.7	115.4	114.2	133.9	111.9
1985	118.6	117.6	117.6	100.9	136.8	134.4	157.5	112.9
1986	106.7	106.8	108.1	102.7	145.9	143.5	170.3	115.9
1987	108.7	108.6	116.1	110.8	158.6	155.8	197.6	128.4
1988	121.9	120.4	123.2	117.6	193.3	187.6	243.4	151.0
1989	118.5	117.2	106.8	121.5	229.1	219.9	260.0	183.5
1990	104.1	105.4	101.9	102.1	238.5	231.8	264.9	187.4
1991	108.5	111.9	101.7	102.5	258.8	259.4	269.4	192.1
1992	108.3	109.9	102.4	103.6	280.3	285.1	275.9	199.0
1993	116.9	119.0	107.0	109.1	327.7	339.3	295.2	217.1
1994	117.9	124.9	133.4	120.1	386.4	423.8	393.8	260.7
1995	112.6	117.3	130.6	133.2	435.1	497.1	514.3	347.3
1996	107.3	111.6	101.5	106.8	466.9	554.8	522.0	370.9

附1—18 职工工资总额和保险福利费

年份	职工工资总额（亿元）	国有经济单位	城镇集体经济单位	其他经济单位	职工保险福利费用总额（亿元）	国有经济单位	城镇集体经济单位	其他经济单位
1978	18.7	16.2	2.5		2.6	2.6		
1979	22.4	19.4	3.0		3.1	3.1		
1980	26.9	23.3	3.6		4.3	4.3		
1981—1985	**183.7**	**153.7**	**29.6**	**0.4**	**39.5**	**39.5**		
1981	28.3	24.2	4.1		5.2	5.2		
1982	30.5	25.9	4.6		5.8	5.8		
1983	33.8	28.5	5.3		7.7	7.7		
1984	40.4	33.7	6.6	0.1	9.3	9.3		
1985	50.7	41.4	9.0	0.3	11.5	11.5		
1986—1990	**421.1**	**349.7**	**64.4**	**7.0**	**95.7**	**91.5**		
1986	58.0	48.5	9.1	0.4	13.9	13.9		
1987	66.7	56.0	10.1	0.6	17.0	17.0		
1988	81.2	68.1	12.1	1.0	24.3	24.3		
1989	96.3	81.0	13.4	1.9	19.5	17.4	1.8	0.3
1990	118.9	96.1	19.7	3.1	21.0	18.9	1.8	0.3
1991—1995	**1 198.1**	**950.3**	**156.6**	**91.2**	**156.0**	**138.9**	**10.9**	**6.2**
1991	132.2	106.1	21.5	4.6	25.3	22.6	2.1	0.6
1992	158.5	128.6	23.9	6.0	30.6	27.4	2.4	0.8
1993	218.9	176.6	28.5	13.8	36.0	32.2	2.5	1.3
1994	306.5	243.4	36.2	26.9	30.4	27.0	1.9	1.5
1995	382.0	295.6	46.5	39.9	33.7	29.7	2.0	2.0
1996	442.4	339.4	46.2	56.8	37.3	31.7	2.8	2.8

附1—19 职工平均工资及指数

年份	职工平均工资（元）	国有经济单位	城镇集体经济单位	其他经济单位	职工实际工资指数（1978=100）	国有经济单位	城镇集体经济单位	其他经济单位
1978	673	703	471		100	100	100	100
1979	742	778	556		108.3	108.7	116.0	
1980	848	889	635		116.8	117.3	125.0	
1981	837	880	685		113.9	114.6	133.1	
1982	863	896	715		115.3	114.6	136.5	
1983	931	964	785		123.7	122.6	149.0	
1984	1 086	1 127	946	1 170	141.3	140.3	175.8	
1985	1 343	1 367	1 231	1 768	148.5	144.7	194.5	112.5
1986	1 488	1 530	1 287	2 080	154.1	151.7	190.4	123.9
1987	1 670	1 712	1 449	2 267	159.3	156.3	197.5	124.4
1988	2 000	2 048	1 738	2 661	158.4	155.3	196.7	121.2
1989	2 312	2 366	1 992	2 761	156.2	153.1	192.3	107.3
1990	2 653	2 713	2 334	3 243	170.1	166.5	213.8	119.6
1991	2 877	2 937	2 504	3 713	164.8	161.1	205.0	122.3
1992	3 402	3 500	2 828	4 289	177.3	174.6	210.6	128.6
1993	4 780	4 920	3 834	5 469	209.3	206.3	239.9	137.8
1994	6 540	6 695	5 009	8 179	229.3	224.7	250.9	165.0
1995	8 144	8 237	6 516	10 278	243.4	235.7	278.3	176.7
1996	9 579	9 645	7 133	13 851	256.5	247.3	273.0	213.4

附 1—20 居民生活

年 份	城镇居民家庭平均每人每年(元)					农村居民家庭平均每人每年(元)				
	全部收入	生活费收入	生活费收入指数(1978=100)	生活消费支出	#食品	纯收入	纯收入指数(1978=100)	总支出	生活消费支出	#食品
1978	450.18	365.40	100.00	359.86	211.19	225	100.0	219	185	117
1979	491.54	414.95	111.57	408.66	236.73	250	110.9	235	205	131
1980	599.40	501.36	127.21	490.44	270.96	308	135.4	290	257	139
1981	619.57	514.14	128.79	511.43	295.05	361	158.5	351	307	159
1982	668.06	561.05	138.04	534.82	317.57	430	186.1	411	346	180
1983	716.60	590.47	144.48	574.06	337.74	519	225.1	499	384	193
1984	837.65	693.70	166.13	666.75	379.12	664	282.9	559	435	222
1985	1 158.84	907.72	134.83	923.32	466.92	775	324.0	726	510	240
1986	1 317.33	1 067.52	203.52	1 067.38	543.36	823	335.6	857	645	292
1987	1 413.24	1 181.87	207.47	1 147.60	605.04	916	357.4	943	706	341
1988	1 767.67	1 436.97	209.33	1 455.55	743.37	1 063	368.8	1 246	883	408
1989	1 899.57	1 787.08	198.51	1 520.41	841.30	1 231	376.8	1 356	976	484
1990	2 067.33	1 787.08	210.82	1 646.05	892.17	1 297	384.8	1 372	981	497
1991	2 359.88	2 040.43	215.25	1 860.17	1 016.80	1 422	391.3	1 585	1 100	537
1992	2 813.10	2 363.68	226.87	2 134.65	1 126.27	1 569	399.4	1 684	1 179	574
1993	3 935.39	3 296.04	265.89	2 939.60	1 404.66	1 855	419.8	1 714	1 309	612
1994	5 585.88	4 731.24	305.51	4 134.12	1 919.04	2 422	457.8	2 175	1 676	825
1995	6 748.68	5 868.36	322.92	5 019.76	2 436.48	3 224	486.9	3 080	2 433	1 206
1996	7 945.78	6 885.48	378.89	5 729.45	2 671.49	3 580	540.7		2 656	1 233

年 份	每一城镇就业者负担人数(人)	每一农村劳动力负担人数(人)	城市人均居住面积(平方米)	农村人均住房面积(平方米)	城乡储蓄存款余额(亿元)	城镇储蓄	农户储蓄	人均储蓄(元)
1978	1.86	2.15	4.55	9.25	9.33	8.90	0.43	107.09
1979	1.83	2.16	4.57	9.67	11.07	10.44	0.63	123.04
1980	1.80	2.13	4.79	10.09	14.39	13.33	1.06	159.20
1981	1.72	2.13	5.08	12.35	17.39	15.74	1.65	189.23
1982	1.66	1.97	5.38	13.01	21.77	19.19	2.58	232.55
1983	1.65	1.82	5.68	14.09	29.81	25.11	4.70	312.49
1984	1.63	1.79	5.92	14.08	38.82	32.14	6.67	401.42
1985	1.66	1.64	6.17	16.37	51.70	42.24	9.45	522.70
1986	1.66	1.66	6.46	17.17	68.58	55.62	12.95	664.52
1987	1.65	1.64	6.82	18.38	92.98	75.19	17.79	871.38
1988	1.71	1.63	7.17	19.23	111.64	90.55	21.09	1 032.98
1989	1.52	1.62	7.45	20.09	162.01	133.75	28.26	1 597.76
1990	1.52	1.61	7.72	20.62	226.62	188.03	38.59	2 208.73
1991	1.43	1.59	8.01	21.92	298.18	249.88	48.30	2 878.21
1992	1.42	1.58	8.31	22.67	387.82	328.21	59.61	3 721.93
1993	1.42	1.51	8.51	23.70	560.66	482.48	78.18	5 349.78
1994	1.41	1.49	8.73	24.42	853.21	745.88	107.33	8 079.62
1995	1.41	1.47	8.87	24.74	1 253.95	1 111.50	142.46	11 757.61
1996	1.41	1.45	9.17	25.74	1 706.98	1 528.41	178.56	15 839.09

附1－21 城镇居民家庭平均每百户主要耐用消费品拥有量

年份	自行车（辆）	录放像机（台）	淋浴热水器（台）	洗衣机（台）	彩色电视机（台）	黑白电视机（台）	收录机（台）	电冰箱（台）	照相机（架）
1978	135.8					19.2	0.6		7.5
1979	145.7			0.1		41.8	2.4		9.8
1980	150.9			1.9		65.8	9.5	0.3	11.4
1981	153.8			12.3	1.7	80.0	20.0	1.7	13.3
1982	166.5			18.8	1.7	84.8	28.0	2.7	17.2
1983	175.8			28.7	4.3	86.6	40.5	7.0	20.6
1984	183.0			42.3	8.0	86.5	51.5	15.3	29.1
1985	177.0			57.5	32.2	80.7	70.3	41.9	34.6
1986	193.9			75.9	50.9	69.2	80.1	61.5	47.4
1987	210.2			82.6	57.5	70.5	87.0	71.8	55.5
1988	193.7			86.0	69.7	57.8	91.8	81.2	59.6
1989	233.0	10.1		89.7	80.5	55.4	95.5	89.4	62.2
1990	228.3	19.9		93.2	90.9	51.2	99.6	96.4	66.5
1991	233.8	28.4		93.0	97.1	44.0	100.0	101.7	72.7
1992	229.2	41.7	17.0	96.1	101.4	39.5	104.1	101.3	77.2
1993	243.2	45.6	23.2	99.8	107.2	39.2	113.0	100.8	82.4
1994	246.8	49.8	38.8	102.8	111.8	37.4	107.8	104.4	85.4
1995	243.6	54.2	45.4	100.4	113.6	33.8	110.2	104.4	86.8
1996	249.0	57.8	52.0	101.4	119.2		113.8	105.4	87.2

附1－22 农民家庭平均每百户主要耐用消费品拥有量

年份	自行车（辆）	缝纫机（架）	手表（只）	黑白电视机（台）	彩色电视机（台）	录音机（台）	照相机（架）	电风扇（台）	洗衣机（台）	电冰箱（台）
1978	109	36	46							
1979	98	32	67	1						
1980	123	39	103	5						
1981	135	46	136	14						
1982	141	50	169	33		2		11	2	
1983	167	55	192	41		7		17	6	
1984	187	58	211	57		14		28	15	1
1985	182	57	201	53	7	21	2	32	23	2
1986	191	56	211	59	12	28	4	42	39	5
1987	204	60	226	63	15	34	5	52	48	9
1988	218	61	231	66	20	41	7	61	56	14
1989	224	63	232	66	25	47	8	67	61	19
1990	235	65	243	65	29	47	8	73	63	23
1991	232	63	217	58	42	48	11	84	69	36
1992	245	64	229	60	46	50	14	92	73	40
1993	249	68	223	56	56	53	15	98	76	47
1994	254	69	239	54	65	59	17	109	80	53
1995	251	67	214	46	74	56	21	115	81	63
1996	250	68	217	44	79	58	21	117	83	67

附1—23 农业基本情况

年 份	农林牧渔业劳动力（万人）	年末实有耕地面积（万公顷）	当年减少耕地面积（万公顷）	播种面积（万公顷）	#粮食作物	#经济作物	造林面积（万公顷）	受灾面积（万公顷）	成灾面积（万公顷）
1978	117.7	42.9	0.3	69.1	56.1	4.9	1.4		
1979	115.5	42.7	0.2	67.7	56.0	3.7	1.6		
1980	113.3	42.6	0.1	65.7	54.9	3.3	2.4		
1981	112.6	42.5	0.1	64.3	53.0	3.2	2.7		
1982	110.1	42.4	0.1	64.2	52.7	2.9	2.8		
1983	112.2	42.3	0.1	63.8	53.0	2.8	3.3	16.2	8.9
1984	101.1	42.2	0.1	63.3	52.3	2.7	3.2	18.0	14.0
1985	90.3	42.1	0.1	61.8	51.1	2.9	3.0	14.0	8.0
1986	86.1	41.9	0.2	60.5	49.9	2.4	1.4	7.0	3.0
1987	84.6	41.8	0.1	59.8	49.5	2.0	2.0	3.0	1.0
1988	80.9	41.6	0.2	59.5	48.8	1.9	1.6	11.0	5.0
1989	83.4	41.4	0.2	58.9	48.3	1.6	0.8	21.0	9.0
1990	82.5	41.3	0.1	59.0	48.4	1.6	4.1	17.8	8.7
1991	80.3	41.1	0.2	59.0	48.3	1.7	1.5	16.9	7.7
1992	74.6	40.9	0.2	58.6	47.7	1.7	1.5	3.8	0.8
1993	72.5	40.6	0.3	56.5	45.6	1.8	4.8	11.9	5.3
1994	68.7	40.2	0.4	55.1	43.0	1.7	5.5	19.3	4.6
1995	65.5	34.7	0.3	55.3	43.4	1.5	4.7	12.1	3.7
1996	66.9	34.4	0.3	53.8	42.7	1.4	4.0		

注：1995、1996年耕地面积由市土地局提供。

附1—24 农业生产条件

年 份	农用机械总动力（万千瓦）	农用大中型拖拉机（台）	小型拖拉机（台）	灌溉面积（千公顷）	化肥施用量（万吨）	农村用电量（万千瓦小时）	农村居民家庭每户生产性固定资产（元）	每公顷面积产量（公斤）		
								粮 食	棉 花	油 料
1978	127.7	5 568	23 412	341.7	1.4	58 802	5.0	3 315	255	788
1979	212.2	6 496	24 724	340.8	1.3	59 531	6.5	3 090	278	855
1980	234.6	7 705	24 912	340.3	1.2	76 753	8.0	3 390	443	1 118
1981	244.8	8 284	23 465	341.3	1.1	91 843	10.9	3 413	338	810
1982	242.2	9 032	22 843	339.3	1.2	96 960	22.3	3 518	503	953
1983	262.1	9 855	22 652	343.3	1.2	104 608	95.3	3 803	593	1 065
1984	291.3	10 859	26 563	342.7	1.1	119 287	163.0	4 155	900	1 500
1985	320.4	11 319	32 036	338.4	8.2	126 830	394.3	4 298	848	1 928
1986	345.5	11 664	34 016	337.9	9.1	180 640	419.2	4 335	735	1 530
1987	388.4	12 170	37 319	329.9	10.0	159 450	444.0	4 590	908	2 085
1988	399.7	12 596	38 873	328.2	10.6	163 986	549.7	4 800	810	2 055
1989	423.9	12 344	39 519	326.9	11.8	128 414	543.3	4 950	960	2 220
1990	416.2	12 844	37 654	328.6	14.4	122 711	595.6	5 460	1 035	2 565
1991	384.8	12 906	44 610	328.7	14.4	111 347	700.4	5 787	885	2 685
1992	399.8	12 752	44 525	331.1	14.4	143 963	844.9	5 907	1 051	2 760
1993	450.5	12 701	44 200	314.7	14.9	169 911	951.6	6 236	1 043	3 009
1994	459.2	12 475	44 500	323.4	19.8	172 042	2 194.6	6 420	910	3 051
1995	468.1	12 228	42 100	292.4	18.8	201 731	2 776.5	5 985	825	2 794
1996	468.4	12 272	38 200	301.9	18.9	275 871	2 394.2	5 559	924	2 741

注：1. 化肥施用量为折纯量。

2. 农村居民家庭每户生产性固定资产为抽样调查数。

附 1—25　农林牧渔业总产值和指数

年　份	农林牧渔业总产值（亿元）	农　业	林　业	牧　业	渔　业	农林牧渔业总产值指数（1978＝100）	农　业	林　业	牧　业	渔　业
1978	11.5	8.9	0.2	2.4	0.01	100.0	100.0	100.0	100.0	100.0
1979	12.3	8.8	0.2	3.3	0.02	99.1	95.8	87.5	108.5	200.0
1980	14.2	9.7	0.5	3.9	0.05	101.2	92.9	137.5	122.0	200.0
1981—1985	**98.2**	**63.0**	**4.2**	**30.1**	**0.80**					
1981	14.9	9.7	1.0	4.1	0.05	100.6	92.1	137.5	120.7	200.0
1982	16.7	11.2	0.7	4.7	0.05	108.5	96.3	137.5	140.2	200.0
1983	19.4	12.5	0.8	6.0	0.10	123.6	107.1	150.0	168.3	400.0
1984	21.7	13.9	0.9	6.7	0.20	137.6	120.0	150.0	182.9	600.0
1985	25.5	15.7	0.8	8.6	0.40	146.4	126.3	137.5	198.8	1 200.0
1986—1990	**242.4**	**138.8**	**4.1**	**91.6**	**7.90**					
1986	27.8	16.9	0.8	9.4	0.70	147.0	125.0	125.0	202.4	1 464.4
1987	33.8	19.7	0.8	12.3	1.00	160.0	134.2	137.5	224.4	2 185.4
1988	51.9	30.7	0.9	18.6	1.70	179.4	140.8	125.0	278.0	2 907.4
1989	59.6	33.4	0.7	23.3	2.20	198.2	151.3	112.5	324.4	3 236.8
1990	69.3	38.1	0.9	28.0	2.30	210.3	154.2	125.0	348.8	3 622.8
1991—1995	**567.9**	**291.0**	**11.2**	**244.6**	**21.10**					
1991	75.5	38.6	1.5	32.8	2.60	229.1	164.6	162.5	395.1	4 211.4
1992	83.3	42.0	1.6	36.3	3.40	244.5	172.5	150.0	431.7	5 092.8
1993	100.4	51.1	2.3	42.7	4.30	257.3	183.3	162.5	443.9	5 887.7
1994	144.3	72.5	3.1	64.0	4.70	276.7	193.8	187.5	487.8	6 131.4
1995	164.4	86.8	2.7	68.8	6.10	273.9	195.4	200.0	462.2	7 500.8
1996	168.9	89.1	2.8	71.1	5.84	271.5	190.0	212.5	473.2	7 000.0

注：绝对数按现价计算，指数按可比价计算。

附1—26　主要农业产品产量

年　份	粮食（万吨）	＃谷　物	棉花（万吨）	油料（万吨）	猪牛羊肉（万吨）	禽蛋（万吨）	水产品（万吨）	大牲畜年底头数（万头）	＃役　畜	猪年底头数（万头）
1978	186.0	180.4	0.3	2.6	11.9	0.5	0.2	30.4	21.5	248.3
1979	172.8	168.4	0.1	2.6	13.2	1.0	0.3	29.2	20.4	246.7
1980	186.0	182.2	0.1	3.1	15.1	3.4	0.4	27.9	19.3	232.5
1981—1985	**1 004.8**	**984.1**	**1.4**	**13.1**	**70.7**	**44.3**	**4.0**	**119.5**	**89.7**	**927.0**
1981	180.7	177.7	0.1	2.2	14.3	3.7	0.4	26.3	19.2	210.9
1982	185.5	182.5	0.1	2.3	14.1	5.4	0.4	24.9	18.2	206.4
1983	201.5	198.3	0.2	2.1	14.9	8.9	0.6	24.3	18.1	190.3
1984	217.4	211.5	0.6	2.6	13.9	12.2	1.0	22.8	17.6	161.8
1985	219.7	214.1	0.4	3.9	13.5	14.1	1.6	21.2	16.6	157.6
1986—1990	**1 181.9**	**1 154.1**	**1.4**	**15.2**	**77.3**	**103.8**	**18.8**	**115.2**	**82.7**	**805.0**
1986	216.5	211.2	0.2	3.0	13.3	14.7	2.2	21.9	16.6	145.6
1987	227.0	220.9	0.3	3.3	13.0	16.8	3.0	23.1	16.9	120.4
1988	234.6	229.2	0.3	3.0	13.4	21.8	3.9	23.1	16.3	145.3
1989	239.2	233.7	0.3	2.8	17.2	24.7	4.6	23.8	16.6	187.7
1990	264.6	259.1	0.3	3.1	20.4	25.8	5.1	23.3	16.3	206.0
1991—1995	**1 381.6**	**1 349.3**	**1.9**	**17.6**	**138.0**	**139.3**	**34.7**	**130.6**	**61.3**	**1 276.5**
1991	279.7	274.7	0.3	3.3	24.8	25.0	5.6	27.9	15.0	241.7
1992	281.9	276.7	0.5	3.4	27.3	26.5	6.4	26.9	13.6	269.1
1993	284.1	278.2	0.4	3.8	28.2	28.1	7.0	26.2	12.8	252.2
1994	276.1	267.0	0.4	3.8	30.7	31.2	7.6	26.7	10.9	260.1
1995	259.8	252.7	0.3	3.3	27.0	28.5	8.1	22.9	9.0	253.4
1996	237.4	231.8	0.3	3.0	27.6	24.7	7.8	20.5	7.4	240.0

附1—27　每一农林牧渔业从业者农业生产量

年　份	农林牧渔业总产值（元）	粮　食（公斤）	＃谷　物	棉　花（公斤）	油　料（公斤）	猪牛羊肉（公斤）	禽蛋（公斤）	水产品（公斤）
1978	977.9	1 580.1	1 529.3	2.9	22.2	101.1	4.6	1.5
1979	1 066.7	1 496.2	1 458.3	0.6	22.2	114.0	8.5	2.4
1980	1 248.9	1 641.7	1 608.1	0.8	27.3	133.2	29.6	3.6
1981	1 318.8	1 604.4	1 577.7	0.6	19.8	127.1	32.7	3.8
1982	1 512.3	1 684.6	1 657.5	0.9	20.7	128.3	51.1	3.4
1983	1 729.1	1 795.8	1 767.1	1.8	18.3	132.6	79.2	4.9
1984	2 146.4	2 150.0	2 092.4	5.6	26.2	137.5	120.9	10.0
1985	2 823.9	2 432.5	2 370.5	4.8	43.6	149.3	156.1	17.6
1986	3 228.8	2 514.2	2 453.3	2.5	35.4	155.0	170.6	25.6
1987	3 995.3	2 683.3	2 610.9	3.1	38.7	153.1	198.4	35.5
1988	6 115.3	2 900.0	2 833.6	3.4	37.0	166.0	269.1	48.2
1989	7 146.3	2 868.5	2 801.6	3.1	34.1	205.8	296.3	55.2
1990	8 400.0	3 207.5	3 140.5	4.2	37.5	247.0	312.4	61.9
1991	9 402.2	3 483.3	3 421.0	4.3	40.9	309.1	311.5	69.4
1992	11 166.2	3 779.2	3 708.9	6.5	45.6	366.5	355.1	86.0
1993	13 848.3	3 917.4	3 837.8	5.9	52.2	389.1	387.7	96.9
1994	21 004.4	4 019.6	3 886.2	5.4	55.2	447.4	453.8	111.1
1995	25 099.2	3 965.8	3 858.3	4.2	50.2	412.0	435.7	122.9
1996	25 232.6	3 545.7	3 465.4	3.8	44.0	411.6	368.8	117.0

附1—28 工业总产值

单位:亿元

年份	工业总产值	#国有工业	#集体工业	#乡及乡以上			
					轻工业	重工业	#大中型工业
1984	276.20	217.27	54.14	276.20	117.99	158.22	178.66
1985	324.19	248.48	69.43	324.19	135.75	188.44	213.73
1986—1990	**2 618.45**	**1 491.40**	**516.39**	**2 521.45**	**1 070.73**	**1 450.73**	**1 741.65**
1986	344.95	268.20	68.80	344.95	144.34	200.61	237.43
1987	399.09	305.99	81.08	399.09	164.80	234.29	280.16
1988	508.69		104.06	508.69	218.16	290.53	354.45
1989	622.37	450.88	134.46	622.37	272.66	349.71	421.68
1990	743.35	466.33	127.99	646.35	270.77	375.59	447.93
1991—1995	**7 139.52**	**3 885.77**	**1 026.49**	**6 254.50**	**2 111.52**	**4 142.97**	**3 957.25**
1991	880.79	527.78	146.53	757.05	309.08	447.96	526.02
1992	1 085.37	627.84	170.07	915.50	326.31	589.19	625.27
1993	1 513.59	797.13	227.78	1 242.56	385.44	857.12	796.27
1994	1 721.13	906.56	243.61	1 605.41	541.09	1 064.32	915.45
1995	1 938.64	1 026.46	238.50	1 733.98	549.60	1 184.38	1 094.24
1996	1 853.34	887.0	277.38	1 632.17	522.43	1 109.74	987.48

注:1996 年总产值按现价新规定计算。

附1—29 工业总产值指数

(1978 年=100)

年份	工业总产值	#国有工业	#集体工业	#乡及乡以上			
					轻工业	重工业	#大中型工业
1978	100.0	100.0	100.0	100.0	100.0	100.0	100.0
1979	110.5	110.1	112.1	110.9	113.1	109.1	110.9
1980	121.3	118.6	134.3	122.0	134.9	113.9	118.5
1981—1985							
1981	112.1	109.2	124.8	123.8	149.0	92.1	108.8
1982	118.4	115.1	132.0	130.7	153.9	99.1	120.9
1983	129.7	124.6	152.1	143.2	165.8	110.2	135.9
1984	145.9	135.9	182.3	161.0	181.7	126.4	157.3
1985	159.2	144.8	214.3	175.8	197.4	138.4	178.7
1986—1990							
1986	166.6	152.7	216.3	183.9	207.2	144.6	190.3
1987	184.9	166.9	248.1	204.2	225.2	163.1	214.6
1988	216.6	189.2	301.6	239.1	270.5	187.3	246.6
1989	232.2	197.2	333.0	256.3	290.4	200.5	257.0
1990	257.0	310.0	421.4	394.2	423.9	320.7	419.7
1991—1995							
1991	398.1	331.1	475.6	439.5	462.8	362.9	464.8
1992	454.8	362.5	547.1	502.2	480.3	441.0	514.7
1993	516.1	399.5	651.4	608.0	568.1	541.3	491.4
1994	532.2	386.7	657.1	653.3	705.9	621.9	554.5
1995	569.5	417.4	665.9	726.0	586.9	696.0	666.3
1996	624.7	433.1	840.0	792.7	634.3	763.5	682.8

注:指数按可比价计算。(下表同)

附1—30 工业总产值指数

（上年＝100）

年 份	工业总产值	＃国有工业	＃集体工业	＃乡及乡以上	轻工业	重工业	＃大中型工业
1978	111.5	114.5	112.5	111.5	110.7	116.1	100.0
1979	111.2	110.1	112.1	110.9	113.1	109.1	110.9
1980	110.4	107.6	119.7	110.0	119.3	104.5	106.9
1981	101.8	101.7	104.1	101.5	114.5	93.4	102.7
1982	106.1	105.6	105.8	105.6	103.3	107.6	111.2
1983	111.0	108.3	115.2	109.6	107.7	111.2	112.4
1984	113.8	109.1	119.9	112.4	109.6	114.7	115.7
1985	110.8	106.5	117.6	109.1	108.6	109.5	113.6
1986	105.9	105.5	100.9	104.6	104.9	104.4	106.5
1987	113.4	109.3	114.7	111.0	108.7	112.8	112.7
1988	121.1	113.3	121.6	117.1	120.1	114.8	114.9
1989	109.0	197.2	110.4	107.2	107.4	107.1	104.2
1990	106.1	100.0	106.2	105.1	103.7	106.2	104.0
1991	113.5	106.8	112.9	111.5	109.2	113.2	110.7
1992	118.0	109.5	115.0	114.3	103.8	121.5	110.7
1993	122.3	110.2	126.6	121.1	118.3	122.7	104.4
1994	104.2	96.8	100.9	107.4	107.0	107.7	103.2
1995	107.0	107.9	101.3	111.1	96.5	119.4	120.2
1996	109.9	103.8	126.1	109.2	108.1	109.7	102.5

附1—31 独立核算工业企业主要指标

年 份	平均职工人数（万人）	总产值（万元）	固定资产原价（万元）	产品销售收入（万元）	利税总额（万元）	国有工业				
						平均职工人数（万人）	总产值（万元）	固定资产原价（万元）	产品销售收入（万元）	利税总额（万元）
1978	114.79	1654593	1305271	1098279		89.09	1397086	1211739	919313	435095
1979	116.79	1843056	1371335	1186497		92.30	1543621	1262408	984888	
1980	140.91	2061664	1495083	1987967	604241	95.36	1394298	1366890	1647908	520978
1981—1985		**12511777**	**9642045**	**12561630**	**3383077**		**9940322**	**8614039**	**10117128**	**2852798**
1981	152.90	2105591	1622035	2054862	599452	103.70	1716072	1474519	1693086	518716
1982	158.70	2205469	1750727	2183458	604372	107.61	1794192	1581902	1796342	521452
1983	161.98	2389253	1886857	2408893	642437	109.35	1918673	1693586	1961803	545140
1984	165.50	2702857	2045344	2728866	707360	109.48	2117273	1812660	2179349	589607
1985	165.63	3108607	2337082	3185551	829456	110.19	2394112	2051372	2486548	677883
1986—1990		**24483553**	**17321757**	**24054442**	**4825016**		**17108076**	**14798805**	**18384654**	**3925489**
1986	169.85	3365481	2627346	3385055	813979	111.54	2601751	2281006	2659067	676895
1987	170.52	3875977	3008917	3935004	885303	112.63	1970928	2604582	3065446	732447
1988	170.54	4956478	3412765	5032042	1081370	112.84	3695388	2949027	3835082	882479
1989	170.90	6020640	3800367	5507820	1087017	121.20	4352862	3294245	4258859	885038
1990	173.46	6258971	4382462	6104512	957347	115.45	4487147	3669945	4566200	748630
1991—1995		**57607603**	**44341698**	**57731437**	**8051832**		**35547109**	**35600600**	**37861701**	**5876833**
1991	172.39	7302060	5052285	7271529	1106009	112.20	5080426	4210383	5274088	837566
1992	175.48	8600195	5754181	8526860	1347058	116.32	5834134	4757957	6054470	1027279
1993	167.90	11666047	9986886	12822058	1811556	114.59	7598865	8471018	8977254	1379167
1994	179.50	15536585	9648050	13207344	1857476	109.90	8599364	7493956	7815491	1224709
1995	176.16	14502716	13900296	15903646	1929733	107.27	8434320	10667286	9740398	1408112
1996	166.63	15222854	16319878	15801389	1225314	97.72	8366714	12273744	9303959	762024

注：利税总额包括增值税。

附1—32　独立核算工业企业效益指标

年份	百元固定资产实现利税（元）	资金利税率（%）	产值利税率（%）	百元销售收入实现利润（元）	全员劳动生产率（元/人）	国有工业				
						百元固定资产实现利税（元）	资金利税率（%）	产值利税率（%）	百元销售收入实现利润（元）	全员劳动生产率（元/人）
1978				33.76		35.91		31.14	34.71	
1979				34.92					36.24	
1980	40.42	38.5	29.31	22.79		38.11	38.00	20.75	23.65	
1981	36.96	34.7	28.47	21.45		35.18	34.40	30.23	22.53	
1982	34.52	32.6	27.40	20.15		32.96	32.50	29.06	21.16	
1983	34.05	34.8	26.89	19.48		32.19	34.70	28.41	20.27	
1984	34.58	35.3	26.17	18.51		32.53	35.33	27.85	19.24	
1985	35.49	35.47	26.68	17.30		33.05	35.34	28.31	17.68	
1986	30.98	28.13	24.19	15.48		29.68	30.79	26.02	16.11	
1987	29.42	29.98	22.84	14.50		28.12	28.85	24.65	15.21	
1988	31.69	29.98	21.82	13.94		29.92	30.38	23.88	14.64	
1989	27.94	25.03	18.04	11.40		26.87	25.95	20.33	11.79	
1990	21.84	19.21	15.30	8.02		20.40	19.33	16.68	7.72	
1991	21.89	19.50	15.15	8.02		19.89	19.07	16.49	7.70	
1992	23.41	16.46	15.66	8.77		21.59	16.98	17.61	8.92	
1993	18.14	12.37	15.53	8.54	24 364	16.28	12.10	18.15	9.26	20 198
1994	19.25	13.05	11.96	7.28	31 294	16.34	12.78	14.24	7.73	25 144
1995	13.89	9.92	13.31	5.37	26 068	13.20	10.95	16.70	6.32	27 241
1996	9.30	5.41	8.05	2.09	23 445	7.88	5.19	9.11	1.82	19 571

注：全员劳动生产率按工业增加值计算。

附 1—33 工业产品产量

年 份	布（万米）	纱（万吨）	机制纸及纸板（万吨）	合成洗涤剂（万吨）	饮料酒（万吨）	家用电冰箱（万台）	家用洗衣机（万台）	电视机（万台）	#彩色
1978	25 436	5.35	12.10	2.07	8.44			3.87	0.02
1979	27 297	5.78	13.90	2.23	9.86	2.01	0.70	12.52	0.30
1980	28 940	6.45	14.00	2.43	11.62	2.58	5.83	27.97	1.16
1981—1985	**142 080**	**34.54**	**86.90**	**18.94**	**87.27**	**41.55**	**211.73**	**262.28**	**79.47**
1981	28 635	6.83	14.50	2.38	13.35	3.10	18.70	43.01	7.23
1982	29 758	6.89	15.80	2.95	14.88	4.46	32.12	43.39	8.00
1983	30 068	6.90	17.10	3.69	17.44	6.36	44.30	41.38	10.26
1984	27 621	7.05	18.90	4.79	20.31	10.30	51.43	59.13	15.52
1985	25 998	6.87	20.60	5.13	21.29	17.33	65.18	75.37	38.46
1986—1990	**153 032**	**38.75**	**120.49**	**29.61**	**131.42**	**96.43**	**237.35**	**410.45**	**248.84**
1986	27 503	7.37	21.90	5.75	21.51	18.11	70.00	67.51	34.20
1987	29 738	7.71	24.10	5.43	22.72	19.38	57.69	85.13	48.45
1988	32 262	8.13	23.30	5.66	23.93	23.57	58.03	92.88	57.91
1989	32 271	7.87	25.78	6.37	28.70	24.70	31.90	88.86	57.55
1990	31 258	7.67	25.41	6.40	34.56	10.67	19.73	76.07	50.73
1991—1995	**133 994**	**38.61**	**116.45**	**38.06**	**347.26**	**27.02**	**81.69**	**369.89**	**299.38**
1991	31 497	7.66	27.20	5.65	43.81	7.05	21.91	91.55	58.23
1992	29 717	8.01	22.63	6.55	56.59	9.13	14.70	64.05	64.05
1993	26 816	8.72	19.05	7.86	72.61	4.20	14.11	56.90	56.90
1994	21 440	6.87	21.02	7.33	83.05	6.64	20.02	90.04	70.04
1995	24 524	7.35	26.55	10.67	91.20		10.95	67.35	50.16
1996	22 585	6.75	15.25	9.31	102.22	6.27	13.14	37.20	31.24

年 份	原煤（万吨）	发电量（万千瓦时）	钢（万吨）	成品钢材（万吨）	水泥（万吨）	硫酸（万吨）	烧碱（万吨）	化肥（万吨）	化学农药（万吨）
1978	818.7	990 750	191.0	116.8	191.5	14.95	5.47	10.70	1.28
1979	711.1	1 042 870	196.5	137.5	196.9	14.05	6.68	12.01	1.08
1980	791.0	1 065 060	200.9	152.1	217.4	13.01	8.13	12.41	0.93
1981—1985	**4 269.1**	**5 101 356**	**1 114.2**	**907.9**	**1 355.7**	**61.85**	**42.56**	**57.68**	**2.32**
1981	788.7	993 071	190.3	149.5	225.7	13.02	7.81	12.19	0.76
1982	811.3	1 003 446	200.4	159.4	249.1	12.64	8.24	12.00	0.60
1983	840.5	1 028 826	214.1	177.9	270.8	15.20	8.41	13.04	0.41
1984	884.3	1 038 842	241.7	200.1	291.6	13.24	8.92	12.36	0.42
1985	944.3	1 037 171	267.7	221.0	318.5	7.75	9.18	8.09	0.13
1986—1990	**4 745.3**	**5 655 581**	**1 837.8**	**1 556.7**	**1 649.3**	**50.49**	**51.89**	**133.76**	**0.10**
1986	917.2	1 043 000	303.6	255.5	310.5	7.87	9.25	8.26	0.04
1987	899.8	1 057 000	335.5	283.4	319.6	11.86	9.61	9.02	
1988	906.0	1 110 758	369.0	314.9	334.3	13.07	11.04	9.53	0.02
1989	1 016.8	1 191 269	386.0	327.9	345.9	10.64	11.26	56.86	0.02
1990	1 005.5	1 253 554	443.7	375.0	339.0	7.05	10.73	50.09	0.02
1991—1995	**4 851.0**	**6 647 888**	**3 411.0**	**2 613.9**	**2 307.7**	**102.66**	**55.69**	**76.47**	**0.43**
1991	996.5	1 318 000	499.7	402.9	377.6	71.21	11.00	37.00	0.05
1992	1 015.2	1 423 000	575.0	438.3	403.0	8.23	11.38	9.70	0.11
1 993	835.4	1 286 056	702.7	525.3	421.2	3.96	11.23	9.61	0.14
1 994	1 008.5	1 298 718	828.7	617.6	531.7	9.29	10.76	9.57	0.10
1 995	995.4	1 322 114	804.9	629.8	574.2	9.97	11.32	10.59	0.03
1 996	1 013.7	1 415 555	794.7	654.3	666.0	10.85		12.72	0.14

附 1—34 建筑业企业基本情况

年 份	建筑施工企业单位数（个）	建筑施工企业从业人员（万人）	建筑施工企业总产值（亿元）	建筑施工企业全员劳动生产率（元/人）	建筑施工企业工程优良品率（%）	建筑施工企业利润总额（万元）
1978	64	25.4	10.5	4 397	72.9	7 017
1979	70	26.4	12.7	4 680	67.9	9 256
1980	71	27.8	14.7	5 249	65.5	14 543
1981	71	27.0	14.5	5 264	65.9	15 778
1982	91	30.7	17.3	5 404	81.2	17 169
1983	116	37.2	22.6	6 128	68.3	25 489
1984	2 765	53.0	33.4	6 345	45.3	32 342
1985	2 549	62.8	43.9	7 197	31.8	39 277
1986	2 361	61.3	51.3	8 702	56.3	33 084
1987	2 292	64.4	67.0	10 832	61.3	41 202
1988	1 659	64.2	81.6	12 992	58.2	38 679
1989	1 545	60.0	89.0	14 539	53.8	38 189
1990	994	60.2	94.7	16 340	54.5	33 762
1991	922	60.3	99.6	17 031	47.7	27 690
1992	976	62.7	122.6	19 786	25.0	30 984
1993	1 191	73.7	212.6	27 673	21.9	61 432
1994	1 544	79.6	326.9	41 069	26.7	94 385
1995	1 587	89.4	409.3	45 520	23.3	77 857
1996	1 292	82.5	468.1	56 750	17.5	88 896

附 1—35 运输邮电业基本情况

年 份	铁路里程（公里）	公路里程（公里）	客运量（万人）				货运量（万吨）		
				＃铁路	＃公路	＃民航		＃铁路	＃公路
1978	699	6 562		2 264		46.5	7 394.4	3 370	4 023
1979	700	7 278		2 504		53.2	7 763.7	3 485	4 277
1980	707	7 339		2 762		58.4	7 571.0	3 356	4 213
1981—1985				**17 688**		**544.0**	**37 500.1**	**15 425**	**22 061**
1981	858	7 427		2 982		70.7	6 895.1	3 046	3 847
1982	858	7 543		3 205		78.8	7 379.2	3 065	4 312
1983	860	2 906		3 546		78.3	7 639.6	3 152	4 485
1984	864	8 131		3 877		169.1	7 897.2	3 133	4 761
1985	876	8 487		4 078		147.1	7 689.0	3 029	4 656
1986—1990			**38 861.7**	**21 290**	**16 560**	**1 011.7**	**74 886.0**	**15 522**	**59 324**
1986	876	8 849	7 336.7	4 106	3 059	171.7	7 994.3	3 030	4 958
1987	876	8 956	7 763.4	4 418	3 117	228.4	7 985.0	3 125	4 852
1988	876	9 124	8 491.4	4 782	3 460	249.4	7 598.1	3 168	4 421
1989	876	9 218	7 834.1	4 214	3 434	186.1	24 918.8	3 144	21 767
1990	876	9 648	7 436.1	3 770	3 490	176.1	26 389.8	3 055	23 326
1991—1995			**41 315.9**	**21 787**	**17 370**	**2 158.9**	**118 991.4**	**15 062**	**103 852**
1991	876	10 259	7 649.2	4 036	3 378	235.2	26 391.4	3 051	23 326
1992	875	10 827	8 158.0	4 196	3 593	369.0	26 733.2	2 983	23 739
1993	875	11 242	6 887.2	4 374	2 141	372.2	3 063.7	3 048	
1994	875	11 532	8 537.5	3 993	4 008	536.5	30 725.1	3 006	27 700
1995	875	11 532	10 084.0	5 188	4 250	646.0	32 078.0	2 974	29 087
1996	922	11 682	9 798.9	4 736	4 395	668.0	32 905.6	2 851	29 960

附 1－35　续表

年　份	#民航	旅客周转量（万人公里）	#铁路	#公路	#民航	货物周转量（万吨公里）	#铁路	#公路	#民航
1978	1.4			59 367				92 247	
1979	1.7			64 033				97 616	
1980	2.0			73 692				93 899	
1981－1985	**14.1**							**437 318**	
1981	2.1			81 879				93 254	
1982	2.2			90 092				106 767	24 173
1983	2.6			103 742				110 118	26 713
1984	3.2			113 871				113 871	20 896
1985	4.0	1 187 072	473 328	109 184	604 560	2 128 868	1 992 247	109 184	27 437
1986－1990	**40.0**	**6 333 894**	**2 608 550**	**629 210**	**3 076 133**	**13 732 367**	**1 007 906**	**2 496 086**	**191 715**
1986	6.3	1 133 620	496 288	119 065	518 267	2 579 647	2 133 836	405 645	28 281
1987	8.0	1 281 763	534 720	113 735	613 308	2 802 099	2 282 106	471 393	37 966
1988	9.1	1 503 508	588 947	141 625	772 936	2 896 715	2 344 684	498 391	42 612
1989	7.8	1 216 981	521 263	122 435	573 283	2 765 660	2 179 878	546 022	38 194
1990	8.8	1 198 022	467 332	132 350	598 339	2 688 246	2 067 402	574 635	44 662
1991－1995	**77.4**	**8 690 002**	**2 645 880**	**842 807**	**5 201 313**	**14 180 124**	**1 382 191**	**2 797 933**	**346 841**
1991	14.4	1 383 465	506 431	139 041	737 993	2 938 658	2 230 406	642 200	65 614
1992	11.2	1 666 810	531 574	161 735	973 501	2 799 742	2 153 176	591 187	54 929
1993	15.7	1 656 130	551 392	127 461	977 277	2 458 751	2 303 265		73 216
1994	19.1	1 906 718	547 488	180 030	1 179 199	3 107 722	2 301 941	725 740	78 142
1995	17.0	2 076 879	508 995	234 540	1 333 343	3 231 034	2 393 403	762 027	74 940
1996	17.0	2 107 834	459 514	250 488	1 397 832	3 174 846	2 311 011	784 888	78 595

年　份	民用汽车拥有量（辆）	#公路部门	#私人	邮电局所（处）	邮电业务总量（不变价格）（万元）	市话交换机容量（万门）	电话机拥有量（部）	城市	农村
1978	77 059			415	59 050.6	26.2	87 428	75 597	11 831
1979	89 447			418	9 986.8	31.5	93 012	80 365	12 647
1980	103 826			427	11 403.7	35.0	99 104	86 057	13 047
1981	116 360			427	12 781.7	39.0	107 310	94 415	12 895
1982	130 332			437	13 986.5	43.3	114 908	101 163	13 745
1983	139 756			450	15 724.0	46.4	124 907	111 048	13 859
1984	167 028			472	18 357.4	53.1	136 481	123 137	13 344
1985	224 272			479	22 413.3	62.1	151 861	138 130	13 731
1986	266 706			476	25 347.7	69.6	178 527	163 377	15 150
1987	272 290	5 983	7 148	478	29 282.3	83.8	209 294	193 865	15 929
1988	312 174			475	35 478.5	101.6	238 122	236 389	1 733
1989	353 315	6 195	24 029	470	43 922.3	119.9	277 967	276 234	1 733
1990	384 451			479	77 205.6	136.2	332 946	331 188	1 758
1991				484	157 417.7	165.0	394 837	393 046	1 791
1992	341 015	5 813	48 643	494	215 768.9	193.9	479 937	478 024	1 913
1993	416 047	5 298	66 883	507	311 251.3	226.2	664 676	662 449	2 227
1994	481 279	5 280	85 474	536	418 773.9	303.5	1 890 224		
1995	577 214	5 237	127 568	633	561 296.4	369.7	2 417 207		
1996	614 021		351 835	681	729 022.4	442.0	2 923 042		

注：1. 邮电业务总量按不同时期不变价格计算。

2. 公路货运量 1988 年以前和 1993 年为交通运输部门数据。

3. 铁路是北京市辖范围。

附1—36 社会消费品零售额

单位:亿元

年 份	社会消费品零售额	按地区分			按经济类型分				
		市	县	县以下	国有单位	集体单位	合 营	个 体	其 他
1978	44.17	34.51	5.31	4.35	37.15	7.01			
1979	52.20	41.60	5.83	4.77	44.14	7.94		0.12	
1980	61.32	49.27	6.63	5.42	49.06	11.83		0.43	
1981—1985	**455.26**	**363.97**	**48.29**	**43.00**	**301.80**	**143.47**	**1.02**	**8.98**	
1981	68.82	55.57	7.28	5.96	48.74	19.17	0.20	0.71	
1982	73.31	58.55	8.12	6.64	51.06	21.20	0.17	0.88	
1983	83.57	66.61	9.33	7.63	55.98	26.09	0.14	1.36	
1984	101.66	81.12	10.39	10.16	67.69	32.10	0.20	1.67	
1985	127.90	102.12	13.17	12.61	78.33	44.90	0.31	4.35	
1986—1990	**1 131.74**	**942.94**	**103.35**	**85.45**	**617.66**	**401.04**	**6.44**	**106.60**	
1986	146.46	121.72	12.07	12.67	84.52	50.95	0.44	10.55	
1987	176.59	145.68	16.15	14.76	97.06	64.49	0.58	14.45	
1988	234.30	195.00	21.22	18.08	129.43	84.51	0.63	19.73	
1989	266.73	221.49	24.99	20.26	143.75	92.24	2.57	28.18	
1990	307.66	259.05	28.93	19.68	162.90	108.85	2.21	33.70	
1991—1995	**2 813.51**	**2 215.79**	**373.55**	**224.18**	**1 332.69**	**792.61**	**154.00**	**530.30**	**3.91**
1991	357.75	301.18	33.40	23.18	191.80	122.88	2.63	40.44	
1992	430.01	360.23	41.06	28.72	230.61	139.58	3.33	56.48	
1993	531.79	430.88	60.55	40.37	272.97	162.50	8.10	88.23	
1994	666.98	525.05	90.61	51.31	299.32	171.24	41.44	152.32	2.65
1995	826.98	598.45	147.92	80.61	337.98	196.41	98.51	192.82	1.26
1996	969.66	689.46	179.09	101.11	336.15	231.91	150.38	241.76	9.46

年 份	按行业分				按类别分				农业生产资料零售额	集市贸易成交额
	批发零售贸易业	餐饮业	制造业	其他行业	食品类	衣着类	日用品类	燃料类		
1978	40.67	1.73	1.24	0.52	18.03	8.86	12.41	1.34	3.52	
1979	47.34	2.11	2.10	0.53	20.38	11.08	15.67	1.46	3.61	0.18
1980	53.48	2.73	3.52	1.15	24.36	12.01	18.78	1.59	3.64	0.65
1981—1985	**381.72**	**21.99**	**33.87**	**11.77**	**174.22**	**81.95**	**161.21**	**10.28**	**27.61**	**8.15**
1981	57.83	3.53	5.10	1.70	27.19	14.08	21.86	1.72	3.97	0.94
1982	61.41	3.72	5.45	1.98	28.94	13.29	24.21	1.70	5.17	1.08
1983	70.40	4.01	5.98	2.33	32.89	15.17	27.89	1.85	5.78	1.25
1984	85.61	4.72	7.76	2.68	38.05	18.00	36.96	2.18	6.46	1.47
1985	106.47	6.00	9.58	3.08	47.15	21.40	50.30	2.82	6.23	3.41
1986—1990	**906.66**	**70.69**	**64.47**	**35.74**	**451.81**	**152.37**	**447.80**	**24.10**	**55.66**	**71.13**
1986	119.28	8.11	8.90	3.90	57.38	21.59	57.06	3.32	7.10	6.42
1987	140.24	10.68	11.96	5.46	72.37	25.59	67.32	3.68	7.63	8.54
1988	186.36	16.10	13.87	7.16	92.04	32.99	93.88	4.11	11.29	14.13
1989	213.06	16.50	15.43	9.04	108.06	31.58	106.27	5.81	15.01	18.42
1990	247.72	19.30	14.31	10.19	121.96	40.62	123.27	7.18	14.63	23.62
1991—1995	**2 079.27**	**215.58**	**19.71**	**71.16**	**1 095.45**	**418.13**	**1 194.99**	**64.86**	**83.53**	**514.92**
1991	286.21	22.89	16.75	11.91	138.51	47.06	146.62	7.72	17.84	31.04
1992	333.71	30.82	19.41	17.07	165.49	57.19	174.81	10.28	22.24	55.30
1993	393.00	44.62	28.65	22.29	192.01	84.00	241.50	14.28	17.63	83.41
1994	481.49	54.20	25.33	11.79	246.42	108.99	294.58	16.99	12.42	150.05
1995	584.86	63.04	29.57	8.09	353.01	120.90	337.48	15.59	13.40	195.12
1996	691.23	71.92	38.09	29.27	413.06	142.03	397.30	17.27	11.59	250.81

注:1993年以前是社会商品零售总额,1993年以后是社会消费品零售总额。

附 1－37　北京市对外经济贸易和国际旅游

年　份	外贸部门进出口总　额（万美元）	＃出口	签订利用外资协议项　目（个）	＃对外借款	＃外商直接投　资	签订利用外资协议金　额（万美元）	对外借款	外　商直接投资	外　商其他投资
1978	29 751	28 524							
1979	45 036	41 757							
1980	66 280	59 277							
1981－1985	**382 296**	**308 285**							
1981	70 091	63 230							
1982	68 921	61 339							
1983	69 621	59 009							
1984	76 303	62 632	55	2	31	13 826	1 600	11 660	566
1985	97 360	62 075	108	1	83	40 788	130	39 649	1 009
1986－1990	**720 538**	**511 400**	**853**	**58**	**709**	**171 046**	**26 952**	**138 628**	**5 467**
1986	108 492	72 485	85	2	63	55 888	9 700	41 952	4 236
1987	119 575	88 236	97	6	72	66 515	3 322	62 414	779
1988	140 652	102 232	193	21	148	18 533	4 144	142	187
1989	177 093	116 157	209	10	185	14 252	5 731	8 372	149
1990	174 720	132 290	269	19	241	15 859	4 055	11 688	116
1991－1995	**1 496 510**	**731 401**	**10 987**	**67**	**10 911**	**1 699 801**	**168 840**	**1 530 412**	**549**
1991	194 154	137 053	735	8	724	47 995	19 431	28 488	76
1992	223 236	153 198	2 231	23	2 208	177 274	30 079	147 195	
1993	308 263	169 961	3 765	13	3 752	664 911	36 987	627 924	
1994	407 414	216 197	2 688	13	2 675	505 300	52 000	453 300	
1995	439 043	254 992	1 568	10	1 552	304 321	30 344	273 505	472
1996	395 510	235 321	848	3	845	149 754	16 200	133 554	

年　份	实际利用外资金额（万美元）	对　外借　款	外　商直接投资	外　商其他投资	对外承包工程和劳务合作 合同数（份）	合同金额（万美元）	完成营业额（万美元）	旅游外汇收入总额（万美元）
1978								10 000
1979								9 000
1980								12 000
1981－1985								**94 000**
1981								12 000
1982								13 000
1983					9	218.5	837.1	14 000
1984					9	2 801.5	1 843.2	23 000
1985					14	852.8	2 083.1	32 000
1986－1990					**331**	**7 733.7**	**5 108.9**	**280 901**
1986					30	445.3	1 535.5	46 000
1987	17 725.4	7 146.6	9 534.0	1 044.8	37	548.6	697.6	55 000
1988	61 943.8	11 524.4	50 277.9	141.5	46	884.9	802.4	67 000
1989	49 506.8	17 491.0	31 845.9	169.9	113	2 099.4	1 017.5	47 195
1990	40 641.4	12 743.5	27 695.5	202.4	105	3 755.5	1 055.9	65 700
1991－1995	**579 524.3**	**168 401.4**	**410 896.0**	**226.9**	**586**	**79 267.8**	**48 984.0**	**735 519**
1991	36 798.1	12 303.8	24 481.8	12.5	114	3 202.2	1 896.8	85 001
1992	52 711.9	17 710.8	34 984.2	16.9	130	8 887.6	3 299.6	107 286
1993	97 619.8	30 729.3	66 693.0	197.5	117	36 854.0	11 442.0	124 128
1994	194 740.2	50 280.2	144 460.0		109	15 521.0	18 671.0	200 904
1995	197 654.3	57 377.3	140 277.0		116	15 613.0	12 789.0	218 200
1996	155 290.0	30 444.0	124 846.0		116	67 688.0	43 057.0	225 200

附1—38 教育基本情况

年份	在校学生数(万人)				升学率(%)		学龄儿童入学率(%)	平均每一专任教师负担学生(人)		
	合计	高等学校	普通中学	小学	初中毕业生	小学毕业生		高等学校	普通中学	小学
1978	208.1	4.9	109.5	93.7	79.7	102.6	99.00	2.4	19.9	20.7
1979	186.1	5.5	83.7	96.9	63.0	99.6	98.40	2.3	16.1	21.3
1980	173.5	6.4	71.9	95.2	80.3	99.5	98.70	2.6	14.5	21.7
1981	157.5	7.7	59.8	90.0	57.3	98.8	98.90	3.8	13.4	19.7
1982	144.6	7.2	51.9	85.5	58.6	97.0	98.90	3.2	12.3	19.5
1983	139.1	8.1	47.2	83.8	60.1	97.8	99.00	3.0	11.5	19.6
1984	137.4	9.1	52.0	76.3	61.2	98.7	99.30	3.3	13.2	18.2
1985	139.6	12.0	54.2	73.4	72.6	98.3	99.10	3.6	13.9	17.4
1986	156.0	13.0	56.5	74.9	77.1	97.8	99.49	3.6	13.9	17.4
1987	157.2	13.6	52.3	77.8	65.1	98.6	99.46	3.7	12.8	16.8
1988	160.3	14.5	46.9	85.1	64.3	98.5	99.50	4.0	11.4	17.6
1989	166.0	14.1	43.4	93.5	80.5	99.1	98.97	3.8	11.0	19.1
1990	168.7	14.0	40.9	99.6	81.8	99.2	99.47	3.9	10.1	18.6
1991	171.8	13.7	43.2	101.3	86.4	98.8	99.72	3.1	10.2	18.0
1992	176.2	14.0	47.6	100.2	88.5	99.6	99.65	4.0	11.3	17.4
1993	186.3	15.9	52.3	102.2	93.5	98.7	99.88	4.6	12.1	17.4
1994	196.1	17.5	58.4	102.4	86.7	99.4	99.92	4.9	13.1	16.9
1995	202.8	18.2	62.8	100.7	87.3	99.5	99.93	5.0	13.6	16.5
1996	207.9	19.0	64.9	100.0	88.1	99.3	99.93	5.2	13.7	16.1

附1—39 卫生情况和离退休退职人数

年份	医院数(个)	医生数(人)	医院床位数(万张)	每千人拥有医生数(人)	每千人拥有医院床位(张)	离退休、退职人数(万人)	国有单位	城镇集体单位	其他单位	在职职工与离退休退职人员之比
1978	389	28 435	26 432	3.35	3.11					
1979	387	31 842	26 808	3.66	3.08					
1980	393	34 365	28 495	3.88	3.22					
1981	406	37 886	29 783	4.21	3.31					
1982	413	39 385	30 940	4.29	3.37					
1983	412	41 216	32 242	4.42	3.46					
1984	423	42 112	34 602	4.46	3.66					
1985	376	42 498	38 180	4.44	3.99					
1986	371	43 403	40 903	4.47	4.21					
1987	398	46 007	44 407	4.66	4.49					
1988	445	48 216	48 711	4.82	4.87					
1989	470	49 361	51 877	4.83	5.08	79.4	61.9	17.3	0.2	5.3
1990	512	50 934	55 474	4.93	5.37	85.4	67.7	17.9	0.2	5.3
1991	525	52 309	58 747	5.03	5.65	91.1	73.3	17.6	0.2	5.2
1992	535	53 254	59 833	5.10	5.73	94.1	75.8	18.1	0.2	5.1
1993	548	53 906	62 340	5.13	5.93	104.0	85.3	17.9	0.8	4.5
1994	629	53 865	64 416	5.07	6.07	110.5	86.6	23.0	0.9	4.3
1995	629	54 114	64 211	5.06	6.00	120.7	93.6	25.2	1.9	3.9
1996	405	54 091	60 997	5.02	6.02	133.0	103.5	27.1	2.4	3.5

注：1.最后一列以离退休、退职人数为1。

2.按卫生部指标解释，1996年医院数仅指县及县以上医院和其他医院，乡镇卫生院不再做为医院统计。

附录 2:各类开发区资料

附 2—1 各类开发区基本情况

项　　目	单　位	合　计	市　属	区县属
开发区个数	个	31	3	28
累计完成土地规划面积	平方公里	256.73	21.76	234.97
#工业用地	平方公里	102.96	8.08	94.88
累计完成征用土地面积	平方公里	46.40	6.98	39.42
累计"七通一平"土地开发面积	平方公里	32.54	6.93	25.61
累计完成"七通一平"土地开发面积	平方公里	26.86	6.18	20.68
累计招商占用土地面积	平方公里	19.08	2.03	17.05
#三资企业占用	平方公里	7.49	1.86	5.63
累计招商个数	个	3 432	144	3 288
累计项目总投资	万元	5 246 332	2 082 502	3 163 830
累计注册资本	万元	2 601 127	918 138	1 682 989
#外方	万元	1 227 923	696 501	531 422
累计协议外资金额	万美元	263 185	178 358	84 827
外商累计入资	万美元	147 444	78 444	69 000

说明:1.累计完成征用土地面积中包括原建成区面积。

2.表内"七通"指:上水、下水、煤气、热力、电力、通讯和道路通;"一平"指:场地自然平整。

3.表内"累计"指自开始至 1996 年末的累计数。

附 2—2　各类开发区主要指标完成情况

项　　目	单　位	1996 年	1995 年	1996 年为 1995 年%
自年初累计完成固定资产投资	万元	611 190	430 047	142.1
自年初累计新增固定资产	万元	180 005	113 355	158.8
自年初累计房屋建筑施工面积	万平方米	404.1	309.6	130.5
自年初累计房屋建筑竣工面积	万平方米	87.8	92.6	94.8
自年初累计完成总产值	万元	644 430	484 804	132.9
自年初累计实现销售收入	万元	1 036 129	713 428	145.2
自年初累计实现利润总额	万元	7 980	20 598	38.7
自年初累计上缴税金总额	万元	36 001	26 632	135.2

附 2—3　各类开发区一览表

名　　称	通讯地址	主要负责人	邮　编	电　话
北京经济技术开发区	北京经济技术开发区万源街 4 号	依锡群	100076	67681207
北京市王府井地区开发建设办公室	北京饭店 3001 室	曹学坤	100004	65129999
北京西三旗高新建材城	海淀区德外西三旗东	刘国安	100085	62913561
北京市朝阳望京工业区	朝阳区南湖渠东湖大队甲 3 号	张中原	100015	64374723
朝阳东部旅游经济开发区	朝阳区家展南路 9 号	陈业银	100026	65016837
北京市新技术产业开发试验区	海淀大街 1 号	王思红	100080	62569636
北京市新技术产业开发试验区丰台园区	丰台区丰台北大街甲 13 号	陈家林	100071	63825608
北京八大处高科技园区	石景山区科技馆三楼	马鸿俊	100043	68863653
北京市门头沟区石龙工业区	门头沟区石龙工业区	韩立宝	102300	69843664
北京良乡卫星城工业城开发区	房山区良乡北关东路 19 号	曹磊	102401	39351867
燕山东流水工业区	北京市燕山东流水工业区管委会	康振有	102500	69347332
北京大兴工业开发区	大兴县黄村康庄路口东	蔡连军	102600	69244179
北京埝坛工业区	大兴县黄村镇念坛村	刘中铁	102600	69245165
通县张家湾工业开发区	通县张家湾镇	唐钰	101113	69541700
北京永乐工业经济区	通县永乐店小甸屯村南	赵桂栋	101105	69544479
北京次渠工业区	通县次渠镇	杨顺	101111	69502049
北京市新技术产业开发试验区昌平园区	昌平县自行车赛场内	赵仁	102200	69744530
昌平民办科技园区	昌平县南邵乡纪窑村	纪成明	102200	69712141
北京雁栖工业开发区	怀柔县雁栖工业开发区	崔玉明	101407	69641124
北京凤翔科技开发区	怀柔县杨宋镇	钱继文	101400	69644488
北京怀柔农业经济开发区	怀柔县西大街环岛东	唐爱民	101400	69643427
北京中国乡镇企业城	怀柔县龙山路	李舒泉	101400	69644753
怀柔民营经济开发区	北京东四十条保利大厦二层	潘石屹	100027	65011273
平谷县滨河工业开发区	平谷县府前西大街 22 号	赵志强	101200	69963791
平谷县兴谷经济开发区	平谷县城关镇府前街 7 号	张文勒	101200	69964071
北京市密云县工业开发区	密云县鼓楼西大街 21 号	陈伯伦	101500	69944661
北京林河工业开发区	顺义县林河工业区	陈国瑞	101300	69442488
北京吉祥工业开发区	顺义县后沙峪镇	王新东	101300	69496259
北京天竺空港工业区	顺义县天竺镇	李友生	101312	64565745
北京市延庆县南菜园工业开发区	延庆县城东外大街 15 号	李荣宣	102100	69142562
北京八达岭经济开发区	延庆县城西大街 2 号	李志民	102100	69141563

附 2—4 各类开发区招商、入资情况

名称	自开始至报告期累计					
	招商个数（个）	项目总投资（万元）	注册资本（万元）	#外方	协议外资金额（万美元）	外商实际投资（万美元）
北京经济技术开发区	108	742 085	453 366	321 567	56 006	37 141
北京市王府井地区开发建设办公室	23	1 262 828	413 670	341 020	115 368	34 713
北京西三旗高新建材城	13	77 589	51 102	33 914	6 984	6 590
北京市朝阳望京工业区	11	181 329	38 796	1 518	230	230
朝阳东部旅游经济开发区	6	224 655	75 936	47 632	6 191	4 121
北京市新技术产业开发试验区（上地）	29	40 169	19 800	7 751	795	714
北京市新技术产业开发试验区丰台园区	40	78 000	29 033	12 899	4 084	3 832
北京八大处高科技园区	408	154 971	143 441	5 913	4 980	4 980
北京市门头沟区石龙工业区	1 536	364 182	322 055	59 280	7 080	6 882
北京良乡卫星城工业城开发区	12	13 041	11 619	1 936	317	322
燕山东流水工业区	11	7 898	2 909	293	87	36
北京大兴工业开发区	64	88 683	43 098	14 770	2 010	1 711
北京埝坛工业区	17	8 000	10 200			
通县张家湾工业开发区	23	77 445	52 969	29 856	5 599	2 483
北京永乐工业经济区	1	24 608	9 843	9 843	2 875	588
北京次渠工业区	6	94 200	66 844	1 600	644	193
北京市新技术产业开发试验区昌平园区	394	476 000	230 479	60 015	7 737	5 125
昌平民办科技园区	1	400	1 200			
北京雁栖工业开发区	61	90 270	90 120	45 720	3 462	3 642
北京凤翔科技开发区	109	46 009	19 939	8 480	2 198	2 198
北京怀柔农业经济开发区	25	8 964	8 464	4 026	110	70
北京中国乡镇企业城	45	37 906	22 234	9 435	2 560	3 000
怀柔民营经济开发区	68	24 291	24 291	581		
平谷县滨河工业开发区	152	105 605	94 785	11 469	1 876	1 876
平谷县兴谷经济开发区	39	175 712	57 329	45 529	11 493	10 493
北京市密云县工业开发区	43	43 560	30 492	12 033	641	641
北京林河工业开发区	17	186 104	18 027	7 675	3 338	1 687
北京吉祥工业开发区	22	219 328	40 125	19 415	2 006	2 006
北京天竺空港工业区	34	277 093	161 912	93 589	11 032	11 032
北京市延庆县南菜园工业开发区	48	60 656	41 385	14 944	2 735	1 038
北京八达岭经济开发区	66	54 751	15 664	5 220	747	100

附 2—5　各类开发区投资、生产情况

单位：平方米、万元

名称	自年初累计					
	完成固定资产投资	新增固定资产	房屋建筑施工面积	房屋建筑竣工面积	完成产值	完成销售收入
北京经济技术开发区	150 285	57 649	660 383	90 355	142 452	134 225
北京市王府井地区开发建设办公室	115 415		532 249			8 755
北京西三旗高新建材城	35 461	5 660	236 389	29 351	5 312	6 114
北京市朝阳望京工业区	29 712	2 915	324 136		2 083	598
朝阳东部旅游经济开发区	6 361	3 071	427 870	11 043		120
北京市新技术产业开发试验区(上地)	58 151	35 028	547 118	215 834	27 240	4 232
北京市新技术产业开发试验区丰台园区	22 459		331 632	76 439	111 777	231 690
北京八大处高科技园区	5 960	6 600	107 307	46 517	18 000	45 591
北京市门头沟区石龙工业区	31 565		187 233	67 028	90 236	345 267
北京良乡卫星城工业城开发区	5 039	2 783	9 808	3 700	5 029	29 033
燕山东流水工业区	324	615	2 385	2 385	8 743	7 118
北京大兴工业开发区	11 791	4 284	129 983	18 304	17 396	13 778
北京埝坛工业区						
通县张家湾工业开发区	2 455	2 580	49 250	23 250	85	107
北京永乐工业经济区						
北京次渠工业区	5 000		14 000		10 187	8 404
北京市新技术产业开发试验区昌平园区	7 357	8 274	74 362		86 000	115 000
昌平民办科技园区			3 388	3 388	3	
北京雁栖工业开发区	886		6 000		130	62
北京凤翔科技开发区	807		147 606	146 405	1 690	2 071
北京怀柔农业经济开发区					348	236
北京中国乡镇企业城	25 110	24 590	29 000	29 000	8 524	4 123
怀柔民营经济开发区	552	535	4 500			
平谷县滨河工业开发区	497	527	6 224	6 224	16 150	13 124
平谷县兴谷经济开发区	39 683	1 490	50 010	6 310	2 260	2 200
北京市密云县工业开发区	22 621	91	50 000	38 300	27 505	5 196
北京林河工业开发区	5 360		42 100	22 500	3 097	2 329
北京吉祥工业开发区	11 586	1 472	31 373	4 873	16 866	10 994
北京天竺空港工业区	12 419	17 714	16 267	16 267	35 717	35 614
北京市延庆县南菜园工业开发区	550	517	6 400	6 400	4 632	4 829
北京八达岭经济开发区	3 784	3 610	13 988	13 988	2 968	5 319

附录 3:各类市场情况

附 3—1 房产交易情况

项目	合计			建筑面积（万平方米）	立契价（万元）
	起	间	其中:楼房		
总计	**85 763**	**281 181**	**263 850**	**683.09**	**624 584.51**
市房屋交易所	**607**	**11 625**	**10 476**	**20.16**	**152 277.10**
区县交易所	**85 156**	**269 556**	**253 374**	**662.93**	**472 307.41**
东城区	3 511	18 686	17 927	22.41	14 357.56
西城区	5 522	12 875	12 329	34.73	15 912.49
崇文区	744	2 559	1 965	6.56	9 230.56
宣武区	569	1 658	1 438	3.13	1 500.93
朝阳区	19 099	68 830	59 109	144.70	110 772.81
丰台区	3 725	17 346	17 232	38.07	53 769.04
石景山区	5 191	15 723	15 701	35.66	16 242.55
海淀区	16 706	49 273	48 744	138.26	105 661.21
门头沟区	10 859	23 838	23 298	65.06	5 484.13
房山区	5 495	12 577	12 359	36.67	1 622.13
昌平县	1 261	9 314	8 928	26.86	38 106.22
顺义县	2 962	8 188	8 188	24.36	23 926.03
通县	2 448	7 966	7 699	25.11	24 106.10
大兴县	2 417	5 788	5 448	18.06	20 787.84
平谷县	1 335	3 924	3 852	12.32	7 321.08
怀柔县	1 500	5 034	4 593	13.60	12 356.70
密云县	1 135	3 252	2 203	9.11	7 271.28
延庆县	677	2 725	2 361	8.26	3 878.75

附 3—2　城乡集贸市场基本情况

单位:个

项　　目	全　市	城　市	农　村
集贸市场数	**1 032**	**757**	**275**
消费品综合市场	454	324	130
农副产品市场	423	294	129
农副产品综合市场	379	257	122
农副产品专业市场	44	37	7
工业消费品市场	120	114	6
工业消费品综合市场	78	73	5
工业消费品专业市场	42	41	1
其　他	35	25	10

附 3—3　集市贸易成交额

(按商品类别分)　　单位:万元

项　　目	全　市	城　市	农　村
成交总额	**2 508 057**	**2 097 347**	**410 710**
粮食类	168 707	146 453	22 254
油脂油料类	101 117	84 912	16 205
棉烟麻类	4 142	1 785	2 357
肉食禽蛋类	453 481	379 940	73 541
水产品类	232 944	212 836	20 108
蔬菜类	752 434	642 617	109 817
干鲜果类	255 583	192 456	63 127
大牲畜类	1 578	25	1 553
家禽幼禽类	1 572	92	1 480
工业品类	408 042	344 435	63 607
其　他	128 457	91 796	36 661

附 3—4 集市贸易成交额

（按市场类型分） 单位：万元

项目	全市	城市	农村
成交额	**2 508 057**	**2 097 347**	**410 710**
综合市场	457 798	410 487	47 311
农副产品市场	1 697 438	1 359 447	337 991
工业消费品市场	297 371	275 120	22 251
其他	55 450	52 293	3 157

附 3—5 集市贸易成交量

单位：吨

项目	全市	城市	农村
粮食	532 202	472 036	60 166
#大米	266 020	237 471	28 549
玉米	37 688	34 041	3 647
食用植物油	110 759	88 427	22 332
棉烟麻	2 009	1 334	675
猪肉	145 038	114 440	30 598
牛肉	36 970	32 703	4 267
羊肉	41 429	36 555	4 874
鲜蛋	79 503	63 531	15 972
家禽	27 849	25 048	2 801
水产品	232 582	207 493	25 089
鲜菜	3 911 265	3 233 450	677 815
干鲜果	834 394	588 950	245 444
家禽幼禽	14 211		14 211

附 3—6 集市贸易成交量占社会销售量比重

单位：吨

项目	成交量	社会销售量	成交量占社会销售量比重（%）
粮食	532 202	2 297 803	23.2
食用植物油	110 759	181 602	61.0
猪肉	145 038	227 915	63.6
牛肉	36 970	41 748	88.6
羊肉	41 429	44 276	93.6
鲜蛋	79 503	89 612	88.7
家禽	27 849	46 551	59.8
水产品	232 582	244 603	95.1
鲜菜	3 911 265	4 024 049	97.2

附 3—7 生产资料市场成交情况

项目	单位	1996 年	1995 年	1996 年为 1995 年%
成交额	**亿元**	**68.1**	**57.37**	**118.8**
成交量				
新、旧汽车	辆	79 800	62 919	126.8
钢材	吨	47 769	55 670	85.8
木材	立方米	212 732	187 429	113.5
煤炭	吨	66 880	1 530 000	4.4

附 3—8 消费者投诉与处理

单位:件

地区	1996 年		1995 年	
	受理投诉件数	构成(%)	受理投诉件数	构成(%)
总计	**11 255**	**100.0**	**9 039**	**100.0**
一、按行业分				
家用电器类	957	8.5	948	10.5
#电视机	211	22.0	198	20.9
电冰箱	129	13.5	179	18.9
洗衣机	41	4.3	42	4.4
收录机	73	7.6	48	5.1
家用机械类	814	7.2	687	7.6
#照相机	52	6.4	70	10.2
自行车	125	15.4	131	19.1
摩托车	173	21.3	134	19.5
钟表	193	23.7	153	22.3
日用百货类	5 120	45.5	4 238	46.9
#家具	1 037	20.3	932	22.0
服装	1 241	24.2	1 124	26.5
鞋	2 330	45.5	1 740	41.1
化妆品	56	1.1	49	1.2
食品	1 116	9.9	720	8.0
药品	91	0.8	95	1.1
服务	1 462	13.0	924	10.2
农用资料	151	1.4	50	0.6
邮购	589	5.2	663	7.3
其他	955	8.5	714	7.8
二、按内容分				
质量	9 013	80.1	7 117	78.7
价格	231	2.1	252	2.8
虚假广告	114	1.0	142	1.6
假冒伪劣商品	105	0.9	93	1.0
计量	465	4.1	234	2.6
欺诈骗销	125	1.1	107	1.2
其他	1 202	10.7	1 094	12.1

注:总解决率为 98.6%。

附 3—9 私营企业户数

单位:户

	年末企业数合计		盈利企业数		亏损企业中减免税企业数	
	1996 年	1995 年	1996 年	1995 年	1996 年	1995 年
合　计	**8 534**	**6 967**	**1 674**	**1 398**	**42**	**66**
工业企业	1 199	1 288	263	264		10
施工房地产开发企业	86	47	21	12		
运输企业	28	24	6	11		
商品流通企业	4 849	3 338	937	652	1	4
旅游服务企业	2 167	1 986	386	383	9	2
其　他	205	284	61	76	32	50

注:本资料由市地税局提供。(下表同)

附 3—10 盈利私营企业主要指标

单位:千元

	销售或营业收入		成本及费用		利润总额		实缴所得税	
	1996 年	1995 年	1996 年	1995 年	1996 年	1995 年	1996 年	1995 年
合　计	**4 320 224**	**2 098 955**	**3 807 562**	**1 929 527**	**112 745**	**69 101**	**22 743**	**7 939**
工业企业	687 220	214 479	653 960	198 226	21 393	7 835	5 787	2 044
施工房地产开发企业	56 072	9 297	53 826	8 713	1 984	365	244	78
运输企业	9 740	8 795	7 779	7 633	903	126	573	169
商品流通企业	2 572 176	1 254 180	2 509 488	1 199 097	32 674	14 532	9 664	3 011
旅游服务企业	648 065	323 630	324 533	288 822	16 350	6 210	3 716	1 339
其　他	346 951	288 574	257 976	227 036	39 441	40 033	2 759	1 298

附录 4:世界主要国家和地区统计资料

附 4—1 国内生产总值

单位:百万美元

国家或地区	1992 年	1993 年	1994 年
阿根廷	228 779.39	257 840.69	281 922.11
澳大利亚	296 590.11	289 390.40	
奥地利	186 188.40	182 067.10	
比利时	220 895.20	210 576.39	
巴　西	409 167.10	507 352.81	639 562.42
加拿大	563 690.41	546 349.51	
中　国	418 461.52	425 541.99	508 179.61
丹　麦	141 026.30	134 677.10	
埃　及	35 555.82	39 356.85	42 923.08
芬　兰	106 437.00	84 111.64	
法　国	1 322 091.02	1 251 688.97	
德　国	1 969 454.97	1 910 761.06	
希　腊	77 810.15	73 109.50	
香　港	100 681.50	116 034.30	131 880.90
匈牙利	37 158.81	38 481.29	41 175.35
印　度	242 355.21	250 720.60	291 054.19
印度尼西亚	128 024.80	158 008.71	174 638.40
以色列	69 762.52	69 738.88	
意大利	1 220 635.00	991 385.68	
日　本	3 656 858.99	4 190 470.93	
韩　国	307 937.90	330 830.51	376 505.50
马来西亚	58 013.65	63 338.27	70 634.16
墨西哥	334 356.41	365 857.01	375 465.12
荷　兰	320 210.21	309 226.80	
新西兰	40 880.57	43 698.77	
挪　威	113 115.30	103 418.60	
巴基斯坦	48 884.82	51 809.22	52 011.17
菲律宾	52 977.40	54 389.47	63 876.12
波　兰	84 325.58	85 852.86	95 406.34
罗马尼亚	24 893.57	25 968.65	29 205.66
俄罗斯	377 355.60	329 235.50	274 929.09
新加坡	49 500.68	57 153.30	68 949.33
西班牙	576 310.67	478 581.69	
瑞　典	247 555.80	185 288.61	
瑞　士	240 904.70	232 160.59	
泰　国	111 546.40	125 222.20	143 208.79
英　国	1 044 658.00	941 423.92	
美　国	5 937 301.03	6 259 899.11	

注:1994 年为估计数。

资料来源:世界银行《世界数据表》1995 年

附 4－2　三次产业对国内生产总值增长的贡献率

单位:%

国家	1993年			1994年		
	第一产业	第二产业	第三产业	第一产业	第二产业	第三产业
阿根廷	−0.1	2.2	3.9	0.3		4.7
奥地利		−0.7	0.6			
巴西	−0.2	3.5	2.0	0.3	2.2	1.6
加拿大	0.2	1.0	1.1			
智利	0.1	1.6	4.5	1.0	−0.9	4.0
中国	0.9	10.7	2.4	0.7	9.7	2.0
哥伦比亚	0.5	1.0	3.8			
丹麦	0.7	0.1	0.5			
埃及	0.3	−0.1	0.3	0.5	−0.1	1.5
芬兰	0.3	0.3	−2.1			
法国	−0.3	−0.7	0.0			
希腊	−0.3	−0.9	1.5			
冰岛	−13.2	−1.4	14.9			
印度	0.9	1.0	1.6	0.7	2.2	2.3
印度尼西亚	0.3	2.8	3.3	0.1	4.0	3.0
伊朗	1.4	0.7	0.5	1.1	−3.0	−9.4
意大利	−0.1	−0.7	0.2			
日本	−0.1	−0.6	0.5			
韩国	−0.2	2.4	3.3			
马来西亚	0.5	4.2	3.7	0.5	4.5	3.8
墨西哥	0.2	−0.1	0.3			
蒙古	−1.3	−2.3	2.0	0.4	0.1	1.8
荷兰	0.2	−0.6	0.7			
巴基斯坦	−1.4	1.4	1.9	0.7	1.2	1.2
菲律宾	0.5	0.6	1.2	0.5	2.1	1.7
罗马尼亚	2.1	0.0	−0.8	0.9	1.2	0.3
俄罗斯	−0.4	−8.1	0.8	−1.4	−10.2	−3.5
新加坡		3.6	6.5		5.0	5.2
南非	0.9	0.0	0.4	0.5	0.8	1.1
瑞典	0.2	−0.2	−2.5			
泰国		4.3	4.0	0.4	4.4	3.8
土耳其	−0.2	2.8	5.5	−0.2	−1.2	−4.0
越南	1.4	3.2	3.5	1.4	3.6	3.9

注:1.三次产业对GDP增长的贡献率,是指各产业推动GDP增长的百分点。

2.1994年贡献率为估计数。

资料来源:世界银行《世界数据表》1995年

附4－3 国内生产总值的产业构成

单位:%

国家	1993年			1994年		
	第一产业	第二产业	第三产业	第一产业	第二产业	第三产业
阿根廷	6.0	30.7	63.3	6.0	30.7	63.3
奥地利	2.3	34.1	63.6			
中非共和国	49.9	14.1	36.0			
丹　麦	3.5	27.2	69.3			
埃　及	17.9	22.4	59.7	19.8	21.1	59.1
芬　兰	5.2	31.6	63.2			
法　国	2.3	27.8	69.8			
希　腊	16.4	30.7	52.9			
香　港	0.2	18.2	81.6			
匈牙利	6.9	32.9	60.2	7.0	33.8	59.1
冰　岛	11.0	26.3	62.7			
印　度	30.3	28.2	41.5	29.5	28.7	41.8
印度尼西亚	17.9	39.7	42.4	17.4	40.7	41.9
伊　朗	20.8	36.4	42.9	24.2	32.0	43.7
意大利	2.9	31.5	65.6			
日　本	2.1	40.2	57.6			
韩　国	7.1	43.4	49.5			
科威特	0.3	53.2	46.5	0.3	52.9	46.8
墨西哥	8.2	27.9	63.9			
蒙　古	20.8	46.3	32.8	20.7	45.4	33.9
荷　兰	3.2	27.1	69.7			
巴基斯坦	24.8	25.3	49.9	25.1	25.1	49.8
巴拿马	10.2	18.3	71.6	10.3	14.8	74.9
菲律宾	21.6	32.7	45.7	22.0	32.7	45.3
波　兰	6.3	38.6	55.1	5.8	37.8	56.5
罗马尼亚	20.5	39.9	39.6	19.6	39.0	41.3
俄罗斯	8.8	48.1	43.1	6.4	42.5	51.1
新加坡	0.2	35.7	64.1	0.2	36.1	63.7
南　非	4.4	30.8	64.8	4.7	30.8	64.5
瑞　典	2.2	30.1	67.7			
土耳其	16.2	29.8	54.0	16.2	31.3	52.5
英　国	1.9	31.8	66.3			
越　南	28.8	28.9	42.3	27.7	29.6	42.7

注:1994年构成比例为估计数。

资料来源:世界银行《世界数据表》1995年

附4—4 经 济 增 长 率

(GDP 年增长率)　　单位:%

	1990年	1992年	1993年	1994年	1995年	1996年	1997年
世　界	**2.6**	**2.4**	**2.4**	**3.7**	**3.5**	**3.8**	**4.1**
工业化国家	**2.5**	**1.7**	**0.9**	**2.8**	**2.1**	**2.3**	**2.5**
主要工业化国家	**2.5**	**1.8**	**1.0**	**2.8**	**2.0**	**2.2**	**2.5**
美　国	1.3	2.7	2.3	3.5	2.0	2.4	2.3
日　本	5.1	1.1	0.1	0.5	0.9	3.5	2.7
德　国	5.7	2.2	—1.1	2.9	1.9	1.3	2.4
法　国	2.5	1.2	—1.3	2.8	2.2	1.3	2.4
意大利	2.1	0.7	—1.2	2.2	3.0	1.1	2.2
英　国	0.4	—0.5	2.1	3.9	2.5	2.2	3.0
加拿大	—0.2	0.8	2.2	4.1	2.3	1.4	3.2
其他工业化国家	**2.8**	**1.1**	**0.2**	**3.0**	**2.8**	**2.3**	**2.6**
西班牙	3.7	0.7	—1.2	2.1	3.0	2.2	2.9
荷　兰	4.1	2.0	0.2	2.7	2.4	2.2	2.5
比利时	3.4	1.8	—1.6	2.2	1.9	1.4	2.4
瑞　典	1.4	—1.4	—2.2	2.6	3.0	1.6	2.0
奥地利	4.3	2.0	0.4	3.0	1.8	0.7	1.0
丹　麦	1.4	0.2	1.5	4.4	2.8	1.9	2.5
芬　兰		—3.6	—1.2	4.4	4.2	2.7	4.1
希　腊		0.4	—1.0	1.5	2.0	2.5	2.7
葡萄牙	4.0	1.7	—1.2	0.7	2.3	2.3	2.8
爱尔兰	8.0	4.0	3.1	6.5	10.3	7.0	5.5
卢森堡	3.4	5.8	8.5	4.1	3.5	3.0	3.5
瑞　士	2.3	—0.3	—0.8	1.2	0.7		1.5
挪　威	1.9	3.3	2.8	5.0	3.3	4.5	2.3
冰　岛	1.1	—3.3	0.8	3.6	2.0	4.5	3.3
澳大利亚	1.5	2.3	3.5	5.4	3.2	3.8	3.0
新西兰	0.1	0.3	5.5	4.1	2.2	2.3	2.8
欧　盟	**3.0**	**1.0**	**—0.5**	**2.8**	**2.5**	**1.6**	**2.5**

附4—4 续表 单位:%

	1990年	1992年	1993年	1994年	1995年	1996年	1997年
发展中国家和地区	**4.3**	**6.4**	**6.3**	**6.6**	**5.9**	**6.3**	**6.2**
中国	3.8	14.2	13.5	12.6	10.2	9.0	
香港	3.4	6.3	6.4	5.4	5.0	5.0	
印度	5.9	4.1	4.2	5.7	6.8	6.4	
印度尼西亚	9.0	7.2	7.3	7.5	8.1	7.8	
韩国	9.5	5.1	5.8	8.6	9.0	7.2	
马来西亚	9.7	7.8	8.3	9.2	9.5	8.8	
巴基斯坦	5.6	5.0	0.8	3.8	4.5	6.0	
菲律宾	3.0	0.3	2.1	4.4	4.8	5.9	
新加坡	8.8	6.0	10.1	10.1	8.9	7.5	
中国台湾省	5.4	6.8	6.3	6.5	6.1	6.0	
泰国	11.6	8.1	8.3	8.8	8.7	8.3	
科威特	−26.2	69.9	48.6	0.2	1.6	1.6	
阿尔及利亚	−1.4	2.3	−2.2	−0.9	4.3	4.2	
博茨瓦纳	7.3	3.0	1.9	3.0	4.9		
南非	−0.3	−2.2	1.3	2.7	3.3	4.0	
苏丹		8.6	5.0	4.3	4.5		
埃及	2.4	0.3	0.5	2.9	3.2	4.2	
阿根廷	0.1	8.7	5.9	7.4	−4.4	2.5	
巴西	−3.1	−0.8	4.2	5.7	4.2	2.5	
智利	3.3	11.0	6.3	4.2	8.5	7.4	
墨西哥	4.4	2.8	0.6	3.5	−6.9	3.6	
经济转轨国家和地区	**−3.7**	**−14.7**	**−8.5**	**−8.8**	**−1.3**	**0.4**	**4.0**
蒙古	−5.6	−9.5	−3.0	2.3	6.3	3.5	
匈牙利	−3.5	−3.1	−0.6	2.9	1.5	1.2	
阿尔巴尼亚	−10.0	−7.2	9.6	9.4	8.6	7.0	
捷克共和国			−0.9	2.6	4.8	5.2	
斯洛伐克共和国			−3.7	4.9	7.4	6.5	
波兰	−11.6	2.6	3.8	6.0	6.5	5.5	
罗马尼亚	−5.6	−8.8	1.3	3.9	6.9	4.0	
马其顿			−8.4	−8.2	−3.0	3.0	
俄罗斯		−19.0	−12.0	−15.0	−4.0	−1.3	
乌克兰		−17.0	−16.8	−23.7	−11.8	−8.0	
乌兹别克斯坦		−11.1	−2.3	−4.2	−1.8	−1.0	
土库曼斯坦		−5.3	−10.0	−20.0	−10.4	6.2	
塔吉克斯坦		−28.9	−11.1	−21.4	−12.5	−7.0	
哈萨克斯坦		−14.0	−12.0	−25.0	−8.9	0.4	

注:1.1996、1997年为预测数;

2.1990年德国数据为原联邦德国数据。

资料来源:国际货币基金组织《世界经济展望》1996年10月

附4－5 通货膨胀率

单位：%

	1990年	1992年	1993年	1994年	1995年	1996年	1997年
工业化国家	**4.3**	**3.2**	**2.6**	**2.0**	**2.2**	**1.9**	**2.0**
（工业化国家为GDP缩减指数）							
主要工业化国家	4.1	3.0	2.5	1.9	2.0	1.8	1.9
美　国	4.3	2.7	2.6	2.3	2.5	2.1	2.3
日　本	2.3	1.7	0.6	0.3	－0.5	0.5	0.5
德　国	3.2	5.5	3.9	2.2	2.2	1.4	1.6
法　国	3.1	2.1	2.5	1.5	1.6	1.7	1.7
意大利	7.7	4.5	4.4	3.4	5.0	3.8	3.1
英　国	6.4	4.4	3.5	1.9	2.4	2.4	2.3
加拿大	3.1	1.2	1.0	0.7	1.5	1.0	1.9
其他工业化国家	**5.8**	**4.2**	**3.4**	**2.9**	**3.3**	**2.7**	**2.6**
西班牙	7.3	6.8	4.3	3.9	4.8	3.3	3.3
荷　兰	2.3	2.3	2.1	2.3	2.0	2.7	2.1
比利时	3.0	3.5	4.1	2.6	2.1	2.0	2.0
瑞　典	8.8	1.0	2.6	2.7	4.1	1.9	2.4
奥地利	3.3	4.1	3.4	3.4	2.1	2.1	1.6
丹　麦	2.7	3.2	0.7	1.7	1.7	2.0	2.3
芬　兰	5.7	0.7	2.4	1.1	2.8	1.1	1.1
希　腊	20.6	14.6	14.1	10.9	9.3	8.3	6.6
葡萄牙	12.1	13.0	6.9	5.1	5.0	3.3	3.0
爱尔兰	－0.8	2.2	4.2	1.2	0.5	2.0	2.6
卢森堡	1.7	2.0	2.2	4.6	2.9	1.9	2.0
瑞　士	5.7	2.6	2.0	1.4	1.4	1.0	1.5
挪　威	3.8	－0.5	2.1	0.6	3.0	2.2	1.0
冰　岛	16.8	3.7	2.4	2.1	2.9	3.1	2.6
澳大利亚	4.5	1.4	1.4	1.1	2.8	2.6	3.1
新西兰	3.0	1.2	1.1	2.6	2.0	2.8	1.7
欧　盟	**5.3**	**4.4**	**3.7**	**2.6**	**2.9**	**2.4**	**2.3**

附 4—5 续表 单位：%

	1990 年	1992 年	1993 年	1994 年	1995 年	1996 年	1997 年
发展中国家和地区（物价年增长率）	**61.8**	**35.7**	**42.7**	**46.8**	**19.8**	**13.3**	**10.8**
中　国	2.1	5.4	13.0	21.7	14.8	9.0	
香　港	9.7	9.3	8.5	8.1	9.0	7.5	
印　度	9.9	9.8	8.8	9.9	10.2	7.9	
印度尼西亚	7.8	7.5	9.7	8.5	9.4	9.1	
韩　国	8.6	6.2	4.8	6.3	4.5	5.2	
马来西亚	2.6	4.8	3.5	3.7	3.4	4.0	
巴基斯坦	9.7	9.5	9.5	11.7	12.1	11.0	
菲律宾	12.7	8.9	7.6	9.0	8.1	8.5	
新加坡	3.5	2.3	2.2	3.1	1.7	1.7	
中国台湾省	4.1	4.5	2.9	4.1	3.7	3.6	
泰　国	6.0	4.1	3.3	5.0	5.8	6.0	
科威特	1.8	5.7	0.4	2.3	1.0	2.1	
阿尔及利亚	16.7	31.7	20.5	29.0	29.8	16.9	
尼日利亚	7.4	44.6	57.2	57.0	70.0	40.0	
南　非	14.4	13.9	9.7	9.0	8.7	7.5	
苏　丹	56.0	110.0	103.0	118.0	57.0	85.0	
沙特阿拉伯	2.1	—0.4	0.8	0.6	5.0	1.8	
埃　及	21.2	21.1	11.2	9.0	9.4	7.2	
阿根廷	2 314.7	24.9	10.6	4.2	3.2	0.3	
巴　西	2 740.0	991.1	2 103.3	2 123.6		12.3	
智　利	26.0	15.4	12.7	11.4	8.2	7.6	
墨西哥	26.7	15.5	9.8	7.1	35.0	34.1	
经济转轨国家和地区	**34.6**	**681.2**	**614.3**	**264.8**	**128.0**	**41.3**	**16.8**
蒙古		202.6	268.4	87.6	56.8	37.0	
匈牙利	29.0	23.0	22.5	18.8	28.2	23.0	
阿尔巴尼亚		225.2	85.0	22.6	7.8	12.0	
捷克共和国			20.8	10.0	9.1	9.0	
斯洛伐克共和国			23.0	13.4	9.9	6.0	
波　兰	585.8	43.0	35.3	32.2	27.8	19.0	
罗马尼亚	4.7	210.3	256.0	136.8	32.3	23.0	
马其顿			334.5	122.6	16.1	7.0	
俄罗斯		1 353.0	896.0	302.0	190.2	51.2	13.3
乌克兰		1 209.7	4 734.9	891.0	376.0	70.0	
乌兹别克斯坦		910.0	534.2	1 568.0	305.0	49.0	
土库曼斯坦		492.9	3 102.4	1 749.0	1 005.0	904.0	
塔吉克斯坦		1 156.7	2 194.9	350.4	635.4	633.0	
哈萨克斯坦		1 381.0	1 662.3	1 879.9	176.3	39.0	

注：1. 1996、1997 年为预测数。

2. 1990 年德国数据为原联邦德国数据。

资料来源：国际货币基金组织《世界经济展望》1996 年 10 月

附 4—6　工业化国家失业率和就业增长率

单位:%

	1990 年	1992 年	1993 年	1994 年	1995 年	1996 年	1997 年
一、失业率							
工业化国家	**6.2**	**7.8**	**8.2**	**8.1**	**7.7**	**7.8**	**7.6**
主要工业化国家	**5.8**	**7.2**	**7.3**	**7.2**	**6.8**	**7.0**	**6.9**
美　国	5.6	7.5	6.9	6.1	5.6	5.6	5.6
日　本	2.1	2.2	2.5	2.9	3.1	3.5	3.4
德　国	6.2	7.7	8.9	9.6	9.4	10.3	10.0
法　国	8.9	10.3	11.6	12.3	11.6	12.4	12.1
意大利	11.0	10.7	10.2	11.3	12.0	12.2	11.5
英　国	5.8	9.7	10.3	9.3	8.2	7.7	9.3
加拿大	8.1	11.3	11.2	10.4	9.5	9.6	9.4
其他工业化国家	**8.2**	**10.3**	**12.3**	**12.7**	**12.0**	**11.7**	**11.4**
西班牙	16.2	18.4	22.7	24.2	22.9	22.6	21.8
荷　兰	7.0	6.6	7.7	8.7	8.4	8.2	7.9
比利时	8.7	10.3	12.0	13.0	13.0	13.1	12.8
瑞　典	1.5	5.3	8.2	8.0	7.7	7.7	6.9
奥地利	3.2	3.6	4.2	4.4	4.6	4.7	5.5
丹　麦	9.6	11.2	12.3	12.2	10.4	8.9	8.9
芬　兰	3.5	13.1	17.9	18.4	17.2	16.5	15.3
希　腊	7.0	8.7	9.7	9.6	9.5	9.3	9.2
葡萄牙	4.7	4.1	5.5	6.8	7.2	7.4	7.4
爱尔兰	13.5	16.2	16.6	15.5	13.1	12.4	12.0
卢森堡	1.3	1.6	2.1	2.7	2.8	2.8	2.8
瑞　士	0.5	2.5	4.5	4.7	4.2	4.5	4.4
挪　威	5.2	5.9	6.0	5.4	4.9	4.5	4.3
冰　岛	1.8	3.0	4.4	4.8	5.0	4.2	3.9
澳大利亚	7.0	10.8	10.9	9.7	8.5	8.3	7.8
新西兰	9.2	10.3	9.5	8.1	6.3	6.1	5.9
欧　盟	**8.1**	**9.9**	**11.1**	**11.6**	**11.2**	**11.4**	**11.0**
二、就业增长率							
工业化国家	**1.5**	**−0.2**	**−0.2**	**0.8**	**1.0**	**0.6**	**0.9**
主要工业化国家	**1.5**	**−0.1**	**0.1**	**0.9**	**0.8**	**0.5**	**0.9**
美　国	1.3	0.7	1.5	2.3	1.5	1.2	1.1
日　本	2.0	1.1	0.2	0.1	0.1	0.3	0.6
德　国	3.0	−1.9	−1.8	−0.7	−0.3	−1.3	0.2
法　国	1.1	−0.6	−1.1	−0.2	1.4	0.5	0.9
意大利	1.2	−0.9	−2.5	−1.7	−0.5	0.4	1.0
英　国	0.4	−2.4	−0.8	0.7	0.7	0.3	0.9
加拿大	0.6	−0.6	1.4	2.1	1.6	1.2	1.3
其他工业化国家	**1.8**	**−0.8**	**−1.7**	**0.4**	**1.9**	**1.1**	**1.2**
欧　盟	**1.6**	**−1.4**	**−1.8**	**−0.4**	**0.7**	**0.2**	**0.9**

注:1. 1996、1997 年为预测数。

2. 1990 年德国数据为原联邦德国数据。

资料来源:国际货币基金组织《世界经济展望》1996 年 10 月

附4—7　资本形成总额占国内生产总值比重

单位：%

	1990年	1992年	1993年	1994年	1995年	1996年	1997年
世　界	**21.7**	**22.6**	**21.5**	**21.3**	**21.0**	**21.0**	
工业化国家	**21.3**	**21.6**	**20.4**	**19.8**	**19.6**	**20.6**	**20.3**
美　国	20.1	16.9	15.3	15.6	16.6	18.5	17.7
加拿大	20.2	20.7	19.0	18.1	18.2	18.9	18.2
澳大利亚	24.8	22.7	19.6	19.5	20.3	21.2	21.4
日　本	28.2	32.8	32.5	31.1	29.9	28.9	
新西兰	26.9	19.9	16.5	18.8	21.1	22.3	
奥地利	23.4	25.5	25.8	25.2	24.6	25.7	27.0
比利时	14.9	20.3	19.4	19.1	17.6	17.6	
丹　麦	19.6	17.3	16.4	15.2	14.2	14.7	17.5
芬　兰	24.2	28.1	18.8	16.7	14.6	16.4	16.4
法　国	18.9	22.5	21.5	19.8	17.1	17.9	18.2
德　国	21.7	24.4	25.7	25.1	24.0	24.8	
希　腊	21.3	19.9	20.3	19.6	18.5		
冰　岛	18.5	18.0	18.9	17.4	15.8	15.1	15.8
爱尔兰	19.8	20.7	18.7	15.3	14.3	14.4	
意大利	22.5	21.0	20.5	19.4	16.8	17.0	
荷　兰	20.0	22.2	21.4	20.5	19.4	19.9	20.3
挪　威	24.2	20.5	18.8	18.4	19.5	19.8	23.9
西班牙	19.2	25.4	24.6	22.7	19.9	19.7	21.3
瑞　典	19.2	21.3	17.9	16.5	13.5	14.4	15.6
瑞　士	24.4	29.3	27.0	23.4	21.5	22.9	23.4
英　国	17.2	19.2	16.1	15.4	15.1	15.5	15.6
发展中国家	**22.5**	**24.5**	**23.6**	**24.0**	**23.6**	**23.4**	
埃　及	28.7	29.4	24.0	19.8	16.2	16.6	
尼日利亚	7.1	11.9	11.0	10.7	11.7	9.4	6.4
南　非	20.3	17.6	16.9	15.9	16.0	18.1	19.3
中　国	28.4	24.0			36.1	36.4	34.4
印　度	24.2	25.7	22.9	23.3	21.3	23.2	
印度尼西亚	28.0	36.1	35.5	35.9	33.2	34.0	41.8
韩　国	29.6	36.9	38.9	36.6	35.1	35.9	37.1
马来西亚	27.6	31.3	35.9	33.5	35.0	38.5	
巴基斯坦	18.3	18.9	19.0	20.1	20.7	19.9	
菲律宾	14.3	24.2	20.2	21.3	24.5	25.3	22.3
新加坡	42.5	39.5	38.0	40.4	43.8	32.2	
斯里兰卡	23.8	22.2	22.9	24.3	25.6	27.0	25.1
匈牙利	25.0	24.0	20.8	19.5	22.6	21.5	
罗马尼亚	33.0	30.2	28.0	31.0	27.4	26.9	
阿根廷	17.6	14.0	14.6	20.9	18.4	20.0	
巴　西	21.3	22.9	19.6	19.6	20.4	20.8	
墨西哥	21.2	21.9	22.4	23.3	22.0	23.5	19.4
委内瑞拉	19.1	10.2	18.7	23.7	18.7	10.2	15.9

注：中国的数据为全社会固定资产投资总额占国内生产总值的比重。

资料来源：国际货币基金组织《国际金融统计年鉴》1996年。《中国统计年鉴》1996年。

附4—8 研究与开发经费占国内生产总值比重

国 家	年 份	货币名称	研究与开发经费占GNP比重(%)	人均研究与开发费用(本币)	每一研究人员平均费用(本币)
印 度	1 990	卢比	0.8	49	326 973
印度尼西亚	1 988	卢比	0.2	1 467	8 092 983
伊 朗	1 985	里亚尔	0.1	450	6 891 269
以色列	1 990	谢克尔	2.1	499	45 300
日 本	1 991	日元	3.0	111 137	19 987 872
马来西亚	1 989	林吉特	0.1	6	17 600
韩 国	1 992	圆	2.1	114 158	57 376 180
巴基斯坦	1 987	卢比	0.9	51	840 500
菲律宾	1 984	比索	0.1	11	127 000
新加坡	1 987	新加坡元	0.9	143	111 498
斯里兰卡	1 984	卢比	0.2	16	98 052
泰 国	1 991	铢	0.2	70	402 800
土耳其	1 991	里拉	0.8	58 158	278 711 667
越 南	1 985	盾	0.4	8	24 900
埃 及	1 991	埃镑	1.0	17	36 164
尼日利亚	1 987	奈拉	0.1	1	64 477
加拿大	1 992	加拿大元	1.6	361	
墨西哥	1 989	比索	0.2	12 702	
美 国	1 988	美元	2.9	568	146 708
阿根廷	1 992	比索	0.3	20	
巴 西	1 985	克鲁赛罗	0.4	39 918	101 971 890
委内瑞拉	1 992	博利瓦	0.5	960	4 608 314
保加利亚	1 992	列弗	1.7	348	82 057
捷克共和国	1 992	捷克克郎	1.8	1 408	433 375
法 国	1 991	法国法郎	2.4	2 861	1 262 175
德 国	1 989	德国马克	2.8	1 043	362 078
意大利	1 990	里拉	1.3	298 142	218 311 431
荷 兰	1 991	荷兰盾	1.9	689	259 525
波 兰	1 992	兹罗提	0.9	249 773	230 624 131
罗马尼亚	1 989	列伊	0.7	1 819	1 491 224
西班牙	1 990	比塞塔	0.9	10 843	11 345 160
俄罗斯	1 988	卢布	1.8	157	26 488
英 国	1 991	英镑	2.1	207	
澳大利亚	1 990	澳元	1.4	301	121 605

资料来源:联合国教科文组织《统计年鉴》1995

附 4—9　医疗卫生支出占国内生产总值比重

国家	医疗卫生支出占国内生产总值比重(%)				按购买力平价法计算人均 GDP 支出(美元)		公共保健支出占国内生产总值比重(%)		
	1985 年	1990 年	1991 年	1993 年	1991 年	1993 年	1980 年	1991 年	1993 年
澳大利亚	7.7	8.2	8.6	8.5	1 411	1 494	4.6	5.8	5.8
奥地利	8.1	8.4	8.6	9.2	1 492	1 777	5.4	5.7	6.0
比利时	7.4	7.6	7.9	8.3	1 354	1 601	5.5	7.0	7.3
加拿大	8.5	9.5	10.0	10.2	1 917	1 971	5.5	7.2	7.4
丹　麦	6.3	6.3	6.5	6.7	1 151	1 296	5.8	5.4	5.5
芬　兰	7.3	8.0	9.1	8.8	1 420	1 363	5.1	7.4	7.0
法　国	8.5	8.9	9.1	9.8	1 656	1 835	6.0	6.8	7.3
德　国	8.7	8.3	8.4	8.6	1 663	1 814	6.3	6.0	6.0
希　腊	4.9	5.4	5.2	5.7	404	500	3.6	4.1	4.3
冰　岛	7.1	8.3	8.4	8.3	1 476	1 564	5.7	7.2	6.9
爱尔兰	8.2	7.0	7.3	6.7	844	923	7.5	5.6	5.1
意大利	7.0	8.1	8.3	8.5	1 408	1 523	5.6	6.5	6.2
日　本	6.5	6.7	6.8	7.3	1 307	1 495	4.6	4.8	5.2
卢森堡	6.8	7.2	7.3	6.9	1 476	1 993	6.3	6.6	6.3
荷　兰	8.0	8.2	8.4	8.7	1 366	1 532	6.0	6.1	6.8
新西兰	6.5	7.3	7.7	7.7	1 047	1 179	6.0	6.1	5.9
挪　威	6.4	7.4	7.6	8.2	1 305	1 592	6.5	7.3	7.6
葡萄牙	7.0	6.7	6.8	7.3	624	866	4.3	4.1	4.1
西班牙	5.7	6.6	6.7	7.3	848	972	4.5	5.5	5.7
瑞　典	8.8	8.6	8.6	7.5	1 443	1 266	8.7	6.7	6.2
瑞　士	7.6	7.8	7.9	9.9	1 730	2 283	4.9	5.4	6.8
土耳其	2.8	4.0	4.0	2.7	142	146	1.1	1.4	
英　国	6.0	6.2	6.6	7.1	1 033	1 213	5.2	5.5	5.9
美　国	10.5	12.4	13.4	14.1	2 867	3 299	3.9	5.9	6.2

注:1991 年以前的德国数据为前联邦德国数据。

资料来源:《美国统计摘要》1995 年

附录5:香港社会经济统计资料

附5—1 香港基本情况

项　　目	单　位	1990年	1991年	1992年	1993年	1994年	1995年
人　　口							
年中人口数	万人	570.5	575.5	581.2	591.9	606.1	618.9
出生率	‰	12.0	12.0	12.3	12.0	11.9	11.2
死亡率	‰	5.2	5.0	5.3	5.2	5.0	5.1
婴儿死亡率	‰	6.2	6.4	4.8	4.7	4.8	4.7
平均期望寿命	岁						
男	岁	74.6	75.1	74.8	75.2	75.8	75.7
女	岁	80.3	80.6	80.5	80.7	81.2	81.3
劳动人口、失业及就业不足状况							
劳动力总人数	万人	274.8	279.9	279.2	285.6	292.9	300.1
失业率	%	1.3	1.8	2.0	2.0	1.9	3.2
就业不足率	%			2.1	1.6	1.4	2.1
国内生产总值							
按当年价计算	亿港元	5 852	6 685	7 793	8 975	10 109	10 846
按1990年价格计算	亿港元			6 503	6 902	7 275	7 620
增长指数(1990=100)		100		119.8	130.0	139.0	142.3
人均国内生产总值	港元	102 121	116 166	134 102	151 624	167 493	176 178
国内生产总值支出构成(当年价)							
国内生产总值	百万港元	582 549	668 512	779 335	897 463	1 016 567	1 111 391
个人最终消费支出	百万港元	330 459	391 098	451 670	514 239	590 991	653 611
政府最终消费支出	百万港元	43 283	51 470	64 070	72 620	83 316	95 263
固定资本形成	百万港元	153 776	177 729	213 808	245 182	297 238	322 410
库存增加	百万港元	5 728	4 098	8 187	2 299	28 004	65 283
商品出口	百万港元	639 874	765 886	924 952	1 046 250	1 170 013	1 344 127
减:商品进口	百万港元	645 200	782 042	958 462	1 075 710	1 254 427	1 495 736
劳务出口	百万港元	142 321	161 087	189 352	215 577	243 907	291 030
减:劳务进口	百万港元	87 692	100 814	114 242	122 994	142 475	164 657
电力消费量							
民　用	万亿焦耳	19 037	20 586	21 716	24 092	25 827	27 063
工业用	万亿焦耳	24 934	25 051	24 194	22 309	21 437	20 222
商　用	万亿焦耳	41 582	45 245	47 971	53 131	57 508	59 908
街　灯	万亿焦耳	248	259	271	278	282	284
出口大陆	万亿焦耳	6 470	11 019	17 866	16 201	6 327	5 340
煤气消费量							
民　用	万亿焦耳	7 596	8 133	9 152	9 657	10 606	11 408
工业用	万亿焦耳	583	701	823	889	919	978
商　用	万亿焦耳	6 877	7 404	8 232	8 652	9 202	9 586
水消费量	**百万立米**	**873**	**884**	**889**	**915**	**923**	**919**
邮政电讯							
信　件	百万件				1 031.4	1 107.9	1 188.2
包　裹	千件				1 749	1 720	1 910
电键和专用自动电话交换机	千部				440	468	496
图文传真线路	千条				226	252	270
电话线路	千条				2 956	3 114	3 251
电话数量	千部				3 854	4 050	4 230
每百人拥有电话数	部				65.1	66.8	68.3
国际电话线路	千条				24.24	27.99	31.44
国际电报线路	千条				2.66	2.45	2.34

附5－1　续表1

项　　目	单　位	1990年	1991年	1992年	1993年	1994年	1995年
商业、外贸							
商品贸易总额	亿港元	12 824.1	15 448.7	18 802.5	21 188.5	24 207.2	28 352.5
商品进口额	亿港元	6 425.3	7 789.8	9 553.0	10 726.0	12 507.1	14 911.2
商品出口额	亿港元	2 258.8	2 310.5	2 341.2	2 230.3	2 220.9	2 316.6
商品转口额	亿港元	4 140.0	5 348.4	6 908.3	8 232.2	9 479.2	11 124.7
商品贸易平衡	亿港元	－26.6	－131.0	－303.4	－263.5	－807.0	－1 469.9
教育机构数							
幼儿园	所				761	739	731
小　学	所				920	884	860
中　学	所				481	488	507
特殊学校	所				66	67	68
工业学院	所				7	7	7
科技学院	所				2	2	2
教育学院	所				4	1	1
大　学	所				7	7	7
香港公开进修学院	所				1	1	1
各类教育机构在校学生数							
幼儿园	人				187 549	180 109	180 317
小　学	人				485 061	476 847	467 718
中　学	人				472 200	471 121	470 997
特殊学校	人				8 279	8 065	8 304
工业学院	人				48 152	47 836	48 421
科技学院	人				4 944	9 347	12 961
教育学院	人				4 225	7 175	8 759
大　学	人				70 181	72 154	76 357
香港公开进修学院	人				15 058	18 311	20 085
教育公共开支状况 **（财政年度，当年四月至翌年三月）**							
开支总额	百万港元			21 600	25 119	29 110	
占政府财政预算比重	%			17.5	16.2	17.0	
占本地生产总值比重	%			2.8	2.8	2.9	
经常开支	百万港元			18 900	23 052	26 921	
医疗卫生状况							
医院个数	个	88	82	82	81	87	
病床数	张	25 282	25 584	26 447	26 998	28 330	29 342
医务人员数							
医　生	人	6 260	6 545	6 818	7 125	7 670	8 122
牙科医生	人	1 532	1 526	1 565	1 575	1 615	1 634
药剂师	人	694	720	784	875	953	995
护　士	人	28 660	30 043	31 394	32 022	33 666	35 051
平均每一医生服务人口数	人	919	890	866	789	790	762
平均每千人拥有病床	张	4.4	4.4	4.5	4.5	4.5	

附 5－1 续表 2

项　　目	单　位	1990 年	1991 年	1992 年	1993 年	1994 年	1995 年
环境状况							
平均每日固体废物数量	吨				23 705	28 200	27 480
城市固体废物数量	吨				8 451	8 500	7 800
住　宅	吨				5 999	6 100	6 000
商　界	吨				572	700	500
工业界	吨				1 880	1 700	1 300
建筑废物	吨				11 523	15 500	14 800
特别废物	吨				253	400	400
回收废物	吨				3 478	3 800	4 480
处理污染投诉个案数目	宗				7 737	10 505	12 556
空气污染	宗				3 664	3 893	4 518
噪音污染	宗				3 121	5 761	6 858
液体污染	宗				563	487	781
固体污染	宗				196	196	310
水质污染	宗				18	17	55
其他污染	宗				175	151	34
治安状况							
暴力罪案							
强　奸	起				103	100	103
非　礼	起				1 030	1 066	1 099
谋杀和误杀	起				86	96	73
谋杀未遂	起				6	2	7
伤　人	起				1 216	1 517	1 727
严重殴打	起				4 857	4 832	5 233
攻击警察	起				888	854	912
绑架及拐带儿童	起				10	6	7
虐待儿童	起				80	109	126
刑事恐吓	起				653	880	890
持械行劫	起				22	14	8
其他行劫	起				6 746	6 082	5 393
非暴力罪案							
诈　骗	起				13 711	13 505	13 171
抢　劫	起				1 528	1 633	1 547
商店偷窃	起				6 497	7 213	7 568
盗窃汽车内物品	起				3 555	3 804	3 765
其他盗窃	起				16 570	17 623	19 433
私藏被盗物	起				231	211	286
伪　造	起				2 483	3 201	4 093
性骚扰	起				917	1 256	1 289
生产和贩卖毒品	起				3 506	4 618	5 701

附 5—2　政府财政收入

单位:百万港元

项　　目	1990 年	1991 年	1992 年	1993 年	1994 年	1995 年
政府总收入	**89 524**	**114 700**	**135 311**	**166 602**	**174 998**	**180 726**
营业收入	**81 400**	**99 973**	**119 255**	**139 758**	**147 118**	**151 408**
直接税						
所得税及得利税	36 341	44 870	55 061	65 439	74 295	78 000
间接税						
关税	5 729	6 844	7 216	7 113	7 583	8 033
一般稽征	3 039	3 494	4 424	4 461	5 156	5 880
本地内部税收	13 143	18 406	23 012	30 020	23 202	22 717
车辆税	2 054	3 437	4 940	4 192	4 662	2 949
专利税和特种税	816	886	1 136	1 379	1 653	1 791
其他收入						
各种罚款	652	886	892	1 123	1 520	1 621
财产和投资	1 341	1 573	1 821	2 265	2 103	2 535
贷款、偿还、捐赠和其他收入	2 172	2 778	3 799	3 755	4 048	4 665
公用事业	5 617	6 650	7 174	7 997	8 392	7 243
各种小帐	5 992	7 170	8 015	8 627	9 562	10 096
利息	4 505	2 982	1 767	3 387	4 942	5 878
资本收入	**8 124**	**14 727**	**16 056**	**26 844**	**27 880**	**29 318**
直接税						
#不动产税	656	683	1 025	1 186	1 459	1 200
间接税						
#出租车牌费	136	302			633	
其他收入						
土地转移	241	412	267	264	393	409
其他	241	86	233	2 691	1 449	431
各种基金						
基建工程储备基金(工程帐户)	4 003	9 074	8 957	19 112	20 193	23 003
资产投资基金	2 341	2 468	2 368	2 764	2 799	2 654
贷款基金	506	603	686	823	953	1 238
其他基金		1 098.3	2 519.2	1	1	383
举债净额				**3**		

注:本表数据按财政年度(当年四月至翌年三月)统计,下表同。

附 5—3　政府财政支出

单位：百万港元

项　　目	1990年	1991年	1992年	1993年	1994年	1995年
政府总开支和股票投资	**85 557**	**92 191**	**113 332**	**147 438**	**164 155**	**183 191**
营业开支	**61 469**	**71 677**	**85 023**	**96 958**	**106 620**	**122 818**
经常开支						
工　资	23 443	25 287	25 852	28 702	32 077	34 876
与职员有关开支	2 396	3 183	3 275	3 410	3 579	3 889
退休金	2 541	3 402	4 436	5 285	6 256	7 600
部门支出	4 552	4 782	4 437	4 910	5 568	6 483
其他费用	9 712	10 939	11 770	13 904	15 633	18 266
各种补贴						
教　育	8 737	9 728	10 921	12 295	13 859	15 610
卫　生	22 740	5 452	11 181	13 252	15 546	18 348
社会福利	1 254	1 587	1 824	2 027	2 274	2 820
大学及专科	3 400	4 357	5 614	6 826	8 050	9 420
职业培训	706	814	901	1 097	1 279	1 495
其他杂项	1 364	1 244	1 381	1 483	1 901	2 446
其他非经常开支	1 091	904	3 431	3 767	598	1 565
总资本支出和股票投资	**24 088**	**20 514**	**28 309**	**50 480**	**57 535**	**60 382**
资本支出						
#厂房、设备与工程	760	747	629	466	545	708
非经常补助金	399	427	834	1 116	995	862
基　金						
基本工程储备基金	15 641	16 405	19 676	35 286	30 560	31 967
赈灾基金					32	
资本投资基金	6 214	1 794	6 061	12 234	18 585	21 550
贷款基金	1 074	1 141	1 109	1 378	6 818	5 254

附 5—4　综合消费物价指数

（1989—1990 年为 100）

项　目	权　数	每年平均数			每年增幅（%）		
		1993年	1994年	1995年	1993年	1994年	1995年
各项合计	**100**	**136.2**	**148.2**	**161.7**	**8.8**	**8.8**	**9.1**
食　物	35.07	133.8	142.9	153.1	7.5	6.8	7.1
房　屋	24.06	149.3	168.1	190.1	13.1	12.6	13.1
燃料和电力	2.51	119.8	124.0	133.2	3.0	3.5	7.4
烟　酒	1.74	170.8	180.8	191.7	10.0	5.8	6.1
衣着鞋类	6.66	130.4	142.2	155.9	8.3	9.0	9.6
耐用物品	5.24	110.6	113.8	118.6	2.7	2.9	4.2
杂项物品	5.82	122.3	129.8	137.9	6.4	6.2	6.3
交　通	7.52	134.5	146.5	157.4	7.8	8.9	7.4
杂项服务	11.38	137.8	152.5	168.2	8.7	10.7	10.3

编　　后　　记

《北京统计年鉴——**1997**》在各部门的大力支持下，顺利出版了，我们对为年鉴提供资料的单位表示深切的谢意。中国统计出版社、河南省统计信息咨询中心和北京印刷一厂等对本年鉴的出版、印刷、装帧给予了极大的支持，对此谨向付出辛勤劳动的同志们一并致谢。

北京市第一次基本单位普查系列资料即将出版发行

根据国务院发[1996]5号文件的要求，北京市第一次基本单位普查已于近期圆满完成。

基本单位普查是一项重大的国情国力调查，其目的主要是查清各级各类单位底数，为观察和分析基本单位的地区、行业、经济类型分布与发展变化情况提供基本的统计信息。

基本单位普查的对象为所有法人单位及法人单位所附属的产业活动单位，其中包括各类企业法人、事业单位法人、机关法人、社团法人和其他法人，以及这些法人所附属的农业、工业、建筑业、交通运输业、批发零售贸易业、餐饮业、服务业、行政事业单位和社会团体等产业活动单位。普查内容主要有单位的经济类型、所属行业、从业人员、企业规模、营业状态等各类单位的基本属性和主要标识。

在市政府和全国基本单位普查办公室的领导下，全市近600个普查机构和上万名普查人员经过近一年时间的艰苦努力，取得了丰实的数据成果。据普查汇总资料统计，截止到1996年12月31日，北京市行政区域内共有各级各类单位12万个，其中符合独立核算标准的法人单位9.9万个，法人单位所属的单独核算的产业活动单位2.7万个(其中包括0.6万个法人单位本部)。由于这次普查与以往的统计调查相比，标准掌握更加严格、规范，且将以往未纳入统计范围的村、居委会及所属单位的资料纳入了统计范围。与1995年全市单位统计年报相比，法人单位增加1.06倍，产业活动单位增加3倍。

为使本次普查成果更好地发挥服务各级党政机关、研究单位和社会各界的功能，北京市第一次基本单位普查办公室组织编印基本单位普查系列资料共19卷，即全市综合卷及18个区县分卷。其中全市综合卷的内容包括各种分组的全市及分地区汇总表，工业、商业、建筑业等重点企业名录，以及按农业、工业、建筑业、交通运输邮电业、批发零售贸易餐饮业、服务业和机关事业分别设立篇目的普查资料。其内容主要包括单位数、从业人员、地理位置、企事业划分、经济类型、隶属关系等详尽的分组资料；企业单位还设置了开业时间、实收资本、固定资产拥有、营业状况等分组资料。本套资料统一设计装帧，16开本。将于1997年三季度陆续出版发行。

为满足社会各界对各类单位明细资料的特殊需求，北京市基本单位普查办公室可根据用户具体要求提供电子版普查数据资料。

对以上综合资料及电子版资料有兴趣的单位或个人，请与北京市统计局制度方法处联系。电话：63013923

北京市基本单位普查办公室

※中国统计出版社最新资料书简目※